복음주의 역사 시리즈 9

복음주의 신학 논쟁

복음주의 신학의 이슈 이해

그레고리 A. 보이드 · 폴 R. 에디 공저
박 찬 호 옮김

기독교문서선교회

 기독교문서선교회 (Christian Literature Center: 약칭 CLC)는 1941년 영국 콜체스터에서 켄 아담스에 의해 시작되었으며 국제 본부는 미국 필라델피아에 있습니다.
국제 CLC는 59개 나라에서 180개의 본부를 두고, 약 650여 명의 선교사들이 이동 도서차량 40대를 이용하여 문서 보급에 힘쓰고 있으며 이메일 주문을 통해 130여 국으로 책을 공급하고 있습니다. 한국 CLC는 청교도적 복음주의 신학과 신앙 서적을 출판하는 문서선교기관으로서, 한 영혼이라도 구원되길 소망하면서 주님이 오시는 그날까지 최선을 다할 것입니다.

Across the Spectrum
Understanding Issues in Evangelical Theology

Written by
Gregory A. Boyd and Paul R. Eddy

Translated by
Chan Ho Park

Copyright © 2009 by Gregory A. Boyd and Paul R. Eddy

Originally published in English under the title as
Across the Spectrum
by Baker Academic,
Translated and used by the permission of Baker Academic
a division of Baker Publishing Group
P. O. Box 6287, Grand Rapids, MI 49516-6287

All rights reserved.

Korean Edition
Copyright ⓒ 2014, 2019 by Christian Literature Center
Seoul, Korea

추천사 1

류호준 박사
백석대학교 신학대학원장

　미국적 신학 풍토에서 유래한 "복음주의"란 용어를 정확하게 규정하기는 쉽지 않다. 그러나 그 용어가 가리키는 것을 모르는 신학생이나 목회자는 많지 않을 것이다. 폭넓게 말해 십자가의 복음 선포와 그의 대한 반응으로써 믿음과 회심의 중요성, 그리고 복음의 원천인 성경의 권위에 대한 절대적인 복종에 초점을 맞추는 신앙운동 및 신학운동을 복음주의라고 말할 수 있을 것이다. 이 점에서 18세기와 19세기의 요한 웨슬리, 조지 휫필드, 조나단 에드워즈와 같은 영향력 있는 영적 지도자들과 그들의 부흥운동과 대각성운동은 지난 세기의 복음주의의 부상에 결정적인 순간을 제공하였다. 지난 세기에 들어와 복음주의라는 명칭은 특별히 성경의 권위에 대해 그다지 심각한 무게감을 두지 않는 신학적 자유주의에 대항하여 성경의 권위를 크리스천의 유일하고도 최종적인 권위로 삼는 개신교 안의 신앙과 신학적 운동을 가리킨다.
　분명 복음주의의 스펙트럼(spectrum)은 넓다. 복음주 우산 안에는 장로교인, 루터교인, 감리교인, 성결교인, 침례교인, 오순절교인, 메노나이트교인들이 포함되어 있다. 그들은 신학과 신앙과 삶에 있어서 예수 그리스도의 구원자 되심과 성경의 권위에 대해 두터운 연대감을 갖는다. 물론 그들이 모든 신학적 세목들에서 동의하거나 일치하는 것은 아니다. 이 사실은 "Across the Spectrum"(스펙트럼을 넘어서)라는 본서의 원서 제목이 잘 보여 준다. 복음주의 우산 안에 다양한 신학적 스펙트럼과 그룹들의 존재는 자연스럽게 중요한 신학적 이슈들에 대한 서로 다른 견해가 있다는 것을 의미한다.

본서는 복음주의 영토 안에 서로 다른 견해와 입장을 가진 영주들 간의 논리 공방을 통하여 17가지로 선별된 대표적인 신학적 이슈들을 성경적 관점, 전통적 관점, 이성적 관점, 그리고 경험적 관점에서 자세하게 조명하고 있다. 물론 본서의 저자들은 어느 특정한 편의 손을 들어주는 재판장의 역할은 하지 않는다. 사려 깊은 독자들의 신학적 깊이를 더해 주려고 하는 목적이 있을 뿐이다. 잠언의 한 구절을 인용하여 말하자면 "철이 철을 날카롭게 하는 것 같이 사람이 그의 친구의 얼굴을 빛나게 한다"(잠 27:17)는 것과 같다.

본서는 한국 교회의 대부분을 차지하고 있는 복음주의적 교회들에게 자신들의 신학적 위치와 자리를 되돌아보고 점검하게 하는 귀중한 계기를 마련해 준다. 또한 복음주의 진영에 속한 신학생들과 목사들은 본서를 통해 켄터베리의 안셀무스의 저 유명한 문구인 "이해를 추구하는 신앙"(fides quaerens intellectum)의 의미를 다시금 되짚어 음미할 수 있는 기회를 갖게 될 것이다. 본서를 통해 복음주의라는 대가족의 일원들은 각각의 구성원인 상대방들을 이해하는 데 새로운 안목을 얻게 될 것이며, 동시에 상대방과는 다른 각자만의 독특한 신학적 어법을 재발견하고 고마워하게 될 것이다. 약간은 복잡하고 미묘한 저자들의 논지 전개를 인내하면서 잘 따라간다면 독자들은 자신들이 서 있는 복음주의 안의 특정한 전통에 대한 좀 더 분명한 이해에 이르게 되는 유익한 경험을 하게 될 것이다.

특별히 역자의 매끄러운 번역은 본서에 대한 이해와 만족도를 향상시키는데 결정적인 공헌을 한 것 같아 읽는 내내 기쁘고 즐거웠다. 교단과 교파를 초월한 한국의 복음주의권의 모든 성도들, 신학생들과 목회자들의 일독을 권한다.

추천사 2

안명준 박사
평택대학교 교목/한국개혁신학회 총무이사

    본서는 복음주의 내의 현존하는 다양한 주장들을 핵심적으로 정리하여 독자들로 하여금 쉽게 이해하도록 소개하고 있다. 본서의 구성적 특징은 문제를 제기하고 핵심적인 주장과 각각의 차이점, 성경적 논증과 지지하는 주장, 그리고 반론에 대한 응답 등을 조직적으로 정리하고 있는 것이다. 다만 어떤 교리의 일방적인 주장이 옳다고 주장하지 않고 복음주의 신학의 주장들에 현존하는 다양성을 소개한다.
    뿐만 아니라 실제적인 주제들을 통하여 독자들로 하여금 성경의 진리가 무엇인가를 생각하게 만든다. 그리고 오직 성경에 근거한 복음주의 안의 다양한 견해들, 기존의 많은 학자들과 학파들이 주장한 교리의 복잡한 견해들을 편견 없이 명료하게 정리하여 소개한다.
    그 가운데서도 흥미로운 주제는 미전도종족의 운명에 대한 논쟁과 영적 은사의 지속성 논쟁이다. 어느 누구도 쉽게 답을 내리기 힘든 주제들이지만 여러 각도에서 이 문제들을 다룬 점이 매우 현실적이며 실제적이다. 제4장에서는 창조 논쟁이 잘 소개되었다. 특별히 창조과학회와 창조론오픈

포럼 참여자에게 도전을 주는 내용이라 매우 유익한 부분이다. 또한 창조에 대한 문학적인 접근을 소개하여 학문적인 가치를 더하고 있다.

또한 본서는 친절하게도 독자들을 위한 두 가지의 도움을 가지고 있다.

첫째, 심화 학습을 위한 귀중한 참고 문헌을 소개하여 관련 주제를 좀 더 깊이 있게 연구하게 한다.

둘째, 용어 해설이 있어 본서를 이해하는데 매우 요긴하게 사용될 수 있다. 이는 독자들에게 어려운 철학적이고 신학적인 교리를 이해하는데 큰 도움이 된다.

끝으로 본서는 복음주의 내의 다양한 견해들을 서로 이해하게 하며 궁극적으로 성경적인 답을 연구하는데 더욱 정진할 수 있도록 도움을 준다는 점에서 매우 유익하고 효과적이다. 이에 일독을 적극 권하는 바이다.

감사의 글

우리는 본서를 후원한 여러 사람들에게 감사하고 싶다. 우리의 친구이자 동료인 돈 알렉산더(Don Alexander)가 성화 논쟁에 관한 장의 상당 분량을 기고하여 준 것에 대하여 깊이 감사한다. 또한 무오성 논쟁에 관한 장에서 화행이론(speech act theory)에 대한 단락을 기고해 준 것에 대해 우리의 좋은 친구이자 폴의 멘토인 데이빗 클라크(David K. Clark)에게 감사한다.

본서의 초기 원고를 사용하여 유용한 피드백을 해 준 베델대학(Bethel University)의 동료인 짐 베일비(Jim Beilby)와 단 켄트(Dan Kent)에게 감사한다. 우리의 친구이자 재판의 출판을 격려하고 아이디어를 제공해 준 베이커 출판사의 신간 서적 편집자인 로버트 호사크(Robert N. Hosack)에게 감사한다.

마지막 감사는 우리의 가정에 돌아가야 한다. 우리의 아내들인 셸리 보이드(Shelley Boyd)와 켈리 에디(Kelly Eddy)는 우리의 여러 신학적인 노작들에 대하여 격려를 아끼지 않았다. 자녀들인 드네이(Denay)와 알리샤(Alisha), 나단(Nathan), 조단(Jordan), 저스톤(Juston), 레이첼(Rachel)은 매일 우리에게 이생에서의 하나님의 진정한 선물이 무엇인지를 알게 해 주었다. 손자 손녀들인 소엘(Soel), 세이지(Sage), 라이리(Rylie)는 우리에게 나이가 들어가면서 보배로운 축복이 **있음**을 상기시켜 주었다. 본서를 우리의 자녀들과 손주들에게 헌정하고자 한다.

재판 서문

우리는 지난 수년간 우리의 책을 사용하였던 많은 학생과 교수, 목회자, 그리고 기타 독자들에게 감사한다. 그들 중 다수의 사람들이 재판을 위한 피드백과 아울러 귀중한 제안을 해 주었다. 초판과 비교하여 재판에서의 주된 변화는 다음과 같다.

- "예지 논쟁"에 관한 장을 그 주제에 관한 세 가지 견해를 포함하는 장으로 다시 썼다.
- 이전의 "인간의 구성 논쟁"에 관한 장을 부록에서 다루는 이슈들 가운데 하나로 축소하였다.
- 각 장의 끝에 있는 "심화 학습을 위한 도서 목록"을 추가하였다.
- 이전에 온라인상으로 있던 부록을 책 안에 포함시켰다.

우리는 이 재판이 초판과 마찬가지로 우리의 독자들을 섬길 수 있기를 바라마지 않는다. 우리 모두는 그리스도의 몸 안에서 고대의 기독인의 지혜였던 "본질적인 문제들에 있어서는 일치를, 비본질적인 문제들에 있어서는 자유를, 그리고 모든 일에 있어서 사랑을"이라는 구호를 구현하기를 힘써야 한다.

역자 서문

　본서는 두 명의 저자가 17가지 복음주의 신학의 주제들에 대한 다양한 입장을 잘 소화하여 마치 자신들의 입장인 듯이 개진하고 있다. 이 17가지 주제는 신학의 전체적인 분야를 포괄하는 광범위한 것인데 다양한 신학적인 입장에 따라 어떠한 주장을 하고 있는지 이해하게 된다. 번역하는 사람의 입장에서 거의 일 년을 매달려 방학 때마다 고투 아닌 고투를 하였다. 조판이 완성되어 확인하니 600 페이지가 넘는 엄청난 양이었다. 사실 각각의 주제들만으로도 한 권의 책이 가능할 정도이니 각 주제들을 이 정도라도 간략하게 정돈해 주는 책도 많지 않을 것 같았다.

　본서는 17개의 주제 외에 부록에는 13개의 부차적인 주제들에 대한 보다 간략한 논의를 소개하고 있어서 독자들에게 큰 도움을 줄 것이다. 신학을 가르치는 사람 입장에서 볼 때 정말 중요하게 취급해야 하는 삼위일체론이 17개의 주된 논의에 포함되어 있지 않고 부차적인 주제들인 13개의 주제에 들어가 있는 것이 유감인 점이 있기도 하다. 그러나 저자들이 말하고 있는 것처럼 삼위일체론에 대한 것은 중요하긴 하지만 별반 논쟁의 소지가 없기에 부록에 배치한 것이 정당하다고 할 수 있다.

　번역처럼 정직한 일이 없는 듯하다. 투자한 시간에 비례하여 정해진 진도가 나가는 것이기에 본서를 번역하는 과정 가운데 여러 사람의 희생 아닌 희생과 인내가 있었음을 미리 밝혀둔다.

본서의 원서 제목은 "*Across the Spectrum*"(스펙트럼을 넘어서)이나, CLC "복음주의 역사 시리즈 9권"으로 엮으면서 『복음주의 신학 논쟁』으로 제목을 붙여 출판하였다. 주제마다 다양하고 다채로운 스펙트럼이 존재한다. 오늘날은 하나만이 옳고 다른 모든 것은 틀렸다고 배척하는 자세가 아니라 다양한 의견을 품을 수 있는 포용성이 요청되는 시대가 아닐까 생각한다. 자기 주관이 분명한 것과 함께 자신과 의견이 다른 사람들을 이해하고 품을 수 있는 것이 진정한 복음주의자가 갖추어야 할 자질과 면모라는 생각을 번역하는 동안 해 보았다.

좋은 책의 번역을 맡겨주어 배움의 시간을 허락해 준 기독교문서선교회에 감사한다.

봄내음이 완연한 방배동 연구실에서
부활절을 기다리며

박 찬 호 識

목 차

추천사 1 (류호준 박사_백석대학교 신학대학원장) / 5
추천사 2 (안명준 박사_평택대학교 교목/한국개혁신학회 총무이사) / 8
감사의 글 / 10
재판 서문 / 11
역자 서문 / 12

서론 / 19

제1장 **무오성 논쟁** / 25

    어떤 종류의 오류도 없다 (무오설)

    신앙과 실천의 문제에 있어 오류가 없다 (무류설)

제2장 **섭리 논쟁** / 55

    모든 일은 하나님의 주권적인 의지에 따라 발생한다 (칼빈주의)

    하나님은 자유를 부여하심으로 자신의 통제권을 제한하신다 (알미니안주의)

제3장 **예지 논쟁** / 85

    하나님은 미래의 자유로운 행동을 아신다 (알미니안주의)

    하나님은 미래를 주권적으로 작정하심으로 아신다 (칼빈주의)

    하나님은 이루어질 모든 일과 가능한 모든 일을 아신다 (열린 유신론)

CONTENTS

제4장 창조 논쟁 / 129
최근에 창조되었다 (젊은 지구 이론)
매우 오래된 일이다 (날-시대 이론)
파괴된 창조를 복구하셨다 (복구 이론)
문자적 연대기보다 문학적 구조이다 (문학적 구조 이론)

제5장 하나님의 형상 논쟁 / 175
하나님의 형상은 영혼이다 (실체론적 견해)
하나님의 형상은 하나님이 우리에게 주신 권위이다 (기능적 견해)
하나님의 형상은 우리의 관계성이다 (관계적 견해)

제6장 기독론 논쟁 / 199
신인의 불가피한 역설 (고전적 견해)
그리스도는 신적인 특권을 포기하셨다 (케노시스 견해)

제7장 속죄 논쟁 / 223
그리스도는 우리 대신 죽으셨다 (대리 형벌 이론)
그리스도는 사탄과 그의 일을 파괴하셨다 (승리자 그리스도 이론)
그리스도는 죄에 대한 하나님의 진노를 드러내셨다 (도덕적 통치 이론)

제8장 구원론 논쟁 / 261
하나님께서는 택자를 구원하신다 (칼빈주의)
하나님께서는 모든 사람이 구원받기를 원하신다 (알미니안주의)

제9장 **성화 논쟁** / 291
　　하나님의 선언으로서의 성화 (루터파 견해)
　　그리스도와 개인적 행위의 거룩으로서의 성화 (개혁파 [칼빈주의] 견해)
　　그리스도의 충분성 안에서 안식하는 신앙으로서의 성화
　　(케직의 심화된 삶 견해)
　　온전한 사랑으로서의 완전한 성화 (웨슬리파 견해)

제10장 **영원한 안전 논쟁** / 333
　　하나님의 능력 안에서의 안전 (영원한 안전 견해)
　　신앙 안에서 견뎌야 할 필요 (조건적 안전 견해)

제11장 **미전도종족의 운명 논쟁** / 359
　　다른 이름은 없다 (제한주의 견해)
　　하나님은 하실 수 있는 모든 일을 하신다 (보편적 기회 견해)
　　무덤 너머의 희망 (죽음 이후의 전도가 가능하다는 견해)
　　증인 없이 홀로 남겨져 있지 않다 (내포주의 견해)

제12장 **세례 논쟁** / 389
　　세례와 그리스도인의 제자도 (신자의 세례 견해)
　　하나님의 공동체와의 언약 (유아 세례 견해)

제13장 **성만찬 논쟁** / 411
　　이것이 내 몸이다 (영적 임재설)
　　나를 기념하라 (기념설)

제14장 **영적 은사 논쟁** / 427
    은사는 오늘을 위한 것이다 (지속설)
    방언은 그쳤다 (중지설)

제15장 **여성 사역 논쟁** / 453
    보완적인 역할을 가지고 평등하게 창조되었다 (보완주의적 견해)
    영적인 권위에 있어서 성별을 나누는 것은 적절하지 않다
    (평등주의적 견해)

제16장 **천년 왕국 논쟁** / 475
    천년 왕국 전 재림 (전천년설)
    다가오는 평화의 통치에 대한 동참과 기다림 (후천년설)
    사탄에 대한 상징적인 천 년 동안의 정복 (무천년설)

제17장 **지옥 논쟁** / 509
    사악한 자들의 끝없는 고통 (고전적 견해)
    사악한 자들은 더 이상 존재하지 않을 것이다 (멸절설)

부록 / 533
용어 해설 / 591

Across the Spectrum

서론

　본서는 비록 복음주의로 포괄되는 다양한 견해들에 관심 있는 모든 사람들을 염두에 두고 있기는 하지만 특별히 복음주의적인 대학생들을 위해 쓰였다. 본서의 목적은 이들 학생들에게 여러 논란이 되어 온 주제들에 대해 복음주의자들이 취하고 있는 다양한 입장들을 소개하는 것이다. 각각의 입장은 그 입장을 변호하는 관점에서 주장되고 있으며 본서의 입문적인 성격과 지면의 제한에도 불구하고 가능한 대로 설득력 있게 제안되고 있다.

　본서는 신학을 공부하는 학생들에게는 명백하게 순수 학문을 공부하는 방식을 취하고 있다. 본서의 목적은 단지 교사가 자기 자신의 관점으로 학생들을 설득하는 것에 있지 않다. 도리어 가르침의 목적은 학생들이 다양한 관점을 이해하도록 도움으로써 학생들의 지성을 넓혀 주고 그들로 하여금 스스로 비판적으로 사고하도록 훈련하는 것이다. 다른 말로 하면 가르침의 목적은 특정한 교리의 주입이 아니다. 교사에 대한 동의 여부와 관계없이 학생들이 기도하며 비판적으로 사고하는 가운데 그들 자신의 확신에 도달할 수 있는 사람들을 길러 내는 것이다.

　이러한 방식은 교사가 어떤 특정한 신학적 견해에 열정적으로 헌신하여서는 안 된다거나 학생들을 그 자신의 견해로 설득하려고 시도하기를 삼가야 한다는 것을 의미하지는 않는다. 그러나 신학에 대한 순수 학문의 접근 방법은 모든 견해가 가능한 대로 정당하고 분명하게 제시되어야 할 것을 요구하고 있다. 학생들에게 **왜** 진지하고 경건하며 성경적으로 정향된 사람들이 다양한 주제에 대하여 서로 다른 입장을 취하는지 평가하도록 허용되어야 한다. 학생들은 심지어 자신들과 대립되는 자신들의 교사의 입장에 대해서도 존중하고 감사하는 마음을 갖도록 격려 받고 그런 힘을 길러야 한다. 본서의 목적은 이러한 목적을 성취하도록 교사들을 돕는 것이다. 본서의 성격과 전제는 다음과 같다.

첫째, 본서의 목적은 기독교 교리에 대한 균형 잡힌 개관을 제공하는 것이 아니다. 교리는 복음적인 신앙에 역사적으로, 실제적으로 어떤 중요성을 가지는 가로 평가되어서는 안 되며 엄격하게 당대의 복음주의자들이 이들 교리에 대해서 가지는 다양한 해석들이라는 관점에서 이해되어야 한다. 예컨대 대부분의 사람들에 의해 역사적이고 정통적인 기독교의 중심 교리로 간주되는 삼위일체론은 부록에 배치되어 있으며 복음주의자들이 이 교리에 대해 가지고 있는 두 가지 주된 해석만을 소개하고 있다. 그 이유는 이 교리가 매우 중요하기는 하지만 복음주의자들이 어떻게 이 교리를 이해하는가에 대한 불일치가 그렇게까지 중요하지는 않기 때문이다. 우리는 기독교 기본 교리에 대한 정선된 개관을 제공하는 신학 과정을 공부하고자 하는 사람들에게 기독교 교리에 대한 표준적이고 입문적인 개관으로 본서를 보완하라고 권하고 싶다.

둘째, 본서는 단지 **복음주의 내부에서** 논의되고 포함되어 있는 견해들만을 다루고 있다. 물론 "복음주의"에 대하여 보편적으로 받아들여지는 정의는 없다. 복음주의자들은 이 문제에 대하여 강한 불일치를 보여 주고 있다. 그러므로 어떤 주제와 입장이 복음주의라는 한계 안에 들어오는지, 그리고 어떤 이슈가 중요하고 어떤 이슈는 그렇지 않은지를 결정함에 있어 불가피하게 우리들 자신의 주관적인 요소가 개입되고 있다. 우리의 관점은 복음주의의 다양성에도 불구하고 복음주의자들은 **에큐메니칼** 신조들에 표현되어 있는 역사적인 정통 기독교의 핵심적인 신앙과 실천의 모든 내용에 있어서 성경의 우선적인 중요성에 헌신되어 있다는 것이다. 그러므로 명확하게 가톨릭적인 입장(예컨대 **화체설**)과 자유주의적인 입장(예컨대 하나님을 가이아[Gaia]로 보는 것)은 본서에 포함되어 있지 않다. 무엇이 "중요하고 사소한" 이슈인지를 결정하는 우리의 결정은 주로 어떤 논쟁이 넓게 이해된 복음주의권 안에서 얼마나 폭넓게 그리고 활발하게 이루어졌고 또 이루어지고 있는가에 대한 우리의 평가를 따른 것이다.

어떤 독자들은 예컨대 멸절설을 복음주의적인 견해에 포함시킨 것을 보고 너무 원을 크게 그리고 있다고 느낄 것이다. 또 다른 사람들은 아마도 예컨대 복음주의적 **보편구원론**을 생략한 것에 대해 원을 너무 작게 그리고 있다고 느낄지도 모른다. 우리는 복음주의의 한계에 대한 우리 자신의 윤곽이 유일하게 옳다는 주장을 하고 싶지는 않다. 더욱이 우리는 무엇이 중요한 이슈이고 무엇이 사소한 이슈인지에 대한 우리의 평가에 오류가 없음을 주장하고 싶지도 않다. 우리는 이러한 문제들에 대한 불일치가 어디에 한계를 정하고 이슈들을 어떻게 평가할 것인가 하는 문제에 있어서 별반 문제가 되지 않는다는 것을 알기에 다소간의 위안을 가진다. 우리는 단지 교사들이 정당하다고 생각하는 이들 이슈들을 교실에서의 논의의 주제로 삼아보도록 격려할 따름이다.

셋째, 본서는 복음주의 안에서의 다양한 입장에 대한 **입문적인** 책이다. 우리는 신학적인 배경이 없는 학생들에게 복음주의자들의 신학적인 다양한 이슈들에 대해 보여 주려고 한다. 지면의 제한과 같은 이유 때문에 본서의 논문들은 의도적으로 그 본성상 기본적이고 일반적인 것이다. 우리는 다양한 입장의 미묘한 차이점을 이해하고 때로 그들 입장을 보강해 줄 수 있는 보다 전문적인 학술적인 논의들을 때때로 생략하였다. 그러한 생략은 신학에서 어떠한 선행적인 배경을 가지지 못한 학생들도 본서를 읽을 수 있게 하기 위해서도 필요하며 책의 크기를 적당하게 해 주고 가격은 부담이 없게 할 것이다. 우리는 교사들에게 본서의 논문을 도약대로 삼으라고 격려하고 싶다. 여러분은 본서로 시작해서 다양한 견해에 대하여 활발한 토론과 보다 심도 있고 보다 정교한 제시를 할 수 있을 것이다.

넷째, 이 논문들에 전제되어 있는 신학적 기준들은 성경, 전통, 이성, 경험이라는 존 웨슬리의 4변형(quadrilateral)에서 제안되고 있는 것들이다. 그러나 본서는 복음주의 청중을 위해 기획된 것이다. 이들은 원칙적으로 성경이 신학적 진리의 최종적 권위라고 주장한다. 그리고 본서의 논문들은 그 성격상 간략하고 입문적인 것이기 때문에 대부분의 논문은 그 강조점이 각각의 입장을 성경적으로 변호하는데 있다. 우리는 교사들과 학생들이 다양한 입장들을 비판적으로 평가함에 있어서 보다 철저하게 전통과 이성과 경험을 고려해 볼 것을 권하고 싶다.

다섯째, 각각의 장은 동일한 기본적인 개요를 따르고 있다. 먼저, 간략한 항목에서 각각의 주제를 소개하고 있다. "질문을 제기함"이라는 제목을 지닌 이 항목은 학생들이 그 주제의 실제적인 적절성을 이해하는데 도움이 될 것이다. "핵심 주장과 차이점"이 그 뒤를 이을 것인데 복음주의자들이 비복음주의적이거나 비기독교적인 관점에 대항하여 그 주제에 대해 공유하고 있는 공통적인 근거를 개략적으로 보여줄 것이다. 각각의 서론은 복음주의자들이 그 주제에 대하여 가지고 있는 다양한 견해에 대한 간략한 개관으로 결론을 지을 것이다. 성경적인 논의가 먼저 제시되고 뒤이어 가능한 대로 전통과 이성, 그리고 경험으로부터의 논증이 이어질 것이다. 그리고 각각의 논문은 논의 중인 입장에 대한 반론을 반박함으로 결론을 지을 것이다. 각장의 끝에는 심화 학습을 위한 도서 목록이 있어서 흥미가 있는 학생들이 다양한 입장들을 보다 철저하게 탐구하도록 도울 것이며 교사가 적절하다고 생각하는 탐구 과제를 부여할 수도 있다. 또한 학생들에게 익숙하지 않는 용어들의 해설을 책의 말미에서 발견할 수 있을 것이다. 이 용어 해설에서 발견할 수 있는 용어는 처음 본서에 등장할 때 고딕체로 처리되어 있을 것이다. 마지막으로 13개의 다른 이슈들을 포함하고 있는 부록이 본서를 보완할 것이다.

본서가 학생들로 하여금 그들 자신의 신학적 확신에 도달하도록 정보를 제공하고 그들이 동의하지 않는 사람들의 견해에 대하여 바르게 이해하고 평가하는 일을 하는데 도움이 되기를 바라는 것이 우리의 바람이자 기도이다.

Across the Spectrum

제1장

무오성 논쟁

어떤 종류의 오류도 없다 (무오설)
vs
신앙과 실천의 문제에 있어 오류가 없다 (무류설)

1. 서론

1) 문제 제기

주립 대학 2학년 학생으로 사회사업을 전공으로 공부하고 있는 성민은 자신의 룸메이트인 진우와 좋은 관계를 맺게 되었다. 교우 관계가 발전하면서 성민은 예수님에 대한 신앙을 나눌 수 있는 기회를 가지게 되었다. 역사 전공이었던 진우는 영적인 일들에 대해 관심을 가지고 있었다. 어느 날 이러한 사정이 급변하는 상황이 일어났다. 진우는 신약성경의 복음서가 하나의 실례로 사용된 고대의 사료 편집에 대한 강의를 들은 후 방에 돌아와 성민에게 일단의 곤란한 질문들을 제기하였다.

예수님의 말씀과 행적을 기록하고 있는 제4복음서(요한복음)는 왜 다른 3개의 공관복음서들과 그토록 차이점이 많은가? 예수님의 부활에 대한 다양한 복음서의 설명들은 그 상세한 부분에 있어서 왜 차이가 있는가? 성경은 실제로 역사적으로 믿을만한가? 역사적 기독교는 항상 성경이 신뢰할 만한 기록된 하나님의 말씀이라고 주장하고 있지만 우리는 그 사실을 어떻게 확신할 수 있는가?

2) 핵심 주장과 차이점

복음주의 신학의 핵심적인 특징 중 하나는 성경이 하나님의 영감으로 기록된 하나님의 말씀이라는 것이다. 사도 바울과 함께 복음주의자들은 "모든 성경은 하나님의 감동으로 된 것으로 교훈과 책망과 바르게 함과 의로 교육하기에 유익하니 이는 하나님의 사람으로 온전하게 하며 모든 선한 일을 행할 능력을 갖추게 하려 함이라"(딤후 3:16-17, 또한 벧후 1:20-21을 보라)고 믿고 있다.

이러한 성경 **영감**에 대한 확신에서 중요하고 일반적으로 공유하고 있는 성경의 **권위**라고 하는 복음주의의 주장이 따라오게 된다. 즉 성경이 기독교 신앙과 실천에 관한 모든 문제들에 대하여 최종적인 권위를 가지는 것으로 인정되는 것이다. 종교개혁자들과 마찬가지로 복음주의자들은 **오직 성경**의 원칙, 즉 "오직 성경"만이 종교적인 문제에 관한 최종적인 권위를 가진다고 주장하고 있다.

이러한 복음주의의 입장은 사람들이 성경에 대하여 취하고 있는 다른 자세와는 대조가 된다. 많은 불신자들은 성경이 "하나님에 의하여 영감되었다"(문자적으로 "하나님에 의하여 숨이 불어넣어졌다"는 의미임)고는 믿지 않는다. 심지어 어떤 복음주의권 밖의 기독교인들은 성경이 어떤 의미에서 하나님에 의하여 영감을 받기는 하였지만 이 점에 있어서 성경이 독특하다고 믿지는 않는다. 다른 종교적 저술들도 동일하게 영감되었다고 말할 수 있다는 것이다. 예컨대 자유주의 신학을 표방하는 사람들은 **쿠란**이나 **바가바드기타**도 신적으로 영감되었다고 제안하고 있다(비록 쿠란이나 바가바드기타가 성경과는 상충되는 가르침을 담고 있다고 하더라도 말이다).

몰몬교인들은 성경이 하나님에 의하여 영감되었다고 확실히 믿고 있지만 그들은 몰몬경과 다른 종교적인 저술들도 마찬가지로 하나님의 영감으로 기록되었다고 믿고 있다. 몰몬교인들은 오직 성경이라는 원리를 부인하고 있다. 가톨릭 신자들도 마찬가지로 오직 성경이라는 원리를 부정한다. 왜냐하면 가톨릭 신자들은 교황과 교회 전통을 종교적인 권위의 근원으로 간주하고 있기 때문이다.

복음주의권 밖의 신학자들은 성경 영감에 대한 다양한 견해들을 제안하고 있다. 예컨대 신정통주의의 창시자인 칼 바르트(Karl Barth, 1886-1968)는 하나님께서 주권적으로 성경이 하나님의 말씀이 되게 하실 때 하나님의 말씀이 **된다**고 주장하였다. 우리는 성경 책 자체를 영감되었다고 주장할 수는 없다는 것이다. **구속사**(Heilsgeschichte) 학파를 추종하는 사람들은 하나님의 계시는 글이 아니라 역사적인 사건 속에서 발견된다고 주장하고 있다. 그러므로 성경은 역사 안에서의 하나님의 계시적인 사건들을 증거해 주기는 하지만 그것 자체가 신적으로 영감된 책으로 간주될 수는 없다.

이러한 관점들에 반대하여 복음주의자들은 성경만이 하나님의 영감으로 기록된 것이며 신앙과 실천의 문제에 관한 최종적인 권위가 됨을 주장하고 있다. 동시에 기독교 신앙과 실천에 관한 것이 아닌 다른 문제들을 다루고 있는 성경의 일부분에 실제적인 오류가 있는가 하는 문제에 대하여 복음주의자들 사이에 다소간의 불일치가 존재한다.

1970년대에 북미를 중심으로 "무오성 논쟁"으로 알려진 일이 복음주의 안에서 일어났다. 이 논쟁은 보다 보수적인 복음주의적 관점을 지닌 해롤드 린드셀(Harold Lindsell, 1913-98)의 『성경을 위한 투쟁』(The Battle for the Bible, 1976)이라는 책의 발간으로 촉발되었다. 린드셀은 복음주의자들이 성경은 다루고 있는 모든 문제에 대하여 절대적으로 무오하다고 믿었다고 주장하였다.

잭 로저스(Jack Rogers)와 도날드 맥킴(Donald Mckim)은 『성경의 권위와 해석』(The Authority and Interpretation of the Bible, 1979)라는 책으로 린드셀의 주장에 대하여 응답하였다. 로저스와 맥킴은 성경이 하나님께서 그렇게 하라고 하신 것을 믿고 실행할 때 신자들을 잘못되게 하지 않는다는 점에서 **무류**하다(infallible)고 할 수 있기는 하지만 신자들은 성경이 소개하고 있는 모든 일들에 있어서 절대적으로 **무오**하다(inerrant)고 주장할 필요가 없다는 견해를 주장하였다. 보다 구체적으로 신자들은 성경이 그 주변적으로 다루고 있는 과학적이고 역사적인 진술에 있어서까지 무오하다고 주장하여서는 안 된다는 것이다.

최근에 "무오" 견해를 취하는 많은 사람들이 린드셀의 입장, 즉 근본주의적 입장에 대하여 어느 정도 거리를 유지하면서 성경의 무오성에 대하여 훨씬 복잡하고 미묘한 그리고 해석학적으로 민감한 제안들을 제시하고 있다. 1978년의 "성경 무오에 대한 시카고 선언"(Chicago Statement on Biblical Inerrancy)으로부터 보다 최근의 화행이론에 근거한 표현들에 이르기까지 많은 복음주의자들은 오늘날 성경 본문이 지닌 실질적인 복잡성을 인정하고 있다. 그들은 여전히 성경이 그 원본에 있어서 다루고 있는 다양한 모든 문제들에 있어서 전적으로 오류가 없다는 사실을 확신다.

다음의 두 논문은 이들 두 관점 가운데 한 입장을 변호하고 있다. 먼저 무오설 견해에 대한 보다 미묘한 표현을 살펴보고 그 다음으로 무류설 견해에 대한 분명한 주장을 보자.

2. 어떤 종류의 오류도 없다 (무오설)

비록 무오설이라고 하는 전문적인 용어는 최근에 생겨난 것이지만 성경이 "오류가 없다"는 확신은 그렇지 않다. 우리는 근대(17세기) 이전의 그 어떤 기독교 신학자도 성경이 실수할 수 있다고 주장하지 않았음을 발견하게 된다. 이러한 사실은 역사를 통하여 기독교인들이 성경을 오류가 없는 책으로 전제하였다는 분명한 증거가 된다. 성경은 "무오하다."

무오설에 따르면 성경은 오늘날 몇몇 복음주의자들이 가르치고 있는 것처럼 단지 신앙과 실천의 문제에 있어서만 오류가 없는 것이 아니다. 성경은 역사와 심지어 과학을 포함하여 다루고 있는 모든 문제에 있어서 오류가 없다. 교회의 건강, 활력, 그리고 안정성은 이러한 전통적인 성경에 대한 견해를 확신하느냐에 달려 있다. 이렇게 말하고 나서 몇 가지 제한사항을 지적하는 것이 중요하다고 할 것이다.

첫째, 무오설을 주창하는 사람들은 성경이 어떠한 **실제적인** 오류도 없다는 것을 주장하는 것이지 어떤 **외견상의** 오류가 없다고 주장하는 것은 아니다. 무오설자들은 기꺼이 성경에 우리의 유한한 지성이 이해할 수 없는 일들이 있음을 인정한다. 그러나 그 문제를 우리의 성경에 대한 제한된 이해에 두기보다 성경 자체에 두려는 것은 올바르지 못하며 오만한 것이다.

둘째, 성경의 무오성은 원본의 후대 사본들에 적용되는 것이 아니라 원본에만 적용된다. 본문 비평은 성경 문서의 후대 복사본 가운데 많은 사소한 오류들이 들어왔음을 밝혀 주었다. 서기관들은 복사본을 만듦에 있어서 하나님의 영감을 받지 않았다. 그렇기 때문에 우리는 서기관들이 쓴 사본이 오류가 없다고 기대할 이유를 가지고 있지 않다. 오늘날 우리가 소유하고 있는 성경은 매우 원본에 가까운 것이기는 하지만-사실 성경은 전체 역사에서 가장 잘 입증된 책이다-원본과 동일시될 수는 없다.

셋째, 성경의 무오성은 저자의 원래적인 의도와 관련된 것이지 본문에 대한 우리의 해석에 필연적으로 관련될 필요는 없다. 또한 어떤 저자의 저술이 지니는 무오성이라고 하는 것은 그 저자가 사용하고 있는 장르와 그 저자가 저술하고 있는 문화에 부합해서 이해되어야만 한다. 우리는 고대의 저자가 우리의 문화에서 채택하고 있는 정확성과 동일한 기준을 채택하지 않았다고 해서 그가 말하고 있는 것이 부정확하다고 말할 수 없다.

또한 우리는 저자의 의도가 문자적인 진리를 전달하기 위함이 아닌 경우에 문자적으로는 바르지 않은 표현들을 사용한 것을 가지고 잘못되었다고 그 저자를 공격할 수도 없다. 예컨대 다윗이 하나님께서 구름을 타시고 그 코에서 연기가 나고 번개를 던지신다고 말할 때(시 18:8-15) 다윗은 하나님의 장엄하심을 표현하기 위해 수사학적인 은유를 사용하고 있는 것이다. 물론 그 표현들이 문자적으로는 올바르지 않을 것이다. 그러나 그럼에도 그러한 표현들은 심오한 진리를 전달하고 있다.

1) 성경적 논증

모든 복음주의 기독교인들은 성경이 우리가 믿는 모든 것의 기반이 되는 영감된 하나님의 말씀이라고 믿기 때문에, 성경의 본성에 대하여 무엇을 믿을 것인지 결정할 때도 성경을 살펴보아야 한다. 성경은 오류가 없다고 분명하게 가르치고 있다. 예컨대 성경 전체를 통하여 우리는 하나님께서 거짓말을 하시거나 남을 속이실 수 없다는 사실을 배우게 된다(민 23:19; 삼상 15:29; 딛 1:2). 하나님께서 어떤 일을 약속하실 때 그 일은 **반드시 이루어진다**(사 46:8-10). 하나님께서 말씀하실 때 그것은 진리임에 틀림없다. 만일 어떤 사람이 하나님의 이름으로 말하고 그 말한 것이 이루어지지 않는다면 그 사실은 그 사람이 하나님의 진실한 선지자가 아니라는 증거가 된다(신 13:1-5; 18:20-22). 여기서 기본적인 가정은 분명 하나님께서 오류를 범하실 수 없고 하나님을 위하여 말하도록 영감을 받은 모든 사람들은 오류를 범할 수 없다는 것이다. 시편은 하나님의 "말씀은 영원히 하늘에 굳게 섰사오며"(시 119:89)라고 말씀하고 있다. 또한 하나님의 말씀은 진리이며 "주의 의로운 모든 규례들은 영원하리이다"(시 119:160)라고 말씀하고 있다.

예수님도 이러한 견해를 취하셨다. 사실 예수님의 성경에 대한 믿음은 아무리 강조해도 지나칠 수 없다. 예수님은 습관적으로 "성경에 이르기를"이라는 표현과 "하나님이 말씀하시기를"이라는 표현을 상호 교환 가능하게 사용하셨다. 예수님은 "천지가 없어지기 전에는 율법의 일점일획도 결코 없어지지 아니하고 다 이루리라"(마 5:18)고 가르치셨다. 예수님은 "율법의 한 획이 떨어짐보다 천지가 없어짐이 쉬우리라"(눅 16:17)고 주장하시면서 보다 강력한 용어를 사용하셔서 이 점을 반복하셨다.

가장 단순한 용어로 말하자면 예수님은 "성경은 폐하지 못하나니"(요 10:35)라고 믿으셨던 것이다. 사람들이 신학적인 문제들에 대해 잘못 생각할 때 예수님은 가장 근본적으로는 그들이 성경을 제대로 알지 못하기 때문이라고 생각하셨다(마 22:29). 예수님은 만일 어떤 사람이 성경을 제대로 안다면 그 사람은 진리를 아는 것이라고 생각하셨다. 성경은 처음부터 끝까지 진리이다. 예수님께서 제안하신 것보다 더 강력한 성경 무오에 대한 확신을 상상한다는 것은 불가능하다. 만일 우리가 성경이 오류를 포함하고 있다고 결론짓는다면 하나님의 아들이신 예수님도 오류를 범하셨다고 결론을 내려야만 할 것이다.

이와 동일한 견해가 신약성경 전체를 통해 발견된다. 바울은 "모든 성경은 하나님의 감동으로 된 것"(딤후 3:16)이라고 가르쳤다. **감동되었다**는 말은 문자적으로 "하나님께서 숨을 불어넣으셨다"는 의미이다. 예수님과 다른 신약성경의 저자들뿐만 아니라 바울에게도 성경 말씀은 하나님의 입으로부터 직접적으로 온 것이었다. 하나님께서 오류를 범하시고 성경도 오류를 범할 수 있다고 생각하는 것은 옳지 않다. 만일 "하나님이 거짓말을 하실 수 없는"(히 6:18) 것이 분명하다면 성경이 거짓말을 하는 것도 불가능하다. 이러한 수준의 확신은 성경의 가장 작은 세부 사항에까지 확대된다. 예컨대 예수님은 시편에서 발견되는 "신"이라는 하나의 단어로 자신의 논증 전체를 전개하고 계신다(요 10:34-36; 시 82:6). 그리고 바울은 창세기에 있는 한 단어 형태에 자신의 논증 전체를 의지하고 있음을 볼 수 있다(갈 3:16; 창 13:16). 그러므로 유일한 합리적인 결론은 하나님의 말씀 그 자체는 무오설을 지지한다는 것이다.

2) 지지하는 논증

(1) 교회의 전통

앞에서 말한 것처럼 신학자들은 역사를 통하여 성경이 오류가 없다고 가정하였다. 어거스틴은 "나는 정경적이라고 불리는 책들에게만 영예를 부여하기를 배웠는데 이러한 책들의 그 어떤 저자도 오류가 없으리라는 것을 나는 확실히 믿는다"[1]고 말하면서 성경 무오에 대한 보편적인 확신을 표현하고 있다. 마찬가지로 마틴 루터는 "성경은 오류를 범할 수 없다"[2]고 주장하였고 존 칼빈은 성경을 "무오한 표준"[3]이라고 말하였다.

---

1) Augustine, *Epistle* 82.1, in *Letters of Augustine*, trans. Wilfrid Parsons, 5 vols. (Washington, DC: Catholic University of America Press, 1951), 1:285.
2) Martin Luther, *Works*, ed. Jaroslav Pelikan and Helmut T. Lehmann, 55 vols. (St. Louis: Concordia, 1955-73), 14:1073.
3) John Calvin, *Institutes of Christian Religion*, ed. John T. McNeill, trans. Ford L. Battles, Library of Christian classics, 2 vols. (Philadelphia: Westminster Press, 1960), 1:149.

(2) 논리적 논증

다음의 논증을 살펴보라.

    a. 하나님은 완전하시며 오류를 범하실 수 없다.
    b. 성경은 하나님께서 숨을 불어넣으셨다.
    c. 하나님께서 숨을 불어넣으신 것은 그의 완전한 성품을 간직한다.
    d. 성경은 오류가 있을 수 없다.

이 논증은 논리적으로 건전하다. 문제는 모든 전제가 정당한가 하는 것이다. 거의 예외 없이 복음주의자들은 a와 b를 일반적으로 받아들인다. 그러나 몇몇 복음주의자들은 c를 받아들이지 않는다. 그들은 말하기를 성경은 영감되었다. 그러나 이것이 성경이 무오하다는 의미는 아니라고 말한다. 이러한 입장이 얼마나 역설적인지 살펴보자. 이것은 마치 어떤 사람이 거짓말을 하지는 않지만 이러한 정직성이 그가 말한 것에 필연적으로 적용되는 것은 아니라고 말하는 것과 같다. 하나님께서 오류가 없으시다는 사실이 그의 입에서 나오는 것에는 적용되지 않는다고 주장하면 어떻게 되겠는가? 그러므로 전제 c는 수용되어야만 한다. 그리고 이것은 즉각적으로 성경이 오류를 범할 수 없다는 결론으로 인도한다.

(3) 인식론적 논증

성경이 무오하다는 견해를 받아들이지 않으면 우리는 성경이 언제 진실을 말하고 언제 그렇지 않은지 결정하는 것이 우리의 소관이라는 것을 받아들여야만 한다. 그러나 이것은 성경이 우리 위에 권위를 가지는 것이 아니라 우리가 성경 위에 있는 권위를 가진다는 것을 의미한다. 성경이 우리에게 동의할 때 우리는 성경의 권위를 받아들인다. 그렇지 않을 때 우리는 성경의 권위를 받아들이지 않는다. 성경이 단지 이러한 권위만을 가진다면 이러한 권위는 무기력한 것이다.

어떤 사람들은 성경이 신앙과 실천의 모든 문제들에 있어서는 무오하지만 역사나 과학과 같은 문제들에 있어서는 그렇지 않다는 것을 가정할 수 있다고 반응할는지 모른다. 그러나 이러한 제안에는 두 가지 문제가 있다.

첫째, 우리가 성경에서 무오한 것과 무오하지 않은 것을 결정하는 기준을 만들어 낼 때 사용하는 권위는 과연 무엇인가? 그러한 권위는 존재하지 않는다. 그것은 단지 신앙적인 편의를 위한 것인데 어떤 사람들은 그런 기준을 믿으려 한다. 그러나 위에서 살펴본 것처럼 그러한 권위는 성경이나 전통, 또는 예수님의 가르침에 근거하고 있지 않다.

둘째, 우리는 어떻게 적절하고 부적절한 것을 결정하는가? 예컨대 바울이 간음과 동성애를 비난할 때(롬 1:21-32; 고전 6:9-10) 그것이 바울이 지니고 있는 역사적으로 전제된 문화의 부적절한 측면을 반영하고 있을 뿐이라고 말하지 못하게 하는 것은 무엇인가? 실제로 우리는 "신앙의 문제"와 관계없는 "역사"가 무엇인지를 어떻게 결정할 수 있는가? 홍수 이야기는 신앙에 적절한 가르침의 범주에 속하는가 그렇지 않으면 부적절한 역사의 범주에 속하는가?

논점은 우리가 만일 우리의 신앙에 대하여 확실한 기초를 가지고 있지 못하다면 모든 것이 근본적으로 흔들릴 수 있다는 것이다.

(4) 역사적 논증

성경은 우리에게 만물보다 거짓된 것이 인간의 마음이라고 말씀하고 있다(렘 17:9). 끊임없이 하나님으로부터 벗어나려고 하는 시도가 타락한 인간에게는 있다. 이러한 이유때문에 성경의 무오성을 부정하는 것이 그토록 위험한 이유이다. 우리는 무엇이 참된 것인지를 결정하기 위해 우리 자신의 타락한 심정과 마음을 신뢰할 수는 없다. 우리의 지각은 항상 편향되어 있다. 타락한 번역자로서 우리는 항상 우리가 좋아하지 않는 성경의 어떤 측면들은 오류가 있고 우리가 좋아하는 측면들은 옳다고 결론을 내리곤 한다.

서구에서 최근의 교회 역사에 대한 정직한 평가는 이러한 사실을 극명하게 드러낸다. 이단적인 단체들이 때때로 성경 무오설을 지지한(예컨대 초기의 유니테리언, 여호와의 증인) 것은 사실이다. 그러나 무오성의 거부가 전적인 불신앙은 아니라하더라도 거의 항상 어떤 이단적인 형태로 나아갔다는 것 또한 사실이다. 예를 들어 20세기까지 미국의 대다수 대학 캠퍼스는 복음주의적 기독교 기관에 의해 설립되었다는 사실을 생각해 보자. 그러나 오늘날 거의 모든 대학에서 기독교적인 독특성을 찾아볼 수 없다. 세속주의를 향한 방향전환이 19세기 말경 발생한 것이다. 당시 신학 교수들은 **고등 비평**을 수용하기 시작하였고 성경의 무오성을 부인하기 시작하였다. 많은 복음주의 지도자들이 이러한 근본적인 기독교 교리에 대하여 애매한 태도를 취하는 복음주의 교사들과 기관들에 대해 염려하는 것은 타당하다.

(5) 화행이론(speech act theory)의 논증

우리 시대의 철학의 한 가지 이론이 무오성 교리를 크게 고양시키고 있다. 그 이론은 화행이론이라 불린다.[4] 그 중심적인 주장은 다음과 같다. 언

---

4) J. L. 오스틴(J. L. Austin)과 존 서얼(John Searle)과 관련 있는 화행이론은 분석철학의 "일상언어 학파"에서 나왔다. 케빈 벤후저(Kevin Vanhoozer, 1957–)와 낸시 머피(Nancey Murphy)와 같은 복음주의 신학자들과 윌리암 알스톤(William Alston, 1921–2009)과 리차드 스윈번(Richard Swinburne, 1934–)과 같은 기독교 철학자들은 종교적 언어를 이해하기 위해 화행이론을 사용하였다.

어는 많은 일을 **한다**. 일반적으로 사람들은 언어의 주된 사명이 어떤 일을 **말하는** 것(묘사하는 것)이라고 생각한다. 그러나 화행이론에 따르면 언어의 목적은 포괄적이다. 언어의 목적은 일을 **하는** 것이다. 일을 말하는 것(세계를 묘사하는 것)은 언어가 하는 **한 가지** 일이다. 그러나 그것은 언어가 하는 **유일한** 일은 아니다. 예를 들어 보자.

아브라함 링컨은 미국의 16대 대통령이었다.

이 문장은 실체의 한 부분을 묘사해 준다. 그렇기 때문에 이 문장은 참이거나 거짓일 수 있다. 그러나 언어는 묘사하는 것 이외에 다른 일을 수행할 수 있다. 또 다른 예를 들어 보자.

십대 아이가 세계에서 가장 무서운 롤러코스터를 타며 "야호"라고 소리를 지르고 있다.

이러한 말은 세계에 대하여 아무것도 말하고 있지 않다(그 말은 세계를 묘사하고 있지 않다). 그러므로 그 말은 참이거나 거짓일 수 없다. 그러나 이 말은 의사를 전달한다. 그 말은 정상적인 의사전달 행위이다. 언어 행위는 우리가 언어를 많은 일을 하는 것으로 보아야만 한다고 말한다. 언어가 하는 일에는 세계에 대하여 참된 일을 말하는 것과 어떤 사람의 감정을 표현하는 것 양자가 모두 포함된다.

언어가 하는 또 다른 일은 무엇인가? a. 진술은 무엇이 참인지를 사람들에게 말한다. b. 명령은 사람들이 일을 하도록 한다. c. 약속은 화자가 어떤 일을 하는데 몰입하게 한다. d. 감탄은 감정이나 태도를 표현한다. e. 수행문은 새로운 실재를 창조한다. 단지 맨 처음 것만이 기술적인(descriptive)

것이지만 다섯 가지 모두 정당한 언어적인 행동이다.

우리는 어떻게 이러한 주장을 무오성에 적용할 수 있는가? 성경에 나오는 어떤 적절한 언어 행위는 세계를 묘사하지 않는다. 그러므로 그 언어 행위들은 참이거나 거짓일 수 없다. 그러나 이들 언어 행위들은 합당한 언어적 행위들이다. 묘사하지 않는 언명들은 참이나(무오하거나) 거짓(오류가 있는 것)일 수 없다. 그러나 이들 언명의 목적은 묘사하는 것이 아니다. 그렇기 때문에 이들 언명들이 무오한지 유오한지 묻는 것은 무의미하다. 그러나 이러한 문제가 우리를 곤란하게 해서는 안 된다. 이들 언명들은 여전히 중요하고 의미 있는 언어적 행위들이다. 그들은 우리에게 세계에 대한 진리를 말하는 것과 달리 단지 어떤 일을 하고 있다.

성경은 진리를 진술하기 위한 도구일 뿐 아니라 영적인 관련성과 성장을 창조해 내는 도구이기도 하다. 성경 말씀은 우리의 지성에 정보를 제공하며 영적인 반응과 우리를 하나님께로 향하게 하는 정당한 감정을 창조해 낸다. 예컨대 시편은 단지 참된 진술만을 담고 있지 않다. 시편은 심오한 정서와 사랑의 헌신을 표현하고 있으며 우리를 하나님에 대한 비슷한 정서와 헌신으로 들어가도록 개인적으로 초대하고 있다. 하나님은 시편을 영감하셔서 우리가 그 시편을 읽을 때 어떤 종류의 믿음과 열정과 헌신과 태도와 경험과 행동을 이끌어 내신다. 시편은 이러한 반응을 창조하기 위해 많은 언어적인 특징들을 사용하고 있다.

하나님께서는 성경이 **영적인 변혁**을 성취하기 위해서 **참다운 정보** 그 이상으로 나아가기를 원하셨다. 성경을 통한 하나님의 목적은 우리가 단지 하나님에 대한 **개념들**에 연결되는 것뿐만 아니라 **하나님 자신과 연결되는** 것이다. 이것은 몇몇 성경의 언명은 묘사적임을 의미한다. 무오성은 이들 기술들이 참이라고 말한다. 그리고 이것은 매우 중요한 함의를 지닌다. 그러나 성경의 몇몇 목적은 이러한 기술을 넘어간다. 이러한 예들에 대해서는 무오성에 관한 질문을 하는 것이 적절하지 않다.

성경이 진리를 말하는 역할과 성경의 다른 기능들은 서로 연결되어 있다. 영적인 변혁을 일으키지 않는 정보는 죽은 것이다. 다른 한편으로 참다운 정보가 없는 과격한 변혁은 방향을 상실한 것이다. 우리에게 성부 하나님과 그리스도의 사역, 그리고 성령의 임재에 대하여 말하고 있는 성경의 **정보를 제공하는** 주장들은 정당하고 **참다운** 것이다. 열정적인 예배와 영적인 성장, 그리고 내적인 치유, 경건한 공동체와 희생적인 봉사를 촉발시키는 **형성적인** 언명들은 정당하고 훌륭한 것이다.

무오성은 성경이 참이라고 선언하기 때문에 중요하다. 화행이론은 성경의 진리들이 세계를 묘사하고 우리의 지성에 지식을 제공하는 것뿐 아니라 어떻게 하나님께서 우리에게 영적으로 인격적으로 그리고 공동체적으로 자라나기를 원하시는지를 보여 주기 때문에 무오성을 고양시켜 준다.

3) 반론에 대한 응답

(1) 성경의 오류

무오설에 대한 주된 반론은 무오설이 사실과 부합하지 않는다는 것이다. 우리가 영감에 대하여 가지고 있는 이론이 어떤 것이든 사실에 부합해야만 한다. 그리고 사실 성경은 다 설명할 수 없는 오류를 포함하고 있다. 물론 성경이 가지고 있는 어떤 외견상의 오류는 다 설명할 수 없는 것이 사실이다. 그러나 그렇다고 해서 성경의 무오성에 대한 믿음을 뒤집어엎을 충분한 근거가 되는 것은 아니다. 여러 관찰이 이것을 지지해 준다.

첫째, 우리가 성경의 본성에 대하여 논의할 때 우리의 출발점에 주의를 기울이는 것이 매우 중요하다. 우리는 성경에 있다고 주장되는 오류에서 시작하여 성경의 무오한 본성에 대한 결론을 유도하는가? 그렇지 않으면 성경 자체에서 발견되는 성경의 무오한 본성에 대한 가르침에서 시작하여 주장되고 있는 성경의 오류를 다루고 있는가? 신자들은 두 번째 출발점을 취해야만 한다. 이것이 예수님과 초대교회가 취하였던 입장이었다.

이러한 의미에서 성경 안에 있다고 주장되는 어떤 특정한 오류를 적절하게 설명하느냐의 여부는 실제적으로는 별로 중요하지 않다. 인간의 관계성, 지식, 그리고 경험이 지니는 한계를 인정한다면 우리가 무엇을 믿고 있든지 상관없이 꼭 들어맞지 않는 부분을 기대하여야 한다. 정교하게 이루어진 과학 이론도 어떤 부분에서는 적합한 자료들과 모순된다. 그렇다고 해서 과학자들이 그러한 이론을 폐기하지 않는다. 오히려 과학자들은 그 자료들이 설명되어지기를 인내심을 가지고 기다린다. 이것이 성경에 있다고 주장되는 오류에 대하여 무오설을 주장하는 사람들이 가지고 있는 바로 그 자세이다.

그럼에도 불구하고 무오설을 주장하는 사람들은 우리가 성경에 있는 오류들을 설명하려고 노력해야만 한다는데 동의한다. 대부분의 경우 네 가지 방법 중에 한 가지 방식으로 적절하게 설명이 될 수 있다.

첫째, 우리는 몇몇 오류들이 역사 속에서 성경 필사자들에 의해 성경 본문 안으로 들어왔다고 가정할 수 있다. 성경에 나오는 숫자와 관련한 대부분의 명확한 모순은 이러한 방식으로 설명될 수 있다. 어떤 경우에는 보다 중요한 불일치가 이러한 방식으로 설명이 될 수 있다.

예를 들어 마가와 누가는 예수님께서 거라사(Gerasa)에서 귀신을 돼지에게 들어가게 하셨다고 말하고 있는 반면에 마태는 이 일이 가다라(Gadara)에서 있었다고 말하고 있다(막 5:1; 눅 8:26; 마 8:28). 장소의 불일치 뿐만 아니라 이 일이 발생하였다고 말하고 있는 거라사라는 도시는 갈릴리 호수 근처에 있지 않다. 이러한 외견상의 모순을 설명하는 적절한 방법은 원래의 도시가 케르사(Khersa)라고 하는 잘 알려지지 않은 도시였다는 것이다. 오늘날 고고학을 통해서 알려지게 된 이 도시는 가다라 지방에 있었고 갈릴리 호수에 위치해 있었다. 아마도 이 지역의 지리를 직접적으로 알지 못했던 후대의 성경 필사자들은 케르사라는 무명의 도시를 보다 잘 알려진 거라사라는 도시로 착각하였을 것이다.

둘째, 우리는 성경의 언어가 종종 현상론적임에 유의하여 성경에 있다고 주장하는 오류들을 설명할 수 있다(**현상학**을 보라). 예컨대 성경이 여호수아가 기도하였을 때 태양이 멈추었다고 말씀하고 있다(수 10:12-14)고 해서 오류를 범하고 있다고 할 수 없다. 왜냐하면 성경은 여호수아의 관점에서 사물들이 어떻게 보이는지를 묘사하고 있기 때문이다. 비록 과학적으로는 정확하지 않다고 하더라도 이러한 언어를 오류라고 할 수는 없다. 그 누구도 오늘날 어떤 사람이 태양이 "뜨고 졌다"라고 말한다고 해서 과학적으로 오류가 있다고 비난하지는 않을 것이다.

셋째, 주장되고 있는 어떤 오류들은 성경 저자가 성경을 쓰던 당대의 문화에서 표준적으로 고려하던 것을 통해 설명할 수 있다. 예컨대 사람들은 흔히 어떤 복음서의 예수님의 말씀이 종종 다른 복음서의 말씀과 다르다는 점을 지적하고 있다. 요한복음에서 예수님의 어투는 실제로 다른 세 복음서에서의 예수님의 어투와는 많이 다르다. 이러한 차이점이 최근에 살았던 어떤 사람에 대한 네 가지 전기적 자료에서 발생하였다면 이것은 문제가 될 것이다. 우리의 정확성의 기준은 현대의 기술(예컨대 녹음기와 비디오 카메라)과 법정의 재판으로 인하여 높아지고 있다. 고대의 사람들은 그러한 문제들에 대해서 훨씬 더 느슨한 기준을 가지고 있었다. 어떤 사람이 말하고 있는 요점이 정확하게 전달되고 있다면 정확한 표현이나 상세한 부분에 대해서는 염려할 필요가 없다. 우리는 복음서 저자들을 그들의 시대의 기준으로 판단해야 하며 21세기의 표준으로 판단해서는 안 된다.

마지막으로 우리는 차이를 보이고 있는 자료들을 조화롭게 설명해 주는 시나리오를 개발함으로써 주장되고 있는 오류들을 설명할 수 있다. 예컨대 처음 보았을 때 사복음서의 부활에 대한 이야기는 여러 점에서 서로 모순된다. 그러나 학자들은 우리들이 개별적인 복음서를 전체 이야기가 아니라 한 이야기의 **부분**으로 본다면 얼마든지 그 차이점들을 설명할 수 있다고 주장한다. 어떤 사람들은 이러한 과정이 부자연스럽다고 믿고 반대할는지 모르지만 역사가들이나 형사들, 그리고 리포터들도 항상 동일한 일을 하고 있다. 동일한 사건에 대하여 목격자들이 모든 세부 사항에 대해서 의견의 일치를 보이는 경우는 많지 않다. 예컨대 타이타닉의 침몰이나 존 에프 케네디 대통령의 암살에 대한 상충하는 보도들을 생각해 보라.

그리고 무오설을 주장하는 사람들은 성경에 있다고 주장하는 모든 오류를 설명하였다고 생각하지 않는다. 그러나 이전에는 오류라고 생각했던 많은 오류들이 해결되는 상황들은 오류라고 여겨지는 아직 해결되지 않은 성경의 구절들이 미래에 해결될 것이라는 확신을 주기에 충분하다. 그렇게 되는 동안 사람들이 성경과 교회 전통, 그리고 예수님 자신의 권위에 근거하여 성경의 무오성을 받아들이는 것은 아무런 문제가 되지 않는다.

(2) 원본에서의 무오성

두 번째 반론은 성경의 무오성에 대한 믿음이 단지 원본에 해당하는 것으로 적절치 못하다는 것이다. 불행하게도 성경의 원본은 더 이상 존재하지 않는다. 우리는 단지 성경 원본의 사본들만을 가지고 있다. 어떤 사람들은 그렇다면 이러한 무오성에 대한 논의가 무슨 의미가 있는가 묻고 있다. 우리는 존재하지도 않는 어떤 책의 본성에 대해 논의하고 있는 것이다.

이러한 반론에 대한 응답은 사본이 아니라 원본만이 무오하다는 주장은 사본이 아니라 원본만이 영감되었다는 주장과 마찬가지로 문제될 것이 없다는 것이다. 원본만의 무오를 주장하는 것이 무의미하고 적절하지 않다면 원본만의 영감을 주장하는 것도 마찬가지일 것이다. 그러나 사실상 어느 주장도 문제될 것이 없다. 본문 비평을 통해서 우리는 상당히 높은 정확도를 가지고 어느 부분이 원래의 하나님의 말씀인지를 분별할 수 있게 되었다. 그 결과 우리가 원본을 가지고 있지 못하다는 사실이 성경의 영감이나 무오성의 문제를 부적절한 것으로 만들지 않는다.

3. 신앙과 실천의 문제에 있어 오류가 없다 (무류설)

이 논문은 성경이 기독교 신앙과 삶과 관련한 모든 문제들에 있어서 실수하지 않는다(무류하다)고 믿어야 한다는 견해를 변호하고 있다. 성경은 특별히 역사나 과학과 같은 분야의 사소한 문제들에 있어서도 무오하다고 간주될 수는 없다.

1) 성경적 논증

복음서를 통하여 예수님은 성경이 틀림없이 하나님의 뜻을 보여 준다는 철저한 확신을 보여 주셨다(눅 16:17; 요 10:35). 예수님은 신앙과 관련된 문제들에 대해서 결정하실 때 끊임없이 성경을 언급하신다. 이러한 신뢰의 태도는 예수님의 제자들에 의해 채택이 되었으며 역사를 통하여 교회를 특징지어 주는 것이 되었다(벧후 1:20-21). 이러한 신뢰의 자세에 대하여 두 가지 점을 언급할 필요가 있다.

첫째, 예수님과 처음 초대교회 제자들에게서 발견되는 것과 같이 성경에 대한 확고한 신뢰의 태도는 항상 그리스도인은 무엇을 믿으며 어떻게 살아야 하는가의 문제와 관련이 있다. 바울이 성경은 "하나님의 감동으로 된 것으로 교훈과 책망과 바르게 함과 의로 교육하기에 유익하다"(딤후 3:16)고 주장할 때 이러한 것이 잘 나타나고 있다. 성경과 성경으로부터 추론할 수 있는 가르침의 궁극적인 목적은 "하나님의 사람으로 온전하게 하며 모든 선한 일을 행할 능력을 갖추게 하려 함"(딤후 3:17)이라고 할 수 있다.

영감의 초점은 우선적으로 신앙과 실천에 대한 것이다. 바울이나 어떤 다른 성경의 저자도 성경이 현대적인 표준으로 "무오하다"고 주장하는 방식으로 역사를 기술하거나 우주관을 제시하는 것에 관심이 없었다. 이러한 것은 그들의 관심이 아니었다. 우리는 성경에 있는 이들의 표현을 이러한 문제들에 대한 관심을 표현한 것으로 이해하여 그들을 오해하지 않아야 한다.

둘째, 성경에 대한 이러한 신뢰의 태도는 **어떻게** 하나님께서 성경을 영감하셨는가에 대한 하나의 **이론**이 아니다. 하나님은 단지 우리에게 영감에 대한 이론을 제공하고 있지 않으시다. 성경은 우리에게 하나님께서 사람들을 영감하셔서 자신의 말씀을 전달하도록 하셨다고 말하는 정도까지 나아간다(벧후 1:21). 그러나 이것은 우리가 이러한 가르침에 대해서 가지고 있는 많은 질문들을 해결해 주지 않는다. 영감에 대한 이론이 대답해 주도록 생각하고 있는 문제들이 있다. 예컨대 성경 어디에서도 성경의 저자들은 하나님께서 자신이 사용하고 있는 저자들에게 얼마만큼의 통제력을 행사하셨고 또 얼마만큼 그들의 제한되고 문화적으로 매여 있는 관점을 그대로 내버려 두셨는지에 대해서 아무런 관심을 기울이지 않고 있다.

이러한 문제를 제시하기 위해 우리는 성경에서 성경에 대하여 사람들이 보여 준 신뢰의 태도를 인용하는 것 이상의 일을 해야 할 것이다. 이것이 무오설을 지지하는 많은 사람들이 저지르는 잘못이다. 도리어 하나님께서 성경을 쓰도록 사용하셨던 사람들 가운데 하나님께서 그대로 내버려 두신 제한되고 실수할 수 있는 인간의 본성을 보기 위해 우리는 성경 자체를 포괄적으로 정직하게 보아야만 한다. 성경에 대한 정직한 검토는 성경이 온전하게 영감되었지만 **또한 온전하게 인간적**이라는 결론에 이르게 한다. 성경에 있는 인간적인 요소는 모든 인간적인 관점과 모든 인간적인 사고의 한 부분인 제한과 실수를 보여 주는 것이다. 이러한 인간적인 요소는 최소한 성경의 세 가지 영역에서 분명히 볼 수 있다.

첫째, 예외 없이 성경 저자들은 세계에 대한 전근대적인 관점을 전제하고 있다. 예를 들면 고대 근동의 모든 사람들과 같이 히브리인들은 하늘이 "녹여 부어 만든 거울 같이 단단"(욥 37:18)하다고 믿었다. 히브리인들이 보기에 하늘은 궁창 아래의 물과 궁창 위의 물로 나누어지게 한 "궁창"(창 1:7)이었기 때문에 그것은 딱딱해야만 한다. 이 궁창은 "기둥들" 위에 세워져 있다. 이것은 마치 땅이 자신을 둘러싸고 있는 물들 위에 서 있는 것과 같다(시 75:3; 104:2-3, 5-6; 참조. 욥 9:6; 26:11). 여호와께서 비를 내리기를 원하시면 "궁창 위의"(창 1:7) 물이 땅으로 떨어지도록 단단한 궁창에 나 있는 "창문"이 열렸다. 해와 달과 별들은 거기에서 징조와 계절과 날과 해로서 기능하도록 되어 있는 "하늘의 궁창에 있는 광명체들"(창 1:14)이었다.

다른 천상적인 존재들과 같이 하나님께서는 궁창 위에 있는 방에 앉아 계신다. 여기에서 하나님은 천둥 번개를 내리시며(시 18:12-14) 기둥을 흔드시고(지진을 의미하는가? 욥 9:6) 바람이 불게 하신다(시 107:25). 우리 현대인들은 이러한 언어가 단지 시적인 것이라고 일반적으로 가정한다. 그러나 이것은 당시의 사람들이 실제로 세계를 이해하였던 방식이다.

하나님께서 자신의 말씀을 하시기 위해 고대 저자들을 사용하실 때 그들이 가지고 있던 원시적인 세계관을 그대로 내버려 두셨다는 것은 얼마든지 이해할 수 있는 일이다. 그렇지 않고서야 어떻게 하나님께서 그 시대의 사람들과 효과적으로 의사소통을 하실 수 있었겠는가? 하나님께서 만일 세계에 대한 과학적으로 정확한 견해를 전달하시려 하셨다면 하나님께서 전달하고자 하셨던 신학적 진리는 제대로 전달되지 못했을 것이다. 동시에 우리는 오늘 우리가 세계에 대해 알고 있는 사실에 비추어 보아 성경에 전제되어 있는 우주관은 정확하지 않다는 것을 솔직하게 인정해야만 한다. 지구는 기둥들 위에 서 있지 않다. 하늘은 딱딱하지 않다. 그러나 성경의 신학적 메시지는 비록 그 우주관이 과학적으로 정확하지 않다고 하더라도 실수하지 않는다.

둘째, 또한 문제가 되는 것은 성경이 문화적으로 제한된 듯한 측면과 밀접히 관련되어 있다는 것이다. 땅이 우주적 힘에 의해 삼켜져 버리며 우주적 괴물들에 의해 둘러싸여 있다는 원시적인 신념도 그러한 것이다. 때때로 고대 근동의 사람들은 다른 원시적인 사람들과 마찬가지로 세계의 질서를 유지하는 책임을 진 여러 선한 신들의 의도에 적대적인 물들이 지구를 둘러싸고 있다고 생각하였다. 이러한 고대의 견해에 따르면 인간은 이들 적대적인 물을 통제하기 위해서 선한 신들을 필요로 하였다.

구약성경의 저자들은 이 견해를 받아들이기는 하지만 저항적인 물들을 통제하는 것은 다른 신들이 아니라 여호와라고 주장하고 있다. 예컨대 시편 기자들은 다른 이들이 아니라 여호와께서 적대적인 물들이 "도망"하도록 "꾸짖으시는"(시 104:7) 분이라고 선언하고 있다. 진실로 이러한 적대적인 물은 하나님을 보고 놀라 도망간다(시 77:16). 또한 이러한 반역적인 물들에 경계를 정하여 넘치지 못하게 하시는 분도 바로 하나님이시다(시 104:9; 욥 38:6-11; 잠 8:27-29). 이들 적들을 무찌르시는 분이 하나님이시며 말을 타시고 바다를 밟으시는 분이 그 어떤 다른 존재가 아니라 하나님이시라는 것이다(합 3:15). 힘 있는 물 위에 좌정하신 분도 하나님이시다(시 29:3-4; 나 1:4 ; 합 3:12-13).

구약성경의 저자들은 또한 땅이 위협적인 우주적 괴물들에 의해 둘러싸여 있다는 고대 근동의 견해를 받아들인다. 구약성경에서 가장 흔하게 언급되는 두 가지 우주적 짐승은 **리워야단**과 **라합**이다. 다른 근동 지역의 사람들의 신화에서와 마찬가지로 리워야단은 성경에서 땅을 두르고 있는(그 이름이 "휘감는다"는 의미이다) 사납고 남을 해치기 잘하는 뱀으로 묘사되고 있다. 어떤 설명에서는 리워야단이 많은 머리를 가지고 있으며(시 74:14) 그의 코에서 연기를 내뿜고 그 입에서는 불을 뿜는 것(욥 41:18-21)으로 묘사되어 있다. 이러한 사나운 힘을 지닌 피조물을 대항하는 인간의 무기는 무용지물이다. 이러한 괴물은 진실로 쇠를 지푸라기 같이 먹을 수 있으며 놋을 썩은 나무 같이 부술 수 있다(욥 41:26-27). 단지 하나님만이 이러한 존재를 무찌르실 수 있다(사 27:1).

라합도 리워야단과 비슷한 용어로 묘사되고 있다. 땅을 감싸고 있는 물에 거하는 이러한 우주적 존재는 전체 지구에 위협이 된다. 그러나 라합은 하나님의 대적이 되지는 못한다. 여호와께서 악에 대하여 자신의 진노를 발하실 때 "라합을 돕는 자들이 그 밑에 굴복"(욥 9:13)할 것이다. 원시적인 과거에는 여호와의 능력이 "바다를 잔잔하게 하시며" 여호와의 지혜가 "라합을 깨뜨리시며" 여호와의 손이 "날렵한 뱀을" 무찌르셨다(욥 26:12-13). 시편 기자들 또한 여호와께서 "라합을 죽임 당한 자 같이 깨뜨리시고 주의 원수를 주의 능력의 팔로 흩으셨나이다"(시 89:9-10)라고 선언하면서 "바다의 파도"를 다스리시는 여호와의 주권을 찬양하고 있다. 비슷한 방식으로 이사야는 여호와께서 원시적인 과거에 "라합을 저미시고 용을 찌르셨음"을 기억하며 이스라엘을 구원하시기 위해 "일어나시고 깨셔야" 한다고 그 자신에게 환기시키고 있다(사 51:9; 시 87:4; 사 30:7; 렘 51:34; 겔 29:3; 32:2).

다시금 우리는 왜 하나님께서는 자신의 말씀을 전달하도록 고대의 사람들을 영감하실 때 이러한 적대적인 물과 우주적 괴물이라고 하는 신화적인 견해를 그대로 내버려 두셨는지 쉽게 이해할 수 있다. 이러한 신화는 고대인들이 쉽게 이해할 수 있는 생동감 있는 용어로 영적인 전쟁의 실체를 전달하였다. 동시에 우리는 이러한 세계관이 과학적으로는 정확하지 않음을 정직하게 인정해야만 한다. 비록 성경의 저자들은 다르게 믿었겠지만 사실상 땅을 위협하는 적대적인 물이나 우주적인 바다의 용은 존재하지 않는다. 이러한 예들은 그 우주관이 비록 과학적으로는 오류가 있지만 영적 전쟁에 대하여는 오류가 없는 영적 진리임을 가르쳐 준다.

셋째, 성경 저자들의 실수, 즉 인간적인 것을 보여 주는 또 다른 점은 저자들이 사소한 문제들에 대해 서로 간에 불일치하고 있다는 점이다. 지면 관계상 한 가지 실례만을 다루어보자. 예수님께서 70명의 제자들을 보내시면서 명령하신 것에 대한 공관 복음의 설명들을 비교해 보라.

> 여행을 위하여 배낭이나 두 벌 옷이나 신이나 지팡이를 가지지 말라 이는 일꾼이 자기의 먹을 것 받는 것이 마땅함이라(마 10:10).

> 여행을 위하여 지팡이 외에는 양식이나 배낭이나 전대의 돈이나 아무것도 가지지 말며 신만 신고 두 벌 옷도 입지 말라(막 6:8-9).

> 여행을 위하여 아무것도 가지지 말라 지팡이나 배낭이나 양식이나 돈이나 두 벌 옷을 가지지 말며(눅 9:3).

세 가지 설명이 서로 완벽하게 일치하지 않음이 분명하다. 예수님은 마가가 보도하고 있는 것처럼 지팡이를 가지라고 말씀하셨는가? 마태와 누가는 지팡이를 가지지 말라고 말하고 있다. 예수님은 마가의 설명이 말하고 있는 것처럼 신을 신으라고 말씀하셨는가? 아니면 마태의 설명이 제시하고 있는 것처럼 신도 가지지 말라고 말씀하셨는가? 그러나 이러한 불일치는 분명 이 세 가지 설명이 대답하고자 하는 기본적인 가르침에 아무런 영향을 미치지 않는다. 즉 제자들은 하나님의 왕국을 확장하는 일을 함에 있어서 그들 자신의 준비를 의뢰할 것이 아니라 하나님 아버지를 신뢰하여야 한다는 것이다. 그러나 분명한 것은 세 가지 설명이 불일치하며 그러므로 문자적인 의미에서 "무오하다"라고 말할 수는 없다는 것이다.

사실상 이러한 사소한 불일치는 성경 전체에 걸쳐 등장한다. 때로 설명이 되기도 하지만 어떤 경우에는 설명이 되지 않는 경우도 있다. 그러나 그러한 불일치가 설명되지 않는다고 해도 아무런 중요한 영향도 없다. 성경에 있는 사소한 모순은 그러한 모순이 있어서는 안 된다고 규정할 때에만 문제가 된다. 즉 성경이 무오하다고 믿을 때에만 문제가 되는 것이다. 그러나 우리가 역사나 과학의 문제가 아닌 신앙과 실천의 문제에 대하여 성경이 실수할 수 없다는 가르침에 우리의 관심을 집중한다면 우리는 이러한 성경에서 발견되는 불일치와 과학과 역사적인 부정확성이 우리의 신앙에 적절하지 못하다고 생각하는 데에서 해방될 수 있다.

2) 지지하는 논증

(1) 교회 역사

무오설을 주장하는 사람들은 교회 전통이 이 논쟁에 있어서 분명히 자신들 편이라고 가정한다. 그러나 앞에서 말한 것처럼 역사적으로 신학자들은 신앙과 실천의 문제에 대하여 성경을 온전히 신뢰하였던 예수님의 태도를 이어받았다. 그러나 최소한 4세기의 어거스틴(Augustine, 354-430)까지 거슬러 올라가는 교회 역사를 통하여 많은 신학자들은 성경이 "과학적" 문제를 해결하는데 사용되어서는 안 된다고 주장하였다.

이러한 점은 지구가 태양계의 중심인지 아니면 태양이 태양계의 중심인지에 대하여 과학자들과 입장을 달리하여 당혹스러웠던 16세기에 부각

되었다. 더 이상의 당혹감을 피하기 위해 복음주의 교회는 성경이 신앙과 실천의 문제에서 잘못이 없다는 견해를 재확인하였고 과학적인 문제들에 있어서 오류가 없다는 주장을 하지 않게 되었다.

(2) 변증과 복음 전도에서의 이점

무오설을 주장하는 사람들이 가르치고 있는 것처럼 성경이 영감되기 위해서 무오해야만 한다면 성경의 신뢰성은 성경에 있는 모든 오류를 해결할 수 있는 사람의 능력에 달려 있게 된다. 이러한 주장은 성경의 모순이나 전근대적인 특징들을 적절하게 설명하지 못한다. 이러한 의미에서 영감에 대한 무오설적인 견해는 효과적인 변증과 복음 전도를 방해한다.

불신자들에 대한 전도의 어려움 이외에도 영감에 관한 무오설적인 견해는 때때로 신자들을 지키는 것도 어렵게 만든다. 몇몇 대학생들은 성경을 믿는다고 하는 것은 성경이 모든 점에서 무오하다고 믿는 것을 의미한다고 가르침 받았기 때문에 역설적으로 기독교 신앙을 버리게 되었다. 성경이 이러한 방식으로 무오하지 않다는 논박 불가능한 증거들을 대학 교실에서 접하였을 때 성경의 영감에 대한 신앙과 몇몇 사람들은 기독교 전반에 대한 신앙이 무너져버렸다. 무오설이 아니라 무류성으로 성경 무오를 이해하는 사람들은 이러한 불행과 불필요한 딜레마에 직면할 필요가 없다.

(3) 성경우상주의

무오설은 신앙의 초점을 예수 그리스도로부터 성경의 정확성으로 옮기는 경향이 있다. 이것은 **성경우상주의**(bibliolatry)이다. 성경 자체에 따르면 신앙은 성경의 정확성의 정도에 대해서 어떤 사람의 견해가 아니라 예수 그리스도에 의지하여야만 한다.

3) 반론에 대한 응답

(1) 인식론적 반론

무오설의 배후에 있는 가장 강력한 요인 가운데 하나는 만일 성경이 어떤 점에서 잘못할 수 있다는 사실을 인정하게 되면 어떤 점에서도 성경을 확신할 수 없다는 염려이다. 만일 우리가 성경에서 어떤 것은 참되고 어떤 것은 참되지 않다는 것을 판단해야만 한다면 그것은 성경이 **우리의** 권위가 되는 것이 아니라 우리가 **성경의** 권위가 되는 것이다. 그러나 세 가지 사실이 이러한 반론에 대한 응답으로 제시될 수 있을 것이다.

첫째, 비록 이러한 반론이 타당하다고 하더라도 그것이 성경이 무오한지 그렇지 않은지에 대해 확정해 주는 것은 아니다. 단지 인식론적으로 당혹스러운 상황에 처하게 하는 사실들이라고 해서 그 사실을 거부할 수 있는 것은 아니다. 그러므로 성경이 무오하지 않다면 자신의 신학에 대해서 발생하게 되는 인식론적인 난점에 근거해서 성경이 무오해야만 한다고 주장하는 것은 합당하다고 할 수 없다. 성경이 무오한지 여부는 성경이 사실상 어떤 오류를 간직하고 있는지에 대한 정직한 탐구를 통해서만 확정되어야 하는 것이다. 이러한 논의조차 성경에 모종의 오류가 있음을 보여 준다.

둘째, 만일 이러한 반론이 타당하다면 무류설뿐 아니라 역으로 무오설에도 영향을 미친다. 왜냐하면 본문 비평의 빛 안에서 무오를 주장하는 사람들은 오늘 우리가 소유하고 있는 성경(사본)이 오류를 지니고 있다는 것을 인정하기 때문이다. 그러나 어떤 인정된 본문의 오류에도 불구하고 그들은 자신들이 성경에 대해 **적절하게 정확한** 견해를 가지고 있다고 확신한다. 만일 이들이 펼치고 있는 반론의 논리를 일관성 있게 따라 우리가 성경에 있는 **모든** 본문을 신뢰할 수 없다면 성경에 있는 **어떤** 본문도 신뢰할 수 없다고 결론을 내려야만 한다.

성경에 간혹 등장하는 과학적이거나 역사적인 오류들 때문에 성경을 신뢰할 수 없다는 우리의 주장은, 본문의 오류에도 불구하고 성경을 신뢰할 수 있다는 무오설자들의 주장과 직접적으로 관련되어 있다. 무오설자들이 우리의 입장에 대한 자신들의 이러한 반론을 기꺼이 그들 자신의 입장에도 적용하지 않는다면 그들의 반론은 정당하지 않다.

셋째, 이 모든 것을 살펴볼 때 우리는 이제 이상의 반론은 타당하지 않다고 주장해야만 한다. 어떤 근거에서 우리는, **어떤 면에** 신뢰성을 부여하기 위해서는 **모든 면에서** 오류가 없어야 한다고 말해야 하는가? 그것을 받아들일만한 이유를 어느 정도 가지고 있고, 또 그것을 거부할 만한 이유를 어느 정도 가지고 있는 경우 그 자료는 관습적으로 받아들인다. 이 논문에서 성경이 자연 세계와 역사에 대하여 말하고 있는 어떤 부분들을 거부할 만한 타당한 이유들을 제시하였다.

동시에 비록 이 논문에서 제시되지는 않았지만 성경이 신앙과 실천에 대하여 말하고 있는 내용들을 받아들일 만한 합당한 이유들이 있다. 다른 일들 가운데 예수님을 하나님의 아들로 받아들인 모든 역사적이고 개인적인 이유들은 예수님 자신이 성경을 신뢰하셨던 문제들에 대해서 실수하실 수 없다는 사실을 받아들일 수 있는 이유가 된다. 감사하게도 이 무류설의 견해는 우리가 성경에는 오류가 없다고 가장하지 않도록 해 준다.

(2) 이러한 견해는 함의되어 있는 모순을 만들어 낸다

어떤 사람들은 하나님께서 오류를 범하지 않으심을 받아들이면서 하나님께서 영감하신 것은 오류가 있을 수 없다는 사실을 거부하는 것은 일종의 모순이라고 주장한다. 이러한 주장은 최소한 두 가지 설명에 근거하여 논파될 수 있다.

첫째, 우리는 신적인 영감이 논리적으로 함의하고 있는 것과 그렇지 않은 것을 **선험적인** 방식으로 규정해 줄 수 있을 정도로 충분히 알고 있지 못하다. 우리가 신적인 영감이 함의하고 있는 것을 배울 수 있는 유일한 길은 사실상 하나님께서 어떻게 어떤 작품을 신적으로 영감하셨는가를 관찰하는 것이다. 다른 말로 우리는 성경의 현상들을 살펴보아야만 한다. 이를 통해 우리가 배우게 되는 것은 신적인 영감이 논리적으로 무오성을 의미하지는 않는다는 것이다. 왜냐하면 사실상 성경은 오류라고 할 수 있는 것을 간직하고 있기 때문이다. 신적인 영감은 단지 하나님께서 성경을 사용하려고 의도하셨던 모든 일에 있어서 성경이 실수하지 않는다는 것을 요구할 따름이다.

둘째, 복음주의자들은 종종 설교자들이 메시지를 전할 때 영감되었다고 말하곤 한다. 설교 중에 일어나는 우발적인 사소한 실수들이 일어나는가 일어나지 않는가 하는 것은 이러한 평가에 중요하지 않다. 우리는 "영감"이라고 하는 것이 설교자가 전달하고자 했던 어떤 논점들의 차원에서 관심을 가지는 것이지 메시지의 세세한 정확성에 관한 것이 아님을 일반적으로 이해하고 있다. 이것은 "영감"이라고 하는 개념이 무오성을 함의하지 않는다는 것을 보여 주기에 충분하다.

비록 성경이 어떤 설교자보다 더 완벽하게 영감되었기는 하겠지만 만일 영감된 설교자가 그 어떤 우발적인 오류를 범할 수 있다고 주장하는 것이 모순된 것이 아니라면, 하나님에 의해 영감된 어떤 저술 모음이 우발적인 오류를 담고 있을 수 있다고 주장하는 것도 모순된 것일 수는 없다.

4. 심화 학습을 위한 도서 목록

Beale, G. K. *The Erosion of Inerrancy in Evangelicalism: Responding to New Challenges to Biblical Authority*. Wheaton: Crossway, 2008.

Bovell, Carlos R. *Inerrancy and the Spiritual Formation of Younger Evangelicals*. Eugene, OR: Wipf and Stock, 2007.

Conference on Biblical Inerrancy. *The Proceedings of the Conference on Biblical Inerrancy, 1987*. Nashville: Broadman, 1987.

Clark, David K. "Beyond Inerrancy: Speech Acts and an Evangelical View of Scripture." In *For Faith and Clarity: Philosophical Contributions to Christian Theology*, edited by James Beilby, 113-31. Grand Rapids: Baker Academic, 2006.

Dockery, David S. *Christian Scripture: An Evangelical Perspective on Inspiration, Authority, and Interpretation*. Nashville: Broadman and Holman, 1995.

Geisler, Norman L., ed. *Inerrancy*. Grand Rapids: Zondervan, 1979.

Lightner, Robert P. *A Biblical Case for Total Inerrancy: How Jesus Viewed the Old Testament*. Reprint ed. Paris, AR: Baptist Standard Bearer, 2007.

McGowan, A. T. B. *The Divine Authenticity of Scripture: Retrieving an Evangelical Heritage*. Downers Grove, IL: InterVarsity, 2007.

Nicole, Roger R., and J. Ramsey Michaels, eds. *Inerrancy and Common Sense*. Grand Rapids: Baker Academic, 1980.

Pinnock, Clark H. *The Scripture Principle*. San Francisco: Harper & Row, 1984.

Radmacher, Earl D., and Robert D. Preus, eds. *Hermeneutics, Inerrancy, and the Bible: Papers from ICBI Summit II.* Grand Rapids: Academie/Zondervan, 1984.

Rogers, Jack B., ed. *Biblical Authority.* Waco: Word, 1977.

Rogers, Jack B., and Donald K. McKim. *The Authority and Interpretation of the Bible: An Historical Approach.* New York: Harper & Row, 1979.

Wright, N. T. *The Last Word: Beyond the Bible Wars to a New Understanding of the Authority of Scripture.* San Francisco: HarperOne, 2005.

Youngblood, Ronald, ed. *Evangelicals and Inerrancy: Selections from the Journal of the Evangelical Theological Society.* Nashville: Nelson, 1984.

제2장

섭리 논쟁

모든 일은 하나님의 주권적인 의지에 따라 발생한다
(칼빈주의)
vs
하나님은 자유를 부여하심으로 자신의 통제권을 제한하신다
(알미니안주의)

1. 서론

1) 문제 제기

음주 운전 중 어떤 사람이 어린 소녀를 치어 죽였다. 그 소녀의 부모들의 친구 가운데 한 그리스도인이 "하나님은 모든 일을 통제하고 계시며 모든 일이 합력하여 선을 이룰 것"이라고 그들에게 말하면서 위로하였다. 그 어머니는 이 말에 위로를 받았지만 아버지는 화가 났다.

"만일 하나님께서 내 어린 딸의 죽음의 배후에 계시다면, 하나님은 사랑이 많으시지도 선하시지도 않다. 의도적으로 우리의 어린 딸의 생명을 앗아가셔서 우리를 악몽 가운데 버려두시는 하나님은 잔인하다!"

가족의 또 다른 친구는 그 아버지에게 동의하며 하나님은 그런 비참한 일 배후에 계시지 않았다고 주장하였다. 그 친구는 아버지에게 말했다.

"오로지 그 술 취한 운전자만이 당신의 딸의 비참한 죽음에 책임이 있다"

그러나 그리스도인 친구는 다음과 같이 또 말했다.

"하나님께서는 당신만큼이나 이 사건으로 인하여 슬퍼하신다. 이제 하나님은 단지 당신들을 위로하기를 원하신다."

당신은 어느 친구가 옳다고 생각하는가? 만일 당신이 그 어린 소녀의 부모였다면 각각의 친구의 충고에 대해 어떻게 반응하였겠는가? 당신은 하나님께서 모든 일을 통제하고 계시다고 믿는가? 아니면 당신은 어떤 사람이 술 취한 상태에서 차를 운전하는 것과 같은 결정은 하나님의 통제 바깥에 있다고 생각하는가?

만일 당신이 하나님께서 이러한 사건을 통제하신다고 믿는다면 어떻게 당신은 이 소녀의 비극적인 죽음에 대하여 하나님을 비난하지 않을 수 있는가? 만일 당신이 하나님께서 이러한 사건을 통제하지 않으신다면 당신은 어떻게 하나님의 능력이 제한되어 있다는 결론을 피할 수 있는가? 이러한 질문들이 바로 하나님의 섭리 교리에 의해서 야기되는 질문들이다.

2) 핵심 주장과 차이점

"하나님의 섭리"는 하나님께서 세계를 통치하시는 방식에 관한 것이다. 비록 그리스도인은 하나님께서 어느 정도 세세한 부분까지 자유로운 결정들을 통제하시는지 여부에 대해서는 의견을 달리하지만 어떤 의미에서 하나님께서 세계를 "통치"하고 계시다는 점에는 항상 의견을 같이 하고 있다. 그리스도인들은 항상 하나님께서 만물을 창조하셨으며 행위자들에 의해 이루어지는 모든 능력이 하나님께로부터 온다고 고백하였다. 그러므로 세상과 인간 존재를 향한 하나님의 궁극적인 목적은 확실히 성취될 것이다. 이러한 믿음은 그리스도인들을 세계와 그 운명에 대하여 다양한 비기독교적인 견해를 가지고 있는 불신자들과 구별해 준다.

많은 사람들은 역사를 통하여 그리고 오늘날 많은 2/3 세계의 사람들은 역사의 과정이 다수의 영적인 존재들("신들")에 의해 결정된다고 믿었다. 많은 신들을 믿는 것은 **다신론**이라 불린다. 이러한 견해에 따르면 세계 역사를 궁극적인 목표를 향하여 나아가게 하는 유일한 전능한 존재는 없다. 오히려 신들의 변덕스러운 결정과 신들 사이에서 일어나는 투쟁이 우리의 삶에 영향을 미치며 역사의 과정을 되는대로 바꾼다. 사람들이 바랄 수 있는 최선의 것은 어떤 신들의 호의를 구하여 그 신들로부터 현실적인 축복을 향유하는 것이다.

과거의 여러 사람들과 오늘날 많은 사람들은 존재하는 유일한 것이 물질이라고 믿고 있다. 이러한 사람들을 보통 유물론자들이라 부른다(**유물론**을 보라). 이들은 하나님이 존재한다고 믿지 않으며 그러므로 어떤 존재가 세계를 인도한다고 믿지도 않는다. 모든 일은 단지 자연적인 인과 관계에 의해 발생할 따름이며 우주의 최종적인 운명은 물질을 다스리는 법칙에 의해 결정된다. 오늘날 대부분의 유물론자들은 우주에 있는 모든 에너지가 소진될 것이며 만물은 전적인 암흑의 상태로 흩어질 것이라고 결론짓고 있다.

과거와 현재의 또 다른 사람들은 **운명**을 믿는다. 이러한 운명을 믿는 믿음에는 다양한 종류가 있기는 하지만 모든 운명론자들은 일어나는 모든 일은 어떤 방식으로든 발생해야만 하는 것이라는 점에서 의견을 같이 한다. 예컨대 스피노자(Spinoza, 1632-77)라는 17세기 철학자는 역사의 모든 일들이 수학적 방정식이 지닌 필연성을 가지고 전진한다고 믿었다. 만일 우리가 역사의 모든 일들을 한꺼번에 보고 그 전체성을 이해할 수 있다면 우리는 어떤 일이 지금의 상황과 달라질 수 있으리라고 생각하는 것은 2+2가 5라고 말하는 것처럼 비논리적이라고 주장하였다.

어떤 사람들은 하나님을 믿기는 하지만 하나님의 섭리에 대한 기독교적 이해를 부정한다. 이신론자들(**이신론**을 보라)은 하나님께서 세계를 창조하셨지만 그런 연후에는 세계가 그 자체의 길을 가도록 내버려 두셨다고 믿고 있다. 하나님은 사람들의 일에 관여하지 않으시며 어떤 목적을 향하여 사랑으로 역사를 조정하시지도 않는다. 과정 신학자들(**과정 신학**을 보라)은 하나님을 믿기는 하지만 하나님께서 세계를 창조하셨다거나 하나님께서 **전능**하시다는 사실을 부정한다. 이들의 견해에 의하면 하나님께서는 세계에 영원토록 영향을 미치시며 선을 일으키시고 악을 회피하시기 위해 하실 수 있는 최선의 일을 하신다. 그러나 하나님은 자신이 성취하시는 것 안에 제한되신다. 또한 세계가 항상 존재하여 왔고 앞으로도 존재할 것이기 때문에 세계는 어떤 궁극적인 목표를 향하여 나아가지 않는다.

기독교의 견해는 이 모든 견해와 구분된다. 기독교는 하나님께서 세상을 창조하셨다는 사실을 확신하며 하나님께서 전능하시며 하나님께서는 개인적으로 그리고 의도적으로 세상에 개입하셔서 세상을 최종적인 운명을 향해 나아가게 하신다고 믿는다.

그러나 어느 정도의 하나님의 세계 통제가 있는지에 대해서는 다양한 서로 상충하는 이해가 교회 역사 안에 있어왔다. 교회 역사의 처음 몇 세기 동안 신학자들은 세상의 모든 일들이 운명에 의하여 발생한다는 널리 퍼져 있던 의견에 강력하게 대응하였다. 결과적으로 기독교 신학자들은 인간의 자유를 강조하였으며 하나님께서 일어나는 모든 일들을 통제하시지는 않는다고 믿는 경향이 있었다.

어거스틴은 4세기 후반이나 5세기 초엽에 이러한 성향을 바꾸었다. 능력 면에서 동등하거나 거의 동등한, 선한 신이나 악한 신에 의해 생명이 결정된다는 그 당시 인기 있는 견해(**마니교**)에 대항하여 어거스틴은 한 하나님의 의지와 일치하여 발생한다고 주장하였다. 그 하나님은 성경의 창조주 하나님이시다. 어거스틴의 견해는 교회 역사를 통하여 매우 강력한 영향력을 행사하고 있다. 어떤 신학자들은 섭리에 대한 자신의 견해를 밀어붙여 인간이 자유롭다는 것을 부정하기까지 하였다(9세기의 고트샬크[Gottschalk, c. 808-67]가 그렇다). 그러나 대부분의 신학자들은 하나님께서 모든 일을 통제하신다고 주장하면서도 인간의 자유를 계속적으로 지지하였다. 이러한 입장을 **양립론**이라고 부른다. 왜냐하면 이 입장은 인간의 자유에 대한 믿음이 하나님께서 만물을 통제하신다는 믿음과 양립 가능하다고 주장하기 때문이다.

하나님의 섭리와 관련한 현재의 논의는 16세기 초에 시작되었다. 불란서의 개혁파 신학자 존 칼빈(John Calvin, 1509-64)은 하나님께서 만물을 통제하신다는 어거스틴의 견해를 강조하였다. 여기에는 누가 구원받고 누가 구원받지 않을 것인지도 포함되어 있다. 칼빈이 죽고 난 바로 직후, 제이콥 아르미니우스(Jacob Arminius, 1560-1609)라 이름하는 신학자가 신적인 통제에 대한 이러한 강조는 인간의 자유와 양립할 수 없으며 하나님께서 모든 사람들이 구원받기를 원하신다는 성경의 가르침에 위배된다고 주장하였다(이러한 견해는 때때로 **비양립론**이라 불린다. 왜냐하면 이 견해는 인간의 자유가 하나님의 통제와 양립할 수 없다고 주장하기 때문이다).

아르미니우스는 여전히 하나님께서 자신의 전체적인 목적을 확실히 성취하신다는 의미에서 "세상을 통제하신다"는 사실을 믿고 있었다. 그러나 그는 하나님께서 의도적으로 어떤 일들을 통제하지 않으시기로 결정하셔서 그리스도를 믿을 것인가 믿지 않을 것인가 하는 것에 관한 어떤 사람의 결정은 자유롭다고 믿었다. 이러한 견해에 따르면 하나님께서는 누가 믿을지 누가 믿지 않을지 미리 아시지만 누구는 믿고 누구는 믿지 않도록 통제하시지는 않는다.

다양한 입장과 논증이 세계에 대한 하나님의 망라된 통제를 믿는 칼빈주의자들과 그것을 부인하는 알미니안주의자들 양쪽에서 제기되어오고 있다. 근본적인 논쟁이 이들 두 신학 사이에 계속될 것이다. 그러므로 이어지는 두 논문은 각각 칼빈주의적 관점과 알미니안주의적 관점에서의 논증을 제공해 준다.

2. 모든 일은 하나님의 주권적인 의지에 따라 발생한다 (칼빈주의)

1) 성경적 논증

하나님에 대한 성경의 묘사 그 중심에는 하나님께서는 만물의 전능한 창조주시기 때문에 모든 사건에 대한 주권적인 하나님이시라는 놀랄만한 사실이 있다. 사도 바울의 장엄한 표현으로 하면 "만물이 주에게서 나오고 주로 말미암고 주에게로 돌아감이라"(롬 11:36)고 말할 수 있다. 인간의 자유의지를 제외한 "만물"이 아니다. 나쁜 일을 제외한 "만물"도 아니다. 일반적인 규모에서의 "만물"만이 아니라 작은 규모에서의 "만물" 또한 포함한다. **만물**이 하나님에게서 나오고 주로 말미암아 존재하고 궁극적으로 그분의 영광을 위하여 존재한다.

이러한 메시지는 인간이 자기 결정적인 자유의지(**자기 결정**을 보라)를 소유하고 있다는 근대적인 인본주의적 생각을 무비판적으로 받아들이는 사람들을 혼란스럽게 한다. 그리고 이것은 우리의 유한한 지성이 이해하기에는 어려운 철학적 문제들을 변함없이 야기한다. 그러나 전적으로 주권적인 하나님에 대한 메시지는 성경 전체를 통하여 흐르고 있고 이러한 메시지는 하나님의 무한한 능력과 영광이 우리의 이해를 초월해 있다. 바로 이런 이유 때문에 예배 받으시기에 합당하신 하나님에 대한 경외심을 자아내는 인상을 만들어 낸다.

성경의 저자들은 일관되게 하나님을 "그가 기뻐하시는 모든 일을"(시 135:6) 행하실 수 있는 분으로 묘사하고 있다. 욥이 자신의 끔찍한 시험을 통과한 후에 하나님께 고백한 것처럼 우리는 "주께서는 못 하실 일이 없사오며 무슨 계획이든지 못 이루실 것이 없는 줄 아오니"(욥 42:2)라고 고백할 수 있다. 선지자 다니엘의 말로 하면 다음과 같다.

> 땅의 모든 사람들을 없는 것 같이 여기시며 하늘의 군대에게든지 땅의 사람에게든지 그는 자기 뜻대로 행하시나니 그의 손을 금하든지 혹시 이르기를 네가 무엇을 하느냐고 할 자가 아무도 없도다(단 4:35).

하나님은 계획하신 모든 일을 행하신다. 하나님의 계획은 취소되지 않는다(사 14:24, 27). 하나님은 모든 나라들의 정확한 "연대"와 "거주의 경계"를 정하신다(행 17:26). 하나님은 "그의 날"을 정하시고 "그의 달 수도" 정하시며 자신이 창조하신 각 사람의 "정한 날"을 미리 정하신다(욥 14:5;

시 139:16). 하나님께서는 "모든 일을 그의 뜻의 결정대로 일하시는 이"(엡 1:11)시다. 어떤 사건이 발생할 때 그것은 하나님께서 그렇게 하셨기 때문이다(출 21:12-13). 주사위가 던져졌을 때 그 주사위는 하나님의 뜻을 따라 나온다(잠 16:33). 만물이 하나님에게서 나오고 하나님을 위하여 존재하며 하나님의 영광으로 귀결될 것이다(롬 11:36).

하나님의 주권적인 의지는 심지어 사람들이 내리는 결정까지도 그 안에 포함한다. 사람들은 그들 자신의 계획을 고안해 내려 시도할 수 있지만 결국에는 그들이 그 일을 하고, 하지 않고를 결정하시는 분은 하나님이시다(잠 16:9; 참조. 19:21; 20:24). 그러므로 하나님은 왕들의 마음을 통제하셔서 왕들을 "임의로 인도"(잠 21:1)하신다. 성경이 복음을 받아들이는 사람들의 결정을 하나님과 오로지 하나님께만 돌리고 있는 것이 바로 이런 이유 때문이다. 예컨대 성경은 "두아디라 시에 있는 자색 옷감 장사로서 하나님을 섬기는 루디아라 하는 한 여자가 말을 듣고 있을 때 주께서 그 마음을 열어 바울의 말을 따르게 하신지라"(행 16:14)고 말씀하고 있다. 그래서 루디아는 신자가 되었다.

실제로 성령께서 어떤 사람으로 하여금 그렇게 하도록 하지 않으시면 예수 그리스도를 주님으로 고백할 수 없다(고전 12:3). 이러한 주장과 일치하게 예수님은 "나를 보내신 아버지께서 이끌지 아니하시면 아무도 내게 올 수 없으니"(요 6:44)라고 가르치셨다. 그러므로 구원은 전적으로 하나님의 주권적인 은혜로 이루어지는 일이다(엡 2:8).

사실 아버지께서 "이끄시는" 사람들은 세상이 시작되기 전에 택정되었다. 바울은 하나님께서 "우리를 구원하사 거룩하신 소명으로 부르심은 우리의 행위대로 하심이 아니요 오직 자기의 뜻과…은혜대로 하심이라"(딤후 1:9)는 사실을 경축하고 있다. 이러한 은혜는 "영원 전부터 그리스도 예수 안에서 우리에게 주신"(딤후 1:9) 것이라고 바울은 부연해서 설명하고 있다. 하나님께서는 "창세 전에 그리스도 안에서 우리를 택하사…자기의 아들들이 되게"(엡 1:4-5) 하셨다. 우리는 "모든 일을 그의 뜻의 결정대로 일하시는 이의 계획을 따라…예정을 입어 그 안에서 기업"(엡 1:11)이 되었다. 이것이 누가가 바울과 바나바의 설교에 대해 자신의 설명을 "영생을 주시기로 작정된 자는 다 믿더라"(행 13:48)고 요약하고 있는 이유이다. 믿는 모든 사람은 **자신들의** 선택 때문이 아니라 **하나님의** 선택 때문에 믿는 것이다(요 15:16).

과연 하나님의 주권은 심지어 악한 사건들까지도 포괄하는가? 비록 이러한 생각이 우리의 생각과 맞지 않을는지 모르지만 성경은 그렇다고 가르치고 있다. 성경은 아무런 애매모호한 구석 없이 하나님께서는 완전히 거룩하시며 의로우시다는 사실을 확언하고 있다. 그러나 동시에 우리는 성경과 더불어 궁극적으로 자신의 주권적인 목적에 맞도록 악을 사용하시기로 결정하신 분은 하나님이라고 주장해야만 한다. 이사야를 통하여 하나님은 선언하신다.

> 나는 빛도 짓고 어둠도 창조하며 나는 평안도 짓고 환난도 창조하나니 나는 여호와라 이 모든 일들을 행하는 자니라(사 45:7).

이와 비슷하게 예레미야 선지자도 선언하고 있다.

> 주의 명령이 아니면 누가 이것을 능히 말하여 이루게 할 수 있으랴 화와 복이 지존자의 입으로부터 나오지 아니하느냐(애 3:37-38).

하나님께서는 악하지 않으시다. 그러나 그의 주권적인 뜻은 악을 포괄할 것이다. 재앙이 어떤 도시에 닥칠 때 성경은 말하기를 그것이 하나님의 행하심이라고 말하고 있다(암 3:6). "말 못 하는 자나 못 듣는 자나 눈 밝은 자나 맹인이 되게"(출 4:11) 하신 분이 하나님이시다.

만일 어떤 여인이 자신의 남편과 두 아들을 잃었으면 그것은 "여호와의 손이 나를 치셨기 때문이다"(룻 1:13)라고 말씀하고 있다. 만일 어떤 재판관이 공의를 시행하기를 그쳤다면 그것은 주께서 그의 눈을 가리셨기 때문이다(욥 9:24). 욥이 자신의 가진 모든 것을 잃어버렸을 때, 그는 단지 "주신 이도 여호와시요 거두신 이도 여호와시오니 여호와의 이름이 찬송을 받으실지니이다"(욥 1:21)라고 고백할 수 있었을 뿐이었다. 그의 호된 시련 후에 욥의 친구들과 그 가족이 와서 "여호와께서 그에게 내리신 모든 재앙에 관하여 그를 위하여 슬퍼하며 위로"(욥 42:11) 하였다.

우리는 주권적인 창조주께서 악에 대하여서도 주권을 행사하신다고 본다. 물론 도덕적인 차원에서 하나님께서는 전적으로 거룩하시기 때문에 악을 반대하신다. 그러나 하나님 자신의 주권적인 의지의 차원에서는 악한 일이 보다 더 높은 선을 위하여 발생하도록 작정하신다. 심지어 악한 백성들도 하나님 자신의 신적인 계획에 적합하게 지음 받았다. "여호와께서 온갖 것을 그 쓰임에 적당하게 지으셨나니 악인도 악한 날에 적당하게 하셨느니라"(잠 16:4)고 성경은 말씀하고 있다. 어떤 사람도 이러한 진리를 바울보다 분명하게 밝힌 사람은 없을 것이다.

> 만일 하나님이 그의 진노를 보이시고 그의 능력을 알게 하고자 하사 멸하기로 준비된 진노의 그릇을 오래 참으심으로 관용하시고 또한 영광 받기로 예비하신 바 긍휼의 그릇에 대하여 그 영광의 풍성함을 알게 하고자 하셨을지라도 무슨 말을 하리요(롬 9:22-23).

하나님은 자신의 주권 안에서 "멸하기로 준비된 진노의 그릇"과 "영광

받기로 예비하신 바 긍휼의 그릇"을 만드실 권리가 있으시다. 하나님께서는 "하고자 하시는 자를 긍휼히 여기시고 하고자 하시는 자를 완악하게"(롬 9:18) 하신다.

우리는 하나님께서 성경 전체를 통해 이러한 주권적인 권리를 행사하시는 것을 발견한다. 예컨대 하나님께서 바로의 마음을 완악하게 하셔서 "그가 백성을 보내 주지 아니할 것"(출 4:21)이며, 하나님의 진노를 그 위에 초래하게 하신다. 하나님께서는 "너로 말미암아 내 능력을 보이고 내 이름이 온 땅에 전파되게 하려 함이라"(롬 9:17; 참조. 출 7:3-5; 10:1; 14:4)고 말씀하고 계신다. 이와 비슷하게 하나님은 헤스본 왕의 "마음을 강퍅하게"(신 2:30) 하신다. 여호수아가 약속의 땅에 들어갔을 때도 마찬가지이다.

> 기브온 주민 히위 족속 외에는 이스라엘 자손과 화친한 성읍이 하나도 없고 이스라엘 자손이 싸워서 다 점령하였으니 그들의 마음이 완악하여 이스라엘을 대적하여 싸우러 온 것은 여호와께서 그리하게 하신 것이라 그들을 진멸하여 바치게 하여 은혜를 입지 못하게 하시고 여호와께서 모세에게 명령하신 대로 그들을 멸하려 하심이었더라 (수 11:19-20).

하나님은 자신의 목적에 맞을 때에는 자신의 도덕적인 의지와 실제적으로는 상반되는 태도와 행동을 일으키신다. 그러나 하나님은 역사를 통하여 자신의 영광을 드러내시고자 하는 보다 큰 영광을 위해 그렇게 하신다. 어거스틴은 심지어는 하나님의 도덕적 의지와 상반되는 사건들이라 하더라도 하나님의 주권적인 의지 안에서 발생한다고 가르쳤을 때 이러한 통찰을 발견하였다.[1] 정말로 성경은 사악한 영들의 활동마저도 하나님에 의해서 통제되고 있다고 주장하고 있다(삿 9:23; 삼상 16:14; 왕상 22:19-23; 살후 2:11-12).

그러나 인간과 영들에 대한 하나님의 주권적인 통제는 그들 자신의 도덕적인 책임을 면제하지 않는다. 주권적인 하나님과 자유로운 행위자의 도적적인 책임 사이에는 어떠한 양립불가능성도 존재하지 않는다. 엘리의 아들들이 고집스럽게 자신들의 아버지의 충고를 거절하였을 때 성경은 "여호와께서 그들을 죽이기로 뜻하셨"(삼상 2:25)기 때문에 그들이 듣지 않았다고 말하고 있지만 그들의 책임을 면제해 주지 않는다. 요셉의 형들이 요셉을 종으로 팔았을 때 성경은 비록 요셉이 "하나님이 생명을 구원하시려고 나를 당신들보다 먼저 보내셨나이다"(창 45:5)라고 말하고 있지만 그 형들의 잘못을 묵인하여 주지 않는다. "당신들은 나를 해하려 하였으나 하나님은 그것을 선으로 바꾸셨다"(창 50:20)고 요셉은 말하고 있다.

마찬가지로 비록 성경이 압살롬 자신이 행한 길을 "이는 여호와께서 압살롬에게 화를 내리려 하사 아히도벨의 좋은 계략을 물리치라고 명령하셨기"(삼하 17:14) 때문에 그렇게 결정하였다고 말씀하고 있지만 압살롬은 경건한 지혜 대신에 불경스러운 모략을 따르기로 선택한 데 대하여 도덕적으로 책임을 져야 했다.

마지막 예로서 성경이 예수 그리스도의 십자가에 대하여 어떻게 말씀하고 있는지 생각해 보자. 성경은 예수님이 "하나님께서 정하신 뜻과 미리 아신 대로 내준 바 되었거늘 너희가 법 없는 자들의 손을 빌려 못 박아 죽였다"(행 2:23)고 말하고 있다. 다시금 그리스도를 대항하는 모든 자들이 "예

---

[1] Augustine, *Enchiridion*, ed. J. Baille, J. McNeill, and H. P. Van Duren, trans. A. C. Outler, Library of Christian Classics 7 (Philadelphia: Westminster, 1955), 389. 또한 395, 400를 보라.

수를 거슬러 하나님의 권능과 뜻대로 이루려고 예정하신 그것을 행하려고 이 성에 모였다"(행 4:27-28)고 성경은 말한다. 이 사람들이 하나님의 계획에 부합하도록 행동하고 있다는 사실은 어떤 식으로든지 그들이 자신들의 행위를 수행함에 있어서 그들 자신들의 사악함을 경감해 주지 않는다.

그러나 그들이 악을 원하였을지라도 하나님은 선이 되게 하셨다. 그들이 그 행동을 함에 있어 악하였다. 왜냐하면 그들의 의도가 사악하였기 때문이다. 하나님은 그 행위가 일어나도록 정하셨음에도 선하신 하나님이시다. 왜냐하면 하나님은 보다 큰 선을 위하여 그 일을 정하셨기 때문이다. 곧 그리스도를 통해 많은 죄인들이 용서를 받고 하나님 아버지와의 영원한 영광으로 들어가게 될 것이다.

사람들은 자신의 결정에 책임을 져야 한다. 그러므로 성경은 사람들이 하나님을 따르기로 선택하고 죄에 저항하는 등등의 선택을 할 필요를 강조하고 있다. 그러나 사람들이 어떻게 선택하는가 하는 것은 세상 역사에서 발생하는 다른 모든 일들과 마찬가지로 모든 일을 통제하시고 자신의 영광을 위하여 모든 일을 이루어 가시는 주권적인 하나님의 영원한 계획과 일치한다.

2) 지지하는 논증

(1) 주권은 필연적으로 모든 일을 포함한다

하나님의 절대적인 주권은 하나님이라는 그 개념 속에 함의되어 있다. 만일 어떤 일이 하나님의 의지를 좌절시킬 수 있다면 그 일은 하나님보다 더 능력이 있다. 그렇다면 그것은 하나님보다 상위의 신일 것이다. 이러한 논리는 분명 모순이다. 성경의 가르침은 우리가 만물이 하나님에게서 나오고 그 하나님을 위해 존재한다는 것을 받아들일 것을 요구한다(롬 11:36).

또한 만일 하나님께서 모든 일을 통제하지 않으셨다면 어떻게 하나님께서 어떤 일을 통제하실 수 있다고 볼 수 있는지 어려워진다. 단일한 결정이 역사를 바꾸는 결과를 일으키는 지를 생각해 보라. 예컨대 만일 알렉산더 대제의 아버지가 인생의 초기에 알렉산더의 어머니를 만나지 않는 결정을 하였다면 역사가 어떻게 달라졌을 것인지 상상해 보라. 만일 아돌프 히틀러가 예술가가 되고자 하는 자신의 젊은 시절의 열망을 추구하기를 결정하였다면 무슨 일이 일어났겠는가? 만일 본디오 빌라도가 예수님을 방면하기로 결정하였다면 어떤 일이 발생하였겠는가?

논점은 모든 역사는 수억의 개인적인 결정의 줄로 짜여 있다는 것이다. 만일 그러한 결정들이 주권적인 하나님의 통제 아래 있지 않다면 역사의 흐름도 마찬가지일 것이다. 모든 그리스도인이 하나님께서는 역사의 흐름을 다스리신다-최소한 종국에는 하나님께서 승리하신다-는 사실에 동의한다면 그들은 하나님께서 역사의 흐름을 결정하는 그 모든 결정들을 통제하신다는 사실에도 동의해야만 한다.

(2) 은혜를 인한 구원

만일 인간이 구원을 받아들이거나 거절하기를 선택해야만 한다면 우리는 죄 가운데 "죽었던"(엡 2:1) 사람들이며 "본질상 진노의 자녀"(엡 2:3)라는 성경의 선언에 동의할 수 없을 것이다. 어떻게 죽은 사람이 생명을 택할 수 있는가? 어떻게 사람들이 자신의 본성에 거슬리는 것을 선택할 수 있는가? 우리는 "그 은혜에 의하여 믿음으로 말미암아 구원을 받았으니"(엡 2:8-9)라는 바울의 주장에도 동의할 수 없을 것이다. 만일 자기 결정적인 결정이 우리가 구원받기 위해 필요하다면 믿음은 우리가 수행하는 어떤 행위가 되고 만다.

우리는 하나님께 우리의 구원을 위한 모든 권한을 부여할 수 없다. 도리어 우리는 최소한 우리 자신이 하나님의 구원의 제안을 받아들일 만큼 선하거나 훌륭하기 때문에 우리 스스로를 기뻐하여야만 한다. 만일 우리가 이러한 결론을 받아들일 수 없다는데 동의한다면 우리는 한 사람의 구원에 대한 설명이 사람이 아니라 하나님 안에서 발견된다고 주장하여야 할 것이다.

(3) 자기 결정적인 자유의 불가능성

하나님께서 모든 일을 주관하신다는 견해를 지지해 주는 마지막 논증은 섭리에 관한 알미니안주의적 견해를 지지하는 모든 경우가 일관적이지 않은 개념에 뿌리를 박고 있다는 것이다. 알미니안주의자들은 인간이 자기 결정적인 자유를 가지고 있다고 주장하기 때문에 하나님께서 만물을 통제하신다는 사실을 부인한다. 그러나 자기 결정적인 자유의 개념은 일관성을 결여한 개념이다.

이러한 논점은 다음의 질문을 해 보면 가장 잘 제시될 수 있을 것이다. 자기 결정적인 행동은 야기되는가(caused) 그렇지 않으면 야기되지 않는가(uncaused)? 만일 알미니안주의자가 자기 결정적인 행동이 야기된다고 대답한다면 그때 그런 행동은 자유로울 수 없다. 그러나 자기 결정적인 행동이 야기되지 않는다고 대답한다면 그 때에도 그 행동은 여전히 자유롭지 못하다. 왜냐하면 야기되지 않는 일은 자기 멋대로의 순전히 우연적인 것이기에 자유로울 수 없다. 말하자면 눈썹이 깜박거리는 것을 더 이상 자유로운 행동이라고 말할 수 없는 것과 같다. 그러므로 자유에 대한 알미니안주의적 견해는 다만 어리석은 것일 뿐이다.

3) 반론에 대한 응답

악의 문제. 의심할 것도 없이 하나님께서 모든 일을 통제하신다는 주장에 대한 가장 흔한 반론은 이러한 주장이 **악의 문제**를 야기한다는 것이다. 만일 하나님께서 모든 일을 통제하신다면 하나님은 이 세상에 있는 악에 대하여 책임을 져야 한다고 주장하곤 한다. 이러한 반론에 대하여 응답하기 위해 세 가지를 말할 수 있다.

첫째, 우리가 살펴본 바와 같이 성경은 하나님께서 모든 일을 주권적으로 다스리신다고 가르치는 반면에 또 전적으로 거룩하신 분임을 주장하기 때문에 하나님께서는 세상에 일어나는 악에 대하여 책임이 없으신 그런 방식으로 모든 일을 작정하신다. 하나님께서 이 일을 하시는 방식은 대부분 우리들이 알 수 없다. 그러나 우리는 어떤 일이 우리의 유한하고 타락한 이성으로 이해할 수 없기 때문에 그런 일이 있을 수 없다는 주제넘은 결론을 거절해야만 한다.

둘째, 악이 그것 없이는 성취할 수 없는 더 큰 선을 이루어지게 한다면 악한 일이 일어나는 세계를 창조하신 하나님은 의로우시다. 모든 알미니안주의자들은 여기에 동의한다. 왜냐하면 그들은 하나님께서 자유라고 하는 더 큰 선을 위해 악이 발생하는 세계를 창조하셨다고 주장하기 때문이다. 악이 없는 세상이었다면 하나님의 공의와 선하심과 자비가 드러나지 않는 세상이 되었을 것이다(롬 9:22-23).

셋째, 어떤 행동을 악으로 만드는 것은 악이 만들어 내는 고통이 아니다. 그것은 어떤 사람이 악을 가함에 있어 가지고 있는 의도이다. 어떤 의사는 다른 사람에게 고통을 가하고 있지만 그 행동은 보다 큰 선, 즉 그 사람의 건강에 기여하고 있기 때문에 악으로 간주되지 않는다. 이것은 우리가 어떻게 하나님께서 작정하신 악에 대해 비난받지 않으시면서 악을 작정하시는지를 이해하는데 도움을 준다. 사람들이 악한 것을 의도하였던 것을 하나님은 선한 것으로 바꾸신다. 차이는 의도에 있는 것이다.

위에서 말한 바와 같이 하나님은 그리스도께서 보다 큰 선을 위하여 십자가에 못박혀죽으실 것을 예정하셨다. 다수의 사람들이 그의 죽으심으로 구원을 받을 것이다. 그러나 그를 십자가에 못 박은 사람은 그리스도를 십자가에 못 박을 때 마음에 이런 고상한 의도를 가지고 있지 않았다. 그들의 동기는 자신들의 불경한 권력적인 지위를 위협하는 사람을 부당하게 십자가에 못 박으려는 자신들의 소원 그 이상을 넘어가지 않았다. 그러므로 자신의 계획을 수행하는 사람들은 그렇게 함에 있어 사악하였던 반면에 하나님은 그리스도께서 죽으시도록 예정하심에 있어 선하셨다(행 2:23).

3. 하나님은 자유를 부여하심으로 자신의 통제권을 제한하신다 (알미니안주의)

1) 성경적 논증

성경은 하나님을 존재하는 모든 것의 창조자이시며 역사를 주관하시는 주님으로 높이고 있다(창 1:1; 신 10:14; 시 135:6 ff; 단 4:34-35; 요 1:3; 행 17:24-27; 엡 1:11; 골 1:16-16). 하나님은 전능하시며 그렇기 때문에 자신이 원하시는 대로 무엇이나 하실 수 있으시다(시 135:6; 욥 23:13-14; 시 115:3; 단 4:35). 하나님은 자신이 통제하기를 원하시는 무엇이든 통제하신다. 하나님은 자신이 예정하기 원하시는 모든 것을 예정하신다(사 46:10-11; 행 2:23; 4:28). 그 자신을 위하여 성취하게 하시는 하나님의 목적은 분명히 이루어질 것이다(고전 15:25-28; 엡 1:16-23; 골 1:18-20). 이런 저런 방식으로 만물이 "주에게서 나오고 주로 말미암고 주에게로 돌아간다"(롬 11:36). 하나님은 세상의 운명을 통제하시는 전능하시며 주권적인 주님이시다.

이와 동시에 하나님은 엄격하게 **모든 일**을 통제하시지 않기로 주권적으로 선택하신다는 것이 성경에 분명히 나타나 있다. 하나님은 사람들이 필연적으로가 아니라 선택에 의하여 자신을 사랑하기를 원하신다. 그래서 하나님은 자신의 주권적인 통치의 영역을 제한하신다. 성경의 이야기가 지니는 세 가지 특징이 하나님의 섭리적 계획이 지니는 이러한 차원을 밝히 드러내 준다.

첫째, 성경의 이야기는 하나님께서 사람들에게 자신을 따를 것인가에 대한 선택권을 부여하신다고 말하고 있다. 그러므로 하나님은 이스라엘을 향해 이렇게 말씀하신다.

> 보라 내가 오늘 생명과 복과 사망과 화를 네 앞에 두었나니 곧 내가 오늘 네게 명령하여 네 하나님 여호와를 사랑하고 그 모든 길로 행하며 그의 명령과 규례와 법도를 지키라 하는 것이라 그리하면 네가 생존하며 번성할 것이요 또 네 하나님 여호와께서 네가 가서 차지할 땅에서 네게 복을 주실 것임이니라 그러나 네가 만일 마음을 돌이켜 듣지 아니하고 유혹을 받아 다른 신들에게 절하고 그를 섬기면 내가 오늘 너희에게 선언하노니 너희가 반드시 망할 것이라 너희가 요단을 건너가서 차지할 땅에서 너희의 날이 길지 못할 것이니라 내가 오늘 하늘과 땅을 불러 너희에게 증거를 삼노라 내가 생명과 사망과 복과 저주를 네 앞에 두었은즉 너와 네 자손이 살기 위하여 생명을 택하고 (신 30:15-19; 참조. 11:26-28).

이것은 우리가 성경 전체를 통하여 계속해서 거듭 발견하는 주제이다

(수 24:15; 렘 7:1-15; 17:9-27; 21:8; 22:1-5; 롬 10:13). 에덴 동산에서 시작하여 신약성경에 이르기까지 우리는 하나님께서 사람들에게 도덕적으로 책임 있는 선택을 할 수 있는 능력과 의무를 부여하심을 발견하게 된다(창 2:16-17; 요 3:16-18). 사람들은 자유롭다. 이것은 성경이 일관되게 사람들은 자신이 한 일에 대하여 책임이 있다고 주장하는 이유이다.

예컨대 솔로몬은 여호와의 눈앞에서 악을 행하였는데 그 이유는 솔로몬이 마음을 돌려 이스라엘의 하나님 여호와를 떠났기 때문이다(왕상 11:6, 9; 참조. 대하 12:14). 만일 솔로몬이 하나님으로부터 돌이킨 원인이 하나님 자신이라면 이 성경 본문은 아무런 의미가 있을 수 없다. 마찬가지로 시드기야는 여호와 보시기에 악을 행하고 선지자 예레미야가 여호와의 말씀으로 일러도 그 앞에서 겸손하지 아니하였다. 왜냐하면 시드기야가 "목을 곧게 하며 마음을 완악하게 하여 이스라엘 하나님 여호와께로 돌아오지 아니하였기"(대하 36:12-13) 때문이다. 왜 시드기야가 악을 행하였는가에 대한 설명이 하나님이 아니라 시드기야 자신의 마음에서 발견되고 있는 것이다.

둘째, 하나님께서 사람들이 하는 모든 일을 통제하지 않으시기 때문에 하나님은 종종 사람들의 선택에 의하여 실망하시며 당혹스러워 하신다. 하나님은 사람들이 홍수 전에 가라앉아 있었던 저열한 도덕적인 상태에 대해 매우 슬퍼하셨다(창 6:6). 하나님은 자신들을 사랑하시는 하나님에 대하여 이스라엘이 끊임없이 저항하는 것을 슬퍼하셨다(출 33:3, 5; 34:9; 신 9:6, 13; 10:16; 31:27; 삿 2:19; 왕하 17:14; 대하 30:8; 36:13; 느 9:16; 사 46:12; 48:4; 렘 7:26; 호 4:16). 성실하지 못한 아내의 남편과 같이 그 백성들이 하나님을 거절하기로 선택하였을 때 하나님의 마음은 깨어졌다(호 11장). 분명히 사람들은 "그들 자신을 위한 하나님의 뜻"(눅 7:30)을 거절할 수 있고 거절한다. 사실 하나님께서 사람들이 행하는 모든 일을 은밀하게 통제하신다면 이들 본문은 아무런 의미가 없다. 만일 여러분이 어떤 사람에 대하여 완벽한 통제권을 행사한다면 그 사람은 여러분을 슬프게 할 수도 당혹하게 할 수도 거부할 수도 없다.

이 모든 것은 특별히 사람들의 영원한 운명과 관련하여 사실이다. 하나님께서는 어떤 사람도 멸망하기를 원치 않으신다(겔 18:32; 벧후 3:9). 하나님께서는 모든 사람들이 하나님과 바른 관계를 맺기를 선택하여 구원받기를 원하신다(딤전 2:4). 하나님께서 "인생으로 고생하게 하시며 근심하게 하심은 본심이 아니시로다"(애 3:33).

하나님은 죄인들을 "긍휼히 여기려 하시며"(사 30:18) 모든 사람과 더불어 하나님을 찾기를 원하신다(사 65:2; 겔 18:30-32; 33:11; 호 11:7; 롬 10:21). 그러나 많은 사람이 주님을 거절하고 종국에는 지옥으로 가고 있다. 분명히 이러한 일이 일어나게 하신 것은 하나님이 아니다. 사람들은 그들 스스로 이러한 운명을 선택한다(요 3:18-19). 그러한 상황은 하나님을 매우 슬프게 한다. 그러나 하나님은 사람들이 멸망하지 않도록 하기 위해 사람들을 통제하는 것을 넘어 이러한 가능성을 허락하시는 것이 분명하다.

셋째, 모든 일을 통제하지 않으시려는 하나님의 선택은 예수 그리스도의 사역에서 분명히 드러난다. 자신의 사역 전체를 통하여 예수님은 질병과 귀신들림의 경우를 하나님 아버지께서 원하지 않으셨던 일로 다루고 계신다. 예수님의 사역의 목적은 그러한 일들을 **반대하심**으로 실제로 아버지의 뜻을 수행하는 것-아버지의 나라를 확장하는 것-이었다. 만일 하나님의 주권적인 뜻이 예수님께서 직면하셨던 질병과 귀신들림의 경우 배후에 있었다면 하나님의 나라는 "스스로 나누어지고" 결국에는 서지 못할 것이다.

2) 지지하는 논증

(1) 사랑은 선택을 요구한다

만일 하나님께서 모든 일을 상세한 부분까지 통제하신다면 사랑은 불가능할 것이다. 다음의 유비를 생각해 보라. 나는 어떤 사람으로 하여금 자신이 모르는 가운데 자신 안에 내장된 칩이 시키는 그대로 행동하게 하는 결정론적 방식으로 인간의 뇌와 상호 작용할 수 있는 컴퓨터 칩을 발명하게 할 수 있을 것이다. 내가 이러한 칩으로 완벽한 아내를 만들어 내도록 프로그램화하고 아내가 잠자는 동안 그것을 내 아내의 머리에 집어넣었다고 생각해 보라. 그다음날 아침 내 아내는 "완벽한 아내"로 눈을 뜬다. 그녀는 완벽하게 사랑스러운 방식으로 느끼고 행동하고 말할 것이다. 이러한 칩의 정교함 때문에 내 아내는 사실상 달리 어떻게 할 수 없지만 그녀가 자발적으로 나를 사랑하기를 선택하였다고 믿을 것이다.

내 아내는 진정으로 나를 사랑하는 것인가? 그녀가 그렇지 않다는 사실에 우리 모두 동의하리라 나는 생각한다. 정서적으로 건강한 사람이라면 이러한 "사랑"은 결코 아무것도 성취할 수 없다는 것을 바로 발견할 것이다. 나는 내 아내가 이러한 사랑의 감정을 느끼지 못하거나 그녀 스스로 이러한 사랑의 행동에 관여하지 않음을 알고 있다. 내 아내의 행동은 **그녀에 의해서** 선택된 것이 아니다. 그래서 **내 아내는** 전혀 나를 사랑하는 것이 아니다. 내 아내는 꼭두각시에 지나지 않을 것이다. 내가 **그녀로부터** 사랑받기를 원한다면 내 아내는 나를 사랑하지 **않는 것을** 선택할 능력을 개인적으로 소유해야만 한다.

만일 하나님께서 우리가 하나님을 사랑할 것인지 않을 것인지 통제하신다면 어떤 차이가 있겠는가? 만일 하나님께서 사람들이 진정으로 하나님을 사랑하기를 원하신다면-단지 하나님을 향하여 사랑스럽게 행동하는 것이 아니라—하나님은 사람들이 자신을 거부할 능력을 가진 사람들을 창조하셔야만 하신다. 하나님이 아니라 그 사람들이 하나님을 사랑할 것인지를 결정해야만 한다.

(2) 악의 문제

성경은 하나님의 모든 길이 정의롭다고 가르친다. 왜냐하면 하나님은 "거짓이 없으시기"(신 32:4) 때문이다. "하나님은 빛이시라 그에게는 어둠이 조금도 없으시다"(요일 1:5). 실제로 하나님의 눈은 "정결하시므로 악을 차마 보지 못하신다"(합 1:13). 이 구절들은 모든 일—사람들이 역사를 통해 경험하였던 모든 악을 포함하여—이 하나님의 주권적인 의지의 한 부분이라는 견해와 일치하는가?

어떤 신학자들은 사람들이 그리고 사탄과 같은 영들이 비록 그들이 하는 일을 하도록 하나님께서 결정하였다고 하더라도 사람들은 그들이 행하는 악에 대하여 책임이 있다고 주장함으로 이 문제를 회피하려고 시도한다. 칼빈주의자들은 이것이 하나의 신비임을 인정한다. 그러나 알미니안주의 견해에서 이것은 모순이다. 어떤 칼빈주의자도 이러한 견해가 의미를 갖도록 하는 설명을 제공하는데 성공하지 못하였다. 그러나 만일 인간이나 영들이 자유롭다는 것을 우리가 인정한다면 악의 문제는 대개 사라져버린다(**자유의지 변증**를 보라).

창조에서 모든 좋은 일이 하나님으로부터 오기는 하지만(약 1:17) 창조 세계 안에 있는 모든 악은 하나님의 의지 이외의 의지에서 나온다는 것을 우리는 인정할 수 있다. 하나님은 인간이 사랑할 수 있는 잠재력을 가지기를 원하시기 때문에 악이 발생하도록 허용하신다. 이 일을 위하여 사람들은 자유로와야만 한다. 어떤 의미에서도 하나님은 사람들의 악을 원하지 않으셨다.

(3) 기도의 동기

하나님께서 모든 일을 통제하시지는 않는다는 견해를 지지하는 최종적인 논증은 왜 성경이 기도에 대하여 그토록 강조하고 있는지 그 이유를 드러내 준다는 것이다. 성경에 따르면 하나님께서 세상에서 하시는 일의 많은 부분은 그 백성이 기도하는가 그렇지 않은가에 의하여 영향을 받는다(대하 7:14; 겔 22:30; 약 5:16-18).

만일 사람들이 자유하다면 우리는 하나님께서 자신이 행하시는 일을 자기 백성이 자신과 상호 작용을 하는가의 여부에 좌우시킨다는 것을 이해할 수 있다. 그러나 만일 하나님께서 항상 모든 일을 통제하신다면 어떠한 것도 우리가 하는 것에 의하여 진정으로 영향을 받지 않는다는 극단적인 결론을 피하기가 어렵다. 그렇게 되면 우리는 단지 하나님의 말씀에 대한 우리의 순종으로부터만 지속적으로 기도할 수 있다. 그러나 하나님의 뜻이 특별한 상황에서 이루어지는 여부가 진정으로 우리에게 달려 있다고 믿을 때처럼 열정적으로 기도하지는 않을 것이다.

3) 반론에 대한 응답

(1) 이러한 견해는 하나님의 주권을 부정한다

칼빈주의자들은 종종 만일 하나님께서 모든 일을 통제하지 않으신다면 하나님은 진정으로 주권적이지 않다고 주장하고 있다. 만일 하나님께서 모든 일을 통제하기를 원하셨지만 그렇게 하실 수 없었다면 그것은 사실일 것이다. 그러나 만일 하나님 자신이 자신의 통제권을 포기하신다면 그것은 사실이 아니다. 실제로 루이스(C. S. Lewis, 1898-1963)와 함께 우리는 전능의 가장 큰 기적은 그것에 대하여 저항할 잠재력을 가지고

있는 존재를 창조하신 것이라고 말할 수 있다.[2]

(2) 이러한 견해는 자유의 불가능성을 드러낸다

어떤 사람들은 자기 결정이라는 바로 그 개념이 모순적이라고 주장한다. 만일 사람의 행동이 하나님을 포함하여 이전의 원인의 결과가 아니라면 그 이전의 원인은 원인이 없는 것이어야만 한다. 이러한 주장은 사람들을 자유로운 것이 아니라 자의적인 것이 되게 한다. 이에 대한 응답으로 세 가지를 말해야 할 것이다.

첫째, 만일 우리가 이러한 논증을 받아들인다면 우리는 하나님께서 세상을 창조하셔야만 했다거나 하나님의 세상 창조가 자의적인 행동이라는 결론에 도달해야만 한다. 물론 자유로운 자기 결정적인 존재라는 말을 하나님께 적용하기 때문에 이해할 수 있게 되는 것은 아니다. 그러나 그리스도인은 하나님께서 세계를 자유로이 창조하셨다는 것을 항상 믿고 있다. 어떤 것도 하나님께서 어떤 일을 하게 하지 않는다. 그리고 그 일은 자의적인 행동이 아니다.

둘째, 우리가 자기 결정적인 자유를 매일 경험하면서 그러한 자유를 이해할 수 없다고 주장하기는 어렵다. 우리가 선택지 사이에서 숙고할 때 우리는 이전의 원인에 의해 전적으로 결정되는 것이 아닐 뿐 아니라 우리의 선택들은 변덕스러운 것이 아니라고 가정한다.

셋째, 자기 결정적인 자유에 반대하는 논증은 원인이 결과를 **결정한다**고 가정한다. 단지 이러한 근거 위에서만 인간 행동이 원인으로 결정이 일어나고 원인이 없으면 자의적인 것이라고 주장할 수 있다. 어떤 일은 결정되지 않으면서 원인 지워질 수 있다. 동일한 원인들은 다양한 가능한 결과를

---

[2] C. S. Lewis, *The Problem of Pain* (New York: Macmillan, 1962), 127.

야기할 수도 있다. 이러한 맥락에서 인간의 행동은 원인이 없는 것도 아니고 결정된 것도 아니다. 인간의 행동은 자유롭다.

(3) 성경은 자기 결정적인 자유에 반대하여 논증하고 있다

하나님께서 모든 일을 통제하지 않기로 선택하셨다는 견해에 반대하는 주된 반론은 성경의 어떤 본문이 하나님께서 모든 일을 **통제하신다**고 제안한다는 것이다. 이들 본문의 대부분은 네 가지 방식 중 한 가지로 설명된다.

첫째, 무엇이 하나님을 "기쁘시게" 하는가이다. 많은 성경 본문은 "여호와께서 그가 기뻐하시는 모든 일을 천지와 바다와 모든 깊은 데서 다 행하셨도다"라고 선언하고 있다(시 135:6; 참조. 욥 23:13-14; 시 115:3; 단 4:35). 이들 본문은 분명히 하나님의 주권을 찬양하고 있다.

그러나 이 본문들은 모든 일을 통제하시는 것이 하나님을 기쁘시게 한다고 우리가 **전제할** 때에만 하나님께서는 모든 일을 통제하신다는 것을 의미한다. 그러나 왜 우리는 이렇게 전제해야만 하는가? 다른 본문들은 우리에게 하나님의 뜻이 때때로 좌절된다고 말하고 있기 때문에(사 63:10; 눅 7:30; 행 7:51; 엡 4:30; 히 3:8, 15; 4:7), 자유로운 행위자가 하나님의 뜻을 좌절시킬 수 있는 잠재력을 가진 세계를 하나님께서 창조하시기를 "기뻐하셨다"고 결론을 내리는 것이 보다 더 합리적인 것 같다.

둘째, 하나님은 사람들에게 반응하신다. 하나님께서 사람들이 하는 일을 통제하신다고 묘사하는 많은 성경 본문은 이들 백성들을 위한 하나님의 원래적인 계획에 대한 것이 아니라 어떻게 하나님께서 사람들의 죄에 **반응하시는가**에 대한 것이다. 예컨대 성경이 사람들의 마음을 강퍅하게 하신다고 말하고 있을 때마다 하나님께서는 사람들을 **심판하신다**고 말하고 있다(출 7:3-4; 10:1; 14:4; 신 2:30; 수 11:19-20; 롬 9:18; 참조. 삼상 2:25; 삼하 17:14; 사 6:10).

하나님께서는 사람들을 심판하시는 자신의 공의를 드러내기 위하여 그들의 마음에 있는 악이 충분히 드러나게 하신다. 이 본문들은 하나님께서 사람들을 자의적으로 완악하게 하셨다고 제안하지 않는다. 그렇게 되면 하나님을 사람들의 악의 창시자가 되게 할 것이다.

이것은 또한 악이 하나님으로부터 나온다고 말하는 대부분의 본문을 우리가 이해해야만 하는 방법이다(사 45:7; 애 3:37-38; 암 3:6). 어떤 사람들은 이들 본문을 모든 악이 하나님에 의하여 작정된 것이라는 증거로 인용한다. 그러나 이들 본문을 문맥에서 읽는다면 이들 본문은 그렇지 않다. 이들 본문에서 "악"이라는 단어(ra')는 도덕적 악을 지시하지 않는다. 그 말은 도리어 "파괴"나 "재앙"을 의미한다. "파괴"는 이들 본문에서 특별히 사람들이 합당한 삶의 스타일을 자유로이 선택한 사람들에게 내릴 하나님의 의로운 **심판**을 가리킨다. 그러므로 이 본문들은 역사의 모든 재앙이 하나님에 의해 이루어진 것이라고 가르치지 않는다. 다만 하나님께서 그렇게 선택하신다면 사람들을 벌하시기 위해 주권적으로 재앙을 일으키실 수 있을 뿐이라는 것이다.

하나님께서 사람들의 죄에 대하여 반응하는 또 다른 방식은 그것으로부터 선을 가져오기 위해 역사하시는 것이다(롬 8:28). 이것은 하나님께서 악을 작정하셔서 더 큰 선을 만들어 내신다는 것을 의미하는 것은 아니다. 그것은 단지 하나님께서 자유로운 행위자가 야기시키는 악으로 지혜롭게 선을 만들어 내신다는 것을 의미한다. 예컨대 요셉이 자신의 악한 형들에게 그들이 악을 행하려 했지만 "하나님은 선으로 바꾸셨다"(창 50:20)고 말하였을 때 요셉은 그들의 악한 행동이 하나님에 의해 통제되었다고 제안하고 있지 않다. 요셉은 단지 하나님께서 그들의 악한 마음을 미리 아시고 그들의 악한 계획으로부터 선을 만들려는 현명한 계획을 고안하셨다는 것을 말하고 있을 뿐이다.

셋째, 하나님께서 엄격하게 세계를 통제하신다는 견해를 지지하는 것 같은 몇몇 본문은 강조를 위해서 무조건적이고 과장된 용어로 이루어진 진술로 쉽게 이해된다. 예컨대 잠언에서 우리는 "왕의 마음이 여호와의 손에 있음이 마치 봇물과 같아서 그가 임의로 인도하시느니라"(잠 21:1)는 말씀을 읽을 수 있다. 이것은 아돌프 히틀러나 조셉 스탈린이 그들의 병들고 사악한 마음에서 꿈꾸었던 모든 일이 실제로는 하나님이 행하신 일이라는 것을 의미하는가? 전혀 그렇지 않다.

고대 유대인들은 종종 일반적인 원칙을 강조하기 위하여 명료하게 말하곤 하였다. 우리는 그런 표현들을 문자적이고 보편적인 법칙으로 이해하면 안 된다. 예컨대 잠언 12:21에서는 "의인에게는 어떤 재앙도 임하지 아니하려니와 악인에게는 앙화가 가득하리라"고 말하고 있다(참조. 잠 13:21, 25). 만일 이런 표현을 절대적인 보편적인 법칙으로 읽는다면 이 본문은 분명히 넌센스다. 역사와 우리 자신의 경험은 의로운 사람이 흔히 커다란 해를 당하고 사악한 사람들은 종종 평화롭고 번성한다.

실제로 성경 자체는 이러한 주장을 반복하고 있다(욥기; 시편 3편). 그러나 **일반적인 원칙**으로 보면 의로운 삶은 해를 피하도록 도움을 주지만 사악한 삶은 고통을 야기한다. 그러므로 잠언 21:1에서 성경 저자는 역사를 통틀어 모든 왕의 결정이 하나님에 의하여 획책된 것이라고 제안하고 있지 않다. 성경 저자는 단지 하나님의 일반적인 주권을 강조하고 있을 따름인 것이다.

넷째, 하나님께서 모든 일을 통제하신다는 견해를 지지하기 위해서 인용되는 어떤 본문들은 단지 하나님께서 모든 일이 아니라 어떤 일을 통제하신다고 가르치고 있다. 예컨대 사도행전 4:27-28은 우리에게 "과연 헤롯과 본디오 빌라도는 이방인과 이스라엘 백성과 합세하여 하나님께서 기름 부으신 거룩한 종 예수를 거슬러 하나님의 권능과 뜻대로 이루려고 예정하신 그것을 행하려고 이 성에 모였나이다"라고 말하고 있다.

어떤 사람들은 이것으로부터 그리스도를 십자가에 못박은 모든 개인들은 그렇게 하도록 예정되었다고 결론을 짓는다. 그러나 성경 본문은 그렇게 말하지 않는다. 그것은 단지 **그리스도의 십자가**는 예정되었다는 것만을 말하고 있다. 자유롭게 이러한 행동을 수행하는 사람들은 하나님께서 발생하도록 예정하신 것을 수행하였지만 그들은 어떤 길을 행하도록 개인적으로는 예정되지 않았다. 하나님께서는 사람들을 하나님 자신의 예정된 계획을 수행하도록 손쉽게 사용하실 수 있으시다.

유사한 방식으로 신약성경은 때때로 교회가 하나님에 의해 예정된 것으로 말하고 있다(엡 1:4-5, 11; 딤후 1:9). 이것은 교회를 이루는 개개인들이 믿도록 예정되었다(다른 사람들은 믿지 않도록 예정된 반면에)는 것을 의미하지 않는다. 하나님께서는 모든 사람이 그리스도를 믿고 구원받기를 원하신다(벧후 3:9). 도리어 이것은 하나님께서 시간 전에 자신을 믿는 한 그룹의 사람들("교회")을 소유하기로 결정하셨다는 뜻이다. 개개인이 이러한 예정된 그룹의 부분이 되는가 그렇지 않는가는 그 자신에게 달려 있다.

칼빈주의자들은 때때로 하나님께서 모든 일을 통제하지 않으신다면 어떠한 일은 통제할 수 없다고 주장한다. 예컨대 하나님께서 어떤 개인들이 확실하게 수행하도록 하지 않았다면 그리스도께서 십자가에 못 박히게 하실 수 없었을 것이라는 것이다. 그러나 이러한 논증은 제대로 된 논증이 아니다. 하나님은 어떤 결정을 결정하는 것 없이 사람들의 결정을 예지하실 수 있다. 그러므로 하나님께서는 누가 그 사건을 실행할 것인지 결정하시지 않고 어떤 사건이 발생하도록 결정하실 수 있다.

4. 심화 학습을 위한 도서 목록

Basinger, David, and Randall Basinger, eds. *Predestination and Free Will: Four Views on Divine Sovereignty and Human Freedom*. Downers Grove, IL: InterVarsity, 1985.

Boyd, Gregory A. *Satan and the Problem of Evil*. Downers Grove, IL: InterVarsity, 2001.

Forster, Roger T., and V. Paul Marston. *God's Strategy in Human History*. Minneapolis: Bethany, 1973; Eugene, OR: Wipf and Stock, 2000.

Helm, Paul. *The Providence of God*. Downers Grove, IL: InterVarsity, 1993.

Packer, J. I. *Evangelism and the Sovereignty of God*. Downers Grove, IL: InterVarsity, 1961.

Pinnock, Clark, ed. *The Grace of God and the Will of Man*. Minneapolis: Bethany, 1989.

――――, ed. *Grace Unlimited*. Minneapolis: Bethany, 1976.

Poythress, Vern. *Philosophy, Science, and the Sovereignty of God*. Nutley, NJ: Presbyterian and Reformed, 1976.

Sanders, John. *The God Who Risks: A Theology of Providence*. Downers Grove, IL: InterVarsity, 1998.

Schreiner, Thomas R., and Bruce A. Ware, eds. *The Grace of God, the Bondage of the Will*. 2 vols. Grand Rapids: Baker Academic, 1995.

Sproul, R. C. *The Invisible Hand: Do All Things Really Work for Good?* Dallas: Word, 1996.

Ware, Bruce A., ed. *Perspectives on the Doctrine of God: Four Views*. Nashville: Broadman and Holman, 2008.

Across the Spectrum

제3장

예지 논쟁

하나님은 미래의 자유로운 행동을 아신다 (알미니안주의)
vs
하나님은 미래를 주권적으로 작정하심으로 아신다 (칼빈주의)
vs
하나님은 이루어질 모든 일과 가능한 모든 일을 아신다 (열린 유신론)

1. 서론

1) 문제 제기

하나님은 당신이 결혼할 것인지 이미 알고 계시며 그렇다면 누가 당신의 배우자가 될 것인지 이미 알고 계신가? 이것이 당신이 태어나기도 전에 하나님의 의해 확실하게 알려져 있다면 당신과 당신의 미래 배우자는 실제로 여러분 자신의 자유의지로 서로를 선택하는 것인가? 그리고 당신의 배우자가 비극적이게도 당신을 속이고 육체적으로 부정한 사람임이 드러난다면 어떻게 하겠는가? 하나님께서는 이것을 알고 계셨는가? 만일 하나님께서 알고 계셨다면 왜 하나님은 당신을 경고하여 당신이 "내내 행복하게 살 것이라고" 알고 있던 배우자에게로 인도하지 않으셨는가? 사실 하나님께서 모든 것을 시간 이전에 알고 계신다면 하나님은 왜 다른 사람들을 학대할 사람들을 창조하시고 분명히 지옥에 갈 사람들을 창조하시는가? 하나님은 왜 모든 사람이 하늘나라에 가기를 원하지 않으시는가?

그러나 만일 하나님께서 시간 이전에 모든 일을 예지하지 않으신다면 과연 당신이 참으로 당신의 미래에 대해 하나님을 신뢰할 수 있을지 의아하게 생각할 것이다. 사실 만일 하나님께서 일어나게 될 모든 일을 미리 아시지 못하며 누구라도 그럴 수 없다면 어떤 사람이 과연 통제권이 있기나 한 것인지 의아하게 생각하게 될 것이다. 어떤 사람이 이 배를 어떤 특별한 방향으로 조정하고 있는가? 미래는 단지 하나님에게 "넓게 열린 바다"일 뿐인가? 하나님께서는 어디로 이 배-당신의 삶과 세계 전체 역사-가 가고 있는지 그리고 어떻게 거기에 도달할 것인지를 알기 위해 우리가 그런 것처럼 기다리시는가? 그리고 하나님께서 시간 이전에 모든 일을 하시지 않는다면 왜 성경은 실현된 예언과 하나님께서 일어날 것이라고 절대적인 확실성을 가지고 말씀하신 미래에 대한 명확한 약속들로 가득차 있는가?

2) 핵심 주장과 차이점

그리스도인들은 항상 하나님께서 **전지하시다**("모든 것을 아신다")는 사실에 동의하였다. 그리고 비록 어떤 사람들은 미래가 전적으로 하나님의 마음 안에 있다고 믿지는 않지만 모든 사람들은 하나님께서는 "시초부터 종말을 아신다"(사 46:10)는데 동의하였다. 미래는 하나님께 "넓게 열린 바다"가 아니다. 이 배는 선장이 있으며 이 선장은 자신이 어디로 가고 있는지 안다.

이것은 유대교인들과 **무슬림**들, 그리고 대부분의 다른 **유신론자**들이 역사를 통하여 하나님에 대하여 믿었던 것과 일치한다. 그러나 이것은 많은 다른 비기독교적인 세계관이 주장하는 것과는 날카롭게 대조된다. 많은 사람들은 오늘날 미래는 전적으로 우리에게 달려 있다고 믿고 있다. 사람들은 그들 자신의 미래와 지상에서의 삶을 결정하는 유일한 능력과 유일한 책임을 지고 있다.

세속적 인본주의자들은 이런 견해를 가지고 있는 사람들의 한 예가 된다. 그러나 다른 사람들은 운명을 믿고 있다. "일어날 일은 일어날 것이다." 이런 사람들 중 몇몇은 인간의 선택을 포함한 모든 일이 물리적으로 결정되어 있다는 근거에서 미래가 정돈되어 있다고 생각한다. 이들은 보통 유물론자들로 알려져 있다. 왜냐하면 이들은 모든 인간의 행동을 포함하여 모든 사건이 물질적인 원인과 결과의 산물이라고 믿고 있기 때문이다.

그러므로 우주의 마지막 결과는 이미 "제일원인"에 의해 결정되어 있다. 다른 사람들은 운명이 항상 작동하고 있는 영적인 법칙의 결과라고 생각하고 있다. 예컨대 어떤 동양의 교사들과 뉴에이지 철학을 주장하는 사람들은 모든 사건이 하나의 유일하고 무시간적인 신적인 실체의 부분이라고 생각한다. 어떤 일도 그것 이외의 것이 될 수 없다. 이것은 종종 **일원론**이라 불린다.

기독교의 견해는 이들 모든 신념 체계와 불일치한다. 그리스도인은 인간이 그들 자신의 행동에 책임이 있다고 주장하지만 미래가 전적으로 우리가 해결해야 할 것이라는 사실을 부정한다. 하나님은 역사가 어디로 나아가고 있는지 아신다. 그러나 하나님은 모든 일이 물리적 법칙에 의해서 결정되거나 모든 일이 하나의 무시간적이고 신적인 실체의 부분이기 때문에 이것을 아시는 것은 아니다. 하나님은 주권적인 주님이시며 창조자이시기 때문에 이러한 것을 아신다.

대부분의 그리스도인들은 역사를 통하여 하나님께서 일어날 모든 일을 아신다고 믿었다. 이것은 종종 하나님의 **예지**에 대한 "고전적인" 견해라고 알려져 있으며 여전히 다수의 복음주의자들이 믿고 있는 것이다. 그러나 고전적인 견해 안에 많은 차이점이 존재한다. 칼빈주의자들이라 불리는 어떤 사람들은 하나님께서 어떤 일을 예정하셨기 때문에 일어나는 모든 일을 아신다고 믿고 있다. 알미니안주의자들이라 불리는 또 다른 사람들은 인간이 어느 정도 자신의 자유로운 의미로 그 일을 결정하기는 하지만 하나님께서는 그 일이 일어날 것을 아시기 때문에 모든 일을 예지하신다고 믿는다.

어떤 알미니안주의자들은 하나님께서 무슨 일이 일어날 것인가 뿐만 아니라 다른 상황하에서는 무슨 일이 일어날 것이라는 사실을 아신다고 주장한다. 이것은 몰리니즘(Molinism, 16세기 주창자인 루이스 드 몰리나[Luis de Molina, 1535-1600]의 이름을 본 뜬 것이다)이나 "중간 지식"(어떤 자유로운 행위자가 모든 특수한 상황에 무슨 일을 하게 될 것인가에 대한 하나님의 지식을 언급하는 말)으로 알려진 알미니안주의의 한 하부 견해이다. 또 다른 알미니안주의적 견해인 "단순한 예지"는 하나님께서는 망라된 명확한 세부 사항까지 미래를 아시지만 사람들은 여전히 자신들이 하는 결정에 있어서 여전히 자유하다고 주장한다. 이외에도 알미니안주의적 견해의 여러 하부 형태들이 존재한다.

그러나 다른 어떤 사람들은 성경적인 근거와 철학적 근거에서 하나님께서 과연 미래에 대한 망라된 명확한 예지를 가지고 계신지 의문시하였다. 그들은 하나님께서 일어나도록 예정하신 그 어떤 일뿐 아니라 세계 역사의 포괄적인 윤곽을 아시지만 미래의 어떤 세부 사항들은 인간이 자신들의 자유의지를 행사하여 그 일들을 결정하기까지 하나님에 의해 알려지지 않는다고 믿고 있다.

최근에 열린 유신론 또는 미래에 대한 열린 견해로 알려지게 된 이 신학은 비록 그것이 18세기와 19세기에 보다 유행하였지만 정통적인 기독교 전통에서는 거의 그 대표자를 찾아볼 수 없었다. 그러나 점차 더 많은 복음주의자들이 지난 몇십 년에 걸쳐 이 견해를 받아들이고 있다. 그래서 예지에 대한 논쟁은 오늘날 복음주의 내에서 가장 활발하게 논의되고 있는 논쟁 가운데 하나가 되었다.

이 논쟁에 있어서 사용되고 있는 용어가 다소간 혼란을 야기할 수 있다. 구원에 관하여 잘 알려진 "칼빈주의-알미니안주의" 논쟁에 대하여 열린 유신론자들은 그들의 관점에서 알미니안주의의 견해를 가지고 있다(8장 "구원론 논쟁"을 보라). 그러나 하나님의 예지 문제에 이르게 될 때 우리가 앞에서 본 것과 같이 알미니안주의자들은 다양한 하부 분류로 나누어진다.

이 장의 세 개의 논문 가운데 첫째는 가장 일반적이고 가장 포괄적인 알미니안주의적인 견해인데 비록 인간이 자유의지를 가지고 있다고 하더라도 하나님께서는 미래를 망라된 명확한 세부 사항에 있어서까지 아신다고 주장한다(우리는 이 견해를 "알미니안주의" 견해라고 부르고 있다). 그 다음이 칼빈주의 견해, 그리고 마지막으로 열린 유신론으로 알려진 몇몇 알미니안주의자들에 의해 주장되고 있는 보다 덜 일반적인 견해인데 미래는 부분적으로만 확정되어 있어서 하나님께서는 가능성으로만 미래를 아신다고 주장하고 있다.

2. 하나님은 미래의 자유로운 행동을 아신다 (알미니안주의)

역사를 통하여 모든 정통적인 그리스도인들은 하나님께서 전지하시다는 점을 확신하였다. 하나님은 모든 일을 완벽하게 아신다. 칼빈주의나 알미니안주의 양자 모두에서 하나님께서 완벽하게 아시는 "모든 일"은 일어날 모든 일을 포함한다. 그러나 알미니안주의자들과 칼빈주의자들은 어떻게 하나님께서 이 지식을 소유하고 계신가 하는 부분에서는 서로 의견을 달리한다. 칼빈주의자들은 하나님께서 그 일을 예정하셨기 때문에 일어나는 일을 아신다고 주장한다. 알미니안주의자들은 하나님께서 미래의 어떤 측면을 미리 결정하시기는 하지만 자유로운 행위자들이 결정할 다른 측면들을 남겨두신다고 믿는다. 그러나 열린 유신론과는 대조적으로 알미니안주의자들은 하나님께서는 이들 자유로운 행위자들이 어떻게 선택할지를 확실하게 예견하실 수 있는 능력을 여전히 소유하고 계시다고 믿는다. 그러므로 하나님께서는 일어날 모든 일을 미리 결정하시지 않으시면서도 일어날 모든 일을 예견하신다.

1) 성경적 논증

성경은 반복해서 하나님께서 인간에 의해 이루어지는 미래의 자유로운 결정에 대한 예지를 소유하고 계심을 확증하고 있다. 우선 하나님께서는 아브라함에게 "여러 민족의 아버지"(창 17:5-8)가 되고 커다란 땅을 주겠다 말씀하셨다.

이러한 예언과 약속은 믿음을 가지기로 아브라함이 자유롭게 선택하는 것에 달려 있으며 아브라함 스스로 하나님의 신실한 언약의 파트너임을 입증하는 것에 달려 있다(창 17:9; 참조. 22:12). 하나님께서는 아브라함에게 그 후손이 사백년 동안 이집트에서 종살이 할 것이며 그 후에 큰 재물을 이끌고 나올 것이라고 말씀하셨다(창 15:13-15). 아브라함의 자손들이 이집트로 내려감에 있어서 관련된 수많은 자유로운 결정들이 있었다. 거기에는 요셉의 질투심 많은 형들이 요셉을 종으로 파는 사악한 결정도 포함되어 있다(창 37:18-28). 그리고 애굽에서 아브라함의 후손들이 나오는 일에도 수많은 자유로운 결정들이 관여되어 있다. 거기에는 모세가 하나님의 명령에 순종하여 바로 왕을 만나기를 주저하는 결정이 포함되어 있다(출 3:18-4:17).

성경에는 이러한 결정을 하나님께서 통제하셨다고 말하는 구절이 없다. 실제로 하나님께서는 모세가 자신의 계획을 가지고 가게 하기 위하여 일정 시간 모세와 논쟁하셔야 했다. 그러나 하나님은 그 결정들이 결국에는 시행될 것이라는 것을 분명히 예견하셨다. 그렇기 때문에 하나님께서는 그 사건이 일어나기도 전에 아브라함에게 그 후손들이 400년 동안 종살이를 하고 놓여날 것에 대하여 말씀하실 수 있었다.

동일한 맥락에서 여러 번에 걸쳐 하나님께서는 사람들이 내린 자유로운 결정에 대한 결과로서 어떠한 일이 여러 민족들이나 도시에서 일어날 것을 계시하신다. 예컨대 하나님께서는 느브갓네살의 꿈을 통하여 네 나라가 연이어 등장할 것을 미리 말씀하신다(단 2:31-45). 이것은 왕들과 군사적인 지도자들에 의해 이루어진 수많은 자유로운 결정에 의하여 일어났다. 그러나 하나님께서는 이 일들을 미리 예견하셨다. 마찬가지로 하나님께서는 두로의 운명에 대하여 수많은 세부 사항들을 계시하신다(겔 26:7-21). 이러한 예언의 성취는 주로 이 예언이 주어진 수세기 후에 알렉산더 대제라고 하는 한 통치자의 활동에 관련되어 졌다. 알렉산더는 이 일들을 자유로이 행하였다. 그러나 이 일들은 그가 그 일들을 하기 수세기 전에 하나님의 의해 예견되었다.

성경에서는 두 번 하나님께서 어떤 개인이 태어나거나 그들이 행할 어떤 세부 사항을 제시하기도 전에 그들의 이름을 실제로 거명하신다. 요시야는 이방 제단을 부술 것이며 이스라엘을 괴롭혔던 이교적인 제사를 파괴할 것이다(왕상 13:2-3; 참조. 대하 22:1; 23:15-16). 고레스는 하나님의 백성이 예루살렘에 돌아오게 할 것이며 그 도성을 다시 짓도록 도울 것이다(사 45:1-14).

그러나 요시야와 고레스의 부모님들이나 이 두 사람이 자라나 관여하게 될 그 특별한 행동들이 하나님에 의하여 통제되었다는 언급은 그 어디에도 없다. 하나님께서는 자신의 위대한 전지하심 가운데 일이 어떻게 드러날 것인지를 단지 예견하실 따름이었다.

이와 비슷하게 예수님은 베드로에게 그가 다음 날 아침까지 세 번에 걸쳐 자신을 부인할 것을 말씀하셨고(마 26:34) 유다가 자신을 배신할 것을 예고하셨다(요 6:64, 70-71; 13:18-19; 참조. 17:12). 비록 베드로나 유다 두 사람 모두 자유로이 자신들의 결정을 하였다는 사실에도 불구하고 말이다. 예수님은 또한 베드로가 자신의 모범을 따라 순교자의 죽음을 죽을 것이라는 사실을 예언하셨다(요 21:18-19). 이것은 미래에 있을 신앙의 박해자들의 자유로운 행동에 대한 특별한 예지를 전제로 한다.

하나님의 예지에 관련된 가장 감동적인 성경 본문 가운데 몇몇 구절은 예수님의 사역, 그리고 죽음과 관련 있다. 성경은 우리에게 "(그리스도께서) 창세 전부터 미리 알린바 되셨으며"(벧전 1:20) 그리스도께서는 "창세 이후로 죽임을 당하신 어린 양"(계 13:8, NIV)이라고 우리에게 말씀하고 있다. 스가랴에서 하나님은 유대인들이 어느 날 "그들이 그 찌른 바 그를 바라보고 그를 위하여 애통할"(슥 12:10) 것을 말씀하고 있다. 이 본문은 그리스도의 십자가를 분명하게 언급하고 있는데 처형의 형태로서 십자가형이 고안되기 수세기 전에 주어진 말씀이다. 이와 유사하게 이사야에서 우리는 "고난받는 종"이 비록 죽은 후에 "부자와 함께" 장사될 것이지만 "악인들과 함께" 죽을 것이라는 구절을 읽게 된다.

예수님은 일반적인 범죄자로 십자가에 달리셨지만 부유한 아리마대 요셉의 무덤에 장사되셨다(마 27:57-60). 예수님은 또한 자신의 공생애 사역을 통해 몇 차례에 걸쳐 자신에게 어떤 일이 일어날 지를 예고하시곤 하셨다. 예수님은 "장로들과 대제사장들과 서기관들에게 많은 고난을 받고 죽임을 당하고 제삼일에 살아나야" 한다고 말씀하셨다(마 16:21; 참조. 20:17-19). 이 일이 실제로 일어났을 때 성경은 그 일이 "하나님께서 정하신 뜻과 미리 아신 대로"(행 2:23; 4:28) 이루어졌음을 말하고 있다.

열린 유신론자들은 때때로 하나님께서 예수님께서 **누가** 특별히 그 일을 할 것이라는 것은 예지하거나 예정하지 않으시고 십자가에 못 박히실 **것**을 예견하셨다고 주장한다. 그러나 그리스도의 십자가 처형에 연루되었던 수많은 방대한 자유로운 결정들을 고려해 보라. 그 사람들 중 어느 누구라도 다르게 선택했다면 전체 사건이 다르게 전개되었을 것이고 그래서 하나님의 계획을 좌절시켰을 것이다. 만일 유다가 예수님을 배반하지 않기로 결정했다면 어떻게 되었을까? 만일 빌라도가 자신의 부인의 말을 듣고 예수님을 방면하기로 결정하였다면 어떻게 되었을까(마 27:19)? 그리고 아리마대 요셉이 자신의 무덤을 제공하지 않기로 결정하였다면 어떻게 되었을까? 그리스도에 대한 특별한 예언이 성취되기 위해서 하나님은 이 일들과 셀 수 없이 많은 다른 자유로운 결정에 대한 예지를 소유하셔야만 하였다.

그리스도의 사역에서 성취된 수많은 특별한 예언들에 대해서도 동일하게 말할 수 있을 것이다. 예컨대 베들레헴에 있는 모든 남자 아이들을 학살하기로 한 헤롯의 결정은 마리아와 요셉을 애굽으로 도망가게 하였는데 그 일을 통해 구약성경의 예언을 성취하였다(마 2:16-18). 예수님의 옷을 두고 제비뽑기를 한 병사들의 결정도 마찬가지이다(요 19:24). 관례대로 십자가에 달린 예수님의 다리를 부러뜨리지 않고 대신에 옆구리를 찌르기로 한 결정도 마찬가지이다(요 19:33-37). 그리고 예수님에게 물 대신에 신포도주를 주기로 한 결정도 마찬가지이다(요 19:28-29). 이들 예언과 다른 특수한 예언의 성취는 하나님께서 어떤 특별한 사람들이 자유롭게 그 일을 하도록 선택할 것을 그들이 그러한 결정을 하기 오래 전이나 그 사람들이 심지어 존재하기도 전에 예견하셨음을 전제하고 있다.

　마지막으로 우리는 성경에 있는 세상 끝에 관한 예언들을 언급해야만 할 것이다. 때때로 너무나 많이 대중적인 수준에서 이 예언들에 대하여 이루어지고 있는 것과는 달리 성경 저자들이 역사 끝에 어떤 사람들이 행할 특별한 일들에 대하여 예언을 하고 있다는 사실을 부정하기는 어려울 것이다.

　예컨대 바울은 "후일에 어떤 사람들이 믿음에서 떠나 미혹하는 영과 귀신의 가르침을 따르리라"(딤전 4:1) 말씀하고 있다. 다른 일들 중에서 이 사람들은 "혼인을 금하고 어떤 음식물은 먹지 말라"(딤전 4: 3)고 할 것이다. 바울은 또한 데살로니가에 있는 자신의 독자들에게 마지막 날 전에 커다란 "배교"가 있을 것이며 어떤 불법의 사람이 신이라고 불리는 모든 것과 숭배함을 받는 것에 대항하여 그 위에 자기를 높이고 하나님의 성전에 앉아 자기를 하나님이라고 내세울 것을 말씀하고 있다(살후 2:3-4). 세대의 끝에 있을 어떤 사람들의 이러한 행동은 하나님에 의해 통제되고 있다는 그 어떠한 암시도 없다. 그 일들은 사람들 자신의 자유의지에서 이루어지고 있다. 그리고 이 일들은 일어나기 수세기 전에 하나님에 의해 예견되고 있다. 그러므로 알미니안주의자들은 하나님께서 미래의 자유로운 인간의 행동을 미리 아신다고 결론짓고 있다.

2) 지지하는 논증

(1) 미래의 자유로운 행동에 대한 예지는 전지에 포함되어 있다

　많은 신학자들과 철학자들은 전지를 모든 의미 있는 명제들의 진리를 알 수 있는 능력으로 정의한다. 하나님은 모든 참인 명제를 참으로, 모든 거짓 명제를 거짓으로 아신다. 이러한 점을 고려한다면 알미니안주의자들은 미래의 자유로운 결정을 포함한 미래의 사건에 관한 명제들은 참이거나 거짓이며 하나님은 그러므로 이것을 아셔야만 한다고 말하고 있다. 예컨대 "2075년에 미국의 대통령은 전쟁을 선포할 것이다"라는 명제는 참이거나 거짓일 것이며 전지하신 하나님은 어떻게 될 것인지 아셔야만 한다. 그러므로 하나님은 미래의 대통령의 자유로운 결정을 아셔야만 한다. 앞으로 존재할 모든 다른 행위자들에 대해서도 마찬가지이다. 우리는 **어떻게** 하나님께서 이것을 아실 수 있는지 상술하지 못할지 모르지만 그러나 하나님께서 그것을 아신다는 **사실**은 전지하시다는 것의 한 부분이다.

(2) 예지는 신적인 주권성에 포함되어 있다

열린 유신론자들이 주장하는 것처럼 만일 하나님께서 열린 미래를 직면하신다면 하나님은 자신의 뜻이 어떤 주어진 실제적인 예에서나 세계 역사 일반에 대하여 성취될 것이라고 보증하실 수 없다. 그러나 성경은 하나님께서 자신의 뜻의 성취를 보증하실 수 있다고 분명하게 선언하신다(욥 42:2; 롬 8:28; 엡 1:11). 칼빈주의자들과 같이 알미니안주의자들은 일어날 모든 일을 분명히 아시는 하나님만이 창조 세계 위에 주권적이실 수 있다고 믿는다.

그러나 칼빈주의에 반대하여 알미니안주의자들은 예지가 하나님의 엄격한 **통제**를 의미한다는 사실은 부정한다. 성경은 끊임없이 사람들과 천사들이 선과 악을 선택할 수 있는 하나님께서 부여하신 능력을 소유하고 있다고 말하고 있다. 하나님께서는 이러한 결정을 예지하시기 때문에 자신의 주권적인 목적을 성취하시기 위해 악한 결정을 **사용**하실 수 있다. 그러나 이것은 악한 결정이 하나님의 주권적인 목적의 한 부분으로 **발생**하는 것을 의미하지는 않는다.

한편으로 하나님의 예지에 기초하여 악한 결정들을 주권적으로 사용하시는 것과 또 다른 한편으로 하나님의 주권적인 목적의 한 부분으로 악한 결정들을 미리 아시고 발생하게 하시는 것을 구분하지 못하는 것은 칼빈주의를 악의 문제라고 하는 악명 높은 문제의 가장 깊은 진흙탕에 빠지게 한다. 이 때문에 칼빈주의자들은 누가 지옥에서 영원토록 고통 받을 것인지를 하나님께서 미리 아시는 것을 포함하여 어떤 의미에서 하나님께서 자신이 예지하시는 모든 일이 일어나도록 하셨다는 것을 받아들여야만 한다.

(3) 예지와 예정은 두 가지 서로 다른 일이다

하나님께서는 자신이 예정하신 모든 것을 분명히 예지하시지만 칼빈주의가 주장하고 있듯이 하나님께서 미리 아시는 모든 것을 하나님께서 예정하신다고 결론내릴 이유는 없다. 어떤 일을 아는 것과 어떤 일을 일어나게 하는 것은 두 가지 서로 다른 일이다. 지식은 어떤 방식으로 실제를 경험하는 능력을 가지는 것이다. 그것은 수동적인 활동이다. 이와 대조적으로 어떤 일이 일어나게 하는 것은 어떤 방식으로 능동적으로 실제에 영향을 미치는 능력을 요구한다. 우리가 아는 대부분의 것은—그것이 과거의 것이든, 현재의 것이든, 미래의 것이든—전적으로 우리의 통제 바깥에 있는 문제들이다.

하나님께서 일어나는 일 가운데 많은 부분을 통제하시는 반면에 과거와 현재와 미래에 대한 하나님의 지식이 우리의 지식과는 범주적으로 다른 것이라고 생각해야 할 아무런 이유가 없다. 이것은 어떤 방식으로 실제를 경험하는 하나님의 능력에 관한 것이다. 알미니안주의의 견해에서는 하나님께서는 **지금** 일어나는 모든 일과 **일어났던** 모든 일을 아시는 동일한 방식으로 일어날 모든 일을 아신다. 하나님은 단지 그 일을 보신다. 그러나 필연적으로 그 일을 일어나게 하지는 않으신다. 일어난 일 중 많은 일은 자유로운 행위자에 의해 이루어진 결정의 결과이다. 그러나 하나님은 그것—과거와 현재, 그리고 미래―을 망라되고 명확한 상세한 부분까지 아신다.

3) 반론에 대한 응답

(1) 성경은 망라된 명확한 예지를 가르치고 있지 않다

열린 유신론자들은 알미니안주의자들(또는 칼빈주의자들)이 자신들의 견해를 지지하는 본문으로 인용하고 있는 그 어떤 성경 본문도 하나님께서 일어날 **모든** 일을 미리 아신다고 **명확하게 말하지** 않는다고 반박하고 있다. 그러나 세 가지 고려 사항이 이러한 반론에 이의를 제기한다.

첫째, 하나님은 이사야에서 "시초부터 종말을 알리며"(사 46:10)라고 선언하신다. 이러한 개념이 미래 전체를 포괄한다는 결론을 피하기는 어려워 보인다.

둘째, 우리가 이미 논의하였던 것처럼 하나님께서 모든 일을 미리 아시지 못한다면 성경에 하나님께서 미리 아신다고 명확하게 말씀하고 있는 것을 어떻게 미리 아실 수 있는지 이해하기 어렵다. 세상은 다양한 결정의 비단으로 짜여져 있다. 미래의 어떤 부분을 확실하게 아는 것은 미래의 모든 일에 대한 확실한 지식을 전제로 하고 있다.

셋째, 하나님께서는 모든 미래 시제의 명제들의 진리를 필연적으로 아시기 때문에 하나님께서는 미래에 일어날 일과 일어나지 않을 일을 주장하고 있는 모든 명제들의 진리를 아셔야만 한다. 그러므로 칼빈주의자들과 함께 알미니안주의자들은 전지가 일어날 모든 일에 대한 망라되고 명확한 예지를 포함한다고 인정한다.

(2) 그러나 성경은 열린 미래를 가르치고 있다

열린 유신론자들은 어떤 성경 본문들이 하나님께서 미래의 확정된 많은 부분을 미리 아신다는 것을 보여 주는 반면에 다른 본문에서는 미래가 부분적으로 열려 있다고 제시한다고 주장한다. 그러므로 열린 유신론자들은 하나님께서 조건적인 용어로 미래에 대해 말씀하신다는 것을 지적하고 있다(만일, 아마, 어쩌면). 하나님께서는 때때로 자신이 하신 결정을 후회하시며 하나님께서는 때때로 일어난 일에 대한 놀라움과 실망을 표현하신다는 것을 지적하기도 한다. 하나님께서는 자신의 언약의 파트너들이 내리게 될 결정을 알기 위해 시험하시거나 때때로 새로운 상황에 대한 반응으로 자신의 마음을 바꾸신다고 가르치고 있다.

만일 우리가 이러한 본문을 문자적으로 취한다면, 이 본문들은 미래가 부분적으로 열려 있다고 제시한다. 그러나 많은 신학자들(칼빈주의자들이나 알미니안주의자들 모두)은 우리가 이러한 본문들을 문자적으로 취하여야 할 이유가 없다고 항상 주장한다.

성경은 **신인동형론**을 사용하여 종종 하나님을 인간의 용어로 묘사하고 있다. 만일 우리가 이러한 신인동형론적인 본문을 문자적으로 취한다면 하나님은 미래를 완벽히 아시지 못할 뿐만 아니라 하나님은 **현재**도 완벽하게 알지 못하신다고 결론 내려야만 할 것이다. 여러 번 성경은 무슨 일이 일어나고 있는지 알기 위해 하나님께서는 어떤 도시(바벨과 소돔, 그리고 고모라)에 내려가실 필요가 있는 분으로 묘사하고 있다(창 11:7; 18:20-21).

문자적으로 읽는다면 우리는 하나님께서 "기억하시며"(창 8:1), "눈"(대하 16:9)을 가지고 계시며, "팔"(시 44:3)을 가지고 계신 분이라고 결론지어야 할 것이다. 물론 열린 유신론자들은 자신들의 문자적인 성경 읽기를 통해 이러한 지점까지 나아가기를 원하지는 않는다. 그러나 그들의 망설임은 "열린" 본문들에 대한 그들 자신의 문자적인 성경 읽기를 저해한다.

(3) 그러나 무엇이 미래의 자유로운 결정에 대한 하나님의 지식을 근거해 주는가?

칼빈주의자들과 열린 유신론자들 모두 알미니안주의의 하나님 개념, 즉 아직 존재하지도 않는 자유로운 행위자가 무엇을 선택할 것인지를 영원부터 미리 아신다는 하나님 개념은 일관성이 없다고 주장한다. 지식은 실제에 근거하고 있다고 그들은 주장한다.

만일 행위자가 그들 자신의 결정의 궁극적인 결정자라면 알미니안주의자들과 열린 유신론자들이 주장하는 것처럼 그러한 결정을 하게 될 행위자 자신들이 존재하기 전 영원부터 자유로운 행위자가 무엇을 선택할 것인가에 대한 하나님의 지식이 근거할 아무런 실재가 없다. 칼빈주의자들은 미래에 대한 하나님의 지식을 하나님 자신의 의지에 둠으로써 이 문제를 회피한다. 반면에 열린 유신론자들은 하나님께서 자유로운 행위자가 무엇을 선택할 것인지에 대한 영원하고 명확한 예지를 소유하시고 계심을 부정함으로써 이 문제를 회피한다.

알미니안주의자들은 이러한 반론에 대하여 두 가지 반응을 제공한다.

첫째, 몇몇 알미니안주의자들은 미래의 자유로운 결정에 대한 하나님의 예지는 하나님 자신의 전지 이외의 그 어떤 것에 근거할 필요가 없다고 주장한다. 위에서 언급한 것처럼 전지하신 하나님께서는 한때 존재하여 이러한 결정을 하게 될 미래의 자유로운 행위자가 무엇을 결정하게 될지에 대한 명제를 포함하여 모든 명제의 진리를 아신다. 그러므로 이 문제에 대하여는 더 이상 말할 필요가 없다.

둘째, 많은 알미니안주의자들은 하나님께서 시간 위에 계시다고 주장하였다. 하나님은 단지 미래를 **우리의 전망으로부터 미리** 아실 따름이다. 그러나 하나님은 그 자신의 영원한 전망으로부터 그가 현재와 과거를 아시는 동일한 무시간적 순간에 미래를 아신다. 그러므로 존재하여 이러한 결정을 하기도 **전에** 자유로운 결정에 대한 하나님의 지식이 근거해야 할 필요가 없다. 하나님은 영원한 무시간적인 전망으로부터 **어떤 일이 일어날 때** 그리고 **그것이 일어나기 때문에** 그 모든 일을 아신다.

3. 하나님은 미래를 주권적으로 작정하심으로 아신다(칼빈주의)

열린 유신론에 반대하여 칼빈주의자들은 하나님께서 일어날 모든 일에 대하여 명확하고 영원한 예지를 남김없이 소유하고 계신다고 확신함에 있어서 알미니안주의자들과 의견을 같이 한다. 그러나 알미니안주의자들이 하나님의 예지는 어떻게 미래가 펼쳐질지에 기초하고 있다고 주장하는 반면에 칼빈주의자들은 하나님의 예지는 어떻게 하나님께서 미래를 펼쳐 가시려고 뜻하시고 있는지에 기초하고 있다고 주장한다. 칼빈주의 견해에서는 이것이 성경의 분명한 가르침이고 이성의 불가피한 추론이다.

1) 성경적 논증

알미니안주의와 열린 유신론자, 그리고 칼빈주의자들은 만일 하나님께서 어떤 일의 미래 상태를 일으키시기로 결정하신다면 이러한 일의 상태가 일어날 것이라는 사실을 확실히 예지하신다는 점에 의견의 일치를 보인다. 칼빈주의는 역사의 **모든** 세부 사항이 그러한 어떤 일의 상태일 뿐이라고 확신하는 점에서 알미니안주의나 열린 유신론과 다르다. 왜냐하면 **어떤 일도** 하나님의 의지 바깥에서 발생하지 않는다. 칼빈주의 견해에는 하나님께서는 어떤 일도 우연에 내버려 두지 않으신다. 하나님은 "모든 일을 그의 뜻의 결정대로"(엡 1:11) 성취하신다.

예컨대 제국의 범위와 지속 기간은 왕과 군대 장군들의 결정에 달려 있는 것처럼 보인다. 그러나 성경은 우리에게 이러한 일을 결정하시는 분이 하나님임을 알려 준다(행 17:26). 만일 하나님께서 미래에 이어서 나타날 나라들에 대하여 예언하도록 영감하시고(단 2:31-45) 심지어는 특별한 나라의 미래의 멸망이라고 하는 세부내용을 제공(겔 26:7-21)하실 수 있는 (이것은 분명히 사실이다) 분이라면 이것은 그 일이 하나님의 뜻을 성취할 때 "땅의 모든 사람들을 없는 것 같이 여기시며" 어떤 왕이나 장군도 "그의 손을 금하든지 혹시 이르기를 네가 무엇을 하느냐고 할 자가 아무도"(단 4:35; 참조. 사 40:15, 17) 없기 때문이다.

하나님만이 사람의 나라를 다스리시고 "자기의 뜻대로 그것을 누구에게든지 주신다"(단 4:17). 하나님은 "왕들을 폐하시고 왕들을 세우신다"(단 2:21). 그리고 하나님은 왕의 마음을 마치 보의 물과 같이 원하시는 대로 인도하신다(잠 21:1). 세계 역사의 모든 사건도 그러하다. 하나님은 국가적인 재앙을 일으키시며(암 3:6) 제비가 던져지고 어떤 결과가 나올 것인지와 같은 작은 일도 결정하신다(잠 16:33). 축복이 어떤 사람의 길에 올 때(약 1:17; 참조. 욥 1:21) 뿐만 아니라 우리가 "사고"라고 부르는 일이 일어날 때도 하나님의 뜻이 그 일 배후에 있다(출 21:12-13). 만일 어떤 여인이 불임이라면 그것은 하나님께서 그녀를 그렇게 만들었기 때문이다(창 20:28). 어떤 여인이 아이를 가지게 되는 때에도 마찬가지이다(룻 4:11-12; 시 113:9; 127:3). 한 사람의 죽음의 시간과 환경은 한 사람의 탄생과 같이 하나님에 의해 통제된다(욥 14:5; 시 139:16).

하나님의 주권적인 목적은 의로운 자의 활동뿐만 아니라 사악한 자의 활동을 포함한다(잠 16:4). 왜냐하면 하나님께서는 하고자 하시는 자를 긍휼히 여기시고 하고자 하시는 자를 완악하게 하시기 때문이다(롬 9:18; 22-23). 물론 사고나 축복, 불임이나 임신, 출생과 죽음, 그리고 사악함이나 의로움에 영향을 미치는 사람들이 내리는 무수한 결정이 있다.

그러나 성경은 하나님의 뜻이 결과적으로는 이러한 문제를 결정한다고 가르치고 있다. 예컨대 일어나는 모든 일은 궁극적으로 "주에게서 나오고 주로 말미암고 주에게로 돌아간다"(롬 11:36). 그리고 하나님의 결정이 그의 영원한 목적에 뿌리를 내리고 있기 때문에 하나님께서는 일어날 모든 일을 세상의 기초가 놓이기 전부터 미리 아신다(엡 1:4-13; 3:11).

하나님의 예지를 변호하기 위해 가장 흔하게 인용되고 있는 많은 본문은 명확하게 하나님의 뜻에 관한 이러한 지식과 관계가 있다. 하나님의 예지를 변호해 주는 의심할 것도 없이 가장 분명하고 가장 흔하게 인용되는 본문이 이사야에서 발견된다. 이사야 46:9-10에서 하나님께서는 말씀하신다.

> 너희는 옛적 일을 기억하라 나는 하나님이라 나 외에 다른 이가 없느니라 나는 하나님이라 나 같은 이가 없느니라 내가 시초부터 종말을 알리며 아직 이루지 아니한 일을 옛적부터 보이고 이르기를 나의 뜻이 설 것이니 내가 나의 모든 기뻐하는 것을 이루리라 하였노라 (사 46:9-10).

이와 비슷하게 이사야 48:3-5에서도 하나님께서는 말씀하신다.

> 내가 예로부터 처음 일들을 알게 하였고 내 입에서 그것들이 나갔으며 또 내가 그것들을 듣게 하였고 내가 홀연히 행하여 그 일들이 이루어졌느니라 내가 알거니와 너는 완고하며 네 목은 쇠의 힘줄이요 네 이마는 놋이라 그러므로 내가 이 일을 예로부터 네게 알게 하였고 일이 이루어지기 전에 그것을 네게 듣게 하였느니라 그것을 네가 듣게 하여 네가 이것을 내 신이 행한 바요 내가 새긴 신상과 부어 만든 신

상이 명령한 바라 말하지 못하게 하였느니라(사 48:3-5).

칼빈주의자들과 알미니안주의자들 모두 이들 본문이 하나님의 망라된 명확한 예지에 대한 믿음을 지지한다고 믿고 있다. 그러나 알미니안주의자들은 이들 본문들이 하나님께서 **어떻게** 그런 놀라운 예지를 소유하고 계신지 우리에게 가르침에 있어 동일하게 분명하다는 것은 인정하지 않는다. 하나님은 예로부터 **선언하신다**. 하나님은 그것을 **수동적으로 말씀하지** 않으신다. 그리고는 하나님 자신이 그가 선언하신 일이 일어날 것이라는 것을 확실히 하신다.

> 내가 예로부터 처음 일들을 알게 하였고…내가 홀연히 **행하여** 그 일들이 이루어졌느니라(사 48:3).

하나님은 처음부터 마지막을 미리 아신다. 왜냐하면 하나님께서 처음부터 마지막까지 역사를 움직이는 모든 사건을 작정하시고 그리고는 일어나게 하시기 때문이다. 이와 동일한 맥락에서 왜 하나님께서는 이들 본문에서 자신의 예지를 드러내시는가 주의하는 것이 중요하다. 하나님께서는 이스라엘이 예배하도록 유혹받고 있는 우상들이 아니라 하나님께서 홀로 역사의 주님이라고 이스라엘을 설득하시기 위해 이 일을 행하신다. 하나님은 어떤 일이 일어나기 전에 그 일을 선언하신다.

> 네(이스라엘 백성)가 이것을 내 신이 행한 바요 내가 새긴 신상과 부어 만든 신상이 명령한 바라 말하지 못하게 하였느니라(사 48:5).

이들 본문에서 대답하고 있는 질문은 "하나님께서 무엇을 예지하시는가?"가 아니라 "누가 세계의 역사를 **명하시고 일으키시는가?**"라는 것이라는 점에 유의하라. 다른 말로 하면 모든 일을 포괄하시는 자신의 주권성을 입증하여 이스라엘 백성들을 그들의 우상 숭배에서 해방하시기 위해 자신의 모든 일을 포괄하시는 예지를 드러내신다.

하나님의 예지를 지지하는 다른 고전적인 성경의 수많은 본문들에 대해서 동일한 주장이 가능하다. 예컨대 하나님께서는 아브라함에게 그의 후손들이 가나안 땅을 차지하기 위하여 애굽에서 큰 재물을 이끌고 나오기 전에 "사백 년 동안"(창 15:13-18) 머물 것을 말씀하신다. 그러나 화자가 표명하고 있듯이 하나님께서는 단지 일들이 이러한 방식으로 드러나게 될 것이라는 것을 미리 아시는 것이 아님이 분명하다. 하나님은 **적극적으로 이 일들을 일으키시기로** 결정하셨기 때문에 이 일들을 미리 아셨다.

예컨대 요셉의 형들이 요셉을 노예로 팔았을 때 성경은 우리에게 요셉을 애굽으로 보내신 이는 하나님이었다고 말하고 있다. 결과적으로는 이 일은 모든 아브라함의 자손들이 애굽으로 내려가게 하였다(창 45:5). 형들은 이 행동으로 악을 꾀하였지만 "하나님은 그것을 선으로 바꾸셨다"(창 50:20).

성경의 화자가 표명하고 있듯이 하나님께서는 모든 전환 시점에 직접적으로 관여하심이 분명하다. 바로의 마음을 강퍅하게 하는 것(출 9:12; 11:10)으로부터 재앙을 보내는 것(출 9:14)까지, 그리고 이집트인들이 이스라엘 백성들에게 보여 준 뜻밖의 호의(출 12:35-36)로부터 이스라엘 백성들이 가나안에 침범하였을 때 왕들의 반응(삿 11:20)에 이르기까지 하나님께서는 아브라함에게 하신 자신의 약속이 정확하게 성취될 것이라는 것을 분명히 하신다. 하나님께서는 단지 어떻게 일들이 드러나게 되는지 아시는 것이 아니다. 하나님은 어떻게 일이 드러나는지를 **결정하신다**. 이것이 왜 하나님께서 일의 결과가 어떻게 될지를 아시는 이유이다.

동일한 방식으로 이스라엘의 포로 생활이 70년 후에 끝이 날 것이라는 것을 하나님께서 미리 아신다고 할 때 하나님께서는 자신의 백성에게 그것이 "내가 너희를 돌보고 나의 선한 말을 너희에게 성취할 것"(렘 29:10)이기 때문이라고 말씀하신다. 하나님께서는 이스라엘 백성들을 위한 그 자신의 계획을 아시기 때문에 그들의 미래를 미리 아신다.

> 너희를 향한 나의 생각을 내가 아나니 평안이요 재앙이 아니니라 너희에게 미래와 희망을 주는 것이니라(렘 29:11).

하나님께서는 하나님의 백성들을 고국으로 돌아가게 할 한 왕이 고레스라 이름할 것을 미리 아신다. 왜냐하면 하나님의 백성을 보내도록 고레스의 마음을 움직이셔서 하나님 자신이 그 이름을 가진 한 사람을 일으키시고 그 사람을 자신의 종으로 사용하시기로 결정하셨기 때문이다(사 44:28; 45:1, 13; 참조. 잠 21:1).

예지에 관한 많은 다른 고전적인 성경 본문은 또한 하나님의 뜻과의 관련을 명확하게 한다. 하나님께서는 다윗의 생애가 얼마나 될지 정확히 미리 하신다. 그 이유는 "나(다윗)를 위하여 정한 날이 하루도 되기 전에 주의 책에 다 기록이 되었기"(시 139:16) 때문이다.

만일 하나님께서 예레미야가 위대한 여러 나라의 선지자가 될 것과 바울이 이방인들에게 위대한 복음 전도자 될 것을 미리 아신다면 그것은 하나님 자신이 이 두 사람이 아직 그 어머니의 태중에 있을 때 이러한 목적을 위해 구별하셨기 때문이다(렘 1:5; 갈 1:15-16). 그리고 만일 예수님께서 유다가 자신을 배반할 것을 미리 아신다면 그것은 유다가 "선택된 자들" 가운데 있지 않고 도리어 "다만 멸망의 자식"이었기 때문이다(요 17:12; 참조. 6:64, 70-71; 13:18-19).

하나님의 예지와 하나님의 뜻 사이의 연관관계는 예수님의 십자가에서 놀랄 정도로 분명하다. 성경은 예수님이 "하나님께서 정하신 뜻과 미리 아신 대로 내준 바 되었으며 법 없는 자들의 손을 빌려 못 박혀 죽으셨다"(행 2:23)고 말씀하고 있다. 헤롯과 사람들이 "합세하여…예수를 거슬러 하나님의 권능과 뜻대로 이루려고 예정하신 그것을 행하려고 이 성에 모였다"(행 4:27-28)고 성경은 말하고 있다. 분명히 예수님은 하나님께서 그럴 것이라고 미리 아신 방식으로만 십자가에 못 박히신 것이 아니다. 예수님은 하나님께서 미리 예정하신 것과 같이 하나님의 **명확한 계획**과 예지에 따라 십자가에 못 박히셨다. 하나님께서는 자신의 예지에 기초하여 계획을 고안하지 않으셨다. 오히려 하나님의 예지가 하나님의 계획에 기초하고 있다.

마지막으로 아마도 하나님의 뜻과 하나님의 예지와 관련 있는 가장 분명하고 가장 중요한 본문은 누가 구원받을 것이냐에 대한 하나님의 예지를 소개하고 있는 본문들이다. 하나님께서는 "창세 전에 그리스도 안에서 우리를 택하시며"(엡 1:4), 우리를 "자기의 아들들이 되게"(엡 1:5) 예정하셨다. 우리는 "영생을 주시기로 작정되었으며"(행 13:48), "영원 전부터 그리스도 예수 안에서"(딤후 1:9) 은혜를 받도록 되어 있었다. 우리는 "모든 일을 그의 뜻의 결정대로 일하시는 이의 계획을 따라…예정을 입어 그 안에서 기업이"(엡 1:11) 되었다. 그러므로 신자들은 신약성경에서 "택자들" 또는 "선택된 사람들"이라고 불리고 있다(엑클렉토스, *eklectos*; 마 24:22, 24, 31; 눅 18:7; 롬 8:33을 보라). 이 말은 우리들이 하나님의 "은혜의 풍성함을 따라" 그리고 "그의 영광의 찬송이 되게 하려고" 미리 택하심을 입었음을 의미한다(엡 1:7, 12).

그러나 하나님은 단지 하나님께서 그들을 선택하셨을 뿐만 아니라 하나님 자신이 그들로 하여금 하나님께 나오도록 확실하게 하시기 때문에 누가 자기 백성이 될 것인지를 미리 아신다. 어떤 사람도 하나님께서 그들의 마음을 열어 믿게 하지 않으시면 하나님께 나올 수 없다. 하나님께서 그들을 그리스도와의 관계로 이끌지 않으신다면 아무도 하나님께 나올 수 없다(요 6:44; 행 16:14). 아버지께서 이끄시는 모든 사람은 그리스도께 나오며 그리스도께서는 그렇게 이끌린 사람들 중에 아무도 잃어버리지 않으신다(요 6:37, 39).

여러 곳에서 신약성경은 이러한 순서를 뒤집고 있는 것처럼 보이는 것이 사실이다. 바울은 "하나님이 미리 아신 자들을 또한 그 아들의 형상을 본받게 하기 위하여 미리 정하셨으니 이는 그로 많은 형제 중에서 맏아들이 되게 하려 하심이니라"(롬 8:29)고 말하고 있다. 그리고 베드로는 "하나님 아버지의 미리 아심을 따라…택하심을 받은 자들"인 "하나님의 택함을 입은 자들"(벧전 1:1-2)을 언급하고 있다.

그러나 어떤 본문도 알미니안주의자들이 주장하는 것처럼 **그들의 신앙에 대한 하나님의 예지에 따라** 하나님께서 사람들을 선택하신다고 말하고 있지 않음에 유의하라. 로마서 8:29에 언급되어 있는 예지는 그 개념이 로마서 11:2에 사용되고 있는 것과 같이 자기 백성을 위한 하나님의 영원한 사랑에 대해 언급하고 있는 것으로 쉽게 이해될 수 있다. 그리고 베드로전서 1:1-2에 언급되어 있는 예지는 하나님의 구원 계획에 대한 하나님의 예지를 언급하고 있는 것으로 쉽게 해석될 수 있을 것이다. 왜냐하면 베드로는 택자들이 "성령이 거룩하게 하심으로 순종함과 예수 그리스도의 피 뿌림을 얻기 위하여"(벧전 1:2) 구원받았다고 덧붙이고 있기 때문이다.

이처럼 전체 성경은 칼빈주의자들이 믿고 있듯이 하나님께서 일어날 모든 일을 예정하시기 때문에 일어난 모든 일을 미리 아신다는 결론을 지지한다.

2) 지지하는 논증

(1) 신자의 확신은 예지와 예정을 포함한다

열린 유신론이 주장하듯이 만일 하나님께서 일어날 모든 일을 확실히 아시지 않는다면 신자들은 하나님께서 신자들의 삶의 모든 사건에 대해서 어떤 목적을 가지고 계신다는 확신을 가질 수 없다. 하나님께서 특별히 규정하시거나 허락하지 않는 비극이 발생할 수 있는데 그 이유는 하나님께서 그러한 비극이 일어날 것이라는 것을 확실히 아실 수 없기 때문이다. 이러한 주장에 반대하여 성경은 신자들이 그들의 고통 가운데서 하나님의 손을 찾으라고 격려하고 있다(출 4:11; 히 12:3-13).

(2) "미래에 대한 하나님의 예지를 위하여 어떤 기초가 있는가?"라는 질문에 대한 분명한 대답

알미니안주의의 견해는 행위자들 또는 창조 세계의 어떤 일이 실제로 존재하기 전 영원에서 무엇을 선택할지에 대한 모든 사실을 하나님께서 아신다고 생각할 것을 요구한다. 그러나 자유로운 행위자가 무엇을 선택할 것인지에 대한 사실들은 어디에서부터 존재하는가? 무엇이 이 사실을 "근거해" 주는가? 알미니안주의의 견해에서 이 사실들은 하나님 안에 근거될 수 없다. 왜냐하면 그런 주장은 자유에 대한 자유의지론적 견해를 위협하기 때문이다. 그러나 이들 사건들이 그 행위자들 자신에 근거되어서도 안 될 것처럼 보인다. 왜냐하면 세계의 창조 이전에는 하나님만이 존재하시기 때문이다.

어떤 알미니안주의자들은 미래의 자유로운 행동에 대한 명제를 포함하여 모든 명제의 진리를 영원히 아는 것이 단지 전지성의 한 특성이라고 주장함으로써 이 문제를 회피하려고 시도한다. 그러나 이러한 반응은 적절하지 못하다. 왜냐하면 이것은 단지 이 질문을 한 계단 뒤로 밀려나가게 하기 때문이다. 우리는 "무엇이 미래의 자유로운 행동에 대한 명제들의 진리를 영원히 근거지우고 있는가?"라고 지금 물어야만 한다.

다른 알미니안주의자들은 하나님을 무시간적으로 보는 전통적인 견해에 호소함으로써 이 문제를 회피하려고 시도하지만 이것도 또한 문제가 된다. 하나님께서 "영원한 지금"에 존재하신다는 것을 우리가 인정한다고 하더라도(현대 신학자들에 의해 점차적으로 의문시되는 논점이다) 어떤 행위자가 무엇을 선택할 것인지에 대한 하나님의 지식이 행위자들의 자유로운 행위에 **논리적으로** 선행한다. 세상이 창조되기 이전에는("이전"이 연대기적으로 이해되던지 아니면 논리적으로 이해되던지) 오직 하나님만이 존재하신다. 그러므로 만일 우리가 세상의 창조 이전에 역사 전체를 통하여 행위자들이 행할 모든 일을 하나님께서 미리 아신다고 주장하려면 우리는 이러한 지식이 **자신**에 대한 하나님의 지식에 근거하고 있다는 사실을 받아들여야만 한다. 하나님께서는 자신이 이들 행위자들을 통해 하시려는 일을 하시기 때문에 행위자들이 무엇을 할지를 미리 아신다.

(3) 단순한 예지는 하나님의 섭리적인 통제를 증가시키지 않는다

성경에서 그리고 교회 역사를 통하여 사람들은 미래가 하나님의 손 안에 있다는 신자들의 확신을 증가시키는 수단으로서 하나님의 미래에 대한 예지에 호소하였다. 그러나 만일 하나님의 미래에 대한 지식이 어떻게 하나님께서 그 일이 펼쳐지기를 **뜻하셨는가** 하는 것보다 미래가 어떻게 **우연히** 그렇게 펼쳐지도록 하셨는가에 기초하고 있다면, 하나님의 예지가 어떻게 이러한 확신을 증가시켜 주는가? 그러므로 알미니안주의의 견해에서는 미래가 열린 유신론의 견해에서보다 자유로운 행위자의 우연한 결정에 훨씬 의존적이다. 하나님께서 어떤 일을 우연히 미리 알게 되었다는 단

순한 사실은 아무것도 바꾸어 놓지 못한다. 무슨 일이 일어날지를 미리 아실 뿐 아니라 일어나는 일을 통제하시는 하나님만이 신자들에게 미래가 하나님의 손 안에 있다는 확신을 주신다.

우리가 위에서 지적한 것처럼 몰리니우스주의로 알려진 어떤 알미니안주의자들은 이러한 반론에 대하여 행위자가 무엇을 **할 것인지** 뿐만 아니라 그들이 처하게 될지도 모르는 모든 다른 가능한 환경에서 **할 수 있었던** 일까지도 하나님은 아신다고 주장함으로써 이러한 반론에 응답한다. 몰리니즘은 하나님께서는 자신의 "중간 지식"에 근거하여 일어나기를 원하시는 어떤 미래를 선택하신다고 주장한다. 이러한 방식으로 이들 알미니안주의자들은 칼빈주의와 함께 하나님께서 미래를 통제하신다고 믿을 수 있었으며 참다운 자유의지론적 자유를 확보할 수 있었다. 그러나 이러한 견해는 많은 부분에서 문제가 있다.

첫째, 과연 몰리니우스주의와 같은 견해가 성경에서 지지될 수 있는지 논란의 여지가 있다.

둘째, 몰리니우스주의는 주장하고 있는 하나님의 중간 지식이 어디에 근거하고 있는지의 문제를 해결하는데 커다란 난점이 있다. 자유로운 행위자들이 아직 존재하지 않고 있다면 이들 자유로운 행위자가 무슨 일을 할 것인지에 대한 하나님의 지식은 무엇에 기초하고 있는가?

셋째, 이러한 견해가 표준적인 알미니안주의적 견해보다 일어날 일들에 대한 보다 많은 통제권을 하나님에게 부여한다는 점은 의심의 여지가 없지만 몰리니우스주의는 여전히 미래가 전적으로 하나님의 손 안에 있다는 신자의 확신을 훼손한다. 왜냐하면 모든 가능한 상황에서 행위자가 행할 일을 하나님께서 아신다는 것은 여전히 자유로운 인간의 선택을 아신다는 것이기 때문에 이러한 선택들 중 많은 선택은 하나님께서 인간이 행하기를 원하셨던 선택일 수 없을 것이다.

그러므로 몰리니우스주의는 하나님에게 우리의 실제적인 세계를 만들어 나갈 자유로운 인간의 선택("가능 세계"라 불린다)의 "집합" 중 어느 집합을 선택하실 수 있는 능력을 부여하지만 하나님께서는 여전히 우리의 세계 가운데 자신의 완벽한 뜻 바깥에 있는 어떤 선택들을 참아내셔야만 하신다. 이러한 정도로는 미래가 하나님의 손 안에 있다고 말할 수 없다.

3) 반론에 대한 응답

만일 그 행동이 예정되어 있다면 인간은 어떻게 자유롭게 그리고 도덕적으로 책임적일 수 있는가? 알미니안주의자들과 열린 유신론자들은 만일 하나님이 인간이 무슨 일을 할지 선택하는 것을 미리 정하셨다면 인간은 자유롭지도 않고 도덕적으로 자신들의 행위에 대한 책임이 있을 수도 없다고 주장한다. 칼빈주의자들은 이에 대해 세 가지 반응을 제시한다.

첫째, 칼빈주의자들은 여기에 신비의 요소가 있음을 인정하면서 성경은 하나님께서 일어날 모든 일을 결정하시며 **그리고** 인간은 자유롭고 도덕적으로 책임이 있다는 양면을 가르치고 있다고 말한다. 예컨대 빌라도와 헤롯, 그리고 많은 다른 사람들은 예수님을 십자가에 못 박은 일 때문에 "악하다"고 판단 받고 있지만, 그들이 행한 모든 일은 하나님께서 정하신 뜻과 미리 아신 대로 이루어진 것이다(행 2:23; 참조. 4:27-28).

그러므로 성경에 대한 충성된 마음으로부터 칼빈주의자들은 하나님께서 행위자들 자신이 자유롭고 도덕적으로 자신의 행동에 대하여 책임이 있는 방식으로 행위자의 행동을 미리 결정하신다(이러한 견해는 모든 "자유로운" 인간의 선택을 포함하여 인간의 자유가 하나님께서 일어날 모든 일을 예정하신다는 주장과 "양립할 수 있는" 것으로 본다는 점에서 "양립론적 자유"라고 불린다)고 확신한다.

둘째, 이러한 반론은 알미니안주의자들이 제기하는 기묘한 반론이다. 행위자들이 하나님의 영원한 작정에 부합하는 반면에 자유롭고 도덕적으로 책임이 있다는 믿음은 행위자들이 하나님의 영원한 예지에 부합하는 반면에 자유롭고 도덕적으로 책임이 있다는 믿음보다 더 신비로운 것이 아니다. 두 견해 모두에서 우리는 비록 행위자들이 무엇을 선택할 것인가 하는 사실이 그들이 그 일을 선택하기 전 영원부터 이루어진 것이기는 하지만 자유롭고 도덕적으로 책임이 있다는 사실을 받아들여야만 한다. 그들의 미래의 선택이 단지 하나님의 마음(예지)에서 영원히 이루어진 것이든 아니면 하나님의 의지(예정)에서 이루어진 것이든 실제적으로는 이러한 신비를 증가시키지도 완화시키지도 않는다.

셋째, 이러한 반론에 전제되어 있는 자유에 대한 자유의지론적 견해는 알미니안주의자들과 열린 유신론자들이 지니고 있는 견해인데 최소한 하나님에 의해 예정되었기는 하지만 행위가 자유롭고 행위자는 도덕적으로 책임이 있다는 칼빈주의적 견해만큼이나 신비로운 것이다. 알미니안주의자들과 열린 유신론자들은 행위자들 자신들이 자유롭고 도덕적으로 책임이 있기 위해 그들 자신이 선택을 해야 한다고 주장한다. 어떠한 이전의 원인이나 원인의 집합도 어떤 행위자의 선택을 결정하도록 허용되어서는 안 된다. 그러나 이전의 원인들에 의해서 야기되지 않는 행동은 변덕스럽다. 이런 행동은 이해할 수도 없고 도덕적으로 책임을 질 수도 없다.

그러므로 칼빈주의자들은 성경이 가르치지 않는 자유의지의 신비를 받아들이는 것을 합리적인 장점으로 보지 않는다. 알미니안주의자들의 자유의지는 성경에서 가르치고 있는 하나님에 의해서 결정되고 예견되는 자유로운 의지의 신비를 거절하는 것이다.

4. 하나님은 이루어질 모든 일과 가능한 모든 일을 아신다 (열린 유신론)

다시금 하나님께서 어떻게 미래를 아시는가에 대해서는 의견을 서로 달리하지만 알미니안주의자들과 칼빈주의자들 모두 전지하신 하나님께서 확실하게 일어날 일이라는 용어로 미래를 홀로 아신다는 데 동의한다. 철학적인 이유뿐 아니라 성경적인 이유에서 열린 유신론자들은 이러한 예지에 대한 견해를 벗어나 그 대신 미래는 무엇이 **일어날 것**인가에 대한 것이 아니라 무엇이 일어날 **가능성이 있는지 없는지**에 대한 것이라고 주장한다.

열린 유신론자들은 하나님께서 전지하시며 모든 실제를 완벽하게 아신다는 점에 있어서 알미니안주의자들과 칼빈주의자들에게 동의하기 때문에 그들은 하나님께서는 미래를 부분적으로 무엇이 일어날 것인가라는 용어로 아실 뿐 아니라 부분적으로는 일어날 **가능성이 있는지 없는지**라는 의미로 아신다고 주장한다. 다른 말로 알미니안주의자들과 칼빈주의자들 모두는 미래가 영원하고 확정적인 방식으로 하나님에 의해 전적으로 알려진다고 주장하지만 열린 유신론자들은 미래가 부분적으로 확정되어 있지 않고 "열려" 있는 것은 하나님에게도 마찬가지라고 주장하고 있다.

1) 성경적 논증

열린 유신론자들은 미래가 부분적으로 확정되어 있고 부분적으로는 그렇지 않다고 주장한다. 이들이 이렇게 주장하는 주된 이유는 이러한 견해가 성경에 반영되어 있다고 생각하기 때문이다. 분명히 미래를 확정된 것으로 특징지어 말하고 있는 많은 본문이 있다. 하나님께서 미래에 일어날 일에 대하여 예언하게 하실 때와 같은 경우이다(비록 열린 유신론자들은 대부분의 예언이 무조건적인 예고가 아니라 조건적인 경고라고 주장하기는 하지만).

열린 유신론자들은 하나님께서 선택하신 미래의 많은 부분만큼 하나님이 예정하실 수 있고 그렇기 때문에 예지하실 수 있는 역사의 주권적인 주님이심을 인정한다. 그러나 열린 유신론자들은 이들 확정된 본문이 전체 이야기를 말하고 있음을 부인한다는 점에서 고전적인 전통과 관계를 끊는다. 왜냐하면 미래를 확정되지 않은 것으로 묘사하고 있는 많은 다른 본문들이 있기 때문이다. 그리고 열린 유신론자들은 이들 본문들이 미래가 확정되어 있다고 말하는 본문들만큼이나 진지하게 다루어져야 한다고 믿는다.

예컨대 하나님께서는 종종 미래를 무엇이 일어날 가능성이 있는지 없는지라는 용어로 말씀하신다. 실례를 들자면 하나님께서는 모세에게 이스라엘의 지도자들이 모세가 첫 번째나 두 번째 또는 세 번째 이적을 행하고 난 후에야 하나님께서 모세를 보내셨다고 "믿을 **가능성이 있다**"고 모세에게 말씀하셨다(출 3:18-4:9). 성경은 하나님께서 이스라엘을 가나안에 이르는 가장 가까운 경로로 인도하지 않기로 결정하셨다고 우리에게 말씀하신다. 왜냐하면 하나님께서 **만일** 이스라엘 백성들이 블레셋 사람들을 만나면 애굽으로 돌아가기를 원할 **가능성이 있었기** 때문이다(출 13:17).

이와 유사하게 하나님께서는 에스겔에게 "비록 반역하는 족속이라도 **혹** 생각이 있으리라"(겔 12:3)고 말씀하시면서 이스라엘 백성들의 포로 생활을 하나의 경고로 상징적으로 규정할 것을 말씀하셨다. 하나님은 또한 예레미야에게 "그들이 듣고 **혹시** 각각 그 악한 길에서 돌아오리라…여호와께서 그들에게 선언한 재앙에 대하여 뜻을 돌이키지 아니하셨느냐"(렘 26:3, 19)라고 말씀하시면서 이스라엘 백성들에게 설교하라고 말씀하셨다. 흥미롭게도 이스라엘 백성들은 에스겔의 경고를 이해하지 **못했다**. 만일 하나님께서 이 모든 일을 확신하셨다면 하나님께서 에스겔에게 그 백성들이 이해할 것이라고 약속하시고 이것을 에스겔이 그 예언을 규정하는 동기로 사용하라고 약속하셨을 때 하나님께서 에스겔을 속이신 것이 아닌가?

우리의 논의를 위해 하나님께서 미래를 "가능성"으로 다루시는 마지막 실례를 살펴보면 충분할 것이다. 겟세마네 동산에서 예수님께서는 "얼굴을 땅에 대시고 엎드려 기도하여 이르시되 내 아버지여 만일 **할 만하시거든** 이 잔을 내게서 지나가게 하옵소서"(마 26:39)라고 기도하셨다. 만일 어떤 일이 세상이 창조되었을 때부터 예정되었거나 예지된 것이라면 그것은 하나님의 아들이 죽임을 당하리라는 것이었다(행 2:23; 4:28; 계 13:8). 실제로 예수님은 이 진리를 자신의 제자들에게 가르치셨다(마 12:40; 16:21; 요 2:19).

그러나 여기에서 예수님께서 자기 아버지의 계획을 바꾸시려는 마지막 시도를 하고 계심을 우리는 발견한다. "만일 할 만하시거든"과 같은 기도는 최소한 또 다른 행동의 과정이 마지막 순간에 취해질 수 있다는 이론적인 가능성이 있다는 예수님의 확신을 드러내주지 않는가? 물론 이 예에서 그것은 불가능하였다. 물론 성경에는 하나님께서 자신의 마음을 바꾸기를 원치 않으셨던 때도 여러 번 있다(참조. 민 23:19; 삼상 15:29; 겔 24:14; 슥 8:14). 그러나 이것은 예수님의 기도가 하나님의 계획과 가능한 미래의 사건들이 **원칙적으로** 변경 가능하다는 것을 전제하고 있다는 사실을 부정하지 않는다. 그리고 비록 이 예에서 예수님 자신의 운명이 그러했던 것은 아니지만 미래가 부분적으로 열려 있었다는 것을 의미한다.

하나님께서 미래에 대하여 말씀하시는 방식의 다른 측면들 또한 미래가 부분적으로 열려 있다는 것을 제안한다. 예컨대 하나님께서는 종종 있을 법하지 않다고 생각하신 사건들이 일어났을 때 놀라움과 실망을 표현하신다(사 5:1-5; 참조. 렘 3:7, 19; 7:31; 19:5; 32:35). 이와 비슷하게 하나님께서는 우리에게 그가 때때로 심지어 그분 자신이 하신 결정이 드러나는 방식을 보고 후회하신다고 말씀하신다(창 6:6; 삼상 15:11, 35). 일들이 원래 기대하거나 소망했던 것과 다르게 나타나게 될 때 우리는 단지 놀라움과 실망을 경험하며 후회할 수 있게 된다. 그러나 이것은 만일 하나님께서 모든 일이 어떻게 나타나게 될 것인지를 영원부터 확신하신다면 불가능하다.

또한 하나님께서는 종종 사람들이 자신의 의지를 따르게 하기 위하여 노력하실 때 좌절을 경험하신다(사 63:10; 참조. 행 7:51; 엡 4:30; 히 3:8, 15; 4:7). 하나님께서는 왜 사람들이 결코 하지 않을 것이라고 영원히 확신하시는 일들을 하도록 진지하게 시도하시는가? 그리고 어떻게 하나님께서는 사람들이 완악한 상태로 있으리라고 영원히 확신하시면서 그들의 완악함에 진정으로 좌절하실 수 있으신가?

이와 비슷하게 한 곳에서 하나님께서는 "이 땅을 위하여 성을 쌓으며 성 무너진 데를 막아서서 나로 하여금 멸하지 못하게 할 사람을 내가 그 가운데에서 **찾다가** 찾지 못하였으므로"(겔 22:30)라고 말씀하신다. 우리가 진정으로 거기에서 발견되리라고 **확신**하지 않는 어떤 일을 찾을 수 있는가? 물론 그렇지 않다. 그러므로 열린 유신론자들은 하나님께서 한 사람의 중보자를 진지하게 찾으시기도 전에 중보자를 발견하지 못했다는 것은 확정된 사실이 아니라는 결론을 내린다.

더 나아가 성경은 종종 하나님을 사람들이 어떤 일을 할 것인지 알기 위하여 시험하시는 분으로 묘사한다(창 22:12; 신 8:2; 13:1-3; 삿 3:4; 대하 32:31). 만일 하나님께서 사람들이 무엇을 할 것인지를 정확히 영원부터 예지하신다면 어떻게 하나님께서는 왜 구태여 이것을 알기 위해 사람들을 시험하시는가? 그리고 성경은 종종 하나님께서 새로운 상황이나 자기 백성의 기도에 대한 반응으로 자신의 마음을 바꾸신다고 말한다(출 32:14; 민 11:1-2; 14:12-20; 16:20-35, 41-48; 신 9:13-14, 18-20, 25; 삿 10:13-15; 삼하 24:17-25; 왕상 21:27-29; 왕하 13:3-5; 20:1-6; 대상 21:15; 렘 18:7-10; 26:2-3, 19).

실제로 하나님께서는 자신의 계획을 새로운 상황에 기꺼이 적응하신다. 성경은 이것을 하나님의 위대하신 속성의 한 가지로 묘사하고 있다(욜 2:12-13; 욘 3:10). 만일 하나님께서 전적으로 확정된 미래를 직면하시는 것이라면 이러한 본문들이 무엇을 의미하는지 이해하기 어렵다.

확신을 가지고 미래의 본성을 아는 유일한 분은 하나님이시다. 이미 살펴본 것처럼 하나님께서는 어떤 일이 **일어날** 것이라는 용어와 어떤 일이 일어날 **가능성이 있거나 없거나**라는 용어 두 가지로 미래에 대해 말씀하신다. 그러므로 열린 유신론자들은 미래는 부분적으로 확정되어 있고 부분적으로 열려 있으며 하나님께서는 미래를 그런 방식으로 아신다고 결론을 내리고 있다.

2) 지지하는 논증

(1) 자유의 본성

알미니안주의나 칼빈주의자들이 주장하고 있는 것처럼 우리의 미래가 하나님의 마음에서 영원 전부터 확정되어 있다면 우리가 하는 일에 대하여 우리가 어떻게 자유롭고 도덕적으로 책임을 질 수 있겠는가? 어떤 사람도 우리가 태어나기도 전에 발생한 사건에 대하여 도덕적으로 책임이 있다고 주장하지 않는다. 왜냐하면 우리는 과거에 영향을 미칠 힘을 가지고 있지 않으며 우리가 영향 미칠 수 없는 사건에 대하여 도덕적으로 우리는 아무런 책임을 질 수 없기 때문이다. 그러나 만일 하나님께서 영원 전부터 미래에 내가 선택할 일을 하나님께서 알고 계시다면 내가 어떤 일을 미래에 선택할 것이라는 **사실**이 과거의 모든 순간에 하나님의 마음에 확정되어 있는 것이다.

그러므로 내가 무엇을 선택할 것인가에 대하여 과거에 확정된 사실을 바꿀 수 있는 능력이 없다는 것은 어떤 결정을 내가 바꿀 수 없는 것처럼 보인다. 그리고 내가 하게 될 선택을 하나님께서 영원부터 알고 계시다면 나는 그 선택을 자유롭게 할 수 없거나 도덕적으로 책임을 질 수 없을 것처럼 보인다. 내가 자유롭고 도덕적으로 책임이 있기 위해서는 다르게 선택할 가능성이 **실제적**으로 있어야만 한다. 그리고 하나님께서는 전지하시고 실재를 있는 그대로 아시기 때문에 나의 자유로운 미래의 선택을 영원부터 확정된 하나의 사실로서가 아니라 하나의 가능성으로 아셔야만 한다.

(2) 악의 문제

만일 하나님께서 사탄이나 히틀러가 악을 행하여 결국에는 지옥에서 끝마칠 운명이라는 것을 확신하셨다면 우리는 왜 하나님께서 사탄과 히틀러와 같은 존재를 창조하셨는지 의문을 가지지 않을 수 없다. **하나님께서 자유로운 행위자들에게 자유의지를 주셨다면** 우리는 왜 하나님께서 자유로운 행위자가 악을 행하도록 허락하시며 결과적으로 지옥에 가도록 하셨는지 쉽게 이해할 수 있다. 자유의지를 부여하신 다음 그 선물을 취소하신다는 식의 설명은 좋은 설명이 아니다. 그러나 하나님께서 만일 **시간에 앞서서** 행위자가 그들 자신과 다른 이들을 파괴하기 위해 그것을 남용할 것이라고 **확신**하셨다면 왜 하나님께서는 이 선물을 처음에 부여하셨는가?

(3) 기도의 긴급성

만일 우리가 미래는 모든 부분이 확정되어 있지 않다는 것을 받아들인다면 기도와 경건한 삶은 매우 중요하다. 우리는 단지 미래가 드러나기만을 기다리고 있지 않다. 우리는 미래가 어떻게 될지 결정하는 일에 하나님을 돕는 협력자가 된다. 미래가 모든 부분에서 확정된 것이 아니기 때문에 일이 어떻게 될 것인가 하는 것은 기도하려는 결정 또는 기도하지 않으려는 우리의 결정에 진정으로 달려 있게 된다. 그러므로 열린 견해는 그리스도인의 삶을 열정과 의미와 긴급성으로 채워준다.

(4) 실천적인 삶

미래에 대한 열린 견해는 우리의 일상적인 삶과 부합하기 때문에 가장 그럴듯한 견해이다. 어떤 철학을 우리가 받아들이던지 우리 모두는 열린 견해가 사실인 것처럼 살아간다. 우리가 내리는 결정과 함께 우리는 우리의 직접적인 미래의 많은 부분이 확정되어있다고 가정하지만(우리는 우리의 세계가 진행하여 가는 실재와 물리학의 법칙을 당연하게 받아들인다) 그 가운데 **몇몇**은 우리의 결정에 달려 있다. 열린 견해는 단지 이러한 상식적인 가정이 정확하다고 말하고 있다.

3) 반론에 대한 응답

(1) 열린 유신론은 하나님의 전지하심(omniscience)을 부정한다

열린 견해는 하나님의 전지성을 부정한다고 종종 비판받고 있다. 이것은 오해이다. 알미니안주의자들이나 칼빈주의자들과 같이 열린 유신론자들은 하나님이 전지하시다고 명확하게 확신한다. 즉 하나님께서는 아셔야 할 모든 일을 완벽하게 아신다. 이들 사이의 불일치는 하나님의 지식의 범위나 완벽성에 관한 것이 아니라 하나님께서 완벽하게 아시는 실재의 내용에 대한 것이다. 열린 유신론자들은 단지 가능성이 실재적이며 하나님께서는 가능성을 가능성으로 아신다고 믿는다.

어떤 철학자들이나 신학자들은 전지하신 하나님께서는 미래의 자유로운 행위자들이 무엇을 선택할 것인지에 대한 명제를 포함하여 모든 미래 시제의 명제들의 진리도 아셔야만 한다고 반론을 제기한다. 이에 대한 응답으로 몇몇 열린 유신론자들은 자유로운 행위자들이 무엇을 하기로 선택할 것인지에 대한 미래 시제의 명제들은 행위자들이 자신들의 결정을 이런 저런 방식으로 결정할 때까지는 명확한 진리가 없다고 주장한다.

다른 열린 유신론자들은 하나님께서 모든 미래 시제의 명제들의 진리를 아셔야만 하지만 계속해서 행위자들이 행할 **가능성이 있거나 없거나** 한 일들에 대한 미래 시제의 명제들을 전지하신 하나님께서 반드시 아셔야만 한다고 말한다.

(2) 열린 유신론은 하나님의 주권에 대한 확신을 훼손한다

만일 하나님께서 일어날 모든 일을 미리 아시지 않는다면 미래는 주로 우연에 맡겨지게 될 것이라고 어떤 사람들은 주장한다. 사람들의 고난은 의미가 없는 것이 되며 하나님께서는 우리에게 악으로부터 선을 이끌어 내시며 종국에는 악에 대하여 승리하실 수 있다고 우리에게 확신을 주실 수도 없다. 어떻게 당신은 부분적으로 열린 미래를 직면하시는 하나님을 신뢰할 수 있는가?

열린 유신론자들이 하나님께서는 특별한 신적인 이유를 위해 일어나는 모든 특별한 일들을 정하시며 심지어 "허락하신다"는 칼빈주의 견해를 거절하는 것은 사실이다. 열린 견해에서는 모든 일이 "신적인 목적"을 위하여 발생하는 것은 아니다(그리고 많은 알미니안주의자들이 여기에 동의한다). 그러나 이러한 견해에 대하여 반대할 뿐 아니라 열린 유신론자들은 이것을 자신들의 견해의 장점으로 생각한다. 만일 한 사람이 모든 특별한 일을 특별한 신적인 이유 때문에 일어나는 것이라고 믿는다면 세계 역사에서의 모든 잔혹행위—아동에 대한 성학대로부터 아우슈비츠의 가스실, 그리고 지옥에 가는 특별한 개인들에 이르기까지—가 "신적인 목적을 위해" 발생한다는 것을 받아들여야만 한다.

동시에 열린 유신론은 최소한 신자들에게 알미니안주의의 견해만큼이나 많은 확신을 준다. 알미니안주의의 견해는 명확한 신적인 예지를 확신하면서도 행위자의 자유의지를 허용한다.

만일 하나님께서 그리스도인들이 항상 확신하고 있는 것처럼 무제한적인 지성을 가지고 계시다면 하나님께서는 **확실한** 미래적인 사건들에만 아니라 **가능한** 미래적인 사건들에 대해서도 효과적인 반응을 예견하시고 계획하실 수 있다. 우리 인간들이 수많은 가능한 미래의 사건들보다 확실한 미래의 사건에 보다 효과적으로 반응할 수 있는 유일한 이유는 우리가 제한된 지성을 가지고 있기 때문이다. 우리가 보다 많은 가능성을 예견해야 하면 할수록 우리는 우리의 제한된 지성을 각각의 가능성을 예견하기 위해 더 엷게 펼쳐야만 한다. 우리는 확실한 일들보다는 가능한 일들을 예견함에 있어서 보다 덜 효과적이다.

그러나 하나님은 그러하지 않으시다. 열린 유신론자들은 하나님께서 가능성의 영역에서가 아니라 확실성으로 전적으로 미래를 아시기 때문에 미래를 보다 잘 통제하신다고 생각하는 견해가 **하나님의 지성을 제한함으로** 하나님을 인간 수준으로 끌어내리고 있다고 제시한다. 무제한적인 지성의 하나님은 우리가 하는 방식으로 모든 가능성을 포괄하기 위해 자신의 지성을 엷게 펴실 필요가 없다. 오히려 무제한적인 지성의 하나님은 단일한 확실성을 예견하시는 것만큼이나 효과적으로 엄청난 가능성 모두를 예견하실 수 있다. 하나님께서는 모든 가능성이 절대적인 확실성인 **것처럼** 가능성 하나하나를 예견하실 수 있다. 단지 무제한적인 지성의 하나님만이 가능성의 확실성을 예지하시는 장점을 가지실 수 있다.

그러므로 만일 우리가 하나님의 무제한적인 지성을 신뢰한다면 고전적인 유신론이 주장하고 있듯이 하나님께서 하나의 확실한 미래 이야기의 윤곽을 예견하신다고 믿던지 아니면 열린 유신론이 주장하고 있듯이 수많은 가능한 미래 이야기의 윤곽을 예견하신다고 믿던지 그것은 최소한 하나님에 대한 우리의 확신에는 아무런 영향이 없다. 어떤 일이 일어나던지 열린 유신론자들은 알미니안주의자들과 칼빈주의자들과 함께 하나님께서 세계의 기초를 놓으실 때로부터 **바로 이 사건**에 완벽한 반응을 준비하고 계셨다고 확신 있게 말할 수 있다.

이것이 열린 유신론자들이 하나님의 무한한 지혜를 확신하면서도 하나님께서 이것이 사실이기 위해 일어나게 될 사건을 확신하셔야만 한다는 것을 부정하는 이유이다. 일정 수의 다른 일들이 발생할 수 있었으며 그리고 만일 그 일들이 일어나야 했다면 열린 유신론자들은 그 일들에 대하여 정확히 동일한 일을 말할 것이다.

열린 유신론에서는 모든 일이 신적인 목적을 **위해** 일어나지는 않지만 일어나는 모든 일이 신적인 목적**으로** 일어난다. 왜냐하면 하나님께서는 **사건이 일어날 경우에** 일어나는 모든 사건에 세계의 기초를 놓을 때부터 준비하신 지혜로운 목적과 계획을 부여하신다. 그리고 이러한 계획과 목적은 하나님께서 어떤 사건이 일어날 가능성들에 대해 아셨던 것과 관련되어 있다.

이러한 점에서 열린 유신론은 논쟁의 여지가 있기는 하지만 일반적인 알미니안주의의 견해보다 하나님께 미래를 통제하시는 **보다 큰** 능력을 부여한다. 왜냐하면 만일 하나님께서 영원히 확정된 미래를 직면하신다면 하나님이나 그 어떤 다른 존재가 그것을 바꿀 수 있는 것은 아무것도 없기 때문이다. 만일 하나님께서 부분적으로 열린 미래를 직면하신다면 하나님께서는 가장 좋은 가능한 결과를 위해 행위자들에게 영향을 미치실 수 있다.

(3) 하나님께서는 단지 미래의 일부만을 예지할 수 없다

하나님께서 미래에 대한 **어떤 일**을 확신하기 위해서 하나님은 미래에 대한 **모든 일**을 확신하여야만 한다고 종종 주장한다. 이것은 근거 없는 가정

일 따름이다. 사회학자들이나 생물학자들, 그리고 광고업자들과 보험사 대리점은 어떤 개별적인 개인의 행동에 대해서는 예측하지 않으면서 항상 집단의 행동을 정확하게 예측한다. 또한 양자물리학과 혼돈 이론, 그리고 복잡성 이론이나 비평형 열역학, 그리고 과학의 다른 분야는 모든 실체가 결정론과 자발성 사이의 상호 작용으로 이루어져 있음을 우리에게 알려 주고 있다.

우리 자신의 경험도 동일한 일을 말해 준다. 우리가 내리는 모든 결정과 함께 우리는 미래의 어떤 부분은 미확정된 부분으로 우리의 결정에 남겨져 있는 부분이 있다는 깊은 확신을 반영한다. 그러므로 균형 잡힌 열린 유신론자들은 성경에서 한편으로는 미래에 대한 예정적이고 예지적인 측면과 또 다른 한편으로는 미래의 다른 측면이 근대 과학이나 우리 자신의 경험과 부합된다는 사실을 발견하게 된다.

이러한 관점에서 우리는 주권적인 하나님께서 예수님이 십자가에 달리실 **것**을 미리 정하시고 아실 수 있다는 것을 받아들이는 데 아무런 어려움을 겪지 않아야 한다. 예컨대 **누가** 이 일을 실행에 옮기는지 정확히 미리 정하시고 예지하여야만 하는 일이 없이도 그것은 가능하다(행 2:23; 4:27). 우리는 하나님께서 **어느 개인들이** 하나님의 교회에 속하도록 선택하실지 안하실지에 대한 예정이나 예지 없이도 사랑하는 교회를 하나님께서 이 땅에 세우실 것이라는 것을 예정하시고 예지하실 수 있다는 것을 받아들이는 **것**이 어렵지 않음을 알게 된다(롬 8:29; 엡 1:4-5).

(4) 성경에서 주장되고 있는 "열린 유신론을 지지하는 본문들"은 단지 신인동형론적인 언어의 한 예일 뿐이다

많은 사람들은 열린 유신론자들이 자신들의 입장을 입증하기 위해 제시하는 본문들은 신인동형론으로(즉 하나님을 인간의 용어로 묘사하는 것) 설명될 수 있다고 주장한다. 그러나 이들 본문이 단지 신인동형론적임을 제안하고 있는 어떤 것도 이들 본문에 존재하지 않는다. 어떤 본문도 마치 하나님께서 자신의 마음을 바꾸시고 이전의 결정을 후회하시거나 놀라시고 실망하시는 것과 같은 일을 신인동형론적으로 제시하지 않는다. 성경 어디에도 우리가 부분적으로 열린 미래를 신인동형론적이라고 해석할 것을 요구하거나 심지어 보증하는 본문은 없다.

성경은 하나님의 **성품**을 불변하는 것으로 묘사하고 있다(말 3:6). 그러나 성경은 결코 하나님께서 **어떤** 점에서도 변하실 수 없다고 가르치지 않는다(하나님의 의도와 경험이 그렇다). 성경은 미래가 하나님께서 그것을 뜻하셨기 때문에 **어느 정도** 확정되어 있기는 하지만 미래가 모든 부분에서 확정되어 있다고는 결코 가르치지 않는다. 그리고 성경은 하나님께서 때로 자신의 마음을 바꾸지 않기로 **선택하신다고** 가르치고 있지만(민 23:19; 삼상 15:29; 겔 24:14; 슥 8:14) 하나님께서는 자신의 마음을 바꾸실 수 **없다고는** 결코 가르치고 있지 않다. 실제로 하나님께서 자신의 마음을 바꾸지 않기로 선택하신다고 말씀하고 있는 본문들은 하나님께서 자신의 마음을 바꾸실 수 있을 때에만 의미가 있다.

또한 열린 유신론을 지지하기 위해 인용되고 있는 본문들을 함부로 신인동형론적인 해석으로 돌릴 수 없다. 말이 지니는 모든 특징과 같이 신인동형론이 진실한 어떤 일을 알려 주려고 한다면 어떤 점에서 실체와 연결되어야만 한다. 예컨대 "하나님의 오른손"이나 "주님의 눈"과 같은 표현들은 하나님의 능력과 지식에 대한 어떤 개념을 알려 준다. 그러나 만일 그것이 단지 신인동형론에 불과하다면 자신의 마음을 "바꾸시는" 하나님이라는 개념이 실제로 무엇을 전달해 주는가? 사실상 만일 하나님께서 결코 마음을 바꾸지 않으신다면 하나님께서 자신의 마음을 바꾸신다고 말하는 것은 진실된 아무 내용도 전달해 주지 않는다. **그것은 단지 부정확할 따름**

이다. 이러한 주장은 성경의 어떤 본문이 하나님을 신뢰하라고 우리를 격려하기 위해 기록되었음을 우리가 고려할 때 특별히 중요하다(렘 18:1-10; 26:2-3, 13). 그런가 하면 또 다른 본문들은 하나님께서 기꺼이 자신의 마음을 바꾸시는 것을 하나님의 찬양받으실 성품 중의 하나로 묘사하고 있다(욜 2:13-14; 욘 4:2).

마지막으로 열린 유신론을 지지하는 본문들을 신인동형론으로 해석하는 것은 때때로 성경의 통일성을 훼손하는 결과를 가져온다. 예컨대 성경은 모세의 중보 때문에 "여호와께서 뜻을 돌이키사 말씀하신 화를 그 백성에게 내리지 아니하시니라"고 말씀하고 있다(출 32:14; 참조. 신 9:13-14, 18-20; 시 106:23). 만일 하나님께서 자신의 마음을 진정으로 바꾸신 것이 아니라면 자신의 백성에게 재앙을 내리기를 진정으로 계획하지 않으셨던 것이 된다. 만일 이 본문이 단지 신인동형론적이라면 성경은 하나님께서 자신의 마음을 바꾸시기 전에 계획하셨던 것을 명확하게 우리에게 말씀하실 때 우리를 잘못 인도하는 것이 된다.

이와 유사하게 역대상 21:15은 우리에게 하나님께서 의로운 분노 가운데 "예루살렘을 멸하러 천사를 보내셨더니"라고 말씀하고 있다. 그러나 천사가 멸하려 할 때에 여호와께서 보시고 이 재앙 내림을 뉘우치셨다. 만일 하나님께서 결코 자신의 마음을 진실로 바꾸시지 않았다면 성경이 왜 하나님께서 먼저 천사를 보내셨는가에 대해 명확하게 제시하고 있는 설명이 올바를 수 없다. 왜냐하면 하나님께서는 결코 예루살렘을 멸망시키려고 하지 않으셨기 때문이다. 이러한 여러 이유 때문에 열린 유신론자들은 열린 본문들에 대한 신인동형론적인 설명이 설득력이 있다고 생각하지 않는다.

5. 심화 학습을 위한 도서 목록

Basinger, David. *The Case for Freewill Theism: A Philosophical Assessment*. Downers Grove, IL: InterVarsity, 1996.

Beilby, James, and Paul R. Eddy, eds. *Divine Foreknowledge: Four Views*. Downers Grove, IL: InterVarsity, 2001.

Boyd, Gregory A. *God of the Possible: A Biblical Introduction to the Open View of God*. Grand Rapids: Baker Books, 2000.

———. *Satan and the Problem of Evil: Constructing a Trinitarian Warfare Theodicy*. Downers Grove, IL: InterVarsity, 2001.

Craig, William Lane. *The Only Wise God: The Compatibility of Divine Foreknowledge and Human Freedom*. Grand Rapids: Baker Academic, 1987.

Erickson, Millard. *What Does God Know and When Does He Know It? The Current Controversy over Divine Foreknowledge*. Grand Rapids: Zondervan, 2006.

Frame, John M. *No Other God: A Response to Open Theism*. Phillipsburg, NJ: Presbyterian and Reformed, 2001.

Geisler, Norman. *Creating God in the Image of Man? The New "Open" View of God: Neotheism's Dangerous Drift*. Minneapolis: Bethany, 1997.

Hall, Christopher A., and John Sanders. *Does God Have a Future? A Debate on Divine Providence*. Grand Rapids: Baker Academic, 2003.

Helm, Paul. "The Philosophical Issue of Divine Foreknowledge." In *The*

Grace of God, the Bondage of the Will, edited by Thomas R. Schreiner and Bruce A. Ware, vol. 2, 485–97. Grand Rapids: Baker Academic, 1995.

Hunt, David. "Divine Providence and Simple Foreknowledge." *Faith and Philosophy* 10 (July 1993): 394–414.

Pinnock, Clark, et al. *The Openness of God*. Downers Grove, IL: InterVarsity, 1992.

Roy, Steven C. *How Much Does God Foreknow? A Comprehensive Biblical Study*. Downers Grove, IL: InterVarsity, 2006.

Sanders, John. *The God Who Risks: A Theology of Providence*. 2nd ed. Downers Grove, IL: InterVarsity, 2007.

Ware, Bruce. *God's Lesser Glory: The Diminished God of Open Theism*. Westchester, IL: Crossway, 2001.

Across the Spectrum

제4장

창조 논쟁

최근에 창조되었다 (젊은 지구 이론)
vs
매우 오래된 일이다 (날-시대 이론)
vs
파괴된 창조를 복구하셨다 (복구 이론)
vs
문자적 연대가 아닌 문학적인 주제이다 (문학적 구조 이론)

1. 서론

1) 문제 제기

윤혁은 자신의 삶의 새로운 방향에 대해 흥분했다. 여름이 지나가면서 윤혁은 자신의 삶을 그리스도에게 다시 헌신하였고 의사가 되려는 자신의 꿈을 추구하기 위하여 새로운 열정을 가지게 되었다. 이제 자신의 고향 도시에서 어떤 활동에 참여하는 대신에 윤혁은 2/3세계에서 사람들의 영혼과 몸을 치유하는 하나님의 사역을 지원하기 위해서 자신이 선교 현지로 부름받고 있다고 확실히 느끼고 있었다. 윤혁이 기대하지 못했던 일은 진화론을 가르치는 생물학 수업에서 자신의 신앙에 대한 도전을 받은 것이었다. 생물학 교수에 따르면 **진화**는 논란의 여지가 없는 사실이며 지구의 나이는 40억 년도 더 되었다.

수업이 끝난 후 윤혁은 교수에게 다가갔다. 그의 질문은 단순했고 직접적이었다. 그리스도인으로서 현대 과학의 주장과 창세기라는 책을 어떻게 조화시킬 수 있겠는가? 교수의 대답은 무뚝뚝하고 퉁명스러웠다. 이들 두 가지 관점은 조화를 이룰 수 없다는 것이었다. 왜냐하면 과학은 사실에 기초하고 있지만 창세기 1장은 단지 종교적인 신화이기 때문이라는 것이다. 윤혁은 그 날 교실을 떠나면서 성경을 믿는 그리스도인으로서 현대적인 지성을 지닌 과학자가 되는 것이 진정으로 가능한지에 대해 의심하게 되었다.

2) 핵심 주장과 차이점

모든 정통적인 그리스도인들과 함께 복음주의자들은 하나의 세계관으로서의 유신론을 고수한다. 보다 더 특별하게 복음주의자들은 삼위일체 하나님만이 존재하는 모든 것의 주권적인 창조자이시며 하나님께서는 자신의 창조 세계 안에서 활동하고 계신다는 성경적인 주장을 하고 있다(창 1-2장; 골 1:15-17; 히 1:3). 그러므로 복음주의자들은 유물론이나 자연주의와 같은 실재에 대한 세속적인 이해를 반대한다. 이러한 세속적인 이해에서는 우주가 인격적인 창조자에 의해 창조되었음을 부인한다. 복음주의의 견해는 또한 범신론과 같은 대안적인 영적 세계관에 반대한다. 범신론은 하나님과 세계 사이에 구별이 있음을 부인한다. 복음주의는 또한 만유재신론을 반대한다. 만유재신론은 하나님과 세계 양자가 영원하다고 주장한다. 복음주의는 다신론을 반대한다. 다신론은 하나의 유일한 창조자의 존재를 부인한다.

그러나 복음주의자들은 하나님께서 세상을 창조하셨다는 사실을 믿는다는 점에서 의견의 일치를 보이는 반면에 어떻게 언제 하나님께서 세상을 창조하셨는지에 대해서는 의견을 달리한다. 구체적으로 복음주의자들은 창세기 1장을 어떻게 해석할 것인지, 그리고 창세기 1장이 현대 과학의 견해와 어떤 관계가 있는지에 대해서는 의견을 달리한다.

창세기 1장의 해석에 대한 불일치는 새로운 것이 아니다. 저스틴 마터(Justin Martyr, c. 100-165)나 알렉산드리아의 클레멘트(Clement of Alexandria, c. 150-215) 그리고 오리겐(Origen, 184/5-253/4)과 어거스틴과 같은 초대교회 교부들은 수백 년 전에 이 주제를 가지고 씨름하였다. 그러나 창조의 연대에 대한 기독교 사회 내에서의 논의는 주로 다윈(Charles Darwin, 1809-82)의 진화론에 대한 반응으로 지난 150년 동안에 훨씬 강화되었다. 창조의 연대에 대한 논쟁과 하나님께서 진화라는 수단을 통해 창조하셨는지에 대한 논쟁이 관계가 있기는 하지만 사실 두 가지 논쟁은 서로 다른 주제이다. 이 장의 네 가지 논문은 앞의 문제만을 소개하고 있다.

창세기 1장의 "날"의 본성에 대하여 최소 수십 가지의 이론이 있지만 4가지 주된 견해가 복음주의 안에서 현재 논의되고 있다.

첫째, **젊은 지구 이론**은 "날"이 문자적으로 이어지는 24시간의 기간을 지시하는 것이라고 주장한다. 이 견해에 따르면 창조 세계의 나이는 일만 년 미만이다.

둘째, **날-시대**(또는 오래된 지구) **이론**은 창세기 1장의 "날"이 불확정적인 시간의 기간으로 이해되었을 때 가장 좋다고 주장한다. 이 견해에 따르면 창조 세계는 현대 과학이 주장하는 것처럼 수십억 년이나 오래되었다.

셋째, **복구 이론**(또는 **간격 이론**)은 커다란 시간의 간격이 창세기 1장 1절과 2절 사이에 존재한다고 주장한다. 그러므로 원래적인 창조는 매우 오래 되었기 때문에 재창조라는 의미에서 창세기 1장의 "날"을 6번의 문자적인 24시간의 날로 이해하는 것이 가능하다.

넷째, **문학적 구조 이론**은 앞의 견해들의 지지자들이 좋은 의도를 가지고 있기는 하지만 근본적으로 잘못되었다고 제안한다. 왜냐하면 이들 이론들은 본문에 잘못된 질문을 묻고 있음을 인식하지 못하고 있기 때문이다. 문학적 구조 이론에 따르면 창세기의 기자는 결코 하나님께서 어떻게 이 세상을 창조하셨는지, 그리고 창조가 얼마의 시간이 걸렸는지를 묘사하려고 하지 않았다. 도리어 이 본문의 목적은 다신론적인 상황에서 일신론을 선포하는 것이다. 그러므로 고대의 본문에 현대의 과학적인 질문을 강요하는 것은 잘못이다.

이 장의 네 가지 논문은 네 가지 견해 각각을 지지한다.

2. 최근에 창조되었다 (젊은 지구 이론)

1) 성경적 논증

지구가 수십억 년이 되었고 지구의 생명 양식은 수백만 년에 걸쳐 진화하였다는 생각은 우리 시대의 자연주의적 세계관의 필수적인 부분이다. 이런 생각은 매우 사변적이고 증명되지 않은 이론이지만 의심의 여지가 없는 사실로 관례적으로 받아들여지고 있다. 또한 인간이 시공간에 걸쳐 거의 무한으로 확장되어 있는 우주의 하찮고 순간적인 측면에 불과하다는 생각을 현대인의 일반적인 의식에 집어넣는다. 이러한 생각은 창조에 관한 단호한 성경적인 이해와 모순된다.

성경은 하나님께서 전 우주를 단지 6일 동안에 창조하셨다고 선언하며 시작한다(창 1:1-31). "날"의 일반적인 의미는 24시간의 기간이다. 젊은 지구 이론자들은 이 세상을 특별한 방식으로 해석할 하등의 이유를 발견하지 못한다. 다섯 가지 성경적인 논증이 이러한 견해를 변호한다.

첫째, 창세기 1장에서 발견되는 것처럼 히브리 단어 **욤**(yom, "날")은 그 단수 명사 형식으로 항상 24시간의 기간을 언급하고 있다. **욤**으로 지시하는 시간의 기간은 그 길이가 24시간이다. 창세기 1장에 대한 날-시대 이론의 지지자들은 이것을 의문시한다. 그러나 그들이 이 주장에 반대하여 제시하는 본문들은 그들의 주장을 입증해 주지 못한다.

예컨대 날-시대 이론가들은 종종 "여호와 하나님이 땅과 하늘을 만드시던 날(**욤**)에"라는 창세기 2:4을 인용한다. 날-시대 이론가들은 여기에서의 **욤**은 24시간의 기간이 아니라 창조의 전체 과정을 언급하고 있다고 주장한다. 그러나 이 경우에 **욤**은 "…할 때"나 "…후에"로 번역될 수 있는 부사 구문의 한 부분이다. 이와 유사하게 어떤 사람들은 자신들의 입장을 입증하기 위해 다음을 인용한다.

> 주의 목전에는 천 년이 지나간 어제 같으며 밤의 한 순간 같을 뿐임이니이다(시 90:4).

그러나 이 본문은 젊은 지구 이론을 논박하지 않는다. 이 본문에서 **욤**은 하나님의 영원을 강조하는 유비의 한 부분으로 작용한다. 천 년에 대한 하나님의 경험은 우리에게 한 날, 즉 우리의 일상적인 24시간의 기간의 하나**와 같다**. 날-시대 이론가들이 제안하고 있는 것과 같이 한 "날"은 문자적으로 천 년이 아니다. 성경의 저자는 자신의 유비를 만들기 위해

"날"의 일상적인 정의를 사용하고 있는 것이다.

마지막으로 어떤 사람은 날-시대 입장을 입증하기 위해 "연속되는 날"을 말하고 있는 스가랴 14:7을 인용한다(개역개정 성경에는 분명하지 않음-역주). 그러나 그 본문의 논점은 날이 24시간 보다 더 길다고 제안하는 것이 아니다. 저자는 단지 하늘에서는 "낮"도 "밤"도 없을 것이라고 선언하고 있다. 왜냐하면 "어두워 갈 때에 빛이 있으리로다"(슥 14:7) 말씀하고 있기 때문이다. 다른 말로 "날"은 "밝음"의 동의어로 사용되고 있다. 이 구절에서 "날"은 24시간보다 더 긴 시간의 길이를 가리키고 있지 않다.

둘째, "날"(욤)이 그 앞에 특정한 숫자와 함께 사용될 때마다 "날"은 항상 일반적인 24시간의 날을 가리키고 있다(창 8:14; 민 29:1)는 사실에 주의하는 것이 중요하다. 어떤 사람들은 호세아 6:2이 그 반대의 예를 제공한다고 주장한다.

> 여호와께서 이틀 후에 우리를 살리시며 셋째 날에 우리를 일으키시리니 우리가 그의 앞에서 살리라(호 6:2).

이 본문에서 저자는 일반적인 날 이외의 다른 어떤 것을 언급하고 있지 않다. 만일 저자가 시대를 언급하고 있다면 그 의미는 모호하기 이를 데 없다. 두 "시대" 후에 주께서 이스라엘을 살리시고 셋째 "시대"에 그를 일으키신다는 것은 과연 무엇을 가리키는 것인가? 대부분의 복음주의 신학자들은 바울이 이 본문을 예수님께서 셋째 날 부활하실 것을 예견하기 위해 인용하고 있다고 말한다(고전 15:4). 바울은 분명히 호세아가 문자적인 24시간의 기간을 언급하고 있다고 생각하였다.

셋째, 창세기의 기자가 각각의 창조의 "날"을 묘사할 때 "저녁"과 "아침"을 사용하고 있다는 사실은 이 날들을 일반적인 날로 보게 하려 하였다는 명확한 증거가 된다. 저자가 "저녁"과 "아침"을 가지고 시대를 말하는 것은 자연스럽지 않다. 성경의 다른 곳에서 이러한 "저녁"과 "아침"을 병행하여 사용하고 있는 것은 분명 일반적인 날을 가리킨다(삼상 17:16; 대상 16:40; 대하 2:4; 시 55:17).

넷째, 창세기 1:14에서 우리는 "하나님이 이르시되 하늘의 궁창에 광명체들이 있어 낮과 밤을 나뉘게 하고 그것들로 징조와 계절과 날과 해를 이루게 하라"는 말씀을 읽는다. 어떤 사람도 이 구절에서 언급하고 있는 "날"과 "해"가 문자적이라는 점에 대해 의문을 제기하지 않는다. 저자가 동일한 단어를 각각의 경우에 사용하면서 시대에 대해 말하다가 갑자기 일반적인 날에 대한 이야기로 옮겨가고 있다고 생각하는 것은 자연스럽지 않다. 가장 자연스러운 결론은 저자가 창세기 1장 전체에 걸쳐 일상적인 언어를 사용하고 있다는 것이다. "해"는 우리가 365일이라는 시간의 기간으로 이해하는 것을 지시하며 "날"은 우리가 24시간의 기간으로 이해하는 것을 지시한다.

다섯째, 창세기 1장에 대한 젊은 지구 이론적 해석을 지지하는 가장 강력한 논증은 하나님께서 이스라엘에게 6일 동안 일하고 7일째 안식하는 창세기 1장에 세워져 있는 방식을 따르라고 명하셨다는 사실이다. 출애굽기에서 우리는 다음과 같은 말씀을 읽게 된다.

> 안식일을 기억하여 거룩하게 지키라 엿새 동안은 힘써 네 모든 일을 행할 것이나 일곱째 날은 네 하나님 여호와의 안식일인즉 너나 네 아들이나 네 딸이나 네 남종이나 네 여종이나 네 가축이나 네 문안에 머무는 객이라도 아무 일도 하지 말라 이는 엿새 동안에 나 여호와가 하늘과 땅과 바다와 그 가운데 모든 것을 만들고 일곱째 날에 쉬었음이라 그러므로 나 여호와가 안식일을 복되게 하여 그 날을 거룩하게

하였느니라(출 20:8-11; 참조. 31:12-17).

날-시대 이론가들은 이 명령을 처음 들은 사람들이 이 본문에서 "날"이라고 하는 단어에 두 가지 다른 의미가 있음을 알았어야 했다고 가정한다. **하나님의** "날"은 "시대"를 언급하는 반면에 **우리의** "날"은 일상적인 24시간의 기간을 지시한다. 이것은 매우 이상한 제안이다. 만일 이것이 정말 저자가 전달하고자 하는 의미였다면 그는 "날"을 위해 사용하던 단어 이외에 하나님의 "시대"에 대하여 다른 단어(즉, **올람**[olam])를 사용함으로 보다 손쉽게 그렇게 하였을 것이다.

반면에 저자는 **욤**이라고 하는 동일한 단어를 사용하고 있다. 이 단어는 일관되게 동일한 의미로 사용되고 있음이 분명하다. 저자는 하나님과 이스라엘 사이의 **유비**를 사용하고 있지 않다. 오히려 저자는 이스라엘을 위해 하나님께서 이전에 세우신 **선례**를 표현하고 있다. 하나님께서 6일 동안 일하시고 7일째 되는 날 안식하셨듯이 우리는 6일 동안 일하고 7일째 되는 날 쉬어야 한다. 일하는 기간과 안식하는 기간의 한 날의 길이는 동일하다.

위의 논증은 창세기 1장에서의 "날"에 대한 일상적인 이해를 받아들여야 하는 정당한 이유를 제공해 준다. 그리고 이것은 지구가 수십억 년이 되지 않았다는 것을 의미하며 오늘날 대부분의 서구의 지성인들이 믿고 있는 것처럼 진화라고 하는 것은 일어나지 않았다는 것을 의미한다. 그리고 인간이 진화라고 하는 과정에 일종의 각주처럼 최근에 무대에 등장한 지각생이 아님을 의미한다. 만일 우리가 성경을 따라간다면 우리는 지구의 나이가 수천 년 되었으며 그 역사는 인간 존재에 집중되어 있다고 결론을 내려야만 한다. 우리는 그 바로 시작 지점부터 지구의 청지기로 여기에 위치해 있었다(창 1:26-31).

2) 지지하는 논증

(1) 계시와 현대 과학

이 논쟁에 관련 있는 진정한 문제는 우리가 성경의 가장 분명한 의미를 받아들일 것인가 아니면 과학자들의 가정에 의해 이루어지는 재해석을 고집할 것인가 하는 것이다. 그리스도인은 하나님의 말씀과 하나님의 말씀에 대한 읽기를 과학의 권위 위에 두라고 부르심을 받고 있다. 왜 많은 복음주의 그리스도인들이 오늘날 이렇게 하는 것이 어렵다고 생각하는지 모르겠다. 결국 하나님의 말씀의 권위 위에서 그리스도인들은 하나님께서 세상을 **무로부터**(ex nihilo) 창조하셨다는 것을 믿는다.

그러나 이러한 믿음이 과학의 가장 근본적인 법칙들 앞에서(즉 물질은 창조되지도 없어지지도 않는다) 사라져 버린다. 하나님의 말씀의 권위에 근거하여 그리스도인들은 기적을 믿는다. 이러한 믿음이 세상은 자연 법칙에 의해 다스려지고 있다는 과학적인 견해 앞에서는 사라져 버린다. 그렇다면 왜 이들 그리스도인들은 하나님께서 세상을 문자적으로 6일이라는 기간 안에 창조하셨다는 주장을 받아들이기를 꺼려하는가? 이것은 무로부터 물질을 존재하게 하신 것보다는 훨씬 **못한** 기적을 필요로 하며 예수님을 죽음으로부터 부활시키신 것 **이상**의 기적을 필요로 하지도 **않는다**.

(2) 초자연적 사역의 양식

성경 전체를 통하여 하나님의 초자연적인 사역(**초자연주의**를 보라)은 길게 늘여진 시간의 기간이 개입된 것이 아니라 전형적으로 신속하고 동시적이다. 예컨대 이러한 양식은 예수님의 사역을 통해서도 발견된다. 사람들의 치유는 신속하였다. 바다를 잠잠하게 하심은 즉각적이었다. 죽은 자를 살리시는 것도 즉각적이었다. 창세기 1장은 이러한 양식에 부합한다.

각각의 날에 하나님께서 말씀하시고 명하신 일은 즉각적으로 그렇게 되었다. 반대로 하나님께서 창조를 수십억 년 넘게 일으키셨다는 견해는 성경의 이러한 양식에 부합되지 않는다.

(3) 죽음은 아담을 통하여 왔다

성경은 사망이 아담의 불순종을 통하여 세상으로 들어오게 되었다고 가르치고 있다. 사망은 사람이나 동물에게 본래 의도 되었던 것이 아니었다. 그 본래 창조된 상태에서 인간과 동물은 식물을 먹으며 살게 되어 있었다. 그러므로 하나님께서는 아담에게 다음과 같이 말씀하신다.

> 내가 온 지면의 **씨 맺는 모든 채소와 씨 가진 열매 맺는 모든 나무를** 너희에게 주노니 너희의 먹을 거리가 되리라 또 땅의 모든 짐승과 하늘의 모든 새와 생명이 있어 땅에 기는 모든 것에게는 내가 **모든 푸른 풀**을 먹을 거리로 주노라(창 1:29-30).

하나님의 원래적인 설계에서는 고통이나 피흘림, 그리고 죽음도 없었다. 이것은 부분적으로 하나님께서 왜 자신의 전체 창조를 보시고 좋다고 결론을 내리셨는지에 대한 이유가 된다(창 1:31). 감각이 없는 채소는 인간과 동물의 음식이 되어야 했는데 이러한 상태는 하나님의 나라가 온전히 이루어질 때 회복될 것이다(사 11:6-11; 65:25).

어떻게 우리는 이러한 가르침을 날-시대 이론가들이 주장하고 있는 동물들이 수백만 년 동안 다른 동물을 먹어치우고 있었다는 견해와 조화시킬 수 있는가? 이와 관련하여 어떻게 우리는 자연의 현재 상태가 알프레드 테니슨(Alfred Tennyson, 1809-92)이 묘사하고 있는 것처럼 "이빨과 발톱 사이에서 붉은" 상태가 전능하신 창조자께서 생각해 내신 최선의 것이었다고 받아들일 수 있겠는가? 왜 전능하신 창조자 하나님은 인간 존재라고 하는 자신의 목표에 도달하기 위하여 동물이 다른 동물을 먹이로 삼는 자연 선택이라고 하는 과정을 사용하셔야만 하였는가? 그리고 동물의 복지에 대하여 관심을 가지신 분으로 성경이 묘사하고 있는 가장 선하신 창조자(시 36:6; 욘 4:11; 참조. 눅 12:6)께서 이러한 피비린내 나고 고통으로 가득한 상황을 "좋다"라고 선언하실 수 있는가?

날-시대 이론가들은 정당한 답변을 제시하지 못한다. 우리의 견해에서는 자연은 "좋은 것"으로 설계된 것이었다. 아담과 하와는 그들의 후손들과 함께 땅에 대한 권한과 책임이 부여되었다. 그들이 사탄의 능력 아래 타락하였을 때 그들이 책임지고 있던 전체 영역이 사탄의 권위 아래 들어왔고 부패하였다(롬 8:19-22). 죽음의 주인이 세상에 대한 권세를 얻었기 때문에 죽음이 세상에 들어왔다(히 2:14; 참조. 고후 4:4; 엡 2:2; 요일 5:19). 이것은 전체 창조 세계가 지금 진통 가운데 있는 이유이다. 이러한 관점은 죽음이라고 하는 것이 인간이 무대에 등장하기 이전에 수백만 년 동안 이미 그 권세를 행사하고 있었다고 주장하는 사람들에게는 불가능하다.

(4) 현대 과학의 잠정성

이 논문에서 과학적인 기획에 의문을 제기하는 모든 이유를 다 살펴볼 수는 없다. 상당수의 학식 있는 과학자들은 현대의 과학이 작동하고 있는 오래된 지구의 진화 패러다임 전체가 빈약한 증거와 미확정적인 논증에 근거하고 있다고 믿고 있다.

예컨대 수많은 지질학자들과 고생물학자들은 과학적인 근거 위에서 오늘날 일상적으로 채택되는 연대 결정 기술(방사능 측정 연대 결정법)의 많은 부분을 거부하고 있다. 이 기술들은 믿을 수 없으며 종종 순환론적이며 그 자체로 증명되지 않은 불확실한 전제들에 의존하고 있음을 볼 수 있다.

이와 유사하게 많은 과학자들은 빅뱅 우주론에 대하여도 심각한 도전을 내놓고 있다. 어떤 사람들은 주장되고 있는 것과 같은 균일한 시초의 폭발이 어떻게 우리가 우리의 우주에서 발견하는 균일하지 않게 분포되어 있는 물질의 형태를 산출할 수 있는가에 대해 의문을 제기하고 있다. 또 다른 과학자들은 오래된 지구론을 위하여 주장되고 있는 지질학적인 증거가 수천 년 전에 보편적인 홍수가 발생한 것을 전제로 할 때 보다 더 잘 설명될 수 있다고 설득력 있게 주장하고 있다.

　세속적인 과학자들의 공동체는 엄격하게 통제되는 공동체이다. 이 공동체에 속하기 위해서 근본적으로 그 권위적인 패러다임에 동의하여야만 한다. 패러다임을 거부하는 사람들은 그들의 논증이 얼마나 설득력 있는가와 무관하게 신중한 대접을 받지 못한다. 젊은 지구 이론자들의 증거와 논증, 그리고 대안적인 패러다임은 과학자들의 공동체에서 진지한 관심을 받지 못하고 있다. 그러나 이러한 이유 때문에 세속적인 과학자들이 설득력이 있다고 생각해서는 안 된다. 우리는 이들의 주장을 정당하게 살펴보기 위해 기꺼이 현 시대의 학문적인 주류 사회에서 받아들이는 진리를 거스를 줄도 알아야 한다. 성경을 다른 모든 권위 위에 두려는 복음적인 그리스도인들은 필요할 때 시대의 물결을 기꺼이 거스를 줄 알아야 한다.

3) 반론에 대한 응답

(1) 태양은 넷째 날까지 창조되지 않았다

　젊은 지구 이론을 비판하는 사람들은 종종 태양이 넷째 날까지 창조되지 않았기 때문에 창세기 1장의 "날"은 일상적인 24시간의 날이 아니라고 주장한다. 그러나 하나님께서 첫째 날 하신 첫 번째 일이 "빛"(창 1:3)을 창조하신 것이었음을 우리는 유의해야만 한다. 우리는 이 빛의 근원이 무엇인지 알지 못한다. 다만 우리는 각각의 날이 시작하고 끝나는 것을 "아침"과 "저녁"이라는 양식으로 설명하고 있음을 알고 있다. 땅을 위한 특수한 빛의 근원으로서 태양이 창조된 **후에도** 동일한 양식이 사용되고 있음에 우리는 주의를 기울여야 한다. 땅을 위한 빛의 근원으로 태양이 넷째 날 지정되었지만 각각의 날을 측정할 수 있는 빛은 이미 존재했다. 그러므로 태양이 넷째 날까지 창조되지 않았다는 사실은 아무런 의미가 없다.

(2) 일곱째 날의 안식이 지금도 진행 중이다

히브리서 4:1-11은 일곱째 날이 여전히 진행 중이라고 제안하고 있다. 왜냐하면 그 본문은 하나님께서 창조를 완수하셨기 때문에 즐기고 있는 "안식"을 우리도 즐기도록 격려하고 있기 때문이다(히 4:10). 하나님의 일곱째 되는 날의 안식은 역사를 통하여 계속되기 때문에 우리는 창조의 7일 가운데 앞의 6일 또한 시간의 기나긴 기간이라고 가정해야 한다고 날-시대 이론가들은 주장하고 있다. 이러한 주장에 대한 반응으로 세 가지를 말할 수 있다.

첫째, 이 본문은 일곱째 날이 여전히 진행 중임을 말하고 있지 않다. 이 본문은 단지 하나님께서 일곱째 날 시작하신 안식일의 안식이 어떤 의미에서 계속되고 있음을 의미할 따름이다.

둘째, 히브리서 기자는 이 본문에서 광야에서의 이스라엘 백성들의 반역을 말하고 있는 시편 95편으로부터 이끌어낸 신학적 결론에 근거하여 유비를 전개하고 있다. 저자는 광야에서 이스라엘 백성들이 그들의 불순종 때문에 약속의 땅에 들어가지(즉 안식하지) 못하였음을 말하고 있다. 저자는 히브리서를 받는 그리스도인들에게 이러한 실수를 반복하지 말라고 권면하고 있다. 왜냐하면 그들 또한 하나님께서 그들이 들어가기를 원하시는 약속의 땅, 즉 안식을 가지고 있기 때문이다. 그러나 그들의 안식은 단지 한 조각의 땅에 관한 것이 아니다. 그것은 하나님께서 어떤 의미에서 첫 번째 안식일에 자신의 사역을 마치시고 즐기셨던 안식이다. 만일 우리가 이 본문에서 일곱째 날의 길이에 대한 어떤 것을 읽는다면 우리는 본문의 논점을 넘어가는 것이다.

셋째, 이 마지막 논점은 예수께서 자신과 자신의 아버지께서 "이제까지 일하시니"(요 5:17)라고 말씀하셨다는 점에서 확증되고 있다. 분명 하나님께서는 안식일이 요구하고 있는, 즉 모든 일을 문자적으로 그치신 것은 아니다. 히브리서에서 말하고 있는 "안식"을 그렇게 멀리 밀고 나가서는 안 된다.

(3) 너무나 많은 활동이 여섯째 날에 발생했다

날-시대 이론의 주장자들은 때로 날이 24시간의 정상적인 날 이기에는 너무나 많은 활동이 여섯째 날에 발생하였다고 주장한다. 그 하루에 다른 일들 가운데서 하나님께서는 아담에게 "각 생물"의 이름을 짓게 하셨다(창 2:19). 이 일만으로도 몇 주가 걸릴 것이라고 그들은 주장한다. 이것은 두 가지 이유 때문에 설득력 있는 논증이 되지 못한다.

첫째, 아담은 이 지점에서 타락하지 않은 지성을 가지고 있었다. 그러한 지성이라면 우리가 타락한 상태에서 할 수 있는 것보다 훨씬 더 빠른 속도로 정신적인 기능을 수행할 수 있었을 것이라고 보는 것이 전적으로 가능하다. 비록 아담의 타고난 능력이라고 하는 것이 이것을 할 수 없다고 하더라도 하나님께서는 초자연적으로 아담이 이 과업을 수행하도록 도우실 수 있었을 것이다.

둘째, 아담이 이름을 지은 동물들은 하나님께서 아담이 그 이름을 어떻게 짓는지 보시기 위한 긴급한 목적을 위해 만드신 특별한 동물 집단이었다는 추론이 가능하다(창 2:19). 이러한 주장과 관련하여 창세기 1장은 하나님께서 인간을 지으시기 전에 모든 동물을 만드셨다고 말하고 있는 반면에 창세기 2장은 하나님께서 아담을 지으신 후에 이들 동물들을 지으셨다고 제안하고 있다. 아마도 아담이 이름을 지었던 동물의 수가 결국 그렇게 많지 않았을 것이다.

(4) 하나님께서는 속이시는가?

몇몇 날-시대 이론을 주장하는 사람들은 만일 하나님께서 세계를 "오래된 외양"을 가진 세계로 지으셨다면 이는 하나님을 속이는 자로 만든다고 주장한다. 세 가지 대답이 차례로 주어진다.

첫째, 우리는 과학자들이 주장하는 많은 부분이 오래된 시대의 "외양"이라고 하는 것을 받아들이지 않는다. 지구가 수십억 년 되었다는 널리 퍼져 있는 가정과는 별도로, 다른 증거들을 살펴보면 지구는 수십억 년이나 된 것처럼 보이지 않는다. 지구는 수천 년 된 것처럼 보인다.

둘째, 하나님께서 **무로부터** 창조하신 어떤 것이 그 자체로 오랜 시대의 외양을 가진 것이 된다. 사람들은 종종 익살맞게 닭이 먼저냐 달걀이 먼저이냐고 묻곤 한다. 성경의 대답은 명확하게 "닭"이 먼저라는 것이다. 하나님께서는 인간 배아(胚芽)를 창조하지 않으셨다. 하나님께서는 장성한 남자와 여자를 창조하셨다. 하나님께서는 동물의 알을 창조하지 않으셨다. 하나님께서는 장성한 동물을 창조하셨다. 하나님께서는 다양한 채소의 씨를 창조하시지 않으셨다. 하나님께서는 채소를 창조하셨다. 그러므로 식물과 동물, 그리고 인간은 나이가 들어 보였을 것이다.

셋째, 날-시대 이론을 주장하는 사람들은 어떤 것을 **어떤** 나이를 지닌 존재로 창조하는 것은 있을 수 있는 일이라고 응답할 것이다. 그러나 수십억 년의 나이를 가진 외양으로 창조하는 것은 기만적이다. 위에서 언급한 것처럼 우리는 지구가 수십억 년 된 것처럼 보인다는 견해를 받아들이지 않는다. 사용되는 연대 측정법은 결함이 많다. 별빛은 어떠한가? 만일 이 빛이 별의 현재의 위치에서 출발하여 우리에게 도달하였다면 우리에게 도달하기 위해 수백만 년 심지어 수십억 년이 걸린 것이라고 주장한다. 충분히 그럴듯한 이야기다. 그러나 우리는 왜 빛이 이러한 방식으로 기원하여야만 한다고 가정하여야 하는가? 만일 우리가 성경이 우리를 가르치도록 허용한다면 별의 목적은 **땅에 있는 우리를 위해** 빛을 비추고 계절을 이루기 위해 주어진 것임을 알게 된다. 만일 그렇다면 하나님께서는 물론 그들의 빛이 이미 우리에게 도달한 그러한 방식으로 별들을 창조하셨을 수도 있으시다.

3. 매우 오래된 일이다 (날-시대 이론)

1) 성경적 논증

창세기 1장은 우주가 여섯 "날" 동안 창조되었다고 말하고 있다. 어떤 그리스도인들은 이 날들을 엿새 동안의 24시간의 기간으로 해석하며 그래서 지구는 대략 만여 년 밖에 되지 않았다고 결론을 내린다. 우리가 살펴볼 것처럼 이러한 견해는 성경이나 과학 양자에 의해 난점에 부딪히게 된다. 날-시대 이론에 따르면 이 본문에서 **날**이라는 말(욤)은 실제로는 불확정적인 기간의 "시대"를 가리킨다. 그러므로 우주는 매우 오래된 예술 작품이다. 이러한 견해는 다음의 네 가지 논점이 드러내 주는 것처럼 성경이나 과학 양자 모두에게 부합된다.

첫째, 히브리어의 날이라는 말은 물론 24시간의 기간을 가리킬 수도 있지만 그 말은 또한 하나의 시대를 종종 지시한다. 이러한 후자의 가장 중요한 예가 창세기의 설명 그 자체 안에 있다. 6일 동안의 창조에 대하여 묘사한 직후에 저자는 즉각적으로 "여호와 하나님이 땅과 하늘을 만드시던 날[욤]에" 라고 말함으로 인간에게 관심이 모아진 창조에 대한 보다 상세한 설명을 소개하고 있다. 여기서 저자는 하나님께서 우주를 창조하셨을 때 분명히 "시간의 기간"이나 "시대"를 언급하고 있다. 만일 "날"이 여기에서 전체적인 시대를 가리킬 수 있다면 창세기 1장의 앞 절들에서 문자적인 24시간 해석을 고집할 하등의 이유도 존재하지 않게 된다.

욤을 이렇듯 시대로 해석하는 예는 성경에 많이 있다. 예컨대 잠언 기자는 "충성된 사자는 그를 보낸 이에게 마치 추수하는 날[**욤**]에 얼음냉수 같아서 능히 그 주인의 마음을 시원하게 하느니라"(잠 25:13)고 말하고 있다. 여기에서 **욤**은 전체 계절을 지시한다.

이와 비슷하게 이사야는 "그 날[**욤**]에 여호와의 싹이 아름답고 영화로울 것이요 그 땅의 소산은 이스라엘의 피난한 자를 위하여 영화롭고 아름다울 것이며"(사 4:2)라고 말하고 있다. 어떤 이들은 이 구절이 천년 왕국-지상에서의 미래적인 천 년 동안의 평화의 통치-을 가리킨다고 믿는다. 또 다른 이들은 이 구절이 지상에서의 하나님의 나라의 최종적인 건설을 언급하는 것이라고 믿는다. 어느 쪽이든지 여기에서의 "날"이 긴 시간의 기간을 의미하는 것은 분명하다(슥 14:1).

둘째, 창세기 1장의 날을 24시간의 기간으로 해석하는 것은 창조 기사에 어려움을 야기한다. 그 한 가지는 창세기 1장에서 태양은 4일째 되는 날까지 나타나지 않는다는 것이다. 이것만 보아도 그 이전의 날들의 "아침"과 "저녁"은 태양의 뜨고 지는 것으로 표시되지 않는다는 것을 암시해 준다. 보다 더 중요하게 최소한 두 날은 24시간의 기간에 어울릴 수 없는 사건들을 포함하고 있다. 셋째 날 하나님께서는 "땅은 풀과 씨 맺는 채소와 각기 종류대로 씨 가진 열매 맺는 나무를 내라"고 말씀하신다. 그 결과

"땅이 풀과 각기 종류대로 씨 맺는 채소와 각기 종류대로 씨 가진 열매 맺는 나무를"(창 1:11-12) 내었다. 이러한 채소를 내는 과정은 일상적인 날에 일어날 수 있는 어떤 일이 아니다.

보다 더 문제가 되는 것은 다음이다. 창조의 여섯째 "날"에 하나님께서는 아담에게 모든 동물의 이름을 하나씩 짓게 하셨다(창 2:18-20). 이것은 손쉬운 일이 아니다. 왜냐하면 고대의 사람들은 어떤 이름이 어떤 일이나 사람의 특징을 반영하여야 한다고 믿었기 때문이다. 본문 자체가 이 사실을 제시하고 있다. 왜냐하면 아담이 이름을 붙여주는 이 과정을 통하여 어떤 동물도 그에게 어울리는 배필이 될 수 없다는 것을 발견하였기 때문이다(창 2:20). 동물의 이름을 붙이는 과정은 다소간의 숙고의 시간을 요했을 것이며 그러므로 아담 편에서 상당한 시간을 필요로 하였을 것이다.

그럼에도 불구하고 아담이 동물 한 쌍의 이름을 붙이는데 단지 5분이 걸렸다고 생각해 보자. 이것은 아담이 전체 24시간 동안 다른 일은 아무 것도 하지 않았다고 하더라도 단지 288종의 동물 이름을 지었을 뿐이라는 것을 의미한다. 대략 포유동물만 12,000종이 있다는 점을 생각해 보라. 최상의 시나리오를 따른다고 하더라도-다른 활동 없이 잠도 자지 않고 지금은 멸종된 종을 포함하지 않고-아담이 단지 포유동물의 이름을 짓는 데만도 50일 이상이 걸렸을 것이다.

몇몇 젊은 지구 이론자들은 아담이 에덴 동산에 있는 종들만을 이름 지었다고 주장한다. 그러나 이렇게 주장하기 위해서 그들은 자신들의 주장의 기초가 되는 바로 그 "문자적" 해석을 거부해야만 한다. 왜냐하면 성경 본문은 문자적으로 "아담이 **각 생물**(every living creature)을 부르는 것이 곧 그 이름이 되었더라"(창 2:19)고 말하고 있다. 창세기 1장에 언급되어 있는 인간 창조의 "날"은 문자적으로 24시간의 기간이 아니라고 결론짓는 것이 훨씬 더 자연스러울 것 같다.

셋째, 성경의 여러 분문은 하나님의 "날"이 우리의 "날"과 같이 측정되지 않는다고 분명히 가르친다. 예컨대 시편 90편의 기자는 "주의 목전에는 천 년이 지나간 어제 같으며 밤의 한 순간 같을 뿐임이니이다"(시 90:4)라고 말하고 있다. 베드로는 "사랑하는 자들아 주께는 하루가 천 년 같고 천 년이 하루 같다는 이 한 가지를 잊지 말라"(벧후 3:8)고 쓰면서 바로 이 주제를 채택하고 있다. 그러한 가르침은 우리로 하여금 창세기 1장에 나오는 "날"에 대한 문자적 해석에 주의하게 한다.

이와 동일한 맥락에서 히브리서 4장은 우리가 여전히 하나님께서 안식하시는 창조의 일곱째 날에 있음을 가르치고 있다.

> 제칠일에 관하여는 어딘가에 이렇게 일렀으되 하나님은 제칠일에 그의 모든 일을 쉬셨다 하였으며 또 다시 거기에 그들이 내 안식에 들어오지 못하리라 하였으니…그런즉 안식할 때가 하나님의 백성에게 남아 있도다 이미 그의 안식에 들어간 자는 하나님이 자기의 일을 쉬심과 같이 그도 자기의 일을 쉬느니라 그러므로 우리가 저 안식에 들어가기를 힘쓸지니 이는 누구든지 저 순종하지 아니하는 본에 빠지지 않게 하려 함이라(히 4:4-5, 9-11).

이 본문은 하나님께서 여전히 이전의 6일 동안의 자신의 사역으로부터 안식하고 계시다고 말하고 있다. 사람들은 만일 그들이 하나님의 뜻을 거절하지 않는다면 이스라엘 백성들이 그랬던 것처럼 이 안식에 들어갈 수 있다. 지금 우리가 관심을 가지는 것은 하나님께서 안식하시는 제 칠일이 분명 인간 역사 전체를 포괄하고 있다는 사실이다. 그러므로 우리는 창조의 이전 여섯 번의 날도 마찬가지로 긴 시간의 기간이라고 결론지을 수 있는 타당한 이유를 가지고 있다.

마지막으로, 많은 본문은 지구가 매우 오래되었다고 가르친다. 예컨대 하박국은 "영원한 산"과 "무궁한 작은 산"(합 3:6)을 언급하고 있다. 미가는 땅의 "견고한 지대들"(미 6:2)을 언급하고 있다. 잠언의 기자는 지혜가 오래 전에 창조되었으며 땅이 생기기 전부터 세움을 받았다고 말하고 있다(잠 8:22-23). 저자는 지혜가 훨씬 더 오래된 것을 찬양하기 위해 땅이 매우 오래 되었다는 것을 전제하고 있다. 성경 곳곳에서 발견되는 땅의 오래되었음에 대한 찬송은 지구가 단지 만 년이라는 견해보다 수십억 년 되었다는 견해와 더 잘 어울리게 한다. 최소한 이것은 매우 오래된 지구를 주장하는 견해가 "불경건"하거나 "세속적"이라고 말할 수 없다는 것을 이야기해 준다.

2) 지지하는 논증

(1) 하나님의 신실성

성경은 우리에게 하나님께서 전적으로 신실하시다고 가르치고 있다(민 23:19; 요 14:6). 성경은 또한 우리에게 하나님의 계시가 성경과 자연을 통해서 온다고 가르친다(시 19:1-4; 롬 1:19-20). 이것은 우주가 매우 오래되었다는 것을 살펴볼 때 기억하면 좋은 내용이다. 간단한 예를 들어 보자. 우리는 빛이 얼마나 빨리 움직이는지 알고 있다. 우리는 어떤 별이 얼마나 빨리 지구로부터 멀어지고 있는지 대략적으로 알고 있다.

그러므로 어떤 경우에 어떤 별에서 빛이 우리에게 당도하기 위해 수십억 년까지는 아니라고 하더라도 수백만 년이 걸렸다고 자연스럽게 결론을 내리게 된다. 젊은 지구 이론자들은 하나님께서 별을 그 별의 별빛이 이미 지구에 도달하여 있는 방식으로 창조하셨다고 믿게 한다. 물론 하나님은 원하시면 하실 수 있다. 그러나 이는 속임수와 같다. 우리 모두는 내장된 기억장치를 가지고 5분 전에 창조되었다고 마찬가지로 주장할 수 있다.

(2) 교회의 신뢰성

우리는 과거로부터 배워야만 한다. 교회는 16세기 과학과 의견을 달리하였을 때 상당한 신뢰를 잃어버렸다. 갈릴레오와 태양계의 지동설을 주장하였던 사람들에 대항하여 교회는 나중에 과학적으로 정확하지 않은 것으로 판명된 성경의 어떤 본문에 대한 문자적 해석을 고집하였다. 갈릴레오 자신이 경고한 것처럼 우리는 성경을 과학의 일반적인 발견과 공공연하게 충돌하는 방식으로 해석하지 않도록 조심해야 한다.

왜냐하면 창조 세계도 "하나님의 말씀"이기 때문이다. 물론 과학과 성경의 가르침을 조화시키는 것이 도무지 불가능하다면 우리는 성경의 편을 들어야만 할 것이다. 그러나 만일 과학과 충돌하지 않는 방식으로 성경을 해석하는 방식이 있다면 우리는 그런 해석을 선택해야만 한다. 창세기 1장에 대한 날-시대 이론은 조화의 길을 제시해 준다. 이 견해에 대한 성경적 지지가 있을 뿐만 아니라 우리가 복음을 가지고 나아가야 할 과학적인 지성을 소유한 사람들에게 교회에 대한 신뢰를 해치지 않게 해 준다.

(3) 과학적 증거

과학이 우리의 주해를 결정해서는 안 되는 것이 사실이기는 하지만 우리의 주해에 있어서 과학을 무시해서 안 되는 것 또한 사실이다. 위에서 주장한 것과 같이 다른 일들 가운데서 우리의 선포의 신뢰성이라고 하는 것이 관건이 된다. 문제가 되는 사실은 다양한 분야의 대다수의 과학자들이 지구가 수십억 년이 되었다는 점에 동의한다는 것이다. 예컨대 거의 모든 현대의 천문학자들은 우주의 기원에 대하여 **빅뱅 이론**을 지지한다.

이 견해는 우주가 대략 수십억 년 전에 시작되었다고 주장한다. 비록 젊은 지구 이론자들이 **홍수 지질학**으로 자신들의 주장을 설명해 내려 시도하고 있지만 거의 모든 현대의 지질학자들은 4, 50억 년 된 지구에 대한 증거가 강력하다는 사실을 발견하고 있다. 특별히 지구의 지층의 단층 구조는 홍수이론으로는 적절하게 설명할 수 없다. 대다수의 생물학자들도 생명이 수백만 년에 걸쳐 우리 지구에서 진화하였다는 견해를 받아들이고 있다. 심지어 대진화를 거부하고 소진화를 받아들이는 사람들 가운데 대다수는 우리가 화석 자료에서 알아차릴 수 있는 변화는 만 년 보다 훨씬 긴 시간의 기간을 요구한다는데 동의한다. 창세기 1장의 날-시대 이론은 하나님의 말씀에 대한 충성심을 타협하지 않고 이러한 정보를 수용할 수 있다.

3) 반론에 대한 응답

(1) 차례로 수를 세고 있는 "날"이 창세기 1장에 사용되고 있다

어떤 사람들은 **욤**이라는 단어가 서수(예컨대 첫째, 둘째)가 붙어 있지 않을 때에만 불확정적인 시간의 기간을 가리킬 수 있다고 주장한다. 창세기 1장은 날을 세고 있기 때문에 저자는 우리가 구별된 24시간의 기간으로 날을 이해하기를 원하고 있다고 말한다. 이에 대한 반응으로 세 가지를 말할 수 있다.

첫째, 서수가 붙어 있는 곳에서 **욤**은 24시간의 기간을 가리키는 것이 사실이기는 하지만 이것이 히브리어의 문법적인 규칙은 아니다. 우리의 견해에서는 창세기 1장의 **욤**은 서수가 붙어 있다고 하더라도 시대를 언급할 수 있다. 젊은 지구 이론자들은 이러한 주장을 하기 위해서 자신들의 창세기 1장 해석을 전제하여야만 한다. 물론 이것은 순환론적 논증이다.

둘째, 만일 우리가 **욤**이 서수가 붙어 있을 때 24시간의 기간을 가리킨다는 것을 받아들인다고 하더라도 우리는 창세기 1장이 이에 대하여 예외가 된다는 사실에 놀라서는 안 된다. 성경이 "날"을 말하고 있는 대부분의 시간은 일상적인 **인간의** 날을 의미한다. 성경에는 창세기 1장을 제외하고는 단순히 이어지는 시대를 열거하고 있는 예가 없다. 반면 창세기 1장은 하나님의 독특한 세계 창조를 다루고 있다. 그리고 인간은 창조의 사역이 끝날 때까지 근처에 있지도 않았다. 그러므로 만일 서수가 붙는 **욤**을 시대적으로 사용할 수 있는 것이 있다면 창세기 1장은 그렇게 할 수 있는 유일한 곳이 될 것이다.

셋째, 그러므로 우리는 **욤**에 대한 시대적인 사용에 결코 서수가 붙지 않는다는 주장이 단지 오류일 수도 있다는 점에 유의하여야 한다. 호세아 6:2은 "여호와께서 이틀 후에 우리를 살리시며 셋째 날에 우리를 일으키시리니 우리가 그의 앞에서 살리라"고 선언하고 있다. 바울은 이것을 그리스도의 "사흘 만의"(고전 15:4) 부활의 모형으로 언급하고 있을지 모르지만(**모형론**을 보라) 대부분의 주석가들은 호세아가 24시간의 기간이 아니라 시대를 언급하고 있다는데 동의한다. 그렇다면 이 본문은 히브리인인 기자가 시대를 열거하고 있는 분명한 실례가 될 수 있다.

(2) "저녁"과 "아침"의 사용은 24시간의 기간을 암시하고 있다

젊은 지구 이론자들은 종종 각각의 창조의 날이 지나고 "저녁"과 "아침"을 사용하고 있는 것(창 1:5, 8)은 각각의 날이 24시간의 기간이라는 것을 의미한다고 주장한다. 그러나 태양이 넷째 날까지 등장하지 않는다는 사실은 "저녁"과 "아침"이라는 용어가 문자적으로 이해될 수 없다는 것을 보여 준다. 대신에 이 말들은 시대의 시작과 종언을 가리킨다. 마치 우리가 "인류의 여명"이나 "근대 시대의 황혼"을 말할 때와 마찬가지이다.

(3) **올람**이라는 단어가 시대를 지시한다

어떤 사람들은 창세기 1장의 기자가 만일 시대를 지시하기를 원하였다면 **욤**이라는 단어 대신에 **올람**이라는 단어를 사용하였을 것이라고 주장한

다. 이에 대한 응답으로 두 가지를 말할 수 있다.

첫째, 우리가 이미 살펴본 것처럼 구약성경에 욤을 "시대"나 "연대"로 해석하고 있는 전례가 있다. 이것만 보아도 저자들이 시대를 지시하기를 원하였을 때 **올람**을 사용해야 할 필요가 없었음이 분명하다.

둘째, 보다 정확하게 말하자면 **올람**이 성경 시대에 "시대"를 지시하였는지도 분명치 않다. 성경 이후의 히브리어는 **올람**을 이런 의미로 사용하였다. 그러나 구약성경에서 이 용어는 "영원"하거나 "영속적인" 어떤 것을 가리키고 있다(창 9:16; 시 41:13). 창세기의 기자는 시간의 일정한 기간을 분명히 가리키고 있기 때문에 **올람** 대신에 **욤**을 사용하는 것은 자연스러워 보인다.

(4) 죽음이 아담과 함께 세상에 들어왔다

창조에 관한 오래된 지구론은 인간이 그 장면에서 등장하기 수백만 년 전에 죽음이 이미 있었다고 가정한다. 이런 견해는 죽음이 아담의 죄를 통하여 세상에 들어왔다는 신약성경의 가르침에 위배된다고 때때로 사람들은 주장한다(롬 5:12).

첫째, 위에서 이미 말한 것처럼 모든 지질학적인 증거는 동물의 죽음이 인간의 죽음 이전에 일어났다고 제안한다. 이러한 합의에 대하여 만일 성경이 우리에게 저항해야만 한다고 절대적으로 요구한다면 우리는 이러한 결론을 거부해야만 한다. 그러나 우리가 살펴본 것과 같이 성경은 이것을 요구하지 않는다.

둘째, 바울은 로마서 5장에서 특별히 인간에 대하여 말하고 있다. 만일 우리가 이 본문을 전체 동물에 적용한다면 우리는 너무 많은 것을 본문에 넣어 읽는 것이다. 정말 우리가 그렇게까지 본문을 밀고 나간다면 우리는 모든 식물까지 포함시킬 수 있다. 그렇게 되면 하나님께서 본래적으로 모든 동물과 사람들이 아무것도 먹지 못하도록 하셨다는 엉뚱한 결론에 도달하게 된다.

셋째, 바울이 언급하고 있는 "죽음"이 꼭 육체적 죽음일 필요는 없다. 본문의 죽음은 영적인 죽음을 의미할 수도 있다. 사실 창세기 2장은 이러한 사실을 담고 있다고 해석할 수도 있다. 하나님께서 아담에게 선악을 알게 하는 나무의 열매를 먹는 날에는 죽을 것이라고 말씀하셨다. 그러나 아담은 육체적으로 자신의 불순종 이후에 오랜 기간 동안 살았다.

넷째, 오래된 지구론을 지지하는 사람들이 이 본문에 대해 가지고 있는 문제는 젊은 지구 이론 창조론자들이 직면해야 하는 것보다 심각하지 않다. 젊은 지구 이론자들은 예를 들면 **티라노사우루스 렉스**가 아담과 동시대에 살았다(현대의 과학과는 상충되게)고 가정해야만 할 뿐 아니라 **티라노사우루스 렉스**는 원래 채식을 했다는 것을 전제해야만 한다. 대부분의 사람들은 이런 주장이 매우 신빙성이 없다고 생각한다.

(5) 안식일의 길이가 하나님의 원래적인 안식일과 일치한다

마지막으로 어떤 사람들은 출애굽기에 명령되어 있는 안식일(출 20:8; 31:12-17)이 24시간이기 때문에 하나님의 원래적인 안식일(그리고 창세기 1장의 다른 "날들")도 마찬가지로 24시간이어야만 한다고 주장한다. 그러나 출애굽기에서 중요한 것은 안식의 **길이**가 아니라 안식이라는 **개념**이다. 예컨대 매주 24시간의 안식의 기간이 있지만 매 7년마다 1년의 안식의 기간이 있고(출 23:10-11; 레 25:1-7) 그리고 매 50년마다 희년이 있다(레 25:8-17). 일관된 것은 안식의 길이가 아니라 안식의 시기이다.

4. 파괴된 창조를 복구하셨다 (복구 이론)

이 견해에 따르면 젊은 지구 이론자들과 날-시대 이론 주장자들 사이의 논쟁은 불필요하다. 양쪽 다 타당한 논점을 지니고 있지만 잘못된 전제로부터 시작한다. 그들 양자는 창세기의 처음 두 장을 지구의 **원래적인** 창조에 대한 것이라고 가정한다. 창세기 1장에 대하여 복구 이론적인 해석을 지지하는 사람들은 이러한 주장은 옳지 않다고 생각한다. 처음 절(창 1:1) 이후에 성경의 처음 두 장은 원래적인 창조 그 자체가 아니라 하나님의 원래적인 창조의 **복구**에 대한 것이다.

창세기 1:1에 나타나 있는 원래적인 창조는 악마적인 능력을 통해 타락하였으며 심판 받았다. 원래의 창조는 "혼돈하고 공허"(창 1:2)하게 되었다. 그런 다음 창세기 1장과 2장에서 저자는 하나님께서는 이 세상을 어떻게 회복하셨으며 하나님을 사랑하고 땅에 대한 하나님의 주권을 시행할 존재(인류)로 창조를 다시 채우시는 것을 묘사하고 있다. 이 견해를 지지하는 사람들은 창세기 1:1과 1:2 사이에 "간격"이 있다고 제안한다. 이 견해는 처음에는 공상적인 듯 보이지만 성경을 조심스럽게 읽어보면 이 견해를 지지하게 된다. 이 견해는 또한 젊은 지구 창조와 날-시대 견해에 비해 많은 장점이 있다.

1) 성경적 논증

첫째, 창세기 1:2에서 "흑암이 깊음 위에" 있는 세상을 "혼돈하고 공허"하다고 묘사하고 있는 것은 경멸적인 묘사이다. 성경에서는 "혼돈"(토후, *tohu*)과 "공허"(보후, *bohu*)가 거의 항상 타락하고 황폐하고 심판받은 어떤 것을 가리킨다(예컨대, 신 32:10; 사 24:10; 49:4). 실제로 이 표현들이 어우러져 사용되고 있는 유일한 다른 두 구절은 **하나님의 심판으로 야기된** 절망적인 상태를 명확하게 언급하고 있다(사 34:11; 렘 4:23). 그러므로 창세기 1:2에 묘사된 상태는 하나님의 심판에 의해 야기된 상태를 가리킨다고 가정하는 것이 좋을 듯하다. 첫 절과는 대조적으로 창 1:2은 하나님의 원래적인 창조를 묘사하고 있지 않다.

이 견해는 이사야 45:18이 하나님께서 "혼돈(토후)하게 창조하지 아니하시고"라고 명확하게 말씀하고 있다는 사실에서 지지를 이끌어 낼 수 있다. 이것은 창세기 1:2이 세계를 묘사해 주는 것과 정확히 일치한다. 어떤 구약성경 학자들은 또한 창세기 1:2의 "하였다"(was)라는 동사는 "되었다"(became)로 번역될 수 있으며 아마도 그런 번역이 맞을 것이라고 주장한다. 만일 그렇다면 창세기 1:2은 하나님께서 원래적으로 세상을 혼돈으로 창조하신 것이 아니라 결과적으로 그렇게 되었다는 것을 의미한다. 혼돈은 하나님의 심판의 결과이다.

둘째, 많은 구약성경 학자들은 "깊음" 또한 부정적인 함의를 지니고 있다고 주장한다. 고대 메소포타미아 세계에서 "깊음"은 종종 하나님을 반대하는 어떤 것을 의미하며 이교 문학에서는 신들을 가리킨다. 아마도 이것이 저자가 하나님의 영을 깊음 위에 운행하시고 통제하시는 것으로 묘사하고 있는 이유가 된다(창 1:2). 고대의 히브리인들이 이해할 수 있는 이미지를 사용하여 저자는 하나님의 영이 악마적인 능력을 제어하고 계심을 나타내고 있다. 깊음의 사악한 본성은 더 나아가 창세기 1:2에 언급되어 있는 상황이 하나님께서 원래 창조하신 어떤 것이 아님을 시사해 준다.

셋째, 창세기 1장과 2장은 창조를 언급한 단순한 본문이 아니다. 비록 복음주의자들은 종종 간과하지만 사실 성경에는 수많은 다른 창조 본문들이 있다. 흥미롭게도 이 본문들 중 많은 본문이 세상을 존재하도록 하기 위해 악한 세력들(예컨대, "물들", "깊음", 그리고 "리워야단")과 싸우시는 분으로 하나님을 묘사하고 있다(시 74:12-17; 89:8-18; 104:1-9). 고대 근동의 사람들은 일반적으로 어떤 종류의 전쟁이 세상의 창조 이전에 있었다고 믿었다. 이들 성경 본문은 이러한 전망을 나타내 보여 주지만 악한 세력들에 대한 승리를 다른 근동의 사람들이 믿고 있던 이방의 신들이 아니라 여호와에게 돌리고 있다.

반드시 대답해야만 하는 질문은 다음과 같다. 다툼을 포함하고 있는 이들 본문들이 어떻게 창세기 1장과 2장의 창조 이야기와 조화를 이루는가? 동일한 맥락을 따라 우리는 또한 사탄과 그를 따르는 천사들의 반역과 타락이 창세기의 창조 이야기 어디에 맞아 들어가는지 물어야만 한다(유 6; 계 12). 사탄이 아담과 하와가 에덴 동산에 있을 때 이미 타락하였다는 것은 창세기 3장에서 분명하다. 그러나 우리는 창세기의 앞장에 대해서는 아무 내용도 읽을 수 없다.

창세기 1:2에 관한 복구적인 해석은 이들 질문에 대답해 준다. 구약성경에 나타나 있는 하나님과 사악한 세력 사이의 다툼, 그리고 신약성경에 나타나 있는 사탄의 반역과 사탄과 하나님 사이의 전투는 하나이며 동일한 사건이다. 이러한 반역과 전투는 때로 원래적인 창조 **이후에**(모든 천사가 창조되었을 때) 그러나 창조의 심판과 복구 **이전** 어느 때에 일어났다. 다른 말로 이러한 전투는 창세기 1:1과 1:2 사이의 어느 때에 일어났다.

반역과 잇달아 일어나는 전투와 궁극적으로 하나님의 심판의 결과로서 하나님의 원래적인 창조는 "흑암"으로 특징지어지고 "깊음"으로 덮여 있는 "혼돈하고 공허"한 상태가 되었다. 이러한 창조 이전의 전쟁이 고대 근동 사람들과 유대인들 사이에서는 널리 알려져 있었는데 이러한 사실은 싸움을 다루고 있는 다른 창조 본문에 의해 증명될 수 있다. 창세기의 기자는 이들 다른 본문들이 멈추어 선 곳에서 자신의 설명을 찾아내었다. 창세기의 기자는 자신의 이야기를 파괴된 상태의 땅에서 시작하고 있다.

그런 다음 창세기 기자는 하나님께서 자신의 세상을 재창조하셨으며 자신을 반대하는 모든 세력들에 대한 창조자의 승리와 주권을 용이하게 나타내고 있다. 창세기 1장과 2장에 대한 그 어떤 다른 읽기도 창조 이전에 존재하였던 악한 세력들과 하나님의 전투에 대한 성경의 자료들을 조화롭게 설명해 주지 못한다.

넷째, 동물과 인간을 예외로 하면(창 2:21, 26-27) 창세기 1장은 "창조하다"(bara')라는 말을 사용하지 않고 "만들다"('asah)라는 단어를 사용하고 있다. 하나님께서는 이미 존재하고 있던 물질로부터 사물을 만들어 내신다. 이러한 주장은 창세기 1장과 2장이 무로부터의 원래적인 창조가 아니라 세상의 복구에 대해 이야기하고 있다는 견해와 잘 어울린다.

다섯째, 창세기 이야기의 어떤 당혹하게 하는 특징이 복구적인 해석의 빛 안에서는 명확하게 된다. 예컨대 "다스리라"는 인류를 향하신 하나님의 명령은 인류가 저항에 부딪히고 있음을 시사하고 있다. 히브리어 단어 **카바쉬**(kabash, "다스림")는 대개의 경우 억압과 정복, 또는 악한 세력을 노예로 만드신다는 의미이다(민 32:22, 29; 수 18:1; 느 5:5; 렘 34:16; 미 7:19; 슥 9:15). 동일한 맥락에서 하나님께서 아담에게 동산을 "지키라"(샤마르, shamar)고 명하신 것은 사악한 어떤 것으로부터 동산을 "보호하라"는 의미를 함의하고 있다. 이것은 아담과 이브가 에덴 동산에 들어가지 못하도록 지키고 있는 그룹들의 역할을 묘사할 때 사용되었던 것과 동일한 용어이다(창 3:24).

우리의 처음 조상들이 하나님의 최초의 창조였고 하나님께서 의도하신 것과 같이 존재하였다면 무엇을 정복하고 지켜야만 하는가? 여기에 타당한 대답이 존재하지 않는다. 그러나 만일 창세기의 처음 두 장이 옛 창조의 낡은 폐허로부터 세상을 복구하는 것을 가리키고 있다면 이러한 명령이 의미를 가지기 시작한다. 하나님께서 인류에게 부여하신 사명 가운데 하나는 땅을 그 원래적인 파멸로 이끄는 사탄의 속박으로 다시금 떨어지지 않게 하는 것이었다.

그러나 불행하게도 아담과 하와는 세계를 정복하고 동산을 지키는데 실패하였다. 왜냐하면 이들은 적의 유혹에 굴복하였기 때문이다(창 3:1-7). 때가 되어 죄가 충만하게 되었고 하나님께서는 다시금 땅을 깊음으로 덮으시고 다시 시작하셨다(창 6-9장). 첫 파멸과 같이 하나님께서는 오래된 이전의 세상으로부터 구조해 내신 것으로 새로운 세상을 만들어 내셨다. 이것이 성경이 우리에게 주께서 세상을 불로 정화하실 마지막 때를 견뎌야 할 것을 말씀하고 있는 과정이다. 이러한 과정을 통하여 주께서 "새 하늘과 새 땅"(계 21:1)을 창조하실 것이다.

2) 지지하는 논증

(1) 복구 이론의 유동성

대부분의 복구 이론을 주장하는 사람들은 창세기 1장의 "날"이 일반적인 24시간의 기간이라고 주장하는 젊은 지구 창조를 받아들인다. 이들은 또한 지구가 매우 오래되었다는 날-시대 논증도 받아들인다. 복구 이론에 따르면 오래된 지구에 대한 과학적인 증거는 파괴된 첫 창조에 적용된다. 창세기 1장의 6일 동안의 24시간의 기간은 땅이 파괴된 이후에 하나님께서 창조를 복구하시는 초자연적인 과정에 적용된다. 이러한 해석은 두 이론의 약점을 극복하는 반면에 두 이론의 강점은 받아들일 수 있다.

복구 이론의 주장자들은 오래된 지구론이나 문자적 6일 동안의 창조에 집착할 필요가 없다. 이것 또한 이 이론의 장점 가운데 하나가 될 수 있다. 이 견해는 젊은 지구나 오래된 지구론과도 이론적으로 일치할 수 있으며 창세기 1장의 "날"에 대한 문자적 이해나 비문자적 이해와도 조화할 수 있고 창조에 대한 진화론적 견해나 비진화론적 견해와도 양립할 수 있다. 이러한 견해를 받아들이면 성경적인 증거나 과학적인 증거가 우리를 어디로 인도하든지 따라가도록 허용해 준다. 그러므로 위에서 언급한 진화론자들과 비진화론자들 사이의 논쟁과 마찬가지로 젊은 지구 이론자들과 날-시대 이론의 지지자들 사이의 논쟁은 불필요하다.

(2) 인간 이전의 고난의 문제

젊은 지구 이론자들이나 날-시대 이론을 주장하는 사람들 모두에게 가장 어려운 문제는 인간 존재가 나타나기 전에 동물의 고난이 존재하는 것을 어떻게 설명하는가 하는 것이다. 모든 화석상의 증거는 인간 존재가 무대에 등장하기 수백만 년 전에 자연이 "이빨과 발톱으로 붉게"(테니슨) 되었음을 보여 준다. 대부분의 창조론자들은 아담이 범죄할 때까지는 창조 세계가 타락하지 않았고 죽음이 세상에 들어오지 않았다고 성경이 가르치고 있다는 근거에서 이러한 주장에 대해 반대한다(롬 5:12). 아담이 죄를 짓고 나서야 동물들은 육식을 하게 되었다(창 1:30).

결과적으로 이들은 육식 동물들이 인간 존재가 등장하기 수백만 년 전에 땅에 돌아다녔다고 주장하는 그 분야의 거의 모든 전문가들의 견해를 거절해야만 한다. 날-시대 이론의 지지자들은 이러한 증거를 받아들이지만 원래 채식을 하도록 창조되었다는 성경의 가르침과 자신들의 견해를 일치시켜야 하는 난점에 직면하게 된다. 이들은 또한 왜 가장 선하시고 가장 능력 많으신 하나님께서 인간 존재를 무대에 올리시는 수단으로 고통으로 가득 차고 피비린내 나는 야만적인 수단이라고 할 수 있는 자연 선택(진화를 말함-역주)을 사용하시고서는 이러한 상태를 "매우 좋다"라고 선언하시는지 설명해야만 한다(창 1:31).

복구 이론은 두 가지 견해 모두가 옳은 요소와 잘못된 요소를 가지고 있다고 주장하며 이들 문제를 다룬다. 젊은 지구 이론자들이 **이 창조**에서 동물들이 원래 채식이었다는 성경의 가르침을 확신함에 있어서는 옳다. 그러나 그들은 이것이 동물들이 수백만 년 동안 육식을 했다는 것과 상충된다고 생각한다는 점에서는 잘못되었다. 날-시대 이론을 지지하는 사람들은 동물들이 수백만 년 동안 육식이었다는 것을 인정하는 면에서는 옳지만 그들은 이것이 처음부터 **이 창조**를 특징지어준다고 생각한다는 점에서는 잘못 생각하고 있는 것이다.

가장 타당한 견해는 하나님의 원래적인 창조가 그것을 타락시킨 악마적인 세력에게 굴복하게 되었다는 것이다. 고기를 먹는 공룡과 같은 사악한 동물들이 존재하는 것은 이러한 이질적인 타락의 결과였다. 결과적으로 하나님께서는 이 세상을 파괴하시고 땅 위에 인간을 그 권위자로 세우셔서 땅을 악마적인 영향으로부터 지키도록 하는 사명을 주심으로 이 땅을 복구하셨다. 그러나 인간은 이 일을 함에 실패하였다. 그 결과 창조 세계는 하나님의 심판 이전 상태로 다시금 빨리 떨어지고 말았다.

3) 반론에 대한 응답

(1) 이 견해는 전통적이지 않다

복구 이론의 반대자들은 종종 이 주장은 교회 전통에서 거의 대표자를 찾아볼 수 없다고 주장한다. 이것이 사실이기는 하지만 이러한 반론을 제한해 주는 두 가지 주장이 제기될 수 있다.

첫째, 복음주의자들과 개신교인들은 일반적으로 성경을 자신들의 교리 문제에 대한 유일한 권위로 간주한다. 그러므로 어떤 견해에 대하여 선례가 없다는 것이 우리로 조심스럽게 하지만 그것이 그 자체로 결정적인 반론이 될 수는 없다.

둘째, 성경의 창조에 대한 어떤 해석도 교회 전통에서 의미심장한 지배력을 가졌던 적은 없다. 실제로 교회 역사를 통해 창조 이야기에 대한 가장 대중적인 해석 가운데 하나였던 알레고리적인 해석은 지금은 모든 복음주의자들에 의해 거부되고 있다. 하나님께서 무로부터 만물을 창조하셨다는 확신을 침해하는 창세기 1장과 2장에 대한 해석은 전통적으로 그 어떤 기준도 되지 못했다.

(2) 이 견해는 상황적인 증거에 기초해 있다

복구 이론에 대한 가장 흔한 비판 중 하나는 상황적인 증거로부터의 추론이라는 것이다. 명확하게 이 견해를 가르치는 성경 구절은 하나도 없다. 실제로 많은 사람들이 이 견해를 풍부한 상상력의 사변으로 보고 거부한다.

그러나 성경의 모든 해석은 다른 성경 구절의 추론에 기초하여 있다고 말할 수 있다. 모든 복음주의자들은 성경이 성경을 해석하도록 하며 각각의 본문을 전체의 한 부분으로 보려고 시도한다. 복구 이론은 이 점에서 독특하지 않다. 사실상 복구 이론은 성경 전체를 의미 있게 만드는 최선의 길이다. 복구 이론은 성경이 창조에 대하여 말하고 있는 **모든 것**을 조화시켜 주는 최선의 방법이다.

(3) 이 견해는 "창조하다"와 "만들다"라는 말의 구분에 근거해 있다

어떤 사람들은 성경이 "창조하다"와 "만들다"를 상호 교환적으로 사용하고 있다는 사실을 지적한다. 그러므로 창세기 1장에 대한 복구 이론의 해석은 이러한 구분에 기초하여 결론을 도출한 것이기에 잘못된 것이라고 말한다.

"창조하다"와 "만들다"라는 말이 성경에서 상호 교환적으로 사용될 **수**

있다는 것은 사실이다. 그러나 한 저자가 그 용어를 한 구절을 통하여 바꿀 때에는 저자가 그 사용에 있어 실제적인 구별을 하고 있음을 알 수 있다. 창세기 1장의 경우에 하나님께서 만물을 창조하셨다고 말하고 있는 첫 절 다음에 저자는 의도적으로 동물과 인간을 포함하여 생물을 가리킬 때에만 "창조하다"를 사용한다. 그렇게 함으로 저자는 하나님께서 "창조하신" 것과 하나님께서 "만드신 것" 또는 "형성하신 것"을 대조시키고 있다. 이러한 사실은 중요하다. 왜냐하면 이것은 창세기 1장이 무로부터의 창조보다는 대부분 하나님의 만드심 또는 재형성에 대한 것임을 알려 주기 때문이다.

(4) 이러한 견해는 창조의 선함과 조화를 이루지 못한다

창세기 1장과 2장에 대한 복구적인 해석은 이 세상의 창조(또는 재형성) 이전과 이후에 악한 영이 존재했다고 전제한다. 어떤 이들은 이러한 믿음은 하나님께서 자신의 창조를 "좋다"라고 선언하셨다는 사실과 조화를 이루지 못한다고 말한다. 만일 사실상 창조를 괴롭히는 무수히 많은 악한 영들이 존재하였다면 하나님께서 그렇게 선언하실 수 있었겠는가?

이에 대한 대답으로 우리는 다만 창세기에서의 하나님의 선언은 특별한 초점이 있음을 지적할 필요가 있다. 각각의 선언은 하나님의 지구 복구의 새로운 단계를 지시한다(창 1:4, 10, 12, 18, 21, 25, 31). 이러한 선언은 하나님의 복구 과정의 한 부분이 아니었기 때문에 하나님의 선언에 포함되지 않았던, 즉 하나님이 보시기에 좋지 않았던 악이 존재하였을 가능성을 배제하지 않는다.

(5) 이러한 견해는 화석상의 증거와 일치하지 않는다

어떤 이들은 만일 원래적인 창조가 "혼돈하고 공허하다"고 묘사될 정도로 그토록 엄격하게 심판을 받았다면 현대 과학자들은 이러한 원래의 창조에 살았다고 생각하는 피조물들의 화석(예컨대, 공룡)을 발견할 수 없어야만 할 것이라고 말한다. 우리는 이전 세상의 모든 증거가 상실되었다고 생각해야 할 것이다.

그러나 이러한 논증은 설득력이 없다. 젊은 지구 이론자들을 포함한 거의 모든 지질학자들과 고생물학자들은 땅이 과거의 한 가지 또는 그 이상의 지구적인 재앙을 통과하였다는데 동의한다. 어떤 사람들은 땅이 지구적인 홍수를 겪었다고 믿는다. 또 다른 이들은 땅이 유성우(meteor shower: 지구가 태양을 공전하면서 혜성이 지나간 자리를 통과할 때 유성이 무더기로 쏟아지게 되는 현상을 말함-역주) 때문에 빙하시대 또는 혁명적인 기후적 변화를 겪었다고 믿는다. 그러나 모든 사람이 재앙 이전에 존재했던 동물들의 화석을 발견할 수 있다는 사실에 동의한다. 그렇다면 왜 복구 이론을 지지하는 사람들이 일관성이 없다고 공격을 받아야 하는가?

문제가 되는 사실은 저자가 땅을 "깊음"의 표면 위에 "흑암"을 가진 "혼돈하고 공허"한 것으로 묘사할 때 세상이 어떠하였는지에 대한 분명한 그림을 우리가 가지고 있지 않다는 것이다. 그러므로 이전의 삶의 모든 증거가 파괴되었으리라고 가정해야 할 이유가 없다.

5. 문자적 연대기보다 문학적 구조이다 (문학적 구조 이론)

젊은 지구 이론자들은 현대 과학을 강제로 창세기 1장의 문자적 해석에 넣어 읽는다. 날-시대 이론을 지지하는 사람들은 창세기 1장을 현대 과학과 조화시키려 시도한다. 복구 이론을 지지하는 사람들은 창세기 1장의 1절과 2절 사이에 사변적인 간격을 넣어 자신들의 케익(cake)을 취하려고 시도한다. 이 모든 세 가지 이론은 근본적으로 잘못된 것이다. 이들은 창세기 1장의 다양한 단어와 구절의 의미와 중요성에 대한 모순적인 이해에 근거하고 있다(예컨대, "혼돈하고 공허하다"). 이 견해들 중 어느 것도 우리가 창세기 1장에서 다루고 있는 문학적인 장르에 관한 보다 근본적인 질문을 진지하게 고려하지 않고 있다.

구체적으로 젊은 지구 이론자들과 날-시대 이론 지지자들, 그리고 복구 이론자들 모두는 창세기 1장의 기자가 어떻게 창조가 있었는지에 대한 문자적 연대기를 자신의 청중에게 제공하는데 주된 관심이 있다고 가정한다. 그러나 연대기의 길이와 본성에 대하여는 의견이 불일치하다. 반면 문학적 구조 이론은 성경의 저자는 그런 종류의 것에 관심이 없었다고 말한다. 창조의 일곱 날을 둘러싼 논의는 창조의 순서에 대한 유사 과학적인 호기심을 만족시키려는 것이 아니다. 오히려 그것은 저자가 한 하나님께서 혼돈으로부터 질서를 가져오심으로 세상을 창조하셨다는 히브리적 확신을 효과적으로 표현하는 문학적인 구조를 제공하고 있다. 성경의 저자는 연대기적인 구성보다는 주제적인 구성에 관심이 있었다.

1) 성경적 논증

만일 우리가 특별한 용어에 관련되어 있는 다양한 이슈들로부터 물러나서 전체적으로 창세기 1장의 구조를 본다면 창세기 1장의 주제적인 구성을 가장 잘 이해할 수 있게 된다.

첫 절(창 1:1)은 일반적인 서론적 진술의 기능을 가진다. 두 번째 절(창 1:2)은 창세기 1장의 나머지가 해결하려고 하는 문제를 제시한다. 그 문제는 고대 근동의 사람들과 친숙한 문제이다. 세상이 원시적인 혼돈에 삼켜져 있다. 보다 특수하게 땅은 "흑암"에 둘러싸여 있고 "깊음"으로 덮여 있고 그리고 "혼돈"하고 "공허"한 상태에 있다. 저자의 목표는 어떻게 여호와께서 이 각각의 문제를 해결하시고 혼돈에서 질서를 불러오시는데 성공하셨는지를 보여 주는 것이다.

창조의 주간은 일곱째 날을 정점으로 하는 세 날이라고 하는 두 개의 그룹으로 나누어진다(첫째에서 셋째 날, 그리고 넷째에서 여섯째 날). 각각의 세 날들의 그룹 안에는 네 가지 하나님의 창조적인 행동이 "…이 있으라"는 구절에 의해 확인이 된다. 두 번째 그룹에서 창조적인 행동은 첫 번째 그룹에서의 창조적인 행동을 반영해 준다. 즉 넷째 날은 첫째 날을 반영하고 다섯째 날은 둘째 날을, 여섯째 날은 셋째 날을 반영한다.

첫 번째 세 날은 2절에서 설명되고 있는 흑암과 깊음, 그리고 땅의 혼돈의 문제를 제시하고 있다. 하나님께서는 사물들이 존재하게 될 공간을 창조하심으로 이 문제를 해결하신다. 두 번째 세 날은 2절의 공허의 문제를 제시한다. 하나님께서는 처음의 세 날에 창조하신 공간을 채우시기 위해 사물들을 창조하심으로 이 문제를 해결하신다.

첫째 날에 하나님은 빛을 창조하셨고(이것은 흑암의 문제를 다루고 있다) 흑암으로부터 빛을 구분하신다(창 1:3-5). 둘째 날에 하나님은 하늘을 창조하셨고(이것은 물의 심연을 다루고 있다) 아래 물로부터 위의 물을 구분하시기 위해 하늘을 사용하신다(창 1:6-8). 셋째 날에 하나님께서는 마른 땅과 채소를 창조하셨고(혼돈한 땅의 문제를 다루고 있다) 아래 물로부터 땅을 구별하셨다(창 1:9-13). 그러므로 셋째 날이 마치면서 세 가지 문제가 다루어졌다. 그것은 흑암, 물, 혼돈이다.

세 날의 두 번째 그룹은 하나님께서 창조하셨던 공간을 채울 사물이 없는 공허라고 하는 마지막 문제를 다루고 있다. 이것은 두 번째 그룹이 첫 번째 날들의 그룹을 반영하는 방식이다. 넷째 날은 첫째 날에 창조된 공간을 채운다. 다섯째 날은 둘째 날에 창조된 공간을 채운다. 그리고 여섯째 날은 셋째 날에 창조된 공간을 채운다.

구체적으로 넷째 날에 하나님께서는 첫째 날에 창조하신 하늘을 채울 빛들을 창조하신다(창 1:14-19). 다섯째 날에 하나님께서는 둘째 날에 창조하신 물과 공기를 채울 물고기와 새들을 창조하신다(창 1:20-23). 그리고 여섯째 날에 하나님께서는 셋째 날에 창조하신 마른 땅을 채울 동물과 인간을 창조하신다(24-31절). 일곱째 날에 하나님께서는 창조의 선하심을 경축하시면서 자신의 노동으로부터 안식하셨다(창 2:1-4).

다음의 도표는 연구결과를 요약해 준다.

문제	해결: 1단계	해결: 2단계
혼돈과 공허	형태가 있는 장소 (1-3일)	공허를 채우심 (4-6일)
흑암	첫째 날: 빛/ 어둠을 구별	넷째 날: 발광체들
깊음	둘째 날: 하늘/ 물을 구별	다섯째 날: 새/물고기
혼돈된 땅	셋째 날: 땅/ 채소	여섯째 날: 동물/인간

창세기 1장은 주제적인 논리적 구성으로 되어 있으며 창조자께서 혼돈으로부터 창조하시기 위해서 해결할 필요가 있는 문제를 어떻게 해결하셨는가를 보여 준다. 그러므로 우리는 날이 이어지는 것은 연대기적인 이어짐이 아니라 논리적이고 주제적이며 문자적인 이어짐을 가리키고 있음을 의미한다고 생각해야 한다.

이런 점에서 창세기 1장은 예외적이지 않다. 비록 창세기 1장이 근대적인 마음을 가진 사람들을 별난 것으로 공격하기는 하지만 성경 저자는 많은 경우 역사적인 정확성을 넘어서서 주제적인 통일성을 강조하였다. 예컨대 어떤 복음서 저자들은 예수님의 말씀과 행동을 역사적으로 발생한 순서보다 주제에 의해 배열하였다. 결과적으로 복음서의 사건 배열 순서는 창세기 1장과 창세기 2장의 사건 순서가 상당히 다른 것과 같이 상당한 차이가 난다. 만일 저자들의 관심이 사건들의 역사적인 발생 순서에 대한 정확한 설명을 제공하는 것이었다면 창세기 1장과 2장의 사건 순서는 관심의 대상이 될 수 있다. 그러나 우리가 제안한 것처럼 만일 저자들의 관심이 보다 주제적인 것이라면 연대기적인 모순은 그렇게 중요하지 않다.

2) 지지하는 논증

(1) 고대 근동의 배경

많은 예증들이 창세기 1장에 대한 문학적 구조 이론을 지지한다. 우선 고대 근동의 창조 기사들을 살펴보면 이러한 견해를 확인할 수 있다. 지난 세기 동안 창조를 다루고 있고 어느 정도 창세기 1장의 기사와 병행을 이루는 수많은 고대 근동의 본문이 발견되었다.

이들 본문 가운데 창조의 일곱 "날"로 표현된 "육 더하기 일"이라고 하는 문학적 구조가 종종 발견된다(예컨대 케렛[Keret], 아크하트[Aqhat], 바알[Baal]과 같은 여러 **우가릿** 본문뿐만 아니라 **에누마 엘리쉬**[Enuma Elish]에서도 발견된다). 일주일 동안의 기간이라는 형식으로 창조를 제시하는 일반적인 양식은 다른 문화에도 존재한다. 창세기 기자는 그 자신의 창조에 대한 견해를 이야기하기 위해 이러한 문화적인 일반 형식을 따르고 있다.

(2) 창세기 1장의 신학

창세기 1장의 신학은 현대의 과학적인 관심의 배경보다 고대 근동의 문학의 배경에 비추어 읽을 때, 보다 심오한 의미를 가지게 된다. 창세기 1장은 과학적인 보도가 아니라 오히려 전형적인 고대 근동의 방식으로 표현된 신학적 진술이다. 그 본문이 의도하고 있는 목적은 우리에게 **누가** 창조자인가 말하려는 것이지 정확하게 **어떻게** 창조하셨는가 하는 것이 아니다.

특별히 창세기 1장을 고대 근동의 배경에 비추어 읽게 되면 창세기 기자는 자신의 이방인 이웃들과의 논쟁에 관여하고 있다는 것을 알게 된다. 창세기 기자는 자신의 주변 이방인들과 같이 6일의 구조를 활용하고 있지만 매우 다른 목적에서 그렇게 한다. 많은 신들이 창조에 관여하고 있는 고대 근동의 견해와는 달리 창세기 기자는 세상이 하나의 유일한 하나님에 의해 창조되었다고 주장하고 있다. 또한 우주가 우주적인 싸움의 결과로서 창조되었다는 견해와는 달리 하나님께서 반대 없이 우주를 창조하셨다고 주장한다. 능력 있는 왕과 같이 하나님께서는 단지 "…이 있으라"고 말씀하신다.

또한 우주가 그 이전에 존재하던 물질(종종 패배한 신들의 몸 조각)로부터 만들어졌다는 고대 근동의 견해와는 달리 창세기 기자는 하나님께서는 말씀만으로 이 세상이 존재하게 하셨다고 주장한다(하나님께서는 우주를 **무로부터**[ex nihilo] 창조하셨다). 그리고 태양과 달, 그리고 별들이 신적인 존재라는 그 당시 일반적인 견해와는 달리 창세기 기자는 창조 세계에 대한 하나님의 유일한 주권성을 강조하고 있다. 창세기 기자는 태양과 달과 별들을 비인격화하고 있으며 생명 없는 물체들로 묘사하고 있다.

현대인은 우주의 기원에 대한 과학적인 설명에 관심이 있을지 모르지만 창세기의 기자는 그렇지 않다. 창세기 기자의 관심은 단지 바른 신학을 가지고 그릇된 신학과 싸우고 있는 것이다. 우리가 창세기를 창세기 기자가 씨름하고 있는 신학적인 관심의 배경에 비추어 읽을 때 우리는 만일 우리가 현대적인 이슈에 갇혀 있다면 놓쳐 버리고 말았을 의미를 깨닫게 된다. 창세기 1장의 "날"은 여호와 하나님만이 창조자이시고 왕이시라는 신학적 주장을 지지해 주는 문학적 구조의 한 부분이다. 창세기의 "날"은 하나님께서 세상을 창조하시는데 얼마나 걸리셨는가 하는 현대적인 호기심을 만족시켜 주기 위한 것이 아니다.

(3) 대안적인 견해의 약점

창세기 1장에 대한 문학적인 견해를 주장하는 사람들은 "아침" 그리고 "저녁"뿐 아니라 날(욤)이라는 단어에 대해 저자가 일반적인 24시간의 기간을 생각하고 있었을 것이라는 젊은 지구 이론자들과 의견을 같이 한다. 창세기 1장의 욤을 시대적으로 읽는 것을 반대할 만한 논증은 강력하다. 동시에 지구가 6일의 문자적인 날 동안 창조되었고 단지 만 년 정도밖에 되지 않았다는 젊은 지구 이론자들의 입장에 반대되는 논증 또한 마찬가지로 강력하다. 두 가지 견해는 또한 어떻게 식물이 태양 없이 하루 또는 하나의 전체 시대를 생존할 수 있었는지 설명하는데 어려움이 있다. 문학적 구조 이론은 이러한 문제를 모면할 수 있을 뿐 아니라 실제로 이러한 문제를 설명해 준다. 날의 순서는 창조의 연대기를 반영하려는 의도가 없다. 그것은 도리어 창세기 1:2에 표현되어 있는 흑암과 물의 깊음, 그리고 혼돈과 공허의 문제를 주제적으로 표현하려 한 것이다.

(4) 창세기 1장과 과학적 증거

문학적 구조 해석은 어떤 사람이 받아들이려 하는 기원에 대한 현대의 과학적 이론과 쉽게 화해할 수 있다. 그러나 동시에 화해가 필요하지도 않다. 창세기 1장은 과학과 무관하다. 왜냐하면 창세기 1장은 엄밀히 말해서 신학에 관심이 있지 과학에 관심이 있지 않기 때문이다.

3) 반론에 대한 응답

(1) 이 견해는 자유주의 신학을 따르고 있다

몇몇 보수적인 복음주의자들은 문학적 구조 이론이 자유주의 신학을 따르고 있다는 근거에서 창세기 1장에 대한 이러한 주장에 반대한다. 자유주의 신학의 많은 부분은 사람들이 어떤 사건이 문자적으로 일어난 것을 부인하는 것은 그 사건의 상징적 의미를 받아들이는 것이라는 잘못된 생각 위에 세워져 있다. 그래서 예컨대 몇몇 자유주의 신학자들은 비록 그들은 성육신이나 부활과 같은 사건들의 상징적 가치를 인정하고 유익을 얻을 수 있다고 주장하였지만 그 사건들이 문자적으로 일어났다는 것은 부인하였다.

복음주의자들은 이런 식의 생각은 비록 일관성이 없는 것은 아니지만 받아들이기 어려운 것이라고 간주하였다. 불행하게도 사람들은 창세기 1장을 문학적인 구조로 해석하는 것이 이러한 종류의 사고에 가깝다고 생각하고 있다. 이들은 이러한 견해가 창조는 문자적으로 6일 동안에 발생하였다는 것을 부인한다고 주장한다. 반면에 이 견해가 그럼에도 불구하고 본문의 상징적 의미에 영향을 미치지 않는다고 주장한다.

그러나 창세기 1장을 문학적인 구조로 이해하는 것은 자유주의 신학의 의제와 아무런 관계가 없다. 자유주의 신학자들이 때때로 성육신이나 부활과 같은 사건을 부인하는 이유는 믿을 수 없다고 생각하기 때문이다. 이와 대조적으로 문학적 구조 이론을 주장하는 사람들은 창세기 1장이 어떻게 창조가 일어났는지에 대한 연대기적 구성을 제공하고 있다는 것만을 부인한다. 성경 저자가 문자적인 연대기를 제공하려 하지 않았다고 확신하기 때문이다.

(2) 이 견해는 다른 고대 근동의 본문과의 병행을 과장하여 말한다

어떤 구약 신학자들은 문학적 구조 이론을 주장하는 사람들이 창세기 1장과 다른 고대 근동의 창조 본문 사이에 존재하는 병행을 지나치게 과장한다고 주장한다. 이들 학자들은 다른 고대 근동의 본문에 등장하는 전형적인 배열이 우리가 창세기 1장에서 발견하는 것과 같은 세 날의 두 그룹이 아니라 두 날을 세 그룹으로 묶는 것이라는 점을 지적하고 있다.

그러나 문학적 구조 이론은 창세기와 다른 고대 근동의 본문 사이에 문학적 차이가 존재하는 것을 부인하지 않는다. 모든 창조 기사는 이런 저런 방식으로 다른 창조 기사와 차이가 있다. 이것은 놀라운 것이 아니다. 각각의 창조 기사의 기자들은 자신이 보기에 적절하다고 생각하는 대로 자신의 자료를 창조적으로 배열한다. 논점은 단지 창세기 기사는 "날"을 주제적으로 그리고 문학적인 구조를 사용함으로써 다른 창조 기사와 병행을 이루고 있다는 것이다. 창세기 기사는 세상이 존재하게 되는 데 얼마나 오래 걸렸는지에 대한 유사 과학적인 보도가 아니다.

(3) "날"은 항상 히브리 문학에서는 문자적인 방식으로 사용되었다

어떤 사람들은 히브리 문학에서 "날"(욤)이라는 단어가 구조적인 문학적 주제로 사용된 다른 실례가 존재하지 않는다는 근거 위에서 창세기 1장을 문학적인 구조로 읽는 것에 반대한다. 그것이 사실이기는 하지만 이러한 견해에 대한 반론으로 세 가지 고려 사항을 살펴볼 수 있다.

첫째, 대부분의 학자들은 "날"이라는 개념이 그러한 해석에 대한 충분한 선행 사례를 제공하는 다른 고대 근동 본문의 문학적인 구조 장치로서 기능하고 **있다**는데 의견을 같이 한다.

둘째, 다른 고대 근동 본문에서 "날"을 문학적인 장치로 사용하고 있는 것처럼 창조 본문에서도 그렇게 사용하고 있다. 그러므로 이런 용법이 단지 성경의 창조 본문에서만(창 1장) 발견된다는 사실을 너무 많이 강조해서는 안 될 것이다.

셋째, "날"을 문자적으로 해석하는 것은 태양이 존재하기 전에 식물이 자라나고 있었다고 받아들이도록 한다. 더 중요한 것은 저자가 연대기에 관심이 있었다는 가정을 가지고 접근한다면 우리는 저자가 본문 전체를 통하여 시도하고 있는 주제적인 논점, 즉 하나님께서 혼돈으로부터 질서를 만들어 내셨다는 의미심장한 논점을 보지 못하게 된다.

(4) 이 견해는 잘못된 대조를 만들어 낸다

문학적인 구조 이론이 강조하는 주제적인 구조는 창세기 1장이 **또한** 창조의 실제적인 연대기를 가르치고 있을 가능성을 배제하지 않는다. 즉 우리는 하나님께서 세상을 여섯 번의 24시간 기간 또는 여섯 시대 안에 창조하셨다고 주장할 수 있다. 고대의 저자가 자신이 창조에 대하여 **하나의 이야기를** 독창적으로 **구조화하기로** 선택하였다고 말할 수 있는 것과 마찬가지로 하나님께서 자신이 **실제적으로 창조를 불러일으키셨던** 독창적인 방식을 생각하는 것은 얼마든지 가능하다.

이러한 반론이 논리적으로 가능하다는 것을 우리는 인정해야만 한다. 그러나 우리가 이러한 본문에 있는 "날"을 문학적인 목적으로 이해하면 논리적으로 가능하기는 하지만 실제적인 사건으로 이해할 필요는 없어지게 된다. 그러나 만일 우리가 과학적 접근을 받아들인다면 다른 세 가지 창조에 대한 이론들은 논리적이고 과학적인 난점과 다시 한 번 씨름해야만 한다. 우리가 그렇게 하지 않아도 된다면 왜 우리는 이러한 경기장에 굳이 들어가야만 하는가?

(5) 이 견해는 일곱째 날을 거룩하게 지키라는 명령을 훼손시킨다

마지막으로 어떤 사람들은 이 이론이 성경에 있는 안식일 계명을 지키라는 동기부여를 약화시킨다고 비판한다. "일곱째 날"에 안식하라는 명령은 창세기 1장에 있는 날들의 논리적인 순서만이 아니라 연대기적 중요성을 전제하고 있다. 실제로 출애굽기 20:8-11은 창조의 전체 주간을 우리의 일주간에 대한 선례로 보고 있다. 하나님께서 엿새 동안 일하시고 일곱

째 되는 날 휴식하신 것과 같이 우리는 엿새 동안 일하고 일곱째 날에 안식해야만 한다. 만일 연대기가 창세기 1장의 논점이 아니라면 이러한 선행적인 사례는 무의미한 것이 되고 만다고 주장할 수 있다.

그러나 이러한 선행 사례는 연대기가 창세기 1장의 논점이 아니라고 하더라도 완전한 의미가 있다. 하나님께서는 혼돈으로부터 질서를 만들어 내신 자신의 일을 완성하셨을 때 안식하셨다. 하나님의 사역은 창조의 선함을 경축하는 안식에서 절정에 이르렀다(창 2:2-3). **이것이 창세기와 출애굽기 본문 모두의 논점이다.** 이것은 "날"이 24시간의 기간인지 아닌지 또는 두 번째 날이 문자적으로 첫 번째 날을 따라와야만 하는 여부와는 아무런 본질적인 관계가 없다. 실제로 히브리서는 우리에게 하나님의 일곱째 날이 여전히 진행 중이라고 가르쳐준다(히 4:1-11). 이것은 젊은 지구 이론의 반론을 효과적으로 논파한다.

6. 심화 학습을 위한 도서 목록

Blocher, Henri. *In the Beginning: The Opening Chapters of Genesis.* Translated by David G. Preston. Downers Grove, IL: InterVarsity, 1984.

Custance, Arthur C. *Without Form and Void: A Study of the Meaning of Genesis 1:2.* Brockville, ON: Custance, 1970.

Hagopian, David G., ed. *The Genesis Debate: Three Views on the Days of Creation.* Mission Viejo, CA: Crux, 2001.

Moreland, J. P., and John Mark Reynolds, eds. *Three Views on Creation and Evolution.* Grand Rapids: Zondervan, 1999.

Morris, John D. *The Young Earth.* Green Forest, AR: Master, 1994.

Mortenson, Terry, and Thane H. Ury, eds. *Coming to Grips with Genesis: Biblical Authority and the Age of the Earth*. Green Forest, AR: Master, 2008.

Newman, Robert C., and Herman J. Eckelmann Jr. *Genesis One and the Origin of the Earth*. Downers Grove, IL: InterVarsity, 1989.

Ross, Hugh. *Creation and Time: A Biblical and Scientific Perspective on the Creation-Date Controversy*. Colorado Springs: NavPress, 1994.

Van Till, Howard D. *The Fourth Day: What the Bible and the Heavens Are Telling Us about the Creation*. Grand Rapids: Eerdmans, 1986.

Whitcomb, John C. *The Early Earth: An Introduction to Biblical Creationism*. Rev. ed. Grand Rapids: Baker Academic, 1986.

Wise, Kurt P. *Faith, Form, and Time: What the Bible Teaches and Science Confirms about Creation and the Age of the Universe*. Nashville: Broadman and Holman, 2002.

Young, Davis A. *Christianity and the Age of the Earth*. Grand Rapids: Academie/Zondervan, 1982.

Youngblood, Ronald F. *The Book of Genesis: An Introductory Commentary*. 2nd ed. Grand Rapids: Baker Academic, 1991.

―――, ed. *The Genesis Debate: Persistent Questions about Creation and the Flood*. Grand Rapids: Baker Academic, 1990.

제5장

하나님의 형상 논쟁

하나님의 형상은 영혼이다 (실체론적 견해)
vs
하나님의 형상은 하나님이 우리에게 주신 권위이다 (기능적 견해)
vs
하나님의 형상은 우리의 관계성이다 (관계적 견해)

1. 서론

1) 문제 제기

인간을 인간답게 만드는 것은 무엇인가? 언제 인간은 하나의 인격이 되는가? 언제 인간이 한 인격이기를 멈추는가? 인간됨의 의미는 무엇인가? 인간됨의 권리에는 어떤 고유한 가치가 있는가?

이러한 질문들은 인간이 **하나님의 형상**(*imago Dei*)으로 지음 받았다는 교리에 의해 소개되고 있는 질문들이다. 이러한 질문들은 이론적인 것처럼 보이지만 이 질문들은 많은 실천적인 함의를 지니고 있다. 예컨대 당신은 인간을 인간으로 만드는 것이 무엇이냐고 하는 질문에 어떻게 대답하는가

하는 것은 당신이 장애를 가진 사람들이 마음대로 자녀를 출산하거나 또는 제한된 의료 자원에 평등하게 접근할 수 있어야 한다고 생각하는 것에 심각한 영향을 미칠 것이다. 인간됨의 의미에 대한 질문에 어떻게 대답하는가 하는 것은 사람들이 어떠한 고유한 권리를 가지고 있는지, 사람들은 어떻게 통치되어야 하는지, 그리고 사람을 다룰 때와는 다르게 동물을 다루어야만 하는지에 대한 당신의 견해를 결정해 줄 것이다.

실제로 이들 질문에 어떻게 대답하는가 하는 것은 심각한 기형을 가진 아기들이 죽어가도록 허용되는 것이 합법적인지 그렇지 않은지, 사람들이 다른 사람들로부터 생명 지지 수단을 제거할 권리 또는 책임이 있는지 없는지에 영향을 미친다. 그리고 과연 사람들은 낙태를 선택할 수 있는 권리가 있는지 없는지, 인간 복제는 시행되어도 되는지 그렇지 않은지에 대한 판단에 크게 영향을 미칠 것이다.

2) 핵심 주장과 차이점

그리스도인들은 역사적으로 성경(특별히 창 1:26-28)을 따라 인간만이 하나님 자신의 형상으로 창조되었기 때문에 더 없이 귀중한 가치를 지닌 존재라고 가르쳤다. 이러한 믿음은 그리스도인들을 이 주제에 대하여 다양한 전망을 가지고 있는 비그리스도인들과 구별해 준다.

오늘날 많은 사람들은 인간이 본질적으로 우리가 진화해 나온 "하등" 동물과 다르지 않다고 믿고 있다. 가장 근본적인 수준에서 우리는 단지 다른 동물들보다 복잡한 물질의 묶음에 불과하다. 인간에 대한 이러한 견해는 때때로 자연주의 진화론적 견해라 불린다. 세속적인 인본주의자들은 인간에 대한 자연주의적인 진화론적 이해에 집착하고 있으며 우리는 우리 자신 이외의 법이나 고등한 존재에 아무런 책임이 없기 때문에 인간이 진리와 도덕성, 그리고 가치의 최종적인 척도가 된다는 점을 강조한다. 세속적 인본주의자들은 인간이 자신을 계량하고 지상에서의 삶을 향상시킬 수 있는 믿을 수 없을 정도의 잠재력을 가지고 있다고 믿는 경향이 있다.

오늘날 서구 문화에서 보다 많은 사람들이 동양의 사고방식에 의해 영향을 받고 있다. 동양과 고대의 이교적인 사상은 서구에서 종종 뉴에이지 운동으로 언급되고 있다. 다양한 방식으로 이러한 운동의 구성원들은 인간이 본래적으로 신적 존재라고 주장하고 있다. 어떤 사람은 우리가 하나님 또는 만물을 포괄하는 신적인 실재의 현현이라고 주장하는 데까지 나아간다(범신론).

다른 많은 사람들은 무엇이 인간을 인간으로 만드는지와 같은 질문에 대해서 그 어떠한 최종적인 대답도 주어질 수 없다고 믿고 있다. 이들의 견해에서 우리는 단지 인간에 대하여 다양한 개인이나 다양한 문화가 믿고 있는 것을 표현할 수 있을 뿐이다. 무엇이 인간을 인간으로 만들어 주는가 하는 "진리"는 상대적이어서 각자의 전망에 의존한다. 이러한 입장을 취하는 사람들은 종종 포스트모던주의자들 또는 포스트모던 상대주의자들이라고 분류된다(**포스트모더니즘**과 **상대주의**를 보라).

어떤 사람들은 인간이 하나님의 형상으로 창조되었다는 점에 있어서는 그리스도인들과 의견을 같이 한다. 그러나 하나님의 형상이라고 하는 것을 통해 이들은 그리스도인들이 생각하는 것과 매우 다른 어떤 것을 생각하고 있다. 예컨대 몰몬교인들은 인간이 하나님의 형상으로 창조되었다고 확신하는데 대개의 경우 하나님께서 인간의 형상을 가지신다고 이해한다. 실제로 그들은 지상에서 하나님의 뜻을 따르는 사람은 어느 날 그들 자신이 신이 될 것이고 그들 자신의 행성에서 신이 된 그들 자신의 형상을 지닌 자녀들을 낳게 될 것이라고 믿고 있다. 그러나 역사를 통해 신적인 형상이 육체를 가리킨다는 생각에 신빙성을 부여했던 그리스도인은 거의 없다.

그리스도인들은 항상 인간이 하나님의 형상으로 지음 받았다는 사실에 동의하였다. 그리고 이러한 사실은 그리스도인들을 자연주의적 진화론자들과 뉴에이지를 주장하는 사람들, 그리고 포스트모던 상대주의자들로부터 구분해 주었다. 그러나 그리스도인들이 이러한 하나님의 형상이 무엇을 가리키는 지에 대하여 항상 의견의 일치를 보였던 것은 아니다. 역사를 통해 표현된 다양한 의견 가운데 세 가지 견해가 여러 시기에 유행하였다.

가장 널리 알려진 것은 하나님의 형상이 인간 영혼을 가리킨다는 것이다. 다른 말로 인간의 영적인 실체가 유일하게 하나님의 형상으로 창조된 존재로서 인간을 모든 다른 동물로부터 구별해 준다. 이러한 견해는 종종 **하나님의 형상에 관한 실체론적 견해**라고 일컬어진다.

이 견해를 지지하는 신학자들은 종종 인간 자아의 어떤 측면이 영혼을 나타내는지에 대해서는 의견을 달리한다. 많은 사람들은 우리의 이성적인 능력이 영혼의 특징적인 요소라고 강조한다. 다른 사람들은 의사소통을 하는 우리의 능력이 우리를 구별해 준다고 주장한다. 또 다른 어떤 사람들은 사랑하는 우리의 능력이나 하나님을 감지하고 도덕적인 판단을 내리는 우리의 능력이 우리가 가지고 있는 하나님의 형상을 나타내 준다고 강조한다. 많은 신학자들은 이러한 모든 특징이 영혼을 나타낸다고 결론지었다. 그러나 각각의 경우에 신적인 형상은 인간의 영혼 안에 자리하고 있다. 성 어거스틴과 토마스 아퀴나스(Thomas Aquinas, 1225-74), 그리고 존 칼빈은 이러한 견해에 대한 고전적인 대표자들이다.

이전의 교회 역사에서 선례가 없었던 것은 아니지만 하나님의 형상에 대한 또 다른 이해가 20세기에 인기를 얻었다. 이러한 견해는 하나님의 형상을 "다스리라"는 하나님의 명령에 위치하게 한다. 이 견해는 때때로 **하나님의 형상에 대한 기능적인 견해**라고 일컬어진다. 왜냐하면 이 견해는 우리의 신적인 형상의 본질을 인간으로서 우리가 하라고 부름받은 것에 위치시키고 있기 때문이다. 하나님께서 전체 우주의 사랑 많으신 주님이시듯이 인간은 전체 지구의 사랑 많은 주인이 되라고 부름받고 있다.

하나님의 형상에 대한 세 번째 이해 또한 역사적 선례를 가지고 있었지만 20세기에 인기를 얻었다. 20세기 전반에 칼 바르트는 하나님의 형상을 정의하는 중심적인 특징이 인간의 관계성이라고 주장하였다. 그러므로 이 견해는 **하나님의 형상에 대한 관계적 견해**라고 불린다. 인간은 삼위일체 하나님의 형상으로 창조되었다. 그러므로 하나님의 형상은 서로 간에 누리는 공동체 안에서 그리고 하나님과 더불어 자신의 본질과 운명을 발견하는 것을 의미한다.

다음의 세 논문은 이들 세 가지 견해 각각을 지지하는 논증을 제공한다.

2. 하나님의 형상은 영혼이다 (실체론적 견해)

성경이 인간은 "하나님의 형상으로" 창조되었다고 말할 때 그것은 무엇을 의미하고 있는가? 어떤 방식으로 인간 존재는 하나님의 존재의 반영인가? 무엇이 창조 가운데 있는 다른 모든 것으로부터 인간을 구별해 주는가? 실체론적 견해에 따르면 하나님의 형상은 하나님의 모든 창조에 있어 인간만이 영혼이 있다는 것을 의미한다. 하나님의 형상은 우리가 하는 어떤 일이 아니다. 그것은 우리의 존재와 관련된 어떤 것이다. 그것은 우리의 본질이다. 성경 계시의 다섯 가지 측면이 이러한 전망을 세워 준다.

1) 성경적 논증

첫째, 성경은 모든 동물과 대조적으로 인간이 영원한 영혼을 가지고 있다고 반복적으로 말씀하고 있다(마 22:37; 살전 5:23). 모든 동물들의 생명이 죽음으로 끝나는 반면에 인간은 계속해서 살아간다(마 25:46; 계 6:9-11). 하나님과 같이 인간은 영적으로 존재하기를 결코 그치지 않을 존재이다.

둘째, 우리는 영혼을 가지고 있기 때문에 추론할 능력이 있다. 인간은 진리를 추구하고 발견해야 할 내재적인 필요뿐만 아니라 독특한 능력을 가지고 있다. 하나님은 사람들에게 자신과 변론하자고 초대하신다(사 1:18). 그리스도인들은 불신자들과 변론할 준비를 갖추라는 격려를 받고 있다(벧후 3:15). 실제로 성경을 통하여 사람들은 이성적인 결단을 하라는 요청을 받고 있다(신 30:19; 수 24:15). 동물과는 달리 인간은 합리적으로 생각할 수 있는 능력이 있다.

셋째, 우리는 영혼을 가지고 있기 때문에 도덕적 선함에 대한 능력을 가지고 있다. 동물은 본능만으로 움직이지만 인간은 선을 행하기로 선택할 수 있다. 우리는 하나님에게 순종하고 불순종하지 않을 수 있다. 성경의 전체 이야기를 통하여 본성적으로 선한 하나님은 인간이 거룩을 추구하고 악을 피하라고 요청하신다(대하 7:14; 딤후 2:19-22). 동물과는 달리 인간은 도덕적 선함에 대한 능력을 소유하고 있다.

넷째, 우리는 영혼을 가지고 있기 때문에 우리는 **"신성의 감각"**(sensus divinitatus)을 소유하고 있다. 동물과 달리 인간은 모든 창조 가운데서 하나님의 영광을 감지할 수 있고 또 그렇게 해야 한다(시 19:1-4; 롬 1:19-20). 인간은 자신들을 자신과의 관계로 초대하시는 하나님의 성령을 감지할 수 있고 또 그렇게 해야 한다(요 16:7-8).

다섯째, 우리는 영혼을 가지고 있기 때문에 사랑할 능력을 소유하고 있다. 동물이 본능에 의해 휘둘리는 반면에 인간은 하나님과 다른 인간과 더불어 자기희생적인 사랑의 관계에 들어갈 수 있는 능력과 책임을 소유하고 있다. 성경의 전체 이야기를 통해 하나님께서는 사람들에게 하나님을 사랑하는 언약적인 관계에 들어가 하나님을 사랑하듯 다른 사람들을 사랑하라고 요청하신다(레 19:18; 신 6:5; 마 22:36-40). 하나님과 같이 인간은 사랑할 능력을 소유하고 있다.

결론적으로 하나님의 형상은 사람의 영혼이다. 추론하고 도덕적 선함을 갈망하고 하나님을 감지하고 사랑의 관계로 들어가야 하는 영혼의 능력은 타락으로 인하여 감소되었다. 실제로 이런 타락한 세상에서 영혼의 능력은 정신적인 장애를 가지고 있는 경우에서와 같이 다양한 이유로 억눌리고 있다. 그러나 영혼이 있는 한 하나님의 형상이 우리 안에 아직 현존한다.

2) 지지하는 논증

(1) 교회의 전통

교회 역사를 통하여 하나님의 형상의 본성에 대하여 제시되었던 수많은 견해가 있었지만 하나님의 형상이 영혼을 가리킨다는 견해가 가장 전통적이다. 이것이 신자들에게 이 문제에 관한 모든 것을 해결해 주지는 않지만 교회 전통은 분명 이 견해를 지지해 준다.

(2) 인간 존재의 본질

우리 모두는 인간 존재의 가치와 존엄성이 그들이 인간이라는 단순한 사실과 관련되어 있다는 이해를 가지고 있다. 그들이 무엇을 할 수 있고 할 수 없는가에 상관없이 인간은 다른 피조물들과 자신을 구분해 주는 고유한 가치를 가지고 있다. 하나님의 형상에 관한 성경의 가르침은 이러한 직관적인 생각이 인간이 무엇을 하는가가 아니라 그들이 누구인가와 관련 있을 때에만 옳다는 것을 보여 준다.

만일 우리가 인간이 누구인가가 아니라 인간이 하는 어떤 일을 하나님의 형상과 관련짓는다면 이러한 과업을 수행하지 못하는 사람들은 진정으로 인간이라고 간주할 수 없게 된다. 이런 생각은 태어나지 않은 아이들이나 정신적으로 무능력한 사람들 또는 부도덕하고 비합리적이며 사랑 없는 사람들을 평가 절하 하게 된다. 실체론적 견해에 따르면 모든 사람은 단지 영혼을 소유하고 있기 때문에 무한한 가치가 있다. 이것은 그들 자신의 자연적이거나 획득된 능력 또는 무능력과 아무런 관계가 없다. 어떤 사람들은 그들의 영혼의 능력을 행사할 수 없을지도 모른다. 그러나 그들의 내재적인 가치는 그들이 그 능력을 실현하던지 못하던지 그들이 영혼을 소유하고 있다는 사실에 근거하고 있다.

3) 반론에 대한 응답

하나님의 형상에 대한 전통적인 이해에 대해 제기되는 가장 흔한 반대는 이 견해가 성경에 근거하고 있지 않다는 것이다. 이러한 견해에 대해 반대하는 사람들은 이 견해가 하나님의 형상을 논의하는 중심적인 성경 본문인 창세기 1:26-28의 **주해**에 근거하고 있지 않다는 점을 지적한다. 실제로 하나님의 형상이 영혼을 가리킨다는 견해는 일반적으로 성경보다는 헬라 철학에 더 큰 영향을 받았다고 사람들은 주장한다. 일례로 하나님의 형상의 특징 중의 하나인 이성에 대한 전통적인 강조는 분명히 **헬라적**인 개념이지 **히브리적**인 개념이 아니다. 이러한 반론에 대하여 세 가지를 말할 수 있다.

첫째, 하나님의 형상으로 인간이 창조되었다고 선언하고 있는 중심 본문에서 이 형상이 인간의 영혼이라고 명시적으로 말하지 않고 있음은 사실이다. 그러나 여기에 대해서 과도한 강조를 해서는 안 된다. 이 본문은 우리에게 우리가 하나님의 형상으로 만들어졌다는 것을 말하고 있는 것이지 이 신적인 형상이 **무엇인지** 말하고 있지 않다. 무엇이 이 형상을 구성하고 있는지를 발견하기 위해서는 성경의 나머지 부분을 살펴볼 필요가 있다. 그럴 때 우리가 발견하게 되는 것은 하나님의 형상이 바로 인간의 영혼이라는 것이다.

둘째, 하나님의 형상에 대한 전통적인 견해가 성경보다 헬라 철학의 영향을 더 많이 받았다는 주장은 결코 증명된 적이 없다. 헬라 철학에 따르면 인간의 가장 고상한 특징은 인간이 신적인 영혼을 소유하고 있는 것이라 주장한다. 그리고 헬라 철학은 종종 이 영혼이 육체적 죽음 너머 존재하며 사람들에게 추론하고 결정할 수 있는 능력을 부여한다고 주장하고 있음도 사실이다. 이와 같이 헬라 철학과 하나님의 형상에 대한 전통적인 견해에 유사성이 있다는 사실은 단지 헬라의 철학자들이 때때로 옳았다는 것을 증명한다고 우리는 말할 수 있다.

또한 헬라 철학이 영향을 주었다고 해서 그것이 전통적인 견해를 무효화시키는 것은 아니다. 실제로 성경, 특별히 신약성경에 있는 어떤 생각은 헬라 문화에 그 기원을 가지고 있다. 이것은 하나님께서 진리를 드러내시기 위해 어떤 수단을 사용하실 수 있음을 보여 준다. 그렇다면 문제는 하나님의 형상이 영혼이라는 견해가 헬라 철학에 의해 영향을 받았는가 받지 않았는가 하는 것이 아니다. 문제는 이 견해가 사실인가 하는 것이다. 그리고 이것은 주로 성경에 대한 포괄적인 연구를 통해 결정되어야만 한다. 어떤 개념이 역사적으로 어디에서 기원하였는가 하는 것은 중요하지 않다.

셋째, 하나님의 형상이 영혼이라는 견해에 대한 기초는 성경에 타당하게 근거하고 있다. 이 견해가 어떤 특정한 본문에서 추론되지 않는다는 사실은 중요하지 않다. 성경 전체를 통해 인간을 모든 동물로부터 구별해 주는 것이 무엇인지 알게 된다. 인간만이 영혼을 소유하고 있으며 그렇기 때문에 영원히 살고 추론하며 도덕적인 역량이 있으며 사랑할 수 있는 것이다. 인간과는 달리 성경 어디에서도 동물에게는 영생이 제공되어 있지 않다(요 3:15). 생각하라는 명령을 받고 있지도 않으며(눅 10:27), 도덕적으로 책임이 있다거나(겔 33:18-19), 사랑하라는 명령을 받고 있지도 않다(요 15:17).

3. 하나님의 형상은 하나님이 우리에게 주신 권위이다 (기능적 견해)

만일 우리가 하나님의 형상을 다양한 방식으로 인간을 동물로부터 구별해 주는 것(예컨대 이성, 도덕성, 사랑)과 동일시한다면 우리는 하나님 형상의 온전한 의미를 놓치고 말 것이다. 하나님의 형상이라고 하는 성경적 개념은 우리에게 우리가 어떻게 **동물과 다른가**가 아니라 우리가 어떻게 **하나님과 같은가**를 가르치고 있다. 하나님의 형상의 의미를 발견하기 위해 우리는 성경이 하나님의 형상을 말하고 있는 방식에 주도면밀한 관심을 기울여야만 한다.

1) 성경적 논증

모든 그리스도인들은 하나님의 형상에 대한 중심적인 본문이 창세기 1:26-28이라는 점에 동의한다. 이 본문에서 하나님은 "**우리가** 우리의 형상으로 사람을 만들자"라고 말씀하신다. 어떤 사람들은 본문에서의 "우리"가 삼위일체를 가리킨다고 주장한다. 그러나 전통적으로 창세기 기자로 알려진 모세가 삼위일체 신학을 마음에 가지고 있었다고 보기는 어렵다.

하나님께서는 삼위일체라는 계시를 신약성경 시대까지는 명백하게 계시하지 않으셨다. 그러므로 이러한 신약성경의 이해를 구약성경 본문에 적용하는 것은 잘못이다(**시대착오**를 보라). 가장 고대적이고 적합한 해석은 하나님께서 천사에게 말하고 있다는 해석이다. 이것은 하나님의 형상이 우리가 천사들과 함께 공유하고 있는 어떤 것이라고 말해 주며 그 개념이 무엇을 의미하는지에 대하여 우리에게 첫 번째 암시를 주고 있다.

성경을 통하여 우리는 천사들이 하나님에 의해 주어진 어떤 과업을 수행하도록 권위를 부여받았다는 것을 알 수 있다. 어떤 천사들은 나라들을 살펴보는 책임을 맡고 있고(단 10:13, 20-21; 참조. 신 32:8-9), 또 어떤 천사들은 공의를 유지한다(시 82). 또 다른 어떤 천사들은 사람들을 보살피기도 한다(마 18:10; 히 1:14). 하나님은 모든 피조물의 창조자인 반면에 자신의 주권을 행사하기 위해 천사들에게 권위를 위임하신다. 하나님은 모든 피조물 위에 뛰어난 하나님이시지만 하나님께서는 천사들을 하나님의 창조의 세계 가운데 "신들"이 되도록 하였다. 그러므로 성경은 때때로 천사들(심지어 타락한 천사들도)을 "신들"이라고 언급하고 있다(고후 4:4). 이것은 천사들이 "하나님의 형상"을 지니고 있다는 의미이다. 하나님과 같이 천사들은 창조 세계 위에 권위를 행사한다.

동일한 것이 인간에게도 마찬가지로 적용될 수 있다. 우리는 창조 위에 권위를 행사하라는 명령을 받고 있다. 우리가 권위를 행사해야 하는 영역은 땅과 그 위에 거하는 모든 것들이다. 그러므로 "우리의 형상을 따라 사람을 만들자"라고 말하자마자 하나님은 말씀하신다.

> 그들로 바다의 물고기와 하늘의 새와 가축과 온 땅과 땅에 기는 모든 것을 다스리게 하자(창 1:26).

이 주제가 다음 절에서 강조를 위해 반복되고 있다.

> 하나님이 자기 형상 곧 하나님의 형상대로 사람을 창조하시되 남자와 여자를 창조하시고 하나님이 그들에게 복을 주시며 하나님이 그들에게 이르시되 생육하고 번성하여 땅에 충만하라, 땅을 정복하라, 바다의 물고기와 하늘의 새와 땅에 움직이는 모든 생물을 다스리라 하시니라(창 1:27-28).

본문은 하나님의 형상을 지닌 것을 하나님의 권위를 행사하는 것과 연관시키고 있다. 천사들과 같이 우리는 창조의 한 영역에 대한 주권을 행사하라고 위임받았기 때문에 창조자의 형상을 지니고 있다. 궁극적으로 그것은 우리가 행사하는 하나님의 권위이다. 왜냐하면 모든 창조는 하나님에게 속하며 우리가 가지고 있는 유일한 권위는 하나님으로부터 오기 때문이다. 그러나 하나님의 뜻에 따라 이러한 권위를 행사하는 것은 우리의 책임이다. 하나님의 형상이 권위를 행사하는 것이라는 가르침은 성경의 다른 곳에도 나타나 있다. 예를 들어 보면 시편 8:4-6에서 우리는 다음과 같은 말씀을 읽게 된다.

> 사람이 무엇이기에 주께서 그를 생각하시며
> 인자가 무엇이기에 주께서 그를 돌보시나이까
> 그를 하나님보다 조금 못하게 하시고
> 영화와 존귀로 관을 씌우셨나이다
> 주의 손으로 만드신 것을 다스리게 하시고
> 만물을 그의 발 아래 두셨으니(시 8:4-6)

인간의 최고의 존엄성은 하나님과 같이 창조 위에 권위를 행사하는 것이다. 이러한 가르침은 성경이 다른 존재 위에 권위를 부여받고 있는 어떤 개인을 하나님의 "아들"로 말하고 있는 보다 특별한 방식으로 적용되고 있다. 대부분의 구약성경 학자들이 다윗의 관점이 반영되어 있다고 믿고 있는 어떤 본문에서 시편 기자는 말하고 있다.

> 내가 여호와의 명령을 전하노라 여호와께서 내게 이르시되 너는 내 아들이라 오늘 내가 너를 낳았도다 내게 구하라 내가 이방 나라를 네 유업으로 주리니 네 소유가 땅 끝까지 이르리로다(시 2:7-8; 참조. 89:27-29).

이 본문에서 "아들"이라는 개념은 어떤 사람이 또 다른 사람과 비슷하다는 것을 가리킨다. 모든 인간이 땅에 대한 영역 주권이 주어져 있다는 점에서 하나님의 모양으로 창조되었지만 왕은 대부분의 사람들보다 땅에 대한 보다 큰 영역의 권위를 행사하기 때문에 독특한 의미에서 하나님의 아들이다.

예수 그리스도는 아들의 신분이라는 이러한 개념의 최고의 실례이다. 예수님의 "아들됨"은 예수님께서는 완전한 인간인 동시에 완전한 하나님이시기 때문에 근본적으로 독특하다. 예수님은 "하나님의 독생자"(요 3:16)이시다. 그러나 우리의 "아들됨"과 같이 예수님의 "아들됨"도 창조 세계를 다스릴 권위를 부여받았다는 사실과 관련이 있다. 그러나 예수님의 경우에는 하늘과 땅의 **모든** 권세가 주어졌으며 언젠가 "그 발 아래에" 놓여 있는 창조의 모든 **만물**을 소유하게 될 것이다(고전 15:25, 27; 엡 1:22). 이것이 예수님께서 "하나님의 형상"으로 지음 받았다는 사실의 궁극적인 실례가 되는 이유이다(고후 4:4; 골 1:15; 참조. 고전 15:45; 빌 2:6-8; 히 1:3).

우리 인간은 우리가 우리의 권위를 사탄에게 내어 주었을 때 땅에 대한 주권을 행사할 수 있는 우리의 능력 중 많은 부분을 잃어버렸다. 사탄은 이 세상 "신"으로서의 인간을 대치하였다(고후 4:4; 참조. 요일 5:19). 그때 이후로 "피조물이 다 이제까지 함께 탄식하며"(롬 8:22), "하나님의 아들들이 나타나는 것"(롬 8:19)을 기다리고 있다. 인간이 자연에 대한 통치권을 가지고 있어야 하는데 지금은 자연이 우리를 통치하고 있다. 사탄이 마침내 패배하고 "하나님의 아들들이" 나타나 하나님의 왕국이 수립되고 인간이 예수님이 그렇게 하셨던 것과 같이 다시 한 번 "하나님의 형상"을 지닌 사람으로서 자신의 권위를 행사하게 될 때, 하나님의 뜻이 "하늘에서 이루어진 것 같이 땅에서도"(마 6:10) 이루어질 것이다. 그리고 창조 세계가 하나님께서 원래 그렇게 의도하셨던 대로 회복될 것이다.

2) 지지하는 논증

(1) 성경적인 기초

하나님의 형상에 대한 다른 이해들과는 달리 기능적인 견해는 성경에만 의존한다. 하나님의 형상이 인간을 동물과 구별해 주는 어떤 특징을 언급하는 것이라는 전통적인 견해는 헬라 철학에 과도한 영향을 받은 것이다. 그리고 하나님의 형상이 우리의 사회적인 본성을 언급하는 것이라는 현대적 견해는 현대의 실존주의(**실존주의**를 보라)나 사회적인 범주에 의해 과도하게 영향을 받고 있다.

(2) 이러한 견해의 설명적인 힘

하나님의 형상에 대한 이러한 이해는 성경의 계시와 인간의 경험의 많은 국면들에 빛을 비춰 준다. 예컨대 이 견해는 어떻게 사탄에게 창조 세계에 대한 권위가 주어졌는지 설명해 준다. 하나님께서 우리에게 주신 권위는 잘 활용할 수도, 남용할 수도 있는 우리의 특권이었다. 우리의 첫 조상들이 이 권위를 하나님의 큰 대적에게 넘겨주었을 때 그들은 엄청나게 그것을 남용한 것이다(창 3:1-24; 참조. 눅 4:6, 고후 4:4; 엡 2:2; 요일 5:19). 이 견해는 더 나아가 왜 자연이 타락하였는지(예컨대 왜 우리가 재앙이나 역병으로부터 고통을 당하는지) 설명해 준다. 권위가 타락하였을 때 그 권위가 책임지고 있던 만물은 결과적으로 고통당한다.

이 견해는 또한 왜 하나님께서 인간이 되셨는가를 설명해 준다. 왜냐하면 땅에 대한 권위는 그것을 내어 준 인간에 의해 다시금 되찾아야 하기 때문이다. 다른 모든 인간과는 달리 예수님은 결코 죄를 지으신 일이 없으시며 사탄의 권위 아래 굴복하신 적도 없으시다(요 14:30; 히 4:15). 결과적으로 예수님은 세상에서의 하나님의 통치를 합법적으로 요청할 수 있는 첫 번째 사람이었다. 그래서 예수님은 "마지막 아담"(고전 15:45)으로 그리고 새로운 인류의 시작으로 불리고 있으시다(고후 5:17; 엡 2:13-15). 예수님을 통하여 인류는 하나님께서 우리를 위해 원래 의도하셨던 역할을 회복하게 된다. 그 역할은 모든 땅에 대하여 하나님과 함께 통치하는 역할이다(계 5:10).

(3) 생태학적 사명에 대한 동기부여

이 견해는 생태학적인 관심에 대하여 신학적 기초를 제공한다. 땅의 선한 청지기가 되라고 하는 명령은 무엇이 인간적인가 하는 것에 대한 본질적인 부분에 해당한다. 그리스도 안에서 하나님께서 부여하신 권위의 자리를 회복한 인간 공동체(교회)는 자연에 대한 만연한 남용과 동물에 대한 부당한 처우에 대항하여 싸우는 현대적인 싸움의 최전선에 있어야 한다.

3) 반론에 대한 응답

(1) 이 견해는 전통적이지 않다

하나님의 형상은 인간이 가지고 있는 창조 세계에 대한 하나님과 같은 권위를 가리킨다는 견해는 교회 역사에서 흔히 받아들여졌던 의견은 아니었다. 16세기에는 이 견해가 **소시니안주의**(Socinianism)와 관련이 있었다. 소시니안주의는 삼위일체와 속죄를 부정하는 수많은 이단적인 견해와 연결되어 있다. 그러나 이것이 이 견해에 대한 부당한 편견을 만들어냈으며 그런 이유 때문에 어느 정도 정당한 발언의 기회를 얻지 못하게 하였다.

만일 우리가 전통이 아니라 성경이 신앙의 문제에 있어서 우리의 최종적인 권위가 된다는 것을 인정한다면, 그리고 소시니안주의과 같은 단체가 비록 다른 문제에 있어서는 크게 잘못되었지만 어떤 점에서는 옳을 수 있다는 것을 인정한다면, 우리는 하나님의 형상이 인간이 땅에 대하여 행사하라고 임무를 부여받은 하나님과 같은 권위를 가리킨다는 견해를 받아들일 수 있는 많은 훌륭한 이유를 발견하게 된다.

(2) 통치는 하나님 형상의 한 부분이 아니다

창세기 1:26-28에는 하나님께서 먼저 인간을 자신의 형상으로 만드시고 생육하고 번성하여 땅을 다스리라는 명령을 주고 계신다. 어떤 사람들은 하나님의 형상으로 지음 받은 것이 땅을 다스리라는 명령과 동일한 것은 아니라고 하더라도 그것을 **전제**로 하고 있다고 주장한다. 그것은 이 본문에 대한 한 가지 가능한 해석이기는 하지만 조금 왜곡된 것이다. 우리가 하나님의 형상으로 만들어졌다는 선언과 청지기 명령의 유사성은 "아들 됨"을 "권위"와 연결하고 있는 다른 본문과 함께 신적인 형상이 본질적으로 권위를 행사하는 것이라는 결론을 보증해 준다.

4. 하나님의 형상은 우리의 관계성이다 (관계적 견해)

1) 성경적 논증

성경 계시의 중심은 하나님은 사랑이라는 선언이다(요일 4:8, 16). 사랑은 하나님이 어떤 분이신가 하는 것의 본질이다. 그러므로 하나님의 본질은 관계성이다. 왜냐하면 사랑은 본성적으로 상호 인격적이기 때문이다. 우리는 구약에서는 희미하지만 신약에서는 분명히 성경 전체를 통해 하나님의 존재가 세 위격인 성부와 성자와 성령 사이의 사랑의 관계에 의해 이루어지고 있음을 발견하게 된다(마 28:19; 요 17:21-23; 참조. 창 1:26; 사 48:16).

하나님에 대한 이러한 이해는 성경이 인간은 "하나님의 형상으로" 지음 받았다고 선언할 때 의미하는 것을 바르게 이해하는 열쇠를 제공해 준다. 하나님의 형상은 하나님과 같이 인간은 본질적으로 관계성 안에 존재한다는 것을 의미한다. 우리는 하나님과 그리고 상호 간의 관계 안에 존재하도록 지음 받았다. 우리가 하나님으로부터 그리고 서로에게 고립되어 살아가는 만큼 우리는 온전한 사람일 수 없다.

인간이 하나님의 형상을 지니고 있다고 선언하고 있는 중심 본문은 이러한 진리를 알려 준다. 창세기 1:26에서 하나님은 "우리의 형상을 따라 사람을 만들자"고 말씀하신다. 이러한 언어는 하나님께서 다른 어떤 것을 창조하셨을 때는 사용되지 않는다. 하나님의 창조의 절정인 인간들과 관련하여서만 하나님은 그 자신을 "우리"라고 언급하신다. 이것은 삼위일체를 암시해 주며 인간만이 삼위 하나님의 형상으로 지음 받았음을 의미한다.

많은 사람들은 "우리"를 하나님과 천사들을 가리킨다고 주장한다. 오래되기는 하였지만 이러한 해석은 두 가지 이유 때문에 올바르지 않아 보인다. 첫째, 만일 저자가 독자들에게 천사들이 창세기 1:26의 "우리"에 포함된다고 말하고자 하였다면 우리는 창세기 기사에서 천사에 대한 이전의 언급을 발견할 수 있어야 한다. 그러나 그 이전에 천사들은 전혀 언급되지 않고 있다. 실제로 천사들이 창조에서 어떤 역할을 가지고 있다는 암시는 창세기 1장의 형식을 파괴한다. 창세기 1장은 반복적으로 하나님만이 세상의 창조자이심을 강조하고 있다.

둘째, 보다 결정적으로 하나님께서 "우리의 형상을 따라 사람을 만들자"라고 말씀하신 직후에 성경은 "하나님이 **자기** 형상 곧 하나님의 **형상**대로 사람을 창조"(창 1:27)하셨다고 선언하고 있다. 본문은 명확하게 인간이 천사가 아니라 하나님의 형상으로 만들어졌다고 선언하고 있다. 이것은 성경의 나머지 부분에서도 지지를 받고 있다. 성경은 반복적으로 인간이 하나님의 형상으로 지음 받았다고 말하고 있다. 성경 어디에서도 인간이 천사들의 형상으로 지음 받았다고 말하지 않는다(창 9:6; 참조. 시 8:4-6). 이러한 주장은 "우리"가 하나님의 삼위일체적 본성을 가리키며 하나님의 형상은 관계성을 가리킨다는 이해를 강력하게 지지해 준다. 하나님과 같이 우리는 단지 "나"로서가 아니라 "우리"로서의 삶을 살도록 지음 받았다.

그러나 우리는 하나님의 형상에 대한 관계적 견해에 대한 가장 강력한 증거를 아직 살펴보지 않았다. 하나님께서 "우리의 형상을 따라 사람을 만들자"라고 말씀하시고 있는 절을 바로 이어 저자는 "하나님이 자기 형상 곧 하나님의 형상대로 사람을 창조하시되 남자와 여자를 창조하시고"(창 1:27)라고 말하고 있다.

하나님의 형상으로 존재한다는 것은 남편과 아내 사이의 사랑에 의하여 이곳과 성경 전체를 통하여 요약되고 있는 다른 사람들과의 긴밀한 사랑의 관계 안에 존재한다는 것이다. 하나님의 본질이 사랑하는 "우리"라고 하는 것과 마찬가지로 인간의 본성도 사랑하는 "우리"가 되는 것이다. 우리는 단지 공동체 안에서만 온전하게 인간이다. 우리가 하나님과 다른 사람들과의 온전한 사랑의 관계성으로 들어갈 때 우리는 삼위 하나님의 사랑을 반영한다. 이것이 하나님께서 세상을 창조하신 중심적인 이유이다. 이것은 예수님께서 십자가에 못 박히시기 바로 전에 기도하셨던 기도에 아름답게 표현되어 있다.

> 내가 비옵는 것은 이 사람들만 위함이 아니요 또 그들의 말로 말미암아 나를 믿는 사람들도 위함이니 아버지여, 아버지께서 내 안에, 내가 아버지 안에 있는 것 같이 그들도 다 하나가 되어 우리 안에 있게 하사 세상으로 아버지께서 나를 보내신 것을 믿게 하옵소서 내게 주신 영광을 내가 그들에게 주었사오니 이는 우리가 하나가 된 것 같이 그들도 하나가 되게 하려 함이니이다 곧 내가 그들 안에 있고 아버지께서 내 안에 계시어 그들로 온전함을 이루어 하나가 되게 하려 함은 아버지께서 나를 보내신 것과 또 나를 사랑하심 같이 그들도 사랑하신 것을 세상으로 알게 하려 함이로소이다(요 17:20-23).

죄는 하나님과 다른 사람들로부터 사람들을 분리시킨다. 그래서 죄는 인간의 본질인 우리 가운데 있는 하나님의 형상됨을 파괴한다. 예수님께서는 우리를 하나님과 다른 사람들로부터 분리시키고 있는 담을 헐어 버림으로써 이러한 신적인 형상을 회복하시기 위해 오셨다. 실제로 예수님은 모범적인 "하나님의 형상"이시다. 타락한 인간과는 달리 예수님은 성부 하나님을 위한 온전한 사랑과 다른 사람을 위한 온전한 사랑을 보여 주신다. 예수님을 통하여 인간은 하나님께서 항상 우리가 그렇게 되기를 원하셨던 "하나님의 형상"을 지닌 사람이 되도록 회복되고 있다.

요한복음 17장에 있는 예수님의 기도는 이 목표가 완료되었음을 의미한다. 창조의 목표는 예수님과 아버지 하나님께서 하나이듯이 인간이 하나님과 하나가 되고 다른 사람들과 하나가 되는 것이다. 사실 예수님의 기도는 우리가 예수님과 그 분의 아버지와 하나가 되었을 때에만 우리가 서로 하나가 된다는 것을 전제하고 있다. 우리가 하나님과의 관계에서 하나님의 사랑을 반영하듯이 우리는 서로 간에 우리의 관계성 속에서 하나님의 사랑을 반영한다. 그리고 여기에서 우리는 우리의 진정한 인간됨을 발견한다.

2) 지지하는 논증

(1) 삼위일체

하나님의 형상에 대한 이러한 이해는 하나님께서는 삼위일체시라는 성경의 중심적인 개념과 연결될 수 있는 유일한 견해이다. 만일 성경 안에 있는 하나님의 규정적인 특징, 즉 하나님께서 영원히 삼위의 사랑으로 이루어져있다는 특징이 우리가 하나님의 형상으로 지음 받았다는 계시에서는 전혀 존재하지 않는다면 얼마나 이상한가? 이것은 하나님의 형상에 대한 그 어떤 대안적인 견해를 상정해야만 하는 것이다. 관계적인 견해에 의하면 하나님께서는 내적으로 사회적이며 인간은 본래적으로 사회적이라는 계시가 분리되지 않고 함께 묶여 있다.

(2) 현대 정신사회 이론

이 견해는 성경에 근거하고 있지만 인간 자아에 대한 현대적인 사회적 전망과 일치한다. 사람들은 항상 자신들의 개인적인 정체성을 다른 사람들과의 관계에서 형성하곤 한다. "나"에 대한 경험은 "너"에 대한 경험을 전제한다. 자아는 그것이 공동체에서 발전할 때에만 건전한 방식으로 발전할 수 있다. 이것은 성경 주해의 정확성이 확증해 준다.

3) 반론에 대한 응답

(1) 이 견해는 전통적이지 않다

최근까지도 하나님의 형상이 사람들의 고유한 관계성을 가리킨다는 견해는 교회에서 거의 가르쳐지지 않은 것이 사실이다. 이것은 초기부터 교회가 과도하게 사람들의 합리적이고 도덕적인 역량에 관심을 집중하고 있는 헬라적인 견해를 받아들였다는 사실에 기인한다. 그러나 이러한 주장에 대해 두 가지 고려 사항이 제시되어야 한다.

첫째, 창세기 1:26의 "우리"가 삼위일체를 암시한다는 통찰은 2세기 초엽까지 거슬러 올라간다. 이것은 전통적이다.

둘째, 교회 역사를 통하여 많은 신학자들은 관계성이 인간 본성의 중심적인 측면이라는 것을 강조하였다. 실제로 어떤 신학자들은 심지어 하나님의 삼위일체적인 관계성과 우리의 본래적인 관계성 사이를 연결시켜 보려고 하였다. 최근까지 결여되었던 것은 이들 주장들과 우리가 하나님의 형상으로 지음 받았다는 가르침 사이에 본래적인 관련이 있다는 생각이었다. 이러한 빛 안에서 관계적인 견해는 처음에 그렇게 보였던 것과 달리 새로운 것이 아니다. 그리고 성경이 교회 전통 보다 더 큰 권위를 가진다고 항상 주장하였던 복음주의자들에게 어떤 새로운 것이 그것을 거절해야 하는 근거로 취해질 수는 없다.

(2) 이 견해는 시대착오적이다

이러한 하나님의 형상에 대한 견해를 반대하기 위해 제기되는 가장 흔한 반대는 그것이 시대착오적이라는 것이다. 즉 삼위일체가 신약성경 때까지는 분명히 계시되지 않았기 때문에 창세기 기자가 창세기 1:26에서 삼위일체를 암시하고 있다고 생각할 수 없다고 주장한다.

물론 후대의 생각을 그 이전의 성경 본문에 읽어 넣으려는 것은 시대착오적이기는 하지만 성경의 영감을 인정하는 모든 사람들은 저자들이 아마도 심지어는 그들이 전적으로 이해할 수 없었던 방식으로 후대의 계시를 예견하도록 영감되었을 가능성을 허용하여야만 한다.

예를 들면 예수님은 자신의 유대인 적대자들을 만일 그들이 주장하고 있듯이 모세를 진정으로 믿었다면 그들이 자신을 믿었을 것이라는 근거 위에서 논박하셨다. 왜냐하면 모세가 예수님에 대해 기록하였기 때문이다(요 6:46). 우리는 모세가 예수님의 가르침을 받아들일 정도로 메시아에 대한 분명한 이해를 하였다고 생각할 필요는 없다. 마찬가지로 우리는 모세가 영감으로 창세기 1:26에서 삼위 하나님을 암시하고 있다는 것을 받아들이기 위해 모세가 삼위일체에 대한 분명한 이해를 가지고 있었다고 생각할 필요도 없다. 후대의 계시의 빛 안에서 그 본문을 다시 되돌아 보았을 때 우리는 모세가 자신이 이해하고 있던 것 이상을 전달하고 있음을 알아차릴 수 있다. 이러한 생각에는 아무런 시대착오적인 요소가 없다.

(3) 이 견해는 현대의 사상을 수용하고 있다

마지막으로 어떤 사람들은 하나님의 형상이 인간의 관계성을 지시한다는 견해가 현대의 실존주의나 사회적인 패러다임의 렌즈를 통해 성경을 읽은 결과물이라고 주장한다. 이러한 견해가 인간 자아의 사회적인 본성에 대한 현대의 통찰과 일치하는 것은 사실이다. 그러나 이것은 이러한 견해가 하나님의 형상에 대한 다른 대안적인 해석보다 뛰어난 장점 가운데 하나이다. 즉 인간의 본성에 대한 어떤 견해가 옳은지를 보여줄 뿐이다.

어떤 사람들은 이러한 하나님의 형상에 대한 이해가 단지 우연히 그에 부합하는 현대적인 이론의 도래와 동시적으로 일어난 것으로 우연적일 뿐이라고 생각한다. 그러나 우리는 자아를 본질적으로 이성적인 것으로 보거나(실체론적 견해) 다스리는 것으로 보는(기능적인 견해) 잘못된 고대의 견해들이 사람들로 하여금 하나님의 형상을 바르게 이해하지 못하게 하였다고 주장할 수 있다. 자아에 대한 보다 올바른 견해의 도래가 우리로 하여금 항상 거기에 이미 있었지만 본문에 가져왔던 잘못된 전제 때문에 숨겨져 있던 것을 보도록 할 수도 있는 것이다.

5. 심화 학습을 위한 도서 목록

Atkins, Anne. *Split Image: Male and Female after God's Likeness*. Grand Rapids: Eerdmans, 1987.

Barth, Karl. *Church Dogmatics*. Vol. 3, part 1. Translated by G. W. Bromiley. Edinburgh: T&T Clark, 1958.

Berkouwer, G. C. *Man: The Image of God*. Grand Rapids: Eerdmans, 1962.

Grenz, Stanley J. *The Social God and the Relational Self: A Trinitarian Theology of the Imago Dei*. Louisville: Westminster John Knox, 2001.

Hall, Douglas John. *Imaging God: Dominion as Stewardship*. Grand Rapids: Eerdmans, 1986.

Hughes, Philip Edgcumbe. *The True Image: The Origin and Destiny of Man in Christ*. Grand Rapids: Eerdmans, 1989.

Jonsson, Gunnlaugur A. *The Image of God: Genesis 1:26–28 in a Century of Old Testament Research*. Translated by Lorraine Svendsen. Revised by Michael S. Cheney. Stockholm: Almqvist & Wiksell, 1988.

McDonald, H. D. *The Christian View of Man*. Westchester, IL: Crossway, 1981.

Middleton, J. Richard. *The Liberating Image: The Imago Dei in Genesis 1*. Grand Rapids: Brazos, 2005.

Pyne, Robert A. *Humanity and Sin: The Creation, Fall, and Redemption of Humanity*. Nashville: Word, 1999.

Sherlock, Charles. *The Doctrine of Humanity*. Downers Grove, IL: InterVarsity, 1996.

Verduin, Leonard. *Somewhat Less Than God: The Biblical View of Man*. Grand Rapids: Eerdmans, 1970.

제6장

기독론 논쟁

신인의 불가피한 역설 (고전적 견해)
vs
그리스도는 신적인 특권을 포기하셨다 (케노시스 견해)

1. 서론

1) 문제 제기

"어떻게 나는 하나님이었던 사람을 모범으로 삼을 수 있는가?"

드션(DeSean)은 격앙된 어조로 물었다. 소엘(Soel)은 "예수님께서 무슨 일을 하였는가?"라는 질문을 제기함으로 영적 위기를 극복하도록 드션을 도와주려 시도하였다. 그러나 소엘이 드션을 도와주려는 시도는 난관에 부딪혔다.

"그래 드선, 예수님은 우리와 똑같이 인간이셨어. 성경은 우리가 우리의 모든 삶의 영역에서 예수님의 모범을 따라야 한다고 말하고 있어"

소엘은 대답하였다. 드선은 단지 성경 구절이 그렇게 해야 한다고 말하고 있기 때문에 어떤 일을 받아들일 준비가 되어 있지는 않았다. 드선이 말했다.

"예수님이 인간이었다는 것을 나는 의심하지 않아. 그러나 너희 그리스도인들은 그가 하나님이셨다고 믿고 있어. 나는 무엇보다도 어떻게 한 사람이 하나님이실 수 있는지 이해가 안돼. 그리고 만일 예수님이 하나님이셨다면 나는 예수님이 우리가 어떻게 살아야 하는가에 대한 모범이 될 수 있는지 이해할 수 없어. 하나님이라고 하면 우리보다는 더 나은 유리한 점이 그에게 있는 것 아니야?"

잠시 동안 소엘은 말을 잇지 못했다. 마침내 성경 몇 구절이 소엘의 마음속에 떠올라서 대답하려 하였다.

"아니야. 그것이 예수님에게 어떤 유리한 점을 부여하지 않아. 성경은 예수님께서 우리가 시험 받은 모든 방식으로 시험 받으셨다고 말하고 있어."

그러나 이런 대답은 드선의 질문을 단지 강화시켜 줄 뿐이었다.

"어떤 유리한 점도 없다고? 그러면 너는 예수님이 죄를 지을 수 있으셨다고 생각하니? 너는 예수님이 하나님이시라고 말하고 있는데 이것은 하나님께서 죄를 지으실 수 있다는 것을 의미하거든."

소엘은 궁지에 몰렸다고 생각했다. 소엘은 하나님께서 죄를 지을 수 있다고 말하는 것이 옳지 않다는 것을 알고 있었다. 그러나 소엘은 예수님께서 죄를 지을 수 없었다면 예수님의 시험은 실제적일 수 없었다는 것을 알고 있었다. 소엘은 자신이 드션을 기독교 신앙으로 인도하기 위해 노력하였던 몇 개월의 시간이 수포로 돌아가지는 않을까 걱정하게 되었다.

2) 핵심 주장과 차이점

소엘과 드션 사이의 대화의 뿌리에 있는 신학적 주제는 이것이다. 우리는 예수님께서 완전한 하나님이라는 사실과 완전한 인간이라는 사실을 어떻게 조화시킬 수 있는가? 이것은 교회 역사를 통하여 논의되어 온 주제 중 하나이다. 모든 그리스도인들은 예수님께서 완전한 하나님이심과 동시에 완전한 인간이라는 사실을 믿고 있다. 이러한 교리적인 신념은 AD 451년 칼케돈 회의(Chalcedon Council)에서 정형화되었으며 기독교의 중심적인 신조 중 하나가 되었다.

이것은 예수님께서 하나님의 처음이자 가장 위대한 피조물이라고 주장하는 다양한 이단적인 그룹의 신념과 대조된다. 이러한 견해는 **아리우스주의**라고 불리며 오늘날 여호와의 증인과 같이 비정통적인 그룹들의 지지를 받고 있다. 이러한 기독교적인 견해는 또한 예수님께서 단지 하나님의 선지자였다고 생각하는 무슬림과 다른 그룹의 주장과도 강한 대조를 보이고 있다. 또한 예수를 단지 자신의 내적인 신성을 온전하게 실현한 한 사람에 불과하다는 다양한 뉴에이지적인 견해들과도 대조를 보인다. 그리고 이러한 견해는 역사적 예수는 단지 냉소적인 철학자이거나 종교적이고 사회적인 혁명가라고 주장하는(예컨대 **예수 세미나**와 같은 단체) 오늘날의 자유주의 신학자들의 견해와도 날카롭게 대조된다. 이들은 **신화화 된** 신약성경의 문서 배후에 역사적인 예수가 있다고 생각한다. 그러나 성경은 예수님께서 완전한 인간일 뿐 아니라 완전한 하나님이라고 분명하게 가르치고 있다(요 1:1; 20:28; 롬 9:5; 골 2:9; 딛 2:11-13).

그러나 예수님께서 어떻게 완전한 하나님임과 동시에 완전한 인간일 수 있는가 하는 문제는 모든 사람이 만족할 만큼 해결되지는 않았다. 복음주의 영역 안에서 이 논쟁은 두 가지 폭넓은 진영으로 나누어질 수 있다. 많은 사람들은 예수님께서 동시에 신성과 인성의 속성 둘 다를 지니셨다는 보다 전통적인 견해를 지지한다.

이러한 견해는 예수님께서 하나님과 같이 전지하신 동시에 인간과 같이 전지하지 않으시다고 주장한다. 또 다른 사람들은 **케노시스 기독론**이라고 불리는 것을 주장하고 있다. 이 그룹의 사람들은 하나님께서 완전한 인간이 되시기 위해서는 "스스로를 비워"(헬라어로 케노시스)야만 하셨다고 주장한다. 이들은 삼위의 두 번째 위격이신 예수님은 완전한 인간이 되시기 위해 자신의 전지성을 내려 놓으셨다고 주장한다. 왜냐하면 어떤 사람이 완전한 인간인 동시에 전지할 수는 없기 때문이다. 분명히 우리가 이러한 기독론적인 질문에 어떻게 대답하는가 하는 것은 드선이 소엘에게 제기하였던 질문에 어떻게 대답할 것인가에 영향을 미친다.

이 장의 내용을 구성하고 있는 두 가지 논문은 각각 고전적인 기독론적 입장에 대한 변호와 케노시스 기독론의 입장에 대한 변호를 제공하고 있다.

2. 신인의 불가피한 역설 (고전적 견해)

비록(칼케돈에서) 그 상세한 내용을 확정하기까지 거의 4세기가 걸렸지만 정통 교회는 항상 성경이 예수 그리스도께서 완전한 인간임과 동시에 완전한 하나님이라고 가르치고 있다고 해석하였다. 역사를 통하여 대부분의 신학자들과 평신도들에게 이것은 예수님께서 신적이고 인간적인 속성 전체를 지니고 계셨음을 의미한다.

신학자들은 많은 다양한 방식으로 이것을 설명해 보려고 하였지만 대부분의 신학자들은 예수님께서 (하나님과 같이) 편재하시며 동시에 (인간과 같이) 공간적으로 자리하고 계셨으며(하나님과 같이) 전능하셨지만 (인간과 같이) 능력에 제한이 있었으며 (하나님과 같이) 전지하셨지만 (인간과 같이) 지식에 제한이 있으셨다는 것을 인정하였다. 예수님은 한 인격이셨지 두 인격이 아니었으며 두 본성을 가지고 있으며 한 본성이 아니었다. 교회는 항상 이러한 가르침이 심오한 신비를 구성한다는 것을 받아들였지만 이것이 모순이라고 생각하지는 않았다.

오늘날 몇몇 복음주의자들은 이러한 가르침이 역설이 아니라 모순이라고 주장하는 사람들에게 동조하고 있다. 이들 복음주의자들은 예수님께서 완전한 하나님이시요, 완전한 인간이라는 사실에 동의하지만 예수님께서는 인간이 되시기 위해 자신의 신적인 속성의 사용을 유보하셨다고 주장한다. 비록 예수님은 자신의 신적인 거룩과 사랑을 가지고 계셨지만 일시적으로 자신의 편재와 전지와 전능의 속성을 포기하셨다. 고전적인 견해를 주장하는 사람들은 이들 복음주의자들은 고전적인 견해가 모순이라 생각한다는 점에서 철학적으로 실수를 범하고 있으며 예수님께서 어떤 신적인 속성의 사용을 내어버리셨다고 생각한다는 점에서 성경적으로 잘못되었다고 주장한다.

1) 성경적 논증

만일 성경이 그리스도에 대해 가르치고 있는 모든 것을 진지하게 고려한다면 우리는 그리스도께서 하나님이심과 동시에 인간이셨을 뿐 아니라 신적이고 인간적인 속성을 **행사하셨다**는 역설적인 결론을 피할 수 없다.

우선 초대교회의 몇몇 사람들은 예수님께서 완전한 인간이셨음을 부인하였지만(예컨대 **가현설**을 믿는 사람들이다), 오늘날 이 진리를 의문시하는 사람은 거의 없다. 예수님의 인성은 복음서 전체를 통해 계시되어 있다. 예컨대 예수님은 육체적으로뿐 아니라 지적으로도 자라나야 하셨다(눅 2:52). 한 인간으로서 예수님은 알지 못하셨던 어떤 일이 있었다(막 13:32). 한 인간으로서 예수님의 성품은 고난을 통하여 성숙하여야만 하였다(히 2:10; 5:8-9). 한 인간으로서 예수님은 성부 하나님께 복종하셔야만 하였고(마 26:39; 요 6:38), 아버지께 기도하였으며(눅 6:12), 항상 전적으로 아버지를 의지하였다. 비록 예수님은 진정한 인간으로서 도덕적으로 완전하기는 하였지만 유혹을 경험하셨다(눅 4:1-13; 히 4:15). 그리고 한 인간으로서 예수님은 다른 인간이 경험하는 모든 정서를 경험하셨다. 분노와 슬픔, 그리고 고독과 심지어 두려움까지라도 말이다(요 2:13-17; 11:35; 막 15:34; 눅 22:41-44).

동시에 예수님의 온전한 신성은 복음서 전체를 통해서 계시되어 있다. 저자들은 예수님이 때때로 지식에 제한되어 있었던 것으로 묘사하고 있기는 하지만 또한 예수님을 전지한 지성을 행사하신 것으로 묘사하고 있다. 예컨대 처음으로 나다나엘을 만나시자마자 예수님은 "보라 이는 참으로 이스라엘 사람이라 그 속에 간사한 것이 없도다"(요 1:47)라고 선언하신다. 나다나엘은 이러한 초자연적인 지식을 드러내신 것을 예수님의 신성의 증거로 보았다. 왜냐하면 나다나엘은 "랍비여 당신은 하나님의 아들이시오 당신은 이스라엘의 임금이로소이다"(요 1:49)라고 고백하고 있기 때문이다. 요한은 나중에 이러한 초자연적인 통찰이 우연적인 계시가 아니었음을 분명히 하고 있다.

> 친히 모든 사람을 아심이요 또 사람에 대하여 누구의 증언도 받으실 필요가 없었으니 이는 그가 친히 사람의 속에 있는 것을 아셨음이니라 (요 2:24-25).

이러한 빛 안에서 우리는 예수님께서 사람들의 은밀한 생각과 동기를 모두 알고 계심을 나타내실 때 놀랄 필요가 없다(마 9:4; 요 2:24-25). 또한 우리는 예수님께서 유다의 거짓된 마음과 미래의 배반(요 13:18-19, 21-27), 그리고 베드로의 미래적인 부인(눅 22:31-34)과 정확한 죽음의 양식(요 21:18-19), 자신과 자신의 제자들에게 누가 자신의 집을 열어줄 것인지(막 14:12-16), 물고기 입에서 발견된 동전(마 17:24-27)을 신적으로 알고 계심을 나타내실 때 놀라서는 안 된다. 한 사람으로서 예수님은 자신이 알고 계셨던 것에서 제한되셨다. 그러나 하나님으로서 예수님은 제한되지 않으셨다는 것도 마찬가지로 분명하게 나타나 있다. 예수님에게는 두 가지 모두 동시적으로 사실이었다.

성경은 예수님께서 마찬가지로 다른 신적인 속성들을 소유하고 계신 것으로 묘사하고 있다. 예컨대 복음서는 예수님을 하나의 인간으로서 능력에 제한이 있었다는 것을 인정하고 있는 반면에 예수님을 전능하신 창조자로 묘사하고 있다. 하나님으로서 예수님은 물고기가 무는 것뿐 아니라 바람의 운행까지도 통제하실 수 있다(눅 8:23-25; 요 21:5-6). 사람으로서 예수님은 그 스스로 아무것도 하실 수 없었다(요 5:19). 하나님으로서 예수님의 본질은 불변한다(히 13:8; 참조. 시 102:26-27; 말 3:6; 약 1:17). 사람으로서 예수님은 자라나셔야 했고 온전해 지셔야만 했다(히 2:10). 하나님으로서 예수님은 예배를 불러일으키며 경배를 받으신다(요 20:28). 사람으로서 예수님은 자신의 하늘 아버지에게 기도하시고 경배하셨다(눅 10:21). 하나님으로서 예수님은 자신이 모세에게 말씀하였던 위대한 "스스로 있는 자"(나는…이다)였다고 말씀하실 수 있었다(요 8:58).

유대인들은 예수님께서 자신에게 신적인 칭호를 적용하시는 것을 알아차렸다. 왜냐하면 그들은 돌을 들어 예수님을 치려하였기 때문이다(요 8:59). 그러나 사람으로서 예수님은 아버지께서 자신보다 크시다는 것을 인정하셨다(요 14:28).

성경은 신적이고 인간적인 속성과 활동, 그리고 칭호 모두를 예수 그리스도에게 적용하기를 주저하지 않는다. 그 결과는 아마도 역설적일 것이다. 그러나 이것은 우리가 역사를 통하여 성경에 충실하였던 그리스도인들과 더불어 받아들여야만 하였던 것이다. 예수님은 완전한 하나님임과 동시에 완전한 인간이셨으며 또한 이러한 두 가지 본성 안에 잠재되어 있던 능력으로 행동하셨다.

2) 지지하는 논증

(1) 그리스도의 두 본성은 일관성이 있다

가장 중요한 질문은 이것이다. 이 견해는 모순적이지 않은가? 만일 그렇다면 이 견해를 포기해야만 한다. 모순을 고백하는 것은 넌센스를 고백하는 것과 동등하다. 그러나 많은 사람들의 주장과 달리 이 견해는 모순적이지 않다. 이 점을 설명해 주는 많은 논증과 유비가 제시되었다. 노트르담대학의 기독교 철학자 토마스 모리스(Thomas V. Morris, 1952-)가 제안

한 최근의 논증은 두 가지 부분으로 되어 있다.[1]

첫째, "완전한 인간됨"과 "단지 인간"일 뿐인 것 사이에는 주된 차이점이 존재한다고 모리스는 주장한다. "완전한 인간"이 되기 위해서 우리는 인간 존재의 본질을 구성하는 모든 속성을 소유하여야만 한다. 그러나 "단지 인간"일 뿐이기 위해서 우리는 이들 속성**만을** 소유하여야만 한다. 우리는 인간의 속성을 넘어가는 다른 속성들을 **또한** 소유하여서는 안 된다. 칼케돈 신경은 예수님께서 "완전한 인간"이시라고 주장하지만 예수님께서 "단지 인간"일 뿐이라고 주장하지는 않는다. "단지 인간"일 뿐이라고 하는 것은 어떤 신적인 속성과 모순되지만 "완전한 인간됨"이라고 하는 것은 그렇지 않다. 그리스도는 인간 존재의 본질을 이루는 모든 속성을 소유하셨다. 그러나 "단지 인간인 존재일 뿐"이라고 하는 것과는 대조적으로 예수님은 또한 하나님의 본질을 이루는 모든 속성을 소유하셨다.

둘째, 우리는 예수님께서 어떻게 "완전한 하나님"이심과 동시에 "완전한 인간"이실 수 있는지 예수님의 두 가지 구별된 의식의 영역을 바라봄으로써 이해할 수 있을 것이라고 모리스는 주장한다(고전적인 이론 가운데 그리스도의 두 마음에 대하여 초점을 맞춘 오래된 전통이 존재한다. 고전적인 기독론에서는 이를 때때로 **두 마음 기독론**[two minds Christology]이라 불렀다). 물론 만일 예수님께서 "단지 인간"일 뿐이었다면 예수님은 **단지** 제한된 인간 의식만을 가질 수 있었다. 그러나 예수님께서 단지 인간일 뿐이지 않았기 때문에, 예수님의 제한된 인간적인 의식이 무제한의 신적 의식을 소유할 수 있는 예수님의 능력을 한정하지 않았고 제거하지 않았다. 그러므로 신적 의식은 인간적 의식을 파괴하지 않고 인간적 의식을 품었다고 모리스는 주장한다.

---

1) T. V. Morris, *The Logic of God Incarnate* (Ithaca, NY: Cornell University Press, 1986).

또한 우리는 신적인 마음이 항상 인간적인 마음의 내용에 접근할 수 있으며 그 역은 사실이 아니라고 생각할 수 있을 것이다. 왜냐하면 신적인 마음은 무제한적인 반면에 인간의 마음은 그렇지 않다. 그러므로 우리는 예수님의 인간적인 마음은 진정으로 성장하고 배우고 때로는 무지를 고백하여야만 하였다고 확신할 수 있으며 한 인간으로서 예수님은 다른 모든 인간이 그렇게 하였듯이 정보를 얻기 위하여 애쓰셔야만 했다고 확신할 수 있다. 동시에 우리는 예수님께서 다른 의미에서 전지하셨다고 모순 없이 확신할 수 있다.

(2) 예수님의 영광

성경적인 자료들을 모순 없이 설명함으로써 고전적인 기독론은 예수 그리스도의 신성에 대하여 정당하게 취급한다. 반대로 지상에서 예수님은 어떤 신적 속성(예컨대 자신의 전지와 전능)을 사용하실 수 있었다는 사실을 부정함으로써 예수님의 신성과 영광을 부지불식간에 손상시킨다. 결국 드러날 수 없는 신적인 본성에 영광스러운 무엇이 있다는 것인가? 케노시스 견해를 주장하는 사람들은 예수님께서 완전한 신이셨다는 것을 확신한다. 그러나 그들은 예수님께서 자신의 신적인 본성을 행사할 수 없었다고 주장함으로써 이러한 확신에서 어떤 의미 있는 내용을 제거해 버린다.

(3) 케노시스 견해의 비일관성

고전적인 기독론은 일관성이 있는 반면 케노시스 기독론은 그렇지 않다. 성경은 그리스도께서 심지어 승천 이후에도 여전히 자신의 인간적 본성을 소유하고 계시다고 암시한다(행 17:3). 그러나 케노시스 견해는 그리스도의 승천 이후의 인성의 가능성에 대하여 여지를 남겨두고 있지 않은 듯하다. 만일 예수님께서 단지 어떤 신적인 속성들을 자신에게서 비움으로써만 인간이 되실 수 있었다면 만일 예수님께서 이들 신적인 속성들의 사용을 회복하셨다면 예수님은 더 이상 인간이실 수 없게 된다.

반대 방향에서 논증해 보자. 만일 자신의 신적인 속성의 행사가 지상에서 머무름 **이후에도** 예수님의 인성을 파괴하지 않는다면 어떤 기초에서 그들은 예수님의 지상에서의 머무름 **동안에** 자신의 인성을 파괴하였을 것이라고 주장할 수 있는가?

3) 반론에 대한 응답

이미 소개하였던 고전적 기독론이 모순적이라는 반론을 이외의 다양한 여러 반론이 이 견해에 대해서 제기되고 있다.

(1) 어떻게 두 마음이 두 인격이 아닌가?

어떤 사람은 두 마음 기독론이 그리스도께서는 한 몸 안에 있는 두 인격이었다고 주장하였던 초대교회의 이단이었던 **네스토리우스주의**라는 비난을 피할 수 없다고 주장한다(**이단**을 보라). 우리는 어떻게 두 마음을 가진 한 사람을 생각할 수 있는가? 어떤 사람의 마음이 그 사람의 인격의 중심이기 때문에 두 마음을 생각하는 것은 두 사람을 생각하는 것이다.

그러나 이러한 반론은 제대로 된 반론이 아니다. 물론 일반적으로 인격과 마음 사이에는 일대일 대응이 있지만 그것이 필연적인 진리는 아니다. 토마스 모리스는 자신이 꿈을 꾸고 있는 것을 인식하게 된 어떤 사람의 유비를 제시하고 있다. 실제적인 의미에서 이러한 인식과 관련된 두 "마음"이 있기는 하지만 누구도 이것 때문에 한 사람이 하나의 인격이라는 것을 부인하지 않는다. 모리스는 다중 인격 장애를 가진 사람의 유비를 제시하고 있다. 그러한 사람들은 그들의 다른 "마음들"을 포괄하고 통제해 주는 하나의 "마음"을 결여하고 있기 때문에 심리적으로 아픈 사람들이다. 이런 마음을 예수님은 분명히 소유하고 계셨다. 다중 인격 장애의 희생자들은 그럼에도 불구하고 한 사람이 구별되는 마음을 가질 수 있다는 진리를 예 증해 준다.[2]

(2) 이 견해는 성경적이지 않다

어떤 사람들은 고전적인 견해가 철학적으로 가능하기는 하지만 성경 적이지 않다고 주장한다. 신약성경은 예수님의 기적적인 능력을 그 자신 이 아니라 그 자신을 통해 역사하시는 성령 혹은 성부에게 돌리고 있다(눅 4:14, 17-21; 요 5:19, 30). 이것은 예수님께서 그 자신의 권위를 버리고 계신 것을 보여 준다고 케노시스 견해를 지지하는 사람들은 주장하고 있다.

신약성경의 몇몇 본문이 예수님의 능력을 성부와 성령에게 돌리고 있 는 것이 사실이다. 그러나 이러한 사실이 예수님께서 그 자신의 능력을 소 유하지 않았다는 결론을 보증하지는 않는다. 이와 관련하여 두 가지 사실 을 지적할 수 있을 것이다.

첫째, 어떤 성경의 본문은 예수님의 기적적인 능력을 그 자신에게 돌리 고 있다. 예컨대 어느 때 예수님께서는 유대인들에게 "너희가 이 성전을 헐라 **내가** 사흘 동안에 일으키리라"(요 2:19)고 말씀하셨다. 만일 그리스도 께서 자신의 신적인 능력 모두를 버리셨다면 그는 분명 그 스스로를 다시 일으킬 수 없을 것이다. 반대로 만일 예수님께서 자신을 일으킬 수 있는 능력을 소유하고 있었다면 예수님께서 자신의 사역을 통하여 행하셨던 그 어떤 다른 기적들을 행할 수 있는 능력이 없었다고 생각할 하등의 이유가 존재하지 않는다.

---

[2] Ibid., 106.

둘째, 우리는 삼위 하나님 사이에 너무나 큰 분리를 해서도 안 된다. 전통적인 가르침에서는 삼위 하나님은 서로 연결되어 있으셔서 한 위격이 행하신 것을 삼위 모두가 행하신 것이라고 주장한다(이것은 전통적으로 삼위 하나님의 **페리코레시스**[perichoresis]라고 불린다). 예컨대 비록 예수님은 그 자신을 일으킬 것이라고 말하고 있지만 다른 성경 본문은 예수님을 일으키신 분이 성부 또는 성령이라고 말하고 있다(요 2:18-21; 10:17-18; 참조. 롬 8:11; 갈 1:1). 성경이 때때로 예수님의 초자연적인 능력을 성령이나 성부에게 돌리고 있다는 사실을 가지고 예수님께서 그 자신의 초자연적인 능력을 소유하고 그 능력을 행사하지 않았다는 견해를 지지하기 위해 사용하는 것은 옳지 않다.

(3) 예수님은 진정으로 유혹을 받으실 수 없으셨다

마지막 반론은 이것이다. 어떤 사람들은 성경이 예수님께서 시험을 받으셨다(마 4:1)라고 말하고 있는 것과 같이 만일 예수님의 신적인 본성이 그의 인간적인 본성이 결코 실패하지 않도록 지켜주었다면 예수님께서는 진정으로 유혹을 받으실 수 없었다고 주장하였다. 이에 대한 반응으로 두 가지를 말할 수 있다.

첫째, 비록 이 문제가 대개의 경우 두 마음 기독론과 관련되어 있기는 하지만 실제로는 고전적인 견해의 변호자들뿐 아니라 케노시스 견해를 지지하는 사람들에게도 문제가 된다. 예수님께서 자신의 신적인 특권을 버리셨기 때문에 예수님께서 실패하실 수 있었다고 생각해 보자. 그가 그렇게 했다면 그에게 무슨 일이 일어났을까? 예수님은 분명히 계속해서 한 인격 안에 연합되어 있는 완전한 하나님이자 완전한 사람이실 수 없었을 것이다. 그렇게 되면 예수님은 실제로 구원이 필요한 또 다른 죄인이 되고 말았을 것이다.

만일 하나님의 거룩한 신적인 아들이 인간 예수를 떠났다면 무슨 일이 일어났을까? 인류는 죄 가운데 저주 받아 마땅한 상태에 있었을 것이다. 세상의 역사를 위한 하나님의 계획은 좌절되고 말았을 것이다. 이러한 주장은 또한 예수님께서 한 인격이라기보다는 두 인격이셨다는 것을 전제하고 있다. 왜냐하면 신적인 인격이 인간의 인격을 떠났기 때문이다. 어떤 사람들은 하나님의 거룩한 신적인 아들이 존재하기를 그치게 되었을 것이라고 제안할는지도 모른다. 그러나 이것은 더 나은 답변이 아니다. 그러한 사건은 세상의 역사를 위한 하나님의 계획을 좌절케 할 뿐만 아니라 하나님을 한 가지로 멸망케하는 것이 될 것이다. 하나님의 아들과 삼위일체 하나님이 멸절되고 말 것이다. 그러나 하나님은 멸망당하실 수 없으시며 죄를 지으실 수 없다.

둘째, 예수님께서 타락하실 수 있었다고 제안하는 사람들은 불확실한 근거 위를 걷고 있는 것이다. 정당한 이유 때문에 역사를 통해 대부분의 그리스도인들은 이러한 가능성을 부인하였다. 그러나 이것은 예수님께서 유혹을 받으실 수 없었다는 의미인가? 유혹은 악한 것이 어떤 사람을 끌어당길 때 그 사람이 겪게 되는 경험이다. 그러나 이 경험은 악이 실제로 이길 것이라는 것을 전제하지 않는다. 그것은 단지 **유혹을 받고 있는 사람의 마음속에서**는 승리가 만들어질 수 없다고 전제할 따름이다.

예컨대 음란한 성관계를 맺지 않도록 자신의 성실한 성격을 계발한 어떤 사람이 그럼에도 불구하고 자신의 아내에게 불성실하도록 유혹을 받을 수 있다. 그의 성격을 보았을 때 비록 이 사람이 타락하는 것이(우리가 생각건대) 불가능하기는 하지만 유혹은 그 사람이 타락하는 것이 불가능하다는 것을 그 자신이 모를 정도로 실재적인 것이다. 동일한 방식으로 우리는 예수님의 신적인 성품이 그가 타락하는 것이 불가능하게 하였다고 생각해 볼 수 있다. 하나님으로서 예수님은 그가 타락할 수 없다는 것을 아셨을 것이다. 그러나 인간으로서 예수님은 이것을 알지 못하셨다. 그러므로 유혹의 경험은 우리 모두에게 그러했던 것처럼 예수님에게도 실재적이었을 것이다(히 4:15).

3. 그리스도는 신적인 특권을 포기하셨다 (케노시스 견해)

기독교 신앙의 중심적 교의 중 하나는 하나님께서 인간 존재가 되셨다는 것이다. 이러한 가르침은 신비로울 뿐 아니라 아름답기까지 하다. 그러나 이 교의는 **모순**을 만들어 내지 않는다. 예수 그리스도께서 완전한 하나님이시요 완전한 인간이라고 믿는 것은 예수 그리스도께서 전지하신 동시에 전지하지 않으시다거나 편재하신 동시에 편재하지 않으시다는 믿음을 요구하지는 않는다.

케노시스 견해에 따르면 이러한 믿음은 모순적이다. 케노시스 기독론은 성자 하나님께서 전지나 편재와 같은 어떤 신적 속성의 사용을 내려놓으셨다고 주장한다. 왜냐하면 이들 신적 속성은 완전한 인간이 되는 것을 배제하기 때문이다. 진정한 인간이 되는 것과 어울리지 않는 모든 것이 성육신에서 내려놓아졌다. 물론 예수님께서는 하나님이기를 멈추지 않으셨다. 그리고 예수님의 신적인 속성은 존재하지 않게 된 것이 아니다. 그러나 삼위일체의 2위이신 예수님께서는 이들 속성을 사용할 수 있는 자신의 능력을 잠시 포기하셨다.

1) 성경적 논증

이것은 단지 논리적인 모순을 회피해 보려고 주장하는 사람들이 만들어 낸 추론이 아니다. 도리어 이것은 성경의 분명한 가르침이다. 예를 들면 빌립보서에서 사도 바울은 다음과 같이 기록하고 있다.

> 너희 안에 이 마음을 품으라 곧 그리스도 예수의 마음이니 그는 근본 하나님의 본체시나 하나님과 동등됨을 취할 것으로 여기지 아니하시고 오히려 자기를 비워 종의 형체를 가지사 사람들과 같이 되셨고 사람의 모양으로 나타나사 자기를 낮추시고 죽기까지 복종하셨으니 곧 십자가에 죽으심이라(빌 2:5-8).

이 본문은 예수 그리스도께서 자신의 신성에 머물러있지 않으셨기 때문에 진짜 인간이 되셨다고 가르치고 있다. 그리스도께서는 스스로 "종의 형체"를 가지시고 "사람의 모양으로" 나타나시기 위해 기꺼이 "자기를 비우셨다." 고전적인 기독론이 주장하는 것처럼 만일 예수 그리스도께서 자신의 신적인 속성을 계속해서 사용하였다면 예수님께서 자기를 비우신 것은 무엇인가?

또한 그리스도께서 어떤 신적인 속성들의 사용을 내어버리셨다는 가르침은 신약성경 전체를 통하여 암시되어 있다. 바울은 고린도교인들에게 비록 그리스도께서 원래 "부요하신 이"셨으나 우리를 "부요"하게 하시려고 "가난하게" 되셨다고 말하고 있다(고후 8:9). 예수님은 우리가 자신의 보화를 나누어 가질 수 있는 길을 열어 놓기 위하여 자신의 보화를 포기하셨다. 예수님은 "아버지여 창세 전에 내가 아버지와 함께 가졌던 영화로써… 나를 영화롭게 하옵소서"(요 17:5)라고 기도하실 때 "영화"라는 말로 자신이 포기한 이러한 보화를 언급하고 계신다. 예수님께서는 자신이 인간이 되기 이전에 함께 하였던 아버지의 영화를 말씀하고 있다. 예수님은 모든 방식으로 "하나님과 동등한" "부요"하신 분이셨다.

그러나 예수님은 진정한 인간이 되기 위해서 이 영화를 버리셨다. 이것은 요한이 예수님께서 세상으로 **내려오셨다**고 말할 때(요 3:13) 말하고자 하였던 것의 일부분이다. 그리스도께서는 자신을 낮추셔서 우리 중 하나가 되었다. 요한복음 17장의 예수님의 기도는 자신의 죽음과 부활을 통해 곧 영화를 회복할 것이라는 것이다(빌 2:9-11). 하나님이심을 중단하지 않고 완전한 인간이 되기 위해 예수님은 자신의 신성의 부요함과 영화와 특권, 그리고 속성들의 일부를 내어버리셨다.

예수님의 케노시스에 대한 진전된 증거는 복음서에서 발견할 수 있다. 성경은 하나님께서 모든 일을 아신다고 분명히 말하고 있는 반면에(시 139; 요일 3:20) 예수님께서는 심지어 완전한 하나님이심에도 불구하고 모든 일을 아신 것은 아니라는 점을 또한 분명히 밝히고 있다. 예수님은 자신의 재림의 "날이나 시간"을 알지 못한다는 것을 인정하였다. 단지 아버지만이 이것을 아신다(막 13:32). 예수님은 고침을 받기 위해 자신을 만졌던 사람이 누구인지(막 5:30), 얼마나 오랫동안 어린 소년이 귀신 들렸었는지(막 9:20-21) 모르셨다. 겟세마네 동산에서 예수님은 자신의 아버지께서 "만일 할 만하시거든"(마 26:39) 자신이 십자가를 피할 수 있는 길을 발견하게 해 달라고 기도하셨다. 만일 하나님으로서 예수님께서 자신이 십자가를 피할 수 있는 것이 불가능하다는 것을 알고 계셨다면 예수님의 이 기도는 진지한 기도가 될 수 없을 것이다.

그러므로 한 완전한 인간 존재로서 예수님은 전지하지 않으셨다는 것이 분명해 보인다. 예수님은 유한한 지성을 가지셨다. 왜냐하면 이것은 인간됨에 대한 필수적인 부분이기 때문이다. 예수님은 모든 다른 인간이 그런 것처럼 지혜를 배우시고 자라나셔야 했다(눅 2:52). 실제로 성경은 하나님께서 "고난을 통하여 온전하게" 되셨다고 말하고 있다(히 2:10). 예수님은 "받으신 고난으로 순종함을 배우셨고 온전하게 되신"(히 5:8) 이후에 비로소 "자기에게 순종하는 모든 자에게 영원한 구원의 근원이"(히 5:9)이 되실 수 있었다. 이것은 예수님께서 **도덕적으로** 불완전하였다는 것을 의미하지 않는다. 왜냐하면 성경은 우리에게 그가 죄 없으시다고 말하고 있기 때문이다(히 4:15). 그러나 모든 인간과 같이 예수님은 정신적으로 정서적으로뿐 아니라 영적으로 자라나셔야 했다. 그렇게 하기 위해 예수님은 잠시 자신의 무한한 지혜와 능력의 사용을 포기하셔야만 했다.

성경은 하나님께서는 시험을 받지 않으신다고 말한다(히 4:15; 약 1:13). 그러므로 이러한 케노시스만이 어떻게 예수님께서 우리가 "모든 일에" 시험을 받는 것처럼 시험을 받으실 수 있는지를 설명해 준다. 우리는 예수님께서 시험을 받으시거나 받으실 수 없다는 모순적인 견해를 받아들여야만 하거나 예수님께서 하나님으로서 시험 받으실 수 없도록 하는(전지성과 같은) 자신의 신성의 사용을 내어버리셨다고 결론을 내려야만 한다.

2) 지지하는 논증

(1) 케노시스 견해의 일관성

케노시스 기독론을 지지하는 가장 강력한 논증 가운데 하나는 이것이 전통적인 기독론의 논리적 모순을 피할 수 있다는 것이다. 케노시스 기독론은 신자들이 모순에 빠지지 않고 무한하신 하나님께서 유한한 인간이 되었다는 것을 확신할 수 있게 해 준다. 고전적인 견해의 지지자들은 자신들의 견해가 역설이기는 하지만 모순적이지는 않다는 것을 보여 주기 위해 성공적이지는 못한 시도를 하고 있다. 고전적인 견해의 변호에서 예수님의 인격의 통일성은 그의 마음과 의지, 그리고 속성의 통일성에 달려 있게 된다. 그러나 만일 예수님께서 두 마음과 두 의지, 그리고 두 가지 다른 속성의 집합(즉 전능과 비전능)을 소유하고 계셨다면 그는 한 인격이었을 수 없다.

(2) 예수님의 인성

케노시스 기독론은 신자들이 예수님의 인성을 진지하게 취급할 수 있게 해 준다. 예수님께서 이 땅에 계시는 동안에 편재하시고 전지하시며 전능하신 분인 동시에 모든 면에서 인간이었다고 확신할 수 있는 방식은 존재하지 않는다. 고전적 기독론은 사람들이 예수님을 한 몸 가운데 들어가 있는 두 인격(**네스토리우스주의**)이거나 인간의 몸을 입은 하나님(**아폴리나리우스주의**)이라고 생각하도록 만든다.

(3) 예수님의 모범

성경은 예수님을 우리가 살아야 하는 모범으로 바라보게 한다(고전 11:1; 빌 2:5). 그러나 우리가 어떻게 편재하시고 전지하시며 전능하신 분의 모범을 따를 수 있겠는가? 케노시스 기독론은 일관성 있게 예수님의 온전한 인성을 인정하기 때문에 예수님을 우리의 모범으로 삼으라는 명령을 이해할 수 있게 해 준다.

3) 반론에 대한 응답

(1) 이 견해는 예수님의 신성을 훼손한다

케노시스 기독론에 대한 가장 흔한 반대는 그것이 예수님의 신적인 본성을 훼손한다는 것이다. 이러한 반대는 예수님께서 자신의 신적인 속성을 실제로 **잃어버리셨다**고 주장하는 어떤 자유주의 케노시스 신학자들의 견해에는 해당되지만 복음주의 케노시스 견해에는 적용되지 않는다. 복음주의적인 케노시스 견해는 단지 예수님께서 자신의 인간적인 본성과 상치되는 신적인 속성의 **사용**을 기꺼이 포기하셨다고 주장한다.

(2) 어떻게 예수님께서는 기적인인 행위를 하셨는가?

전통적인 두 마음 기독론을 주장하는 많은 사람들은 예수님의 기적과 초자연적인 지식은 예수님께서 자신의 신적 능력과 신적인 지식을 버리지 않았다는 것을 증명한다고 주장한다(마 9:4; 막 4:39). 그러나 이러한 결론은 정당하지 않다. 신약성경은 거의 항상 예수님의 초자연적인 능력을 자신을 통해 역사하셨던 성령이나 성부에게 돌리고 있다(마 12:28; 눅 4:1, 14, 17-21; 요 5:19, 30). 이것이 예수님께서 자신의 제자들에게 자신이 행한 것보다 "더 큰 일"(요 14:12)을 행할 수 있다고 말씀하신 이유이다. 만일 예수님의 기적이 그 자신의 신성에 대한 표적이라면 이렇게 가르치실 수 없었을 것이다. 예수님께서 행하신 기적은 하나님에 대한 예수님의 인간적인 순복을 보여주는 것이며 그러므로 원칙적으로 모든 인간에 의해 수행될 수 있다. 이것은 또한 왜 예수님의 치유의 기적이 항상 즉각적이지 않은지와 왜 기적을 행하시는 능력이 다른 사람의 믿음을 조건으로 하게 되는 이유를 설명해 준다(막 6:5; 8:22-26). 만일 예수님께서 단지 기뻐하실 때마다 창조자로서의 자신의 능력을 행사하실 수 있었다면 이것은 경우에 맞지 않는 예가 될 것이다.

(3) 바울의 관심은 형이상학이 아니었다

어떤 사람들은 케노시스 견해를 지지하는 사람들이 빌립보서 2장에 너무 많은 내용을 넣어서 읽으려고 한다고 주장한다. 이 본문에서 바울은 한 인간이 되시면서 보이셨던 겸손한 태도를 찬양하고 있다. 이것은 모든 사람이 배워야 할 태도이다(빌 2:5). 바울은 성육신의 이론을 설명하고 있지 않다. 그러나 두 가지 고려 사항은 이러한 반론의 힘을 약화시킨다.

첫째, 케노시스 기독론을 주장하는 사람들은 자신들의 견해를 위해 단지 빌립보서 2장에만 의존하지 않는다. 그것은 성경을 폭넓게 읽는 것에 근거하고 있다.

둘째, 바울이 이 본문이나 다른 어떤 "비우심"에 대한 본문에서 형이상학에 명확한 관심을 기울이고 있지 않다는 사실이 이 본문에 부분적으로 근거하고 있는 성육신 이론의 발전을 배제하지는 않는다. 바울의 실천적인 단어는 종종 형이상학적인 함의를 가지고 있다. 우리가 어떻게 하나님께서 인간이 되실 수 있었는가 하는 질문과 씨름할 때 그리스도의 비우심에 함의되어 있는 것이 무엇인가라고 묻는 것은 적절하다. 이 질문에 대한 가장 가능성 있는 대답은 온전한 인간이 될 수 있는 자신의 능력과 어울리지 않는 속성들의 사용을 내어 버리는 것이다.

(4) 성육신 동안 누가 우주를 운행하셨는가?

성경은 우리에게 그리스도께서 만물을 붙잡고 계시다고 말한다(골 1:17; 히 1:3). 그러나 만일 그리스도께서 지상에 계실 동안 자신의 편재와 전지의 행사를 포기하셨다면 그리스도께서 이러한 역할을 계속해서 수행할 수 있는 방법이 없다. 이에 대한 응답으로 우주의 창조자와 유지자로서의 그리스도의 역할을 찬양하고 있는 본문은 그리스도의 통상적인 역할을 묘사해 주고 있다. 이 본문들은 잠시 동안 그리스도께서 이러한 기능을 무시하셨을 가능성을 배제하지 않는다. 삼위일체론은 우리에게 하나님께서 동시에 세 가지 구별되는 방식으로 존재하신다고 주장한다. 케노시스 견해를 주장하는 사람들에 의하면 삼위의 2격이신 예수님께서 자신을 비우시고 온전한 인간이 되셨다. 그러나 우주는 비어진 채로 있지 않았다. 성부와 성령은 그분들의 전능하시고 전지하신 능력을 계속해서 수행하실 수 있었기 때문이다.

필요하다면 심지어 우리는 그리스도께서 성육신하셨을 때조차도 여전히 만물을 함께 부여잡고 계셨다고 주장할 수 있을 것이다. 이러한 실례를 살펴보자. 휴가를 간 한 회사의 사장이 그의 부재중에도 어떤 방식으로 수

행해야 할 일들을 책임을 가지고 통제하고 있다면 "그 회사를 붙잡고 있다"고 말할 수 있다. 그리스도의 지혜와 능력이 우주를 붙들고 계신 한 그리스도께서는 심지어 인간이 되기 위해 잠시 동안 자신의 무한한 지혜와 능력을 포기하신 이후에도 여전히 만물을 붙들고 계신다.

(5) 그리스도의 승천 이후의 인성은 어떻게 되는가?

마지막으로 어떤 사람들은 예수님께서 어떻게 하나님이심과 동시에 인간이실 수 있는지 설명할 수 없다는 근거 위에서 케노시스 기독론을 반대한다. 대부분의 학자들은 신약성경이 예수님께서는 승천 이후에도 자신의 인성을 여전히 가지고 계시다고 주장한다는데 동의한다(행 17:3). 그러나 승천 이후에 예수님께서 자신의 모든 신적인 속성들을 행사하고 계시다는 데에는 모든 사람이 동의한다. 즉 심지어 복음주의적인 케노시스 기독론자들마저도 그리스도께서 지금 편재하시고 전능하시며 전지하시다는 것을 확신하고 있다. 그러나 만일 신적인 속성의 온전한 실행이 그리스도의 승천 **이후에** 그리스도의 인성과 일치한다면 어떤 근거에서 케노시스 견해를 지지하는 사람들은 예수님의 승천 **이전에** 그의 온전한 인성과 신성이 어울리지 않는다고 주장할 수 있는가? 케노시스 견해를 지지하는 사람들은 두 가지 방식으로 이러한 반론에 대응한다.

첫째, 어떤 사람들은 그리스도의 케노시스(비움)가 인간 그 자체가 되기 위해서 꼭 필요한 것은 아니었다고 주장한다. 그러나 그리스도께서 정죄와 죄와 마귀로부터 우리를 구원하시기 위해 인간이 되는 것은 꼭 필요하였다. 어떤 이들은 그리스도께서 시험을 받으시고 극복하시기 위해서 전능하심을 버리셔야만 했다고 주장한다. 예컨대 이것은 그리스도께서 자신의 전능성을 버리셨다는 것을 의미한다. 어떤 이들은 그의 십자가 사역에 사탄을 연류시키기 위해서 그리스도가 연약해 지셔야 했다고 논증한다.

어떤 이들은 더 나아가 하나님의 희생 양으로서 예수님은 아버지로부터의 진정한 분리를 경험하셔야만 했다고 주장한다. 그러나 대부분의 케노시스 견해 주장자들은 일단 예수님의 세상을 구원하시는 사역이 완성된 이후로 그리스도께서는 신적인 속성의 온전한 행사를 회복하셨다고 주장할 것이다.

둘째, 케노시스 견해를 주장하는 어떤 사람들은 인간 그 자체가 되기 위해 그리스도께서는 자신을 비우시는 것이 정말로 필요하셨다고 주장함으로써 이러한 반론에 대해 대답한다. 그러나 이들은 현재의 **유예적인** 상태에서의 인간과 천상에서의 영화롭게 된 인간 사이를 구분하곤 한다. 유한성은 이러한 유예적인 상태에서의 인간에게는 본래적이며 그 목적은 인간이 하나님을 위하거나 반대하여 자유롭게 선택하도록 허용하시는 것이다. 그래서 자신들의 영원한 운명을 결정하게 하는 것이다. 하나님을 위하여 선택하는 모든 사람들은 궁극적으로 영화롭게 된 상태로 변화될 것이며 영원을 통하여 하나님과의 완전하고 단절될 수 없는 교제를 누리게 될 것이다. 이처럼 케노시스 견해를 주장하는 사람들은 이러한 유예적인 시대에 **현재 인간들이 규정되고 있듯이** 그리스도께서는 죄 없는 인간이 되셔야만 했다고 말한다.

그리스도께서 어떤 신적인 속성을 내어버리시지 않고 그렇게 하신다고 하는 것은 논리적으로 불가능하다. 그러나 인간 실존의 이러한 단계와 하나님 나라가 완성되면 인간의 본성은 변화할 것이다. 그리스도를 제외한 그 누구도 전지와 편재와 전능의 능력을 행사할 수 없다. 그러나 어떤 사람의 본성도 지금 이러한 유예적인 시대에 그러한 것처럼 이들 속성이 이후에도 그대로 유지되는 것은 아닐 것이다. 그리스도께서는 영화롭게 된 상태에 계시기 때문에 여전히 그리고 앞으로도 온전한 인간 존재이시지만 자신의 모든 신적 속성을 행사하실 수 있다.

4. 심화 학습을 위한 도서 목록

Erickson, Millard J. *The Word Became Flesh: A Contemporary Incarnational Theology*. Grand Rapids: Baker Academic, 1991.

Evans, C. Stephen. *Exploring Kenotic Christology: The Self-Emptying of God*. New York: Oxford University Press, 2006.

Hawthorne, Gerald F. *The Presence and the Power*. Dallas: Word, 1991.

Horton, Michael S. *Lord and Christ: A Covenant Christology*. Louisville: Westminster John Knox, 2005.

Koenig, Adrio. *The Eclipse of Christ in Eschatology: Toward a Christ-Centered Approach*. Grand Rapids: Eerdmans, 1989.

Macleod, Donald. *The Person of Christ*. Downers Grove, IL: InterVarsity, 1998.

Marshall, I. Howard. *Jesus the Savior: Studies in New Testament Christology*. Downers Grove, IL: InterVarsity, 1990.

Morris, Thomas V. *The Logic of God Incarnate*. Ithaca, NY: Cornell University Press, 1986.

Ramm, Bernard L. *An Evangelical Christology: Ecumenical and Historic*. Nashville: Thomas Nelson, 1985.

Sanders, Fred, and Klaus Issler, eds. *Jesus in Trinitarian Perspective: An Introductory Christology*. Nashville: Broadman and Holman, 2007.

Vinay, Samuel, and Chris Sugden, eds. *Sharing Jesus in the Two Thirds World: Evangelical Christologies from the Contexts of Poverty, Powerlessness, and Religious Pluralism*. Grand Rapids: Eerdmans, 1983.

Wells, David F. The Person of Christ: *A Biblical and Historical Analysis*. Westchester, IL: Crossway, 1984.

제7장

속죄 논쟁

그리스도는 우리 대신 죽으셨다 (대리 형벌 이론)
vs
그리스도는 사탄과 그의 일을 파괴하셨다 (승리자 그리스도 이론)
vs
그리스도는 죄에 대한 하나님의 진노를 드러내셨다 (도덕적 통치 이론)

1. 서론

1) 문제 제기

당신은 채소 가게에서 회교도 한 사람과 친구가 되었다. 그리고는 종교에 대하여 토론하게 되었다. 어느 시점에 당신은 그 회교도 친구에서 예수님께서 당신의 죄를 위해 죽으셨다고 믿는다고 말한다. 그 친구는 즉시 얼굴에 당황한 빛을 보이며 묻는다.

"'당신의 죄를 위해 죽었다'라는 말이 무엇을 의미하는 것인가요?"

당신은 그에게 예수님께서 당신 대신에 죽었다고 말한다. 그의 당황한 얼굴빛이 일층 강화된다.

> "어떻게 무죄한 사람인 하나님의 선지자 중 한 명이 당신이 받아 마땅한 형벌을 위해 대신 처벌을 받는다는 말입니까? 이것은 불공평하지 않습니까?"

당신은 결코 이런 질문을 생각해 본 적이 없다. 그리고 이제 당신이 당혹스러운 얼굴빛을 띠게 된다.

2) 핵심 주장과 차이점

아래와 같은 질문들이 속죄론을 다룰 때 우리가 직면하게 되는 질문들이다. 왜 예수님은 죽으셔야만 했는가? 그의 죽으심은 무엇을 성취하였는가? 어떻게 예수님의 죽으심이 그것을 성취하였는가? 예수님의 죽으심은 한편으로는 그의 삶과 다른 한편으로는 그의 부활과 어떤 관계가 있는가?

불신자들에게 예수님의 죽음은 아무런 의미도 없다. 회교도들은 실제로 예수님께서 죽으셨다는 것 자체를 부정한다. 쿠란은 하나님께서 어떤 사람을 예수님께서 십자가에서 죽으신 것처럼(또는 예수님과 닮은 어떤 사람이 죽은 것처럼) 보이게 하였다고 가르친다. 그러나 대부분의 불신자들은 이런 정교한 설명을 가지고 있지 않다. 어떤 사람들은 예수님께서 종교적 또는 정치적인 순교자였으며 그래서 예수님의 죽음은 자신의 신념을 위해 기꺼이 죽으려는 어떤 사람의 모범이 될 수 있다는 것을 인정한다. 다른 사람들은 예수님의 죽음은 단지 로마 제국 시대에 종교적인 열심당들이 치러야 했던 불가피한 그리고 아마도 불행한 운명이라고 생각한다.

그러나 그리스도인들에게 예수님의 죽음과(불신자들은 대부분 부인하는) 부활은 세계 역사의 중심적인 사건에 해당한다. 하나님께서 인류를 다루시는 핵심적인 사항이 여기에 있다. 예수님의 죽으심과 부활을 통하여 하나님께서는 우리를 악의 통치로부터 자유케 하셔서 우리를 하나님 자신과 화목케 하셨다. 하나님과 우리의 관계와 우리의 영원한 운명은 예수님께서 죽으시고 다시 살아나셨을 때 어떤 일을 하셨는가에 달려 있다. 이 부분에 있어서 모든 그리스도인들은 의견의 일치를 보인다.

그러나 이러한 화해가 정확히 무엇을 의미하며 어떻게 이러한 화해가 성취되었는가하는 것은 논란의 여지가 있다. 초대교회는 예수님의 죽으심과 부활이 사탄을 격파하였으며 그래서 사탄의 억압적인 통치로부터 인류를 자유케 하였음을 강조하였다. 이러한 견해는 흔히 **속죄에 대한 승리자 그리스도**(*Christus Victor*: 라틴어로 "그리스도는 승리자이시다"라는 의미임) **이론**이라 불린다. 그러나 어떤 그리스도인도 그리스도의 죽으심과 부활이 사탄을 패배하게 하였다는 것을 부정하지는 않지만 속죄에 관한 이러한 이해는 중세 초기 이후로는 주목을 받지 못하였다. 그러나 최근에 몇몇 복음주의자들을 포함한 일단의 그리스도인들이 다시 한 번 이러한 견해가 신약성경에 나타나 있는 속죄의 가장 중요한 의미를 묘사해 준다고 주장하였다. 이 견해에 대한 최근의 변증자들은 구스타프 아울렌(Gustav Aulen)과 토마스 핑커(Thomas Finger), 그리고 그레고리 보이드(Gregory A. Boyd) 등이다.

11세기에 안셀무스(Anselm of Canterbury, 1033-1109)는 예수님의 죽음은 죄 때문에 인간이 받아 마땅한 형벌을 지불함으로서 하나님과 인류 사이에 "만족"(satisfaction)을 가져왔다는 견해를 제시하였다. 이러한 견해는 대개의 경우 **속죄에 대한 만족설**(satisfaction of the atonement)로 불리고 있다. "만족"이라는 말이 안셀무스의 시대에 사용되었던 것과 같이 과거에는 주관적인 감정을 지시하고 있지 않았다. 도리어 이 말은 어떤 사람이 부당한 취급을 받은 이후에 그에게 지급되는 배상을 의미하였다. 안셀무스의 견해에서는 하나님에 대한 죄는 무한한 범죄이기 때문에 인류는 하나님에게 무한한 보상을 빚지고 있다.

그러므로 인류는 영원한 지옥의 고통을 겪으므로 자신의 잘못에 대하여 그 값을 치르거나 하나님 자신께서 이러한 잘못에 대하여 그 값을 지불하셔야만 하였다. 이것이 하나님께서 인간이 되시고 십자가에서 죽으심으로 하신 일이었다. 단지 하나님의 희생을 거절한 사람만이 이제 영원히 고통 받게 되었다. 오늘날 안셀무스의 만족설은 어떤 사람들 가운데 명백한 것이기는 하지만 그 자체로 예수님의 죽으심에 대한 성경의 견해를 표현해 주는 적절한 방식으로 보고 있는 사람은 거의 없다.

12세기에 아벨라르(Peter Abelard, 1079-1142)가 예수님의 삶과 죽으심의 주된 의미는 우리가 어떻게 살아야 하는가에 대한 모범이 되는 것이라고 주장하였을 때 속죄론에 새로운 차원을 가져오게 되었다. 예수님께서 표현하신 완전한 사랑, 특별히 다른 사람들을 위해 기꺼이 죽으신 것은 우리가 배워야 하는 하나의 모범이 된다. 이러한 속죄에 대한 견해는 때때로 **속죄에 대한 주관적 이론**이라고 불린다. 왜냐하면 이것은 예수님의 죽으심이 우리에게 만들어 낸 주관적인 영향을 강조하기 때문이다. 모든 그리스도인들이 예수님의 삶과 죽음이 우리를 위한 모범이 되며 우리 편에서 하나님을 향한 순종적인 사랑을 불러일으켜야 한다고 동의하는 반면에 이것을 속죄의 주된 의미라고 동일시하는 현대의 복음주의자는 거의 없다.

16세기에 존 칼빈과 마틴 루터(Martin Luther, 1483-1546)는 앞에서 설명한 속죄 이론과는 다소 다른 속죄에 대한 견해를 주창하였다. 칼빈이나 루터는 예수님께서 인류가 받아 합당한 형벌을 담당하셨다고 믿었다. 다만 이런 방법으로만 인류는 거룩하신 하나님과 화해할 수 있다고 그들은 주장하였다. 이 견해는 안셀무스의 견해와 유사한 점을 가지고 있기는 하지만 예수님께서 실제로 인류의 죄를 담당하셨으며 실제로 인류가 받아 마땅한 형벌을 받으셨다는 것을 강조하는 면에서는 차이가 있다. 이러한 견해는 **속죄에 대한 대리 형벌 이론**(penal substitution view of the atonement) 또는 **속죄에 대한 대속 이론**(substitutionary view of the atonement)라고 불리며 현재 가장 흔하게 복음주의자들이 받아들이는 견해이다. 최근에 이 견해는 레온 모리스(Leon Morris, 1914-2006)와 존 스토트(John Stott, 1921-2011)와 같은 신학자들에 의해 강력하게 변호되고 있다.

17세기에는 휴고 그로티우스(Hugo Grotius, 1583-1645)라는 이름의 개혁자가 이러한 견해가 많은 근거에서 반대를 받을 수 있음을 발견하였다. 그로티우스는 예수님께서는 문자적으로 세상의 죄를 담당하시고 인류를 위하여 하나님의 처벌을 받지 않으셨다고 주장하였다. 그로티우스의 견해에서 예수님께서는 정말로 하나님의 진노를 당하신 것이 아니라 죄에 대한 하나님의 진노를 나타내기 위하여 고난 받으셨다. 이러한 행동은 인류에게 죄의 결과를 가르쳐서 우리가 거룩한 삶을 살도록 하기 위하여 행해진 것이다. 그러므로 십자가는 세상에 대한 하나님의 도덕적인 통치를 보존해 준다. 그러므로 이러한 견해는 **속죄에 대한 도덕적 통치 이론**(moral government view of the atonement)이라 불린다. 이 견해는 역사적으로 주목할 만한 많은 지지자들을 가지고 있으며 최근에는 고든 올슨(Gordon Olson)과 조지 오티스 2세(George Otis, Jr.)와 같은 복음주의자들에 의해 주장되고 있다.

아래의 세 가지 논문은 복음주의자들이 펼치고 있는 속죄에 대한 대리 형벌 이론과 승리자 그리스도 이론, 그리고 도덕적 통치 이론에 대한 논증의 실례를 제공해 준다.

2. 그리스도는 우리 대신 죽으셨다 (대리 형벌 이론)

1) 성경적 논증

우리는 하나님께서 우리를 구원하시기 위해 그리고 우리와 영원한 교제를 나누기를 원하셔서 직면하셔야만 하였던 딜레마를 온전히 이해하지 못하고서는 예수님의 십자가에서의 죽으심의 의미를 바르게 이해할 수 없다. 성경은 우리가 개인적으로 그리고 집단적으로 하나님과 전쟁 상태에 있었다고 말한다. 모든 사람은 의도적으로 범죄하였으며 "하나님의 영광에 이르지 못하였다"(롬 3:23). 우리 모두는 우리 육체의 욕심을 따라 살았으며 그로 인하여 "진노의 자녀"(엡 2:3)가 되었다. 우리의 현재 타락한 상태에서 우리는 죄로 인하여 죽었다(엡 2:1-3). 바울은 다음과 같이 우리의 절망적인 상태를 요약하고 있다.

> 유대인이나 헬라인이나 다 죄 아래에 있다고 우리가 이미 선언하였느니라 기록된 바 의인은 없나니 하나도 없으며 깨닫는 자도 없고 하나님을 찾는 자도 없고 다 치우쳐 함께 무익하게 되고 선을 행하는 자는 없나니 하나도 없도다(롬 3:9-12).

이러한 죄인됨은 하나님에게 딜레마를 제공한다. 하나님께서는 한편으로 우리를 온전히 사랑하신다. 그러나 다른 한편으로 하나님은 온전히 거룩하시며 죄와 관련되어 있는 어떤 일도 하실 수 없다. 실제로 하나님은 악을 차마 보지 못하신다(합 1:13). 거룩하신 하나님께서 죄에 대하여 취하실 수 있는 유일한 자세는 거룩한 분노이다(롬 1:18). "죄의 삯은 사망이라"는 진리가 하나님의 본성에서 흘러나오며 그러므로 예외가 있을 수 없다.

만일 하나님께서 죄를 가볍게 여기시고 한 번이라도 죄를 처벌하지 않고 넘어가신다면 하나님은 자신의 거룩한 본성의 완전성을 부인하는 것이 된다. 이것은 하나님께서 하실 수 없는 일이다.

죄에 대한 하나님의 완전히 타협 불가능한 자세는 우리에게 극단적이고 부당하며 심지어 너무한 듯 보일지도 모른다. 그러나 이것은 우리의 타락한 이성이 얼마나 오염되어 있으며 거룩이나 죄에 대하여 얼마나 이해하고 있지 못한지를 보여줄 뿐이다. 하나님의 딜레마와 그로 인해 예수님께서 죽으셔야만 했던 이유를 이해하기 위해서 우리는 믿음 안에서 하나님의 말씀 안에 계시되어 있는 진리를 받아들여야만 한다. 죄는 하나님의 거룩한 본성에 대립되는 것이다(**반제**를 보라). 하나님께서 죄를 그저 용서하시는 것은 불가능하다. 그러나 하나님께서는 죄인들을 사랑하셔서 우리가 영원토록 그분과 완전한 교제를 나누기를 원하신다. 어떻게 이 일이 성취될 수 있는가?

하나님의 대답은 은혜롭고 아름다울 뿐 아니라 심오하고 신비롭다. 하나님 자신이 그 자신의 거룩이 요구하는 "죄의 삯"을 짊어지기로 결심하셨다. 성자 하나님께서 자발적으로 타락한 인류와 자신을 동일시하시고 십자가에서 죽으심으로 죄에 대한 하나님의 진노를 당하기로 동의하셨다. 이러한 속죄론을 대리 형벌 이론이라고 부른다. 왜냐하면 그리스도께서 우리 대신 죄에 대한 형벌을 받으셨기 때문이다.

하나님께서 인류를 위한 대속자를 제공하였다는 영광스러운 진리는 구약성경의 희생 제사 제도에 예견되어 있다. 그리스도의 대리적 희생을 가리키는 한 방법으로 구약성경의 사람들에게는 죄를 속죄하기 위해 "염소와 황소의 피"(히 9:13)를 흘려야 한다는 명령이 주어졌다. 이러한 희생의 의미는 명확하게 대리적이다(레 1:3-4). 하나님께서는 이스라엘에게 "피 흘림이 없은즉 사함이 없느니라"(히 9:22)고 가르치셨다. 하나님께서는 죄인들을 위한 대리로서 그 자신의 피를 흘려야 할 때를 가리키고 계신다(행 20:28; 롬 3:25). 이사야는 인류를 대신할 메시아에 대한 구약성경의 기대를 표현하고 있다.

> 그가 찔림은 우리의 허물 때문이요 그가 상함은 우리의 죄악 때문이라 그가 징계를 받으므로 우리는 평화를 누리고 그가 채찍에 맞으므로 우리는 나음을 받았도다(사 53:5).

하나님께서는 "우리 모두의 죄악을 그에게 담당시키"(사 53:6)셨다. 왜냐하면 메시아가 "그의 영혼을 속건 제물로 드리셨기"(사 53:10) 때문이다. 메시아는 "많은 사람의 죄를 담당하며 범죄자를 위하여 기도"(사 53:12) 하신다. 이들 구절들은 예수님께서 우리 대신 죽으셨다는 진리를 분명하게 드러내 준다. 이사야는 오시는 메시아가 자신의 시대에 희생 제물로 드려진 동물들이 하였던 역할을 하시게 될 것임을 분명히 말하고 있다. 메시아는 다른 사람들이 하나님께 용납되도록 그들을 위해 죽으실 것이다.

신약성경은 희생 제사와 그리스도의 죽음 사이의 관련을 재차 강조한다. 세례 요한은 예수님께서 "세상 죄를 지고 가는 하나님의 어린 양"(요 1:29)이라고 선언하심으로 유월절에 희생된 어린 양을 언급하고 있다. 바울 또한 "우리의 유월절 양 곧 그리스도께서 희생되셨느니라"(고전 5:7)고 선언하고 있으며 그리스도께서는 "우리를 위하여 자신을 버리사 향기로운 제물과 희생 제물로 하나님께 드리셨다"(엡 5:2)라고 말씀하면서 예수님의 십자가 희생을 구약성경의 희생 제사 제도와 비교하고 있다.

히브리서의 기자는 그리스도의 죽으심의 의미를 표현하기 위해 구약성경의 희생 제사 제도를 가장 확대된 형태로 사용하며 다음과 같이 말한다.

> 염소와 송아지의 피로 하지 아니하고 오직 자기의 피로 영원한 속죄를 이루사 단번에 성소에 들어가셨느니라 염소와 황소의 피와 및 암송아지의 재를 부정한 자에게 뿌려 그 육체를 정결하게 하여 거룩하게 하거든 하물며 영원하신 성령으로 말미암아 흠 없는 자기를 하나님께 드린 그리스도의 피가 어찌 너희 양심을 죽은 행실에서 깨끗하게 하고 살아 계신 하나님을 섬기게 하지 못하겠느냐(히 9:12-14).

또한 구약성경의 제사장들이 희생 제사를 거듭 드려야 했지만 그리스도께서는 "이제 자기를 단번에 제물로 드려 죄를 없이 하시려고 세상 끝에 나타나셨느니라"(히 9:26)고 말하고 있다. 그리스도께서는 구약성경의 희생 제사가 단지 그림자로 밖에 보여줄 수 없었던 일을 하셨다. 그리스도께서는 단번에 죄를 제거하셨다. 이것이 그를 믿는 모든 자들이 거룩하신 하나님과의 완전한 교제 가운데로 들어갈 수 있는 이유이다. 이러한 희생이 없이는 그러한 교제는 전적으로 불가능하다.

그러나 그리스도의 죽음에 대한 대리 형벌적인 이해는 단지 구약성경의 희생 제사 제도에만 의존하고 있지 않다. 다양한 방식으로 이것은 신약성경 전체를 통해 선포되고 있다. 예수님은 자신의 죽음이 다른 사람들을 위한 대리적 죽음임을 분명히 하셨다. 예수님께서는 "사람이 친구를 위하여 자기 목숨을 버리면 이보다 더 큰 사랑이 없나니"(요 15:13)라고 자신의 제자들을 가르치셨다. 물론 예수님은 자신의 사랑과 예견되는 죽음을 언급하고 계신다. 바울은 "그리스도께서 우리를 위하여 저주를 받은 바 되사 율법의 저주에서 우리를 속량하셨으니 기록된 바 나무에 달린 자마다 저주 아래에 있는 자라 하였음이라"(갈 3:13)고 가르칠 때 본질적으로 동일한 이야기를 하고 있다. 하나님의 죄 없으신 아들이 자신의 아버지 앞에서 저주를 받으셔서 저주 받아 마땅한 우리들이 구속하셨다.

사실 바울은 "죄를 알지도 못하신" 예수님을 우리를 대신하여 죄로 삼으신 것은 "우리로 하여금 그 안에서 하나님의 의가 되게 하려 하심이라"고 말하는 정도까지 나간다(고후 5:21). 이것이 하나님께서 "세상을 자기와 화목하게 하시는"(고후 5:19) 방법이다. 만일 우리가 이러한 가르침을 있는 그대로 받아들인다면 그것은 긍정적인 의미에서 깜짝 놀랄만 하다. 하나님께서는 우리의 죄를 그리스도에게 전가시키시고 그의 의는 우리에게 전가시키셨다. 예수님께서 우리의 죄가 되셨다. 이것이 거룩하신 하나님께서 죄인들과의 영원한 교제 가운데 들어가시기 위한 딜레마를 해결하시는 방법이다.

신약성경이 그리스도의 죽으심의 대리적인 의미를 표현하는 또 다른 방법은 그리스도께서 우리의 죄를 위한 **화목 제물**(propitiate)이라고 말하는 것이다. 화목 제물의 어원은 "달래다" 또는 "누그러뜨리다"는 의미이다. 그리스도의 죽으심은 죄를 향한 하나님의 진노를 진정시키셨다. 왜냐하면 그리스도께서 하나님의 거룩이 요구하였던 형벌을 받으셨기 때문이다. 바울은 다음과 같이 말하면서 이 진리를 표현하고 있다.

> 모든 사람이 죄를 범하였으매 하나님의 영광에 이르지 못하더니 그리스도 예수 안에 있는 속량으로 말미암아 하나님의 은혜로 값없이 의롭다 하심을 얻은 자 되었느니라 이 예수를 하나님이 그의 피로써 믿음으로 말미암는 화목 제물로 세우셨으니 이는 하나님께서 길이 참으시는 중에 전에 지은 죄를 간과하심으로 자기의 의로우심을 나타내려 하심이니(롬 3:23-25).

요한도 "사랑은 여기 있으니 우리가 하나님을 사랑한 것이 아니요 하나님이 우리를 사랑하사 우리 죄를 속하기 위하여 화목 제물로 그 아들을 보내셨음이라"(요일 4:10)고 선언하면서 동일한 사실을 말하고 있다. 바울이나 요한 모두 우리가 받아야 할 처벌을 받으심으로 예수님께서는 어떤 죄도 처벌받아야 한다는 하나님의 거룩한 요구를 만족시키셨다. 우리를 하나님으로부터 분리시킬 수 있는 모든 가능한 죄, 우리가 저지른 모든 악, 우리가 행하지 않은 선, 그리고 "하나님의 영광에 이르지 못하는" 모든 생각이나 말, 또는 행동을 "지우시고 제하여 버리사 십자가에 못 박으셨다" (골 2:14). 죄에 대한 하나님의 진노가 진정된 것이다.

이것은 하나님께서 하나님의 거룩한 본성에 반대하게 된 존재들과 사랑의 교제를 나누시기 위해 존재했던 딜레마를 해결하신 방법이다. 갈보리 언덕에서 하나님의 사랑은 그 자신의 거룩한 본성이 요구하였던 죄의 심판을 짊어지셨다. 예수님께서 우리 대신에 죽으셨다.

2) 지지하는 논증

(1) 어떻게 죄인들이 하나님과 화해되는가?

속죄에 대한 대리 형벌 이론적 이해는 예수님께서 우리 대신에 죽으셨다는 성경의 가르침을 있는 그대로 온전히 진지하게 받아들이는 유일한 방법이다. 이러한 주장은 거룩하신 하나님이 어떻게 죄인들을 그 자신에게 화해시킬 수 있는지 분명하게 해 주는 유일한 견해이다. 승리자 그리스도 이론이나 도덕적 통치 이론은 이 주제를 적절하게 다루지 못한다. 하지만 이들 두 견해 모두 진리의 한 면을 담고 있다. 그리스도는 사탄을 무찌르셨으며(승리자 그리스도) 그의 죽음은 죄에 대한 하나님의 진노를 표현한다(도덕적 통치 이론).

그러나 이들 두 견해는 어떻게 죄인이 하나님 앞에 객관적으로 깨끗하게 되는지를 분명히 보여 주지 못한다. 그리고 불행하게도 이들 견해들에서는 사탄의 권세로부터 우리를 자유케 하고 죄에 대한 하나님의 진노를 보여 주는 행동은 만일 우리가 과거와 현재와 미래의 죄로부터 깨끗케 되지 않는다면 우리에게 아무런 도움도 되지 않는다.

(2) 예수님의 생애와 죽음

다른 두 견해와 달리 대리 형벌 이론은 예수님의 죽음을 예수님의 생애와 연관시키고 있다. 예수님은 하나님께 온전히 순종하는 삶을 사셔야만 하였다. 왜냐하면 예수님은 자신의 희생 제사가 필요하지 않았을 때에만 우리의 대리적 희생 제사일 수 있기 때문이다. 예수님은 흠없는 "하나님의 어린 양"(요 1:29, 36)이어야만 한다. 그러므로 예수님의 죽음은 그의 생애가 완전하였을 때에만 의미가 있다.

3) 반론에 대한 응답

(1) 이 견해는 하나님을 제한한다

어떤 사람들은 대리 형벌 이론이 하나님을 제한한다고 주장한다. 왜냐하면 이 견해는 하나님께서 모든 죄를 처벌하셔야만 하였으며 하나님께서 죄인들을 그 자신에게 화해시키기 위해 예수님은 죽으셔야만 했다고 주장하기 때문이다. 하나님은 사람들을 용서하시는 방식에 자유롭지 못하였다. 어떤 이들은 더 나아가 이 견해가 하나님께서 단지 사람들의 회개에 근거하여 용서하신다는 성경 본문과 충돌한다고 주장한다(참조. 눅 15:11-32). 이러한 반론에 대한 답으로 두 가지를 말할 수 있다.

첫째, 만일 어떤 일이 하나님의 외부로부터 하나님에게 부과되는 것이라면 그것은 하나님을 "제한하는" 것이라고 말할 수 있다. 만일 **하나님의 외부적인** 요구가 하나님께서 반드시 모든 죄를 벌하셔야만 한다고 규정하였다면 하나님께서 바로 죄를 처벌하지 않은 채로 내버려 두실 때 **이것은** 하나님을 제한하는 것일 수 있다.

그러나 모든 죄가 처벌되어야 한다는 요구는 하나님 자신의 온전히 거룩한 성품을 표현하는 것이다. 하나님께서 "죄가 처벌되지 않도록 하실 수 없다"고 말하는 것은 하나님을 제한하는 것이 아니며 하나님은 "거짓말 하실 수 없다"(민 23:19) 또는 "자신을 부인하실 수 없다"(딤후 2:13)고 말하는 것도 마찬가지이다.

둘째, 단순하게 사람들의 회개에 기초하여 죄인들을 용서하시는 분으로 하나님을 묘사하는 성경 본문은 대리 형벌 이론과 상충되지 않는다. 하나님께서는 단지 회개하는 모든 사람을 분명히 용서하신다. 예수님께서 우리 대신 죽으셨다는 가르침은 우리에게 **어떻게** 거룩하신 하나님께서 그 자신의 성품을 부정하지 않으시고 그렇게 할 수 있는지를 말해 준다. 하나님께서 어떤 사람을 용서하실 때마다 하나님은 십자가에 기초하여 그렇게 하신다.

(2) 이 견해는 죄된 삶을 조장한다

어떤 사람은 예수님께서 우리의 죄에 대한 처벌을 담당하셨다는 가르침이 사람들로 하여금 죄된 삶을 합리화하도록 조장한다고 주장한다. 만일 죄된 삶에 더 이상 그 어떤 처벌도 없다면 죄 된 삶을 지속하지 않을 이유가 무엇인가?

첫째, 우리는 바울이 자신의 사역에서 여러 번에 걸쳐 바로 이 질문에 직면해야만 했다는 점에 유의해야만 한다(롬 6:1-12). 그러므로 만일 우리가 바울의 설교를 설교하고 있다면, 우리는 사람들로부터 이런 종류의 질문을 기대해야만 한다. 다른 말로 이 반론은 십자가의 의미에 대한 우리의 이해가 바울의 이해와 동일한 것이라는 것을 간접적으로 확증해 준다.

둘째, 바울은 신자들이 계속해서 죄를 지을 수 있는지 의아하게 생각하고 있는 신자들에게 하나님의 심판으로 그들을 위협하는 것으로 답하지 않고 있다. 도리어 바울은 신자들에게 자신들이 그리스도 예수 안에 있는 "새로운 피조물"(고후 5:17)임을 상기시키고 있다. 신자들은 그리스도와 함께 "죽었으며" 그래서 지금은 죄에 대하여 죽었다. 신자들은 그리스도와 함께 죽음에서 부활하였으며 "새 생명 가운데서" 행해야만 한다(롬 6:3-5; 엡 2:4-6).

이처럼 바울은 협박하는 것이 아니라 그들에게 그리스도를 믿는 믿음 안에서 **이미 어떤 존재가 되었는지**를 상기시킴으로써 신자들이 거룩한 삶을 살도록 동기를 부여하고 있다. 신자들은 의롭게 되었으며 그러므로 자신의 삶 속에서 이 사실을 반영해야만 한다. 이것이 대리 형벌 이론이 신자들에게 제공하는 거룩한 삶에 대한 동기이다.

셋째, 만일 우리가 이러한 반론의 논리를 따라간다면 우리는 대리 형벌 이론뿐만 아니라 은혜를 인한 구원이라고 하는 다른 모든 교리도 배제하게 될 것이다. 그러므로 이 반론은 단지 구원이라고 하는 것이 은혜가 아니라 행위의 결과(**공로적 행위**를 보라)일 때에만 타당하다. 그러나 신약성경은 지속적으로 구원이라고 하는 것이 은혜로만 이루어지는 것이라고 가르치고 있다.

(3) 죄책은 전가될 수 없다

예수님께서 우리의 죄를 위해 처벌받으실 수 있다는 생각이 일관성이 없는 것이라고 말함으로써 많은 사람들이 이 견해에 반대한다. 왜냐하면 죄책은 개인적인 문제이며 전가될 수 없기 때문이다. 그러나 분명히 대리 형벌 이론에는 신비로운 요소가 있지만 이 견해는 성경에 기초하고 있기 때문에 우리는 그것을 받아들여야만 한다.

그러나 우리가 또한 이 개념을 이해하는데 어려움을 겪는 많은 부분은 우리들이 고도로 개인주의적인 문화에서 살고 있다는 사실에 기인한다. 개인주의적 문화에서는 도덕적인 책임은 엄격하게 개인적인 문제라고 생각한다. 그러나 성경과 대부분의 고대 문화, 그리고 비서구적인 문화는 이런 생각을 공유하고 있지 않다. 예컨대 성경은 모든 인류가 아담의 타락에 대하여 책임이 있다고 가르친다(롬 5:12-14). 또한 성경은 온 이스라엘이 다윗의 죄에 대해 책임이 있다고 주장한다(대상 21:1-17). 그리고 이스라엘의 지도자 여호수아가 기브온 사람들과 맺었던 사백 년 된 조약을 사울이 깨뜨렸을 때 사울의 가족 구성원이 그 값을 지불해야만 했다(삼하 21:1-9).

동일한 원칙이 그리스도의 죽음에도 적용된다. 인류의 한 구성원으로서(이것은 왜 예수님은 사람이 되어야만 했는가 하는 이유이다), 예수님은 세상의 죄를 짊어지시고 그 죄가 요구하는 처벌을 짊어지셨다. 하나님께서는 이 한 개인을 전체 인류라도 되는 듯이 다루고 계신다. 하나님께서는 마치 그들이 한 사람의 개인이라도 되는 듯이 그리스도의 죽음을 받아들이는 모든 인류를 다루신다. 우리 모두는 "아담 안에서" 모두 하나이다. 그리고 "그리스도 안에서" 모두 하나이다(롬 5:12-21).

우리는 현대의 서구 문화에 만연한 개인주의에도 불구하고 집단적인 책임성에 대한 이러한 감각을 완전히 잃어버리지는 않았다. 예를 들면 우리 대부분은 어떻게 나치 전범의 자녀들이 그들의 부모들이 강제 수용소에서 죽임 당한 유대인의 자녀들 앞에서 계속해서 수치심을 경험하는지 이해하고 있다. 우리는 그들이 보상을 해야 할 필요가 있다고 느끼고 있다. 만일 도덕적인 책임이 단지 개인적인 문제라면 이러한 경우는 어떻게 된 것인가? 이와 같은 직관은 도덕적 책임이 개인뿐 아니라 집단에도 해당될 수 있다는 것을 보여 주는 것이다.

(4) 이 견해는 성자와 성부를 서로 대립되게 한다

마지막으로 어떤 사람들은 대리 형벌 이론이 삼위일체의 통일성을 파괴한다고 주장한다. 왜냐하면 이 이론은 성부께서 성자를 심판하실 때 성부와 성자 사이의 단절을 삼위일체 하나님께서 경험하신다고 제안하기 때문이다. 그러나 반대로 이 견해는 성부와 성자 사이의 심오한 통일성을 확보한다. 이러한 통일성은 성부가 성자를 심판하시는 정확히 바로 그 순간에 계시된다.

십자가는 성부께서 자신의 아들을 기꺼이 내어 주시는 것(요 3:16)과 우리 대신 성자가 기꺼이 희생당하는 것(마 26:39)을 드러내신다. 십자가는 성부와 성자가 인류와의 영원한 연합을 획득하기 위하여 자신들의 영원한 관계에 있어 잠깐 동안의 분리를 기꺼이 경험하셨다고 선언한다. 잃어버린 바 된 인류를 위한 성부와 성자의 일치된 사랑과 인류를 구원하려고 하는 이 분들의 통합된 의지는 성부와 성자로 하여금 기꺼이 그들 자신의 관계에 있어서의 상실을 경험하게 하였다.

그러므로 역설적이기는 하지만 성부와 성자 사이의 심정과 목적의 완벽한 통일은 예수님께서 "나의 하나님, 나의 하나님, 어찌 하여 나를 버리시나이까"(마 27:46)라고 부르짖은 바로 그 순간에 드러나고 있다. 이것은 전체 성경 가운데 가장 심오한 가르침 중의 하나라고 할 수 있다.

3. 그리스도는 사탄과 그의 일을 파괴하셨다 (승리자 그리스도 이론)

1) 성경적 논증

그리스도의 죽으심과 부활의 주요한 의미는 하나님의 대적인 사탄을 무찌르셨다는 것이다. 성경은 어떤 점에서 먼 과거에 이 우주의 창조 이전에 커다란 반역이 하늘에서 일어났다고 가르치고 있다. 전통적인 가르침에 따르면 모든 천사들 가운데 가장 능력이 있는(흔히 그 이름이 루시퍼라고 불린다) 천사가 다수의 다른 천사들을 꾀어 하나님과 전쟁을 하게 하였는데 이 전쟁이 지금까지도 계속되고 있다(계 12:13-17). 인간은 아담이 땅을 다스려야 하는 자신의 권세를 내어버렸을 때 사탄에게 노예가 되었으며 사탄과 함께 하나님께 반역하게 되었다(창 3:12-6; 눅 4:5-8; 요일 5:19). 모든 사람은 자발적으로 죄를 지을 때 동일한 일을 하는 것이다(요 8:34).

결과적으로 세상은 이제 "악한 자 안에 처하여 있다"(요일 5:19). 왜냐하면 사탄은 "이 세상의 신"(고후 4:4)과 "공중 권세 잡은 자"(엡 2:2)가 되었기 때문이다. 실제로 예수님은 사탄을 이 시대의 "임금"이라 부르고 계신다(요 12:31; 14:30; 16:11). 1세기에 "임금"(*archon*)이라는 말은 한 도시나 지역의 가장 높은 공직자를 가리키고 있다. 그러므로 예수님은 사탄이 현재의 타락한 세상에서 가장 높은 권력자임을 인정하고 계신다. 최소한 사탄의 현재적인 영향이라고 하는 면에서 생각할 때 그렇게 볼 수 있다. 이것은 예수님께서 사탄이 "천하 만국"에 대한 "권위"를 부여받았다고 주장하실 때 그 주장을 논박하지 않으신 이유가 된다(눅 4:5-6).

예수님은 주로 사탄과 그의 나라를 멸하시고 그로 인하여 사람들을 사탄의 속박으로부터 해방하시기 위해 이 세상에 오셨다. 예수님은 "마귀의 일을 멸하려"(요일 3:8) 오셨으며 "통치자들과 권세들을 무력화"(골 2:15)하시고, "죽음의 세력을 잡은 자 곧 마귀를 멸하시"(히 2:14)려고 오셨다.

사실 성경에 있는 첫 번째 메시아적 예언은 예수님께서 아담과 이브를 속였던 뱀의 "머리를 상하게"(창 3:15) 하실 것이라고 말하고 있다. 그리고 신약성경에서 가장 많이 인용되고 있는 구약성경 본문인 시편 110:1은 그리스도께서 "(하나님께서) 네 원수들로 네 발판이 되게 하기까지" 하나님의 권능으로 통치하실 것을 말씀하고 있다. 메시아의 중심적인 중요성은 메시아가 하나님을 대적하는 모든 만물과 모든 사람들, 그리고 여러 세대에 걸쳐 인류를 속박하였던 모든 사악한 세력들에 대하여 승리하실 것이라는 점이다.

예수님의 죽으심과 부활뿐 아니라 그분의 사역은 이러한 맥락에서 이해되어야만 한다. 예수님께서 귀신을 쫓아내셨을 때 예수님은 자신을 통하여 하나님의 나라가 흑암의 나라에 대항하여 전진하고 있음을 말씀하셨다. 마찬가지로 예수님께서 사람들을 고치셨을 때 예수님과 그의 제자들은 사탄의 억압으로부터 사람들을 자유롭게 하는 것으로 이해하였다(막 9:25; 눅 11:14; 13:11-16). 그러므로 나중에 베드로는 예수님께서 "두루 다니시며 선한 일을 행하시고 마귀에게 눌린 모든 사람을 고치셨다"(행 10:38)고 예수님의 치유 사역을 요약하였다. 신약성경 전체는 병이나 질병을 사탄의 압제의 직접 또는 간접적인 결과라고 보고 있다. 그러므로 사람들을 고치심으로 예수님은 자신의 우주적인 대적에 대항하여 승리의 기반을 구축하신 것이다.

그러나 예수님께서 사탄과 그의 왕국을 물리치시는 주된 방법은 자신의 죽음과 부활을 통해서였다. 흔히 생각하지 못하고 놓쳐 버리고 마는 이 주제가 사실은 신약성경 전체를 관통하고 있다. 위에서 언급하였던 것과 같이 이 주제는 무엇보다도 신약성경의 저자들이 시편 110:1을 인용하고 있는 방식에 표현되어 있다. 예컨대 기독교 역사에서 설교되었던 첫 설교에서 베드로는 그리스도의 죽으심과 부활이 시편 110:1을 성취한 것이라고 말하고 있다. 그리스도를 죽음으로부터 일으키심으로 성부 하나님께서는 자신의 아들을 "주와 그리스도"가 되게 하였으며 이제 그를 "자신의 우편"에 앉게 하사 하나님의 원수들이 자신의 발등상 되게 할 때까지 그 원수들을 다스리게 하셨다(행 2:32-36).

히브리서의 기자는 예수님의 희생적인 죽음을 통하여 예수님은 자신의 모든 원수들 위에서 다스리고 계심을 말하고 있다(히 1:13; 참조. 10:12-13). 그리고 바울은 이 본문을 모든 통치와 모든 권세와 능력이 멸망 받을 것임을 의미한다고 말하면서 그리스도의 부활에 적용하고 있다(고전 15:22-25; 참조. 엡 1:20-22). 이처럼 예수님의 죽으심과 부활의 주된 의미는 예수님은 죽으심과 부활을 통해 하나님을 대적하는 모든 인간적이고 영적인 세력들에게 승리하셨다는 것이다.

예수님께서 이제 높이 올리셔서 하나님의 오른편에 앉아 계신다고 선언하고 있는 모든 본문이 이와 동일한 의미를 담고 있다. 예컨대 베드로와 다른 사도들은 예수님께서 죽음으로부터 부활하셨기 때문에 "이스라엘에게 회개함과 죄 사함을 주시려고 그를 오른손으로 높이사 임금과 구주로 삼으셨느니라"(행 5:31)고 선포하고 있다. 예수님의 죽으심과 부활을 통해 이전의 "세상의 임금"이 쫓겨났으며 새로운 "지도자"가 왕위에 오르게 되었다. 이전의 불법적인 통치자는 인간을 비참과 죄와 멍에의 상태에 머물게 하였지만 이 의로운 지도자는 "회개와 죄 사함"을 제공해 준다.

바울은 신자들을 의롭다하시는 예수님께서 죽으시고 부활하셨으며 지금은 "하나님 우편에" 계시기 때문에 어떤 사람도 지금 신자들을 정죄할 수 없다고 기록하면서 동일한 생각을 마음속에 가지고 있다(롬 8:34). 그리스도께서 지금 통치하고 계시기 때문에 어떤 것도 우리를 그리스도의 사랑에서 끊어지게 할 수 없다. 천사들이나 권세자들이나 능력도 우리를 그리스도의 사랑에서 끊을 수 없다(롬 8:38). 동일한 맥락을 따라 바울은 신자들 안에 역사하고 있는 능력을 찬양하고 있다. 왜냐하면 "그리스도 안에서 역사하사 죽은 자들 가운데서 다시 살리시고 하늘에서 자기의 오른편에 앉히사 모든 통치와 권세와 능력과 주권…위에 뛰어나게 하신"(엡 1:19-21) 동일한 능력이 지금 신자들 안에 역사하고 있기 때문이다. 베드로는 세례가 "예수 그리스도께서 부활하심으로 말미암아 이제 너희를 구원하는 표"(벧전 3:21)가 되기 때문에 중요하며 그리스도는 "하늘에 오르사 하나님 우편에 계시니 천사들과 권세들과 능력들이 그에게 복종하느니라"(벧전 3:22)고 가르치고 있다.

주장하는바 논점은 매우 분명하다. 죽으시고 다시 사셨을 때 그리스도는 "통치자들과 권세들을 무력화하여 드러내어 구경거리로 삼으시고 십자가로 그들을 이기셨다"(골 2:15). 그리스도는 자신의 합당한 자리를 다시금 차지하게 되셨으며 능력의 자리, 즉 하나님의 오른편에 있게 되신 것이다. 그 결과로 사탄과 다른 모든 흑암의 세력들은 그리스도에게 복종하게 되었다(참조. 빌 2:9-11; 골 1:15-20).

이미 언급한 바와 같이 이러한 우주적인 승리는 인간에게는 혁명적이었다. 그리스도께서 자신의 죽으심과 부활로 사탄을 무찌르셨기 때문에 인간은 이제 사탄의 통치로부터 벗어나게 되었다. 그리스도의 주되심을 긍정하는 모든 사람은 "흑암의 권세에서 건져내사 그의 사랑의 아들의 나라로 옮겨졌다"(골 1:13). 우리는 이제 우리의 눈이 열려져 "어둠에서 빛으로 사탄의 권세에서 하나님께로 돌아오게 하고 죄 사함을 얻게 되었다" (행 26:18). 이 주제는 신약성경 전체에 걸쳐서 계속적으로 등장한다. 예컨대 요한은 그리스도께서 마귀를 이기셨는데 마귀는 궁극적으로 모든 죄의 배후에 있는 존재이기 때문에(요일 3:8, 12; 4:3) 신자들 또한 "악한 자를 이길 수 있으며"(요일 2:13) 죄로부터 자유한 삶을 살 수 있다고 기록하고 있다(요일 3:6, 9; 5:18). 우리는 이제 옛 뱀 곧 마귀라고도 하고 사탄이라고도 하며 온 천하를 꾀는 자를 이길 수 있다. 왜냐하면 우리는 어린 양의 피와 자기들이 증언하는 말씀으로써 그를 대적하여 싸우고 있기 때문이다(계 12:9, 11).

이와 비슷하게 히브리서의 기자는 예수님께서 죽음의 세력을 잡은 자 곧 마귀를 멸하셨을 때, 죽기를 무서워하므로 한평생 매여 종 노릇 하는 모든 자들을 자유케 하셨다고 선언하고 있다(히 2:15). 바울은 말하기를 복된 소식은 사람들이 이제 "마귀의 올무에서 벗어나 하나님께 사로잡힌 바 되어 그 뜻을 따르게 하신 것"(딤후 2:26)이다. 우리가 이 복된 소식을 받아들일 때 우리는 "이 악한 세대에서"(갈 1:4) 건짐 받아 자유케 된다.

마지막으로 성경은 예수님의 죽으심을 "대속물"이라 부르고 있으며(마 20:28; 참조. 딤전 2:6; 히 9:15), 구원을 "속량"(개역한글 성경에는 '구속'이라고 되어 있다—역주)이라고 부르고 있다(롬 3:24; 8:23; 고전 1:30; 엡 1:7). 이 두 가지 용어는 한 사람을 노예로부터 해방하기 위해 치러지는 값을 이르는 말이다. 이 두 가지 은유는 예수님께서 우리를 사탄과 죄와 정죄의 속박으로부터 해방하시기 위해 필요한 모든 것을 지불하셨다는 진리를 전달해 준다.

2) 지지하는 논증

(1) 교회 전통

승리자 그리스도 이론은 안셀무스의 견해가 대중적인 인기를 끌게 되었던 11세기까지 교회에서 지배적인 속죄론이었다. 이 주장이 전통적이라는 것은 이 주장에 대한 지지하는 하나의 논증이 될 수 있다.

(2) 예수님의 사역을 하나로 묶어 주는 주제

승리자 그리스도의 이론은 예수님의 삶과 가르침, 그리고 사역에 대해 다른 견해들이 하지 못하는 주제적인 통일성을 부여해 준다. 예수님의 사역을 하나로 묶어 주는 주제는 흑암의 나라에 대한 예수님의 싸움이다. 예수님의 가르침과 귀신을 쫓아내심, 그리고 치유 사역은 모두 전쟁과 관련된 행동들이다. 예수님의 죽으심과 부활은 이러한 활동의 극치를 보여 주는 것이다. 그러므로 예수님은 "오늘과 내일은 내가 귀신을 쫓아내며 병을 고치다가 제삼일에는 완전하여지리라"(눅 13:32)고 말씀하심으로 헤롯의 위협에 응답하신다. "제 삼일에" 예수님께서 부활하신 것은 그 일을 위해 보냄을 받으셨던 그 과제를 완성하셨다. 예수님의 죽으심이 인간의 죄에 대한 값을 지불하셨거나(대리 형벌 이론) 죄에 대한 하나님의 심판의 가혹함을 드러내주었다(도덕적 통치 이론)고 볼 수 있는 면이 있다. 그러나 이들 견해들은 예수님의 죽으심과 부활을 예수님의 여타의 활동으로부터 고립되게 한다. 이들 견해는 승리자 그리스도 이해와 결합되어야 한다.

(3) 예수님의 죽으심과 부활의 통일성

신약성경에서 그리스도의 죽으심과 부활은 분리 불가능할 만큼 연결되어 있다. 그리스도는 우리를 자유케 하시고 하나님과 화해토록 하기 위해서 죽으시고 **부활하셨다**(고후 5:15; 살전 4:14). 그러나 부활은 대리 형벌이나 도덕적 통치 속죄 이론에서는 엄밀하게 말해서 필수적이지 않다. 그러나 만일 예수님의 육신이 죽으심 가운데 계속 머물러 있다면 우리의 죄는 여전히 그 죄 값이 지불되어야만 하고 죄에 대한 하나님의 진노는 여전히 드러나 있다. 전술한 두 견해의 지지자들은 예수님께서 다시 살아나셨어야 하는 다른 이유들을 발견하지만 그 이유들이 속죄와 밀접하게 연결되어 있지는 않다. 반면 승리자 그리스도 이론에서는 그렇지 않다. 무덤과 사망의 주관자인 사탄에 대한 예수님의 승리는 예수님의 죽으심과 부활의 핵심이다. 예수님께서 다시 살아나지 않으셨다면, 예수님의 죽으심은 우리를 구원하실 수 없었을 것이다. 이러한 측면에서 이러한 견해는 신약성경에 보다 충실하다.

(4) 악의 우주적 차원

오늘날 사람들은 어떻게 복음이 우주의 광대함에 대한 현대의 지식과 조화를 이루는지 종종 의아해한다. 많은 사람들은 또한 이 전체 우주가 자그마한 지구에 살고 있는 사람들이 타락하였기 때문에 "썩어짐의 종 노릇"하는데 굴복하게 된 것에 의아해한다. 또한 우리의 작은 행성인 지구 상에서 일어난 일에 기초하여 어떻게 전체 우주가 이러한 종 노릇으로부터 자유케 될 수 있었는지 의아해한다(롬 8:19-23). 속죄에 대한 승리자 그리스도 이론의 이해는 이러한 의문에 답을 제시한다.

악이라고 하는 것이 인간적인 주제이기 이전에 우주적인 주제이며 속죄는 **구원론적**인 주제이기 이전에 우주론적인 주제이다. 창조 세계를 파괴하는 주된 전투는 하나님과 반역한 인간 사이에서 이루어진 것이 아니라 하나님과 사탄의 우주적인 정사와 권세 사이에 이루어지고 있다. 지구는 2차 세계대전에서 노르망디 해변이 담당했던 기능과 같은 기능을 우주적인 전쟁에서 가지고 있다. 그리스도께서는 우리의 세상에 한 인간으로 오셨으며 사탄을 정복하시고 교회로 하여금 자신의 승리를 모든 삶의 영역에 적용하도록 능력을 주시는 분이시다. 결과적으로 인류는 마귀의 권세로부터 자유케 되었을 뿐만 아니라 전체 창조 세계는 회복되었다.

3) 반론에 대한 응답

(1) 이 견해는 그 초점에 있어 균형을 상실하고 있다

어떤 사람들은 성경이 어떻게 십자가와 부활이 사탄을 물리쳤는가 하는 것보다 어떻게 십자가와 부활을 통해 우리를 하나님께 화목케 하였는가에 더 많은 관심이 있다는 사실에 근거하여 속죄에 대한 승리자 그리스도 이론에 반대한다. 이에 대한 응답으로 두 가지를 말할 수 있다.

첫째, 신약성경이 어떻게 십자가와 부활이 우리를 하나님과 화해케 하였는가에 많은 강조를 하고 있는 것이 사실이기는 하지만 이러한 강조가 그리스도께서 사탄을 물리치셨다는 것에 대한 강조보다 더 큰지는 분명하지 않다. 이 논문이 보여 주는 것과 같이 승리자 그리스도라는 주제는 신약성경 전체를 관통하여 흐르고 있으며 구약성경에 이미 예견되어 있다.

둘째, 속죄에 관한 화목적인 주제가 보다 많은 강조를 받고 있다고 하더라도 그것이 속죄에 대한 승리자 그리스도 이론에 영향을 미치지 못한다. 성경은 실천적인 책이며 항상 그 중심에 하나님과 인간의 관계에 관심이 있다. 그러나 성경은 우리에게 단지 우리가 알아야 할 필요가 있는 것만을 말씀하고 있다. 그러므로 만일 우리를 위한 그리스도의 죽으심과 부활이 신약성경에서 보다 많은 관심을 끌고 있다고 해서 놀랄 필요는 없다. 그러나 이 사실이 그리스도의 십자가와 부활이 우리에게 영향을 미치는 근본적인 효과를 바꾸지는 못한다. 이러한 활동들을 통하여 하나님께서는 사탄과 그의 왕국을 패배시키셨다.

(2) 이 견해는 지나치게 사변적이다

어떤 사람들은 승리자 그리스도 이론이 지나치게 사변적이라는 근거에서 이 이론을 반대한다. 승리자 그리스도라는 주제가 때로 초대교회에서 사변적이고 상상을 자극하는 방식으로 이루어졌던 것은 사실이다. 여러 이론들이 예수님께서 십자가에 달리시도록 허용하심으로 어떻게 하나님께서 마귀를 속이셨는지 정확하게 설명하려고 고안되었다. 어떤 사람들은 하나님이 사탄과 "거래"를 하였고 그것을 깨셨다고 생각하였다. 다른 사람들은 예수님을 갈고리에 있는 낚시밥으로, 사탄을 배가 고픈 물고기로 비유하기도 하였다. 그러나 승리자 그리스도 이론을 받아들이기 위해 이러한 상상에 근거한 생각들을 받아들여야만 할 필요는 없다. 성경은 어떻게 예수님께서 십자가와 부활을 통하여 사탄을 무찌르셨는지 정확하게 설명해 주지 않는다.

우리는 마귀가 예수님을 알아보았으나 왜 이 땅에 오셨는지 그 이유는 알지 못했다는 이야기를 알고 있다(마 8:29). 그리고 사탄과 그의 하수인들이 그리스도의 십자가를 직접적으로 획책하는 데 관여하였다고 알고 있다(고전 2:7-8; 참조. 요 13:27). 그러므로 어떤 의미에서 하나님은 자신의 아들을 상처 입을 수 있는 인간 존재로서 사탄의 영역으로 보내심으로 사탄을 "미끼로 유혹"하셨다. 그러나 우리는 이러한 생각을 넘어서 정확히 어떻게 십자가와 부활이 사탄을 패배하게 하였는지 확신 있게 설명할 수는 없다.

(3) 이 견해는 사탄에게 너무 많은 영예를 부여한다

마지막으로 어떤 사람들은 승리자 그리스도 이론이 사탄에게 너무 많은 능력을 부여한다는 사실에 근거하여 이 이론을 반대한다. 이들은 능력 많으시고 주권적인 우주의 하나님께서 자신의 주된 대적을 무찌르기 위해 그런 극단적인 수단을 사용하여야만 했다는 사실을 싫어한다.

그러나 이러한 반론은 근거가 없다. 성경이 세상은 "악한 자 안에 처하여 있다"(요일 5:19)고 말씀하고 있다. 성경은 사탄이 "이 세상의 신"(고후 4:4)과 "공중 권세 잡은 자"(엡 2:2)로 통치하고 있다고 가르치고 있다. 물론 성경은 또한 하나님께서 사탄에 의해 협박당하지 않으시며 사탄은 세상 역사를 향한 하나님의 전체적인 목표를 뒤엎을 수 없다고 분명하게 가르치고 있다. 하나님은 항상 자신의 타락한 주요한 천사와 전투에서 확실히 승리하실 것이다. 그러나 이것이 사탄과 그의 나라가 하나님께서 더불어 셈하셔야 하는 진정으로 사악한 세력이라는 사실을 약화시키지는 않는다. 십자가와 부활은 하나님께서 그들과 셈하시는 중심적인 방법이다. 이것 또한 성경은 명확하게 가르치고 있다.

아마도 어떤 사람들은 만일 하나님께서 그의 대적들이 실패하였을 때 단지 불에 태워버렸다면 좋았을 것이라고 생각한다. 그러한 신학은 훨씬 더 나쁜 것이다. 하나님께서는 자신의 순전한 전능한 능력 보다는 "각종 지혜"(엡 3:10)로 자신의 대적들을 무찌른 사실로 인하여 보다 큰 찬양을 받으신다.

4. 그리스도는 죄에 대한 하나님의 진노를 드러내셨다 (도덕적 통치 이론)

1) 성경적 논증

모든 그리스도인들은 "하나님이 (예수 그리스도를) 그의 피로써 믿음으로 말미암는 화목 제물로 세우셨다"(롬 3:25)는 사실에 동의한다. 대부분의 복음주의자들은 이것이 하나님께서 우리의 죄 때문에 예수님을 처벌하신 것을 의미한다고 생각한다. 그들은 우리가 받아 마땅한 형벌을 단지 예수님께서 담당하셨기 때문에 우리가 용서받을 수 있다고 믿는다. 그리고 자신들의 삶의 죄에도 불구하고 하나님께서 자신들을 그 아들되신 예수님의

"피를 통해" 보기 때문에 거룩하다고 간주해 주신다고 믿는다.

속죄에 대한 도덕적 통치 이론은 이러한 견해가 신자들이 거룩한 삶을 살라고 하는 하나님의 요구를 훼손할 수 있다는 점에서 비성경적이며 심지어 해롭다고 생각한다. 하나님께서는 자신이 죄인들을 사랑하시고 용서하시기 위해 누군가에게(즉 자신의 아들에게) 쏟아 부어져야 할 심판의 몫을 가지고 계시지 않는다. 성경이 일률적으로 선언하고 있듯이 하나님께서는 자유롭게 사랑하시며 용서하신다(마 10:8; 참조. 눅 15:11-32). 또한 하나님은 예수님께서 하신 일 때문에 사람들을 거룩하다고 간주하지 않으신다. 하나님께서는 실제로 우리가 거룩한 삶을 살아가길 원하신다. 이것이 예수님께서 십자가에서 죽으신 중심적인 이유이다.

예수님의 속죄의 의미는 로마서 3:25-26에서 발견된다. 바울은 다음과 같이 말하고 있다.

> 하나님께서 길이 참으시는 중에 전에 지은 죄를 간과하심으로 자기의 의로우심을 나타내려 하심이니 곧 이 때에 자기의 의로우심을 나타내사 자기도 의로우시며 또한 예수 믿는 자를 의롭다 하려 하심이라(롬 3:25-26).

예수님의 죽으심의 중심적인 의미는 하나님의 "의로우심을 나타내려 하심"이었다. 하나님의 사랑 때문에 하나님께서는 모든 사람들로 하여금 죄짓지 못하도록 죄에 대한 진노를 나타내셨다. 다른 말로 속죄는 하나님께서 세상에 대한 자신의 도덕적인 통치를 유지하시는 수단이었다. 많은 성경적인 주제가 이것을 지지한다.

첫째, 성경 전체를 관통하는 중심적인 주제 중 하나가 하나님께서 자신의 길을 걸어가는 사람들을 일으켜 세우신다는 것이다(출 19:5-6; 대하

7:14; 마 22:36-40). 하나님은 자신을 존중하고 자신의 거룩을 반영하는 사람들과 교제하기를 원하시는 거룩하신 하나님이시다(출 19:6; 마 5:48; 벧전 2:9). 구약성경의 처음 시작부터 하나님께서는 자신의 도덕적인 원칙을 인간들에게 가르치셔서 그들로 하여금 그 원칙들을 지키도록 자극하심으로 세상을 통치하시고자 하셨다. 이것이 하나님께서 아담이 불순종하기를 선택한다면 일어나게 될 일을 경고하심으로 아담에게 순종할 것인지 불순종할 것인지 선택권을 부여하신 이유이다.

> 여호와 하나님이 그 사람에게 명하여 이르시되 동산 각종 나무의 열매는 네가 임의로 먹되 선악을 알게 하는 나무의 열매는 먹지 말라 네가 먹는 날에는 반드시 죽으리라 하시니라(창 2:16-17).

이 주제는 구약성경 전체를 통해 반복되고 있다. 예컨대 하나님께서는 이스라엘 백성들에게 말씀하신다.

> 보라 내가 오늘 생명과 복과 사망과 화를 네 앞에 두었나니 곧 내가 오늘 네게 명령하여 네 하나님 여호와를 사랑하고 그 모든 길로 행하며 그의 명령과 규례와 법도를 지키라 하는 것이라 그리하면 네가 생존하며 번성할 것이요 또 네 하나님 여호와께서 네가 가서 차지할 땅에서 네게 복을 주실 것임이니라 그러나 네가 만일 마음을 돌이켜 듣지 아니하고 유혹을 받아 다른 신들에게 절하고 그를 섬기면 내가 오늘 너희에게 선언하노니 너희가 반드시 망할 것이라 너희가 요단을 건너가서 차지할 땅에서 너희의 날이 길지 못할 것이니라 내가 오늘 하늘과 땅을 불러 너희에게 증거를 삼노라 내가 생명과 사망과 복과 저주를 네 앞에 두었은즉 너와 네 자손이 살기 위하여 생명을 택하고

(신 30:15-19; 참조. 11:26-28; 렘 7:1-15; 17:19-27; 21:8; 22:1-5).

이와 유사하게 신약성경에서 하나님의 궁극적인 목적은 "사랑 안에서 그 앞에 거룩하고 흠이 없는"(엡 1:4) 사람들을 창조하시는 것이었다. 바울은 그리스도인들이 하나님께서 "만드신 바라 그리스도 예수 안에서 선한 일을 위하여 지으심을 받은 자니 이 일은 하나님이 전에 예비하사 우리로 그 가운데서 행하게 하려 하심이니라"(엡 2:10)고 선언하고 있다. 비록 많은 그리스도인들이 하나님 앞에서의 거룩을 단지 그리스도께서 죄에 대한 형벌을 받으셨기 때문에 가능하게 된 법적인 지위라고 잘못 생각하고 있지만 성경에서 자신의 백성을 향한 하나님의 목표는 그들이 실제로 거룩한 삶을 사는 것이다(레 11:44-45; 벧전 1:15-16).

도덕적 통치 이론은 이러한 성경의 가르침과 일치한다. 이사야는 우리에게 "여호와께서 그의 의로 말미암아 기쁨으로 교훈을 크게 하며 존귀하게 하려 하셨다"(사 42:21)고 말하고 있다. 하나님께서는 이스라엘 백성들에게 자신들의 삶의 방식을 통해 하나님의 의를 인정하도록 자극함으로 자신의 가르침을 극대화하고 있다. 하나님께서는 기꺼이 이스라엘 백성들에게 하나님의 가르침에 대한 반역의 결과가 어떤 것인지를 생생하게 묘사하고 계신다.

동일한 방식으로 하나님께서 "이 예수를…그의 피로써 믿음으로 말미암는 화목 제물로 세우신 것"은 "자기의 의로우심을 나타내려 하심"이었다(롬 3:25). 죄악된 행동을 조장하려는 그 어떤 것도 도덕적 통치에는 있을 수 없다. 그러므로 하나님께서는 자신의 도덕적인 통치를 불순종의 심각한 결과를 보여 주심으로써 확립하시며 그렇게 하여 사람들이 하나님의 율법을 따라 걸어가도록 동기를 부여하신다. 대리 형벌 이론의 비극적인 결과 중의 하나는 종종 이와는 반대되는 효과를 가져온다는 것이다.

둘째, 성경을 통해 우리는 하나님께서는 단지 죄인들의 믿음과 회개에 기초하여 그들을 용서하시기를 기뻐하신다는 것을 배우게 된다. 이런 생각은 구약성경 전체를 통해서 선포되고 있고 드러나 있으며(대하 7:14), 신약성경에는 보다 분명하게 표현되어 있다(막 1:15; 행 2:37-38; 롬 2:4-8). 가장 중요하게 이 주제는 예수님의 비유에 널리 퍼져 있다.

예수님의 가장 유명한 비유 중의 하나는 탕자의 비유이다(눅 15:11-32). 한 아들이 부끄러워하지도 않고 아버지가 죽기 이전에 자신의 유산을 달라고 떼를 쓴다. 이것은 말하자면 "나는 당신이 죽기를 원해요"라고 말하는 것과 같다. 아들은 집을 떠나 자신의 전재산을 "허랑방탕하여"(눅 15:13) 허비해버렸다. 기근이 그 땅에 찾아온 후에 이 아들은 돼지를 먹이는 일꾼으로 전락하였다(눅 15:15-16). 돼지 먹이는 일꾼은 1세기의 유대인들에게는 가장 불명예스러운 직업 가운데 하나였다. 주려 죽게 된 어간에 이 아들은 정신을 차리고 종이 되기를 원하여 집으로 돌아온다(눅 15:16-17). 예수님께서는 계속해서 다음과 같이 비유를 이어가신다.

> 이에 일어나서 아버지께로 돌아가니라 아직도 거리가 먼데 아버지가 그를 보고 측은히 여겨 달려가 목을 안고 입을 맞추니 아들이 이르되 아버지 내가 하늘과 아버지께 죄를 지었사오니 지금부터는 아버지의 아들이라 일컬음을 감당하지 못하겠나이다 하나 아버지는 종들에게 이르되 제일 좋은 옷을 내어다가 입히고 손에 가락지를 끼우고 발에 신을 신기라 그리고 살진 송아지를 끌어다가 잡으라 우리가 먹고 즐기자 이 내 아들은 죽었다가 다시 살아났으며 내가 잃었다가 다시 얻었노라 하니 그들이 즐거워하더라(눅 15:20-24).

이 강력한 이야기는 죄인들을 향한 하나님의 심정을 아름답게 보여 주고 있다. 아들이 돌아오는 첫 조짐을 보자마자 "아직도 거리가 먼데" 아버지는 아들에게 달려가 그를 품에 안고 가정 안에서의 그의 지위를 회복시키신다. 의도적으로 낭비해 버린 막대한 유산에 대하여 아들이나 그 어떤 다른 사람이 배상해야 할 아무런 필요도 없다. 아버지는 자기 아들을 용서할 수 있기 전에 어떤 사람이나 심지어 그 자신을 벌할 필요가 없다. 아버지는 단지 자유롭게 용서하신다.

또 다른 예수님의 비유도 동일한 점을 말하고 있다. 얼마나 자주 우리가 서로 기꺼이 용서할 것인지에 대한 베드로의 질문에 예수님은 사실상 아무런 제한 없이 용서하라고 답하신다. 그리고는 계속해서 말씀하신다.

> 그러므로 천국은 그 종들과 결산하려 하던 어떤 임금과 같으니 결산할 때에 만 달란트 빚진 자 하나를 데려오매 갚을 것이 없는지라 주인이 명하여 그 몸과 아내와 자식들과 모든 소유를 다 팔아 갚게 하라 하니 그 종이 엎드려 절하며 이르되 내게 참으소서 다 갚으리이다 하거늘 그 종의 주인이 불쌍히 여겨 놓아 보내며 그 빚을 탕감하여 주었더니(마 18:23-27).

용서의 본질은 빚을 순수하고 단순하게 탕감해 주는 것임을 우리는 알 수 있다. 임금은 이 종을 용서해 주기 위해서 다른 누군가가 그 빚을 탕감해 줄 필요가 없었다. 임금은 단순히 "불쌍히 여겨" 그렇게 하였다. 우리를 향해 하나님도 그렇게 하신다. 하나님께서는 악인이 죽는 것을 기뻐하지 아니하시며 오히려 "악인이 그의 길에서 돌이켜 떠나 사는 것을 기뻐하신다"(겔 33:11). 악인이 단지 돌이킬 때 하나님께서는 "그가 본래 범한 모든 죄가 기억되지 아니하리라"(겔 33:16)고 약속하신다. 하나님께서 요구하시는 유일한 일은 우리가 우리의 죄로부터 돌이켜 하나님을 바라보는 것이다. 예수님은 우리들이 바로 그 일을 하도록 하시는 수단으로써 죄를 향한 하나님의 정당한 진노를 표현하셨다.

셋째, 성경의 또 다른 측면이 도덕적 통치 이론을 지지한다. 구약성경 시대에 사람들은 자신들의 죄 때문에 희생 제사를 드려야 했다. 왜 이것을 요구하시는가? 이들 동물들이 인간이 받아 마땅한 형벌의 대리물이기 때문이 아니었다. 실제로 만일 어떤 사람이 동물을 제공할 수 없다면 음식을 제공해도 괜찮다(레 5:11-13). 동물의 피에 대하여 대속적인 그 어떤 것도 없었음이 분명하다. 실제로 그리스도의 피를 가장 긴밀하게 상징화해 주는 "속죄 양"은 죽임을 당한 것이 아니라 광야로 보내졌다(레 16:10). 게다가 어떠한 희생 제사도 드려질 수 없는 죄가 있었다(민 15:30-31).

그렇다면 이들 희생 제사의 초점은 무엇이었는가? 이 희생 제사들은 이스라엘 백성들에게 죄에 대한 하나님의 심판의 심각성을 보여 주기 위한 것이었다. 이들 피 흘리는 희생 제사는 이스라엘 백성들에게 "죄의 삯은 사망"(롬 6:23)이라는 것을 끊임없이 상기시켜 주었다.

이러한 의미에서 희생 제사들은 "온 세상의 죄를 위한" 하나님 자신에 의해 이루어진 궁극적인 희생 제사를 미리 보여 주는 것이었다. 구약성경의 희생 제사가 성취할 수 있었던 것을 훨씬 초월하는 방식으로 그리스도께서는 우리의 "양심을 죽은 행실에서 깨끗하게 하고 살아 계신 하나님을 섬기게 하기" 위하여 "흠 없는 자기를 하나님께 드리셨다"(히 9:14). 그리스도의 죽음에서 우리는 죄의 온전한 가혹함을 보게 된다. 왜냐하면 우리는 하나님 자신의 아들이 담당하신 죄에 대한 하나님의 진노를 보기 때문이다.

넷째, 도덕적 통치 이론과 어울리는 성경의 또 다른 가르침은 전가될 수 없다는 것이다. 예컨대 에스겔은 다음과 같이 말하고 있다.

> 범죄하는 그 영혼은 죽을지라 아들은 아버지의 죄악을 담당하지 아

니할 것이요 아버지는 아들의 죄악을 담당하지 아니하리니 의인의 공의도 자기에게로 돌아가고 악인의 악도 자기에게로 돌아가리라 (겔 18:20).

이 견해는 대부분의 사람들이 직관적으로 알고 있는 것과 어울린다. 사람들은 다른 사람의 범죄에 대하여 정당하게 처벌받을 수 없다. 비록 대리 형벌 이론의 지지자들이 대단한 노력을 하기는 하지만 그들은 결코 예수님께서 어떻게 모든 사람의 죄책을 문자적으로 담당하실 수 있었는지 명확하게 설명하지 못하고 있다.

다섯째, 도덕적 통치 이론과 합치하는 성경의 또 하나의 측면은 신자들에게 **심판대**가 있을 것이라는 신약성경의 가르침이다. 예를 들면 바울은 "우리(신자들)가 다 반드시 그리스도의 심판대 앞에 나타나게 되어 각각 선악간에 그 몸으로 행한 것을 따라 받으려 함이라"(고후 5:10)고 말하고 있다. 모든 신자들의 행실을 시험할 불이 있을 것이다(고전 3:12-15). 그리고 예수님의 많은 가르침은 자신들의 주인이 명한 것을 행하지 않은 종들에게 이루어진 처벌을 말하고 있다(눅 12:45-48; 16:1-13; 19:11-27). 만일 신자들의 모든 죄가 사실 이미 갈보리 십자가 위에서 지불되었다면 이러한 심판이 어떻게 가능하겠는가? 이에 대하여 대리 형벌 이론은 좋은 대답을 가지고 있지 못하다.

2) 지지하는 논증

(1) 도덕적 통치 이론의 일관성과 실천성

도덕적 통치 이론은 사람들이 예수님께서 문자적으로 다른 사람의 죄책을 담당하셨다는 사리가 맞지 않는 주장을 믿으라고 요구하지 않는다.

또한 이 견해는 사람들이 심지어 자신들의 삶이 죄악된 때에도 하나님께서 자신들을 의롭다고 보신다고 믿으라고 요구하지도 않는다. 도덕적 통치 이론은 성경이 가르치는 것과 합치하며 사람들이 정의의 본성에 대하여 일반적으로 생각하는 것과 합치한다. 아마도 가장 중요하게 관련 있는 것은 도덕적 통치 이론은 신자들이 거룩한 삶을 살라고 하는 하나님의 요구를 훼손하지 않고 강조한다는 것이다.

(2) 하나님의 용서의 진정성

나에게 당신이 지불할 수 없는 재정적인 빚을 지고 있다고 생각해 보자. 당신의 친구 한 명이 당신을 대신하여 나에게 지불한다. 그런 다음 나는 당신의 빚이 "탕감되었다"고 선언한다. 나는 진리를 말하고 있는가? 그렇지 않다. **지불된 빚은 온전한 탕감이 아니다.** 마찬가지로 만일 하나님께서 인간의 빚이 지불되기를 요구하신다면 하나님께서는 결코 그 빚을 탕감하신 것이 아니다. 사실 하나님께서는 "완전히 지불받으셨다." 그러나 대리 형벌 이론과는 대조적으로 도덕적 통치 이론은 하나님께서 사람들이 자신에게 빚진 것이 지불될 것을 요구하시지 않기 때문에 하나님께서 죄인들을 완전히 용서하신다는 것을 보여 준다.

(3) 삼위일체의 거룩성과 통일성

대리 형벌 이론은 예수님께서 십자가에 달리신 동안 하나님께서 문자적으로 예수님을 "죄로 삼으셨다"(고후 5:21)고 우리가 믿도록 한다. 그러나 이 견해가 주장하는 바와 같이 만일 하나님께서 죄인들의 죄를 처벌하지 않고는 죄인들과 교제하실 수 없을 정도로 죄에 대하여 그토록 반대하신다면 우리는 거룩하신 하나님의 아들이 죄가 **되신 것을** 어떻게 이해할 수 있는가? 반대로 만일 하나님께서 문자적으로 죄가 **되셨다면** 하나님께서 죄인들의 죄를 처벌하시지 않고 죄인들과 교제하실 수 없다는 주장은 더 이상 성립될 수 없다.

바울은 이 본문에서 구약성경의 희생 제사의 언어를 사용하고 있다. 바울은 예수님께서 문자적으로 죄가 되셨다고 말하고 있지 않다. 단지 예수님은 속죄제의 역할을 담당하셨다는 것이다. 그러므로 도덕적 통치 이론은 죄와 아무런 관계를 가지실 수 없는 하나님께서 어떻게 죄가 되셨는지 이해해야 하는 문제를 피하게 해 준다.

이와 관련하여 대리 형벌 이론은 아들이 십자가에 달려 있는 동안 아버지께서는 아들을 문자적으로 거절하고 심판하셨다고 믿을 것을 요구한다. 그러나 이것은 신성의 통일성을 파괴하지 않는가? 성부와 성자는 인류를 구원한다는 목표에서 연합되어 있음이 사실이다. 그러나 이것은 성부와 성자 사이에 실제적인 분리가 일어났다는 사실을 보여 준다. 이러한 의견은 삼위일체의 삼위 하나님께서는 분리가 불가하다는 성경적이고 전통적인 이해와 어긋난다. 도덕적 통치 이론은 이 문제 또한 피할 수 있게 해 준다. 성부는 성자를 십자가에서의 저주받은 죽음을 죽게 하심으로 자신의 아들에게가 아니라 **우리에게** 죄에 대한 자신의 진노를 표현하셨다. 성부는 구약성경에서 희생 제사로 드려진 동물들을 향하여 진노하지 않으셨듯이 십자가의 자신의 아들을 향하여 진노하지 않으셨다.

3) 반론에 대한 응답

(1) 예수님께서 우리의 죄를 담당하셨다

대부분의 복음주의자들은 도덕적 통치 이론이 예수님께서 우리의 죄를 담당하시고 하나님의 진노를 가라앉히셨다는 성경 본문(히 9:28; 벧전 2:24; 요일 2:2)과 상충된다는 사실에 근거하여 이 이론에 반대한다. 구약성경 또한 희생 제사의 동물들에 대해 이러한 방식으로 말하고 있다(레 1:4).

그러나 어떤 그리스도인도 동물들이 문자적으로 사람들의 처벌이나 하나님의 진노를 가라앉히기 위한 대리물이라고 생각하지 않는다. 이 동물들은 도리어 하나님의 진노와 심판을 나타낸다. 예수님의 죽음에 있어서도 동일한 진리가 적용된다. 구약성경에서 희생으로 드려진 동물들과 마찬가지로 예수님은 죄를 향한 하나님의 진노와 그 죄가 마땅히 받아야 하는 심판을 부인할 수 없을 정도로 분명하게 하였다는 의미에서 우리의 죄를 담당하시고 우리의 화목 제물이 되셨다.

(2) 하나님의 공의는 어떻게 되는가?

많은 사람들은 도덕적 통치 이론이 하나님의 공의를 훼손한다고 주장한다. 왜냐하면 도덕적 통치 이론은 용서함 받은 사람들의 죄가 처벌되지 않은 채로 있음을 의미하기 때문이다. 실제로 대리 형벌 이론을 지지하기 위하여 가장 흔하게 사용되는 논증들 가운데 하나는 어떻게 거룩하신 하나님께서 죄에 대한 자신의 의로운 진노를 타협하지 않으시고 죄인들을 용서하실 수 있는가 하는 것이다. 이에 대한 응답으로 두 가지를 말할 수 있다.

첫째, 대리 형벌 이론은 죄책이라고 하는 것이 유죄한 편으로부터 무죄한 편으로 전가된다는 모순된 주장에 근거하고 있기 때문에 하나님의 공의를 제대로 설명하지 못한다. 하나님께서 예수님을 죽이실 때 우리의 죄에 대한 값이 지불되었다고 말하는 것은 어떤 것도 밝혀주지 못한다. 그것은 단지 우리의 논의에 또 다른 신비를 더할 뿐이다.

둘째, 사람들은 용서하는 것에 있어서 거룩하지 않은 것이 전혀 없으며 하나님의 용서는 죄에 대한 하나님의 정당한 진노만큼의 하나님의 거룩하심의 표현이라는 반론이 있다. 그러나 이러한 반론은 대리 형벌 이론과 같이 과거의 죄가 처벌**되어야만 한다**는 규칙이 우주 안에 존재한다고 가정한다. 그러나 누가 이런 것을 가정하겠는가? 우리는 사람들을 용서할 때 이런 가정에 집착하지 않는다. 왜 하나님이 그렇게 하서야만 하는가? 실제로 앞에서 이미 언급한 것과 같이 만일 하나님께서 지불을 주장하신다면 하나님께서는 사람들을 용서하시는 것이 아니다. 또한 성경은 하나님께서는 자신의 사랑과 자비로 인해 단지 어떤 사람이 회개하고 하나님께로 돌아올 때 과거의 죄를 잊어버리신다고 가르치고 있다(시 103:8-14). 하나님은 지불하는 것 없이도 사람들의 빚을 무효화하시기 때문에 진정으로 용서하시는 하나님이시다.

5. 심화 학습을 위한 도서 목록

Aulen, Gustaf. *Christus Victor*. Translated by A. G. Hebert. New York: Macmillan, 1969.

Beilby, James, and Paul R. Eddy, eds. *The Nature of the Atonement: Four Views*. Downers Grove, IL: InterVarsity, 2006.

Clark, Stephen B. *Redeemer: Understanding the Meaning of the Life, Death, and Resurrection of Jesus Christ*. Ann Arbor, MI: Servant, 1992.

Culpepper, Robert. *Interpreting the Atonement*. Grand Rapids: Eerdmans, 1966.

Driver, John. *Understanding the Atonement for the Mission of the Church*. Scottdale, PA: Herald, 1986.

Green, Joel B., and Mark D. Baker. *Recovering the Scandal of the Cross: Atonement in New Testament and Contemporary Contexts*. Down-

ers Grove, IL: InterVarsity, 2000.
Hengel, Martin. *The Atonement: The Origins of the Doctrine in the New Testament*. Translated by John Bowden. Philadelphia: Fortress, 1981.
Hill, C. E., and F. A. James III, eds. *The Glory of the Atonement*. Downers Grove, IL: InterVarsity, 2004.
Jeffery, Steve, Michael Ovey, and Andrew Sach. *Pierced for Our Transgressions: Rediscovering the Glory of Penal Substitution*. Wheaton: Crossway, 2007.
Marshall, I. Howard. *The Work of Christ*. Grand Rapids: Zondervan, 1969.
Morris, Leon. *The Apostolic Preaching of the Cross*. Rev. ed. Grand Rapids: Eerdmans, 1994.
―――. *The Cross of Jesus*. Grand Rapids: Eerdmans, 1988.
Murray, John. *Redemption Accomplished and Applied*. Grand Rapids: Eerdmans, 1955.
Shelton, R. Larry. "A Covenant Concept of the Atonement." *Wesleyan Theological Journal* 19 (1984): 91-108.
―――. *Cross and Covenant: Interpreting the Atonement for Twenty-first Century Mission*. Tyrone, GA: Paternoster, 2006.
Wallace, Ronald S. *The Atoning Death of Christ*. Westchester, IL: Crossway, 1981.

제8장

구원론 논쟁

하나님께서는 택자를 구원하신다 (칼빈주의)
vs
하나님께서는 모든 사람이 구원받기를 원하신다 (알미니안주의)

1. 서론

1) 문제 제기

나단(Nathan)이 보기에 매주간 성경 공부는 여러 달 동안 잘 진행되어 가고 있었다. 성경 공부 그룹은 바울의 로마서를 공부하고 있었는데 사람들은 함께 배우고 영적으로 성숙해 가고 있는 것처럼 느껴졌다. 토론 시간은 항상 활발했고 도전적이었다. 매일 저녁마다 바울이 말하려고 하였던 것과 어떻게 바울의 말을 특별히 매일의 삶 속에 적용할 수 있을 것인지에 대하여 일반적인 합의가 이루어지는 듯하였다. 그리고 로마서 9장에 이르렀다. 그날 저녁을 마무리할 때 나단은 혼란스러웠다.

사실 나단이 확신하였던 유일한 것은 그날 밤의 그룹 토의 시간은 "빛"을 던져 주었다기보다는 "열기"를 더해 주었다는 것이다. 저스틴(Justin)은 로마서 9장이 하나님께서 만물 위에 주권적이심을 분명히 보여 준다고 강하게 주장하였다. 구체적으로 하나님께서는 은혜를 인하여 구원받을 단지 몇몇 사람들, 즉 택자들만을 주권적으로 선택하셨다.

반면에 이런 저스틴의 주장에 대해 알리샤(Alisha)는 강하게 반대하였다. 알리샤는 하나님께서는 모든 사람이 구원받기를 원하신다고 말하고 있는 디모데전서 2:4을 인용하였다. 나단은 두 사이에 끼여 있다고 느끼게 되었다. 왜냐하면 나단은 하나님의 주권과 하나님의 사랑 둘 다를 믿고 있었기 때문이다. 나단은 그날 밤 성경 공부 모임 장소에 도착할 때보다 그곳을 떠날 때 훨씬 많은 문제를 간직하게 되었다.

2) 핵심 주장과 차이점

복음주의 그리스도인들은 구원이라는 주제에 관하여 많은 부분 서로 의견을 같이한다. 복음주의의 중심적인 규정적 특징 중 하나는 어떤 사람의 회심 경험이 구원을 위하여 필수적이라는 것이다. 복음주의자들은 우리가 믿음으로 말미암아 은혜로 인하여 구원받는다고 믿는다. 구원은 우리 자신에게서 난 것이 아니다. 구원은 하나님의 선물로 "행위에서 난 것이 아니니 이는 누구든지 자랑하지 못하게"(엡 2:8-9) 하는 것이다. 모든 복음주의자들은 하나님께서 우리의 주권적인 창조자이심과 동시에 우리의 사랑스러운 구속자이심을 고백한다. 우리가 죄 용서와 하나님과의 평화를 발견하는 것은 예수님의 희생적인 죽으심과 승리의 부활만을 통해서라는 사실에 대해서는 완벽한 의견의 일치가 있다.

구원에 대한 이들 중심적인 교리들에 대해서는 상당 부분 의견의 일치가 있는 반면에 어떻게 이들 교리들이 그 상세한 부분에 있어서 이해되어야 하는지에 대해서는 광범위한 불일치가 존재한다. 예를 들면 복음주의자들은 **예정**과 **선택**의 주제가 구원에 대한 성경적 이해에 있어서 중심적이라는 사실에 의견의 일치를 보이고 있다. 왜냐하면 예정과 선택이라고 하는 것이 성경에서 명확하고 일관되게 가르쳐지고 있기 때문이다(롬 8-9; 엡 1). 그러나 **어떻게** 선택이 작용하게 되는지 그리고 **어떤 근거에서** 하나님께서는 사람들을 예정하시는지의 문제에 이르게 되면 복음주의자들은 다양한 의견을 개진한다.

이것은 새로운 논쟁 주제가 아니다. 구원의 본질이라는 주제는 교회 역사 전체를 통해 논쟁을 거듭해오고 있다. 보다 긴박한 질문은 다음과 같은 것들을 포함한다. 구원의 과정에서 하나님의 주권과 하나님의 사랑 사이에 존재하는 적절한 균형은 무엇인가? 하나님의 은혜의 본성은 무엇이며 하나님의 은혜는 어떻게 인간의 삶 속에서 역사하는가? 어느 정도까지 죄는 인간의 자유에 영향을 미치고 있는가? 그리고 인간의 자유는 회심에 있어서 중심적인 역할을 하고 있는가?

다른 정통적인 그리스도인들과 같이 모든 복음주의자들은 최소한 이들 문제들에 대한 어떤 한 관점에 반대한다는 면에서는 의견의 일치를 보이는데 그것은 **펠라기우스주의**이다. 펠라기우스(Pelagius, 390-418)는 로마에서 지지자들을 얻고 그리스도인의 삶에서 도덕적인 노력의 필요를 강조하였던 5세기 수도사였다. 비록 그의 열망은 고상한 것이기는 하였지만 그가 이러한 열망을 표현하고자 발전시켰던 신학은 문제가 있었다. 다른 문제 가운데 펠라기우스는 아담의 죄는 인간 본성에 아무런 영향을 미치지 않았다고 주장하였다. 그렇게 하여 펠라기우스는 인간 존재는 죄 없는 삶을 살 수 있는 내재적인 능력을 가지고 있다고 주장하였다. 하나님의 은혜는 우리가 하나님 앞에 거룩한 삶을 살도록 도와준다.

그러나 펠라기우스는 우리가 은혜만으로 구원받는다는 것을 부정하였다. 모든 복음주의자들은 펠라기우스가 타락한 인간 본성에 대한 평가에서 지나치게 낙관적이었으며 그래서 구원받기 위하여 우리가 하나님의 은혜를 필요로 한다는 사실을 적절하게 강조하지 않았다는 데 의견의 일치를 보이고 있다. 그러나 비록 복음주의자들이 이 부분에서 동의하기는 하지만 구원의 본질과 관련된 다른 문제들에 대해서는 의견이 나누어진다. 이어지는 두 개의 논문은 오래되고 구별되는 역사를 가지고 있는 두 가지 관점을 대변한다.

처음 논문에 나타나 있는 칼빈주의의 견해는 유명한 5세기 신학자 어거스틴과 바울의 로마서에 대한 그의 해석에까지 소급한다. 이러한 견해를 주장하였던 다른 유명한 그리스도인들 가운데 위대한 종교개혁자들인 마틴 루터와 존 칼빈이 있다. 거기에 유명한 부흥설교가들인 조지 휫필드(George Whitefield, 1714-1770)와 조나단 에드워즈(Jonathan Edwards, 1703-1758) 등도 이 견해를 주장하였다. 오늘날 이 견해는 R. C. 스프롤(Sproul, 1939-)과 존 파이퍼(John Piper, 1946-) 등과 같은 복음주의 학자들에 의해 분명하게 표명되고 변호되고 있다. 이 견해의 핵심에는 하나님께서는 자신의 지혜와 주권 가운데 세상의 기초를 놓기 전부터 죄 많은 인류로부터 일단의 사람들인 택자를 구원하기 위하여 자비롭게 선택하셨다는 확신이 있다.

두 번째 논문은 17세기 초엽의 신학자인 제이콥 아르미니우스의 이름을 따라 붙여진 알미니안주의로 알려진 견해이다. 이 견해의 뿌리 또한 초대교회로 거슬러 올라간다. 그 뿌리는 5세기에 구원과 은혜의 작용에 대한 어거스틴의 해석을 반대하였던 사람들 가운데 한 명이 존 카시안(John Cassian, 360-435)이라는 수도사였다. 그는 어거스틴이 펠라기우스주의의 잘못에 도전한 것은 옳았지만 구원의 과정에 있어 인간의 자유가 어떤 실제적인 역할을 한다는 점을 부정한 점에서는 어거스틴이 너무 지나쳤다고 주장하였다. 카시안의 기본적인 확신은 종교개혁 시대에 가톨릭 학자 데시데리우스 에라스무스(Desiderius Erasmus, 1466-1536)와 재세례파 사람들에 의해 반복되었다.

이 견해를 주장하였던 다른 사람들로는 부흥설교가 존 웨슬리(John Wesley, 1703-1791)와 찰스 피니(Charles Finney, 1792-1875)가 있다. 보다 최근에는 이 견해가 C. S. 루이스(C. S. Lewis, 1898-1963)와 클라크 피녹(Clark Pinnock, 1937-2010) 같은 기독교 사상가들에 의해 주장되고 있다. 알미니안적인 견해의 근본적인 확신은 구원이 전적으로 하나님의 주권적인 은혜에 의해서 인간에게 오기는 하지만 이러한 은혜는 인간 존재가 자유롭게 영원한 생명에 대한 하나님의 공급을 받아들이거나 거부할 수 있도록 허용하신다는 것이다. 간단히 설명해서 하나님께서는 자신의 인간 피조물과 사랑의 관계를 맺기 원하신다. 그리고 진정한 사랑은 선택을 포함하여야만 한다.

2. 하나님께서는 택자를 구원하신다 (칼빈주의)

1) 성경적 논증

구원에 관한 칼빈주의 견해는 관례적으로 TULIP(튤립)이라는 문자에 의해 표시되는 다섯 가지 논점을 중심으로 표현될 수 있다. TULIP의 T는 **전적 타락**(total depravity)을 의미한다. 성경은 타락으로 말미암아 모든 인간 존재가 그들 자신의 힘으로는 하나님께 긍정적으로 반응할 수 없다고 가르치고 있다. 아담이 타락하지 않았다면 사정이 달라졌을 것이다.

그러나 지금의 사정은 우리가 "아담 안에"(고전 15:22) 있다는 것이다. 우리는 우리의 죄로 인하여 무기력하게 된 반역의 무리들이다. 성경은 인간이 "죄 가운데 죽었다"(엡 2:1, 5)라고 말하는 자리까지 나아간다. 우리는 단지 타락으로 인해 하나님께 순종하는 것이 더 어렵게 되었기 때문에 하나님께서 도우셔야만 하는 것처럼 마치 어떤 부상을 당한 상태가 아니다. 우리는 하나님에 대한 순종에 관한한 시체들이다. 시체는 어떤 것에도 반응할 수 없다. 그러므로 우리가 하나님과의 관계를 누리기 위해서는 하나님께서 우리를 부활시키는 것 밖에는 다른 방법이 없다. 사실 성경이 자신의 자녀로 삼으신 자들에게 하나님께서 행하셨다고 선언하고 있는 일이 바로 그것이다(엡 2:4-5). 하나님의 은혜를 떠나서는 모든 인간은 소망 없는 존재일 뿐이다.

성경은 우리의 전적인 타락을 많은 방식으로 확실하게 나타내고 있다. 바울은 중생하지 못한 사람들은 "본질상 진노의 자녀들"(엡 2:3)이라고 말한다. 우리는 우리 피부의 색깔을 바꿀 수 없듯이 우리 스스로 우리의 본성을 바꿀 수 없다(렘 13:23). 만일 우리가 하나님의 사랑의 대상이 되기를 원한다면 하나님께서는 우리의 본성을 바꾸셔야만 한다. 하나님께서는 그 자신의 것으로 삼으신 사람들에게 이 일을 하신다(엡 2:1-7). 신자들은 문자적으로 새로운 피조물이 되었으며 새로운 인류가 되었다(고후 5:17; 엡 2:15).

성경은 인간은 죄의 종이며 사탄의 종이라고 선언하고 있다(롬 6:16, 19-20). 종은 자신의 주인으로부터 자신을 자유롭게 할 수 없다. 만일 종이 자유롭게 되기를 원한다면 어떤 사람이 그를 도와야만 한다. 이것이 바로 하나님께서 자신의 택자들을 위해 하신 일이다. 하나님께서는 택자들을 형벌과 죄에 대한 속박과 사탄의 능력에서 자유케 하시며, 결코 그들 스스로는 할 수 없었을 그 일을 하도록 자유케 하신다.

다시 말하면 하나님께서는 자신을 선택하고 사랑하고 순종하도록 그들을 자유케 하신 것이다. 우리 스스로 선택한 멍에 때문에 우리는 우리 자신 편에서 하나님에게 긍정적인 반응을 할 수 없다. 우리는 만일 하나님께서 우리에게 그렇게 하도록 능력을 부여하지 않는다면 심지어 구원을 받아들일 수조차 없다(롬 9:14-23; 엡 2:8). 바울은 우리의 상태를 다음과 같이 감동적으로 요약하고 있다.

> 의인은 없나니 하나도 없으며 깨닫는 자도 없고 하나님을 찾는 자도 없고 다 치우쳐 함께 무익하게 되고 선을 행하는 자는 없나니 하나도 없도다(롬 3:10-12).

스스로는 아무도 하나님 앞에 의롭다 할 수 없으며 심지어는 하나님을 찾는 자도 없다. 이것이 전적 타락이 의미하는 것이다.

TULIP의 U는 무조건적 선택(unconditional election)을 의미한다. 만일 우리가 정말로 영적인 시체들이라면 우리 안에 있는 어떠한 것도 우리를 구원하려는 하나님의 선택을 얻을 수 없다. 그럼에도 불구하고 만일 하나님께서 우리를 구원하기로 선택하신다면 그렇게 하신 이유는 우리가 아니라 하나님 안에 있는 것이다.

바울은 "(하나님께서) 창세 전에 그리스도 안에서 우리를 택하사…그 기쁘신 뜻대로 우리를 예정하사 예수 그리스도로 말미암아 자기의 아들들이 되게 하셨으니"(엡 1:4-5)라고 선언하고 있다. 또한 바울은 하나님께서 "우리를 구원하사 거룩하신 소명으로 부르심은 우리의 행위대로 하심이 아니요 오직 자기의 뜻과 영원 전부터 그리스도 예수 안에서 우리에게 주신 은혜대로 하심이라"(딤후 1:9)고 말하고 있다. 창세 전에 하나님께서는 죄악된 많은 사람들 가운데서 일단의 사람들을 자신의 자녀가 되도록 선택하셨다. 하나님께서는 이 일을 사람들의 행위를 따라 하신 것이 아니라 그 자신의 기쁘신 뜻대로 하신 것이다. 이것이 성경이 신자들을 하나님의 택하신 자들이라고 부르는 이유이며(마 24:22, 24, 31), 왜 하나님의 선택이 무조건적인지 이해할 수 있는 이유이다. 타락한 인간 존재 안에 있는 어떤 것도 하나님의 선택을 "이끌어 내지" 못한다.

TULIP의 L은 **제한 속죄**(limited atonement)를 의미한다. 그리스도의 죽음은 세상 죄를 위하여 충분한 것이었지만 그것은 하나님께서 구원받도록 예정하신 일단의 사람들만을 위한 것이었다. 예수님께서는 멸망받도록 예정된 사람들을 위해 자신의 피를 허비하시면서 성부와 반대 목적을 가지고 사역하지 않으셨다(잠 16:9).

우리는 요한복음 17장에 있는 예수님의 대제사장의 기도에서 택자들에 대한 그리스도의 특별한 관심을 보게 된다. 예수님은 하나님 아버지에게 기도하셨다.

> 세상 중에서 내게 주신 사람들에게 내가 아버지의 이름을 나타내었나이다(요 17:6).

예수님께서는 아버지의 이름이 모든 사람에게 알려지기를 원하신 것이 아니라 단지 아버지께서 자신에게 주신 자들에게만 알려지기를 원하셨다. 바로 이어 예수님은 이렇게 기도하셨다.

> 내가 그들을 위하여 비옵나니 내가 비옵는 것은 세상을 위함이 아니요 내게 주신 자들을 위함이니이다 그들은 아버지의 것이로소이다 내 것은 다 아버지의 것이요 아버지의 것은 내 것이온데 내가 그들로 말미암아 영광을 받았나이다(요 17:9-10).

하나님의 아들은 아버지의 뜻을 완벽하게 아신다. 그러므로 성자는 처음부터 누가 아버지에게 속하였고 누가 아버지에게 속하지 않았는지를 아셨다(요 10:14-16, 25-29). 아들은 아버지께서 누구를 자신에게 이끄실지 누구를 이끌지 않으실지를 아신다(요 6:44-45). 아들은 택자들에게만 아버지를 나타내시며 택자들만을 위하여 기도하신다. 동일한 일이 속죄에도 적용된다. 예수님께서 성부께서 구원하려고 하지 않으셨던 사람들을 구원하시기 위해 죽으셨다는 것은 이상한 일이다. 예수님은 그들이 구원받지 못할 사람들이라는 것을 알고 계셨다.

TULIP의 I는 **불가항력적 은혜**(irresistible of grace)를 의미한다. 성경은 사람들이 그들 자신의 뜻이 아니라 하나님의 뜻에 따라 구원받는다는 것을 분명히 한다. 하나님의 선택은 "원하는 자로 말미암음도 아니요 달음박질하는 자로 말미암음도 아니요 오직 긍휼히 여기시는 하나님으로 말미암음"(롬 9:16)이다. 그리스도인들은 "혈통으로나 육정으로나 사람의 뜻으로 나지 아니하고 오직 하나님께로부터 난 자들"(요 1:13)이다. 모든 일이 그들 자신에게 맡겨져 있다면 사람들은 전적으로 타락하였기 때문에 영원히 하나님을 의지적으로 저항할 것이다. 그것이 바로 잃어버린 자들이 하는 그 일이다. 그러나 하나님께서는 은혜롭게도 자신이 택한 자들의 마음을 바꾸어 주신다. 하나님께서는 그들의 마음을 돌이켜 그들의 내적인 영 가운데 하나님을 향한 사랑을 넣어주신다(렘 31:31-34). 하나님의 은혜는 그렇지 않았다면 하나님의 은혜를 거절하였을 사람들의 의지를 바꾸어 주신다.

마지막으로 TULIP의 P는 **성도의 견인**(perseverance of the saints)을 의미한다(**영원한 안전**을 보라). 사람들이 하나님에 의해 선택되어 하나님의 불가항력적인 은혜에 의해 변화되었을 때 사람들은 떨어져 나갈 수 없다. 그들은 의심할 여지없이 분투할 것이며 심지어 일시적으로 죄에 빠질 수도 있다. 그러나 그들은 자신들의 영원한 상급을 받을 때까지 자신들의 신앙을 유지할 것이다. 이러한 놀라운 가르침은 신약성경에 널리 퍼져 있다. 예를 들면 신자들은 영생을(소망하고 있다가 아니라) 가졌다고 말하고 있다(요 3:36; 6:47). 끝이 날 수 있는 영생은 영원하지 않을 것이다. 이와 비슷하게 예수님은 신자들에게 그들을 아버지의 손에서 아무도 "빼앗을 수" 없다고 확신시켜 주신다(요 10:28-29). 신약성경은 또한 신자들이 하나님의 능력으로 "안전하게 지켜지고" 있다는 것을 일관되게 강조하고 있다(벧전 1:4-5; 유 1장).

구원에 대한 신약성경의 가르침은 인간의 전적 타락에 대한 가르침으로 시작하여 택자들의 영원한 안전에 대한 영광스러운 선포로 마치고 있다. 하나님의 무조건적인 선택과 예수님의 죽으심, 그리고 성령의 불가항력적인 사역은 죄인들을 안전한 신자들이 되도록 바꾸어 주신다.

2) 지지하는 논증

(1) 논리적 정합성

칼빈주의의 다섯 가지 주장은 상호 연관되어 있어서 알미니안주의에서는 결여되어 있는 논리적으로 일관된 구원에 대한 이해를 제공해 준다. 인간은 전적으로 타락하였기 때문에 사람들 중 일부를 구원하려는 하나님의 선택은 무조건적이어야만 한다. 분명히 인간에게는 하나님께서 선택하도록 할 만한 그 어떤 것도 있을 수 없다. 하나님의 선택이 무조건적이고 제한적(즉 모든 사람이 선택된 것은 아니다)이기 때문에 예수님의 죽으심은 모든 사람을 구원할 의도가 있었던 것일 수 없다. 왜냐하면 성자는 아버지와는 반대되는 목적으로 일하실 수 없기 때문이다.

또한 택자들의 의지는 모든 죄인들의 의지와 마찬가지로 타락하였기 때문에 성령께서는 그들의 마음 가운데 불가항력적으로 일하셔야만 하며 그래서 택자들은 하나님을 거부하지 않고 하나님을 선택하게 된다. 마지막으로 개개인들은 구원받을 만한 아무 근거도 없기 때문에 그들은 자신들의 계속적인 구원을 위해 아무런 할 일이 없다. 그들은 전능하신 하나님에 의해 부름을 받았고 보호받고 있다.

대조적으로 구원에 대한 알미니안주의의 이해는 모순적이다. 알미니안주의는 하나님께서 사람들의 신앙에 근거하여 그들을 선택하셨다고 주장함과 동시에 인간이 타락하였다고 주장한다. 그러나 인간이 진정으로 타락하였다면 어떻게 신앙을 가질 수 있는가? 그리고 어떤 사람이 선택되었는가 그렇지 않는가를 결정하는 요소가 **그들이** 하는 일(즉 믿음을 가지는 일)이라면 **하나님께서** 사람들을 선택하신다고 말하는 의의가 무엇인가?

알미니안주의에 따르면 예수님의 죽음의 의도는 모두를 구원하려는 것이었지만 모든 사람이 구원받는 것은 아니라고 주장한다. 이것은 예수님의 죽으심이 그들의 죄가 결코 속죄되지 않는 많은 사람들을 위한 속죄가 되는 모순적인 결론에 이르게 된다. 어떤 사람의 죄는 속함을 받았거나-이 경우 그 사람은 용서를 받고 구원을 얻는다-그렇지 않으면 속함을 받지 않는 둘 중 하나이다. 그러므로 예수님의 죽으심은 실제로 속죄하신 사람들만을 위한 것(칼빈주의 견해)이거나 그렇지 않으면 모든 사람을 위하여 의도된 것이기에 모든 사람이 구원을 받아야 한다(보편구원론). 알미니안주의는 이 두 가지 대안 사이에서 근거를 발견하려고 노력하지만 이것은 모순에 도달하게 된다.

또한 알미니안주의가 사람들이 성령의 구원하시는 사역에 항복하거나 거부하거나 선택할 수 있다고 주장하는 것은 모순적이다. 그들은 사람들이 전적으로 은혜에 의하여 구원을 받는다는 것을 인정하기는 한다. 그러나 만일 구원받은 사람과 구원받지 못한 사람 사이의 차이가 전자는 성령에게 굴복하지만 후자는 굴복하지 않는 것이라면 어떻게 구원받은 사람들이 구원받지 못하는 사람들보다 더 낫다거나 아니면 최소한 덜 죄악되다는 결론을 피할 수 있겠는가? 그리고 어떻게 사람들의 구원에 대하여 하나님께만 영광을 돌릴 수 있는가? 또한 알미니안주의자들이 가르치고 있는 것처럼 만일 사람들이 끊임없이 신앙을 산출함으로써 그들 스스로 구원을 지키도록 해야 한다면 끝까지 믿음을 지킨 사람들이 그렇지 못한 사람들보다 더 낫다라는 결론을 어떻게 피할 수 있는가? 이처럼 알미니안주의는 사람들을 구원하고 지켜주는 것이 하나님의 은혜라고 주장하지만 그들의 주장은 논리적이지 않다.

(2) 모든 영광은 하나님의 것이다

칼빈주의만이 사람의 구원에 대하여 하나님께 온전한 영광을 돌릴 수 있다. 칼빈주의는 인간에게 어떠한 역할도 부여하지 않는다. 하나님의 구원의 제안을 받아들일 수 있는 충분한 선함이나 영적인 통찰력도 인간에게는 없다. 하나님께서는 구원 과정의 시작이자 중간이며 마지막이시다. 칼빈주의는 그렇게 함으로 영광스러우며 신약성경에 잘 부합하는 주권적이며 은혜로우신 하나님에 대한 그림을 잘 제시하고 있다.

(3) 신자의 확신

마지막으로 칼빈주의는 하나님을 구원의 유일한 창시자이시며 유지자라고 주장하기 때문에 신자들에게 안전과 확신을 제공해 준다. 그것은 알미니안주의는 할 수 없는 일이다. 칼빈주의자들은 구원받은 이후에도 구원받은 상태에 머물러 있기 위해서 신앙을 산출하고 유지하기 위해 자신의 능력을 신뢰하지 않는다. 그들 자신에게 있어서 인간은 영적인 가치가 있는 어떤 것도 산출하거나 유지할 수 없다. 칼빈주의를 지지하는 사람들에게 있어 구원의 확신은 죄로부터 그들을 구출해 주시고 그들이 실패하지 않도록 지켜주시는 전능하신 하나님의 능력에 근거하고 있다.

3) 반론에 대한 응답

(1) 하나님께서는 공평하지 않으시다

사람들이 구원에 대한 칼빈주의의 이해에 대하여 제기하는 가장 흔한 반론 중 하나는 그것이 공평하지 않다는 것이다. 하나님께서 모든 사람을 구원하실 수도 있는데 어떤 사람은 구원하시려고 선택하시고 다른 사람들은 선택하지 않으신다는 것은 정당하지 않다는 것이다. 이에 대한 응답으로 4가지를 말할 수 있다.

첫째, 하나님께서 사실상 우리 인간의 표준에 따라 정당하시다고 생각해 보자. 하나님께서 모든 사람들을 향하여 그들을 자신의 나라에 불러들이시기 위해 동일한 노력을 행사하셨다고 가정해 보자. 그렇다면 우리는 하나님이 아니라 사람들이 궁극적으로 자신들의 구원에 대해 책임이 있다는 논리적 결론에 도달할 것이다. 그러나 이것은 구원이 우리가 아니라 하나님의 선택의 결과이며 우리의 행함이 아니라 은혜로 구원받는다는 명확한 신약성경의 가르침을 훼손하게 된다. 칼빈은 다음과 같이 말하며 이 점을 지적하고 있다.

> 우리는 우리가 하나님의 영원한 선택을 알게 될 때까지는 우리의 구원이 하나님의 자유로운 자비의 수원지로부터 흘러나온다고 믿어야 마땅함에도 분명히 설득되지 않을 것이다. 이것은 다음과 같은 대조로 하나님의 은혜를 보여 준다. 하나님께서는 차별 없이 모든 사람을 구원의 소망으로 받아들이지 않으신다. 그리고 다른 사람들에게 주

기를 거부하신 것을 일단의 사람들에게 주신다.[1]

　다른 말로 우리는 하나님께서 어떤 사람에게는 거절하였던 것을 또 다른 사람에게는 제공하신다는 것을 받아들이든지 아니면 단지 우리가 전적인 은혜로 구원받았다고 주장하기를 중단하든지 해야 할 것이다.
　둘째, 구원이 모든 사람에게 공평하게 제공되고 있지 않다는 것이 명백하지 않은가? 태어난 장소와 시간 때문에 어떤 사람들은 다른 사람들이 가지지 못하였던 믿을 수 있는 기회를 가지게 된다. 그러나 믿음을 떠나서는 아무도 구원받을 수 없다. 이러한 불공평은 알미니안주의에게는 어려운 문제를 제기하지만 칼빈주의에는 완벽하게 일관성 있는 설명이 된다.
　셋째, 우리는 인간 모두가 하나님을 반역하였으며 지옥에 가야 마땅하다는 것을 이해해야만 한다. 하나님께서 우리 모두를 우리가 스스로 선택한 죄와 마땅한 운명 가운데 내버려 두시는 것은 정당하다. 만일 우리가 성경적인 관점에서 모든 사정들을 고려해 본다면 구원의 신비는 하나님께서 모든 사람을 구원하지 않으신다는 것이 아니다. 도리어 하나님께서 얼마의 사람을 구원하신다는 것이 바로 그 신비이다.
　넷째, 그리고 가장 중요하게 우리는 하나님만이 주권자이시며 우리는 하나님을 판단할 아무런 권리가 없다는 것을 기억해야만 한다. 바울은 하나님의 선택의 불공평의 문제를 생각할 때(바울이 하나님의 선택이 자연인의 마음에 불공평하게 보일 것이라는 것을 인정하고 있음에 유의하라) 단지 "네가 누구이기에 감히 하나님께 반문하느냐"(롬 9:20)라고 묻고 있을 뿐이다. 하나님께서 불공평하시다는 반론에 대한 최종적인 성경의 대답은 질책이다. 주권적인 하나님 앞에서 인간은 아무 말 없이 경외해야 할 따름인 것이다.

---

[1] Calvin, *Institutes*, 2:921.

(2) 우리의 자유는 어떻게 되는가?

어떤 사람은 인간이 현재 타락한 상태에서는 자유롭게 하나님의 구원에 대한 제안을 받아들이거나 거절할 수 있는 선택을 할 수 없다는 칼빈주의의 가르침에 의해 곤란을 겪고 있다. 이러한 가르침은 자유의지를 훼손하는 것처럼 보인다. 그들은 성경이 사람들에게 그들이 예수 그리스도를 믿으면 구원을 받을 것이라고 약속하면서 믿기로 선택하라고 반복적으로 요청하고 있는 것을 지적하고 있다(요 6:40; 20:31; 행 16:31; 롬 10:9). 이에 대해 다음과 같이 말할 수 있다.

첫째, 칼빈주의자들은 하나님께서 사람들에게 하나님을 믿도록 선택하라고 요구하신다는 것을 부정하지 않는다. 그러나 칼빈주의자들은 이러한 선택이 사람들의 구원의 **기초**임을 부정한다. 사람들이 **믿으면** 구원을 받는다고 말하는 것과 사람들이 **믿기 때문에** 구원을 받는다고 말하는 것은 전혀 별개의 것이다. 사람들은 하나님에 의해 선택되었기 때문에 구원받는다. 만일 그들이 택자들이라면 그들은 믿을 것이다. 만일 그들이 택자가 아니라면 믿지 않을 것이다. 그러므로 예수님은 불신자들에게 "하나님께 속한 자는 하나님의 말씀을 들으니 너희가 듣지 아니함은 하나님께 속하지 아니하였음이로다"(요 8:47)라고 말씀하고 있다. 최초의 원인은 어떤 사람이 "하나님께 속한 자"인지 "하나님께 속하지 않은 자"인지 하는 것이다. 그다음 두 번째로 그 사람이 하나님의 말씀을 받아들이든지 거부하든지 하는 일이 발생한다.

둘째, 칼빈주의자들은 자유의지를 부정하지 않는다. 칼빈주의자들이 부정하는 것은 타락한 인간이 그들 스스로 하나님을 선택할 수 있다는 것이다. 성경에 따르면 모든 인간은 하나님을 반역함에 있어서 아담과 하와를 자유롭게 따라갔다. 이러한 반역의 결과는 인간이 이제 전적으로 타락하여 하나님께 긍정적으로 반응하도록 선택할 수 없게 되었다는 것이다.

그렇게 할 수 있는 자유는 단지 하나님께서 사람들의 마음을 열어주셔서 그들의 본성을 바꾸어 주시고 그들이 결코 가질 수 없었던 그리스도에 대한 사랑을 가지게 하실 때에만 회복될 수 있는 것이다(참조. 행 16:14). 예수님께서는 "하나님께서 보내신 이를 믿는 것이 **하나님의 일**이니라"(요 6:29)고 말씀하신다.

(3) 하나님께서는 모든 사람이 구원받기를 원하시는가?

마지막으로 많은 사람들은 성경의 어떤 본문이 하나님께서 온 세상을 사랑하시며 모든 사람이 구원받기를 원하신다고 제안하고 있다는 사실에 근거해서 칼빈주의를 반대한다(요 3:16; 딤전 2:4; 벧후 3:9). 성경은 또한 하나님께서 "악인의 죽음"도 기뻐하지 않으신다고 말씀하고 있다(겔 33:11).

첫째, 성경이 하나님께서 "세상을 사랑하신다"(요 3:16)고 예수님께서 "세상의 죄를 위해"(요일 2:2) 죽으셨다고 말씀할 때 그것은 하나님의 사랑과 그리스도의 죽으심이 세상의 모든 지역에서 나온 사람들(택자들)을 위한 것이라는 의미이다. 다른 말로 하나님의 사랑은 어떤 특정한 지리적인 장소에 있는 사람들만을 위한 것이 아니다. 하나님의 나라는 "각 족속"으로부터 온 사람들로 구성되어 있을 것이다(계 5:9; 7:9).

둘째, 비록 하나님께서는 어떤 사람의 파멸을 영원부터 작정하셨다고 하더라도 그것을 기뻐하지는 않으신다(겔 18:32; 33:11). 하나님께서 한 차원에서 전혀 기뻐하지 않으시는 일을 다른 차원에서 뜻하신다고 하는 것은 가능한 일이다. 그리스도의 십자가를 생각해 보자. 이것은 악한 의도를 가진 사람들에 의해 수행된 부당한 사건이었다(행 4:27-28). 이러한 수준에서 십자가는 하나님을 기쁘시게 할 수 없었다. 정말로 하나님께서는 이 사건을 경멸하시며 그 일을 행한 사람들을 심판하셨다. 이 사건은 하나님의 하나뿐인 아들의 다 이해할 수 없는 고통을 포함한다.

그러나 성경은 또한 우리에게 "아들이 고통을 겪게 된 것은 바로 하나님의 뜻이었다"라고 말씀하고 있다. 왜 그런가? 그렇게 하심으로 하나님께서는 그의 영혼을 속건 제물로 드리게 하셨으며 그의 손으로 여호와께서 기뻐하시는 뜻을 성취할 것이기 때문이다(사 53:10; 참조. 행 2:23). 동일한 일을 죄인의 정죄에 대해 말할 수 있을 것이다. 하나님께서는 어떤 특별한 사람의 파멸을 기뻐하지 않으신다. 그러나 하나님께서는 어떤 사람의 파멸이 성취할 일 때문에 그 일을 자신의 주권적인 계획에 포함하시기로 선택하신다. 하나님의 영광은 자신의 택자들을 향한 자비를 드러내실 때 뿐 아니라 정당하게 죄인들을 벌주실 때에도 드러난다(롬 9:22-23).

3. 하나님께서는 모든 사람이 구원받기 원하신다 (알미니안주의)

1) 성경적 논증

구원에 대한 알미니안주의의 이해는 성경 전체에 걸친 네 가지 주제를 논의함으로 표현하고 변증할 수 있을 것이다.

첫 번째 주제는 하나님께서는 모든 사람을 사랑하신다는 것이다. 두 번째 주제는 사람들이 이 사랑을 받아들이거나 거부할 수 있는 선택의 자유가 있다는 것이다. 세 번째 주제는 하나님께서는 사람들이 이 사랑을 받아들이도록 은혜롭게 영향을 미치시지만 사람들을 강제하지는 않으신다. 네 번째 주제는 신자들이 자신들의 구원을 공고하게 하기 위해서 하나님과의 관계를 유지하여야만 한다는 것이다.

첫째, 모든 그리스도인들은 하나님께서 완전한 사랑이시라는데 동의한다(요일 4:8, 16). 삼위 하나님의 영원한 본성을 이루고 있는 사랑보다 더 크고 더 순수한 사랑은 생각할 수 없다. 이러한 사랑은 하나님께서 모든 사람들을 완전한 사랑으로 사랑하시며 그들이 구원받기를 원하신다는 것을 의미한다. 칼빈주의가 가르치고 있는 것처럼 만일 하나님께서 단지 그들을 구원하기에 충분한 몇몇 사람들만을 사랑하신다면 하나님의 사랑은 완벽하지 못할 것이다. 그러나 성경은 모든 사람을 향한 하나님의 방식은 완전한 사랑이시라고 가르치고 있다.

비록 이스라엘 백성들이 일반적으로 인식하지 못하였지만 하나님은 반복해서 자신의 목적이 전체 세상에 미치기 위해 자신의 택하신 백성인 그들을 사용하신다는 것을 강조하고 계신다(창 12:3; 출 19:6). 우리는 성경에서 하나님께서 한 집단의 사람보다 다른 집단의 사람들에게 편향성을 보이시지 않는 분이심을 읽게 된다(신 10:17-19; 대하 19:7; 욥 34:19; 롬 2:11). 하나님은 결코 불공평하거나 자의적이지 않으시며 모든 사람들에게 자비를 베풀기를 원하신다고 에스겔은 말하고 있다(겔 18:25). 예레미야는 하나님께서 "인생으로 고생하게 하시며 근심하게 하심은 본심이 아니시로다"(애 3:33)라고 말하고 있다. 이러한 가르침은 하나님께서 어떤 사람들을 지으시기도 전에 지옥에 배정하셨다는 칼빈주의 가르침과는 상충된다.

1세기 유대인 그리스도인들은 처음에는 하나님의 보편적 사랑이라고 하는 진리를 받아들이는 데 어려움을 겪어야만 했다. 예수님께서 하나님의 사랑과 그리스도 사역의 보편성을 반복적으로 강조하셨음에도 하나님께서는 초대교회 신자들이 **지상명령**(마 28:18-20)을 성취하기 위해 세상으로 나가도록 하기 위해서는 초자연적인 방편을 사용하셔야만 하였다. 하나님께서는 베드로에게 이방인 고넬료에게 복음을 전하도록 동기를 부여하는 비전을 보여 주셨다(행 10:9-16). 자신의 설교의 시작 부분에서 베드로는 마침내 "내가 참으로 하나님은 사람의 외모를 보지 아니하시고 각 나라 중 하나님을 경외하며 의를 행하는 사람은 다 받으시는 줄 깨달았도다"

라고 선언하고 있다(행 10:34-35; 참조. 엡 6:9; 벧전 1:17).

우리는 "외모를 **보지 않으신다**"라는 베드로의 말을 유의하여 생각해야 한다. 비록 타락한 인간인 우리는 선택적인 사랑을 하지만 하나님은 그렇지 않으시다. 이것은 하나님께서 사랑하시는 어떤 사람들을 창조하시고 또 다른 사람들은 지옥에 보내려고 창조하지 않았다는 것을 의미한다. 완전한 사랑의 하나님은 자신의 사랑을 그들 모두와 나누려는 목적에서 사랑으로 사람들을 창조하셨다. 하나님께서는 이러한 보편적인 사랑을 예수 그리스도의 인격 안에서 표현하셨다.

> 하나님이 **세상**을 이처럼 사랑하사 독생자를 주셨으니…하나님이 그 아들을 세상에 보내신 것은 세상을 심판하려 하심이 아니요 그로 말미암아 **세상**이 구원을 받게 하려 하심이라(요 3:16-17).

하나님께서는 모든 사람을 사랑하시기 때문에 모든 사람이 구원받기를 원하신다. 하나님께서는 어떤 사악한 사람도 멸망하는 것을 기뻐하지 않으시고 모든 사람이 회개하기를 원하신다(겔 18:23, 32; 33:11). 사도 베드로의 말로 하면 하나님께서는 "**아무도** 멸망하지 아니하고 다 회개하기에 이르기를"(벧후 3:9) 원하신다. 또한 "모든 사람이 구원을 받으며 진리를 아는 데에 이르기를"(딤전 2:4) 원하신다. 예수님께서 단지 선택받은 개개인들만을 위해 죽으셨다는 생각과 명백하게 모순되게 성경은 우리에게 하나님께서 "모든 사람들의 구주"(딤전 4:10)가 되시기를 원하시며 예수님께서는 "온 세상의 죄를 위한 희생 제물"(요일 2:2)로 죽으셨음이 사실이다.

둘째, 하나님께서는 모든 사람을 사랑하시지만 사랑은 일종의 양 방향 도로와 같은 것이다. 사랑은 하나님의 존재 그 자체이지만 인간은 사랑을 선택해야만 하는 우발적인 존재이다. 이것은 성경 전체를 통하여 하나님께서 사람들이 결단을 하도록 요청하시는 이유이다. 에덴 동산에서 시작하여 요한계시록에 이르기까지 하나님께서는 우리 앞에 "생명과 사망"을 놓으시고 항상 우리에게 "너와 네 자손이 살기 위하여 생명을 택하라"고 요청하신다(신 30:19). 신약성경에서 이러한 선택은 예수 그리스도를 신뢰할 것이냐 아니면 그를 거절할 것이냐 하는 선택이다. 거듭해서 우리는 그렇게 하면 구원을 받으리라는 약속과 함께 "주 예수를 믿으라"(행 16:31)는 요청을 읽게 된다. 이것은 모든 사람이 이 초대를 받아들이기를 선택할 것이라는 기대를 가지고 제안되고 있다.

만일 사람들이 이러한 결정을 할 자유가 없다면 하나님께서 사람들에게 결정을 하라고 명령하셨다는 것이 무의미하게 된다. 만일 하나님께서 사람들이 할 선택을 미리 예정하셨다면 하나님께서 사람들에게 선택을 제안한다는 것은 무의미한 것이다. 그리고 만일 하나님께서 이미 그들 중 몇몇 사람들(또는 많은 사람들이 주장하는 것과 같이 그들 **대부분**)이 믿지 않도록 결정하셨다면 그래서 그들이 정죄되어야 한다면 모든 사람에게 구원을 제공하시고 우리에게 하나님께서 진정으로 모든 사람이 구원받기를 원하신다고 말하는 것은 아무런 의미도 갖지 못한다. 만일 하나님께서 우리에게 결정권을 주시고 우리가 생명을 선택하기를 원하신다고 말하신다면 그것은 우리가 생명을 선택할 수 있고 하나님께서 진정으로 우리가 그렇게 하기를 원하셨기 때문인 것이다.

셋째, 대부분의 알미니안주의자들은 우리의 타락한 상태가 **우리 스스로**는 하나님을 선택할 수 없을 정도라는 점에서 칼빈주의자들에게 동의한다. 하나님의 은혜가 없다면 모든 인간은 아무런 소망이 없는 존재이다. 우리 모두는 하나님을 반역함에 있어 아담을 따르기로 자유롭게 선택하였다(롬 5:12). 우리는 사탄의 능력 아래에 우리 자신을 굴복시켰으며 그래서 그의 종이 되었다(요 8:34; 요일 5:19).

우리는 이토록 소망 없는 존재이기 때문에 성경은 우리가 우리의 죄 가운데 "죽었다"(엡 2:1)라고 말하고 있다. 우리의 마음은 "만물보다 거짓되고" 심히 "부패하여"(렘 17:9) 이해할 수가 없다. 우리의 본성은 하나님께 적대적이다(엡 2:3). 그러나 하나님은 우리가 다 이해할 수 없을 정도로 은혜로우시다. 하나님은 우리를 죄 가운데 버려두지 않으시며 하나님의 은혜는 하나님께서 우리와 함께 역사하시도록 이끄시며 그의 성령의 능력으로 우리의 마음에 있는 악을 억제하신다(이것은 어떤 알미니안주의자들이 **선행적 은혜**라고 부르는 것이다).

하나님은 사람들이 소망이 없다는 것을 보시고 자신의 영을 거두시고 그들의 마음을 그 마음의 정욕대로 내버려 두사 강퍅하게 하시는 때가 있다(롬 1:26; 참조. 24, 28절; 창 6:3). 그러나 그렇지 않은 경우에는 하나님의 영이 사람들의 마음을 부드럽게 하사 자신의 하나님 되심을 인정하고 하나님의 길을 걸어가도록 하심으로 그들의 마음에 역사하신다. 사람들이 이러한 사랑스러운 영향력에 굴복할 때 자신들의 마음을 진리에 대하여 열게 된다(행 16:14; 고후 3:13-18). 신자들은 성령의 역사가 없었다면 자신들이 믿을 수 있는 능력이 없었음을 고백해야만 한다(요 16:7-14; 고전 2:9-13; 12:3; 고후 3:18). 이러한 의미에서 심지어 믿음마저도 하나님의 선물이다(엡 2:8-9).

동시에 성경은 사람들이 성령을 거부할 수 있는 능력이 있음을 분명히 하고 있다. 성경은 명확하게 사람들이 성령을 근심하게 할 수 있다고 말하고 있다(사 63:10). 사람들은 고집스럽게 목을 굳게 하여 하나님을 대항하여 죄악된 자세를 견지할 수 있다(출 33:3, 5; 34:9; 신 9:6, 13; 10:16; 31:27; 삿 2:19; 왕하 17:14, 대하 30:8; 36:13; 느 9:16; 사 46:12; 48:4; 렘 7:26; 호 4:16). 사람들은 그들 자신을 위한 하나님의 뜻을 저버릴 수 있고 또 저버린다(눅 7:30). 완전한 사랑의 하나님은 이들 죄인들을 향하여 "은혜를 베풀려 하시며"(사

30:18) 계속해서 그들이 하나님을 따르기를 간청하신다(사 65:2; 겔 18:30-32; 33:11; 호 11:7ff.; 롬 10:21). 그러나 하나님께서는 그들이 믿도록 강요하지는 않으신다. 하나님을 향한 이러한 고집스런 반역은 항상 하나님을 마음 중심에서부터 슬프게 한다. 왜냐하면 하나님께서는 그렇지 않기를 원하시기 때문이다. 예수님께서 예루살렘을 향해 우셨을 때 표현하셨던 것이 바로 이러한 슬퍼하는 마음이었다.

> 예루살렘아 예루살렘아 선지자들을 죽이고 네게 파송된 자들을 돌로 치는 자여 암탉이 그 새끼를 날개 아래에 모음 같이 내가 네 자녀를 모으려 한 일이 몇 번이더냐 그러나 너희가 원하지 아니하였도다 (마 23:37; 눅 13:34)

비록 예루살렘 사람들이 하나님의 초대를 거듭하여 거부함으로 계속해서 반역하였지만 하나님은 **여전히** 그들을 용서하시고 보호하기를 원하셨다. 그러나 **그들은** 원하지 아니하였다. 이러한 본문들은 만일 하나님께서 누가 구원받고 누가 구원받지 않는가를 통하여 자신의 뜻을 행하신다면 아무런 의미도 없게 된다.

마지막으로 우리는 사람들을 그리스도와의 교제에 자유롭게 들어가는 지점으로 인도하시기 위해 하나님의 영이 사람들의 마음에서 역사하고 있는 것을 볼 수 있다. 우리는 또한 하나님께서 사람들을 그리스도와의 관계를 유지하도록 그들의 마음속에서 역사하고 계시다고 말해야만 한다. 하나님께서는 우리를 믿음 가운데 지키시기 위해서 뿐만 아니라 우리가 영적인 성숙의 자리까지 나아가도록 우리를 도우시기 위해 영원토록 역사하신다(엡 4:11-24; 벧후 3:18). 그러나 여기에서도 인간은 자신의 자유의지를 가지고 있다.

그러므로 바울은 우리가 두렵고 떨림으로 구원을 이루어야만 한다고 말한다. 왜냐하면 "너희 안에서 행하시는 이는 하나님이시니 자기의 기쁘신 뜻을 위하여 너희에게 소원을 두고 행하게"(빌 2:12-13) 하시기 때문이다. 본문의 의미는 분명하다. 하나님께서는 우리 안에 우리가 하나님의 기쁘신 뜻을 행할 수 있도록 역사하고 계신다. 그러나 우리는 우리 자신의 구원을 이루기 위하여 하나님의 영과 협력하여야만 한다(**조건적 안전**을 보라).

이것은 그리스도인들이 그리스도와 자신들의 관계를 버리고 그리하여 자신들의 구원을 잃어버리는 것이 가능하다는 것을 의미한다. 사실 이것은 정확히 성경이 가르치고 있는 것이다. 예를 들어 성경은 당신의 이름을 생명책에 기록하신 하나님을 거역함으로 생명책에서 당신의 이름을 지워 버릴 수도 있다고 경고하고 있다(시 69:28; 계 3:5). 바울은 이것이 갈라디아에 있는 어떤 그리스도인들에게 해당되지 않을까 염려하고 있다. 바울은 그들이 "은혜에서 떨어진 자"(갈 5:4)라고 의심하고 있다. 또한 바울은 디모데에게 "후메내오와 빌레도가…진리에 관하여는…그릇되었도다"(딤후 2:17-18)라고 경고하고 있다.

또한 베드로도 "자기들을 사신 주를 부인하고 임박한 멸망을 스스로 취하는 자들"(벧후 2:1)인 어떤 거짓 선생들에 대해 말하고 있다. 이들 본문들은 믿음에서 떨어져 나간 사람은 무엇보다도 결코 진정으로 구원받은 사람이 아니라는 칼빈주의의 가르침에 반대하는 본문들이다. 이들 본문에서 말하여지고 있는 이름들은 생명책에 기록되어 있었으며 이들은 은혜 안에 있었으며 주님에 의해 값주고 사신 바 되었던 사람들이다.

신자들이 자신의 구원을 잃어버릴 수 있는 가능성은 신자들에게 떨어져 나가지 말라고 하는 성경의 많은 경고에도 분명히 나타나 있다. 예컨대 베드로는 다음과 같이 말하고 있다.

> 만일 그들이 우리 주 되신 구주 예수 그리스도를 앎으로 세상의 더러움을 피한 후에 다시 그 중에 얽매이고 지면 그 나중 형편이 처음보다 더 심하리니 의의 도를 안 후에 받은 거룩한 명령을 저버리는 것보다 알지 못하는 것이 도리어 그들에게 나으니라(벧후 2:20-21).

분명히 우리 주되신 구주 예수 그리스도를 앎으로 구원받은 사람들이 이 구원을 거절하고 그들이 구원받았던 상태보다 더 나쁜 상태로 끝마치는 것은 가능하다. 이것이 예수님께서 "끝까지 견디는 자는 구원을 얻으리라"(마 24:13)고 가르치신 이유이다. 믿음으로부터 떨어져 나가는 사람들은 구원받을 수 없다.

2) 지지하는 논증

(1) 하나님의 완전한 사랑의 확증

구원에 대한 알미니안주의적인 이해가 가지는 가장 큰 장점 중 하나는 이러한 견해만이 하나님의 사랑의 완전성을 논리적인 일관성을 가지고 확증한다는 것이다. 만일 하나님께서 자신이 구원하실 수 있는 사람들의 몇몇(또는 대부분)을 구원하지 않기로 선택하신다는 것을 우리가 믿는다면 하나님의 사랑을 확증할 방법이 결코 없다. 하나님께서 모든 인간을 지옥으로 보내는 것이 하나님께서 정당하다는 것을 부인하는 것은 아니지만 하나님께서 만일 자신이 구원하실 수 있는 모든 사람들을 구원하지 않으신다면 하나님이 완전한 사랑이시라는 사실이 부정되는 것일 뿐이다.

어떤 사람이 가능한 열 개의 생명줄을 가지고 있는데 열 명의 물에 빠진 사람들에게 단지 한 개의 생명줄만을 던진다면, 그것은 심지어 사람들 자신이 배 밖으로 나간 것에 대해 책임이 있다고 하더라도 문제가 되는 상황이다. 하나님께서는 모든 사람에게 생명줄을 던지신다. 어떤 사람들이 빠져 죽기로 선택하는 것은 하나님의 잘못도 하나님의 바람도 아니다.

(2) 복음 전도에 대한 확신

알미니안주의자들은 하나님께서 모든 사람을 사랑하시며 예수님께서 그들의 죄를 위해 죽으셨으며 성령께서 그들의 마음에 역사하고 계시다는 사실을 확신할 수 있다. 이러한 사실은 만민에게 복음을 전파해야만 하는 확신과 동기를 제공해 준다(막 16:15; 골 1:23). 때로 칼빈주의자들이 위대한 복음 전도자가 되기도 하지만 그들의 신학은 이러한 확신이나 동기를 제공할 수 없다. 만일 칼빈주의자들이 자신들의 신학에 부합하게 행동한다면 그들은 자신들이 만나는 모든 사람들에게 "하나님께서는 당신을 사랑하십니다" 또는 "예수님은 당신을 위해 죽으셨습니다"라고 말할 수 없다. 왜냐하면 자신들이 말하고 있는 사람들이 하나님의 택자 중 한 명이 아닐 수도 있기 때문이다.

또한 칼빈주의자들은 택자들이 구원받을 수 없는 가능성이 **없다**고 믿기 때문에 복음 전도의 긴박성을 훼손한다. 알미니안주의의 견해에서는 사람들이 믿기만 하면 구원을 얻기 때문에 그리고 그들이 자신들에게 전하는 복음을 듣지 못한다면 믿을 수 없기 때문에(롬 10:13-17), 그리스도인들이 복음 전도의 책임을 감당하는 것이 시급하게 요청된다.

3) 반론에 대한 응답

(1) 이러한 견해는 선택과 어울리지 않는다

많은 사람들은 바울의 선택 신학이 알미니안주의와 어울리지 않는다고 주장한다. 바울은 "(하나님께서) 창세 전에 그리스도 안에서 우리를 택하셨으며"(엡 1:4) 그리고 하나님께서는 "우리를 구원하사…영원 전부터 그리스도 예수 안에서" 우리에게 은혜를 주셨다(딤후 1:9)라고 말하고 있다.

고전적인 알미니안주의적 해석은 하나님께서 사람들의 믿음을 미리 아시고 그들을 선택하셨다는 것이다. 창세 전에 하나님께서는 믿을 사람과 믿지 않을 사람을 미리 아셨다. 하나님께서는 자신의 자녀들이 되어 믿을 사람들을 선택하시고(택하시고) 그들을 "사랑 안에서 그 앞에 거룩하고 흠이 없게 하시려고"(엡 1:4) 예정하셨다. 이들 개인들은 이런 의미에서 영원 전부터 그리스도 예수 안에서 구원받았으며 은혜를 받았다.

알미니안주의의 또 다른 대안적인 해석은 이들 본문에서의 바울의 선택 개념은 개인적인 것이 아니라 집단적이라는 것이다. 교회는 이스라엘이 하나님의 택함 받은 민족인 것과 동일한 의미에서 하나님의 택한 백성들이다. 이러한 해석에 따르면 창세 전에 하나님께서는 자신을 믿고 "사랑 안에서 그 앞에 거룩하고 흠이 없게 하시려고" 예정된 사람들(교회)을 선택하셨다. 어떤 사람이 예수를 믿음으로 이러한 집단의 일원이 되도록 선택할 때 **그 집단을 위해** 예정된 모든 것이 이제 그 사람에게 적용된다. 그러므로 바울은 교회의 일원이 되기로 선택한 모든 사람들에게 다음과 같이 말할 수 있었다.

> 곧 창세 전에 그리스도 안에서 (하나의 집단으로) 우리를 택하사 우리로 사랑 안에서 그 앞에 거룩하고 흠이 없게 하시려고 그 기쁘신 뜻대로 우리를 예정하사 예수 그리스도로 말미암아 자기의 아들들이 되게 하셨으니(엡 1:4-5).

이상의 두 가지 해석이 창세 전에 하나님은 자신을 믿을 사람과 믿지 않을 사람을 결정해놓으셨다고 생각하는 칼빈주의 해석보다 더 타당하다.

(2) 이러한 견해는 우리가 우리 자신의 구원에 대해 영광을 얻게 한다고 주장한다

알미니안주의가 논리적으로 우리가 은혜만으로 구원을 받았다는 성경의 가르침을 훼손한다고 종종 주장되고 있다. 만일 어떤 사람이 구원받거나 받지 않는 궁극적인 이유가 하나님이 아니라 그 사람에게 놓여 있다면 구원에 대한 영광이 하나님이 아니라 그 사람에게 돌아가야만 한다. 이러한 주장에 대한 응답으로 세 가지를 말할 수 있다.

첫째, 구원이 하나님에 의한 은혜로운 선물이기는 하지만 그 선물이 받아들여지지 않는다면 선물일 수 없다. 예를 들어 어떤 사람이 십대 장애아들을 위한 신탁 기금으로 수백만 달러를 기부하였다고 생각해 보자. 신탁 기금의 수혜자가 그 기부를 받았기 때문에 그의 기부는 실제로 기부가 아니라고 주장하는 것은 터무니없지 않은가? 그 기금의 수혜자들이 그 기부를 거부할 수도 있었기 때문에 그 기부에 대해서 수혜자들이 영광을 가져야만 한다고 어떤 사람이 주장할 수 있는가? 하나님의 구원의 제안에 있어서도 마찬가지이다. 은혜로운 선물은 모두에게 제공되는 것이며 우리가 그것을 받아들이기로 선택하여도 선물이 되는 것이다.

둘째, 성경은 믿음을 가지는 선택을 하나의 행위로 묘사하고 있지 않다. 신약성경의 저자들이 구원이 행함으로 도달될 수 있는 것이 아니라는 점을 강조할 때 1세기 유대인들인 이들 저자들은 **율법**의 행위를 언급하는 것이다. 이들은 당시의 유대인들이 생각하였던 것처럼 하나님의 의가 율법에 대한 외적인 순종으로 얻어질 수 없다고 말하고 있다. 하나님의 의는 얻어질 수 있는 것이 아니다. 그것은 단지 선물로만 주어질 수 있을 뿐이다(롬 4:4-16). 그러나 신약성경은 그럼에도 불구하고 이 선물이 믿음에 의해 받아들여져야만 한다고 가르치고 있다.

마지막으로 대부분의 알미니안주의자들은 위에서 말한 것처럼 구원의

선물을 받아들일 수 있는 능력조차도 하나님에 의해서 주어진다는데 동의한다. 알미니안주의자들은 성령이 **불가항력적으로** 역사하신다는 것을 부정한다는 점에서만 이 문제에 있어서 칼빈주의자들과 의견을 달리한다. 하나님께서는 사람들이 믿게 하는 것이 **가능하도록** 만드시지만 그들이 믿는 것이 **필연적이게** 하지는 않으신다. 성령 없이 우리가 믿을 수 **없다**고 말하는 것과 성령의 역사하심으로 우리가 **반드시** 믿어야만 한다고 말하는 것은 전혀 다른 것이다. 성경은 전자를 긍정하지만 후자는 긍정하지 않는다. 결과적으로 이것은 알미니안주의가 하나님께서 구원을 위한 모든 영광을 받으셔야만 한다는 진리를 훼손하지 않음을 드러내 준다.

4. 심화 학습을 위한 도서 목록

Basinger, David, and Randall Basinger, eds. *Predestination and Free Will: Four Views of Divine Sovereignty and Human Freedom*. Downers Grove, IL: InterVarsity, 1986.

Cottrell, Jack W., et al. *Perspectives on Election: Five Views*. Nashville: Broadman and Holman, 2006.

Forster, Roger T., and V. Paul Marston. *God's Strategy in Human History*. Minneapolis: Bethany, 1973; Eugene, OR: Wipf and Stock, 2000.

Jewett, Paul K. *Election and Predestination*. Grand Rapids: Eerdmans, 1985.

Klein, William W. *The New Chosen People: A Corporate View of Election*. Grand Rapids: Academie/Zondervan, 1990.

Olson, Roger E. *Arminian Theology: Myths and Realities*. Downers Grove,

IL: InterVarsity, 2006.

Peterson, Robert A., and Michael D. Williams. *Why I Am Not an Arminian*. Downers Grove, IL: InterVarsity, 2004.

Pinnock, Clark, ed. *The Grace of God and the Will of Man*. Minneapolis: Bethany, 1989.

———, ed. *Grace Unlimited*. Minneapolis: Bethany, 1976.

Piper, John. *The Justification of God*. 2nd ed. Grand Rapids: Baker Academic, 1993.

Schreiner, Thomas R., and Bruce A. Ware, eds. *The Grace of God, the Bondage of the Will*. 2 vols. Grand Rapids: Baker Academic, 1995.

Shank, Robert. *Elect in the Son*. Minneapolis: Bethany, 1989.

Sproul, R. C. *Chosen by God*. Wheaton: Tyndale, 1986.

Storms, Sam. *Chosen for Life: The Case for Divine Election*. Wheaton: Crossway, 2007.

Walls, Jerry L., and Joseph Dongell. *Why I Am Not a Calvinist*. Downers Grove, IL: InterVarsity, 2004.

Across the Spectrum

제9장

성화 논쟁

하나님의 선언으로서의 성화 (루터파 견해)
vs
그리스도와 개인적 행위의 거룩으로서의 성화 (개혁파[칼빈주의] 견해)
vs
그리스도의 충분성 안에서 안식하는 신앙으로서의 성화 (케직의 심화된 삶 견해)
vs
완전한 사랑으로서의 전적인 성화 (웨슬리파 견해)

1. 서론

1) 문제 제기

어니(Ernie)는 육욕적인 생각이라고 하는 습관적인 문제와 씨름하곤 하였다. 여러 번 어니는 하나님께서 자신을 구해 주시도록 기도하였지만 어떠한 해방도 오지 않았다. 어니는 하나님께서 죄를 견디실 수 없기 때문에 하나님께서 자신을 더 이상 두고 보실 수 없다고 믿었다. 어니는 진정으로 하나님을 기쁘시게 하는 삶을 살기를 원하였지만 지금까지 자신의 목표를 실현하는데 실패하였다.

어니는 어떻게 하여야만 하는가? 어니는 사람들이 하나님 앞에 믿음으로만 설 수 있다는 믿음을 재확신하고 이러한 성경적인 사실에서 안식을 누리며 자신의 개인적인 문제에 대한 전문적인 도움을 구해야만 하는가? 아니면 자신이 그리스도와 연합되었음을 기억하고 그리스도의 생명이 자신 안에 보다 충만하게 드러나기를 신뢰하여야만 하는가? 아니면 성령께서 이미 그에게 죄에 대하여 아니라고 말할 수 있는 능력을 주셨음을 상기하고 순종의 제자도를 통하여 이러한 능력을 개발해야만 하는가? 아니면 그 마음을 불결로부터 깨끗하게 하시는 성령의 특별한 권능을 구하고 영적이고 도덕적인 승리를 위해 능력으로 마음을 충만하게 하여야만 하는가? 당신은 어떻게 어니에게 성화에 대해 이해하도록 도움을 줄 수 있겠는가?

2) 핵심 주장과 차이점

정통적인 그리스도인들은 항상 하나님께서 계시하시는 진리를 **믿을** 뿐만 아니라 그 진리에 따라 **살도록** 자신의 백성들을 부르신다고 이해하였다. 사람들이 예수 그리스도를 신뢰하게 될 때 그들에게는 새로운 본성이 주어지며 성령께서 내주하신다. 성령께서는 사람들에게 하나님을 경외하는 삶을 살도록 힘을 주시는 분이시다. 성경에 계시되어 있는 하나님의 거룩한 성품은 모든 행동이 심판을 받는 표준이 된다. 신자들이 하나님을 경외하는 삶을 살게 되는 과정은 **성화**라고 일컬어진다.

물론 많은 불신자들도 도덕적인 삶을 사는 것이 중요하다고 믿고 있다. 그러나 이들의 주장과 기독교적인 관점을 구별해 주는 것은 인간이 그 스스로는 하나님의 표준에 맞추어 살 수 없다는 것이다. 하나님께서는 신자들의 삶 속에 은혜롭게 성령의 능력으로 역사하시기 때문이다. 사람들이 하나님을 경외하는 삶을 살고자 소망하는 것조차 성령이 하시는 일이다.

신자들이 거룩한 삶을 살도록 부름을 받고 있다는 일반적인 이해를 넘어서서 그리스도인 사이에는 많은 불일치가 존재한다. 복음주의자들 사이에서의 불일치는 주로 **칭의**와 성화 사이의 관계에 대해 생겨난다. 모든 사람은 신자들이 은혜를 인하여 믿음으로 말미암아 의롭다고 칭함을 받는다는데 동의한다. 그러나 그런 다음 성화는 무엇을 성취하는가? 그것은 어떤 의미에서 우리를 보다 거룩하게 하는가? 그것은 구원의 필수적인 한 부분인가? 그리고 어떻게 그리스도인들은 그 안에서 자라나는가?

이 장에서 살펴보는 복음주의적 대안들은 이들 질문에 대한 다양한 대답을 제공해 준다. 각각의 견해는 "죄가 너희를 주장하지 못하리니 이는 너희가 법 아래에 있지 아니하고 은혜 아래에 있음이라"(롬 6:14)는 약속에 대한 신학적 해석을 제안하고 있다.

첫 번째 논문은 성화를 우리가 이미 의롭다함을 받은 신앙 가운데 사는 것이라고 정의하는 루터파 견해를 다루고 있다. 개혁파 견해는 성화를 그리스도 안에 참여하는 것으로 성장하는 것이라고 정의한다. 케직의 견해에 따르면 성화는 성령과의 위기 경험을 통하여 모든 신자들에게 약속된 선물인 안식을 취하는 신앙으로만 성취될 수 있다. 마지막 논문은 완전 성화가 여기 지상에서 가능할 뿐만 아니라 모든 신자들을 향한 하나님의 요청이라는 웨슬리의 이해를 소개하고 있다.

2. 하나님의 선언으로서의 성화 (루터파 견해)

이 견해에 따르면 칭의와 성화는 결코 서로 분리되어 다루어져서는 안 된다. 사실 칭의와 성화는 동전의 양면과 같은 것이다. 성화는 예수 그리스도 안에 있는 하나님의 은혜 때문에 의롭다함을 받은 바로 그 믿음으로 사는 것을 배우는 것 이외의 다른 것이 아니다. 거룩한 삶을 사는 동기는 신자가 할 수 있는 어떤 일과 무관하게 하나님만이 죄인들을 구원하신다는 믿음이다.

> 너희는 그 은혜에 의하여 믿음으로 말미암아 구원을 받았으니 이것은 너희에게서 난 것이 아니요 하나님의 선물이라 행위에서 난 것이 아니니 이는 누구든지 자랑하지 못하게 함이라(엡 2:8-9).

성화는 우리가 이미 예수님 때문에 완전히 거룩하며 의롭다는 선언을 받은 믿음을 살아내는 것 그 이상의 어떤 것이 아니다. 만일 죄인인 우리가 믿음으로만 의롭다함을 받고 성화된다면 하나님을 신뢰하는 것 이외에 우리가 할 일은 아무것도 없다.

그러나 이러한 믿음에 근거한 기초는 딜레마를 만들어 낸다. 만일 사람들이 하나님 앞에 자신들의 의로운 신분에 아무것도 기여할 수 없다면 그들은 거룩한 삶을 중단하지 않겠는가? 이러한 딜레마를 해결하기 위해 많은 그리스도인들은 성화를 칭의와 구별되고 칭의에 뒤따르는 삶의 방식으로 본다. 이들은 단지 믿음으로만 그것을 받아들이는 것을 넘어 하나님의 약속을 확고하게 하려는 의도에서 하나님 앞에 나아가려는 선하고 고결한 책임감이라는 종교적인 구도를 만들어 낸다. 그러므로 칭의는 사람들로 하여금 성화라는 보다 **진지한** 일을 시작하게 하는 일종의 필수적인 종교적

활동으로 변질된다. 하나님의 선언적인 의(칭의)의 영광과 능력은 상실이 되고 하나님께서 이미 행하신 일을 향상시키려는 인간의 노력으로 대치되고 만다. 이러한 성화에 대한 이해는 비성경적이며 영적으로 비참한 것이다. 성화에 대한 정당한 성경적 이해는 성화가 그리스도를 믿을 때 신자들 안에 하나님께서 하시리라 말씀하신 일을 하나님께서 이미 행하셨다고 확신 있게 신뢰하는 것이다. 하나님께서는 그들을 거룩하다 선언하신다.

1) 성경적 논증

첫째, 성경의 가르침에 근본적인 것은 모든 사람들이 죄인이라는 것이다. 성경은 이 점에 있어 명확하다.

> 의인은 없나니 하나도 없으며(롬 3:10).

> 모든 사람이 죄를 범하였으매 하나님의 영광에 이르지 못하더니 (롬 3:23).

이러한 성경의 주장은 그리스도인의 삶에 대한 루터파의 관점에 기본적인 것이다. 죄인들에게는 하나님의 도움을 떠나서는 하나님을 발견할 수 있는 하등의 합리적이고 도덕적인 능력도 없다. 인류는 전적으로 길을 잃은 존재이다. 죄는 단지 용서가 필요한 그릇된 행위가 아니다. 죄는 하나님께서 하나님이시라는 권리를 전적으로 거부하는 상태이다(롬 1:21-23). 죄는 하나님의 풍성한 선하심에 대항하는 신앙의 결핍으로 인하여 유발된다(롬 1:21, 25).

하나님의 율법은 죄 때문에 주어졌다. 율법의 주된 목적은 인간을 그 죄된 상태에 가두어 두는 것이었다. 율법은 예수 그리스도 안에 있는 하나님의 구속적인 약속을 믿는 것을 제외하고는 모든 길을 통한 구원의 가능성을 배제한다. 사도 바울이 가르치고 있는 것처럼 "율법이 들어온 것은 범죄를 더하게"(롬 5:20) 하기 위한 것이다. 왜냐하면 "율법의 행위로 그의 앞에 의롭다 하심을 얻을 육체가 없나니 율법으로는 죄를 깨닫기"(롬 3:20) 때문이다. 그러므로 율법은 거룩함을 증진시키는 안내자가 될 수 없다. 율법은 단지 죄 됨을 강화하기 위한 기능을 할 뿐이다.

> 죄가 기회를 타서 계명으로 말미암아 나를 속이고 그것으로 나를 죽였는지라(롬 7:11).

하나님 앞에 의로워지기 위해 일단의 명령을 성취하려는 모든 시도는 율법의 범주 아래 드는 것이다. 그러한 모든 시도는 단지 죄를 드러내고 증가시킬 따름이다. 구속을 위한 유일한 희망은 하나님께서 죄인들을 단지 그들이 그리스도의 속죄하시는 희생의 충분성을 믿기 때문에 의롭다하신다는 사실을 믿는 것이다.

의롭다함 받은 죄인들이 그들의 지상의 삶 동안 여전히 죄인으로 남아 있기는 하지만 그럼에도 그들은 동시에 그리스도께서 하신 일에 기초하여 믿음으로 의롭고 거룩하다고 선언되는 것이다. 이것은 하나님의 무조건적인 약속이다. 무조건적인 약속은 그것을 약속한 분에 기초하여 어떤 것을 부여한다. 그러므로 죄인은 그리스도의 속죄하시는 사역만을 믿음으로 하나님 앞에 의롭고 거룩하다고 선언된다. 성경은 어떤 다른 기초를 허용하지 않는다. 바울은 "일하는 자에게는 그 삯이 은혜로 여겨지지 아니하고 보수로 여겨지거니와 일을 아니할지라도 경건하지 아니한 자를 의롭다 하시는 이를 믿는 자에게는 그의 믿음을 의로 여기시나니"(롬 4:4-5)라고 한다.

그렇다면 진정한 성화는 단지 하나님께서 그 문제를 담당하신다고 신뢰하는 것이다. 죄인들은 그들의 길이 끝이 났다는 것을 인정하게 된다. 어떤 일도 의롭다함 받는 믿음에 더해질 수 없다. 성화는 하나님의 무조건적인 약속에 의해 사로잡힌 바 되는 문제이며 그 약속의 기초 위에 살아가는 것이다. 여기에서 행함과 종교적인 도식은 무효화된다. 인간의 노력 그것이 아무리 도덕적이고 좋은 의도를 가지고 있는 것일지라도 배제된다. 중요한 것은 하나님께서 그리스도를 믿는 죄인들에게 무조건적으로 의와 거룩을 약속하셨다는 것이다. 바울이 선언하고 있는 것처럼, 죄인들은 그리스도 안에서 단지 "지혜"와 "의로움" 그리고 "구원"만을 발견하는 것이 아니라 "성화"도 발견한다(고전 1:2, 28-30).

둘째, 예수님께서 하신 일에 대한 믿음만으로 의롭고 거룩하다(성화되었다)고 선언된 죄인으로서 우리는 분투를 벌이고 있다. 그러나 이러한 분투는 두 상반되는 기질(옛 성품과 새 성품 또는 육체와 성령) 사이에서 이루어지는 지킬 박사와 하이드 식의 싸움이 아니다. 오히려 믿음만으로 이루어지는 무조건적인 칭의의 약속을 전적으로 의지하지 않으려 하는 것이다(엡 2:8-9).

옛 성품은 우리의 선하고 덕스러운 행동이 하나님의 법정 앞에서 중요하다고 믿으면서 성화를 칭의로부터 분리시키며 성화에 요구 사항을 첨가한다. 왜냐하면 만일 믿음으로만 의롭다함을 받는다는 것이 사실이라면 모든 행위는 배제되며 옛 성품은 죽어야 하기 때문이다. 행위를 통해 의로움에 공헌하려고 하는 가능성은 사라졌다. 그러나 옛 성품은 자신의 모든 변론과 주장을 빼앗기고 죽기를 원하지 않는다. 이신칭의는 우리가 반드시 우리 자신의 노력, 심지어 우리의 거룩하게 되고자 하는 노력이 아닌 하나님에 의해 다시 태어나야 한다는 것을 의미한다(요 3:1-8). 그러므로 문제는 우리가 이신칭의가 사실인 것처럼 살 수 있는가 하는 것이다.

셋째, 그리스도인의 삶은 목표를 향해 밖으로 나아가는 것이 아니라 도리어 새로운 생명이 초자연적으로 우리 안에 일어나게 하는 것이다. 바울이 "그런즉 누구든지 그리스도 안에 있으면 새로운 피조물이라 이전 것은 지나갔으니 보라 새 것이 되었도다"(고후 5:17)라고 강조적으로 말하고 있는 것처럼 하나님만이 우리의 선한 행위와는 무관하게 성령을 통하여 새로운 피조물을 만들어 내실 수 있다.

그리스도인의 삶에 있어서 진보나 성장은 다시금 시작하는 것에 있으며 다시금 시작한다는 것은 끊임없이 하나님의 은혜의 무조건성에 의해 사로잡히는 것을 의미한다. 그것은 우리가 구원받았다면 그것은 은혜로만 이루어져야 한다는 사실을 받아들이는 문제이다. 우리는 우리의 영적인 성취와는 무관하게 하나님께서 마침내 우리와 자신의 길을 함께 하실 것이라는 것을 믿게 될 때 성화되는 것이다.

2) 지지하는 논증

(1) 기독교 실재론

성화에 대한 루터파의 이해는 일반적인 기독교적 경험과 가장 잘 어울린다. 얼마나 진지하게 거룩한 삶을 살려고 노력하는가와 관계없이 모든 그리스도인들은 자신들의 마음 깊숙히 자신이 여전히 은혜로 구원받은 죄인이라는 것을 알고 있다. 성경이 가르치고 있는 것처럼 "만일 우리가 죄가 없다고 말하면 스스로 속이고 또 진리가 우리 속에 있지 아니할"(요일 1:8) 것이다. 루터파의 성화론은 단지 이것을 진리로 받아들일 뿐이다. 신앙적인 삶 속에서 성장을 요구받고 있지만 신자들은 하나님과 화해되기 위해서는 하나님의 은혜에 철저하게 의존하는 것에서부터 결코 벗어날 수 없다.

(2) 신앙과 자랑

만일 사람들이 성화가 자신들의 칭의에 더해지는 어떤 것이라고 생각한다면 거기에는 신자들이 영적으로 자랑할 만한 여지가 생겨난다. 최소한 신자들은 자신들이 한때 그러했던 것이나 지금 다른 신자들이 그러한 것보다는 하나님의 순전한 은혜를 조금은 덜 필요로 하고 있는 자신을 기뻐하기 시작할 수 있다. 신자들은 이것이 자신들의 지속적인 순종의 결과(개혁파 견해)이거나, 그리스도 안에 있는 자신들의 정체성에 대한 증가된 믿음의 결과(케직의 견해), 아니면 성령의 충만케하심에 대하여 자신들이 보다 개방적이 된 것의 결과(웨슬리안의 견해)라고 생각할지 모른다.

대조적으로 신자들이 항상 구원받은 죄인들이라는 것을 강조하게 될 때는 어떤 수준의 성숙을 이루었든지 관계없이 자신들은 전적으로 하나님의 은혜에 의존적이라는 것을 여전히 인식하게 된다. 그러므로 이 견해는 그리스도인의 마음속에 겸손을 유지하게 해 준다.

3) 반론에 대한 응답

(1) 신앙은 선행을 통한 표현을 요청한다

모든 복음주의자들이 죄인들은 믿음으로만 의롭다함을 얻는다는 사실에 대해 동의하지만 어떤 복음주의자들은 믿음이라고 하는 것이 행함을 통해서 표현되어야만 한다는 근거에서 루터파의 견해에 반대하고 있다. 야고보는 "내 형제들아 만일 사람이 믿음이 있노라 하고 행함이 없으면 무슨 유익이 있으리요 그 믿음이 능히 자기를 구원하겠느냐…이와 같이 행함이 없는 믿음은 그 자체가 죽은 것이라"(약 2:14, 17)고 말하고 있다. 그러므로 어떤 복음주의자들은 루터파의 견해가 **값싼** 은혜에 대한 이해를 채택하게 할 수 있다고 주장한다.

당연히 성경은 신자들에게 계명에 순종하여 걸어가라는 명령을 부여하고 있다. 예컨대 신자들은 "사랑 가운데서 행하라"(엡 5:2), 하나님을 "기쁘시게 하라"(딤후 2:4), "거룩함을 따르라 이것이 없이는 아무도 주를 보지 못하리라"(히 12:14), 그리고 "죄가 자신들의 죽을 몸을 지배하지 못하게 하라"(롬 6:12)는 명령을 받고 있다. 그러나 이러한 명령은 인간이 그리스도 안에 있는 자신들의 의로움에 선한 행실을 더해야 한다는 의미가 아니다. 오히려 이 계명들은 신자들이 성령의 역사를 통하여 하나님의 변화시키시는 은혜에 자신들의 삶을 여는 수단이다.

신자들은 자신들이 살아가는 방식으로 그리스도와 자신들의 연합된 관계를 표현하도록 요청받고 있다. 신자들은 머물러 있어서는 안 된다. 그리스도를 닮아감에 있어 성장하고 죄에 대한 승리 가운데 진보해야 할 것을 요청받고 있다. 신자들이 끊임없이 하나님의 은혜 안에 있는 자신들의 근본으로 돌아가야 하는 반면에 그럼에도 불구하고 그들은 영적인 성숙의 목표를 향하여 나아가야 한다(히 6:1). 바울은 "일하는 자에게는 그 삯이 은혜로 여겨지지 아니하고 보수로 여겨지거니와 일을 아니할지라도 경건하지 아니한 자를 의롭다 하시는 이를 믿는 자에게는 그의 믿음을 의로 여기시나니"(롬 4:4-5)라고 기록하고 있다. 만일 믿음이 어떤 형태의 행위를 포함한다면 믿음은 더 이상 믿음이 아니라 의무가 되고 만다.

하나님을 기쁘시게 하는 삶을 사는 것의 중요성이 루터파 신자들에 의해 무시되거나 배제되는 것은 아니다. 선한 행실은 단지 신자의 믿음의 표현일 따름이다. 루터파 신자들은 그러한 선한 행위가 신자들이 하나님의 은혜와 사랑 앞에 서 있게 하는 새로운 기초를 형성하기 때문이 아니라 하나님의 지도하심이 살아가는 바른 길을 만들어 주기 때문에 의와 거룩과 사랑 안에서 걸어가는 것이다.

(2) 이 견해는 전가된 의를 법적인 허구로 돌린다

비판자들은 종종 의롭게 하는 은혜에 대한 루터파의 이해가 결함이 있다고 주장한다. 루터파 견해에 따르면 칭의는 신자들을 지위에 있어 변혁시켜 주는 그리스도의 행위이다. 칭의를 통해 하나님께서는 신자들이 법적으로 하나님 앞에 의롭다고 선언하신다. 그러나 이러한 선언은 절대적으로 신자들의 실제적인 행위와 아무런 관계가 없다. 왜냐하면 만일 그것이 실제적인 행위와 관계가 있다면 신자들은 행위를 통한 의라고 하는 곤경으로 다시 돌아가게 되기 때문이다. 그러나 비판자들은 이 견해가 단지 칭의를 법적인 허구로 만들어 버린다고 제안한다.

그러나 하나님께서는 신자들이 사실상 그들이 지금 상태가 아닌 어떤 것이라고 선언하신다. 궁극적으로 신자들은 진정으로 하늘에 이르기까지 관계를 파괴하는 죄인 이상의 어떤 것이기를 기대할 수 없다. 그리스도께서 남기셨다고 생각하는 모범은 신자들이 결코 실제로는 따를 수 없는 어떤 것이다. 그러나 바울이 그리스도를 본받고 그리스도인들에게 동일한 일을 하도록 요청하고 있다는 단순한 사실은 지상에서의 진정한 거룩함에 도달할 수 있는 신자들의 능력에 대하여 루터파가 가지고 있는 비관적인 태도에 본질적인 문제점을 드러내 준다(고전 11:1; 엡 5:1-2; 빌 2:5-11; 참조. 요일 2:3-6).

이에 대한 응답으로 우리는 이러한 유사한 비판이 의롭다하시는 은혜에 대한 자신의 이해를 개진할 때 바울에게도 제기되었음에 유의하여야 한다. 믿음을 통한 은혜에 의한 칭의라는 개념을 설명하면서 바울은 반대자들의 비판을 예견하고 있다.

> 그런즉 우리가 무슨 말을 하리요 은혜를 더하게 하려고 죄에 거하겠느냐(롬 6:1).

바울의 말은 만일 우리가 예수 그리스도 안에 있는 은혜의 선물을 진정으로 이해한다면 할 수 있는 바로 그런 종류의 질문인 것이다. 의롭다하시는 하나님의 은혜는 전체적이며 타협의 여지가 없다. 은혜는 회심 이전이나 이후에 어떤 방식이나 형식으로 획득되거나 추가될 수 없다. 어떤 사람들은 이러한 주장이 거룩을 단지 "법적인 허구"로 축소시킨다고 불평할지 모른다. 그러나 이것은 부정적인 입장에서 순수한 은혜의 영광스러운 선물을 내던지는 것이다. 칭의는 법적인 허구가 아니다. 그것은 도리어 법적인 사실이다.

"의"에 대하여 신약성경에서 사용하고 있는 헬라어 단어는 로마의 법적 체제로부터 빌려온 것이며 문자적으로는 "의롭다고 선언하는 것"을 의미한다. 칭의는 인간의 행위와는 별개로 하나님께서 죄인을 하나님 앞에서 의롭다고 선언하는 것을 의미한다. 선언된 전가된 의라고 하는 것은 분명 걸림돌이기는 하지만 법적인 허구의 사건은 아니다. 도리어 그것은 죄인들을 향한 무한하고 타협의 여지가 없는 하나님의 사랑의 사건이다. 하나님은 전적으로 완전하게 죄인들의 자그마한 노력조차도 배제한 채 그들을 구원하신다. 이것은 행함이 없는 은혜의 사건이며 흠없는 사랑의 행위이고 인간의 노력이나 어떤 종류의 자랑도 없이 하나님 앞에 의롭게 서는 것이다.

3. 그리스도와 개인적 행위의 거룩으로서의 성화 (개혁파 [칼빈주의] 견해)

개혁파의 성화에 대한 견해는 주로 종교개혁 시대에 진행되었던 성경 주해로부터 나온 것이다. 그러나 그것은 특별히 존 칼빈의 저술과 연계되어 있다. 개혁파 견해는 신자들이 그리스도와 그 분의 죽음과 부활에서 믿음을 통하여 연합되어 있으며 **그리스도 안에** 참여하는 것으로부터 삶의 거룩이 생겨날 수 있다고 하는 성경적인 가르침에 그 해석의 닻을 내리고 있다.

1) 성경적 논증

신약성경은 그리스도께서 성화의 주님이시며 온전케 하시는 이시라는 것을 명확하게 선언하고 있다(히 12:2). 그리스도께서는 첫 번째이자 유일하게 완전히 성화되신 분이다. 개혁파 신학자 싱클레어 퍼거슨(Sinclair Ferguson, 1948-)은 그리스도께서는 "깨끗한 손과 청결한 마음으로 하나님의 거룩한 산을 올라가셨다"(시 24:3-6)고 기록하고 있다. **이끄시는 등반자**로 그리스도께서는 다른 사람들에게 자신이 성취하신 성화를 주신다(행 5:31).[1] 또 "그들을 위하여 내가 나를 거룩하게 하오니 이는 그들도 진리로 거룩함을 얻게 하려 함이니이다"(요 17:19)라고 예수님은 선언하셨다.

성경은 "거룩하게 하시는 이와 거룩하게 함을 입은 자들이 다 한 근원에서 난지라"(히 2:11)고 말씀한다. 예수님은 그 자신 안에서 인간 본성을 거룩하게 하셔서 그를 믿는 사람들이 믿음으로 자신과 연합함을 통하여 그러한 성화에 동참할 수 있게 하셨다. 그러므로 바울은 "너희는 하나님으로부터 나서 그리스도 예수 안에 있고 예수는 하나님으로부터 나와서 우리에게 지혜와 의로움과 거룩함과 구원함이 되셨다"(고전 1:30)고 기록하고 있다. 그리스도께서 성령을 통하여 신자들에게 나누어 주시는 성화는 한편으로 **확정적**이고 다른 한편으로 **점진적**이다.

확정적 성화는 신자들이 그리스도 안에서 성화되었으며 그러한 성화된

---

1) Sinclair B Ferguson, "The Reformed Perspective," in *Christian Spirituality*, ed. Don Alexander (Downers Grove, IL: InterVarsity, 1988), 49.

상태에서 그들을 지키기 위해 더 이상의 그 어떤 희생이나 의식도 요구되지 않는다는 것을 의미한다. 개혁파에서는 성화가 일생에 걸친 과정이라고 가르치는 반면에 신약성경의 보다 구체적인 가르침은 과정을 언급하는 것이 아니라 결코 다시 반복될 필요가 없는 단번의 확정적인 행위인 점에 주목하고 있다.

이와 같은 하나님께서 죄를 위한 예수님의 희생을 통해 사람들을 거룩하게 하시는 단번의 확정적인 성화 행위를 히브리서의 기자는 "우리가 거룩함을 얻었노라"(히 10:10)는 말로 설명하고 있다. 죽음 가운데 자신을 단번의 제물로 드리심으로 그리스도께서는 "거룩하게 된 자들을…영원히 온전하게 하셨다"(히 10:14). 바울은 신자들을 "그리스도 예수 안에서 거룩하여 진 자들"(고전 1:2)이요 "성도들"(롬 1:7; 엡 1:1)이라 부르고 있다. 그러므로 확정적 성화는 신자들이 그리스도와 자신들의 연합을 통해 성화되었으며 이 성화의 상태가 하나님 앞에서의 자신들의 영구적인 신분을 구성하고 있음을 의미한다.

신자들은 그리스도와의 연합을 통해 확정적으로 성화되었기는 하지만 그들은 또한 자신들이 살아가는 방식으로 이러한 독특하고 배타적인 관계성을 표현하도록 요청받고 있다. 개혁파의 가르침에 의하면 그리스도와의 연합 위에서 신자들은 죄의 통치를 받고 있는 아담의 가족에서 그리스도의 가족으로 그리고 하나님의 은혜의 영역으로 옮겨졌다(롬 6:3-4).

바울은 신자들이 "(그리스도)의 죽으심과 합하여 세례를 받았으며"(롬 6:3) 그들이 "세례를 받아 한 몸이 되었다"(고전 12:13)고 말하면서 이러한 옮겨짐을 언급하고 있다. 회개와 믿음으로 죄인들은 성령의 세례를 베푸시는 사역을 통해 그리스도와 연합한다. 성령은 신자들 안에 내주하시며 그들의 존재의 핵심에 있는 동기와 기질을 변화시키신다. 이것이 중생 또는 거듭남이 의미하는 바이다. 성령께서 회심의 순간에 신자들 안에 내주하시기 때문에 성령께서는 이러한 새로운 생명이 어린아이로부터 영적인 성숙에까지 자라게 하는 근원이 되신다. 그러므로 바울은 "너희는 성령을 따라 행하라 그리하면 육체의 욕심을 이루지 아니하리라"(갈 5:16)고 충고하고 있다.

그리스도와의 연합은 또한 경건함으로 나아가는데 유익하다. 바울은 신자들이 죄에 대하여 죽었다고 말하고 있다(롬 6:2; 골 3:3). "죄에 대하여 죽었다"는 것은 신자들이 죄의 유혹이나 매력에 대하여 죽었다는 것을 의미하지 않으며 이것은 또한 신자들이 죄 지을 수 없다는 것을 의미하지도 않는다(롬 6:12; 요일 2:1). 도리어 "죄에 대하여 죽었다"는 말은 그리스도와 연합한 사람들에게는 죄의 왕노릇이나 전제적인 통치가 사라졌음을 의미한다. 이것은 죄가 왕노릇하는 영역과의 단번의 확정적이고 불가역적인 단절이 일어났다고 가르친다. 죄의 영역으로부터 옮겨져 그리스도의 죽으심과 연합하여(세례를 받음으로) 신자들은 이제 죄가 더 이상 다스릴 권리가 없는 가운데 살게 되었으며(롬 6:14), 저주가 더 이상 존재하지 않는다(롬 8:1).

그러나 새로운 사람으로서 신자들이 새로운 자아가 된다는 것이 죄 없는 삶을 의미한다는 결론을 피해야만 한다. 그러므로 신자들은 **전적으로 새로운** 것은 아니지만 **진정으로 새롭다**.[2] 존 머레이(John Murray, 1898-1975)는 개혁파의 견해를 다음과 같이 분명하게 표현하고 있다.

> 새로운 자아의 새로움은 정적인 것이 아니라 역동적인 것이다. 이 새로움은 지속적인 신생과 성장과 변혁을 요구한다. 자신의 단점을 깊이 인식하고 있는 신자는 나는 여전히 죄인이기 때문에 나 자신을 새로운 사람으로 간주할 수 없다고 말할 필요가 없다. 도리어 신자는 나

---

2) John Murray, *Collected Writings*, 2vols. (Carlisle, PA: Banner of Truth Trust, 1976), 1:82.

는 새로운 사람이지만 여전히 성장하기 위해 해야 할 일이 많다고 말해야만 한다.[3]

신자들은 점진적으로 새로워지는 새로운 사람들이다. 그들은 여전히 죄와 싸우고 때때로 죄에 빠지기도 하지만 그들은 더 이상 죄의 종이 아니다. 그리스도와의 연합과 성령의 능력을 통하여 신자들은 이제 죄에 대항할 수 있게 되었다. 왜냐하면 모든 유혹에 대해 하나님께서 피할 길을 제공하실 것이기 때문이다(고전 10:13). 신자들의 삶 속에서 주된 변화의 동인은 성령이시다. 성령께서 신자들을 그 존재의 중심에서 변화시키셔서 그리스도의 열망과 태도가 그들 안에 재현된다. 또한 성령께서 새롭게 심겨진 하나님을 사랑하고 신뢰하고 순종하고 찬양하고자 하는 열망을 일으키시고 활력을 주신다. 그러나 성령의 사역은 하나님의 율법에 대한 순종과 그리스도인의 훈련의 실천에 의해 보완되어야 한다.

순종은 미리 세워져 있는 일단의 행위의 표준들에 맞추어 사는 것 이상을 포함한다. 순종은 그리스도를 믿는 무조건인 신앙의 위탁을 의미하며 그리스도의 주님 되심에 중심을 두고 있다. 그리스도께서 피로 값주고 사신 자유의 실현을 위한 그 어떤 다른 근원도 존재하지 않기 때문에 신자들은 거룩함에 이르는 노예와도 같은 헌신을 가지고 자신들의 새로운 주인에게 복종할 것을 요구받고 있다(롬 6:15-22).

> 그러나 이제는 너희가 죄로부터 해방되고 하나님께 종이 되어 거룩함에 이르는 열매를 맺었으니 그 마지막은 영생이라(롬 6:22).

---

3) Ibid.

그러므로 순종은 본질적으로 믿음과 사랑의 문제이다. 믿음은 그리스도에 대한 순종에서 보여진다. 왜냐하면 신자들은 예수님을 자신들의 삶의 주님으로 고백하고 동시에 자신들의 삶을 하나님께서 은혜롭게 인도하시는 것을 무시할 수 없기 때문이다. 게다가 하나님께서는 인간을 너무나 사랑하시기 때문에 유일한 적절한 반응은 그에 대한 보답으로 하나님을 사랑하는 것이다(요일 4:10-11). 하나님에 대한 사랑은 하나님에 대한 순종에서 보여진다. 그러므로 순종은 우리를 위해 모든 일을 하신 하나님을 위해 모든 일을 하고자 하는 마음 중심에서의 자발성을 의미한다.

2) 지지하는 논증

실재론과 낙관론의 균형. 개혁파의 성화에 대한 이해는 죄를 극복하는 신자들의 능력에 대한 신약성경의 낙관론과 생애를 통하여 하나님의 은혜를 필요로 하는 죄인으로 머물러 있는 부정할 수 없는 실재 사이에 균형을 잡아준다. 이것은 성화에 대한 다른 세 가지 견해가 말할 수 없는 것이다.

루터파의 전망은 죄와 그리스도인의 지속적인 투쟁을 인정한다는 점에서 분명 실재적이지만 어떤 사람이 그리스도와 연합될 때 일어나는 **실재적인 변화**를 확실하게 인정하지는 못한다. 신자들은 자신들이 마땅히 그러해야 하고 그럴 수 있으며 그렇게 될 모든 것은 아니라 하더라도 그들은 또한 한때 과거에 그러했던 존재는 아니다. "그리스도 안에서" 그들은 새로운 피조물이 되었다.

웨슬리와 케직의 견해는 신자가 그리스도 안에서 새로운 피조물이며 그래서 거룩한 삶을 살도록 능력을 부여받고 있다는 것을 인정한다. 그러나 그들은 자신들의 최선의 진지한 노력에도 불구하고 신자들이 은혜로 구원받은 죄인이라는 부인할 수 없는 실재를 적절하게 설명해 주지 못한다.

신자들은 그리스도 안에서 변화되었다는 진리에도 불구하고 자신들을 지속적으로 괴롭히는 옛 자아를 물리치기 위해 육신에 대하여 끊임없이 투쟁해야만 한다. 개혁파의 견해는 이러한 두 가지 실재를 가장 잘 설명하며 균형을 잡아준다. 그러므로 개혁파의 견해는 신자들이 성화의 과정에서 진보할 수 있는 능력에 대한 확신과 더불어 하나님 앞에서 겸손할 것을 촉구한다.

3) 반론에 대한 응답

(1) 이 견해는 인간의 교만의 위험이 있다

우리는 마치 우리가 성화를 일으키는 것과 같이 성화의 진보에 대하여 말할 때 커다란 주의를 기울여야 한다. 이러한 점에서 어떤 사람들은 개혁파의 견해가 **심지어 그리스도인으로서** 우리들이 여전히 죄인이며 우리의 칭의와 성화가 온전히 하나님의 선언에 달려 있다는 사실을 완전하게 받아들이는 데 실패하고 있다고 비판한다. 그들은 다음과 같이 말한다.

> 성화는 죄인들이 성취할 수 있는 어떤 것이 아니다. 성화는 성령의 대행적인 사역을 통한 하나님의 배타적인 일이다. 태도와 행위에서의 변화는 전적으로 하나님의 사역에 달려 있다. 우리가 어떤 의미에서 영적인 변화를 일으키는 데 책임이 있다고 주장하는 것은 모든 죄의 본성에 해당하는 인간의 교만을 표현하는 것일 뿐만 아니라 죄인들이 믿음으로만 의롭다함을 받는다는 성경의 중심적인 가르침을 무효화하는 것이다.

이러한 반론에 대한 대답으로 우리는 성화가 배타적으로 그리스도 안에 근거되어 있다는 개혁파의 확신을 반복한다. 개혁파의 견해는 성화가 결코 인간의 노력의 결과가 아니라는 것을 강조한다. 성화는 오로지 그리스도의 삶과 죽음, 그리고 부활에 놓여 있다. 그리스도만이 성화의 근원이시고 보증자가 되신다. 존 칼빈은 이 점을 명확하게 밝히고 있다.

> 우리는 우리의 전체 구원과 모든 부분이 그리스도 안에 포괄되어 있음을 알고 있다(행 4:12). 그러므로 우리는 다른 어떤 곳으로부터도 최소한의 부분이나마 가지고 오지 않도록 조심해야만 한다. 만일 우리가 구원을 원한다면 우리는 구원이 "그리스도의 것"(고전 1:30)이라는 바로 그 이름 예수로 가르침을 받는다. 만일 우리가 성령의 어떤 다른 은사를 구한다면 그것들은 그리스도의 기름 부으심 가운데서 발견될 것이다…만일 순결을 원한다면 그리스도의 생각 가운데서 발견할 것이며 온유를 원한다면 그리스도의 탄생에서 나타날 것이다…만일 삶의 새로움을 원한다면 그리스도의 부활 가운데서 찾을 수 있다…간단히 말해 모든 종류의 선이 풍성하게 그리스도 안에 저장되어 있기 때문에 우리는 다른 어떤 샘이 아니라 이 샘으로부터 풍성히 마시도록 하자.[4]

(2) 성화는 도덕적인 명령법 그 이상의 것이다

어떤 사람은 개혁파의 견해가 성화를 순종의 삶이라고 하는 실천의 상황 안에서 해석하고 있다고 주장한다. 반면에 성경은 성화를 하나님과 우리의 이웃을 향한 사랑의 삶을 살아가는 관계적인 상황에서 성화를 제시하고 있다는 것이다. 바울은 "피차 사랑의 빚 외에는 아무에게든지 아무 빚

---

[4] Calvin, *Institutes*, 1:527-28.

도 지지 말라 남을 사랑하는 자는 율법을 다 이루었느니라"(롬 13:8)고 권고하고 있다. 마찬가지로 예수님은 율법을 "네 마음을 다하며 목숨을 다하며 힘을 다하며 뜻을 다하여 주 너의 하나님을 사랑하고 또한 네 이웃을 네 자신 같이 사랑하라"(눅 10:27)고 요약하고 계신다. 성화의 핵심은 우선적으로 행함이 아니라 존재라는 것이다. 그의 삶 가운데 하나님의 사랑에 의해서 지배되고 인도되는 사람이 되는 것이 우선이라고 비판자들은 말한다.

그러나 전술한 바와 같이 개혁파의 견해에 따르면 순종은 감사와 사랑의 반응을 이루어 내며 하나님의 은혜와 사랑에 머무르기 위하여 칭의 이외에 제2의 어떤 기초를 만들어 내지 않는다. 하이델베르크 요리문답은 개혁파의 견해를 다음과 같이 표현하고 있다.

> 우리가 우리의 죄와 그 파괴적인 결과로부터 믿음으로 그리스도를 통하여 우리 자신의 아무런 공로 없이 구속함을 받았다면 왜 우리는 선행을 행해야만 하는가?
>
> 답: 그리스도께서 우리를 자신의 피로 구속하셨듯이 그리스도는 또한 우리를 자신의 형상을 따라 자신의 성령을 통하여 새롭게 하셔서 우리의 전체 삶을 통해 우리가 그분의 선하심에 대하여 하나님께 감사하도록 하시며 하나님께서 우리를 통해 영광을 받으시기를 원하시기 때문이다. 더 나아가 우리 자신은 열매를 통해 우리의 신앙의 확신을 가지게 되며 우리의 경외하는 행위를 통해 그리스도에게 우리의 이웃들을 인도할 수 있게 되기 때문이다.[5]

---

5) Heidelberg Catechism, Q 86.

개혁파 견해에서 도덕적인 명령법(행함)은 항상 직설법(그리스도 안에서의 우리의 존재)에서 나온다. 그리스도인의 삶의 직설법은 죄인들을 위한 그리스도의 구속 사역의 열매인 그리스도의 삶과 죽음, 그리고 부활을 가리킨다. 이러한 직설법이 죄인된 사람들에게 하나님께서 부여하시는 용서와 거룩을 위한 기초를 이룬다. 순종에 대한 요청은 항상 직설법으로부터 나오거나 직설법을 따라 나온다. 성경의 가르침은 "…이기 때문에, 그러므로…"이다. 그리스도께서 죄에 대하여 승리하셨기 **때문에**, **그러므로** 우리는 새로운 삶 가운데 걸어가라는 요청을 받는다. 비유를 들어 보자.

나는 당신의 은행 계좌에 100억 원을 넣어두었기 **때문에**(직설법), **그러므로**(명령법) 나는 당신에게 당신의 청구서대로 지불하라고 권고할 수 있다. 순종하라는 권고는 순종의 반응이 가능하도록 이미 되어 있기 **때문에** 순차적인 것이다. 그러므로 그리스도인의 삶의 명령(계명)은 새로운 명령법을 이루는 것이 아니라 직설법의 **결과**로서 당연하게 나타나는 것이다.

4. 그리스도의 충분성 안에서 안식하는 신앙으로서의 성화 (케직의 심화된 삶 견해)

거룩에 관한 심화된 견해는 케직(Keswick)의 메시지와 관련되어 있다. 케직은 그 역사적 기원을 영국(1873-1875)에 두고 있으며 나중에 대영제국의 노스 레이크(North Lakes) 지역에 위치한 케직이라고 하는 영국의 한 도시 이름에서 채택하였는데 그곳에서 여러 해 동안 연례 집회를 개최하였다(케직 사경회는 또한 미국과 캐나다, 아시아 등지에서도 열렸다). 케직은 주로 로마서 6-8장에 요약되어 있는 바울 가르침의 렌즈를 통해 거룩의 삶을 해석하는 운동인데 교단에 매이지 않는 초교파 운동이다.

케직의 메시지는 그 첫 번째 출판물에서 아래와 같이 적절하게 표현되어 있다.

> 우리는 **정상적인** 그리스도인의 삶이란 죄에 대하여 일정하게 유지되는 승리라고 하나님의 말씀이 가르치고 있다고 믿는다…그것은 믿음과 승리의 삶이요 평화와 안식의 삶이며 모든 하나님의 자녀들의 정당한 유산이고 그리스도인은…오랜 기도나 수고로운 노력을 통해서가 아니라 신중하고 결단력 있는 믿음의 행위를 통해 그 가운데 들어갈 수 있다. 하나님의 자녀의 정상적인 경험은 끊임없는 패배가 아니라 승리이며 맷돌을 가는 듯한 멍에가 아니라 자유이며 쉼 없는 염려가 아니라 "완전한 평화"의 경험이어야만 한다…그리스도 안에서 모든 믿는 자에게 승리와 자유와 안식이 주어지며 이것은 불가능한 이상을 좇아가는 일생을 통한 투쟁이 아니라 개인이 하나님께 항복하고 성령께서 그 안에 내주하심으로써 획득할 수 있다.[6]

1) 성경적 논증

그리스도의 죽으심과 부활은 모든 신자들을 위하여 죄에 대한 승리의 삶을 제공해 주었다. 그리스도께서는 죄를 이기셨고 단지 성령을 통하여 그리스도와 연합함을 통하여 그리스도께서 성취하신 승리가 신자들에게 유용하게 된다. 신자들은 그들이 그리스도 안에 그리스도께서 그들 안에 거하시는 것을 떠나서는 그 어떤 생명이나 거룩도 가질 수 없다(요 15:4-5).

---

[6] J. Robert McQuilkin, "The Keswick Perspective," in Melvin E. Dieter et al., *Five Views on Sanctification* (Grand Rapids: Zondervan, 1987), 153-54.

신자들의 동의에 의해 그리스도께서는 자신의 승리와 자신의 생명을 신자들의 영적인 필요를 위해 넘겨주심으로 신자들의 마음을 얻으시고 지켜주신다.

그리스도께서는 성령을 통해 신자들이 더 이상 자신들의 영적인 진보에 방해받지 않고 자신들의 평화를 빼앗기지 않을 정도까지 죄의 능력을 맞서게 하신다. 바울은 다음과 같이 말하고 있다.

> 그럴 수 없느니라 죄에 대하여 죽은 우리가 어찌 그 가운데 더 살리요 무릇 그리스도 예수와 합하여 세례를 받은 우리는 그의 죽으심과 합하여 세례를 받은 줄을 알지 못하느냐 그러므로 우리가 그의 죽으심과 합하여 세례를 받음으로 그와 함께 장사되었나니 이는 아버지의 영광으로 말미암아 그리스도를 죽은 자 가운데서 살리심과 같이 우리로 또한 새 생명 가운데서 행하게 하려 함이라(롬 6:2-4)

그리스도의 죽으심과 부활을 통해 실현된 이러한 승리와 자유와 안식의 축복은 모든 신자들의 정당한 유산이다. 여전히 죄 된 본성이 신자의 태도와 행위를 통제하기 위해 새로운(성령이 부여하신) 본성과 겨루면서 회심 이후에도 신자 안에 남아 있다. 성경은 모든 신자들 안에 옛 본성과 새 본성 사이에 또는 육체와 영 사이에 끊임없는 투쟁이 있음을 확증하고 있다. 이들 두 본성은 신자의 삶을 통제하기 위해 무장을 하고 서로 싸운다. 그 결과 영적인 투쟁이 종종 절망적인 정도까지 신자의 삶 속에 분출된다. 이러한 투쟁은 로마서 7:15, 22-24에 분명하게 그려져 있다.

> 내가 행하는 것을 내가 알지 못하노니 곧 내가 원하는 것은 행하지 아니하고 도리어 미워하는 것을 행함이라…내 속사람으로는 하나님

> 의 법을 즐거워하되 내 지체 속에서 한 다른 법이 내 마음의 법과 싸워 내 지체 속에 있는 죄의 법으로 나를 사로잡는 것을 보는도다 오호라 나는 곤고한 사람이로다 이 사망의 몸에서 누가 나를 건져내랴 (롬 7:15, 22-24).

갈라디아의 신자들에게 편지하면서 바울은 다시금 신자의 마음속에서 두 가지 대적하는 충동 사이에 해결되지 않는 투쟁을 묘사하고 있다.

> 육체의 소욕은 성령을 거스르고 성령은 육체를 거스르나니 이 둘이 서로 대적함으로 너희가 원하는 것을 하지 못하게 하려 함이니라 (갈 5:17).

실패의 이유는 성령의 소욕이 열매 맺지 못하게 하는 육체 안에 놓여 있다. 신자가 그 자신의 자연적인 자아에 있어 얼마나 훈련되었느냐 또는 결심을 하였느냐에 상관없이 신자는 죄와 육체에 대항한 싸움에서 무력하다. 죄에 대한 승리와 결과적으로 거룩한 삶은 하나님에 대한 전적인 항복을 요구한다. 바울은 "오직 너희 자신을 죽은 자 가운데서 다시 살아난 자 같이 하나님께 드리라[양도하라, 항복하라, 제공하라]"(롬 6:13)고 충고하고 있다.

하나님께 대한 무조건적인 항복을 할 때 성령께서는 신자의 삶을 다스려 주신다. 죄의 독재적인 통치로부터 구원되는 것은 보다 높고 힘센 능력, 즉 그리스도 예수 안에 있는 생명의 성령의 능력의 결과이다. 그러므로 죄에 대한 승리는 억압이나 박멸 또는 덕 있는 행실을 수행하는 능력의 문제가 아니다. 오히려 그것은 항복한 신자를 다스리시는 성령의 반사 작용에 놓여 있다.

그러나 전적인 항복은 일반적으로 신자가 죄의 압도적인 능력의 현존 앞에 자신의 전적인 무능을 인식하게 되는 위기 경험을 포함한다. 게다가 이러한 위기는 심지어 거룩하게 살려는 신자의 노력이 종종 육체에서 이루어진다는 인식에 의해 심화되며 "오호라 나는 곤고한 사람이로다 이 사망의 몸에서 누가 나를 건져내랴"(롬 7:24)라는 부르짖음을 만들어 낸다. 영적인 승리의 경험은 자연적인 자아가 죄를 극복할 수 없다는 것을 인정하는 하나님께 대한 전적인 항복과 죄를 정복하신 그리스도를 의지하는 믿음의 직접적인 결과로 나타난다. 이러한 하나님과 내주하시는 성령에 대한 전적인 항복의 행동은 의롭다하시는 그리스도에 대한 믿음 가운데 신자가 자신의 삶을 드리는 것과 비슷하다.

그리스도의 죽으심과 부활을 통한 공급하심 안에 안식하는 믿음은 죄에 대한 승리와 경건한 삶의 열쇠가 된다. 신자는 자신의 자연적인 자아 안에서 거룩하고자 애쓰기를 멈추고 자신의 영적인 파산 상태를 고백하고 자신을 죄에 대하여는 죽고 하나님에 대하여는 산 사람으로 인정하여야 한다(롬 6:11-12). 그리스도의 성취 안에서 안식하는 믿음만이 거룩에 이르는 길이다. 거룩은 죄에 대한 자유와 내주하시는 성령을 통한 기쁨과 평화의 삶으로 특징지어진다(롬 6:8-11). "그런즉 안식할 때가 하나님의 백성에게 남아 있도다 이미 그의 안식에 들어간 자는 하나님이 자기의 일을 쉬심과 같이 그도 자기의 일을 쉬느니라"(히 4:9-10)고 히브리서의 기자는 말하고 있다.

항복의 행동을 하자마자 성령은 신자를 통치하시고 그에게 죄를 대항하여 하나님을 기쁘시게 하는 삶을 살도록 능력을 공급하신다. 성령은 죄와 죄된 본성에 대한 반작용을 하는 능력이다. 바울은 "이는 그리스도 예수 안에 있는 생명의 성령의 법이 죄와 사망의 법에서 너를 해방하였음이라"(롬 8:2)고 기록하고 있다. 이러한 안식하는 믿음이라고 하는 성향은 중생으로부터 분리된 하나의 명확한 행동이다. 안식하는 믿음은 자신의 삶을 내주하시는 성령에게 자신의 삶을 드리고(엡 5:18) 믿음으로 그리스도의 죽으심과 부활에 의해 성취된 승리 안에 안식하라는 성경의 명령에 대한 신자의 응답이다(롬 6:11-13; 8:13-14; 12:2; 골 3:9-10; 살전 4:1-2).

2) 지지하는 논증

여기에서 지금 경험하는 자유. 모든 견해 가운데 케직의 견해는 신자들에게 죄에 대한 승리를 얻는 가장 실천적인 방식을 제공해 준다. 종종 신자들은 승리하는 삶을 포기해 버린다. 왜냐하면 신자들은 죄와 자신들의 싸움이 심각한 것이기 때문에 이것은 실현 불가능한 목표는 아니지만 요원한 것이라고 생각하기 때문이다. 신자들은 자신들이 죄인이라는 것을 단순히 받아들일지 모른다(루터파 견해).

또는 신자들은 비록 그리스도와 연합하였지만 수년 동안의 순종하는 삶을 통하여 더디고 점진적인 진보를 이룰 수 있을 뿐이다(개혁파 견해). 신자들은 자신들을 단번에 죄로부터 자유하게 하는 초자연적인 경험(성령의 충만)을 기다려야만 한다고 결론내릴 수도 있다(웨슬리의 견해). 이러한 견해는 **여기에서 지금** 신자들에게 능력을 부여하기에는 부족하다. 왜냐하면 어느 견해도 신자들을 죄가 여전히 자신들에게 권세를 행사하고 있다는 오류로부터 건져 주지 못하기 때문이다.

그러나 사람들이 하나님의 말씀의 권위에 근거하여 죄가 자신들 위에 아무런 권세를 행사하지 못한다는 사실을 믿도록 격려를 받을 때 상황은 즉각적으로 변화한다. 사람들로 하여금 이러한 진리를 경험하지 못하게 하는 것은 그들에게 단지 믿음이 부족하기 때문이다. 신자들이 믿음을 행사하고 그들 자신의 노력을 중단하게 될 때 그들은 여기 그리고 지금 그들이 "죄에 대하여 죽고 그리스도 예수 안에서 하나님께 대하여 살아 있다" (롬 6:11)는 진리를 경험할 수 있다.

3) 반론에 대한 응답

(1) 이 견해는 항복의 행동에 너무나 큰 강조를 두고 있다

케직의 견해에 대하여 몇몇 비판자들은 케직의 위험성이 전적인 항복의 행동이 이루어질 때까지는 성령과 성령의 능력을 진정으로 경험하지 않았다는 가정에 있다고 주장한다. 또한 케직의 추론은 성령에 대한 항복이라는 고귀한 하나의 행동에 너무나 큰 관심을 보이는 것 같다고 비판자들은 주장한다. 그렇게 하는 것은 그리스도의 구속 사역과의 연관성으로부터 성령의 사역을 간접적으로 분리시킨다는 것이다. 이러한 비판을 하는 사람들은 이것을 신약성경의 가르침으로부터 벗어나는 것이라고 생각한다. 요한복음은 다음과 같이 말하고 있다.

> 그러나 진리의 성령이 오시면 그가 너희를 모든 진리 가운데로 인도하시리니 그가 스스로 말하지 않고 오직 들은 것을 말하며 장래 일을 너희에게 알리시리라 그가 내 영광을 나타내리니 내 것을 가지고 너희에게 알리시겠음이라 무릇 아버지께 있는 것은 다 내 것이라 그러므로 내가 말하기를 그가 내 것을 가지고 너희에게 알리시리라 하였노라 (요 16:13-15).

그러므로 성령과 그리스도의 사역과 인격은 불가분리적으로 연결되어 있어서 신약성경은 그리스도의 사역의 문맥 안에서 그리고 그것을 통하지 않고는 어떠한 성령의 사역도 알지 못한다고 비판자들은 주장한다. 게다

가 만일 신자가 불행하게도 이러한 고귀한 항복의 행동의 필요성을 결코 알지 못한다면 어떻게 되는 것인지에 대해 그들은 질문한다. 그리스도인으로서 그 신자의 삶은 항상 어떤 의미에서 부족한 상태에 머물러 있어야 하는가? 신약성경에서 그리스도인이 된다는 것은 이미 성령을 소유하는 것이다(롬 8:9-11). 성령의 내적인 임재는 신자들 안에 그리스도의 구속의 사역의 결과이며 영적인 열매를 생산하게 한다.

이러한 반론에 대한 응답으로 우리는 이러한 항복의 행동의 근거는 예수 그리스도의 능력 있는 구원의 역사 그 이상도 그 이하도 아니라는 것을 반복해야만 한다. 이 항복은 예수 그리스도를 통한 하나님에 대한 항복이다. 그리고 그 결과는 성령의 권능을 덧입는 것이다. 하나님에 대한 항복은 포기의 행동이 아니다. 도리어 그것은 자신의 삶을 완전히 하나님의 손 안에 맡기는 것을 의미한다. 그것은 어디로**부터의** 항복이 아니라 어디**로의** 항복이다. 그 자신을 홀로 죄에 대한 승리에 대한 영적인 자원을 가지고 계신 새로운 주인에게 양도하는 것이다. 그것은 죄에 대한 그리스도의 승리가 확실하다는 하나님의 약속에 대한 완벽한 믿음의 행동이다. 이러한 항복은 자기 노력을 내어버리는 것이며 믿음으로 내주하시는 성령을 의지하는 것이다. 그리스도에 대한 본래적인 회심과 결과적으로 그 동일한 그리스도에 대한 항복 사이에는 어떠한 대립도 있을 수 없다.

(2) 안식하는 믿음은 그 자체가 위기이다

케직의 견해에 대하여 어떤 비판자들은 보다 실천적인 문제를 제기한다. 만일 죄에 대한 승리가 아직 발생하지 않았다면 어떻게 되는가? 그렇다면 그리스도의 승리는 부족하지 않기 때문에 안식에 대한 실패는 안식하려는 인간의 믿음에 있어야만 한다. 그러나 어떤 사람이 어떻게 더 많은 안식하는 믿음을 성취하게 되는가? 그러므로 케직의 견해는 승리의 근거가 안식하는 믿음을 실현하는 신자의 능력에 있게 한다고 비판자들은 말한다. 거룩과 승리의 삶은 이제 그리스도로부터 승리를 실현하기 위한 거룩하게 하는 충분한 양의 믿음을 제공할 수 있는 신자의 능력으로 옮겨지게 된다.

이러한 반론에 대한 답변으로 우리는 안식하는 믿음이 그리스도에게만 강조를 두며 안식하는 믿음을 산출하는 신자의 능력에 두지 않음을 강조한다. 성경이 명확하게 말하고 있는 것처럼 "이미 그의 안식에 들어간 자는 하나님이 자기의 일을 쉬심과 같이 그도 자기의 일을"(히 4:10) 쉰다. 안식하는 믿음은 전적으로 승리를 약속하신 분에게 달려 있다. 그것은 죄에 대한 승리와 그리스도 안에 있는 삶의 새로움을 제공하시는 하나님에 대한 인격적인 헌신을 이루어 낸다. 믿음의 행위와 실체를 이루는 것은 믿음의 성향이 아니라 안식하는 믿음의 대상이다.

(3) 모든 영적인 투쟁이 다 육체에 속한 것은 아니다

비판자들은 거룩하게 걸어가려는 모든 인간의 주도권이 오염되어 있다는 케직의 추론에 반대한다. 그러나 그리스도에게 항복하라는 충고는 무활동을 요청하는 것이 아니라 병역의무를 위하여 출동하라는 요구이다. 신자들은 죄에 대하여 아니라고 말하고 그리스도인의 성품과 행동을 향상시켜 주는 그러한 성경적인 원리들에 대하여 그렇다고 말하도록 자신들의 삶에서의 영적인 훈련을 하여야만 한다. 제임스 패커(James I. Packer, 1926- , 패커는 케직의 성화론에 대한 가장 강력한 비판자 중 한 명이다. 그런 의미에서 이 단락에 패커의 말을 인용하는 것은 조금은 어색하게 느껴진다-역주)는 다음과 같이 바르게 충고하고 있다.

만일 당신이 나쁜 습관과 싸우고 있다면 하나님 앞에서 당신이 그 습관에 다시는 희생되지 않도록 확실한 전략을 세우라. (하나님에게) 당신의 전략을 축복해 주시도록 요청하라. 그리고 다음 번에 유혹이 올 때 **아니**라고 즉각 말하도록 (하나님의) 능력 가운데 나아가라.[7]

이처럼 항복은 우리 자신을 하나님에게 드리는 것을 의미하며 그런 다음 하나님을 섬기고 모든 유혹 가운데서 하나님께서 피할 길을 공급하신다고 믿는 것이다(고전 10:13).

5. 완전한 사랑으로서의 전적인 성화 (웨슬리파 견해)

성화에 대한 웨슬리의 견해는 성경에서 거룩성의 개념이 하나님과의 관계성에 집중하고 있다는 통찰로부터 시작한다. 성화는 신자들이 무엇으로부터 분리되는 것이 아니라 누구에게로 거룩하게 되는 것을 의미한다. 성전과 제사장, 성전의 물건 등등은 이것들이 배타적으로 하나님에게 속한 것이기 때문에 거룩한 것이다. 그러므로 거룩성 또는 성화는 우선적으로 거룩하신 그리스도와의 관계를 지시한다. 그것은 바른 관계의 문제이지 미리 결정된 객관적인 종교적 표준들의 용어로 판단되어서는 안 된다.

1) 성경적 논증

하나님과의 바른 관계는 죄로부터 깨끗하게 되는 것을 의미한다. 이러한 청결의 개념이 성경에 널리 퍼져 있다. **씻다, 정화하다, 제거하다** 등등의

---

[7] J. I. Packer, *Keeping Step with the Spirit* (Downers Grove, IL: InterVarsity, 1984), 157.

단어들에 대해 찰스 카터(Charles Carter)는 다음과 같이 말하고 있다.

> 그 물질적인 의미를 초월하여 지상의 세제가 물질적인 더러움을 제거하듯이 인간의 마음을 그 불순물로부터 구출하시는 하나님의 사역을 지시한다. 그 강조점은 그 아래 제시되고 있는 특징의 선택보다는 청결의 철저함에 있다.[8]

청결의 초점은 더러움의 원인, 즉 타고난 죄의 원인을 제거하는 것이다. "우슬초로 나를 정결하게 하소서 내가 정하리이다 나의 죄를 씻어 주소서 내가 눈보다 희리이다…나의 죄악을 말갛게 씻으시며 나의 죄를 깨끗이 제하소서"(시 51:2, 7)와 같은 타고난 죄의 오염으로부터의 철저한 청결은 그리스도와의 깨어지지 않는 교제의 관계를 가능하게 만든다.

깨어지지 않는 교제의 약속은 죄에 대한 성경적인 견해에 의해 재강화된다. 죄는 썩은 치아와 같은 것이 아니라 마음의 태도이다. 죄는 하나님께서 성화된 신자의 삶으로부터 깨끗하게 하시겠다고 약속하신 교만이라는 성향이다. 이러한 깨끗하게 하심이 "하나님께로부터 난 자마다 죄를 짓지 아니하나니 이는 하나님의 씨가 그의 속에 거함이요 그도 범죄하지 못하는 것은 하나님께로부터 났음이라"(요일 3:9)고 하는 요한의 말을 설명해 준다. 만일 죄가 법적인 의미에서, 즉 하나님의 율법에 대한 어떤 위반으로 이해된다면 그것이 우발적이든 고의적이든 요한의 말을 이해하기 어렵다. 왜냐하면 어떤 사람도 외형적인 행동에 있어 완전하지 않기 때문이다.

만일 죄가 마음의 문제라면, 그리고 만일 마음이 타고난 죄로부터 깨끗

---

8) Charles W. Carter, ed., *A Contemporary Wesleyan Theology* (Grand Rapids: Francis Asbury, 1983), 529.

하게 된다면 비록 신자가 외적인 행동은 어떤 점에서 결함이 있을지 모르지만 태도나 마음에 있어서는 완전할 수 있다. 타고난 죄로부터 마음을 깨끗하게 하고 하나님의 사랑으로 마음에 채우시는 성령을 통한 이러한 은혜의 선물은 회심 이후의 모든 신자에게 가능한 것이다. 웨슬리의 견해를 추종하는 사람들은 이러한 선물을 성화라고 부른다. 바울도 "평강의 하나님이 친히 너희를 온전히 거룩하게 하시고 또 너희의 온 영과 혼과 몸이 우리 주 예수 그리스도께서 강림하실 때에 흠 없게 보전되기를 원하노라"(살전 5:23)고 기도할 때 이러한 생각을 언급하고 있다.

웨슬리의 견해에 따르면 은혜의 첫 번째 은사는 아들을 통한 죄의 용서이다. 전적인 성화는 은혜의 두 번째 은사이다. 웨슬리의 견해를 추종하는 사람들은 보다 고차원적인 그리스도인의 헌신의 삶으로 신자들을 초대하는 성경 본문을 진지하게 취급한다. 이들 본문은 신자들의 마음이 죄로부터 **온전히** 깨끗하게 되었다고 말한다(살전 5:23; 히 9:14; 10:22). **온전하다**는 단어는 정적이고 합리주의적인 방식으로 이해되어서는 안 된다. 온전함이란 "양적인 측정이 아니라 존재의 한 특질"을 의미한다. 다른 말로 온전함이란 사랑의 정도가 아니라 사랑의 특질과 순수성을 가리키는 것이다.[9]

하나님의 은혜의 두 번째 은사가 모든 신자들에게 가능하다는 사실은 성경에서 확인할 수 있다(참조. 행 1:8). 사도행전 8:14-17과 19:1-7은 사마리아와 에베소의 신자들의 경험을 기록하고 있으며 우리가 그리스도를 믿는 믿음을 가지고 있지만 아직도 능력을 주시는 성령의 충만함(깨끗하게 하심)을 받지 못할 수 있다는 진리를 우리에게 알려 준다. 그러므로 신약성경은 그리스도인의 경험에서 성자를 영접하는 것과 성령을 받는 것 사이를 구분하고 있다(행 10:1-46; 18:24-26). 신자는 아들을 통한 죄 용서를 경험

---

9) Laurence W. Wood, "The Wesleyan Perspective," In Alexander, *Christian Spirituality*, 99.

할 수 있고 결과적으로 성령의 권능 가운데 들어갈 수 있다. 성령께서는 타고난 죄로부터 마음을 깨끗하게 하시고 하나님의 사랑으로 채우신다.

완전 성화는 마음을 하나님의 사랑으로 채우는 것 그 이상도 그 이하도 아니다. 요한은 다음과 같이 기록하고 있다.

> 하나님이 우리를 사랑하시는 사랑을 우리가 알고 믿었노니 하나님은 사랑이시라 사랑 안에 거하는 자는 하나님 안에 거하고 하나님도 그의 안에 거하시느니라 이로써 사랑이 우리에게 온전히 이루어진 것은 우리로 심판 날에 담대함을 가지게 하려 함이니 주께서 그러하심과 같이 우리도 이 세상에서 그러하니라 사랑 안에 두려움이 없고 온전한 사랑이 두려움을 내쫓나니 두려움에는 형벌이 있음이라 두려워하는 자는 사랑 안에서 온전히 이루지 못하였느니라(요일 4:16-18).

웨슬리는 완전 성화를 "그리스도의 마음"을 가지는 것이며 "그리스도께서 걸어가셨던 것처럼 걸어가는 것"으로 묘사하고 있다. 완전 성화는 "지속적으로 모든 생각과 말과 행동을 그리스도를 통해 하나님께서 받으실만한 영적인 제사로 드리는 것이며…그리스도의 사랑으로 불타는 마음을 갖는 것"이다.[10] 그것은 죄를 몰아내는 사랑이며 마음과 삶 모두를 지배하는 사랑이다. 더 나아가 웨슬리는 성화를 "마음의 할례"(롬 2:29)라고 부르고 있다. 이것은 거룩한 저술들에서는 거룩이라 불리는 영원의 습관적인 성향이다. 전적인 성화는 "모든 더러운 것에서 육체와 영을 깨끗케 하는 것이며 그 결과 어떤 사람에게 그리스도 예수 안에 있는 그러한 덕성들이 부

---

10) John Wesley, *The Works of John Wesley*, ed. Thomas Jackson, 14 vols. (1831: 재판, Kansas City, MO: Beacon Hill, 1978), 11:84.

여되는 것"을 가리킨다.[11] 완전 성화는 성령을 통해 모든 신자들에게 주시는 선물이며 회심 후에 믿음과 하나님께 대한 항복을 통해 일어나게 되는 것이다.

2) 지지논증

(1) 문제의 근원

복음주의자들이 성화에 대하여 주장하고 있는 네 가지 견해 가운데 웨슬리의 견해만이 하나님의 사랑이라고 하는 그 적절한 목표 위에 있는 성화 과정에 집중하고 있다. 신자들의 삶 가운데 지속되는 죄의 문제는 단지 신자들의 창조자이시며 구원자이신 하나님에 대한 마음 중심에 있는 사랑의 결핍에 불과하다. 이것이 성화의 과정에 관련된 근본적인 주제이다.

다른 세 가지 견해는 문제의 **증상**을 문제의 **근원**으로 잘못 취급하기 때문에 거룩한 삶을 위하여 신자들에게 유용한 능력을 분명하게 나타내지 못하고 있다. 죄인됨에 초점을 맞춤으로써 루터파나 개혁파의 견해는 이 생에서 신자들을 변혁시켜야만 하는 하나님을 향한 사랑의 능력을 과소평가하고 있다. 사람들은 자신들이 그리스도 안에서 거룩하다고 믿을 수 있으며 이러한 거룩함을 살아내려고 노력할 수 있다. 그러나 사람들이 하나님을 향한 완전한 사랑으로 충만하게 되지 않는다면 그들의 동기만으로는 자신들의 목표를 달성하지 못할 것이다.

이와 비슷하게 신자들의 믿음에만 초점을 둠으로서 케직의 견해는 마음이 사람들로 하여금 진리라고 알고 있는 것을 살아내도록 동기부여를

---

11) John Wesley, *Standard Sermons*, ed. E. H. Sugden, 2 vols. (London: Epworth, 1951), 1:267-68. Wood, "Wesleyan Perspective," 109를 보라.

하는 역할을 과소평가하고 있다. 사람들은 그리스도 안에서 죄로부터 자유롭게 되는 믿음 안에서 안식하기를 구할 수 있다. 그러나 사람들의 마음이 하나님을 향한 열정적인 사랑으로 채워지지 않는다면 이러한 신앙 안에서 안식하는 것은 죄로부터의 자유로운 삶으로 귀결되지는 않을 것이다. 단지 하나님을 향한 완전한 사랑만이 어떤 사람이 **믿는** 것이 어떻게 그 사람이 **사는가**에 심오한 충격을 야기하게 할 수 있다.

(2) 낙관론과 의존성

케직의 견해와 함께 루터파와 개혁파에 반대하여 웨슬리의 성화론은 현재에 신자들을 변혁시키시는 하나님의 능력을 강조한다. 신자들이 승리하는 삶을 살 수 있다는 하나님의 약속은 법률적인 허구나 단지 종말론적인 약속이 아니다.

동시에 웨슬리의 견해는 케직의 견해가 가르치고 있는 것처럼 이러한 승리하는 삶이 단지 더 강한 믿음을 행사함으로써 일어날 수 있다는 것을 받아들이지 않는다. 케직의 견해는 대부분의 경우 성화를 우리 시대에 대중적인 인기를 얻고 있는 일종의 "긍정적인 사고의 능력"과 관련된 주제로 축소시켜 버린다. 오히려 믿음은 단지 그것을 유발시키는 사랑만큼 능력 있는 것이다. 성경이 일률적으로 가르치고 있듯이 이러한 사랑은 신자들이 그들 스스로를 집어넣으려 **하거나 생각할** 수 있는 어떤 것이 아니다. 사랑은 마음을 충만케하는 성령의 능력을 통해서 하나님으로부터의 선물로만 올 수 있다. 이러한 방식으로 웨슬리의 견해는 루터파와 개혁파 견해가 주장하는 하나님에 대한 의존성을 유지하는 한편 케직의 낙관론을 손에 넣는다.

3) 반론에 대한 응답

(1) 이 견해는 칭의 사역을 경시하며 성령의 사역을 오해한다

웨슬리 견해를 비판하는 어떤 사람들은 두 단계의 과정이 회심에서 그리스도 안에 있는 칭의의 은혜를 받아들이는 것을 경시한다고 주장한다. 그들은 말하기를 이것은 첫 번째 은혜의 경험이 두 번째 은혜보다 어쨌든 덜 중요하다는 것을 의미한다는 것이다.

그 과정에서 첫 번째 단계는 대체로 이어지는 두 번째의 더 크고 더 나은 단계를 위한 도약대와 같다. 이 두 단계 구도는 불행하게도 무조건적인 하나님의 의롭다하시는 은혜를 경시하며 그것을 초보적인 역할로 환원시켜 버린다. 더 나아가 비판자들은 종종 만일 중생이 회심에 없어서는 안 되는 구성 요소라면 그리고 만일 성령이 인격이서서 단편적으로 나누어질 수 없다면 신자들은 회심의 때에 성령의 완벽한 인격을 받게 된다고 주장한다. 하나님의 사랑에 의하여 사로잡힌 마음을 경험하는 것 또는 어떤 사람의 영혼이 친절과 온유, 온화 등등으로 충만하게 되는 것은 분리되거나 두 번째 은혜의 수납과 같은 것을 요구하지 않는다. 이러한 것은 신자들의 삶 속에 영적인 열매를 산출하시는 내주하시는 성령의 지속적인 사역으로 이루어지는 것이다. 그 경험은 옳은 것이기는 하지만 칭의를 넘어서는 두 번째 정화 단계를 요구하는 것은 신학적으로 부적절하다.

이러한 비판에 대한 대답으로 우리는 우선 그리스도 안에 있는 칭의라고 하는 것이 신자가 상속받게 될 모든 영적인 축복의 근거요 뿌리요 근원이라는 분명한 선언과 더불어 시작하고자 한다. 웨슬리의 견해는 의롭다하시는 은혜를 경시하지 않는다. 반대로 웨슬리의 견해는 이러한 은혜의 첫 사역이 단지 하나의 법정적인 의롭다하는 선언 그 이상의 것이 되도록 되어 있다고 담대하게 선언함으로 의롭다하시는 은혜의 능력을 강조한다.

예를 들어 루터파의 견해에 따르면 신자들은 "전가된" 의를 받는 것으로 이해할 수 있다. 이 전가된 의는 실제로 거룩한 삶으로 이어질 수도 있고 그렇지 않을 수도 있다. 그러나 이러한 종류의 의는 단지 법적인 허구이다. 신자들은 필연적으로 자신들의 생각이나 말이나 행동에서 이러한 의로움을 살아내지 않고도 의롭다고 선언된다. 이것은 의롭다하시는 은혜에 대한 결함이 있는 견해이다. 그러나 웨슬리의 견해에 따르면 하나님께서 신자들을 의롭게 만드실 때 하나님께서는 단지 의로움을 법적인 허구로 주입하기만 하는 것이 아니다. 오히려 동시에 하나님께서는 진정으로 신자들에게 의로움을 **부여하신다**. 성화된 삶을 살아가는 것이 바로 그 증거라 할 수 있다.

두 단계 구도에 반대하는 논증에 관련하여 우리는 단지 성경 자체가 세례를 통한 회심과 오순절에 성령을 받는 것 사이를 분명하게 구분하고 있다는 점을 지적하고자 한다. 대표적인 본문들이 사마리아의 신자들의 경험(행 8:4-25)과 에베소의 신자들의 경험(행 19:1-7), 그리고 제자들의 경험(요 20:22; 행 2:1-21)에서 발견된다. 예를 들어 요한복음 20:22에서 예수님은 숨을 내쉬며 "성령을 받으라"고 말씀하셨다. 그리고 나서 사도행전 2:1-4에서 이들 동일한 제자들이 오순절 날 재차 성령을 받았다.

그러므로 신약성경은 십자가의 사역과 오순절 성령의 강림 사이를 구분하고 있는 것처럼 아들을 보내신 세대와 성령을 보내신 세대 사이(또는 출애굽의 구원과 가나안 땅에서의 약속된 안식 사이)를 구분하고 있다. 이들 두 세대는 두 개의 은사를 나타내며 하나님의 은혜의 두 사역을 나타낸다. 죄의 용서와 성령의 능력 있는 임재가 그것이다. 삶의 거룩함은 성령의 정결케하시고 채우시는 은사를 떠나서는 단지 요청으로만 머물러 있게 될 것이며 결코 하나의 경험이 될 수도 없다.

(2) 완전은 무거운 짐이다

웨슬리의 견해를 비판하는 많은 사람들은 비록 그것이 행위의 완전함이 아니라 마음의 완전함이라 하더라도 완전한 삶을 살라고 하는 훈계가 신자들이 지기에는 무거운 짐이라는 사실을 지적하고 있다. 그들은 말하기를 그 짐이 완전의 상태가 그 마음에서 의식적으로 죄에 저항하는 신자의 능력과 맞물려 있다는 사실에 의해서 강화된다는 것이다. 그러나 신약성경은 그리스도인의 삶을 인간의 완전함이라는 말로 말하지 않으며 영적인 성숙을 향한 발전적인 성장으로 말하고 있다.

그러므로 "완전"에 대한 신약성경의 단어는 발전적인 맥락에서(인격적) 성숙이라고 번역되는 것이 가장 좋다. 예를 들면 "하늘에 계신 너희 아버지의 온전하심과 같이 너희도 온전하라"(마 5:48)는 권면은 마음의 도덕적인 완전성에 대한 요청이 아니라 신자들이 특별히 하나님께서 반응하신 것과 동일한 방식으로 자신들의 원수들을 향하여 자비롭고 친절한 행동으로 반응하라는 요청이다.

또한 비판자들은 완전 성화의 고찰이 심지어 고의적인 죄와 태도나 의도적인 죄 사이를 구분하는 웨슬리의 구분을 의문시하게 한다고 주장한다. 신약성경의 경향으로서의 죄와 행위로서의 죄에 대한 선언은 원인과 결과로서 서로 연결되어 있다. 두 종류의 잘못된 행위, 즉 마음의 잘못된 행위와 행동의 잘못된 행위가 있는 것이 아니다. 죄된 행동은 죄악된 성향에 의하여 일어나게 된다. 죄는 그것이 우발적이든 의도적이든 죄이다. 요한은 "죄를 짓는 자마다 불법을 행하나니 죄는 불법이라"(요일 3:4)고 말하고 있다고 그들은 말한다.

이에 대한 응답으로 우리는 완전이 성경적인 가르침이라는 사실을 다시 한 번 강조하고자 한다. 완전한 삶 또는 비난받을 것 없는 삶의 요청은 웨슬리의 고안물이 아니라 성경에 의하여 명하여지고 있다. 성경은 우리의 의가 서기관이나 바리새인들에 의해 드러나는 행위의 완전함을 넘어서야 할 것을 요구하고 있다(마 5:20).

신자들은 하늘 아버지의 온전함 같이 온전해야 한다(마 5:45). 신자들은 모든 두려움을 몰아내는 사랑 안에서의 완전함으로 부름받고 있다(요일 4:12, 18). 이러한 약속된 완전함은 성령의 사역이며 성령께서는 타고난 죄로부터 마음을 청결케 하시고 마음을 하나님의 사랑으로 채우신다. 이러한 하나님의 사랑은 하나님에 대한 완전한 헌신과 이웃을 향한 사랑 안에서 그 자신을 나타낸다(요일 4:12).

성경에서 죄는 윤리적인 개념이다. 만일 죄가 법적인 상황에서, 즉 우리가 행하는 행위라는 개념으로 해석된다면 요한의 말, 즉 "하나님께로부터 난 자마다 죄를 짓지 아니하나니 이는 하나님의 씨가 그의 속에 거함이요 그도 범죄하지 못하는 것은 하나님께로부터 났음이라"(요일 3:9)는 말은 이해 불가능한 것이 되고 만다. 그러나 만일 죄가 윤리적인 개념으로서 마음의 의도의 문제로 이해된다면 요한일서의 본문은 이해할 수 있게 된다. 죄로부터의 자유는 마음과 관련된 것이어야만 한다. 만일 마음이 철저하게 정화된다면 옳은 행위가 자연적으로 따라올 것이다.

신자들에게는 비록 그들이 외형적인 행동이라는 어떤 알려지지 않은 요구에 있어서는 결함이 있다고 하더라도 그들의 마음에서 의도적이거나 고의적인 죄로부터는 자유하다는 약속이 주어져 있다. 그러나 비록 신자들이 사랑 안에서 완전할 수 있다고 하더라도 그들은 여전히 그리스도의 대속의 사역을 필요로 한다.

6. 심화 학습을 위한 도서 목록

Alexander, Donald L., ed. *Christian Spirituality: Five Views on Sanctification*. Downers Grove, IL: InterVarsity, 1988.

Barabas, Steven. *So Great Salvation: The History and Message of the Keswick Convention*. Eugene, OR: Wipf and Stock, 2005.

Bayer, Oswald. *Living by Faith: Justification and Sanctification*. Translated by Geoffrey Bromiley. Lutheran Quarterly Books. Grand Rapids: Eerdmans, 2003.

Beeke, Joel R. *Holiness: God's Call to Sanctification*. Edinburgh: Banner of Truth Trust, 1994.

Brower, Kent E., and Andy Johnson, eds. *Holiness and Ecclesiology in the New Testament*. Grand Rapids: Eerdmans, 2007.

Burgess, Stanley M., ed. *Reaching Beyond: Chapters in the History of Perfectionism*. Peabody, MA: Hendrickson, 1986.

DeMoss, Nancy Leigh. *Holiness: The Heart God Purifies*. Chicago: Moody, 2005.

Dieter, Melvin E., et al. *Five Views on Sanctification*. Grand Rapids: Zondervan, 1987.

Drury, Keith W. *Holiness for Ordinary People*. Indianapolis: Wesleyan Publishing, 2004.

Earle, Ralph. *Sanctification in the New Testament*. Kansas City, MO: Beacon Hill, 1988.

Kärkkäinen, Veli-Matti. *One with God: Salvation as Deification and Justification*. Collegeville, MN: Liturgical Press, 2005.

Peterson, David. *Possessed by God: A New Testament Theology of Sanctification and Holiness*. Downers Grove, IL: InterVarsity, 2001.

Ryle, J. C. *Holiness*. 2nd ed. Grand Rapids: Baker Books, 1979.

Toon, Peter. *Justification and Sanctification*. Westchester, IL: Crossway, 1983.

Warfield, B. B. *Perfectionism*. Grand Rapids: Baker Academic, 1991.

Across the Spectrum

제10장

영원한 안전 논쟁

하나님의 능력 안에서의 안전 (영원한 안전 견해)
vs
신앙 안에서 견뎌야 할 필요 (조건적 안전 견해)

1. 서론

1) 문제 제기

마티(Marty)는 여러 해 동안 그리스도인이었다. 그럼에도 불구하고 마티는 그의 삶에서 습관적인 어떤 형태의 죄와 계속해서 씨름하고 있다. 여러 번에 걸쳐서 해마다 마티는 회개하였지만 불가피하게 동일한 죄된 행동의 유형으로 떨어지곤 하였다. 마침내 마티는 자신의 삶 속에서 이러한 죄에 대한 속박에 대해서 어떻게 해야 할 것인지, 그리고 심지어는 자신이 진정한 그리스도인인지를 자신의 교회에 있는 두 명의 성숙한 그리스도인 지도자들에게 물어보았다.

첫 번째 지도자는 세이지(Sage)였는데 하나님의 은혜와 구원의 선물은 절대적으로 거저 주어진 것이라고 마티에게 확신시켜 주었다. 에베소서 2:8-9이 선언하고 있는 것처럼 그리스도인은 자신의 삶 속에서 하나님의 은혜에 더할 수 있는 것이 아무것도 없다. 마티가 예수님을 믿고 있기 때문에 지속적이고 습관적인 죄를 포함하여 그 어떠한 것도 하나님으로부터 마티를 분리시킬 수 없다. 세이지는 다음과 같이 말하였다.

"네가 일단 그리스도를 믿기만 하면 절대적으로 **어떠한 것도** 하나님으로부터 너를 분리시킬 수 **없어**. 그리스도인의 성장은 매우 중요해. 그리고 하나님께서는 네가 성숙하도록 돕기 위해 너의 삶 속에 이러한 종류의 일들을 사용하실 것이야. 그러나 마티, 항상 너는 너의 구원에 관한 한 영원히 안전하다는 것을 기억하길 바라."

두 번째 지도자인 라이리(Rylie) 또한 마티에게 하나님께서 마티를 사랑하신다는 사실을 확신시켜 주었다. 그러나 라이리는 마티가 하나님의 능력을 진지하게 구하며 성령의 도우심으로 삶 속에서 죄로부터 자유를 얻고자 애쓸 것을 촉구하였다. 라이리는 부드럽지만 확고하게 마티에게 히브리서 10:26-31의 말씀이 우리에게 상기시켜 주고 있듯이 지속적이고 의도적인 죄는 구원의 상실에 이르게 할 수 있다고 경고하였다. 마티는 이들 성경 본문을 어떻게 조화시킬 수 있으며 이들 성경 본문이 하나님과 자신의 관계에 있어 어떤 함의를 지니는지 어리둥절해 하고 있다.

2) 핵심 주장과 차이점

복음주의 그리스도인들은 하나님께서 구원의 창시자라는 점에서 의견의 일치를 보이고 있다(딛 2:11). 하나님의 사랑으로 하나님은 우리를 부르시고 구속하시고 의롭다 하신다(롬 8:30). 신자들을 위한 하나님의 목적은 그들이 자신들의 존재의 모든 측면에 있어 성화될 때까지(살전 5:23) 은혜 안에서 계속해서 자라는 것이다(벧후 3:18). 절대 다수의 복음주의자들은 이러한 성화의 과정이 죽음 이 편에서는 결코 완결될 수 없다는 데 동의한다. 그러나 그리스도인들이 자신들의 삶 속에 지속적이고 의도적이며 돌이키지 않는 죄 때문에 자신들의 구원을 과연 잃어버릴 수 있는지에 대해서는 상당한 불일치를 보이고 있다(**배교**를 보라).

어거스틴 시대 이래로 그리스도인의 견인의 문제, 즉 하나님께서 과연 그리스도인들이 자신들의 구원의 신앙을 끝까지 견지하도록 보증하시는지의 여부가 논쟁의 주된 주제가 되어 왔다. 어거스틴은 자신의 후기 저술에서 견인의 선물은 구원을 받아들이도록 하나님께서 은혜롭게 선택하신 모든 사람들에게 하나님에 의해 주어지는 어떤 것임을 강조하였다. 어거스틴에게 있어서 견인의 선물은 결코 바르게 산 삶에 대한 보상이 아니었다. 도리어 견인은 순수한 은혜의 선물이 공로에 따라서가 아니라 자비하심에 따르게 하기 위해 일부의 사람에게 주어지는 것이다. 펠라기우스주의자들이 어거스틴의 은혜에 대한 이러한 이해에 이의를 제기하는 유일한 사람들은 아니다. 존 카시안과 같은 골(Gaul)의 평범한 수사도 그런 사람들 중 하나였다.

종교개혁 시대에 존 칼빈은 어거스틴의 입장을 채택하였고 그것을 발전시켰다. 칼빈은 견인의 선물을 하나님 앞에서 택자들이 자신들의 신분에 대하여 가지는 확신으로 이해하였다. 견인은 신자들에게 그리스도 안에서의 자신들의 영원한 안전에 대한 확신을 제공하였다. 재세례파와 트렌트 공의회(1545-1563)에서의 로마 가톨릭교회는 견인에 대한 어거스틴의 견해를 거부하였다. 신자들이 자신들의 구원을 잃어버릴 수 있다는 조건적인 안전의 관점이 1610년 알미니안주의 항론파의 항목들에 제기되었다. 그러나 불가항력적인 은혜에 기반한 칼빈주의의 견인의 견해가 도르트 회의(1618-1619)에서 확정되었으며 TULIP이라는 다섯 개의 두음자에서 "성도의 견인"(Perseverance of the Saints)을 의미하는 P로 주장되었다.

오늘날 복음주의자들은 이 문제에 대하여 계속적으로 논쟁하고 있다. 무조건적인 안전을 지지하는 입장에 서있는 많은 사람들은 어거스틴적인 칼빈주의 전통 안에 있지만 항상 그런 것만은 아니다. 역사적인 알미니안주의의 견해는 조건적인 안전을 주장하지만 오늘날 몇몇 알미니안주의자들은 일단 어떤 사람이 그리스도에게 자유로이 헌신되기만 하면, 그 사람은 무조건적으로 자신의 구원을 확보하게 된다고 주장한다. 다음의 두 개의 논문은 이들 전망들을 차례로 제시하고 있다.

2. 하나님의 능력 안에서의 안전 (영원한 안전 견해)

1) 성경적 논증

성경은 신자들이 구원받기 위해 계속적으로 예수 그리스도를 신뢰하며 하나님과 동행해야 할 필요가 있다는 것을 강조하고 있다. 성경은 또한 신자들이 그들 자신 편에서 이 일을 하지 않는다고 가르치고 있다. 신자들은 신앙 안에서 끝까지 견디도록 하나님에 의해 능력을 공급받는다. 신자들이 마지막까지 견인될 것이라는 확신은 다행히 신자들 자신의 연약한 힘이나 육적인 성품에 근거하지 않는다.

도리어 신자들의 확신은 하나님의 전능하신 능력과 변함이 없는 신실하심에 근거하고 있다. 구원의 기초가 하나님이시기 때문에 신자들의 구원은 영원히 안전하다. 구원은 한 번 얻으면 잃어버릴 수 없다.

물론 신자들은 때때로 자신들의 걸음에서 넘어질 수 있을 것이다. 그러나 하나님의 은혜에 의해 결국에는 돌아오게 될 것이다. 만일 어떤 "그리스도인"이 완전히 그리고 영원히 자신의 신앙을 버린다면 성경은 이 사람이 이전에 결코 진정으로 구원받은 사람이 아니었다고 말한다. 요한은 "그들이 우리에게서 나갔으나 우리에게 속하지 아니하였나니 만일 우리에게 속하였더라면 우리와 함께 거하였으려니와 그들이 나간 것은 다 우리에게 속하지 아니함을 나타내려 함이니라"(요일 2:19)고 말하고 있다. 요한에게 신자들은 그 정의상 주님과 자신들의 관계를 끝까지 견지한다. 신자들이 전적으로 신앙을 버리게 될 때 그들은 결코 구원의 관계성을 가진 적이 없으며 그러므로 진정으로 하나님의 백성의 공동체에 소속된 적도 없었다는 것을 분명히 드러내는 것이다.

신자의 안전을 소개하고 있는 본문은 세 가지 주제에 초점을 맞추고 있다. 하나님의 뜻과 하나님의 능력, 그리고 하나님의 생명이다.

첫째, 하나님의 확실한 뜻은 어떤 신자도 결코 망하게 하지 않으시는 것이라는 사실에 신자의 안전을 근거시키고 있다. 예수님은 이 점을 분명하게 말씀하셨다. 예수님은 "나를 보내신 이의 뜻은 내게 주신 자 중에 내가 하나도 잃어버리지 아니하고 마지막 날에 다시 살리는 이것이니라"(요 6:39)고 말씀하셨다. 아버지에 의해 이끌려 그리스도에게 주어진 사람들 가운데 그 누구도 마지막 날에 일으킴을 받지 않을 수 없다(요 6:35-44).

바울은 이 문제를 "하나님이 미리 아신 자들을 또한 그 아들의 형상을 본받게 하기 위하여 미리 정하셨으니…또 미리 정하신 그들을 또한 부르시고 부르신 그들을 또한 의롭다 하시고 의롭다 하신 그들을 또한 영화롭게 하셨느니라"(롬 8:29-30)고 말할 때 보다 강력하게 개진하고 있다.

대부분의 영원한 안전 견해를 변호하는 사람들은 하나님께서 구원받을 자를 예정하셨기 때문에 하나님께서는 누가 구원받을 지를 미리 알고 계신다고 믿는 칼빈주의자들임에 유의해야 한다. 그러나 다른 한 편의 사람들은 단지 하나님께서 누가 믿을 것인지를 미리 아시며 이러한 기초 위에서 구원의 과정을 그들로 하여금 통과하게 예정하셨다고 믿는 알미니안주의자들이다. 그럼에도 불구하고 이들 모두는 최소한 **자신들의 신앙의 순간에** 하나님께서 신자들이 그의 아들의 형상을 본받도록 예정하셨다는 점에 동의한다. 그러므로 우리는 진정으로 구원받고 그리스도의 형상을 본받는데 실패할 수 없다는 것이다.

위의 본문에서 바울은 하나님께서 미리 아신 자들을 부르시고 의롭다 하시고 결국에는 영화롭게 하실 것을 말하고 있다. 이 본문은 이 과정의 시작(하나님이 미리 아심) 지점이 있다면 마지막(하나님이 영화롭게 하심) 지점이 있을 수 없다는 것은 불가능하다는 것을 전제하고 있다. 다른 말로 만일 어떤 사람이 신자라면 그리스도의 형상에 대한 그 사람의 미래적인 순응과 미래적인 영화가 절대적으로 보장된다는 것이다. 바울이 나중에 어떤 일도 "우리를 우리 주 그리스도 예수 안에 있는 하나님의 사랑에서 끊을 수 없으리라"(롬 8:39)고 아무런 제한 없이 선언하고 있는 것은 놀라운 일이 아니다. 신자를 구원하는 사랑은 마지막까지 신자들을 지켜주시는 동일한 사랑이다.

바울의 확신은 또한 어떻게 바울이 이 동일한 문맥에서 자신의 청중들과 "하나님을 사랑하는 자 곧 그 뜻대로 부르심을 입은 자들에게는 모든 것이 합력하여 선을 이루느니라"(롬 8:28)는 주목할 만한 주장을 나눌 수 있었는지를 설명해 준다. 만일 신자들이 떨어져 나가는 것이 가능하였다면 바울은 이렇게 확신 있게 말할 수 없었을 것이다. 어떤 일이 잠재적으로 신자들이 자신의 구원을 잃어버리게 할 수 있다면 그 일들은 신자들의 선을 위하여 합력하는 것이 불가능하게 하였을 것이다. 그러나 신자의 운명은 안전하기 때문에 바울은 신자들에게 일어나는 **모든 일**이 신자들의 선을 위해 기여하도록 하나님에 의하여 계획되어 있다고 확신할 수 있었다.

둘째, 신자들의 영원한 안전에 관심을 기울이고 있는 본문들은 하나님의 능력에 초점을 맞추고 있다. 인간은 능력이 제한되어 있고 성품이 유동적인 반면에 하나님께서는 무한한 능력을 가지고 계시며 흔들리지 않는 성품을 가지고 계신다. 기독교 복음의 지속적인 구원은 **신자들이** 누구인가가 아니라 **하나님이** 누구신가에 달려 있다는 것이다.

구원의 본질이 아직 충만하게 계시되지 않았던 구약에서조차 다윗은 "여호와께서 사람의 걸음을 정하시고 그의 길을 기뻐하신다"(시 37:23)고 선언하고 있다. 다윗은 계속해서 "그는 넘어지나 아주 엎드러지지 아니함은 여호와께서 그의 손으로 붙드심이로다"(시 37:24)라고 말하고 있다. 신자들의 걸음이 확실하고 그들이 거꾸로 처박히지 않을 것이라는 확신은 그들 자신의 힘과 신실함이 아니라 하나님의 능력과 신실하심에 있는 것이다. 다른 곳에서 다윗은 하나님께서 어떻게 "그의 성도를 버리지 아니하시는지"를 의인들이 "영원히 보호를 받을 것이라"(시 37:28)는 확신을 가지고 찬양하고 있다. 신자들은 하나님에 의해 안전하게 보호받을 것이다. 그들이 그들 스스로를 안전하게 지키는 것이 아니다.

하나님의 자녀들이 하나님의 능력으로 보호받는다는 가르침은 신약성경에서 보다 분명하게 드러나 있다. 바울은 빌립보 교인들에게 "너희 안에서 착한 일을 시작하신 이가 그리스도 예수의 날까지 이루실 줄을 우리는 확신하노라"(빌 1:6)고 고백할 때 이러한 생각을 표현하고 있다. 이와 비슷하게 바울은 "너희를 부르시는 이는 미쁘시니 그가 또한 이루시리라"(살전 5:24)고 첨언하면서 데살로니가 교인들이 온전히 거룩하게 되기를 기도하고 있다. 신자들의 지속적인 성장은 신자들의 본래의 구원만큼이나 많이 하나님의 능력에 의존한다. 이런 이유로 그것은 단지 안전할 뿐이다.

베드로는 하나님께서 신자들에게 "썩지 않고 더럽지 않고 쇠하지 아니하는 유업을 잇게 하시나니 곧 너희를 위하여 하늘에 간직하신 것이라 너희는 말세에 나타내기로 예비하신 구원을 얻기 위하여 믿음으로 말미암아 하나님의 능력으로 보호하심을 받았느니라"(벧전 1:4-5)고 선언하면서 동일한 진리를 가르치고 있다.

유다는 "부르심을 받은 자 곧 하나님 아버지 안에서 사랑을 얻고 예수 그리스도를 위하여 지키심을 받은 자들"(유 1)이라고 신자들을 부르고 있다. 나중에 유다는 "능히 너희를 보호하사 거침이 없게 하시고 너희로 그 영광 앞에 흠이 없이 기쁨으로 서게 하실 이"(유 24)라고 기도하고 있다. 이것은 실제로 놀라운 가르침이다. 신자들의 유업은 쇠하지 않는다. 그 유업의 유지는 인간의 능력이 아니라 하나님의 능력에 달려 있기 때문에 쇠하거나 사라질 **수 없다**. 신자들이 하나님의 능력으로 보호받고 있고 예수 그리스도를 위해 안전하게 지킴을 받고 있기 때문에 신자들의 유업은 하늘에 간직되어 있다. 만일 신자들의 안전과 보호와 견딤이 하나님께 달려 있다면 신자들은 자신들의 운명이 절대적으로 안전하다는 확신 가운데 안식할 수 있다. 신자들의 구원은 실제로 영속적인 것이다.

셋째, 신자들의 안전은 그들이 믿을 때 그들에게 하나님 자신의 영원한 생명이 주어진다는 사실에 근거한다. 정의상 영원한 생명은 끝이 날 수 없다. 이러한 가르침의 배경은 구약성경에서 발견된다. 하나님의 구원의 충만한 영광이 신약성경에서 계시되기 이전에도 구원은 영속적인 선물로 묘사되고 있다. 예를 들면 이사야는 이스라엘이 여호와께 구원을 받아 영원한 구원을 얻었다고 선언하고 있다. 이러한 이유 때문에 이사야는 이스라엘을 향해 그들이 "영원히 부끄러움을 당하거나 욕을 받지"(사 45:17) 않을 것이라고 확신시키고 있다. 이와 비슷하게 예레미야를 통해 하나님께서는 "내가 그들에게 복을 주기 위하여 그들을 떠나지 아니하리라 하는 영원한 언약을 그들에게 세우고 나를 경외함을 그들의 마음에 두어 나를 떠나지 않게 하고"(렘 32:40)라고 말씀하신다.

이 본문은 하나님께서 자기 백성과 맺으신 하나님 자신의 **언약**이 영원하다고 말씀하고 있기 때문에 중요할 뿐만 아니라 **하나님께서** 신자들의 마음에 경건한 두려움을 두어서 그들이 "나를 떠나지 않게 하리라"고 말씀하시기 때문에 중요하다.

구원의 영원한 본성은 신약성경에서 훨씬 분명하게 드러난다. 예수님께서는 "내 말을 듣고 또 나 보내신 이를 믿는 자는 영생을 얻었고 심판에 이르지 아니하나니 사망에서 생명으로 옮겼느니라"(요 5:24; 참조. 3:36)고 가르치고 계신다. 예수님께서 신자들에게 영원한 생명이 **이미 주어졌다**고 말씀하고 계시는 것에 유의하라. 베드로의 말로 하면 신자들이 "거듭난 것은 썩어질 씨로 된 것이 아니요 썩지 아니할 씨로 된 것이니 살아 있고 항상 있는 하나님의 말씀으로"(벧전 1:23) 된 것이다.

영원하고 쇠할 수 없는 생명이 신자들에게는 단지 미래의 소망이 아니다. 그것은 현재적인 실재이다. 이것은 예수님께서 신자들이 이미 "사망에서 생명으로" 옮겨졌으며 심판받을 염려를 하지 않아도 된다고 말씀하실 수 있었던 이유이다. 만일 신자들이 아직도 하나님 앞에서 유예 상태에 있다면 예수님께서는 단지 신자들이 **아마도** 영원한 생명을 받고 사망에서 생명으로 옮겨져 심판에 이르지 않을 수 있으리라고만 말씀하셨을 것이다. 그러나 이것은 예수님께서 말씀하신 방식이 전혀 아니다. 신자들은 믿는 순간 이미 하나님의 영원한 생명을 받았고 받은 그 하나님의 생명은 상실할 수 없다.

예수님은 "내 양은 내 음성을 들으며 나는 그들을 알며 그들은 나를 따르느니라 내가 그들에게 영생을 주노니 영원히 멸망하지 아니할 것이요 또 그들을 내 손에서 빼앗을 자가 없느니라 그들을 주신 내 아버지는 만물보다 크시매 아무도 아버지 손에서 빼앗을 수 없느니라"(요 10:27-29)고 말씀하시며 이 주제를 훨씬 더 발전시키고 계신다. 양은 하나님의 자존하시며 다함이 없는 생명을 받는다. 이러한 이유로 예수님께서는 신자들이 결코 쇠하지 않을 것이며 아무도 그들을 빼앗아 갈 수 없다고 약속하신다. 구원의 선물과 하나님의 부르심은 후회가 없다(롬 11:29). 예수님의 피를 통하여 신자들은 단번에 하나님과 화해하였다. 히브리서 기자의 말로 하면 예수님의 희생은 "거룩하게 된 자들을…영원히 온전하게"(히 10:14) 하셨다.

2) 지지하는 논증

(1) 은혜에 의한 견인

영원한 안전을 주장하는 입장은 신자들의 견인이 신자들의 본래적인 구원이 그러한 것처럼 은혜의 문제라고 강조한다. 만일 견인이 신자들 자신의 지속적인 의지와 행함에 달려 있는 것이라면 궁극적인 승리라고 하는 것은 하나님의 영예가 아니라 신자들의 영예가 될 것이다.

(2) 영원한 하나님의 자녀

성경은 사람들이 예수 그리스도를 신뢰하게 될 때 하나님의 자녀가 된다고 가르치고 있다(요 1:12-13; 롬 8:14-17). 어떤 부모도 자기 자신의 아이를 버리려고 하지 않는다(참조. 사 49:15-16). 참으로 성경은 비유적으로 구원을 쇠하지 않는 씨앗을 간직하게 되는 것으로 묘사한다(벧전 1:23). 하나님께서는 신자들에게 사실상 하나님 자신의 "유전자"를 주셨다. 하나님께서는 세상의 부모들이 자신들의 아이를 가지고 있는 생물학적인 사실을 번복할 수 없는 것과 같이 자신의 자녀들을 거절하지 않으신다.

(3) 열애와 결혼

만일 신자들이 영원히 안전하지 않다면 하나님과 신자들의 관계는 항상 일종의 유예 상태에 있을 것이다. 하나님과의 관계에 있어서 죽기 전에 신자들은 남편과 아내가 서로를 사랑하는 무조건적인 사랑의 관계로 들어갈 수 없다. 오히려 이 세상에서 신자들은 항상 "열애 중"이다. 그러나 성경은 신자들이 **지금 현재** 그리스도의 신부라고 말하고 있다(엡 5:25-32; 참조. 고후 11:2; 계 19:7-9).

(4) 신자의 안전

만일 하나님과의 관계가 항상 유예 상태라면 신자들은 자신들이 구원받았다는 확신을 가질 수 없다. 신자들은 자신들의 하나님과 함께 하는 생명을 **절대적인 확신을 가지고** 축하할 수 없다. 어느 정도 염려의 요소가 항상 있을 것이다. 왜냐하면 신자들은 자신들의 생애의 매 순간 시험을 치르고 있기 때문이다. 이것은 그리스도인의 삶의 즐거움을 훼손하며 신자들이 연인이 아닌 고용인으로서 하나님과 관계하도록 조장할 수 있다.

3) 반론에 대한 응답

(1) 여러 성경 본문은 이러한 견해와 상충된다

영원한 안전을 주장하는 입장에 대하여 반대하는 사람들은 그들이 믿기에 이 견해와 반대되는 많은 성경 본문을 인용하고 있다. 예컨대 바울은 갈라디아인들이 "은혜로부터 떨어져 나갈 것"이라고 염려하고 있다(갈 5:4). 히브리서의 기자는 자신의 청중에게 만일 그들이 "우리가 진리를 아는 지식을 받은 후 짐짓 죄를 범한즉 다시 속죄하는 제사가"(히 10:26) 없을 것이라고 경고하고 있다.

그리고 베드로는 "만일 그들이 우리 주 되신 구주 예수 그리스도를 앎으로 세상의 더러움을 피한 후에 다시 그 중에 얽매이고 지면 그 나중 형편이 처음보다 더 심하여"(벧후 2:20) 질 것이라고 경고하고 있다. 영원한 안전을 주장하는 입장을 반대하는 비판자들은 이들 본문이 신자들이 자신의 구원을 잃어버릴 수 있다는 것을 의미한다고 주장한다. 이에 대한 대답으로 세 가지를 말할 수 있다.

첫째, 많은 다른 본문은 신자들이 자신의 구원을 상실할 수 없다고 가르치고 있기 때문에 우리는 이들 본문이 어떤 의미이던지 상관없이 신자들은 자신들의 구원을 상실할 수 **있다**는 것을 의미하지 않는다고 결론을 내려야만 한다. 만일 그렇다면 성경은 스스로 모순된 견해를 주장하고 있는 것이다.

둘째, 이들이나 그 어떤 다른 성경의 분문도 구원받은 사람이 구원을 잃어버릴 수 있다고 명백하게 말하고 있지 않다. 바울은 율법의 멍에로부터 자유롭게 된 사람이 이제는 다시 그리로 돌아가기를 원하는 사람들에 대해 말하고 있다. 이러한 의미에서 그들은 은혜에서 떨어져 나간 것이다. 그러나 이것이 그들이 구원받았다가 이제는 구원받지 않은 상태가 된 것을 의미하지는 않는다. 또한 베드로가 그리스도를 앎으로 세상의 더러움을 피한 사람들을 말하고 있을 때 그는 진정으로 구원받은 사람들을 필연적으로 염두에 두고 있는 것이 아니다. 요한일서 2:19에 따르면 어떤 사람이 그리스도를 버렸을 때 그것은 그 사람이 결코 그리스도에게 속한 적이 없었다는 증거이다.

셋째, 많은 성경의 본문이 신자들에게 믿음 가운데 인내하고 믿음에서 떨어져 나가지 말 것을 경고하고 있기는 하지만 진정한 신자들이 떨어져 나갈 수 있다고 말하지는 않는다. 도리어 참다운 신자들이 떨어져 나갈 수 **없다**는 것이 부분적으로는 이와 같은 본문에 의해서 확고해 진다. 신자들은 믿음 안에서 견뎌야 할 필요가 있다. 그러나 신자들은 하나님의 주권적인 은혜에 의하여 그렇게 한다. 경고 구절들은 하나님께서 이 사실을 확실하게 하는 수단 가운데 하나일 뿐이다.

(2) 영원한 안전은 자유의지를 훼손한다

어떤 사람들은 영원한 안전을 주장하는 입장이 자유의지를 제거해 버린다는 근거에서 반론을 제시한다. 칼빈주의자는 타락한 인간은 결코 그들이 그들 스스로 하나님을 위하여서나 하나님을 반대하여 선택할 수 있는 능력을 소유하고 있다는 의미에서는 자유롭지 않다고 응답할 것이다. 스스로 타락한 인간은 항상 하나님에 반대하여 선택할 수 있을 따름이다.

하나님의 은혜로 선택받은 사람들은 불가피하게 하나님을 선택하기를 원한다. 이것은 자유를 훼손하지 않는다. 왜냐하면 자유는 단지 어떤 사람이 원하는 것을 선택할 수 있는 능력이기 때문이다. 어떤 사람이 원하는 것은 타락한 본성에 의해 결정이 되든지 아니면(만일 그 사람이 선택된 사람이라면) 하나님의 은혜로운 뜻에 의해 결정 된다.

이러한 의미에서 하나님께서 먼저 무조건적으로 신자들을 구원하셔야만 하였다는 사실과 마찬가지로 하나님께서 신자들을 지키신다는 사실이 자유의지를 훼손하지 않는다. 다른 논리를 따라 어떤 알미니안주의자는 인간이 구원을 받아들이거나 받아들이지 않기로 선택할 수 있는 반면에 일단 그들이 구원을 받아들이기로 선택하면 그들은 영구적으로 그것을 거절할 수 없다고 응답하기도 한다. 하나님께서 그들을 타락하지 않도록 영원히 지키실 것이다. 신자들의 최초의 선택은 말하자면 하나님을 문 안으로 받아들이는 것이다. 그리고 일단 들어오신 다음에는 하나님께서 나가기를 거부하신다. 실제로 어떤 선택은 영원한 효과를 미친다. 그러한 선택은 취소될 수 없다.

예를 들면 임신이 일단 되고 나면 어떤 여인이(최소한 생물학적인 의미에서) 엄마가 되지 않겠다고 선택할 수는 없다. 그리고 그리스도를 주님으로 삼는 선택도 취소할 수 없다. 이러한 자유의 제한은 다른 결정에 대한 자유를 훼손하지 않는다. 그리고 사람들이 그리스도를 받아들이는 최초의 결정을 할 때 가지고 있던 자유를 훼손하지도 않는다.

3. 신앙 안에서 견뎌야 할 필요 (조건적 안전 견해)

1) 성경적 논증

인격적인 관계는 사람들이 자유롭게 관계 맺기를 선택하고 그 관계를 자유로이 지속하기를 선택할 것을 요구한다. 성경에 따르면 하나님께서는 인간들과 더불어 인격적인 관계를 맺기를 원하신다. 참으로 하나님께서는 남편과 아내가 나누는 친밀함과 헌신과 같은 관계를 우리 인간들에게 원하신다(엡 5:22-32). 이것은 하나님과의 관계가 들어가고 유지하기를 선택해야만 하는 것이라는 의미이다. 만일 어떤 사람이 그 관계를 끝내고자 결심한다면, 즉 만일 그 사람이 하나님과 "이혼한다"면 그 관계는 끝이 난다. 하나님과의 인격적인 관계 바깥에는 구원이 없기 때문에 이것은 어떤 사람이 구원을 잃어버리는 것이 가능하다는 의미이다. 그리스도인은 신실하게 하나님과 동행하겠다고 한 자신들의 맹세를 철회할 수 있고 때때로 그렇게 한다.

이것은 단지 사람과 사람 사이의 관계적 본성에 근거하여 이루어지는 추론이 아니다. 성경에서 명백하게 가르치고 있는 것이다. 성경은 구원을 조건적인 용어로 묘사하고 있다. 그리고 성경은 신자들에게 떨어져 나가지 말 것을 경고하고 있다. 또한 성경은 사실상 자신들의 구원을 잃어버린 어떤 사람들을 소개하고 있다. 이어지는 논의에서 이들 세 가지 주장에 대해 살펴볼 것이다.

첫째, 성경은 구원이라고 하는 것이 **하나님 편에서는** 영원히 안전한 것이라고 선언하고 있지만 **인간 편에서는** 조건적이라는 것을 강조하고 있다. 즉 신자들은 자신들을 구원하심에 있어 하나님께서 자신의 역할을 하고 계신지에 대해서 관심을 가질 필요가 전혀 없다. 신자들은 다만 구원의 과정에서 자신들의 역할을 다하고 있는가에 대해서만 관심을 가질 필요가 있다. 하나님의 역할은 신자들을 사랑하는 것이며, 그들의 죄에 대한 값을 치르시고 신자들이 떨어져 나가지 않도록 지키실 뿐만 아니라 믿음 안에서 자라가도록 돕기 위해 지속적으로 역사하시는 것이다.

반면 신자들의 역할은 자신들의 삶 속에서 역사하시는 하나님의 사랑과 성령에게 굴복하는 것이다. 이것은 영원히 안전한 것이 아니다. 왜냐하면 이것은 그것을 선택하는 인간들에게 달려 있기 때문이다. 하나님께서는 모든 사람들이 구원받기를 **원하신다**. 그러나 하나님께서는 사람들의 자유를 무시하려 하지 않으신다(벧후 3:9). 하나님께서는 인간과 더불어 인격적인 관계를 맺기 원하시며 이것은 선택을 포함한다. 사람들은 일관되게 그리스도를 신뢰하기로 선택하며 하나님과 동행하기로 선택함을 통해 하나님의 은혜에 일관되게 반응해야만 한다.

구원의 조건적인 본성은 성경 전체를 통해 계시되어 있다. 예컨대 하나님께서는 종종 자신의 언약의 파트너들이 자신에게 여전히 신실한지를 아시기 위해 그들을 시험하신다(창 22:12; 신 8:2; 13:1-3; 삿 2:22; 3:4; 대하 32:31). 하나님의 시험을 통과하지 못한 사람들은 더 이상 하나님과의 언약의 파트너로 간주되지 않는다(시 95:10-11; 히 3:7-10; 참조. 사 63:10; 행 7:51; 엡 4:30; 히 4:7). 물론 그들은 회개하고 하나님께로 돌아올 수 있다.

그러나 그들의 반역의 상태에서 그들은 구원의 약속을 포함하여 하나님의 언약적인 약속으로부터 끊어진다(롬 11:17-24). 만일 구원이 영원히 안전한 것이라면 하나님께서는 신자들을 시험할 하등의 이유가 없으며 언약의 파트너들을 끊어버리는 것이 가능하지도 않을 것이다.

구원의 조건적인 성격은 다른 방식으로도 가르쳐지고 있다. 예컨대 예수님께서는 "끝까지 견디는 자는 구원을 얻으리라"(마 10:22; 참조. 24:13)고 가르치셨다. 구원은 분명 우리의 인애의 여부에 달려 있다. 바울은 디모데의 회중에게 말할 때 이 진리를 보다 강하게 강조하고 있다. "참으면 또한 함께 왕 노릇 할 것이요 우리가 주를 부인하면 주도 우리를 부인하실 것이라"(딤후 2:12).

비슷하게 바울은 골로새의 그리스도인들에게도 그들이 "거룩하고 흠 없고 책망할 것이 없는 자로"(골 1:22) 주님 앞에 서게 될 것이라는 확신을 주고 있는데 "만일 그들이 믿음에 거하고 터 위에 굳게 서서 너희 들은 바 복음의 소망에서 흔들리지 아니하면"(골 1:23) 그렇게 될 것이라는 것이다. 우리는 바울이 현재 구원받은 사람들에게 말하고 있음을 고려해야만 한다. 바울의 약속과 경고의 조건적인 본성은 구원받은 사람들이 인내하는 데 실패하고 그리스도를 부인하고 신실한데서 떨어지며 그래서 자신들의 구원을 잃어버리는 것이 가능하다는 것을 말해 준다.

둘째, 하나님의 은혜로부터 떨어져 나가는 것의 가능성은 성경에 있는 떨어져 나가지 **말라**는 많은 경고에 암시되어 있다. 히브리서의 기자는 자신의 독자들에게 에서처럼 장자권을 팔지 말라고 경고하고 있다. 왜냐하면 나중에 에서는 "축복을 이어받으려고 눈물을 흘리며 구하되 버린 바가 되어 회개할 기회를 얻지"(히 12:17) 못하였기 때문이다. 이 본문은 자신의 장자권을 파는 것이 가능하며 만일 그렇게 한다면 그 사람은 그 장자권과 더불어 오는 축복을 이어받지 못할 것임을 분명하게 보여 준다.

비슷한 논리를 따라 베드로는 자기들을 사신 주를 부인하고 "임박한 멸망을 스스로 취하는"(벧후 2:1) 거짓 교사들을 경고하고 있다. 이 본문에서 베드로는 이들 교사들이 자신들을 사셨던 주님을 부인하고 있다고 명확하게 주장하고 있다. 분명한 것은 지금은 그리스도의 피가 그들에게 아무런 소용이 없지만 그들은 한때 그리스도의 피로 사신 바 되었다는 것이다.

베드로는 구원의 조건적인 본성에 대하여 다음과 같이 훨씬 강력한 가르침과 경고를 제공하고 있다.

> 만일 그들이 우리 주 되신 구주 예수 그리스도를 앎으로 세상의 더러움을 피한 후에 다시 그 중에 얽매이고 지면 그 나중 형편이 처음보다 더 심하리니 의의 도를 안 후에 받은 거룩한 명령을 저버리는 것보다 알지 못하는 것이 도리어 그들에게 나으니라(벧후 2:20-21).

베드로는 "구주 예수 그리스도를 앎으로" 의롭게 된 사람들이 나중에 이 구원을 거부하는 것이 가능하며 그들이 우선적으로 건짐 받은 상태보다 나쁜 상태에서 끝마칠 수 있다고 제안하고 있는 것이다. 만일 그리스도인들이 자신들의 구원을 상실할 수 없다면 베드로가 이 본문에서 가르치려고 시도하고 있는 것이 무엇인지 분명하지 않다. 또한 베드로가 나중에 "그러므로 사랑하는 자들아 너희가 이것을 미리 알았은즉 무법한 자들의 미혹에 이끌려 너희가 굳센 데서 떨어질까 삼가라 오직 우리 주 곧 구주 예수 그리스도의 은혜와 그를 아는 지식에서 자라 가라 영광이 이제와 영원한 날까지 그에게 있을지어다"(벧후 3:17-18)라고 경고하고 있을 때 무엇을 가르치고 있는지도 분명하지 않게 된다. 만일 은혜 아래 있고 주님을 아는 사람들이 떨어져 나갈 수 없다면 이것에 대하여 그들에게 경고하는 것이 무슨 소용이 있겠는가?

마지막으로 요한계시록 3장에 있는 라오디게아 교회에 대한 주님의 경고를 생각해 보자. 이들 그리스도인들은 한때 주님을 위해 열심이었지만 냉담한 상태가 되었다. 결과적으로 주님께서는 "(자신의) 입에서 (그들을) 토하여"(계 3:16) 내치시려 하고 있다. 주님께서는 지금 문 앞에서 서서 두드리고 계신다. 왜냐하면 주님께서는 이전의 제자였던 라오디게아 교인들과 자신의 교제를 새롭게 하기를 원하시기 때문이다(계 3:20). 주님께서는 그들에게 "이기는 그에게는 내가 내 보좌에 함께 앉게 하여"(계 3:21) 줄 것을 약속하셨다. 그러나 이런 약속은 분명히 사람들이 어떻게 반응하느냐에 달려 있다. 자신들의 걸음에서 이탈한 사람들은 거절될 것이며 생명책에서 그 이름이 지워질 것이다(계 3:5). 성경 전체를 통해서 생명책은 하나님 나라 공동체의 모든 구성원들의 이름이 기록되어 있는 것으로 알려져 있다. 어떤 사람의 마음의 상태에 따라서 이름들이 첨가되기도 하고 지워지기도 한다(출 32:32-33; 시 69:28; 참조. 계 22:19). 주님의 입에서 토하여 내치리라는 경고뿐 아니라 어떤 사람의 이름이 생명책에서 지워질 것이라는 경고는 만일 사실상 신자들이 영원히 안전하다면 아무런 의미도 없는 것이 되고 만다.

셋째, 성경은 하나님의 은혜로부터 떨어져 나간 사람들의 실례를 제공함으로써 지속적인 신앙과 순종에 의존하는 구원이 조건적임을 가르치고 있다. 예를 들어 사울은 한때 하나님을 알고 하나님과 동행하였던 사람이었다. 하나님께서는 사울과 함께 하셨고 사울은 심지어 하나님의 말씀을 예언하기도 하였다(삼상 10:6-7). 참으로 하나님께서는 사울에게 **만일** 그가 하나님의 명령을 지킨다면 그와 그의 후손들을 축복할 것이라고 약속하셨다(삼상 13:13). 그러나 불행하게도 사울은 하나님에 대항하여 반항하였고 사악하게 되자 하나님께서는 사울을 왕 삼으신 것을 후회하셨다(삼상 15:11; 35). 사울은 그 자신의 사악한 선택 때문에 한때 하나님의 호의를 받았지만 결국에는 하나님에 의해 거절된 실례가 되었다.

　이스라엘의 역사 또한 구원의 조건적인 성격을 잘 드러내 준다. 바울은 믿는 이방인들이 그들 중에 접붙임이 된 반면 이스라엘 민족은 꺾인 가지라고 가르치고 있다(롬 11:17). 만일 이스라엘이 꺾여졌다면 이스라엘이 가지고 있던 주님과의 관계는 분명히 영원한 안전은 아니다. 주님과 이방인 가운데 새로이 접붙임을 받은 자들 사이의 관계도 마찬가지이다. 바울은 "하나님이 원 가지들(이스라엘 백성)도 아끼지 아니하셨은즉 너도 아끼지 아니하시리라"(롬 11:21)고 경고하고 있기 때문이다. 두 경우 모두에서 하나님의 약속은 사람들의 반응에 달려 있다. 신자들이 그 마음을 완악하게 하여 불신자가 될 때에는 버림받는 것이다.

　유사한 논리를 따라 바울은 율법 안에서 의롭다 함을 얻으려 하는 사람들에게 "그리스도에게서 끊어지고 은혜에서 떨어진 자"(갈 5:4)라고 말하고 있다. 한때 그들은 달음질을 잘 했고 그들이 진정한 신자들이었다고 바울은 생각했다. 그러나 이제 그들은 "진리를 순종하지"(갈 5:7) 않는다. 그들은 죽은 자의 미래적인 부활을 부정함으로써 "진리에 관하여는 그릇되었던"(딤후 2:18) 후메네오와 빌레도와 같은 존재들이다. 그러한 경고는 은혜로부터 떨어져 하나님의 영원한 나라에서 그 자리를 상실하는 것이 가능하다는 사실을 암시해 준다(계 22:19).

　의심할 것도 없이 떨어져 나가지 말라는 강력하면서도 흔하게 오해되는 경고는 히브리서에 있다. 히브리서 기자는 다음과 같이 기록하고 있다.

> 한 번 빛을 받고 하늘의 은사를 맛보고 성령에 참여한 바 되고 하나님의 선한 말씀과 내세의 능력을 맛보고도 타락한 자들은 다시 새롭게 하여 회개하게 할 수 없나니 이는 그들이 하나님의 아들을 다시 십자가에 못 박아 드러내 놓고 욕되게 함이라(히 6:4-6).

이 말씀은 어떤 사람이 자신의 구원을 상실할 수 있다는 사실을 분명하게 나타내 준다. 또한 저자는 어떤 사람에게 만일 이런 일이 일어난다면 다시 구원받을 수 없다고 제안하고 있는 것 같다. 아마도 히브리서 기자의 의도는 "우리가 진리를 아는 지식을 받은 후 짐짓 죄를 범한즉 다시 속죄하는 제사가 없고 오직 무서운 마음으로 심판을 기다리는 것과 대적하는 자를 태울 맹렬한 불만 있으리라"(히 10:26-27)고 말하고 있을 때 보다 분명하게 드러난다.

만일 신자들이 히브리서를 받는 그리스도인들이 경고를 받고 있는 그런 죄와 불신앙과 불순종 가운데 그리스도를 현저히 욕보이는 죄를 **의도적으로 고집한다면** 더 이상 그들을 속죄할 제사가 없고 단지 심판만이 그들을 기다릴 것이다. **고집스러움**이라고 하는 것이 여기에서 결정적인 요소가 된다. 그리스도께서 항상 모든 죄를 용서하실 준비와 의향이 있으시다.

그러나 히브리서 기자는 만일 그들이 지금 회개하지 않는다면 그들이 이후에는 회개할 수조차 없게 될 것이라고 경고하고 있음이 분명하다. 그들은 성령 하나님에 대하여 마음을 완악하게 할 것이고 치명적인 죄를 범하게 될 것이다(요일 5:16).

2) 지지하는 논증

값싼 은혜. 영원한 안전 견해의 대부분의 지지자들은 믿는 자들이 거룩한 삶을 살아야 하는 것의 중요성을 강조한다. 동시에 영원한 안전 견해는 쉽게 값싼 은혜라는 견해로 나아갈 수 있다. 어떤 사람들은 만일 신자들이 그리스도 안에 있는 자신들의 믿음이라는 덕성을 통해 영원히 안전하다면 그들은 영원한 결과에 대한 두려움 없이 마음껏 즐기며 살아갈 수 있다는 결론을 내리기까지 한다.

그러나 성경은 종종 그들이 자신들의 구원을 잃어버릴 수 있다는 바로 그 이유 때문에 거룩하지 않은 삶을 살아서는 안 된다고 경고하고 있다. 이러한 경고는 만일 영원한 안전 견해가 받아들여진다면 별다른 의미가 없게 된다.

3) 반론에 대한 응답

(1) 이 견해는 성경에 있는 신자들의 안전을 말하는 본문과 상충된다

조건적 안전을 주장하는 입장에 대한 주된 반론은 구원의 안전을 제안하는 성경 본문이 있다는 것이다. 그러나 이러한 반론은 이들 본문을 조건적 구원을 위한 성경적인 증거와 일관성 있게 해석하는 방식이 있기 때문에 타당하지 않다.

예컨대 바울은 "너희 안에서 착한 일을 시작하신 이가 그리스도 예수의 날까지 이루실 줄을 우리는 확신하노라"(빌 1:6)고 빌립보 교회에 말하고 있다. 영원한 안전 견해를 주장하는 사람들은 종종 이 본문이 자신들의 주장을 지지한다고 말한다. 그러나 우리는 정말로 바울이 빌립보의 그리스도인들이 결코 떨어져 나가지 않을 것으로 생각했다고 믿어야만 하는가? 그렇지 않다. 왜냐하면 바울은 빌립보 교인들이 자신들의 구원에 굳건하게 붙어 있지 **않을** 가능성을 고려하고 있기 때문이다.

그 경우에 바울은 그들 가운데 자신이 행하였던 선교적인 노력이 수포로 돌아갈 것이라고 말하고 있다(빌 2:16). 우리가 택할 수 있는 보다 나은 해석은 단지 빌립보 교인들을 믿음 안에 강하게 지키시기 위해서 하나님께서 모든 일을 하시리라는 하나님의 뜻과 능력에 대한 바울의 확신을 표현하고 있을 뿐이라는 것이다. 신자들의 안전성에 대한 바울의 많은 진술은 이런 방식으로 이해될 수 있다(살전 5:24).

다른 실례는 베드로 사도가 신자들에게 "쇠하지 아니하는 유업"(벧전 1:4)을 얻게 하시며 신자들이 "말세에 나타내기로 예비하신 구원을 얻기 위하여 믿음으로 말미암아 하나님의 능력으로 보호하심을"(벧전 1:5) 받고 있다고 말하는 본문에서 발견된다. 영원한 안전 견해를 변호하는 사람들은 이 본문을 신자들이 자신의 구원을 잃어버릴 수 없다는 확신을 주는 것으로 이해한다. 그러나 그렇지 않은 것 같다. 왜냐하면 베드로는 다른 곳에서 자신의 청중에게 믿음을 저버린 사람들에게 무서운 결과가 있을 것을 강한 어조로 경고하고 있기 때문이다(벧후 2:20-21; 3:17-18). 베드로는 신자들의 **유업**이 쇠하지 않는 것이라고 말하고 있음에 유의하라. 베드로는 이러한 쇠하지 않는 유업을 받게 되는 것이 무조건적이라고 말하고 있는 것이 아니다. 만일 신자들이 지속적인 믿음이라는 조건을 충족하게 되면 그들은 쇠하지 않는 유업을 상속하게 된다는 것이다.

신자들이 "하나님의 능력으로 보호하심을"(벧전 1:5) 받는다는 바울의 주장 이후에 바울이 "믿음으로 말미암아"라는 말을 곧 이어 첨가하고 있음에 유의하라. 하나님께서는 신자들이 자신들의 삶의 주님이요 구원자로서 예수 그리스도에 대한 자신들의 헌신을 철회하지 않는 한 분명히 끝까지 그들을 보호하시고 지키시고 강하게 하실 것이다. 만일 신자들이 그렇게 하지 않는다면 창조자의 모든 열망과 능력도 그들에게 아무런 유익이 되지 못할 것이다. 영원한 안전을 지지하는 사람들이 호소하는 많은 본문들은 이와 비슷한 방식으로 다르게 설명될 수 있다(유 1, 24).

(2) 이 견해는 불안전을 조장한다

어떤 사람들은 조건적 안전 견해가 신자들을 자신의 구원에 대하여 끊임없이 불안한 상태로 내버려 둔다는 사실에 근거하여 반대한다. 만일 사람들이 자신들의 구원을 잃어버릴 수 있다면 그들은 이생에서는 결코 자신들의 하늘에서의 미래적인 보상을 찬양할 수 없을 것이라고 주장하는 것이다.

하나의 유비를 생각해 보자. 사람들이 결혼할 때 그들은 만일 그들이 그렇게 하기로 선택한다면 미래에 자신들의 배우자와 이혼할지도 모른다는 것을 알고 있다. 그러나 그들은 그 결혼이 깨어질 것이라는 두려움을 가지고 그 결혼 생활을 시작하지는 않는다. 사람들은 결혼 생활을 시작하는 것이 **그들에게 달려 있음**을 알고 있다. 그리고 만일 그들이 그렇게 선택한다면 그 결혼을 끝내는 것 또한 그들에게 달려 있음을 알고 있다. 그러나 **바로 이런 이유가**, 즉 결혼의 조건적인 성격이 그들로 하여금 불안하게 하지는 않는다.

물론 만일 결혼 생활의 안전성이라고 하는 것이 **그들의 통제 바깥에 있는 요소들**에 근거하고 있다면 그들은 실제로 염려해야 할 이유가 있다. 그러나 결혼은 잘 알려진 것처럼 그들 자신의 의지에 달려 있는 것이다. 그러므로 불안해야 할 이유가 없다. 동일한 일이 구원에 대해서도 일어난다. 구원은 그 사람의 의지 이외의 다른 어떤 것에 달려 있지 않다.

영원한 안전을 확신하는 대부분의 사람들은 만일 한때 믿었던 어떤 사람이 믿음을 저버리기로 선택한다면 그 사람은 구원의 확신을 가지고 있지 않았다고 주장하는 점에 유의할 필요가 있다. 물론 영원한 안전을 확신하는 사람들은 이러한 떨어져 나감이 단지 그 사람이 원래부터 진정으로 구원받지 않았다는 것을 증명할 따름이라고 말한다. 반면 조건적 안전을 주장하는 사람들은 그 사람이 한 때 구원받았지만 이제는 더 이상 구원받은 사람이 아니라고 주장한다.

이것이 보여 주는 것은 조건적 안전을 주장하는 사람들과 영원한 안전을 주장하는 사람들이 결론적으로는 동일한 배를 타게 된다는 것이다. 양편 모두 믿음 안에서 하나님과 동행하는 어떤 사람이 안전을 느껴야만 한다는데 동의하고 있다. 또한 양편 모두 하나님을 거부하는 어떤 사람이 심지어는 그 사람이 한때 하나님과 동행하는 걸음을 걸었던 사람이라 하더라도 그는 안전을 느낄 수 없으며 자신의 현재적인 믿음의 부재가 영원한 멸망으로 인도할 수 있다고 경고를 받아야만 한다는 사실을 인지하고 있다. 간단히 말하자면 조건적 안전에 대한 교리만이 그리스도를 지속적으로 믿기로 선택한 신자들 안에 염려를 만들어 내는 것은 아니다.

4. 심화 학습을 위한 도서 목록

Arrington, French L. *Unconditional Eternal Security: Myth or Truth?* Cleveland, TN: Pathway, 2005.

Bateman, Herbert W., IV. *Four Views on the Warning Passages in Hebrews.* Grand Rapids: Kregel, 2007.

Berkouwer, C. G. *Faith and Perseverance.* Grand Rapids: Eerdmans, 1958.

Corner, Daniel D. *The Believer's Conditional Security: Eternal Security Refuted.* 3rd ed. Washington, PA: Evangelical Outreach, 2001.

Gundry Volf, Judith M. *Paul and Perseverance: Staying in and Falling Away.* Tubingen: Mohr Siebeck, 1990.

Horton, Michael S., et al. *Four Views on Eternal Security.* Grand Rapids: Zondervan, 2002.

Marshall, I. Howard. *Kept by the Power of God: A Study of Perseverance and Falling Away.* London: Epworth, 1969.

Oropeza, B. J. *Paul and Apostasy.* Tubingen: Mohr Siebeck, 2001.

Schreiner, Thomas R., and Ardel B. Caneday. *The Race Set before Us*: *A Biblical Theology of Perseverance and Assurance*. Downers Grove, IL: InterVarsity, 2001.

Shank, Robert. *Life in the Son*: *A Study of the Doctrine of Perseverance*. Springfield, MO: Westcott, 1960.

Stanley, Charles F. *Eternal Security*: *Can You Be Sure?* Nashville: Oliver–Nelson, 1990.

Waterhouse, Steven W. *Blessed Assurance*: *A Defense of the Doctrine of Eternal Security*. Amarillo, TX: Westcliff, 2003.

Across the Spectrum

제11장

미전도종족의 운명 논쟁

다른 이름은 없다 (제한주의 견해)
vs
하나님은 하실 수 있는 모든 일을 하신다 (보편적 기회 견해)
vs
무덤 너머의 희망 (죽음 이후의 전도가 가능하다는 견해)
vs
증인 없이 홀로 남겨져 있지 않다 (내포주의 견해)

1. 서론

1) 문제 제기

여러분이 지구 반대편에 있는 미전도종족에게 복음을 전하도록 하나님께 부름을 받았다고 생각해 보자. 여러 달에 걸친 언어 연수와 준비, 그리고 기도 이후에 선교 현지로 향한다. 일 년 안에 다양한 관계 정립을 통해 당신은 하나님께서 사람들의 마음 가운데 일하고 계심을 보게 된다. 첫 회심자들이 나타나기 시작한다. 결국에는 아무런 복음의 징후가 없던 곳에 작은 교회가 세워지게 된다.

어느 날 첫 회심자들 가운데 한 명인 자밀(Jamil)이 개인적으로 당신과 대화할 것을 요청한다. 자밀은 당신에게 하나님께서 그 아들 예수 그리스도의 복음을 나누기 위해 당신을 보내신 데 대해서 얼마나 감사하는지 말한다. 그리고는 때로 자신을 괴롭히는 질문 한 가지를 제기한다. 자밀은 당신이 그 지역에 가기 6개월 전에 자신의 아버지가 돌아가셨다는 사실을 이야기한다. 자밀의 아버지는 좋은 사람이었으며 마을에 있는 모든 사람들에게 존경을 받고 사랑을 받았다. 그러나 예수 그리스도의 복음을 들어 보지도 못하고 죽었다. 눈에 눈물을 흘리며 자밀은 당신에게 묻는다.

> "제가 하늘에서 다시금 제 아버지를 볼 수 있는 가능성이 있을까요? 아니면 복음을 들어 보지도 못하고 죽었다는 사실 때문에 제 아버지의 운명은 영원히 지옥에 봉인되어 있는 것인가요? 제 아버지가 저희 마을에 마침내 알려지게 된 그 하나님을 어떻게든지 알 수 있는 가능성이 있는 건가요? 그렇지 않으면 제 아버지는 단지 잘못된 시간과 장소에 태어났다는 것 때문에 영원히 저주 받아야 하나요?"

여러분은 자밀에게 무엇이라 말하겠는가?

2) 핵심 주장과 차이점

미전도종족의 운명에 대한 논의는 그리스도인들로 하여금 성경에 나타나 있는 두 가지 분명한 진리 사이의 긴장을 다루고 있다. 하나님의 사랑의 **보편성**과 구원에 이르는 길, 즉 예수 그리스도와의 인격적인 관계라는

특수성이다. 복음주의자들은 하나님께서 인류를 사랑하시며 죄인들을 구원하시기를 원하신다고 주장한다(요 3:16; 딤전 2:4; 벧후 3:9).

그럼에도 불구하고 복음주의자들은 또한 예수 그리스도께서 모든 인류를 위한 구원의 유일한 수단이라는 확신을 확고하게 붙들고 있다(요 3:18; 14:6). 사도행전의 기자가 기록하고 있듯이 "다른 이로써는 구원을 받을 수 없나니 천하 사람 중에 구원을 받을 만한 다른 이름을 우리에게 주신 일이"(행 4:12) 없다. 우리는 이러한 두 가지 근본적인 확신 사이의 관계를 어떻게 이해해야 하는가? 예수 그리스도에 대해 들어 보지도 못한 사람들에게는 무슨 일이 일어나는가? 많은 신학자들은 오늘날 일반적으로 이 문제에 접근하는 세 가지 방식을 다음과 같이 제안하고 있다.

(1) 배타주의

이 견해는 예수님께서 모든 인류를 위한 유일한 구원자이며 예수님에 대한 명확한 지식이 없이는 구원 얻는 것이 **불가능하다**고 주장한다. 그러므로 예수님은 존재론(**존재론**을 보라)뿐 아니라 인식론적으로도 구원을 위해 필요하다(사람들은 예수님을 알아야만 하며 자신들이 예수님을 알고 있다고 인식해야만 한다).

(2) 내포주의

이 견해는 예수님께서 모든 인류의 유일한 구원자라고 주장하지만 예수님에 대한 명확한 지식이 없이도 구원받는 것이 **가능하다**고 주장한다. 사람들은 하나님에 대한 일반적인 지식에 근거해서 하나님을 믿는 신앙을 표현함으로써도 구원받을 수 있다. 그러므로 예수님은 구원을 위해 존재론적으로 필요하기는 하지만 인식론적으로는 그렇지 않다(사람들은 예수님을 알아야 한다. 그러나 그들이 예수님을 알고 있음을 인식할 필요까지는 없다).

(3) 다원주의

이 견해는 예수님이 세상의 여러 종교들 가운데 있는 많은 구원자들 가운데 단지 한 분이라고 주장한다. 그러므로 예수님은 구원을 위해 존재론적으로나 인식론적으로 필요하지 않다.

이러한 다원주의는 복음주의적인 그리스도인들에 의해서는 일반적으로 거부되고 있다. 많은 특수한 형태의 다원주의가 존재하지만 이들 모두는 예수님께서 많은 가능한 구원자들 가운데 단지 한 분이라고 주장한다. 그러므로 다원주의자들은 모든 위대한 세계의 종교들이 구원에 이르는 정당한 길을 제공하고 있다고 주장한다. 이러한 관점은 예수님께서 인류를 위한 유일한 구원자라는 신약성경에 나타나 있는 명확한 선언을 무시하거나 제거해 버린다. 다원주의는 또한 그리스도의 신성이나 하나님의 삼위일체성, 예수님의 죽으심과 부활을 통한 속죄와 같은 기본적인 기독교 교리를 거부한다. 복음주의자들은 이러한 다원주의를 결코 정당한 선택지로 간주하지 않고 있다.

복음을 들어 보지 못한 사람들의 운명에 대하여 대답하려 할 때 복음주의자들은 배타주의와 내포주의의 다양한 형태들이 가장 그럴듯하고 성경적으로 신실한 해답임을 발견하게 된다. 사실 이 문제에 대하여 최소한 네 가지 견해가 복음주의자들 가운데 제기되고 있다. 첫 세 가지는 배타주의 유형들이다. 이들 견해는 모두 다양한 방식으로 어떤 사람이 구원받기 위해서는 예수님의 이름을 알아야 하며 믿어야 한다고 주장하기 때문이다. 이들 세 가지 견해는 **제한주의**, **보편적 기회**, 그리고 **죽음 이후 전도**로 알려져 있다. 마지막 견해는 **내포주의**의 한 형태이다. 왜냐하면 이 견해는 비록 예수님이 구원을 위하여 필수적인 수단이기는 하지만 어떤 사람이 구원받기 위하여 이 사실을 알아야 할 필요는 없다고 주장하기 때문이다.

다음의 논문은 각각 네 가지 복음주의의 관점을 지지하는 논증을 편다.

2. 다른 이름은 없다 (제한주의 견해)

첫 번째 견해는 제한주의 견해라고 불린다. 왜냐하면 이 견해는 구원이 복음을 듣고 복음을 받아들이는 의식적인 결정을 한 사람들에게만 제한된다고 주장하기 때문이다. 복음을 전혀 들어 보지 못한 사람들은 그들이 알거나 알았어야만 했던 것에 기초하여 심판을 받는다. 그들이 알아야만 했던 것은 그들을 정죄하기에 충분한 것이다. 왜냐하면 창조 안에 있는 하나님 자신의 일반계시는 모든 사람으로 하여금 핑계할 수 없게 하기 때문이다(롬 1:18-22).

1) 성경적 논증

성경 안에 있는 여러 주제는 구원이 신자들에게 제한됨을 분명히 하고 있다. 신약성경은 명확하게 구원이 단지 예수 그리스도 안에서만 발견된다고 가르치고 있다. 베드로는 "다른 이로써는 구원을 받을 수 없나니 천하 사람 중에 구원을 받을 만한 다른 이름을 우리에게 주신 일이 없음이라"(행 4:12)고 말하고 있다. 하나님과 인간 사이의 유일한 중보자는 예수 그리스도라고 바울은 가르치고 있다(딤전 2:5). 예수님 자신이 "길이요 진리요 생명이니 나로 말미암지 않고는 아버지께로 올 자가 없다"(요 14:6)고 가르치셨다.

하나님 아버지에게 이르는 방법은 예수님을 믿음으로 말미암는 것이다. 믿지 않는 사람은 구원을 받을 수 없다. 요한은 "그를 믿는 자는 심판을 받지 아니하는 것이요 믿지 아니하는 자는 하나님의 독생자의 이름을 믿지 아니하므로 벌써 심판을 받은 것이니라"(요 3:18)고 말하고 있다. 또한 "또 증거는 이것이니 하나님이 우리에게 영생을 주신 것과 이 생명이 그의 아들 안에 있는 그것이니라 아들이 있는 자에게는 생명이 있고 하나님의 아들이 없는 자에게는 생명이 없느니라"(요일 5:11-12)고 말하고 있다. 이것이 예수님께서 대제사장의 기도에서 제자들의 증거를 통하여 자신을 믿게 될 모든 사람들을 위해 기도하신 이유이다(요 17:20-21).

신약성경 전체를 통하여 주어진 구원의 조건은 세상을 위하여 하나님께서 제공하시는 구원자를 신뢰(신앙)할 것인가 하는 것이다. "(그의) 입으로 예수를 주로 시인하며 또 하나님께서 그를 죽은 자 가운데서 살리신 것을 네 마음에 믿으면"(롬 10:9) 구원을 받을 것이라고 하는 약속을 상속받을 수 있다. 이러한 사실은 복음 전도를 매우 급박한 것으로 만들지 않는가? 바울 자신이 가르치고 있듯이 확실히 그러하다.

> 누구든지 주의 이름을 부르는 자는 구원을 받으리라 그런즉 그들이 믿지 아니하는 이를 어찌 부르리요 듣지도 못한 이를 어찌 믿으리요 전파하는 자가 없이 어찌 들으리요 보내심을 받지 아니하였으면 어찌 전파하리요 기록된 바 아름답도다 좋은 소식을 전하는 자들의 발이여 함과 같으니라(롬 10:13-15).

누군가가 잃어버린 사람들에게 복음을 전하지 않는다면 그 사람은 믿을 수도 구원받을 수도 없다. 어떤 사람들은 사람들이 이생에서 복음을 들을 기회를 제공받지 못했다면 죽음 이후에 믿을 수 있는 기회가 주어질 수도 있다는 희망을 표현한다. 그러나 성경은 그러한 희망을 제공하지 않는다. 반대로 성경은 "한번 죽는 것은 사람에게 정해진 것이요 그 후에는 심판이 있으리니"(히 9:27)라고 가르치고 있다.

어떤 사람들은 최소한 다른 종교를 믿는 진지한 신자들은 구원받을 것이라는 희망을 내비친다. 그러나 성경은 그런 희망을 제공하고 있지 않다.

실제로 이방 종교에 대한 성경의 관점은 이방 종교들은 속이는 것이며 하나님의 심판 아래 있다는 것이다(출 20:3-6; 대하 13:8-9; 사 37:18-19; 행 26:17-18; 골 1:13). 그러므로 성경에서 종교적인 사람들도 구원받기 위하여 예수 그리스도에 대한 지식을 가져야만 한다고 주장하는 수많은 본문들을 발견하게 된다(행 9:2; 10:30-33).

이것은 역사 전체를 통해 살았던 대다수의 사람들이 구원받지 못한다는 것을 의미하는 것이 아닌가? 이것은 제한주의적인 견해가 지니고 있는 함축적인 주장일 뿐만 아니라 예수님 자신의 명확한 가르침이기도 하다.

> 좁은 문으로 들어가라 멸망으로 인도하는 문은 크고 그 길이 넓어 그리로 들어가는 자가 많고 생명으로 인도하는 문은 좁고 길이 협착하여 찾는 자가 적음이라(마 7:13-14).

우리가 사는 다원적인 시대에 이러한 가르침의 편협성을 포기하라는 부인할 수 없는 압력이 존재한다. 오늘날 다원화된 시대는 하나님께 이르는 다양한 길이나 자아실현의 다양한 길로서 다양한 종교와 철학을 인정하고 있다. 그러나 하나님의 말씀과 특별히 예수님의 가르침에 충실하다면 신자들은 이러한 압력에 저항해야만 한다. 사실 "다른 이로써는 구원을 받을 수 없나니 천하사람 중에 구원을 받을 만한 다른 이름을 우리에게 주신 일이 없기"(행 4:12) 때문이다.

2) 지지하는 논증

교회 역사. 교회 역사에 이 주제에 대한 단일한 견해가 존재하였던 것은 아니지만 제한주의적인 견해는 어거스틴이나 존 칼빈, 그리고 조나단 에

드위즈를 포함하여 수많은 무게 있는 변호자들을 가지고 있다. 오늘날 이 견해는 칼 헨리(Carl F.H. Henry)와 스프라울(R. C. Sproul), 로날드 내쉬(Ronald Nash)와 같은 유명한 복음주의 신학자들로부터 지지를 받고 있다.

3) 반론에 대한 응답

(1) 이 견해는 부당하다

이 견해에 대한 주요한 반론들 가운데 하나는 이것이 부당하다는 것이다. 즉 어떤 사람이 복음을 들을 수 없는 시간과 장소에 태어난 것은 그 사람의 잘못이 아니다. 이러한 반론에 대해 네 가지 응답이 가능하다.

첫째, 사람들은 자신들이 알지 못했던 것에 근거해서 심판받지 않으며 자신들이 알았고 알아야만 했던 것에 근거해서 심판을 받는다. 하나님의 영광이 자연을 통하여 드러나 있으며 모두가 알 수 있기 때문에 그들은 핑계할 수 없다(롬 1:20).

둘째, 우리는 우리의 이해와 상관없이 하나님께서 부당하시다는 결론을 내리는데 대하여 신중할 필요가 있다. 하나님 자신이 우리에게 주신 지성과 도덕적인 감수성을 사용하여 이러한 결론에 도달하여야만 함을 고려하라. 진흙이 토기장이를 비판하는 것은 건방진 일이다. 어떠한 정의의 표준에 따라 우리는 하나님께서 책임을 지셔야 한다고 주장할 것인가? 오히려 하나님 자신의 성품이 모든 다른 일들이 거기에 비추어 판단되어야 하는 정의와 거룩의 표준이다.

셋째, 제한주의적인 입장을 수용하고 있는 많은 사람들은 특별한 선택을 믿는 칼빈주의자들이다. 특별한 선택은 하나님께서 구원받을 자를 영원부터 선택하셨다고 믿는 것이다. 이러한 견해에서는 만일 어떤 사람이 복음을 듣지 못하였다면 그 사람은 하나님의 선택 가운데 들지 못하였기 때문이다. 다른 말로 하면 믿을 수 있는 기회가 주어진 "행운"은 어떤 사람이 영원부터 하늘에 이르도록 선택하시는 하나님의 은혜의 또 다른 측면이다.

넷째, 이 견해가 명백하게 부당하게 보이는 것은 실제로는 다른 견해들에는 제기되지 않는 일련의 명제 체계를 제한주의적 견해에만 부여하기 때문이다. 그것은 만일 정해진 어떤 것이 있다면 삶이라고 하는 것이 공평하지 않다는 것이다. 실제로 구원에 관한 제한주의적인 교리에 대하여 제기되는 비판은 삶에서 일어나는 모든 일에 대해서도 제기될 수 있다.

예컨대 어떤 사람은 엄청난 부요함 가운데 태어나고 또 어떤 사람들은 끔찍한 가난 가운데 태어난다. 어떤 사람은 완벽한 건강을 지닌 채 태어나고 또 어떤 사람들은 질병과 기형, 또는 젊은 나이에 죽기도 한다. 어떤 사람은 지적으로 재능을 타고 나고 또 다른 사람들은 지적으로 장애를 지닌 채 태어난다. 이러한 예들은 수없이 많다. 그러므로 어떤 사람들에게는 좁은 문으로 들어갈 수 있는 기회가 주어지지만 또 어떤 사람들에게는 우리와 함께 어린 양의 혼인잔치 자리에 앉을 수 없다는 사실은 우리가 삶에 대해서 알고 있는 여타의 모든 것과 다르지 않다.

(2) 이 견해에 따르면 어린 아이들과 지적장애자들은 구원받을 수 없다

어떤 사람들은 만일 어떤 사람이 구원받기 위해 믿어야만 한다면 선택을 할 수 없는 모든 사람들은 멸망해야만 한다고 반론을 제기한다. 즉 어린 아이들과 정신지체를 가진 사람들이 그렇다는 것이다. 그리고 이러한 사실은 매우 부당해 보인다.

첫째, 첫 번째 질문과 관련하여 말했던 것처럼 우리는 위에서 든 이유들 때문에 하나님을 부당하다고 말하는데 신중을 기해야만 한다.

둘째, 대부분의 사람들이 일반계시에 근거해서 그들이 알아야만 했던

것에 책임을 돌릴 수 있는 반면에 어린 아이들과 정신적으로 장애를 가진 사람들에 대해서는 그렇게 할 수 없음이 분명하다. 게다가 사람들이 책임 있는 결정을 할 수 없다면 그들은 죄를 지을 수 없다. 그러므로 대부분의 제한주의 견해를 주장하는 사람들은 오늘날 어린 아이들이나 정신지체를 가진 사람들은 구원받는다고 주장하고 있다. 왜냐하면 그들은 그들 자신의 삶에서 아담의 타락을 확증하지 않았기 때문이다.

그럼에도 불구하고, 칼빈주의 진영에 속한 몇몇 제한주의자들은 우리가 반드시 하나님에 대하여 심판관이 되려는 것을 반대해야 한다고 주장한다. 아마도 유아들과 정신지체를 지닌 사람들의 구원의 문제는 우리가 알지 못하는 "감추어진 일"(신 29:29) 가운데 하나일 것이다. 하나님께서는 다른 사람들은 내버려 두시지만 유아들과 정신지체를 가진 사람들 가운데 얼마를 선택하실 것이다. 만일 그러하다면 이것은 하나님의 거룩한 특권이며 우리는 그것이 지혜롭고 선하다는 것을 믿어야만 한다.

3. 하나님은 하실 수 있는 모든 일을 하신다 (보편적 기회 견해)

두 가지 주장이 보편적 기회 이론을 조건지어 준다.

첫째, 성경은 하나님께서 전능하시다고 가르치고 있다. 하나님께서는 그가 원하시는 것이면 무슨 일이든지 하실 수 있다. 하나님께서는 어떤 사람을 기뻐하실 때면 그 사람을 사용하신다. 그러나 어떤 일이 이루어지기 위해서 사람들을 필요로 하지는 않으신다.

둘째, 성경은 하나님께서 모든 사람들이 구원받기를 원하신다고 가르치고 있다. 아무리 사악한 사람이라 해도 하나님께서는 그 사람이 멸망하는 것을 기뻐하지 않으신다(겔 18:32; 33:11).

이러한 두 가지 주장으로부터 만일 어떤 사람이 그리스도를 주님으로 받아들이려 한다면 전능하신 하나님께서는 그 사람이 그렇게 할 수 있는 기회를 주실 수 있는 길을 마련하실 것이라는 추론이 따라 나온다. 하나님께서는 선교사나 천사를 보내실 것이다. 그렇지 않으면 아마도 꿈으로 나타나시거나 아니면 죽음의 자리에서 환상을 주실 것이다. 이런 저런 방식으로 믿을 마음이 있는 모든 사람에게는 그렇게 할 수 있는 기회가 주어질 것이다. 심판 날에 아무도 "나에게 기회가 주어지기만 했다면 나는 믿었을 것이다"라고 불평할 수 없을 것이다. 이 견해 이외의 다른 어떤 견해도 성경의 내용과 일치하지 않는다.

1) 성경적 논증

이 견해를 주장하는 사람들도 우리가 구원받기 위해서 예수 그리스도를 믿어야만 한다는 점에 있어서는 제한주의자들과 의견을 같이 한다(행 16:31; 롬 10:13-17). 불신자들이 구원을 받을 것이라거나 사람들이 죽음 이후에 기회를 가질 것이라는 희망을 주장할 만한 근거는 없다. 그러나 이 견해를 주장하는 사람들은 사람들이 잘못된 시간에 잘못된 장소에서 태어났기 때문에 지옥으로 가는 것으로 끝마치게 된다는 것을 인정하지 않는다. 그런 생각은 최소한 두 가지 설명에 근거해서 비성경적이다.

첫째, 위에서 지적한 것처럼 성경은 하나님이 모든 사람을 사랑하시며 모든 사람들이 구원받기를 원하시며, 그래서 사람들을 구원하기 위하여 하실 수 있는 일은 무엇이든지 하시는 분으로 묘사하고 있다(딤전 2:4; 벧후 3:9). 예컨대 자신을 농부로 그 백성을 포도원으로 비유하시면서 하나님께서는 "내가 내 포도원을 위하여 행한 것 외에 무엇을 더할 것이 있으랴"(사 5:4) 말씀하고 계신다.

분명히 하나님께서는 사람들을 자신과의 관계로 부르실 수 있는 모든 일을 하신다. 하나님께서는 사람들의 반역에도 불구하고 사람들에게 환영하는 팔을 "하루 종일"(롬 10:21) 내밀고 계신다. 예수님께서는 "암탉이 그 새끼를 날개 아래에"(마 23:37) 보호하려는 자신의 열망을 표현하셨을 때 이러한 하나님의 슬픈 심정을 나타내셨다.

불행하게도 예수님께서는 예루살렘 거민들이 원하지 아니하였다는 사실을 덧붙이시고 계신다(마 23:37-39). 모든 사람을 구원하려고 하는 전능하신 창조주의 열망을 좌절시킬 수 있는 유일한 일은 구원받기를 원치 않는 그들 자신의 바람이다. 만일 어떤 사람이 구원받고자 한다면 하나님께서는 그 사람을 구원할 수 있는 길을 발견하실 것이다. 하나님께서는 "자기를 찾는 자들에게 상주시는"(히 11:6) 하나님이시다.

둘째, 성경은 비상한 수단을 통하여 하나님께서 사람들에게 다가가신 예들을 담고 있다. 예컨대 진리를 찾고 있던 이디오피아 내시의 경우에 하나님께서는 그가 전도자 빌립과 만날 수 있도록 초자연적으로 주선하셨다(행 8:26-40). 믿고자 하는 마음을 가지고 있었던 이방인 고넬료의 경우에도 하나님께서는 고넬료와 그 가족들이 주님의 말씀을 들어야함을 확실하게 하시려고 베드로에게 특별한 비전을 주셨다(행 10:1-48). 성경 다른 곳에서도 하나님께서는 꿈과 비전을 통해 그리고 천사들을 통해 이방인들에게 말씀하셨다(창 20; 단 2).

이것은 다른 환경 가운데 처하여 있었다면 믿었을 사람들이 정죄되지 않는다는 것을 보여 주기에 충분하다. 만일 구출 가능하다면 하나님께서는 구출하시기 위한 방법을 고안해 내실 것이다. 이런 저런 방법으로 하나님께서는 그들에게 구원을 얻는 기회를 제공하실 것이다.

2) 지지하는 논증

(1) 교회 역사

교회가 이방인의 구원 문제에 대하여 다양한 의견을 가지고 있기는 하였지만 보편적인 기회를 제공하신다는 견해가 교회 전통에서 몇몇 비중있는 변호자들을 가지고 있다는 사실에 유의할 필요가 있다. 토마스 아퀴나스와 제이콥 알미니우스, 그리고 존 헨리 뉴먼(John Henry Newman)은 이러한 견해를 지지하였다. 현대의 지지자들 중에는 노만 가이슬러(Norman Geisler)와 로버트 라이트너(Robert Lightner)가 있다.

(2) 이성

복음을 들을 기회가 주어지지 않았기 때문에 지옥에 간다는 어떤 사람에 대한 생각은 이성에 저촉된다. 사랑의 하나님께서 어떤 사람이 태어난 장소와 시간에 근거하여 영원한 행복과 영원한 저주를 보증하시는가? 사람들은 분명히 자신들이 태어난 장소와 시간에 대하여 책임질 수 없다. 그러므로 그들을 이러한 일들에 근거해서 처벌하는 것은 정당하지 않다.

어떤 사람들은 하나님의 정의에 의문을 제기할 수 있는 권리가 우리에게 없다고 말할지도 모른다. 그러나 한 견해가 우리에게 정당해 보이는 정의를 하나님에게 돌리고 다른 견해는 우리의 도덕적인 감수성을 해치는 정의를 하나님께 돌릴 때 우리는 다른 모든 상황이 동일하다면 처음의 견해를 채택해야만 할 것이다. 보편적인 기회를 주장하는 견해는 예수님을 믿는 믿음의 필요성과 하나님의 사랑의 속성을 논리적 일관성을 가지고 확증할 수 있는 유일한 입장이다.

또 다른 사람들은 복음을 들어 보지 못한 사람들이 그들이 모르고 있는 것을 근거로 해서가 아니라 그들이 알고 있는 것을 근거로 해서 심판받는다고 주장한다. 그러나 이것은 반론에 대한 적절한 대답이 될 수 없다. 믿을 수 있는 기회를 가진 사람들만이 구원받는 것과 이러한 기회가 주어지지 않은 모든 사람들이 구원받지 못하는 것은 결코 우연한 일이 될 수 없기 때문이다. 몇몇 사람들은 구원받지 못하는가 하는 문제에 대한 최종적인 설명으로 그들이 "잘못된" 장소, "잘못된" 시간에 태어났기 때문이라고 결론내린다. 그러나 그것은 사람들의 통제 밖에 있는 일들이다. 이러한 주장은 믿을 수 없는 불합리한 주장이다.

3) 반론에 대한 응답

(1) 이러한 견해에는 적절하지 않은 증거가 있다

어떤 사람은 신약성경에 적절하게 근거하고 있지 않다는 사실을 가지고 보편적인 기회를 주장하는 견해에 반대한다. 그들은 하나님께서 사람들에게 복음을 전달하시기 위해 천사들과 비전을 사용하시는 것은 사실이나 구원은 결과적으로는 실제적인 인간 선교사들과의 접촉으로 이어지는 일이 없이는 발생하지 않는다고 말한다. 이러한 사실을 부인할 수는 없겠지만 세 가지 점이 이러한 반론이 결정적이지 못함을 보여 준다.

첫째, 요한은 초대교회에 일어났던 모든 일이 성경에 기록된 것이 아니라고 말하고 있다(요 21:25). 어떤 사람이 꿈이나 비전 또는 개인적인 계시를 통하여 구원받는 믿음에 도달하였다는 명확한 성경의 실례가 없다는 것이 그런 일이 일어나지 않았다거나 일어날 수 없다는 것을 의미하지는 않는다.

둘째, 하나님께서 꿈이나 비전, 그리고 계시를 통하여 사람들에게 메시지를 보내셨다는 분명한 선례가 있다는 사실은 하나님께서 모든 것 중에 가장 중요한 메시지를 영적인 진리를 갈망하는 사람들에게 보내시기 위해 이들 수단을 사용하실 수 있음을 제안한다. 그렇다면 우리들은 만일 하나님께서 하실 필요가 있으시다면 이들 수단들을 사용하시기를 기대할 수 있지 않겠는가?

셋째, 그들 스스로 성육신에 대한 지식에 도달하였던 어떤 사람들에 대한 보고를 최근에 여러 곳에서 만날 수 있다. 이러한 사실은 하나님께서 자신을 믿는 믿음으로 사람들을 인도하시기 위해 어떤 수단이든지 사용하실 수 있고 또 사용하신다는 것을 증거한다.

(2) 이 견해는 선교의 급박성을 타협한다

어떤 사람들은 만일 우리가 꿈이나 비전, 또는 초자연적인 계시를 통해 사람들이 구원받을 수 있다는 가능성을 열어 놓는다면 복음 전도와 선교의 급박성이 사라지게 될 것이라고 염려한다. 그러나 하나님께서 믿기를 원하는 모든 사람에게 도달할 것이라는 확신은 이러한 선교의 급박성을 훼손하지 않는다. 하나님께서는 사람들이 자신의 자녀가 되는 일반적인 수단이 사람들의 증언을 통해서라는 점을 분명하게 규정하신다.

만일 하나님께서 다른 수단을 통해서 일하기를 원하신다면 그것은 하나님의 특권이다(참조. 신 29:29). 그리스도인들은 하나님께서 자신들이 복음을 전하라는 하나님의 말씀에 순종하지 않는다 해도 어떻게든 사람들을 구원하실 것이라고 생각하지 말아야 한다. 그들은 하나님의 명령에 순종해야 한다. 그러므로 그리스도인들은 사람들의 영원한 운명이 복음을 전하고자 하는 그들의 자원함에 달려 있다고 전제하면서 앞으로 나아가야 한다.

4. 무덤 너머의 희망 (죽음 이후의 전도가 가능하다는 견해)

예수 그리스도를 알지 못하고 죽은 사람들은 필연적으로 지옥에 가야 하는가? 사후의 복음 전도가 가능하다는 견해에 따르면 그렇지 않다. 사람들에게는 사후에 그리스도를 받아들이거나 거부할 수 있는 기회가 부여된다.

1) 성경적 논증

죽음 이후에 복음 전도의 기회가 주어진다는 견해는 두 가지 이유에서 지지를 받고 있다. 성경에 기록되어 있는 하나님에 대한 일반적인 묘사와 관계가 있고, 또 하나는 이러한 입장을 지지하는 특정 본문과 관련이 있다.

성경에서 가장 중요한 위대한 주제는 창조주 하나님께서 사람들을 자신과의 사랑의 관계로 이끄시기 위해 사랑으로 끈질기게 설득하신다는 것이다. 하나님께서는 창조하신 모든 것에 대한 열정적인 사랑을 가지고 계시며(요 3:16; 딤전 2:4) 어떤 사람도 멸망하기를 원하지 않으신다(신 30:15-20; 벧후 3:9).

비록 많은 사람들이 하나님을 거부하고 종국에는 그들 자신이 정죄에 이르는 선택을 하기는 하지만 이것은 하나님의 뜻이 아니다. 하나님께서는 이것을 기뻐하지 않으신다고 명확하게 말씀하신다(겔 18:32; 33:11). 하나님께서는 어떤 사람도 고생하며 근심하게 되는 것을 기뻐하지 않으신다(애 3:33). 하나님의 정의가 사람들로 고생하게 하며 근심하게 하시는 때 우리는 그러한 행동이 하나님의 우선적인 선택이 아니었다는 사실을 확신해야 한다. 하나님의 첫 번째 선택은 항상 사람들이 자신의 사랑을 받아들이는 것이었으며 구원으로 들어가는 것이었고 그분을 즐거워하며 영원토록 하나님과 더불어 다스리도록 하는 것이었다. 사람들에 대한 희망이 있는 한 하나님께서는 그들을 포기하지 않으실 것이다.

대부분의 복음주의자들은 죽음이 모든 희망을 종결짓는다고 생각한다. 사람들은 그들이 살아 있는 동안 하나님에 대해 지지하거나 반대하기를 선택할 수 있다. 그러나 죽음의 순간에 그들의 운명은 영원히 정해진다. 만일 그 어떤 이유든지 어떤 사람이 그리스도를 받아들이지 않는다면 그 사람은 지옥에 가고 말 것이다.

그러나 하나님에게 있어서도 죽음은 필연적으로 희망을 종결짓는다는 가정은 근거가 없다. 주님의 가장 명확한 행동이 죽음의 세력을 가지고 있던 자를 패배케 하시고 무덤을 극복하신 것을 포함하고 있다(히 2:14). 그렇다면 왜 우리는 죽음이 주님에게 정복 불가능한 방해물이라고 가정해야만 하는가? 자신의 부활을 통해 예수님께서는 이제 "사망과 음부의 열쇠"(계 1:18)를 가지고 계신다. 만일 어떤 사람이 그리스도를 적대하는 자신의 마음을 확고히 하면서 죽지 않았다면 그리스도께서는 그 사람을 얻기 위해 계속적으로 노력하실 것이라고 생각하는 것은 자연스러워 보인다.

또한 이 견해는 단지 하나님의 사랑과 그리스도의 죽음에 대한 승리로부터의 논리적인 추론에만 근거하고 있지는 않다. 수많은 성경 본문들이 이 견해를 명확하게 가르치고 있다. 이들 본문 가운데 가장 중요한 본문이 베드로전서 3:18-20일 것이다.

> 그리스도께서도 단번에 죄를 위하여 죽으사 의인으로서 불의한 자를 대신하셨으니 이는 우리를 하나님 앞으로 인도하려 하심이라 육체로는 죽임을 당하시고 영으로는 살리심을 받으셨으니 그가 또한 영으로 가서 옥에 있는 영들에게 선포하시니라 그들은 전에 노아의 날 방주를 준비할 동안 하나님이 오래 참고 기다리실 때에 복종하지 아니하던 자들이라 방주에서 물로 말미암아 구원을 얻은 자가

몇 명뿐이니 겨우 여덟 명이라(벧전 3:18-20).

베드로는 다음 장에서 "이를 위하여 죽은 자들에게도 복음이 전파되었으니 이는 육체로는 사람으로 심판을 받으나 영으로는 하나님을 따라 살게 하려 함이라"(벧전 4:6)고 말함으로 자신의 논점을 되풀이하고 있다. 바울 또한 그리스도께서 사로잡혔던 자들을 사로잡으시기 전에 땅 아래 낮은 곳으로 내려가셨던 사실을 언급하고 있다(엡 4:8-9; 참조. 롬 10:7).

물론 이들 두 본문에 대한 논쟁의 여지가 있음을 인정하여야 할 것이다. 지면 관계로 이들 본문과 관련하여 제기되고 있는 주제들에 대한 상세한 논의를 할 수는 없다. 그러나 이 논쟁의 많은 부분이 이들 본문의 **모호성**과 **명료성**에 기인하고 있다는 사실을 고려해 보는 것은 흥미로울 것이다. 분명 거기에는 주해상의 모호성이 존재하기는 하지만 이들 본문에 대하여 분명한 한 가지 사실은 죽음 이후에 최소한 몇몇의 사람들은 그리스도를 받아들일 수 있는 기회를 얻게 될 것이며 그래서 그리스도에 의해 구원될 것이라고 가르치고 있다.

다른 본문들도 마찬가지로 죽음 이후의 복음 전도의 가능성을 언급하고 있는 듯하다. 예컨대 예수님께서는 "죽은 자들이 하나님의 아들의 음성을 들을 때가 오나니 곧 이 때라 듣는 자는 살아나리라"(요 5:25)고 가르치셨다. 대부분의 복음주의자들은 "듣는 자"가 살았을 때 믿는 사람들이라고 생각한다. 그들이 하나님의 아들의 음성을 들을 때 그들은 다시금 살아나게 된다. 이것은 비록 시체들이 살아나기 **전**에 어떻게 들을 수 있는가 의아해 하게 하지만 하나의 가능한 해석이다. 또 한편 육체적으로는 죽은 자들이지만 영으로 하나님의 아들의 말씀을 받는(듣는) 사람들은 영원한 생명을 얻게 될 것이라고 해석할 수도 있다.

예수님은 또한 당대의 청중들에게 자신이 이스라엘 집에 속하지 않은 많은 사람들을 가지고 있다고 가르치셨다(요 10:16). 구원받기 위해서는 그리스도를 믿어야 한다. 그런데 그 시대에 그리스도께서 말씀하시고 있었던 청중들만이 그를 믿을 수 있는 기회가 제공되었기 때문에 우리는 이들 다른 무리들이 어떻게 예수님에게 속하게 될 수 있는지 의아해 할 수 있다. 가장 그럴듯한 대답은 죽음 이후에 복음 전도의 기회를 가진다는 것이다.

또한 예수님은 이 세상과 오는 세상에서도 사하심을 얻지 못하는 죄에 대해 말씀하셨다(마 12:32). 이러한 말씀은 "오는 세상에서" 사하심을 얻을 수 있는 다른 죄들이 있다는 것을 전제하고 있지 않은가? 여러 다른 본문은 이생에서 하나님을 찬양하지 않았던 사람들이 죽음 이후에 하나님을 찬양할 것이라고 제안한다(빌 2:10; 계 5:13). 바울은 "만일 그리스도 안에서 우리가 바라는 것이 다만 이 세상의 삶뿐이면 모든 사람 가운데 우리가 더욱 불쌍한 자이리라"(고전 15:19)고 가르치고 있다. 이 본문은 그리스도 안에는 또한 다음 생에 대한 희망이 있음을 암시하고 있다. 그리고 아마도 가장 흥미를 자아내는 것은 새 예루살렘의 문이 결코 닫히지 않을 것이라는 사실이다(계 21:25). 부정한 어떤 것도 거룩한 도성에 들어갈 수 없지만 그 문은 사람들이 변화하여 들어갈 수 있도록 열려 있는 것처럼 보인다.

2) 지지하는 논증

(1) 교회 역사

교회는 항상 불신자들의 구원 문제에 대해 다양한 견해를 가지고 있었다. 죽음 이후의 복음 전도의 기회가 주어진다는 견해의 다양한 변형이 초대교회에 유행하였으며 히폴리투스(Hypolitus, 170-235)와 알렉산드리아의 클레멘트(Clement of Alexandria, 150-215), 오리겐(Origen, 182-254), 아타나시우스(Athanasius, 296/298-373), 나지안주스의 그레고리(Gregory of

Nazianzus, 329-389/390), 그리고 암브로시우스(Ambrosius, 340-397) 등과 같은 유명한 신학자들의 지지를 받았다.

 그리스도께서 옥에 내려가셨다는 생각이 교회의 초기 에큐메니칼 신경인 니케아 신경과 사도신경에서 발견되고 있다는 것은 의미가 있다. 그러한 정보가 개신교도들에게는 문제를 해결해 주지는 않지만 이러한 입장에 예외적인 신빙성을 부여하는 것은 사실이다. 마지막으로 이 견해는 조지 맥도날드(George MacDonald), 도날드 블로쉬(Donald Bloesch), 가브리엘 파크레(Gabriel Fackre), 스테판 데이비스(Stephen Davis) 등과 같은 유명한 현대 복음주의자들에 의해서도 주장되고 있다.

(2) 자유의지 변증

 복음주의자들 가운데 악의 문제에 대한 가장 대중적인 설명은 자유의지 변증이다. 본질적으로 이 논증은 피조물이 사랑을 선택할 수 있는 자유가 있다면 악을 선택할 수 있는 자유도 가져야만 하기 때문에 악이 세상에 존재한다고 주장한다.

 만일 이러한 견해를 받아들인다면 하나님의 사랑을 선택하지 않고는 하나님의 사랑으로 들어갈 수 없고 어떤 사람도 하나님의 사랑에 반대하여 선택하지 않는 한 하나님의 사랑으로부터 배제되지 않는다. 만일 한 사람이라도 선택하는 것 없이 자동으로 하늘에 갈 수 있다면 전체적인 자유의지 변증은 실패하고 만다. 그러나 많은 사람들이 명확하게 하나님에 대한 결정적인 선택 없이 죽는다. 사후에 복음 전도 가능성을 주장하는 입장이 이생에서의 선택이 사람들에게 종종 가능하지 않다는 사실과 선택의 필요성을 조화시킬 수 있는 가장 자연스러운 방법이다.

3) 반론에 대한 응답

(1) 성경은 죽음 이후에 구원을 제공할 가능성을 배제한다

죽음 이후 복음 전도의 가능성이 있다고 주장하는 입장에 반대하여 가장 흔하게 인용되는 구절은 "한번 죽는 것은 사람에게 정해진 것이요 그 후에는 심판이 있으리니"라는 히브리서 9:27이다. 어떤 사람들에 따르면 이 구절은 사람들이 죽음 이후에 즉각적으로 심판을 당할 것을 의미한다. 그러므로 이 구절은 죽음 이후에 구원의 제공 가능성을 배제한다.

그러나 이러한 해석은 본문에 너무 많은 것을 넣어서 읽는 것이다. 히브리서 기자는 단지 그리스도의 "단번의" 죽음과 우리의 죽음 사이의 병행 관계를 그리고 있을 뿐이다(히 9:23-28). 이 구절이 분명 윤회를 배제하기는 하지만 죽음과 심판 사이의 중간에 있을 사건의 가능성을 배제하는 것은 아니다. 참으로 대부분의 복음주의자들은 여러 사건이 죽음과 최종적인 심판 사이에 일어날 것이라는 데 동의한다. 즉 예수님의 재림과 악의 패배, 그리고 육체의 부활 등이 그것이다. 죽음 이후의 복음 전도 가능성을 주장하는 견해는 단지 이러한 죽음과 심판 사이에 한 가지 사건을 첨가하고 있다. 즉 이전에 복음화 되지 않았던 사람들의 복음화이다.

(2) 이 견해는 선교를 훼손한다

만일 사람들에게 죽음 이후에 그리스도를 받아들이거나 거부할 수 있는 기회가 주어진다면 이생에서 사람들에게 복음을 전해야 하는 긴박성이 훼손된다고 사람들은 주장한다. 만일 이러한 반론이 설득력을 가진다면 미전도종족의 운명에 대한 제한주의적 견해를 제외한 모든 복음주의적 견해에 대해서도 마찬가지 반론이 제기될 수 있다는 점을 지적하지 않을 수 없다. 다른 모든 견해는 그리스도 없이 죽는 어떤 사람들에 대한 희망을 내비친다. 실제로 칼빈주의적인 제한주의의 형태마저도 복음 전도의 긴박성을 훼손한다고 주장할 수 있을 것이다. 왜냐하면 칼빈주의자들은 택자들이 구원받도록 예정되었다고 믿기 때문이다.

그러나 이러한 반론에 너무 많은 무게를 둘 이유는 없다. 세상을 복음화하려는 동기는 복음 전도를 명하신 주님에게 복종하여 구속의 즐거운 소식을 복음을 가지고 있지 못한 사람들과 나누는 것이다. 그리하여 가능한 대로 많은 사람들이 이생에서 하나님을 창조의 바른 주님으로 인정하게 함으로써 하나님을 영화롭게 하려는 열망에 근거한 것이다. 그러므로 신자들은 사람들의 영원한 운명이 그들에게 복음을 전하는 자신들의 복음 전도의 노력에 달려 있다고 생각할 필요가 없다.

5. 증인 없이 홀로 남겨져 있지 않다 (내포주의 견해)

다른 세 가지 복음주의적 대안을 지지하는 사람들과 같이 이 견해를 지지하는 사람들은 예수님께서 하나님과 사람 사이의 유일한 중보자이신 유일한 구원자이심을 믿는다(딤전 2:5-6). 그리고 구원을 얻기 위해서 인류에게 주어진 다른 이름이 없다고 믿는다(행 4:12). 그들은 어떤 사람도 예수 그리스도를 통하지 않고서는 아버지께 갈 수 없다는 점에 동의한다(요 14:6). 또한 모든 종교의 길이 하나님에게 이르게 한다는 다원주의적인 입장이 비성경적이며 일관성이 없다는 데 동의한다.

이 견해의 지지자들이 다른 복음주의자들과 의견이 나누어지는 지점은 어떤 사람이 구원받기 위해서는 명확하게 예수님에 **대해 알고 믿어야만** 한다는 가정에 대하여서이다. 모든 사람들은 그들이 예수님을 알든지 모르든지 간에 예수님을 **통하여** 구원을 받아야만 한다. 다른 말로 사람들은 예수님을 떠나서는 구원받을 수 없다. 그러나 그들은 자신들이 예수님에 의해 구원받았다는 것을 **아는 것**과는 별도로 구원받을 수 있다. 역사상 어느 때에도 하나님께서는 증거 없이 계신 적이 없으셨으며(행 14:17) 사람들은 이러한 증거에 어떻게 반응하느냐에 기초해서 심판을 받는다. 이 견해는 종종 내포주의적 견해라 불리곤 한다. 왜냐하면 이 견해는 사람들이 예수님을 이름으로 아는 것에 상관없이 구원이라고 하는 것은 그리스도에게 마음이 열려 있는 모든 사람들을 포용한다고 주장하기 때문이다.

1) 성경적 논증

성경은 하나님께서 온 세상의 주님이시라고 가르치고 있다. 하나님은 온 세상을 사랑하신다. 그리고 하나님은 온 세상을 구원하시기 원하신다. 그러므로 하나님은 온 세상을 그 자신에 대한 증거 없이 버려두지 않으셨다(시 19:1-4; 행 14:17; 롬 10:18; 딤전 2:4; 벧후 3:9). 하나님의 "영원하신 능력과 신성이 그가 만드신 만물에 분명히 보여"(롬 1:20)졌다. 사람들이 기록된 하나님의 계시를 가지고 있지 않을 때도 하나님께서는 그들과 함께 일하셨고 그들이 가지고 있는 내적인 증거에 기초하여 그들을 심판하신다. 사도 바울의 말로 하면 다음과 같다.

> (율법 없는 이방인이 본성으로 율법의 일을 행할 때에는 이 사람은 율법이 없어도 자기가 자기에게 율법이 되나니 이런 이들은 그 양심이 증거가 되어 그 생각들이 서로 혹은 고발하며 혹은 변명하여 그 마음에 새긴 율법의 행위를 나타내느니라) 곧 나의 복음에 이른 바와 같이 하나님이 예수 그리스도로 말미암아 사람들의 은밀한 것을 심판하시는 그 날이라(롬 2:14-16).

모든 사람들은 자신들에게 어느 정도의 빛을 가지고 있으며 이 빛은 예수 그리스도이시다(요 1:9; 8:12). 이 빛에 그들이 어떻게 응답하는가 하는 것이 그들의 영원한 본성과 운명을 결정한다. 사람들은 자신들이 알고 있는 것에 기초하여 심판을 받는다. 이것은 여러 예수님의 비유가 주장하는 것이다. 예컨대 누가복음 12장에서 예수님은 다음과 같은 가르침을 제공하고 계신다.

> 주인의 뜻을 알고도 준비하지 아니하고 그 뜻대로 행하지 아니한 종은 많이 맞을 것이요 알지 못하고 맞을 일을 행한 종은 적게 맞으리라 무릇 많이 받은 자에게는 많이 요구할 것이요 많이 맡은 자에게는 많이 달라 할 것이니라(눅 12:47-48).

제한주의자들은 하나님께서 심지어 그들이 믿지 않은 이유가 그들 자신의 잘못이 아닐 때에도 사람들을 정죄하신다고 주장한다. 칼빈주의적 제한주의자들이 믿고 있는 것처럼 정죄된 사람들은 하나님의 선택을 받은 사람들이 아니거나 알미니안주의적 제한주의자들이 주장하는 것처럼 불행하게도 복음이 선포되지 않고 있던 장소에 태어났을 뿐인 것이다. 어느 방식으로 설명하든지 근본적인 도덕성이 훼손이 된다.

만일 하나님께서 어떤 사람의 영원한 운명을 하나님 자신의 자의적인 선택에 근거시키거나 그 사람이 태어나게 된 장소와 시간의 우연적 흥망성쇠에 기인하게 하신다면 하나님께서 사랑이 많으시며 선하신 하나님이라고 신실하게 고백하기 어려울 것이다. 그러나 위의 비유에서 예수님께서 가르치고 계신 것은 우리의 기본적인 공의나 정의, 그리고 도덕성에 저촉되지 않는다. 하나님께서는 하늘나라에 갈 수 있는 진정한 기회를 전혀 가져보지 못한 사람들을 지옥에 던지시지 않는다. 도리어 구원은 모든 사람에게 가능하며 하나님은 진정으로 모든 사람들이 구원받기를 원하신다.

비록 베드로는 근시안적인 1세기의 유대교적인 사고방식에 사로잡혀 있었지만 여러 번의 환상을 받은 이후에 하나님의 사랑의 보편성에 눈을 뜨게 되었다. 베드로는 나중에 이방인 청중들에게 "하나님은 사람의 외모를 보지 아니하신다"(행 10:34)라고 말하였다. 그리고 "각 나라 중 하나님을 경외하며 의를 행하는 사람은 다 받으시는 줄 깨달았도다"(행 10:35)라고 고백한다. 하나님께서는 그들의 믿음이 어떻게 문화적으로 규정되었든지 상관없이 믿음으로 자신을 찾는 사람들에게 상 주신다(히 11:6).

바울에 따르면 하나님은 섭리적으로 "인류의 모든 족속을 한 혈통으로 만드사 온 땅에 살게 하시고 그들의 연대를 정하시며 거주의 경계를 한정하셨으니 **이는 사람으로 하나님을 더듬어 찾아 발견하게 하려 하심**이로되 그는 우리 각 사람에게서 멀리 계시지"(행 17:26-27) 않으신다. 하나님의 전 우주적인 섭리적인 활동의 중심은 사람들이 그분을 찾도록 하는 것이며 이런 저런 형태로 믿음을 가지게 하는 것이다. 이것이 성경이 예수님을 알지 못할 뿐만 아니라 이스라엘의 일부분이 아니기에 여호와의 이름마저도 알기를 기대할 수 없었던 많은 사람들의 구원 얻는 믿음을 반복적으로 칭찬하고 있는 이유이다.

우리는 그러한 믿음으로 충만한 사람들로 멜기세덱과 이드로와 욥과 라합과 같은 사람들을 생각한다(창 14:17-20; 출 18:1-12; 욥 1:1; 히 11:31). 이 사람들은 죄인들이었으며 그러므로 다른 어떤 사람들만큼이나 구원자를 필요로 하였다. 그들 자신의 어떠한 실수가 아님에도 그들은 예수님에 대한 명확한 믿음을 가질 수 없었다. 그러나 그들이 구원받았다는 것은 의심의 여지가 없다. 어떻게 이러한 일이 가능한가? 하나님께서는(연대기적으로나 지리적인 이유로 인하여 믿음에서 배제되어 있는) 그들의 지식이 아니라 마음에 기초하여 그리스도의 사역 아래 사람들을 포함시키신다.

성경은 그들의 이해의 수준이 어떠하든지 아니면 오해가 어떠하든지 상관없이 하나님께서 믿음을 가지고 있는 모든 사람들을 받아들이신 수많은 암시들을 제공하고 있다. 바울은 모든 사람들이 "소망을 살아 계신 하나님께 둠이니 곧 모든 사람 특히 믿는 자들의 구주시라"(딤전 4:10)고 말하고 있다. 이 본문은 하나님의 구원하시는 활동의 범위가 단지 "믿는 자들"을 넘어서고 있음을 나타내 준다.

이와 유사하게 예수님께서도 "이 우리에 들지 아니한 다른 양"(요 10:16)을 말씀하셨다. 이들 양은 물론 자신들이 양이었는지 알지 못하였을 수도 있다. 왜냐하면 그들은 아직 목자와 접촉을 한 것이 아니었기 때문이다. 그러나 그들의 마음은 그럼에도 불구하고 목자를 향하고 있다. 아마도 마태복음 25장에서 예수님은 심판 날에 대한 무서운 종말론적인 경고를 말씀하실 때 이들 동일한 무명의 양들을 언급하시고 계셨는지 모른다. 이 본문에서 예수님은 자신을 명확하게 알지는 못했지만 자신을 입히고 먹이고 옥에 있을 때 방문하는 일 등을 함으로써 암시적인 믿음을 가지고 살았던 많은 사람들을 환영하고 있다(마 25; 36-40).

반대로 예수님을 안다고 생각했던 많은 사람들은 그들의 믿음으로 그리스도를 닮은 어떠한 행실도 나타낸 적이 없었던 불성실 때문에 예수님에 의해 배제될 것이다(마 25:41-46). 심판 날에 다소간의 놀라운 뒤틀림과 반전이 있을 것을 예수님은 말씀하고 있다.

2) 지지하는 논증

(1) 교회 역사

지배적인 견해는 아니었지만 내포주의적인 견해는 교회 역사에서 잘 드러난다. 저스틴 마터나 쯔빙글리와 존 웨슬리, C. S. 루이스와 같은 권위 있는 사람들이 이 견해를 주장했다. 오늘날 복음주의자들 가운데는 노만 앤더슨 경(Sir Norman Anderson, 1908-94)이나 클라크 피녹(Clark Pinnock, 1937-2010), 그리고 존 샌더스(John Sanders, 1956-)가 이를 지지한다.

(2) 하나님의 사랑과 정의

내포주의적인 견해는 우리에게 하나님의 사랑의 보편성이나 하나님의 성품의 정당한 본성을 희생시키지 않고 예수 그리스도의 배타성을 받아들이도록 해 준다. 이 견해는 사람들이 하나님께서 그들을 선택하지 않았기 때문에 혹은 그들이 잘못된 시간과 잘못된 장소에 태어났기 때문에 정죄될 수 있다는 식의 문제를 야기하지 않는다. 사람들이 자신들이 죽기 전에 특별한 신적인 방문을 가질 것이라는 막연한 희망(보편적인 기회를 주장하는 견해)이나 죽음 이후에 복음화 될 것이라는 주장(사후 복음 전도를 주장하는 견해)에 모든 것을 걸어야 하는 것도 아니다. 이 견해는 단지 하나님께서 사람들의 마음을 완벽하게 아시며 그리스도의 화해케 하시는 사역을 받아들일 마음을 가진 모든 사람들에게 그들이 그것을 알든 모르든 그것을 적용하신다는 점을 말하고 있을 뿐이다.

3) 반론에 대한 응답

(1) 이 견해는 종교다원주의로 나아가는 성향을 보인다

내포주의적인 견해에 대한 가장 흔한 반대 중의 하나는 이 견해가 종교다원주의라는 이단적인 주장을 향해 나아가는 시작점을 제공한다는 것이다. 이러한 일반적인 반대는 이 입장에 대한 중요한 오해에 기초하고 있다.

예수님께서 구원을 위하여 **인식론적으로** 필수적이지 않다는 주장(내포주의적 견해)과 예수님께서 구원을 위해서 **존재론적으로도** 필수적이지 않다는 주장(다원주의적 견해) 사이에는 중요한 차이가 있다. 이 구분은 너무나도 근본적이고 결정적이기 때문에 내포주의적인 견해에서 다원주의적 견해로 미끄러지는 경사면을 두려워할 필요가 없다. 내포주의자들은 모든 복음주의자들이 그런 것처럼 예수님께서 하나님의 아들이시며 예수님의 십자가에서의 속량하시는 사역과 동떨어져서 구원받을 수 없다는 것을 열정적으로 주장한다. 내포주의자들은 하나님께서는 예수 그리스도의 명확한 메시지로부터 시대적으로나 지리적으로 동떨어져 있었던 사람들의 믿음도 인식하실 수 있다고 주장할 따름이다.

(2) 이 견해는 선교를 훼손한다

내포주의적인 견해에 대한 또 다른 반론은 그것이 선교와 복음 전도의 긴박성을 축소한다는 것이다. 사실상 만일 사람들이 받는 심판의 엄격함이 그들이 얼마나 많은 빛을 받았는가에 달려 있다면 그리스도인들이 사람들에게 보다 많은 빛을 가져다 주는 것은 피해를 입히고 있는 것이다.

이러한 반대에 응답하며 주목해야 할 첫 번째 일은 이러한 반대에 의해 영향을 받지 않는 유일한 사람들은 알미니안주의적인 제한주의자들뿐이라고 하는 것이다. 왜냐하면 알미니안주의적 제한주의자들은 일관되게 사람들의 영원한 운명이 문자적으로 그리스도인들이 사람들을 복음화 하느냐 그렇지 않느냐에 달려 있다고 주장하고 있는 유일한 사람들이기 때문이다. 그러나 이러한 견해는 너무나 문제가 많아서 거의 아무도 이런 주장을 수용하지 않고 있다.

또한 사람들의 영원한 구원은 그리스도인들이 효과적으로 복음을 사람들에게 제시하느냐 그렇지 않느냐에 달려 있다는 확신과 별도로 사람들이 복음 전도에 대하여 열정적일 수 있고 그래야만 하는 많은 이유들이 있다.

첫째, 주님께서는 자신의 제자들에게 온 세상을 복음화하라고 명령하셨다(마 28:18-20). 그리고 모든 진실한 신자들은 자신들의 주님을 기쁘시게 하기를 원한다.

둘째, 모든 열성적으로 헌신된 그리스도인들은 다른 사람들과 함께 영원한 생명의 영광스러운 복된 소식을 다른 사람들과 나누기를 원하는 것이 자연스럽다.

셋째, 그리스도인들은 하나님의 영광과 사람들의 즐거움을 위하여 복음을 전해야 한다. 왜냐하면 사람들이 예수님의 제자가 될 때 삶이 보다 충만하게 될 것이며 하나님께서 보다 큰 영광을 받으실 것이기 때문이다.

넷째, 신약성경은 명확하게 예수님을 주님과 구원자로 고백하는 사람만이 구원의 확신을 가질 수 있다고 전제하고 있다. 우리가 경건한 불신자들이 구원받기를 **소망**하고 있기 때문에 그들이 구원받으리라고 **확신**할 수 있는 것은 아니다. 그러므로 이들 영혼들이 처해 있는 위험으로부터 구출하는 것은 긴급하게 요청되는 것이다.

6. 심화 학습을 위한 도서 목록

Clendenin, Daniel B. *Many Gods, Many Lords: Christianity Encounters World Religions*. Grand Rapids: Baker Academic, 1996.

Crockett, William V., and James G. Sigountos, eds. *Through No Fault of Their Own? The Fate of Those Who Have Never Heard*. Grand Rapids: Baker Academic, 1991.

Erickson, Millard J. *How Shall They Be Saved? The Destiny of Those Who Do Not Hear of Jesus*. Grand Rapids: Baker Academic, 1996.

Karkkainen, Veli-Matti. *An Introduction to the Theology of Religions: Bib-*

lical, Historical, and Contemporary Perspectives. Downers Grove, IL: InterVarsity, 2003.

Morgan, Christopher W., and Robert A. Peterson, eds. *Faith Comes by Hearing: A Response to Inclusivism*. Downers Grove, IL: IVP Academic, 2008.

Nash, Ronald H. *Is Jesus the Only Savior?* Grand Rapids: Zondervan, 1994.

Netland, Harold A. *Encountering Religious Pluralism: The Challenge to Christian Faith and Mission*. Downers Grove, IL: InterVarsity, 2001.

Okholm, Dennis L., and Timothy R. Phillips, eds. *Four Views on Salvation in a Pluralistic World*. Grand Rapids: Zondervan, 1995.

Pinnock, Clark H. *A Wideness in God's Mercy: The Finality of Jesus Christ in a World of Religions*. Grand Rapids: Zondervan, 1992.

Sanders, John. *No Other Name: An Investigation into the Destiny of the Unevangelized*. Grand Rapids: Eerdmans, 1992.

———. ed. *What about Those Who Have Never Heard? Three Views on the Destiny of the Unevangelized*. Downers Grove, IL: InterVarsity, 1995.

Tiessen, Terrance L. *Who Can Be Saved? Reassessing Salvation in Christ and World Religions*. Downers Grove, IL: InterVarsity, 2004.

Yong, Amos. *Beyond the Impasse: Toward a Pneumatological Theology of Religions*. Grand Rapids: Baker Academic, 2003.

제12장

세례 논쟁

세례와 그리스도인의 제자도 (신자의 세례 견해)
vs
하나님의 공동체와의 언약 (유아 세례 견해)

1. 서론

1) 문제 제기

"네 아이의 세례를 위하여 네가 다니는 교회 목사님과 약속을 했니?"

드네이(Denay)는 자신의 시어머니 린다(Linda)가 얼굴이 상기되어 목소리에 긴박감을 가지고 물었을 때 어떻게 대답해야 할지 알 수가 없었다. 린다는 드네이가 자라난 교회에 자신의 아들과 그의 아내 드네이가 다니기로 결정하였을 때 별로 개의치 않았다. 린다는 유아 세례를 더 이상 유효하게 생각하지 않는 이유를 이해할 수 없기는 했지만 다소간의 인내를 통해 자신의 아들이 침례를 받기로 하였다고 말하였을 때에도 여유롭게 넘어갈 수 있었다. 그러나 이제 어린 아기의 문제가 개입되고 있었다. 린다가 보기에 그리스도인 부모들의 아이들은 유아 세례를 받아야 할 필요가 있었다. 그러나 드네이는 다음과 같이 말했다.

> "우리는 세례가 어떤 사람이 예수님의 제자가 되고자 하는 책임감 있고 개인적인 결정을 하기에 충분한 나이가 되었을 때 이루어져야 한다고 믿어요."

린다가 자신의 생각을 정리하는 데에는 길고도 어색한 침묵의 시간이 필요했다.

> "이것은 옳지 않아, 드네이. 네가 다니는 교회는 성경을 믿지 않니? 아이들은 하나님의 언약의 한 부분이고 교회는 항상 어린 아이들에게 세례를 베풀었어. 지금 너는 너의 아이이자 나의 손자에게 이러한 특권이 있음을 부정하고 있어. 너는 그 아이가 나중에 그 스스로 하나님의 언약을 받아들이기를 기대하면서 그 아이를 하나님의 언약으로부터 배제하고 있어. 하나님이 허락하지 않으셔서 만일 그 아이가 이러한 결정을 내릴 충분한 나이가 되기 전에 죽는다면 어떻게 되는 거지?"

2) 핵심 주장과 차이점

전체 역사를 통해 모든 그리스도인들은 성경에 기초하여 세례가 중요하다는 데 동의하였다. 역사적으로 세례는 어떤 선택 사항으로 이해되지 않았다. 그것은 하나님께서 명하신 것이다. 그러나 세례가 누구를 위한 것이며 그것은 어떻게 행해져야 하는가, 그리고 왜 그것이 중요한가에 대해서는 종종 의견이 나누이곤 하였다.

교회 역사를 통하여 지배적인 견해는 아이들에게 물을 튀기거나 물을 부음으로써 그들에게 세례를 베푸는 것이었다. 가톨릭 신학에서는 이것이 주로 원죄를 씻어내기 위해 이루어진다. 그러나 동방정교회에서는 세례가 주로 어떤 아이나 성인이 그리스도의 신비로운 몸인 교회에 입교하는 의식으로 이해되었다. 많은 개신교의 교파들 또한 유아 세례를 시행한다. 그러나 유아 세례가 성취하는 것에 대해서는 그 생각을 달리하고 있다. 예컨대 전통적인 루터교회의 신학은 가톨릭의 이해와 유사하다. 세례는 원죄를 씻어낸다. 그러나 장로교회에서는 이러한 이해를 거부한다. 대신에 세례라고 하는 것은 어린아이들을 하나님께서 자신의 백성들과 맺으신 언약에 동참케 하는 수단이라고 믿는다. 이러한 세례에 대한 이해는 구약성경에서 할례가 상징하고 있는 것과 유사하다.

다른 형태의 개신교는 세례가 예수님을 믿고 따르려는 개인적인 결단을 내린 사람들에게만 행해져야 한다고 주장한다. 또한 어떤 집단에서는 세례를 신자의 머리에 물을 부음으로써 시행하지만 대부분의 경우에는 그 사람을 물에 담금으로 세례를 시행한다. 여기에서 다시금 다양한 이해가 나타난다. 성인 세례를 시행하는 몇몇 집단에서는 세례란 신자의 삶 속에서 죄를 용서하시는 하나님의 방법이라고 믿는다. 또 다른 사람들은 세례는 어떤 사람이 공개적으로 하나님의 언약관계를 시작하는 표현으로 이해하는 보다 장로교회적인 견해를 주장하고 있다. 그러나 성인 세례를 시행하는 사람들 가운데 가장 일반적인 견해는 세례가 하나님의 내적인 사역에 대한 외부적이고 공개적인 증언이라는 것이다. 이것은 특별히 침례교도들 사이에서 가장 흔한 견해이다.

이러한 주제들 모두가 복음주의 안에서 논의되고 있지만 가장 많이 논의되고 있는 주제는 과연 세례가 믿는 부모들의 자녀들에게 시행되어야 하느냐 아니면 예수님을 믿고 따르기로 스스로 결정한 사람들에게만 시행될 것이냐에 관한 것이다. 이것이 다음의 두 논문에서 소개되는 주제이다.

2. 세례와 그리스도인의 제자도 (신자의 세례 견해)

1) 성경적 논증

교회 역사 초기에 교회는 유아 세례를 시행하였다. 신자의 세례를 주장하는 사람들은 이것은 실수였다고 주장한다. 세례는 기독교 제자도를 시작하는 의식으로 이해되며 때문에 예수 그리스도를 믿고 순종하려는 결정을 하기에 충분한 나이가 된 사람들에게만 주어져야 한다. 예수님을 따르려는 개인적인 결단과 분리된 세례는 무의미하다. 신약성경은 이러한 관점을 지지한다.

하나님께서 전체 민족과 언약 관계를 시작하시는 구약성경과는 대조적으로 신약성경에서는 하나님의 언약이 모든 **신자들**과 이루어진다. 하나님과 언약 관계에 있는 사람들의 모임이 민족적인 집단(유대인들)에서 개인적으로 어떤 결정을 한 사람들(신자들)로 바뀌었다. 결과적으로 언약의 표지(할례)를 유아들에게 베풀었던 것이 구약성경에서는 의미가 있었다. 왜냐하면 유아들도 하나님께서 언약을 맺으신 민족의 한 부분이었기 때문이다. 그러나 신약성경의 가르침과 관련해서는 이러한 주장은 아무런 의미가 없다. 왜냐하면 하나님의 언약은 신자들과 이루어지며 유아들은 믿음의 결단을 할 수 없기 때문이다.

신약성경 전체를 통하여 구원은 회개하고 예수 그리스도를 믿고 따르라는 조건을 이행할 수 있는 사람들에게만 제공되며 명해지고 있다. 우리는 이러한 사실을 예수 그리스도의 길을 예비하였던 세례 요한의 사역에서도 볼 수 있다. 마가는 다음과 같이 기록하고 있다.

> 온 유대 지방과 예루살렘 사람이 다 나아가 **자기 죄를 자복하고** 요단 강에서 그에게 세례를 받더라(막 1:5).

이처럼 세례를 받은 사람들은 자신들의 죄를 자복한 사람들이었다. 물론 유아들은 이 일을 할 수 없다. 그러므로 요한이 세례를 베푼 사람들 가운데 유아들이 있었다고 생각할 수 있는 아무런 이유가 없다.

동일한 것을 예수님의 사역에 대해서도 말할 수 있을 것이다. 비록 예수님께서 사람들에게 개인적으로 세례를 베풀지는 않으셨지만(요 4:2), 예수님의 메시지는 본질적으로 세례 요한의 메시지와 동일했다. "때가 찼고 하나님의 나라가 가까이 왔다"라고 예수님은 가르치셨고 사람들은 "회개하고 복음을 믿어야만"(막 1:15) 하였다. 어떤 사람을 하나님의 나라에 참여하는 사람으로 만들어 주는 것은 회개하고 복음을 믿어 순종하고자 하는 그 자신의 자발성이다. 이것이 예수님의 제자들이 제자가 될 수 있는 충분한 나이가 된 사람들에게만 세례를 베푼 이유이다(요 4:1-2).

동일한 논점이 예수님께서 "너희는 가서 모든 민족을 제자로 삼아 아버지와 아들과 성령의 이름으로 세례를 베풀고 내가 너희에게 분부한 모든 것을 가르쳐 지키게 하라"(마 28:19-20)고 말씀하신 지상명령에도 잘 반영되어 있다. 세례는 제자를 만드는 한 과정으로 의도된 것이며 제자 삼는 과정에서만 의미를 가진다. 너무 어려서 자신들이 예수님께서 명령하신 모든 일을 순종하기를 원하는지 그렇지 않은지 가르칠 수 없거나 결단할 수 없는 사람들에게 세례는 어울리지 않는다.

세례가 제자 삼는 과정의 한 부분이라는 사실은 보다 초기의 사역에서는 훨씬 더 분명하였다. 제자들은 제자를 삼으라는 예수님의 명령에 순종하였고 그래서 세례를 베풀었고 사람들을 가르쳤다.

오순절 날 성령이 부어진 후에 행해진 첫 번째 설교에서 베드로는 "너희가 회개하여 각각 예수 그리스도의 이름으로 세례를 받고 죄 사함을 받으라 그리하면 성령의 선물을 받으리니 이 약속은 너희와 너희 자녀와 모든 먼 데 사람 곧 주 우리 하나님이 얼마든지 부르시는 자들에게 하신 것이라"(행 2:38-39)고 말하였다.

구약성경에서는 이방인이 아니라 유대인으로 태어났다는 것이 의미를 지녔지만 신약성경에서 중요한 것은 어떤 사람이 회개하고 예수 그리스도에게 항복하느냐 하는 것이다. 이것이 언약의 증표가 달라지는 이유이다. 구약성경에서 그 증표는 유대인으로 태어난 어떤 남자에게든지 주어졌다. 신약성경에서는 그것이 예수 그리스도 안에서 다시 태어난 사람에게만 주어진다(요 3:5). 단지 어떤 사람이 죄를 회개할 때에만 예수 그리스도의 이름으로 세례받는 것이 의미를 지니게 되었다.

이 본문에서 베드로는 성령의 선물을 단지 어른들에게만이 아니라 그들의 자녀들에게도 약속하고 있음이 사실이다. 유아 세례를 시행하는 사람들은 이러한 사실에 기초하여 믿는 부모님들의 자녀들에게도 세례가 시행되어야만 한다고 주장하고 있다. 그러나 이러한 해석은 본문에 너무나 많은 것을 넣어서 읽는 것이다. 베드로는 계속해서 이 약속이 "모든 먼 데 사람"들을 위한 것이라고 말하고 있다. 그러나 어떤 사람도 베드로가 모든 이방인들에게 세례를 베풀어야 한다고 제안하고 있다고 믿지는 않는다. 그 약속은 하나님께서 그들에게 성령을 부어주시기를 **원하신다**는 의미에서 그들을 **위한** 것이다(행 2:17).

그러나 그들은 회개하고 예수 그리스도를 믿으려는 개인적인 결단을 하였을 때에만 그 약속의 수혜자들이 될 수 있고 우리는 그들에게 세례를 주어야 한다. 이것이 왜 베드로가 그 약속이 "주 우리 하나님이 얼마든지 부르시는 자들"을 위한 것이라고 즉각적으로 덧붙이고 있는 이유이다. 그것은 모든 일반인을 위한 것이 아니다. 그것은 회개하고 믿을 모든 사람들, 즉 하나님께서 부르시는 모든 자들을 위한 것이다. 동일한 사실이 이 약속은 어른들뿐 아니라 그들의 자녀들을 위한 것이기도 하다는 베드로의 주장에도 해당한다. 하나님께서는 자녀들이 성령을 받기를 **원하신다**. 그러나 이 약속은 그들이 개인적으로 회개하고 믿을 때에만 그들에게 적용되며 우리는 그때에만 그들에게 세례를 주어야 한다.

세례는 단지 제자가 될 수 있는 충분한 나이가 된 사람에 의해서만 시작될 수 있는 제자도의 출발이다. 이것이 신약성경에서 모든 세례의 실제적인 예들이 그리스도를 따르기로 결단하기에 충분한 나이의 사람들인 이유이다. 우리는 신약성경에서 유아가 세례받은 이야기를 발견할 수 없다.

예컨대 사마리아 사람들이 믿고 남녀가 다 세례를 받은 것은 빌립이 복음을 전했을 때 사마리아 사람들이 "믿고"(행 8:12) 난 이후였다. 이디오피아 내시가 세례를 받은 것은 그가 예수님에 대한 복음을 받아들인 이후였다(행 8:35-38). 사도 바울은 예수님을 만나고 하늘의 비전에 순종한 다음에 세례를 받았다(행 9:18). 베드로는 고넬료와 그 가족에게서 예수 그리스도에 대한 믿음의 증거를 본 이후에야 세례받을 것을 요청하고 있다(행 10:44-48). 루디아와 그 가족이 세례를 받은 것은 하나님께서 그들의 마음을 여셔서 믿고 난 다음이었다(행 16:14-15).

그리고 세례 요한의 제자들이 예수님에 대한 바울의 가르침을 받아들인 다음에야 비로소 그들은 "주 예수의 이름으로" 세례를 받았고 성령을 받았다(행 19:5-6). 예외 없이 세례는 믿음 이후에 따라오며 예수님을 따르기로 결단한 책임 있는 사람에 의해 이루어진 제자도의 첫 번째 행동이다.

유아 세례의 옹호자들은 사도행전에서 세례받은 가족들을 언급하고 있는 것은 유아들도 어른들과 함께 세례를 받았음을 암시한다고 주장한다(행 11:13-14; 16:15, 30-34; 18:8). 그러나 그렇게 주장할 하등의 이유가 없다. 모든 종들은 고대 로마 세계에서는 "가족"에 포함되었던 반면에 어린 아이들은 일반적으로 그렇지 않았다. 이것이 누가의 관점인 것처럼 보인다. 왜냐하면 누가가 세례받은 가족들에 대해 말하고 있는 바로 그 동일한 문맥에서 누가는 가르침을 받고 믿고 즐거워한 온 집안 사람들을 말하고 있기 때문이다(행 16:32, 34; 18:8).

이처럼 신약성경에서 세례에 주어진 의미는 그것이 제자가 되기에 충분한 나이가 된 사람들만을 의미한다. 예컨대 바울은 세례가 우리의 옛 사람이 예수와 함께 십자가에 못 박힌 것을 보여 주며 그러므로 이제 우리는 "새 생명 가운데서 행하여야"(롬 6:4) 한다고 말하고 있다. 유아들은 그렇게 할 수 없다. 마찬가지로 베드로는 세례가 육체의 더러움으로부터 문자적으로 씻어준다는 것이 아니라 하나님을 향한 선한 양심의 간구로서 "이제 우리를 구원하는 표"(벧전 3:21)라고 말하고 있다. 그런데 유아들이 어떻게 선하고 나쁜 양심을 가질 수 있는가? 그러므로 세례는 죄에 대하여 죽고 새로운 생명 가운데 행하고 하나님 앞에서 선한 양심을 즐거워하는 결단을 하기에 충분한 나이가 된 사람들에게만 행해져야 한다.

2) 지지하는 논증

제자도의 중요성. 역사는 유아 세례가 명목상의 무관심한 그리스도인들을 만들어 낸다는 진리를 증거해 준다. 만일 누군가 그리스도인 부모님 아래에 태어난 덕택으로 그리스도인이라고 간주된다면 스스로 발걸음을 떼어 예수님을 따르겠다고 급진적인 결정을 해야 할 긴급성은 타협되고 만다. 이 말은 유아 세례를 받은 모든 그리스도인들이 열정이 없다거나 유아 세례라는 관례가 사람들로 하여금 열정이 없게 한다고 제안하는 것은 아니다. 그러나 유아 세례는 변함없이 이런 방향으로 나아가는 경향이 있으며 거기에는 그럴만한 분명한 이유가 있다. 대조적으로 성인 세례는 각 사람이 그리스도를 따르고자 하는 그 자신의 결정을 하게 한다.

3) 반론에 대한 응답

(1) 성경 본문은 이 견해를 반대한다

유아 세례론자들은 그들이 믿기에 자신들의 관례를 지지하는 여러 성경 본문을 지적한다. 예컨대 그들은 종종 신약성경의 "온 집안" 세례를 지적하곤 한다. 그러나 위에서 이미 말한 것처럼 이들 성경 본문들은 유아들이 세례받았다는 것을 말하지도 않고 그렇게 제안하지도 않는다. 어떤 사람들은 부모님으로 말미암아 아이들도 거룩하게 된다는 바울의 진술에 기초하여 유아 세례를 지지하려고 한다(고전 7:14). 그러나 이 본문은 세례에 대해서는 아무 말도 하지 않는다. 이 본문은 단지 아이들이 부모님들이 믿는 신자들일 때 어떤 독특한 경건한 영향을 위해 구별된다고 주장하고 있을 뿐이다.

어떤 사람들은 어린 아이들을 받아들이고 축복하신 예수님의 행동에 기초하여 유아 세례를 지지하려고 시도한다. 그러나 이 본문도 세례에 대해서는 아무 말도 하지 않는다. 물론 예수님은 어린이들을 사랑하시고 용납하셨다. 그러나 예수님은 결코 아이들을 제자로 만들려고 시도하지 않으셨다. 그렇다면 우리는 왜 예수님께서 어린이들에게 세례 주는 것을 용인하셨다고 생각해야만 하는가?

(2) 이 견해는 옛 언약과 새 언약의 연속성을 무시한다

어떤 사람들은 신자의 세례가 옛 언약과 새 언약 사이의 연속성을 무시하는 것이라고 주장한다. 할례와 세례를 특별히 각각 이들 옛 언약과 새 언약의 표징으로 이해하는 것이다. 물론 언약 개념은 옛 언약과 새 언약을 연결해 주며 아브라함의 언약은 새 언약에서 성취된다는 것을 인정할 수 있다. 그러나 유아에게 세례를 주는 자는 새 언약에서의 결정적인 변화를 보지 못하고 있다. 이러한 결정적인 변화는 아브라함의 약속의 성취와 관계있다. 아브라함의 자녀를 결정하는 것은 더 이상 유전적인 관련이 있는 것이 아니라 믿음이라는 의식적인 행동과 관련이 있다. 바울은 이것을 확실하고 분명하게 하고 있다.

> 아브라함이 하나님을 믿으매 그것을 그에게 의로 정하셨다 함과 같으니라 그런즉 **믿음으로 말미암은 자들**은 아브라함의 자손인 줄 알지어다 또 하나님이 이방을 믿음으로 말미암아 의로 정하실 것을 성경이 미리 알고 먼저 아브라함에게 복음을 전하되 모든 이방인이 너로 말미암아 복을 받으리라 하였느니라 그러므로 **믿음으로 말미암은 자**는 믿음이 있는 아브라함과 함께 복을 받느니라(갈 3:6-9).

하나님의 선택을 받은 사람은 더 이상 민족적이지 않다. 그들은 무언가를 하는, 즉 믿는 사람들이다. 그러므로 언약 공동체에 속하는 표징은 옛 언약 아래에서는 육체적인 신생아들에게 주어질 수 있었지만 새 언약 아래에서는 영적인 신생아들을 위해 마련되어야만 한다.

(3) 이 견해는 근대의 개인주의에 영향을 받은 것이다

어떤 사람들은 신자의 세례라고 하는 관행이 부당하게 서구의 개인주의에 영향을 받은 것이라고 말하며 다음과 같이 주장한다. 개인주의는 구원 받은 공동체 안에 가족적으로 연계되어 있다는 성경적인 견해를 거부한다. 성경에서는 언약을 지키는 자들의 자녀들이 언약의 구성원으로 간주되었다. 오늘날의 사람들과는 달리 성경 시대에 사람들은 공동체와의 연계를 떠나서 개인을 규정하지 않았다.

이러한 반론에 대하여 신자의 세례 입장을 견지하는 것이 서구 개인주의의 영향이 아니라고 우리는 말한다. 도리어 신자의 세례는 신약성경의 개인적인 구원의 개념과 관련이 있다. 각 사람은 모태에서 태어나듯이 "거듭나야만 한다"(요 3:3-6). 신자들은 하나님의 언약 공동체에 소속되어 있고 이러한 소속에 의해 상호 규정되어야 한다. 그러나 우선적으로 그들은 개인적으로 제자가 되려고 결심해야만 한다. 신약성경의 가르침에 따르면 신자들이 제자로서 수행하는 첫 행동이 세례를 받는 것이다.

(4) 이 견해는 교회 전통과 상충된다

종종 신자의 세례를 주장하는 것은 교회 역사 전체를 통하여 이루어졌던 다수 견해와 상충된다는 근거에서 거부되고 있다. 이러한 반론에 대하여 두 가지 사실을 말해야만 한다.

첫째, 복음주의자들은 어떤 주제를 해결하기 위해 교회 전통에 호소해서는 안 된다. 오직 성경이라는 확신은 성경이 신앙과 실천의 문제에 대한 유일한 권위라는 것을 의미한다. 물론 그리스도인들은 전통적인 견해를 쉽게 제쳐 놓아서는 안 된다. 그러나 그리스도인들은 전통적인 견해가 성경에 맞지 않는다면 그렇게 해서도 안 된다.

둘째, 유아 세례 견해가 교회 역사를 통틀어 주된 의견이었다는 것이 사실이기는 하지만 2세기까지 유아 세례의 명확한 증거가 없으며 훨씬 후대까지도 유아 세례가 지배적이었다는 아무런 증거가 없는 것 또한 사실이다. 이것은 기독교의 실천과 신학의 탈선이 발생하는 데에는 많은 시간이 걸린다는 것을 보여 준다. 실제로 대부분의 복음주의자들은 세례에 대한 지배적인 신학이 2세기 중엽에 탈선하게 되었다는데 동의한다. 왜냐하면 이 시대에 그리스도인들은 점차적으로 세례란 문자적으로 죄를 씻는 것이며 구원을 위해 필수적인 것으로 주장하게 되었는데 이러한 견해는 오늘날 모든 복음주의자들이 거부하고 있다.

3. 하나님의 공동체와의 언약 (유아 세례 견해)

1) 성경적 논증

유아 세례는 확고하게 성경에 근거하고 있기 때문에 교회 역사 내내 시행되어 왔다. 성경이 유아 세례를 지지하고 있는 것은 세 가지 요소와 관련이 있다. 어린이들과의 언약, 온 집안 세례, 그리고 신약성경의 할례로서의 세례가 그것이다.

첫째, 성경 전체를 통하여 어린이들은 하나님의 언약에 포함되었다. 예컨대 아브라함과 하나님의 언약은 아브라함의 자녀들을 포함했다. 하나님께서는 아브라함에게 "내가 내 언약을 나와 너 **및 네 대대 후손** 사이에 세워서 영원한 언약을 삼고 너**와 네 후손**의 하나님이 되리라"(창 17:7)고 말씀하셨다. 하나님의 언약의 규정과 약속이 아브라함의 자손들에게 적용되었다. 여호수아가 이스라엘 백성들에게 읽어주었던 시내산 언약도 마찬가지였다. 그것은 모든 사람, 심지어 아이들에게도 제시되었고 그들을 포함했다.

모세가 명령한 것은 여호수아가 이스라엘 온 회중과 여자들**과 아이**와

> 그들 중에 동행하는 거류민들 앞에서 낭독하지 아니한 말이 하나도 없었더라(수 8:35).

아이들이 하나님의 언약에 포함된다는 가정은 신약성경으로 이어진다. 예수님의 제자들이 예수님의 사역을 어른들에게 제한하려 하였을 때 예수님은 "분개하셔서" 제자들에게 말씀하셨다.

> 예수께서 보시고 노하시어 이르시되 어린 아이들이 내게 오는 것을 용납하고 금하지 말라 하나님의 나라가 이런 자의 것이니라 내가 진실로 너희에게 이르노니 누구든지 하나님의 나라를 어린 아이와 같이 받들지 않는 자는 결단코 그 곳에 들어가지 못하리라 하시고 그 어린 아이들을 안고 그들 위에 안수하시고 축복하시니라(막 10:14-16).

성인 세례를 실행하는 사람들은 아이들이 자신들이 하고 있는 일을 정당하게 이해할 수 없다는 사실에 근거해서 종종 자신들의 입장을 변호하곤 한다. 그러나 이것은 분명 예수님에게 아무런 걸림돌이 되지 않았다. 비록 이들 아이들이 의심할 여지없이 예수님께서 가르치셨던 대부분을 이해할 수 없었고, 비록 그들이 스스로 책임성 있는 결정을 할 수 없었을지 모르지만 예수님은 아이들을 용납하셨고 그들을 축복하셨다. 이러한 맥락에서 어떻게 교회는 어린이들로부터 세례의 축복을 포함한 주어진 축복을 철회할 수 있겠는가? 어린아이들이 하나님의 언약으로 용납된다는 동일한 사실은 초대교회에서도 확인할 수 있다. 성령께서 오순절 날 부어진 다음 베드로는 청중들에게 설교하였다.

> 베드로가 이르되 너희가 회개하여 각각 예수 그리스도의 이름으로 세

> 례를 받고 죄 사함을 받으라 그리하면 성령의 선물을 받으리니 이 약속은 너희와 **너희 자녀**와 모든 먼 데 사람 곧 주 우리 하나님이 얼마든지 부르시는 자들에게 하신 것이라 하고(행 2:38-39).

이 본문에서 베드로는 물세례가 성령을 받는 것에 앞선다고 가정하고 있다. 그러나 베드로는 성령의 약속이 "너희"뿐 아니라 "너희 자녀들"을 위한 것이라고 말하고 있다. 즉 청중 가운데 자신이 말하고 있는 것을 이해할 수 있었던 어른들만이 아니라는 것이다. 자녀들은 하나님의 언약의 참여자들이며 그러므로 그들의 부모들이 하나님과 언약 관계에 들어가게 될 때 성령을 받을 수 있다. 신약성경에서 이러한 언약이 인쳐진 것이 바로 세례이다. 결과적으로 교회가 믿는 부모님들의 자녀들에게 세례를 베푼 것은 좋은 일이며 필수적인 일이었다. 어린아이들이 자신들의 믿는 부모님들이 하는 일을 통해 축복을 받는다는 견해는 바울의 고린도전서에도 반영되어 있다.

> 믿지 아니하는 남편이 아내로 말미암아 거룩하게 되고 믿지 아니하는 아내가 남편으로 말미암아 거룩하게 되나니 그렇지 아니하면 너희 자녀도 깨끗하지 못하니라 그러나 이제 거룩하니라(고전 7:14).

서구 사람들은 세계관에서 매우 개인주의적이다. 그들은 사람들이 그들 자신의 개인적인 결정을 내려야만 하며 자신들이 개인적으로 하기를 선택한 것에 대해서만 책임이 있다고 생각한다. 성경은 개인이 자신이 하도록 선택한 일에 대해 책임이 있다는 사실에 동의한다. 그러나 성경은 어떤 사람도 그 자신 스스로 서거나 넘어질 수 없다는 점도 강조하고 있다. 성경은 사람들을 개인주의적으로 정의하지 않는다. 오히려 성경은 사람들을 한 가정, 한 나라, 그리고 궁극적으로는 전체 인류라고 하는 공동체의 일원으로 보고 있다. 이것은 바울이 그들의 부모님들의 믿음을 통해 자녀들이 거룩하게 된다고 가르치는 것이 온전한 의미를 가지게 되는 이유이다. 이것은 또한 왜 자녀들이 그들 부모님의 언약에 일관되게 포함되며 교회가 믿는 부모님들의 자녀들에게 세례를 베풀어야 하는 이유가 된다.

둘째, 사람들이 자신들의 공동체에 밀접하게 연결되어 있으며 그 공동체에 의해 규정된다는 성경적인 이해는 신약성경이 왜 종종 구원과 심지어 세례를 가족 단위의 용어로 설명하고 있는지를 설명해 준다. 성경적인 관점에서 보면 하나님의 언약에 들어가는 것은 단지 개인적인 일이 아니다. 실제로 구약성경에서와 마찬가지로 자녀들은 그들 부모들의 언약에 포함된다.

예컨대 한 천사가 고넬료에게 베드로라 이름하는 사람이 그에게 어떻게 구원받을지를 보여줄 것이라고 알려 주었다. 그 천사는 "그가 너와 네 온 집이 구원받을 말씀을 네게 이르리라"(행 11:14) 말하고 있다. 루디아가 바울의 가르침을 받아들였을 때 누가는 "그와 그 집이 다 세례를 받고"(행 16:15)라고 말하고 있다. 바울은 낙담한 간수에게 설교했을 때 "주 예수를 믿으라 그리하면 너와 네 집이 구원을 얻으리라"(행 16:31)고 약속하고 있다. 나중에 바울이 그들에게 어떻게 구원을 얻는지를 보다 상세하게 설명한 후에 성경은 간수와 "그 온 가족이 지체함 없이 다 세례를 받았다"(행 16:33)고 말하고 있다. 이와 유사하게 회당장 그리스보는 "온 집안과 더불어"(행 18:8) 그리스도를 믿게 되었다. 그리고 바울은 자신이 "스데바나 집 사람에게 세례를 베풀었다"(고전 1:16)고 증언하고 있다.

이들 본문 가운데 어떤 본문도 명시적으로 아이들이 이들 온 집안의 일부라는 것을 언급하고 있지는 않다. 그러나 왜 그들이 이 사실을 언급할 필요가 있었겠는가? 어떤 본문도 세례를 어른들에게 국한시키지 않는다는 사실은 그 집 안에 있는 누구이든지 간에 세례를 받았다는 것을 암시해 준다. 게다가 아이들과 언약에 대한 일반적인 성경의 가르침이 주어져 있기 때문에 유아 세례를 옳다고 믿는 사람들이 아이들이 이들 본문에 포함된다고 생각하는 것은 정당하다.

다음 본문은 구원과 세례의 집단적인 본성을 보여 준다는 점에서 중요하다. 고린도교인들을 위하여 구약성경에서 나온 한 가지 교훈을 적용하는 과정에서 바울은 "형제들아 나는 너희가 알지 못하기를 원하지 아니하노니 우리 조상들이 다 구름 아래에 있고 바다 가운데로 지나며 모세에게 속하여 다 구름과 바다에서 세례를 받고"(고전 10:1-2)라고 말하고 있다.

이렇게 함께 나눈 축복에도 불구하고 바울은 계속해서 "그들의 다수를 하나님이 기뻐하지 아니하셨다"(고전 10:5)라고 말하고 있다. 왜냐하면 그들이 불순종하였기 때문이다. 세례를 받고 여러 가지 종교적인 경험을 하는 것은 이스라엘 백성들이 그렇게 하였던 것처럼 만일 어떤 사람이 우상숭배나 부도덕한 행동에 연루되게 된다면 아무런 의미가 없는 것이다(고전 10:6-22).

우리의 현재의 논의를 위하여 바울이 그리스도인의 세례와 구름에 휩싸이고 홍해를 건너는 이스라엘 백성들의 경험을 나란히 병행시키는 것을 통해 자신의 가르침을 시작하고 있다는 것은 중요하다. 물론 이 경험은 아이들을 포함한 모든 이스라엘 사람들에게 일어났다. 왜냐하면 모든 이스라엘이 하나님의 언약의 한 부분이기 때문이다. 그러므로 이 성경 본문은 세례가 그리스도를 따르기로 선택한 모든 그리스도인 성인들뿐 아니라 그들의 자녀들을 위한 것이기도 하다는 바울의 가정을 예시해 준다.

셋째, 유아 세례를 지지하는 성경의 세 번째이자 마지막 측면은 바울이 세례와 구약성경에 시행되고 있던 할례 사이에 유비를 그리고 있다는 사실에 근거를 두고 있다. 구약성경 전체를 통하여 할례라는 의식은 어떤 사람이 하나님의 언약에 속해 있다는 표지로서의 기능을 하였다(창 17:10-27). 할례는 태어난 지 8일 만에 모든 유대인 남자아이들에게 일상적으로 행해졌다. 물론 그들이 성인으로 성장하여서 신실한 언약의 준수자로 살아갈 것인가 하는 것은 그들에게 맡겨져 있었다. 그러나 이미 보여 준 것처럼 하나님과 언약 준수자의 공동체는 각각의 아이들이 그 스스로 이해하거나 반응을 보일 수 있기 전에 그들의 최선을 상상하고 그들을 은혜롭게 언약으로 초대하였다. 이러한 할례의 관행 또는 어떤 사람이 언약에 속하여 있다는 징표를 받는 것은 세례를 통하여 신약으로 양도되었다. 바울은 다음과 같이 말하고 있다.

> 또 그 안에서 너희가 손으로 하지 아니한 할례를 받았으니 곧 육의 몸을 벗는 것이요 그리스도의 할례니라 너희가 세례로 그리스도와 함께 장사되고 또 죽은 자들 가운데서 그를 일으키신 하나님의 역사를 믿음으로 말미암아 그 안에서 함께 일으키심을 받았느니라(골 2:11-12).

만약 물세례가 새 언약에서 우리의 "할례"라고 한다면 구약에서 할례가 베풀어졌던 동일한 사람들에게 그것을 베풀어야 하지 않겠는가? 우리는 그들의 부모들이 자녀들을 위하여 세운 언약으로 자녀들을 받아들이는 옛 언약의 신자들의 공동체보다 부모와 자녀들에게 실제로 덜 은혜로워야 하는가? 우리는 어떤 아이가 그 스스로 언약으로 들어가기로 선택할 때까지 그 언약 바깥에 있다고 생각해야 하는가? 그런 태도는 하나님께서 아이들을 용납하시는 것에 관한 성경의 가르침에 위배되지 않는가? 이 견해에 따르면 그렇다고 할 수 있다.

2) 지지하는 논증

(1) 교회 전통

최소한 2세기부터 유아 세례는 역사 전체에 걸쳐 그리스도인 대다수에 의해 실행되어 오고 있다. 만일 유아 세례가 잘못된 것이라면 우리는 거의 2천 년 동안이나 교회에서 정당한 세례가 거의 시행되지 못했으며 대부분의 세례는 부당한 것이었다고 결론을 내려야만 할 것이다. 물론 **오직 성경**을 확신하는 복음주의자들은 유아 세례를 부정하는 것이 옳을 수도 있다는 이론적인 가능성을 부인하지 않는다. 그러나 교회 전통에서 유아 세례의 실행이 지배적이었다는 사실은 유아 세례에 대한 강력한 지지로 간주될 수 있어야 한다.

(2) 구원에서의 하나님의 주도권

사람들이 세례를 성인들에게 국한시킬 때 그들은 구원이 인간의 선택에 반응하시는 하나님의 일이라는 인상을 주고 있다. 그러한 견해는 구원의 기초가 성인들이 내리는 결정이라고 제안하고 있다. 유아 세례는 도리어 하나님께서 항상 구원에서 주도적이라는 것을 말해 준다. 유아 세례는 어떤 사람이 태어날 때 그가 도덕적인 선택을 이해하거나 거기에 반응하기도 전에 하나님께서는 그 사람을 구속받은 사람들의 공동체로 편입하기 위하여 그 사람의 삶 속에 역사하고 있다는 진리를 아름답게 예시해 준다.

3) 반론에 대한 응답

(1) 성경은 유아 세례에 대한 명시적인 언급을 담고 있지 않다

어떤 사람은 신약성경에 유아 세례에 대한 명시적인 가르침이나 실례가 없다는 점을 근거로 해서 유아 세례를 반대한다. 이 점은 부정할 수 없을 것이다. 동시에 이것은 침묵으로부터의 논증이며 그러기에 많은 무게를 지니지는 못한다. 성경이 특별히 세례 본문에서 유아들을 언급하지 않고 있다는 것이 유아들이 이러한 세례 본문에서 배제되었다는 것을 의미하지는 않는다. 어떤 사람은 성경에 육체적인 장애를 가진 사람들이 세례 받지 못하였다고 마찬가지로 너무나 쉽게 논증할 수 있을 것이다.

왜냐하면 그들은 명시적으로 성경에 언급되어 있지 않기 때문이다. 그러나 그리스도인들은 육체적으로 장애가 있는 사람들(다른 모든 종류의 신자들과 마찬가지로)에게 세례를 주었다. 성경은 세례가 모든 사람을 위한 것이며 사람을 성, 연령, 능력이나 인종 등에 따라 제한함으로 세례를 한정하지 않았기 때문이다. 이러한 동일한 이유 때문에 성인 신자들의 자녀들은 세례를 받아야만 한다.

(2) 성경은 믿음이 세례에 앞서 요구되는 조건이라고 말하고 있다

성인 세례를 시행하고 있는 많은 사람들은 성경이 항상 세례에 대한 선행 요구조건으로 성인의 결정(회개나 믿음 등등)을 지적하고 있다고 주장한다. 예컨대 베드로는 청중들에게 오순절 날 "**회개하여** 세례를 받으라"(행 2:38)고 말하고 있다. 예수님은 자신의 제자들에게 "그러므로 너희는 가서 **모든 민족**을 제자로 삼아 아버지와 아들과 성령의 이름으로 세례를 베풀고 내가 너희에게 분부한 모든 것을 가르쳐 지키게 하라 볼지어다 내가 세상 끝날까지 너희와 항상 함께 있으리라 하시니라"(마 28:19-20)고 말씀하셨다. 이러한 기초 위에서 회개하고 가르침 받을 수 있고 제자가 될 수 있는 사람들에게만 세례를 주어야 한다고 그들은 주장한다.

세례를 받으라고 하는 명령이 성인들에게 주어졌으며 그들의 선행 조건으로서 회개 또는 믿음을 가지라는 것은 놀라울 것이 거의 없다. 유아들은 명령을 이해할 수 없으며 그러므로 제자들은 아이들에게 어떠한 가르침도 주려고 하지 않았다. 우리는 또한 신약성경의 주된 관심이 모든 영적 성장이 성인 불신자들의 회심의 결과였던 교회의 첫 세대들에게 집중되어 있음을 기억해야만 한다.

그러므로 세례를 받으라는 명령이 회개하고 복음을 믿고 순종하라는 명령에 이어서 등장하는 것으로 보아야 한다. 성인 세례는 그러한 개인적인 결정이 없이는 무의미하다. 그러나 이러한 관찰은 믿는 부모들의 자녀들이 구약성경 시대에 그랬던 것처럼 언약의 증표를 받아야만 하는가에 대해서는 아무런 함의도 가지고 있지 않다.

4. 심화 학습을 위한 도서 목록

Booth, Robert R. *Children of Promise: The Biblical Case for Infant Baptism*. Phillipsburg, NJ: Presbyterian and Reformed, 1995.

Bridge, Donald, and David Phypers. *The Water That Divides: The Baptism Debate*. Downers Grove, IL: InterVarsity, 1977.

Bromiley, Geoffrey W. *Children of Promise: The Case for Baptizing Infants*. Grand Rapids: Eerdmans, 1979.

Brooks, Oscar S. *The Drama of Decision: Baptism in the New Testament*. Peabody, MA: Hendrickson, 1987.

Brownson, James V. *The Promise of Baptism: An Introduction to Baptism in Scripture and the Reformed Tradition*. Grand Rapids: Eerdmans, 2007.

Castelein, John, et al. *Understanding Four Views on Baptism*. Grand Rapids: Zondervan, 2007.

Dixon, Neil. *Troubled Waters*. London: Epworth, 1979.

Ferguson, Everett. *Baptism in the Early Church: History, Theology, and Liturgy in the First Five Centuries*. Grand Rapids: Eerdmans, 2008.

Green, Michael. *Baptism: Its Purpose, Practice, and Power*. Downers Grove, IL: InterVarsity, 1987.

Jewett, Paul K. *Infant Baptism and the Covenant of Grace*. Grand Rapids: Eerdmans, 1978.

Schreiner, Thomas R., and Shawn D. Wright. *Believer's Baptism: Sign of the New Covenant in Christ*. Nashville: Broadman and Holman, 2007.

Strawbridge, Gregg, ed. *The Case for Covenantal Infant Baptism*. Phillipsburg, NJ: Presbyterian and Reformed, 2003.

Vander Zee, Leonard J. *Christ, Baptism, and the Lord's Supper: Recovering the Sacraments for Evangelical Worship*. Downers Grove, IL: InterVarsity, 2004.

Witherington, Ben. *Troubled Waters: Rethinking the Theology of Baptism*. Waco: Baylor University Press, 2007.

Across the Spectrum

제13장

성만찬 논쟁

이것이 내 몸이다 (영적 임재설)
vs
나를 기념하라 (기념설)

1. 서론

1) 문제 제기

조단(Jordan)은 그레이시(Gracie)라는 새로운 직원이 자신의 책상 한편에 성경책을 놓아둔 것을 알고는 매우 기뻐했다. 여러 달 동안 조단은 자신의 사무실에서 유일한 그리스도인이라고 생각했다. 이내 조단과 그레이시는 함께 점심식사를 하고 서로 자신들의 영적인 여정을 나누게 되었다. 시간이 되어 조단은 자기가 다니는 교회에 그레이시를 초대하였다. 그 일은 그 달의 첫 번째 주일에 있었는데 조단의 침례교회의 성만찬 주일이었다. 한 달에 한 번 침례교회는 성만찬을 함께 축하하였다.

조단은 그레이시에게 조그마한 플라스틱 포도 주스 잔이 들어있는 집기를 넘겨주었을 때 그녀의 얼굴에 당혹스러운 기색이 있음을 알아차렸다. 나중에 어느 날 오후 조단과 그레이시가 점심식사를 함께 하고 있을 때 그레이시는 그 날의 경험을 이야기하기 시작했다. 그레이시는 자신이 가톨릭교회 배경을 가지고 있으며 그 날의 성찬식이 그녀에게는 다소 이상했다고 설명했다.

그레이시의 혼란은 일련의 질문으로 표현되었다. 조단의 교회는 왜 단지 한 달에 한 번씩만 성찬을 거행하는가? 왜 그들은 포도주가 아니라 포도 주스를 사용하는가? 왜 사람들은 목사님으로부터 성찬을 받기 위해 앞으로 나오지 않는가? 그리고 마지막으로 왜 **성찬의 요소**가 실제 희생으로 주어진 주님의 몸이요 피라는 사실에 대한 보다 강한 강조가 없는가? 그레이시는 전체적인 예배가 불쾌할 정도로 일반적이었다고 말했다. 조단은 어떻게 말해야 할지 몰랐다. 그리고 다음과 같이 말했다.

"우리는 단지 예수님께서 우리를 위해 하신 일을 기억할 따름입니다. 무엇이 대단한 일이겠어요?"

"대단한 일이요?"

그레이시는 반박하며 말했다.

"당신은 구세주의 몸과 피를 취하고 있는거예요. 그것이 바로 대단한 일이지요!"

2) 핵심 주장과 차이점

실제로 모든 그리스도인들은 어떤 형태든지 주의 만찬(성만찬 또는 성찬으로 알려져 있다)을 거행한다. 예수님께서는 이 중요한 관례를 십자가에 달리시기 전 날 저녁에 최후의 식사를 위하여 제자들을 모으셨을 때 수립하셨다. 마태복음은 이 사건을 자세히 설명하고 있다.

> 그들이 먹을 때에 예수께서 떡을 가지사 축복하시고 떼어 제자들에게 주시며 이르시되 받아서 먹으라 이것은 내 몸이니라 하시고 또 잔을 가지사 감사 기도 하시고 그들에게 주시며 이르시되 너희가 다 이것을 마시라 이것은 죄 사함을 얻게 하려고 많은 사람을 위하여 흘리는 바 나의 피 곧 언약의 피니라(마 26:26-28; 참조. 막 14:22-24; 눅 22:19-10; 고전 11:23-29).

대부분의 그리스도인들과 같이 복음주의자들은 성만찬의 여러 측면에 대해 의견을 같이 하고 있다.

첫째, 성만찬은 예수 그리스도의 **새 언약** 공동체 안에서 나누어지는 경축하는 의식이다.

둘째, 성만찬은 어떤 종류의 정상적인 형식으로 이루어져야만 한다.

셋째, 성만찬이 어떤 다른 것을 의미하든지 간에 기독교회가 예수님의 속죄적인 죽음을 기억하고 증거하기 위해 허락된 것이다. 바울이 기록하고 있는 것처럼 "너희가 이 떡을 먹으며 이 잔을 마실 때마다 주의 죽으심을 그가 오실 때까지 전하는"(고전 11:26) 것이다.

불일치는 성만찬의 의미와 중요성에 대한 질문을 제기할 때 시작된다. 특별히 사람들은 예수님께서 "이것이 내 몸이다…이것이 내 피다"라고 말씀하셨을 때 무엇을 말씀하고자 하셨는지에 대해 서로 다른 관점을 가지고 있다. 다른 말로 하면 그리스도께서는 성만찬에 실제로 "임재"하시는가? 임재하신다면 어떻게 임재하시는가? 이러한 논쟁은 일반적으로 기독교의 종교적인 의식의 본질에 대한 폭넓은 논쟁과 연결되어 있다. 세례와 성만찬과 같은 관행이 본성에 있어서 성례전적인가(**성례**를 보라)? 그렇지 않으면 세례와 성만찬은 어떤 의미에서 보다 정확하게 **예식**으로 이해될 수 있는가? 그 차이가 중요하다.

성례전적인 견해에 따르면 이러한 관행들은 하나님께서 은혜와 축복을 나누어주시기 위해 교회에 허락하신 하나님의 선물이다. 성만찬을 예식으로 이해하는 사람들은 교회가 하나님에 대한 사랑의 순종을 나타내는 수단으로 그리스도에 의해 제정된 관행으로 본다. 성만찬에 대한 현대적인 논의는 종교개혁 시대로 돌아갈 수 있을 것이다. 모든 개신교도들과 함께 복음주의자들은 화체설이라고 알려져 있는 성만찬에 대한 로마 가톨릭의 견해를 거부하고 있다. 이 견해에 따르면 가톨릭 사제에 의해 축복된 떡과 포도주의 실제적 실체가 문자적인 그리스도의 몸과 피로 변화된다.

로마 가톨릭교회로부터 분리해 나온 후 마틴 루터는 **공재설**로 알려져 있는 그 자신의 성만찬에 대한 해석을 발전시켰다. 이 견해에 따르면 변화가 발생하기 위해서 사제가 떡과 포도주를 축복할 필요가 없다. 오히려 루터는 예수님께서 모든 곳에 임재하신다고 믿었기 때문에 그리스도의 몸은 문자적으로 떡과 포도주 "안에 옆에 그리고 아래에" 있다고 주장하였다. 그러나 떡과 포도주 그 자체는 그리스도의 몸이나 피로 변화되지 않는다.

오늘날 복음주의권 안에서는 성만찬의 본질에 대해서 주로 두 가지 견해가 존재한다. **영적 임재설**을 주장하는 사람들은 루터의 확신(일반적으로 영적 임재설은 칼빈의 주장으로 이해되고 있는데 본서에서는 루터의 주장과 혼동하고 있다-역주)에 근접해 있다. 이들은 독특한 방식으로 그리스도께서 성만찬에 영적으로 임재하신다고 믿고 있다. 그러므로 신자들이 하나님의 구원하시는 약속의 확증으로 예수 그리스도 안에 인침을 받는다는 점에서 성만찬에는 성례전적인 측면이 존재한다.

기념설을 주장하는 사람들은 그리스도께서 문자적으로는 성만찬에 임재하지 않으신다고 주장한다. 이들은 신자들이 예수님께서 자신들을 위해서 하신 일을 기억하는 특별한 영적인 축복이 성만찬을 나누는 가운데 있다고 주장한다. 그러나 이런 축복은 그리스도의 교훈에 대한 신자들의 순종적인 반응에 기인하는 것이지 그리스도께서 독특하게 성만찬 자체에 임재하시기 때문이 아니라는 것이다. 다음 두 개의 논문은 이들 입장을 각각 변호하고 있다.

2. 이것이 내 몸이다 (영적 임재설)

가톨릭교회는 전통적으로 성만찬에 그리스도께서 임재하시는 것은 성찬의 요소들의 변화를 가져온다고 믿었다. 떡과 포도주는 그리스도의 몸과 피가 된다. 몇몇 16세기 급진적인 개혁자들(예컨대 쯔빙글리와 재세례파)은 이 견해에 반대하였고 극단으로 나아갔다. 이들은 어떤 특별한 의미에서 주님께서 성만찬에 임재하신다는 것을 부정하였다. 성만찬은 그러므로 예수님의 죽으심에 대한 기념에 불과한 것이 되었다. 그러므로 그들의 견해는 때로 기념설이라고 불리곤 한다.

비록 마틴 루터와 존 칼빈은 이 문제에 있어서 의견의 일치를 이루지는 못했지만 성만찬에 그리스도께서 임재하시는 것에 대한 바른 이해는 이들 두 가지 극단(화체설과 기념설을 말함-역주) 사이에 위치한다고 생각하였다. 급진 종교개혁자들에 반대하여 루터와 칼빈은 그리스도께서 성만찬의 요소 안에 독특하게 임재하신다고 주장하였다. 그러나 가톨릭에 반대하여 루터와 칼빈은 이러한 임재가 요소들에 있어서 물리적인 변화를 야기하지는 않는다고 주장하였다. 이것이 오늘날 주류 개신교회(예컨대 일부 루터교회, 장로교회, 감독교회)의 입장이 되었다. 이 견해는 때때로 성만찬에 대한 영적 임재설이라고 불리며 이 논문에서는 이 견해가 변호되고 있다.

1) 성경적 논증

전통적으로 성만찬에 관하여 영적 임재설을 지지하는 본문으로 중요하게 인용되는 세 개의 본문이 있다. 처음이자 가장 중요한 본문은 마지막 만찬을 거행하실 때 예수님께서 하신 말씀과 관련이 있다. 바울의 고린도전서뿐만 아니라 세 개의 공관복음서 모두는 예수님께서 떡을 **자신의 몸**으로 잔을 **자신의 피**로 언급하셨다고 기록하고 있다(마 26:26-28; 막 14:22-24; 눅 22:19-20; 고전 11:23-29).

영적 임재설을 주장하는 사람들은 떡과 포도주가 실제로 그리스도의 몸과 피가 된다는 가톨릭의 견해를 받아들이지는 않지만 단지 예수님께서 떡과 포도주가 자신의 몸과 피를 상징한다는 것 이상을 주장하셨다고 생각한다. 예수님은 떡과 포도주에 영적으로 임재하실 것을 약속하셨다. 고린도전서의 본문은 여러 측면에서 이러한 점을 강조하고 있다. 바울은 다음과 같이 기록하고 있다.

> 내가 너희에게 전한 것은 주께 받은 것이니 곧 주 예수께서 잡히시던 밤에 떡을 가지사 축사하시고 떼어 이르시되 이것은 너희를 위하는 내 몸이니 이것을 행하여 나를 기념하라 하시고 식후에 또한 그와 같이 잔을 가지시고 이르시되 이 잔은 내 피로 세운 새 언약이니 이것을 행

하여 마실 때마다 나를 기념하라 하셨으니 너희가 이 떡을 먹으며 이 잔을 마실 때마다 주의 죽으심을 그가 오실 때까지 전하는 것이니라 그러므로 누구든지 주의 떡이나 잔을 합당하지 않게 먹고 마시는 자는 주의 몸과 피에 대하여 죄를 짓는 것이니라 사람이 자기를 살피고 그 후에야 이 떡을 먹고 이 잔을 마실지니 주의 몸을 분별하지 못하고 먹고 마시는 자는 자기의 죄를 먹고 마시는 것이니라(고전 11:23-29).

바울은 성만찬의 요소들을 주님의 몸과 피로 동일시하면서 예수님의 말씀을 인용하고 있을 뿐만 아니라 이러한 기초 위에서 고린도교인들에게 합당치 않은 방식으로 성만찬에 참여하지 않도록 경고하고 있다. 그리스도께서 떡과 잔에 임재하시기 때문에 만일 고린도교인들이 합당한 방식으로 떡과 잔을 취하고 있다면 그들은 "주의 떡이나 잔에 대하여 죄를 짓는" 것이다. 만일 바울이 성만찬을 단지 기념하는 식사 정도로 믿고 있었다면 바울의 경고가 가지고 있는 엄중함을 이해하기 어려울 것이다. 또한 요한복음에서 예수님은 다음과 같이 선언하신다.

예수께서 이르시되 내가 진실로 진실로 너희에게 이르노니 인자의 살을 먹지 아니하고 인자의 피를 마시지 아니하면 너희 속에 생명이 없느니라 내 살을 먹고 내 피를 마시는 자는 영생을 가졌고 마지막 날에 내가 그를 다시 살리리니 내 살은 참된 양식이요 내 피는 참된 음료로다 내 살을 먹고 내 피를 마시는 자는 내 안에 거하고 나도 그의 안에 거하나니(요 6:53-56).

이 본문에 대한 전통적인 해석은 예수님께서 성만찬을 언급하고 계시다는 것이다. 이 본문들은 떡과 포도주가 예수님의 몸과 피가 된다는 것을 말씀하고 있지 않다. 그러나 동시에 예수님의 언어는 너무 강력하여 단지 상징적으로만 해석할 수 없는 것처럼 보이는 것이 분명하다. 그리스도께서 자신의 성령을 통하여 모든 신자들의 삶 속에 임재하시기 때문에(롬 8:9-11) 그리스도께서는 성만찬의 요소 가운데 영적으로 임재하신다. 그리스도의 육체적인 몸과 피는 성만찬에 임재하지 않지만 이러한 사실 때문에 떡과 잔에 그리스도께서 임재하시는 것이 보다 덜 실재적이 되는 것은 아니다. 영적인 의미에서 신자들은 하나님의 아들의 "살을 먹고 피를 마신다."

성만찬에 그리스도께서 임재하시는 실재성을 주장하고 있는 또 다른 본문은 고린도전서 10:16-17이다. 여기에서 바울은 기록하고 있다.

> 우리가 축복하는 바 축복의 잔은 그리스도의 피에 참여함이 아니며 우리가 떼는 떡은 그리스도의 몸에 참여함이 아니냐 떡이 하나요 많은 우리가 한 몸이니 이는 우리가 다 한 떡에 참여함이라(고전 10:16-17).

그리스도인들이 나누는 떡과 잔이 단지 주님의 죽으심을 "기념한다"는 기념설은 바울이 이 본문에서 말하고 있는 것의 강조점을 바로 깨닫지 못하고 있다. 그리스도인들은 그들이 함께 성찬을 나눌 때에 한 몸이라고 하는 진리를 나타내고 있다. 왜냐하면 이러한 경축을 통하여 그리스도인들은 그리스도의 몸과 피를 함께 나누고 있는 것이기 때문이다.

이러한 해석은 바울이 "주님의 식탁"에서 먹는 것과 "귀신의 식탁"에서 먹는 것을 대조하고 있는 이어지는 여러 절에서 확증되고 있다(고전 10:21). "귀신의 식탁"에서 먹는 사람들은 "귀신과 교제하는"(고전 10:20) 것이며 "주를 노여워하시게"(고전 10:22) 하는 것이다. 바울은 사람들이 귀신에게 드려진 음식을 먹게 될 때 귀신들이 영적으로 임재하며 사람들이 귀신과 교제하고 있다고 제안하고 있는 듯하다. 바울은 단순히 상징에 대해 말하고 있는 것이 아니다. 그러므로 주님께서는 떡과 포도주를 신자들이 먹을 때 영적으로 임재하시며 그들과 교제하신다.

2) 지지하는 논증

전통적인 관점. 성만찬에 관한 영적 임재설과 비슷한 견해는 안디옥의 이그나티우스(Ignatius of Antioch, 35-107)와 저스틴 마터, 그리고 다른 2세기 저술가들의 저서에 분명히 나타나 있다. 이러한 독특한 임재에 대한 이해는 중세의 가톨릭교회의 화체설 교리에서 지나치게 문자적으로 해석되게 된다. 그럼에도 불구하고 그리스도께서 성만찬에 임재하신다는 가르침은 전통적인 견해이다. 성만찬이 단지 주님의 희생적인 죽으심을 기념한다는 견해는 16세기 이전까지는 아무도 명백하게 주장한 바가 없었다. 이것은 영적인 임재설에 대한 중요한 지지를 제공해 준다.

3) 반론에 대한 응답

성만찬에 연관된 언어가 비유적이다. 성만찬에 관하여 영적인 임재를 주장하는 견해에 대한 주된 반론은 이 입장이 비유적인 언어를 너무 문자적으로 취한다는 것이다. 기념설을 지지하는 사람들은 영적 임재설을 지지하기 위해 인용되고 있는 본문 가운데 주님께서 떡과 포도주가 자신의 몸과 피라고 말씀하실 때 비유적으로 말씀하셨다고 제안하는 단서를 가지고 있다고 주장한다.

예를 들면 바울은 다음과 같은 예수님의 말씀을 인용하고 있다. "이것은 너희를 위하는 내 몸이니 이것을 행하여 나를 기념하라"(고전 11:24). 바울은 또한 "너희가 이 떡을 먹으며 이 잔을 마실 때마다 주의 죽으심을 그가 오실 때까지 전하는 것이니라"(고전 11:26)고 가르치고 있다. 성만찬의 목적이 주의 죽으심을 "기념"하고 "전하는" 것이기 때문에 떡과 포도주가 주님의 몸과 피라는 가르침은 이러한 맥락에서 이해되어야만 한다고 그들은 주장한다. 기념설에 의하면 떡과 포도주는 단지 신자들이 주님의 찢기신 몸과 흘리신 피를 기념하고 전하도록 돕는 것이다.

이러한 반론에 대한 응답으로 주류 개신교회들은 분명히 성만찬에 상징적인 요소가 있다는 것을 부정하지 않는다. 실제로 성만찬에 관한 개혁교회의 가르침의 중심적인 측면은 그것이 하나의 "표지"로서 기능한다는 것이다. 그러나 이것이 떡과 포도주가 그리스도께서 신자들에게 독특하게 임재하시기 위한 수단으로 기능할 수 없다는 것을 의미하지는 않는다. 기념설에서 제기하고 있는 반대는 잘못된 이분법을 상정하고 있다. 상징과 성례는 상호 배타적이지 않다. 신자들이 성만찬의 요소들이 하나님께서 적절하게 보시는 것처럼 두 가지 용도로 작용하는 것을 받아들인다면 이 문제에 대한 성경 전체의 가르침을 가장 잘 파악한 것이 될 것이다.

3. 나를 기념하라 (기념설)

주의 만찬은 갈보리 십자가에서 나타내셨던 자신의 사랑과 은혜를 회상하도록 교회에 제공하여 세우신 의식이다. 성만찬은 그리스도의 죽으심을 상징하며 기념하며 믿는 자들이 그리스도와 누리는 새 언약의 표지로서 기능을 한다. 그런 의미에서 성만찬은 그리스도의 속량 행위를 생각하게 해주는 외형적인 것이다. 물론 그리스도는 신자들이 성만찬을 기념할 때마다 임재하신다. 그러나 어떤 의미에서 그것은 신자들이 예수님의 이름으로 모일 때면 언제든지 그 가운데 함께 하시는(마 18:20) 방식과 다르지 않다.

기념설에 따르면 성만찬의 요소가 그리스도의 몸과 피가 된다는 가톨릭의 이해와 그리스도께서 성만찬의 요소들에 독특한 방식으로 영적으로 임재하신다는 주류 개신교의 이해 모두 불필요하며 비성경적이다.

1) 성경적 논증

세 가지 성경적인 논증이 성만찬에 대한 기념설적인 이해를 지지한다.

첫째, 이 예식을 세우실 때 예수님께서 사용하셨던 말과 관련이 있다. 바울의 고린도전서뿐 아니라 세 가지 공관복음서는 모두 예수님께서 떡을 자신의 몸으로 잔을 자신의 피로 말씀하셨다고 기록하고 있다(마 26:26-28; 막 14:22-24; 눅 22:19-20; 고전 11:23-29). 가톨릭 신자들이 믿는 것처럼 예수님께서 여기에서 문자적으로 말씀하고 계시다고 생각할 이유는 없다. 만일 그러하다면 우리는 예수님께서 드셨던 잔이 문자적으로 새로운 언약이었다는 것을 받아들여야만 하였을 것이다. 왜냐하면 예수님께서 이것을 그렇게 말씀하시고 있기 때문이다(눅 22:20).

그러나 영적 임재설의 지지자들이 믿는 것처럼 예수님께서 성만찬에 독특하게 임재하실 것을 언급하고 계시다고 생각할 이유도 없다. 예수님의 말씀에 대한 가장 자연스러운 이해는 예수님께서 단지 "이 떡과 포도주가 나의 몸과 희생의 피를 **나타낸다**" 그리고 "이 잔은 새로운 언약을 **나타낸다**"고 말씀하고 계시다는 것이다.

둘째, 바울이 그것을 기록하고 있는 것처럼 예수님은 특별히 자신의 제자들이 그를 기념하고 "주의 죽으심을 그가 오실 때까지" 전하여야만 한다고 말씀하셨다(고전 11:25-26). 기념의 언어는 대개의 경우 언약의 증표로서 기능하는 어떤 것을 가리키며 언약의 문맥에서 성경 전체에 걸쳐 사용되고 있다(창 9:11-16; 출 2:24; 12:14). 이것은 예수님의 유대인 제자들이 쉽게 상징적으로 이해할 수 있는 그런 종류의 언어이다. 그러므로 성만찬이 새 언약의 증표로서 의도되었다는 것이 분명해 보인다. 이러한 증표의 목적은 신자들로 하여금 그리스도 안에 있는 새 언약과 그 약속을 기억하고 기념하도록 도움을 주는 것이다.

이와 동일한 맥락을 따라 그리스도께서 마지막 만찬에서 사용하셨던 비유적인 언어가 거의 독특하지 않다는 점에 유의하는 것이 중요하다. 예를 들면 예수님은 자신을 포도나무, 목자, 그리고 신랑으로 말씀하신 반면 자신의 제자들은 가지, 양, 신부로 부르고 계신다(요 15:5; 10:14-16; 마 9:14-15). 어떤 사람도 이러한 언어를 문자적으로 해석하지 않는다. 또한 예수님은 성만찬 논쟁을 위해 매우 중요한 의미를 지니는 본문에서 자신을 아버지께서 하늘로부터 내려 보내신 "생명의 떡"이라 말씀하시고 있다. 예수님은 이 떡을 먹는 사람마다 결코 다시는 주리지 아니하리라고 약속하셨다(요 6:32-36). 물론 예수님은 식인 습관을 지지하고 계시는 것이 아니다. 신자들은 예수님의 이러한 다른 언급들을 해석하는 것과 마찬가지로 떡과 포도주에 대한 예수님의 가르침을 문자적으로 해석해서는 안 된다. 신자들은 이 모든 언어들이 동일하게 비유적이라고 생각해야만 한다.

셋째, 성만찬에 대한 영적 임재설과 화체설 모두 신약성경의 바닥에 흐르는 중요한 주제를 미묘하게 반박하고 있다. 즉 하나님께서는 **항상** 신자의 삶 속에 임재 하신다. 하나님의 임재를 어떤 장소보다 다른 장소에 더 많이 위치시키거나 어떤 의식보다 다른 의식에 보다 더 많이 위치시키는 류의 믿음은 신약성경의 가르침으로부터 벗어나 마술로 향하는 경향이 있다. 신약성경의 견해는 하나님의 임재를 종교의식적인 것이 아니라 관계의 문제로 이해하고 있다.

예컨대 예수님은 제자들에게 "사람이 나를 사랑하면 내 말을 지키리니 내 아버지께서 그를 사랑하실 것이요 우리가 그에게 가서 거처를 그와 함께 하리라"(요 14:23)고 가르치셨다. 예수님은 자신이 제자들 안에 "거하고" 제자들은 자신 안에 "거할" 것이라고 가르치셨다(요 15:4-5). 그리고 예수님은 자신의 제자들과 "항상"(마 28:20) 함께 있을 것을 약속하셨다. 성령의 능력 안에서 아버지와 아들은 신자들 안에 영원히 살 것이다. 사정이 이러하기 때문에 신자들은 그들이 어쨌든 성만찬에서 하나님의 임재를 더 경험하게 된다고 믿어서는 안 된다. 확실히 모든 신자들은 성만찬을 통한 하나님의 은혜로운 임재의 실체를 생각할 수 있고 그래야만 한다. 그러나 그 생각이나 회상이 실체는 아니다. 이 두 가지를 구별하는 것은 중요하다.

2) 지지하는 논증

성만찬과 우리의 하나님과의 관계. 종교개혁자들은 하나님과 신자들의 관계는 그리스도의 희생적인 죽음에만 근거하고 있으며 믿음에만 근거하여 있고 성경으로만 알려진다는 성경적 진리를 발견하였다. 어떠한 공로적인 행위나 의식이나 교회의 권위도 하나님과 신자의 관계를 정의할 수 없다. 그러나 루터나 칼빈도 이러한 새로이 재발견된 진리를 온전하게 발전시키지는 못했다. 루터나 칼빈은 전통적인 가톨릭의 성만찬에 대한 견해와의 공통성을 견지하기 위해 다른 방식으로 시도하였다. 그리스도의 임재에 대한 진정으로 개혁된 견해는 그것을 오로지 신자의 믿음과만 관련시키는 것이다. 이러한 은혜로운 임재는 교회나 사제, 또는 종교의식을 통해 이루어지지 않는다.

3) 반론에 대한 응답

이 견해는 성경과 양립할 수 없다. 어떤 사람들은 기념설적인 견해가 고린도전서에 있는 성만찬에 대한 바울의 견해의 어떤 측면들과 양립할 수 없다고 반론을 제기한다. 예컨대 바울은 다음과 같이 말하고 있다.

> 우리가 축복하는 바 축복의 잔은 그리스도의 피에 참여함이 아니며 우리가 떼는 떡은 그리스도의 몸에 참여함이 아니냐 떡이 하나요 많은 우리가 한 몸이니 이는 우리가 다 한 떡에 참여함이라(고전 10:16-17).

사람들은 신자들이 그리스도의 몸과 피를 나누어야 한다는 바울의 주장이 너무 쉽게 비유적으로 이해될 수 없다고 주장한다. 이것은 바울이 어떤 사람들이 합당하지 않은 방식으로 성찬에 참여하고 있을 때 그 사람들이 "주의 몸과 피에 대하여 죄를 짓는 것이라"(고전 11:27)고 말하고 있다는 사실을 고려할 때 그러하다. 그들은 "자기의 죄를 먹고 마시는"(고전 11:29) 것이다. 이러한 엄한 경고는 성찬이 단지 기념하는 식사 그 이상임을 알려 주는 것처럼 보인다.

그러나 고린도전서 10장과 11장에서 바울의 주된 관심은 성찬의 본질에 도달하는 것이 아니라 고린도교인들의 육신적인 미성숙과 분열을 드러내는 것이다. 다른 여러 일들 가운데 고린도교회 교인들이 성찬을 축하하고 있는 방식은 야만스럽기까지 하다. 어떤 사람들은 모든 떡을 감추어 두고 또 어떤 사람들은 포도주 모두를 다 마셔버린다. 결과적으로 바울은 "어떤 사람은 시장하고 어떤 사람은 취함이라"(고전 11:20)고 말하고 있다. 이렇게 성찬을 취하는 방식은 주님께 합당하지 않다. 왜냐하면 이것은 "하나님의 교회를 업신여기는 것"(고전 11:22)을 나타내는 것이기 때문이다. 이러한 육신적이고 분열적인 미성숙에 반대하여 바울은 성만찬을 축하하는 목적이 **우리 모두가 주님의 몸과 피를 나누고 있다**는 것을 기억하는 것이라고 강조하고 있다.

그리스도에게 자신의 신뢰를 두는 모든 사람은 그리스도께서 갈보리에서 값주고 사신 용서와 새로운 생명에 참여하고 있다. 이것이 왜 고린도교인들이 하나의 떡과 하나의 잔을 나누어야만 하는지 보여 주는 이유이다. 영적 임재설을 지지하는 사람들이 때때로 주장하는 것과 같이 고린도교인들은 의식적으로 떡과 잔에 그리스도께서 독특하게 임재하시는 것을 생각하지 않았기 때문에 그들 자신에게 심판을 가져온 것이 아니다. 그들은 "하나님의 교회를 업신여겼기" 때문에, 즉 고린도교인들은 자신들을 하나로 연합시켜주어야만 하는 기념하는 식사를 자신들을 보다 분열하게 하는 육적인 애찬으로 바꾸었기 때문에 하나님의 심판을 불러왔다.

4. 심화 학습을 위한 도서 목록

Accola, Louis W. *Given for You: Reflections on the Meaning of the Lord's Supper*. Lutheran Voices. Minneapolis: Augsburg Fortress, 2007.

Bridge, Donald, and David Phypers. *Communion: The Meal That Unites?* Wheaton: Harold Shaw, 1981.

Gresham, Charles R., and Tom Lawson, eds. *The Lord's Supper: Historical Writings on Its Meaning to the Body of Christ*. Joplin, MO: College Press, 1993.

Henry, Jim. *In Remembrance of Me: A Manual on Observing the Lord's Supper*. Nashville: Broadman and Holman, 1998.

Hicks, John Mark. *Come to the Table: Revisioning the Lord's Supper*. Abilene, TX: Leafwood, 2002.

Jones, Paul H. *Christ's Eucharistic Presence: A History of the Doctrine*. New

York: Peter Lang, 1994.

Marshall, I. Howard. *Last Supper and Lord's Supper*. Grand Rapids: Eerdmans, 1980.

Mathison, Keith A. *Given for You: Reclaiming Calvin's Doctrine of the Lord's Supper*. Phillipsburg, NJ: Presbyterian and Reformed, 2002.

Moore, Russell D., et al. *Understanding Four Views on the Lord's Supper*. Grand Rapids: Zondervan, 2007.

Schmidt, Dan. *Taken by Communion: How the Lord's Supper Nourishes the Soul*. Grand Rapids: Baker Books, 2004.

Smith, Gordon T. *The Lord's Supper: Five Views*. Downers Grove, IL: InterVarsity, 2008.

Stoffer, Dale R., ed. *The Lord's Supper: Believers Church Perspectives*. Scottdale, PA: Herald, 1997.

Vander Zee, Leonard J. *Christ, Baptism, and the Lord's Supper: Recovering the Sacraments for Evangelical Worship*. Downers Grove, IL: InterVarsity, 2004.

Witherington, Ben. *Making a Meal of It: Rethinking the Theology of the Lord's Supper*. Waco: Baylor University Press, 2007.

Wright, N. T. *The Meal Jesus Gave Us*. Louisville: Westminster John Knox, 2003.

제14장

영적 은사 논쟁

은사는 오늘을 위한 것이다 (지속설)
vs
방언은 그쳤다 (중지설)

1. 서론

1) 문제 제기

수(Sue)는 이전에는 한 번도 은사주의적인 기도회에 가 본적이 없었다. 이번에 수는 대학 친구가 전에는 결코 경험하지 못했던 성령을 경험하게 될 것이라고 약속하면서 그녀를 초청했기 때문에 여기에 참석했다. 수는 매우 불편한 느낌이었다. 두 시간 반 정도의 시간 동안 수는 자주 사람들이 **방언으로 말하는 것**을 들었다. 수는 방언에 대한 이야기를 들어 보기는 하였지만 한 번도 실제로 들어 보지는 못했었다. 그 뿐만 아니라 여러 번에 걸쳐 사람들은 그룹의 어떤 다른 사람을 위해서 또는 그 그룹 전체를 위한 주님으로부터 "말씀"을 받았다고 주장하였다. 아프거나 장애가 있는 여러 사람들을 위한 기도가 있었고 한 사람은 고침을 받았다고 주장하였다.

결정적으로 그녀를 향한 "예언"이 있었다. 그 모임이 끝날 무렵에 중년의 한 남자가 수에게 왔고 그 모임에 참석한 다른 35명의 사람들 앞에서 그녀에게 손을 얹고 말했다.

> "하나님께서 당신을 매우 사랑하십니다. 당신의 상처와 혼란을 하나님은 아십니다. 낙심하지 마세요. 당신을 향한 치유와 인도하심이 곧 일어날 것입니다."

수는 이에 대해 어떻게 생각하고 느껴야 하는지 알지 못했다. 한편으로는 낯선 사람들 앞에 그 자리에 세워졌다는 것이 매우 당혹스럽게 느껴졌다. 또 다른 한편으로 수는 실제로 긴장된 관계로 인하여 정서적인 고통과 혼란을 겪고 있었다. 이것은 정말 주님께서 그녀에게 말씀하신 것인가? 그렇지 않으면 이것은 단지 자신이 하나님 편에서 말하고 있다고 **생각한** 한 사람의 말일 뿐인가? 고통을 겪고 있고 혼란한 상태에 있다는 것은 정확한 메시지였다.

그러나 다시금 생각해 보면 많은 대학생들이 이런 저런 일들로 말미암아 최소한 어느 정도의 고통과 혼란이 있지 않은가? 수는 자신이 목격하였던 그 모든 은사주의적인 행동들에 대하여 성경의 전례가 있다는 것을 나중에 발견하였다. 그러나 이러한 활동이 오늘날의 교회를 위한 것이라고 어떻게 확신할 수 있는가? 왜 그녀는 결코 자신의 교회에서는 이에 대해서 들어 보지 못했는가? 은사주의적 체험은 그녀가 추구해야 하는 것인가 아니면 피해야 하는 것인가?

2) 핵심 주장과 차이점

모든 형태의 자연주의에 반대하여 모든 복음주의자들은 성령께서 세상에 활동하고 계시다고 믿고 있다. 모든 사람들이 성령께서 그리스도를 믿는 믿음의 자리로 사람들을 이끄시기 위해 인간의 마음속에 초자연적으로 역사하고 계심을 믿는다. 모든 사람들은 성령께서 사역을 수행하기 위해 사람들에게 가르침과 설교와 행정과 환대와 같은 어떤 은사를 부여하신다고 믿는다. 그리고 모든 사람들은 하나님께서 때때로 기적적으로 사람들의 일상사에 개입하실 수 있고 그렇게 하신다는데 동의한다. 그러나 복음주의 기독교 신자들은 은사들이 오늘날에도 가능하며 그 은사들이 시행되어야 하는지에 대하여서는 의견이 나누어져 있다.

은사들은 고린도전서 12:8-10에 언급되어 있는 일정한 목록들이다. 바울은 다음과 같이 기록하고 있다.

> 어떤 사람에게는 성령으로 말미암아 지혜의 말씀을, 어떤 사람에게는 같은 성령을 따라 지식의 말씀을, 다른 사람에게는 같은 성령으로 믿음을, 어떤 사람에게는 한 성령으로 병 고치는 은사를, 어떤 사람에게는 능력 행함을, 어떤 사람에게는 예언함을, 어떤 사람에게는 영들 분별함을, 다른 사람에게는 각종 방언 말함을, 어떤 사람에게는 방언들 통역함을 주시나니(고전 12:8-10).

은사주의 논쟁에서 중심이 되는 물음은 이것이다. 이러한 은사들이 주님이 오실 때까지 전체 교회 시대를 통하여 사용되도록 하나님에 의해 의도되었는가? 지속설을 지지하는 사람들은 그렇다고 대답한다. 은사들은 역사 전체를 통하여 사용되도록 의도되었다.

그러므로 오늘날 신자들은 이 은사들에 대해 마음을 열어야 하며 심지어 어떤 사람들은 그 은사들을 적극적으로 추구하라고 덧붙이곤 한다. 중지설을 지지하는 사람들은 아니라고 대답한다. 은사주의 은사들은 신약성경의 완성 이후에는 중단되도록 의도된 것들이기 때문이다.

은사에 대한 현재의 논쟁에 이르기까지 세 단계의 발전 단계가 있었다. **20세기 초에 오순절주의**라고 불리게 되는 한 운동이 일어났다. 이 운동은 일반적으로 방언(즉 사람들이 자연적인 수단으로는 배울 수 없었던 영감된 외국 언어)으로 말하는 것이 성령의 세례, 또는 성령 충만을 받은 **시원적인 증거**(initial evidence)라고 가르쳤다. 이 운동의 구성원들은 또한 육신적인 치유가 그리스도를 통해 가능하며 자신들이 다른 은사들 또한 행하고 있다고 강조하였다. 이 운동으로부터 많은 오순절 교단들이 생겨났는데 가장 큰 교단이 "하나님의 성회"와 "그리스도 안에 있는 하나님의 교회"이다.

오순절주의자들은 대부분 처음 50여 년 동안은 주류 그리스도인들에게는 기피 대상이었다. 그러다가 1960년대 초 몇몇 주류 교회들이 오순절적인 생각과 실천을 자신들의 예배에 도입하기 시작했다. 이러한 운동은 곧 **은사주의운동**으로 알려지게 되었다.

오순절주의자들과 달리 은사주의자들은 일반적으로 자신들의 교단을 떠나지 않았으며 그러므로 스스로 개별 교단을 형성하지 않았다. 은사주의적 그리스도인들은 중지설적인 신학을 받아들이고 있는 사람들을 제외하고는 거의 모든 교단에서 발견할 수 있다. 많은 은사주의자들은 방언이 성령의 세례를 받은 필수적이고 시원적인 증거라는 오순절의 교리를 받아들이지는 않고 있지만 그들은 모든 은사들이 오늘날에도 가능하며 그래서 신자들에 의해 추구되어야만 한다는 확신을 가지고 있다.

현재의 논의에 이르게 되는 단계는 1980년대 초반에 시작되었다. 제3의 물결이라고 알려진 한 운동이 서구 세계를 휩쓸기 시작했다. 이 운동은 오순절운동(제1의 물결)과 은사주의운동(제2의 물결)의 뒤를 잇고 있다. 이 운동은 영적 은사와 기적적인 현시라고 하는 보다 적극적인 신학으로 특징지어진다. 열성적인 지지자들은 "표적과 기사"라고 부르는 것이 복음이 선포될 때면 **나타나게 되어 있다**고 주장한다. 구체적으로 제3의 물결을 지지하는 그리스도인들은 그리스도인들이 신약성경에서 그러했던 것과 같이 복음이 전파될 때마다 치유와 구원을 기대해야만 한다고 확신하고 있다. "빈야드 펠로우십"(Vineyard Fellowship)은 이러한 신학을 근간으로 형성된 교단이다.

오늘날 복음주의 그리스도인들은 대개 세 가지 구별된 집단으로 나누어질 수 있다. 먼저 신약성경이 완성되어 모든 교회에 유포되자마자 은사들은 중단되었다고 믿는 사람들이 있다. 이와 같은 중지설을 주장하는 사람들은 오늘날 은사주의 체험이라고 일어나고 있는 모든 일들은 사실상 잘해야 오도된 감정주의이며 최악의 경우에는 마귀적인 기만이라고 결론내린다. 반대 극단에는 오늘날에도 은사들이 존재하며 그렇기 때문에 이런 은사들을 추구하고 실행해야 한다고 믿는 오순절주의와 은사주의, 그리고 제3의 물결을 지지하는 그리스도인들이 있다.

중지설자들과 지속설자들 사이에 신학적으로 은사의 실행을 반대하지 않는 그리스도인들이 있다. 신중한 이들은 때로 은사들에 수반되는 몇몇 비정상적인 행동(예컨대 **성령 안에서의 죽음, 성령 안에서의 웃음** 등)뿐 아니라 몇몇 오순절주의자들이나 은사주의자들, 그리고 제3의 물결을 지지하는 사람들 가운데 은사에 대한 극단적인 강조가 주어지고 있는 것에 주의한다. 이러한 집단은 신학에서는 지속설적인 입장을 취하지만 은사주의적인 그리스도인들이 하는 방식으로 은사를 강조하거나 추구하지는 않는다.

다음의 두 논문은 이들 가운데 중지설과 지속설을 지지하는 신학을 대조하여 보여줄 것이다.

2. 은사는 오늘을 위한 것이다 (지속설)

성경은 오늘날 주님이 다시 오실 때까지 신자들이 사역에서 사용할 수 있는 많은 은사에 대해 언급하고 있다. 어떤 사람들은 은사들은 단지 초대 교회를 세우기 위해서만 주어진 것이기에 1세기에 중단되었다고 주장한다. 이러한 견해에 따르면 사람들은 오늘날 방언을 하거나 예언을 하거나 지식의 말씀을 받아서는 안 되며 사실상 그런 은사는 존재하지도 않는다. 이러한 은사를 실행하고 있다고 생각은 신자들이 자신을 속이고 있거나 마귀에게 속고 있는 것이다. 이 논문은 이러한 은사중지론을 논박하고 은사들이 신약성경에 언급되어 있는 다른 은사들과 마찬가지로 오늘날에도 가능하다고 주장한다.

1) 성경적 논증

성경의 다섯 개의 본문은 하나님에 의해 교회에 주어진 은사들의 목록을 제시하고 있다. 고린도전서 12:8-10은 9개의 은사주의적 은사를 열거하고 있다("은사주의적"이라는 말은 바울이 이들 은사를 부를 때 사용하고 있는 헬라어 **카리스마타**에서 온 것이다). 그것은 지혜의 말씀, 지식의 말씀, 믿음, 병 고치는 은사, 능력 행함, 예언함, 영들 분별함, 각종 방언 말함, 방언들 통역함이다. 고린도전서 12:28-30은 다소 다른 목록을 제시하고 있다. 하나님께서는 교회에 사도와 선지자, 교사와 능력을 행하는 자, 병 고치는 은사, 서로 돕는 것, 다스리는 것, 각종 방언을 말하는 것, 방언을 통역하는 은사를 주신다. 로마서 12:6-8에서 바울은 예언과 섬기는 일, 가르치는 일, 위로하는 일, 구제하는 일, 리더십과 긍휼을 베푸는 일이라고 하는 상당히 다른 목록을 제시하고 있다. 에베소서 4:11에는 또 다른 목록이 나와 있는데 이 목록은 사도와 선지자, 복음 전하는 자, 그리고 목사와 교사로 되어 있다. 베드로전서 4:10-11에 있는 베드로의 짤막한 목록은 말하는 것과 봉사로 구성되어 있다.

우리가 물어야만 하는 질문은 이것이다. 하나님께서 이들 은사들이 역사 전체를 통하여 계속되기를 뜻하지 않으셨다는 말씀이 어디에 있는가? 예컨대 가르침의 은사는 여전히 유효하지만 방언을 말하는 것은 그렇지 않다고 생각하는 것은 자의적이지 않은가? 성령에 의해 영감된 지혜와 예언과 방언으로 말함과 치유는 배제하면서 위로와 구제하는 일과 긍휼을 베푸는 일은 허용하는 것은 자의적이지 않은가?

전체 은사 모두를 허용하지 않는 것은 자의적일 뿐 아니라 비성경적이기까지 하다. 자신의 은사 목록을 제시하고 있는 그 동일한 편지인 고린도전서 앞머리에서 바울은 다음과 같이 말하고 있다.

> 그리스도 예수 안에서 너희에게 주신 하나님의 은혜로 말미암아 내가 너희를 위하여 항상 하나님께 감사하노니 이는 너희가 그 안에서 모든 일 곧 모든 언변과 모든 지식에 풍족하므로 그리스도의 증거가 너희 중에 견고하게 되어 **너희가 모든 은사에 부족함이 없이 우리 주 예수 그리스도의 나타나심을 기다림이라** 주께서 너희를 우리 주 예수 그리스도의 날에 책망할 것이 없는 자로 끝까지 견고하게 하시리라 (고전 1:4-8).

바울은 그리스도인들이 "우리 주 예수 그리스도의 나타나심을 기다리는" 동안 모든 은사에 부족함이 없어야 한다고 주장하고 있다. 바울은 은사에 대해 말하고 있는 고린도전서 12:1에서 사용하고 있는 영적인 은사들을 언급하기 위해 이 본문에서 동일한 단어(**카리스마**)를 사용하고 있다.

여기에 함의된 의미는 바울이 은사들이 주님 오실 때까지 여전히 유효하다고 믿었다는 것이다.

모든 은사가 전체 교회 시대를 위한 것이라고 강하게 제시하고 있는 또 다른 본문은 에베소서 4:11-13이다. 바울은 다음과 같이 말하고 있다.

> 그가 어떤 사람은 사도로, 어떤 사람은 선지자로, 어떤 사람은 복음 전하는 자로, 어떤 사람은 목사와 교사로 삼으셨으니 이는 성도를 온전하게 하여 봉사의 일을 하게하며 그리스도의 몸을 세우려 하심이라 우리가 다 하나님의 아들을 믿는 것과 아는 일에 하나가 되어 온전한 사람을 이루어 그리스도의 장성한 분량이 충만한 데까지 이르리니(엡 4:11-13).

그리스도의 몸이 "그리스도의 장성한 분량이 충만한 데까지 이르도록" 온전하게 세워질 때까지, 즉 주님이 오실 때까지 은사들은 계속해서 작용하고 있을 것이다. 이 본문에서 바울은 명시적으로 예언이라고 하는 은사를 언급하고 있다. 이것은 다른 은사들과 함께 예언이 1세기에 중단되었다는 중지론자들의 주장이 얼마나 자의적이고 비성경적인지를 보여 준다.

베드로 또한 은사가 주님이 오실 때까지 유지될 것이라고 제안하고 있다. 자신의 청중들에게 "만물의 마지막이 가까웠다"(벧전 4:7)라고 상기시킨 후 베드로는 그들에게 "각각 은사를 받은 대로 하나님의 여러 가지 은혜를 맡은 선한 청지기 같이 서로 봉사하라"고 가르치고 있다(벧전 4:10). 비슷한 맥락을 따라 요한은 자신의 독자들에게 그들이 받은 "기름 부음"이 그들 안에 거하며 주님 오실 때까지 있을 것이라고 가르치고 있다. 그러므로 그들은 "주께서 나타내신바 되면 그가 강림하실 때에…담대함을 얻어 그 앞에서 부끄럽지 않을 수"(요일 2:27-28) 있다. 근본적인 전제는 주님이 다시 오실 때까지 교회가 받은 "기름 부음"에는 아무것도 변한 것이 없을 것이라는 사실이다. 실제로 신약성경은 일반적으로 교회 시대 동안 신자들의 삶 속에서 이루어지는 성령의 역사는 변함이 없을 것을 묘사하고 있다(참조. 엡 1:13-14; 4:30; 유 20-21).

신약성경의 다른 부분들도 모든 은사들이 전체 교회 시대를 위한 것이라는 견해를 확증해 준다. 예컨대 바울은 명확하게 특별히 고린도전서 12장에 제시되어 있는 은사들을 말하면서 신자들이 "영적인 은사를 사모해야 한다"라고 명하고 있다. 신자들은 예언의 은사를 "추구하고 사모해야"(고전 14:1) 한다. 바울은 신자들에게 성령을 소멸하지 말며, 예언을 멸시치 말고, 방언으로 말하는 것을 금하지 말라고 명령하고 있다(살전 5:19-22; 고전 14:39). 중지론자들이 하는 일이 바로 이런 일들이다. 중지론자들은 이들 본문이 단지 신약성경 이전에 살았던 신자들에게만 적용된다고 주장한다.

그러나 그런 교리가 신약성경 어디에서 가르쳐지고 있는가? 바울은 이들 본문에서 어떤 시간적이거나 문화적이거나 신학적인 제한 없이 자신의 교훈을 주고 있다. 동일한 청중에게 그리고 동일한 문맥에서 바울은 또한 사랑의 최고성에 대한 자신의 아름다운 가르침을 주고 있다(고전 13:13). 만일 우리가 사랑에 대하여 바울이 현대의 그리스도인들에게 말하고 있다고 믿는다면 바울이 은사의 사용에 대하여 유용한 교훈을 현대의 그리스도인들에게 말하고 있지 않다고 결론내릴 수 없다.

2) 지지하는 논증

(1) 중지론의 허약한 성경적 기초

중지론을 지지하기 위해 사용되는 주해는 의심스럽다. 그리고 이것 자체가 오히려 지속설을 지지하는 논증이 될 수 있다. 지속설을 지지하기 위해 세 개의 본문이 자주 인용되고 있다.

첫째, 에베소서 2:20-22이다. 이 본문에서 바울은 하나님의 권속이 사도들과 선지자들의 터 위에 세우심을 입었으며 그리스도 예수께서 친히 모퉁잇돌이 되셨다고 말하고 있다(엡 2:20-22). 중지설자들은 이 본문을 은사의 유일한 목적이 교회를 위한 기초를 놓는 것이라고 주장하기 위해 사용하고 있다. 일단 기초가 놓이고 나서 그 은사들은 중단되었다. 그러나 바울은 이 본문에서 은사들을 언급하고 있지 않다. 교회는 하나님의 영감된 말씀을 전달하였던 열두 사도들과 선지자들의 기초 위에 세워진다. 그러나 이것은 어떤 다른 이들이 사도("보냄을 받은 자"라는 의미이다)가 될 은사나 예언의 은사를 가질 수 없다는 것을 의미하지는 않는다. 그리고 이것은 확실히 방언을 말하거나 지식의 말씀을 받는 것과 같은 다른 은사들이 중단되었음을 함의하지도 않는다.

둘째, 히브리서 2:4-6이다. 히브리서 기자는 사도들이 초자연적인 표지들과 기사들에 의해 그 정당성이 입증된다고 말하고 있다. 중지론자들은 이것이 은사들의 주된 목적이라고 결론짓는다. 그러나 본문은 그렇게 말하고 있지 않다. 신약성경은 또한 신자를 굳건하게 하거나(고전 14:3), 그리스도의 몸을 유익하게 하거나(고전 12장, 14장), 전도(행 9:32-43)를 위하여, 그리고 하나님을 영화롭게 하거나(요 11:4), 애정과 사랑을 표현(막 1:40-41)하는 은사들의 다른 목적을 언급하고 있다. 실제로 은사들이 가장 철저하게 논의되고 있는 고린도전서 12장과 14장에서는 사도적 권위의 정당성을 입증하거나 복음을 전파하거나 교회를 위한 기초를 놓는 것과 같은 용도에 대해서는 어떠한 언급도 하고 있지 않다.

셋째는 고린도전서 13:8-13이다. 이 본문에서 바울은 "온전한 것"이 이르게 되면 방언도 예언도 그칠 것이라고 말하고 있다. 어떤 중지론자들은 "온전한 것"이 신약성경을 가리키며 그렇기 때문에 신약성경이 쓰이고 모든 교회에 배포되고 나서는 은사들이 그칠 것이라고 주장한다. 그러나 많은 학자들은 "온전한 것"이 예수 그리스도의 재림을 가리킨다고 주장한다. 이에 대한 증거는 바울이 고린도교인들에게 "너희가 모든 은사에 부족함이 없이 우리 주 예수 그리스도의 나타나심을 기다림이라"(고전 1:7)고 말하고 있는 동일한 서신에서 발견된다. 만일 "부분적인" 모든 것이 신약성경의 종결과 함께 사라져버린다면 "지식" 또한 "폐할 것"임에 틀림없다(고전 13:8).

(2) 교회 역사

은사의 실행은 점차적으로 2세기에서 4세기 동안에 사라졌다. 그러나 우리는 너무 많은 의미를 여기에 부여해서는 안 된다.

첫째, 초기 속사도 시대 교회는 대부분이 은사를 성경적인 것으로 받아들이지 않는 많은 생각들과 실천을 포용하였다. 예컨대 이 기간 동안 대부분의 신자들은 세례가 문자적으로 죄를 씻어주며 그렇기 때문에 세례가 구원을 위한 필수적인 것이라고 믿었다. 그러나 오늘날 대부분의 신자들은 구원은 믿음으로만 이루어진다고 믿는다. 마찬가지로 은사의 실행이 이 시기에 쇠퇴하였다는 사실이 하나님의 계획에 의해 이루어졌다는 것을 의미하지는 않는다. 도리어 교회의 영적인 활기가 이 시대에 쇠퇴하였다는 것을 말해 주는 것이다.

둘째, 중지론자들은 때때로 이 시기에 은사들이 쇠퇴하였던 정도와 교회 역사 전체를 통하여 은사들이 부재하였던 정도를 과장한다. 터툴리안(Tertullian, 160-225), 이레니우스(Irenaeus, 130-202)와 힐라리(Hiraly, 300-368)로부터 우리는 은사들이 3세기와 4세기까지도 이어지고 있었다는 사실을 알고 있다. 게다가 어떤 사람도 교회 역사의 다양한 시대, 특별히 ㅉ 기간 동안 몇몇 은사들이 발현되었다는 사실을 의문시하지 않는다. 역사적으로 실행된 은사들을 신약성경에서 말하고 있는 은사들과 동일시하는 것을 거부할 아무런 이유가 없다.

(3) 오늘날의 하나님의 인도

모든 복음주의자들은 신약성경이 전체 교회 시대를 위한 최종적이고 권위적인 기록된 하나님의 말씀이라는 사실에 동의한다. 오늘날 받고 있는 모든 개인적인 "계시들"—그것이 예언에 의한 것이든 지식의 말씀에 의한 것이든—은 이 객관적인 표준에 합치하여야만 한다. 그러나 1세기에 주님으로부터의 인도와 격려와 교훈을 위해 개인적인 말씀을 받는 것이 유익하였던 것과 같이 오늘날에도 마찬가지이다. 이러한 말씀들은 중지론자들이 때때로 주장하는 것과 같이 신약성경의 계시에 더하는 것이 아니다. 이러한 말씀들은 단지 그리스도인들이 신약성경의 계시를 신자들이 직면하고 있는 특별한 상황에 **적용**하는데 도움을 줄 뿐이다.

3) 반론에 대한 응답

(1) 하나님의 기적적인 활동의 패턴은 이 견해를 지지하지 않는다

중지론자들은 때때로 하나님께서 역사의 결정적인 순간에 일반적으로 새로운 시대를 시작하기 위하여 표적과 기사를 제공하신다고 주장한다. 그리고 다음과 같이 말한다. 표적과 기사는 하나님의 **일하시는 방식**(modus operendi)이 아니다. 그러므로 우리는 신약성경의 교회가 가지고 있던 초자연주의가 교회 시대 전체에 걸쳐서 지속되리라고 기대해서는 안 된다. 그러나 이러한 논증은 여러 가지 면에서 잘못된 것이다.

첫째, 표적과 기사는 하나님께서 역사 가운데 새로운 시대를 시작하실 때 강화되었을 것이다. 그러나 성경은 표적과 기사가 이러한 어떤 시대의 시작점에**만** 있었다고 가르치지 않는다. 표적과 기사는 아무런 새로운 시대도 시작되지 않았던 때도 있었다(예컨대 삼손과 엘리야와 엘리사의 기적들).

둘째, 중지론자들의 논증은 설득력이 없는 침묵으로부터의 논증이다.

성경의 이야기 부분에 상대적으로 기적이 존재하지 않는 것이 성경 역사에 기적이 존재하지 않았음을 의미하지는 않는다. 그것은 성경 저자가 단지 다른 시대보다는 인간 역사에서 전환점에 기적을 보다 많이 언급하는 경향이 있었다는 것을 의미할 따름이다.

예를 들어 예레미야 선지자는 "주께서 애굽 땅에서 표적과 기사를 행하셨고 오늘까지도 이스라엘과 인류 가운데 그와 같이 행하사 주의 이름을 오늘과 같이 되게 하셨나이다"(렘 32:20)라고 말하고 있다. 성경에서 우리는 하나님이 이집트에서 행하셨던 표적과 기사에 대하여 읽을 수 있지만 예레미야 시대에 계속되고 있었던 표적과 기사에 대하여는 아무것도 읽을 수 없다. 기록된 것이 없다는 사실이 아무 일도 일어나지 않았다는 것을 의미하는 것은 아니다.

셋째, 표적과 기사가 하나님과 인간의 상호 작용이라고 하는 주요한 시기를 통틀어 많이 보이지 않는 것이 하나님께서 표적과 기사를 행하시기를 그치시기로 선택하셨다는 주장을 지지하지는 않는다. 도리어 표적과 기사가 보이지 않는 것은 하나님의 백성 편에서의 믿음의 부족이나 공공연한 반역에 기인하기도 한다. 심지어 기적을 행하시는 예수님의 능력까지도 사람들이 불신앙으로 완악해졌을 때 방해를 받곤 하였다(막 6:5-7).

(2) 은사의 지속을 주장하는 것은 정경이 열려 있다는 것을 의미한다

중지론자들은 지속설자들이 오늘날 성경 이외의 계시를 허용함으로 "열린 정경"을 제안한다고 주장한다. 그러나 지속설자들은 이러한 혐의를 부정한다. 그들은 성경의 정경이 닫혀졌으며 현재의 정경만을 그리스도인들이 믿어야 하고 하나님 나라 백성으로 어떻게 살아야 하는지에 대한 최종적인 권위가 된다고 믿는다. 새로운 교리가 예언적인 말씀을 통해 계시될 수 없고 지시와 인도와 교육의 말씀도 성경과 동일한 수준에 속할 수는 없다.

바울은 그리스도인들이 예언을 멸시하지 말아야 하지만 그리스도인들이 무비판적으로 그것을 받아들여서도 안 된다고 가르쳤다. 도리어 그리스도인들은 예언을 시험해 보아야 하며 범사에 헤아려 좋은 것을 취하여야 한다(살전 5:20-21). 선지자들이 말할 때 사람들은 그 말하는 것을 "분별하여야"(고전 14:29) 한다. 만일 어떤 일이 성경에 부합하지 않거나 성령의 내적 증거에 의해 확증되지 않는다면 사람들은 예언의 권위에 그 스스로를 부속시켜서는 안 된다.

다른 은사뿐만 아니라 예언의 은사들도 때때로 남용될 수 있다는 것을 인정해야 한다. 이것은 불행한 일이기는 하지만 인간의 타락한 본성을 감안한다면 전혀 놀랄 일이 아니다. 그리스도인들은 이러한 남용에 대하여 과민반응을 보여서는 안 되며 은사를 통째로 부정함으로써 명백한 성경의 가르침을 위반해서도 안 된다. 예레미야와 에스겔은 둘 다 예언을 하고 있지 않으면서 자신들이 예언하고 있다고 상상한 사람들과 맞서야만 하였다(렘 5:30-31; 6:13-15; 14:13-16; 겔 13:1-11).

그러나 예레미야와 에스겔은 이러한 사실로부터 어떤 사람도 예언할 수 없다고 결론을 내리지는 않았다. 도리어 그들은 참된 예언을 거짓된 예언과 분별하기 위해 주의하였다(렘 28:5-9; 참조. 25:4-11). 바울도 마찬가지로 고린도 교회에서 다양한 은사의 남용에 직면해야 했지만 감사하게도 바울은 오늘날의 중지론자들이 은사의 남용으로부터 끌어내고 있는 은사는 실행되어서는 안 된다는 결론에 도달하지 않았다. 오히려 바울은 신자들이 은사를 실행하고 받도록 하는 방식에 있어 성숙하라고 격려하고 있다(고전 14:26-33; 살전 5:20-22). 오늘날 은사들도 성경의 지시에 따라 사용되고 받는다면 교회에 대단히 유익하다.

3. 방언은 그쳤다 (중지설)

신약성경에서 말하고 있는 은사들은 세 가지 이유로 인하여 주어진 것이다.

첫째, 은사들은 초대교회의 사도적인 권위에 초자연적인 증언을 제공하였다.

둘째, 이들 은사들은 교회를 위한 기초를 놓는데 도움이 되었다.

셋째, 이들 은사들은 최종적인 하나님의 계시인 신약성경이 아직 완결되지 않았을 시대에 초기의 신자들에게 하나님의 인도하심을 제공하였다.

초대교회의 권위는 이처럼 은사로 입증이 되었다. 그러나 이제 신약성경이 완결되었다. 그러므로 그리스도인들은 자신들의 믿음의 여정을 위하여 주어져야 하는 초자연적인 은사를 필요로 하지 않는다. 이제 은사들은 더 이상 오늘날 작동하지 않는다.

1) 성경적 논증

신약성경은 초대교회의 은사들이 교회의 기초를 놓는 것을 돕기 위한 것이었음을 분명히 하고 있다. 이러한 점에서 중요한 본문은 에베소서 2:13, 18-22이다. 바울은 다음과 같이 말한다.

> 이제는 전에 멀리 있던 너희가 그리스도 예수 안에서 그리스도의 피로 가까워졌느니라…이는 그로 말미암아 우리 둘이 한 성령 안에서 아버지께 나아감을 얻게 하려 하심이라 그러므로 이제부터 너희는 외인도 아니요 나그네도 아니요 오직 성도들과 동일한 시민이요 하나님의 권속이라 너희는 사도들과 선지자들의 터 위에 세우심을 입은 자

> 라 그리스도 예수께서 친히 모퉁잇돌이 되셨느니라 그의 안에서 건물
> 마다 서로 연결하여 주 안에서 성전이 되어 가고 너희도 성령 안에서
> 하나님이 거하실 처소가 되기 위하여 그리스도 예수 안에서 함께 지
> 어져 가느니라(엡 2:13, 18-22).

예수 그리스도께서 "모퉁잇돌"(건물이 그 위에 세워지는 지점)이 되게 하신 교회의 첫 세대 그리스도인들에게는 계시적이고 기적적인 은사들이 풍성하였다. 그들은 대부분 교회의 기초를 세운 사도들과 선지자들이 되었다. 이 하나의 모퉁잇돌 위에서 건물마다 서로 연결하여 주 안에서 성전이 되어 갔다. 오늘날 그리스도인들은 이와 같은 이미 놓여 있는 기초 위에 세워져야 한다. 우리는 그 기초 위에 더하여서는 안 된다. 그러므로 그들의 권위를 증언해 주는 사도들이나 선지자들의 은사들이 더 이상 필요하지 않다.

이러한 은사들의 잠정적인 역할은 히브리서 기자에 의해 표현되고 있다. 히브리서 기자는 다음과 같이 말하고 있다.

> 천사들을 통하여 하신 말씀이 견고하게 되어 모든 범죄함과 순종하
> 지 아니함이 공정한 보응을 받았거든 우리가 이같이 큰 구원을 등한
> 히 여기면 어찌 그 보응을 피하리요 이 구원은 처음에 주로 말씀하신
> 바요 들은 자들이 우리에게 확증한 바니 하나님도 표적들과 기사들과
> 여러 가지 능력과 및 자기의 뜻을 따라 성령이 나누어 주신 것으로써
> 그들과 함께 증언하셨느니라(히 2:2-4).

히브리서 기자는 구약성경에 주어진 계시의 증언과 초대교회에 주어진 계시의 증언 사이에 병렬 관계를 주장하고 있다. 구약성경에서의 메시지

는 "천사들을 통하여" 선포되었다. 이것이 백성들이 그 메시지가 진리인지 그리고 그들이 그것에 불순종하였을 때 벌을 받을 것인지 믿어야만 했던 이유이다. 1세기에 그리고 그 이후에 사람들은 예수님과 사도들에 의해 주어진 메시지를 진리로 받아야만 하였다. 예수님의 사역은 들은 자들이 우리에게 확증한 바였다. 그런가 하면 하나님께서는 표적들과 기사들과 여러 가지 능력을 제공하심으로 자신의 메시지를 확증하신다. 하나님은 심지어 성령의 나누어 주신 것, 즉 은사를 통하여 그렇게 하신다.

이러한 초자연적인 확증은 신적인 계시가 우선적으로 주어졌던 기름부음을 받은 사람들에게는 중요한 것이었다. 그러나 신약성경에서 표적들과 기사들은 모든 시대를 위하여 고안된 것이 아니다. 표적들과 기사들은 우선 메시지를 선포하였던 사람들에 의해 사용되었고 교회의 기초가 되어야 했던 사람들을 위해 사용된 것이다.

은사들이 처음 복음을 선포하였던 사람들을 증언해 주기 위해 주어졌다는 사실은 바울에 의해서도 입증되고 있다. 자신의 사도권을 변호하기 위해 바울은 "사도의 표가 된 것은 내가 너희 가운데서 모든 참음과 표적과 기사와 능력을 행한 것이라"(고후 12:12)고 말하고 있다. 만일 오늘날 진정한 사도가 없다면 이들의 권위를 증언하는 은사들도 없어야만 한다. 더 나아가 이러한 관점은 사도행전에 의해서도 확증이 된다. 사도행전은 사도들의 설교에 초자연적인 표적과 기사가 뒤따르고 있다고 말하고 있다. 예컨대 누가는 바울과 바나바가 "주를 힘입어 담대히 말하니 주께서 그들의 손으로 표적과 기사를 행하게 하여 주사"(행 14:3) 이고니온에 머물렀다고 말하고 있다. 표적들과 기사들은 청중들에게 설교자들이 주님의 말씀을 전할 때 하나님의 손이 이들 설교자들과 함께 있으며 미래 교회를 위한 초석을 놓고 있음을 보여 주는 하나님의 방법이었다.

이와 같은 은사들이 신약성경의 완성과 더불어 중지되었다는 사실은 고린도전서 13장에서 바울이 제안하고 있는 것에서 더 밝히 드러나 있다. 여기에서 바울은 말하고 있다.

> 사랑은 언제까지나 떨어지지 아니하되 예언도 폐하고 방언도 그치고 지식도 폐하리라 우리는 부분적으로 알고 부분적으로 예언하니 온전한 것이 올 때에는 부분적으로 하던 것이 폐하리라 내가 어렸을 때에는 말하는 것이 어린 아이와 같고 깨닫는 것이 어린 아이와 같고 생각하는 것이 어린 아이와 같다가 장성한 사람이 되어서는 어린 아이의 일을 버렸노라 우리가 지금은 거울로 보는 것 같이 희미하나 그 때에는 얼굴과 얼굴을 대하여 볼 것이요 지금은 내가 부분적으로 아나 그 때에는 주께서 나를 아신 것 같이 내가 온전히 알리라 그런즉 믿음, 소망, 사랑, 이 세 가지는 항상 있을 것인데 그 중의 제일은 사랑이라 (고전 13:8-13).

어떤 사람들은 "온전한" 것이 예수 그리스도의 재림이라고 주장한다. 그러나 다른 어디에서도 바울은 이 용어를 그런 식으로 사용하고 있지 않다. 본문에서 대조되고 있는 것은 오히려 고린도교인들이 가지고 있었던 부분적인 계시와 신약성경과 더불어 오게 될 온전한 계시 사이에 대한 것이다. 바울이 고린도교인들에게 이 편지를 기록하고 있을 때 그 기초는 여전히 놓이고 있는 과정에 있었다. 이것이 고린도교인들이 은사를 필요로 했던 이유이다. 그러나 고린도교회 교인들은 이들 은사들에 대해 지나칠 정도로 열광적이 되어 갔다. 그래서 바울은 그들에게 "부분적인 것이 폐하여질" 때가 곧 올 것을 상기시키고 있는 것이다.

실제로 신약성경에 온전하게 주어져 있는 계시에 비교하자면 은사에 의존하는 것은 유치한 것이라고 바울은 말하고 있다. 만일 고린도교인들이 그들의 믿음에서 더욱 성숙하였다면 그들은 사랑을 더 강조하였을 것이다. 왜냐하면 사랑은 하나님의 온전한 계시가 주어진 다음에도 영원히 거할 것이기 때문이다.

2) 지지하는 논증

(1) 교회 역사

은사들의 실행이 1세기가 지나자마자 의미심장할 정도로 쇠퇴하였으며 결과적으로 초대교회에서 사라졌다고 하는 것은 논쟁의 여지가 없는 역사적인 사실이다. 게다가 우리가 2, 3, 4세기에 발견하는 은사에 대한 몇몇 언급들은 진정한 신약성경의 은사를 가리키는 것이 아니라 모조품처럼 보인다. **몬타누스주의자들**이라고 불리는 은사의 사용에 매달렸던 집단은 신학적인 측면에서 분명히 이단적이었다. 초대교회가 그들에 반대했던 주된 이유는 그들이 새로운 계시와 마지막 시대의 예언을 주려고 하였기 때문이었다. 그러한 계시와 예언의 자리는 없다고 교회는 바르게 보았다. 왜냐하면 교회가 필요로 하는 모든 것은 완결된 신약성경 안에서 발견되기 때문이다.

은사의 실행이 1세기에 대체적으로 중단되었던지 아니면 마지막으로 종말을 고하기 전에 잠시 머뭇거렸든지 간에 어느 경우이든지 초대교회에서 은사의 실행이 폐하여졌다는 사실은 이것이 하나님의 뜻이라는 좋은 증거이다. 만일 하나님께서 은사가 계속되기를 원하셨다면 하나님께서는 그렇게 하도록 하셨을 것이다.

(2) 정경은 닫혀졌다

만일 지속설이 옳다면 하나님께서는 여전히 자신의 교회에 예언의 은

사나 지식의 말씀과 같은 계시적 은사를 소유하고 있는 다양한 사람들을 통하여 직접적으로 말씀하고 계신다. 만일 그러하다면 우리는 마치 그것이 하나님의 말씀인 것처럼 이러한 사람들의 말에 집착하여야만 한다. 그러나 이것은 신약성경의 정경이 여전히 열려 있다고 가정하는 것이다. 또한 그들이 여전히 교회의 기초를 놓는 일에 기여할 수 있다고 가정하는 것이다. 이것은 그 기초가 이미 사도들과 선지자들에 의해 놓였다는 신약성경의 가르침과 상충될 뿐 아니라 신약성경의 정경성을 닫는 다음의 말씀에도 직접적으로 모순된다.

> 내가 이 두루마리의 예언의 말씀을 듣는 모든 사람에게 증언하노니 만일 누구든지 이것들 외에 더하면 하나님이 이 두루마리에 기록된 재앙들을 그에게 더하실 것이요 만일 누구든지 이 두루마리의 예언의 말씀에서 제하여 버리면 하나님이 이 두루마리에 기록된 생명나무와 및 거룩한 성에 참여함을 제하여 버리시리라(계 22:18-19).

물론 이 본문의 직접적인 문맥은 이 말씀을 요한계시록이라는 책에 적용하고 있는 것이다. 그러나 교회는 역사적으로 이 말씀이 신약성경 전체의 끝에 위치해 있는데 하나님의 주권적인 섭리가 있었음을 인정하고 있다. 그러므로 역사적으로 정통적인 교회는 항상 이 경고를 신약성경을 형성하고 있는 책들에 무언가를 더하거나 제하려고 하였던 사람들에게 적용하였다.

(3) 실천적인 고려

세 가지 실천적인 고려 사항이 또한 은사들에 대한 중지론적 이해를 지지한다.

첫째, 몬타누스 논쟁, 그리고 2세기에 발생하였던 은사주의적 운동이 보여주듯이 사람들이 자신들이 생각하기에 은사라고 생각한 것을 사용하도록 권장하는 신학은 분열을 일으키는 경향이 있다. 현시대에 은사주의적 운동만큼 교회를 분열하게 하였던 운동도 없다.

둘째, 어떤 사람이 신약성경과 동등한 권위를 가지는 말씀을 하나님께로부터 받아서 말할 수 있다고 허용할 때 그리스도인들은 쉽게 길을 잃고 만다. 어떤 사람도 수많은 사람들이 잘못된 신학을 채택하게 되고 비극적인 결정을 하였다는 사실을 부인할 수 없다. 왜냐하면 필경 주님의 이름으로 그것들을 말하였기 때문이다. 만일 우리가 유일하고 신적으로 영감된 하나님의 말씀인 성경에 우리 자신을 헌신한다면 우리는 결코 길을 잃지 않을 것이다.

셋째, 성령의 은사에 대한 강조는 성령의 열매에 대해 과소평가하게 하였다. 이것은 우연적인 것이 아니었다. 주관적인 경험에 의지하여 흥미진진한 표지와 기사를 따라가는 것이 제자도에 관련된 성령의 열매를 계발하는 것보다 더 쉽다. 이것이 바울이 은사들이 앞으로 오게 될 온전한 계시와 비교하여 유치한 것이라고 선언하고 있는 바로 그 이유이다. 그렇다면 오늘날 은사를 경험하려고 시도하고 있는 수많은 사람들은 영적으로 유치한 상태에 머물러 있는 것이다.

3) 반론에 대한 응답

(1) 이러한 견해는 자연주의적 편견을 가지고 있다

은사주의적이고 오순절적인 그리스도인들은 종종 중지론자들이 **합리주의**의 전제에 휘둘리고 있다고 주장한다. 그러나 중지론자들은 사기적인 기적에 대해서는 조심하지만 진정한 기적에 대하여는 편견을 가지고 있지 않다. 그들은 성령께서 여전히 초자연적으로 세계에 활동하고 계시다고 믿는다. 어떠한 것도 이전에 죄 가운데 죽었던 사람에게 영적인 생명을 가져다 주시는 성령보다 더 기적적인 것은 없다. 중지론자들은 또한 일반적으로 하나님께서는 여전히 때때로 사람들을 기도에 대한 응답으로 초자연적으로 치료하신다고 주장한다(참조, 약 5:14-16). 그러나 그들은 병고침의 은사를 포함하여 은사들이 오늘날 교회를 **진행시키는** 어떤 역할을 가지고 있다는 사실은 부인한다. 이들 은사들은 신약성경이 기록되고 모아지는 동안 교회의 하나의 기초를 세우고 초기의 그리스도인들을 지도하려는 목적으로 주어진 것이었다.

(2) 이러한 견해는 성경에 위배된다

어떤 사람들은 중지론의 입장이 성경의 어떤 구절들과 상충된다고 주장한다. 바울은 신자들이 "신령한 것들을 사모해야"(고전 14:1) 한다고 말하고 있지 않은가? 바울은 신자들이 "성령을 소멸하지"(살전 5:19) 말아야 하며 "예언의 말씀을 멸시하지"(살전 5:20) 말아야 한다고 주장하고 있지 않은가? 바울은 도리어 신자들에게 "예언하기를 사모하며 방언 말하기를 금하지 말라"(고전 14:39)고 명령하고 있지 않은가?

이들 본문은 흔히 지속설자들에 의해 인용이 되곤 한다. 그러나 이 본문들은 실제로는 우리가 다루고 있는 주제에 적절하지 않다. 이들 본문들은 모두 신약성경의 완성 이전에 그리스도인들에게 주어진 것이었다. 이 본문들은 더 이상 신약성경이 형성된 이후 시대의 신자들에게 적용되지 않는다. 초대교회가 제비뽑기로 지도자들을 뽑았다고 묘사하고 있거나(행 1:23-26) 손수건이나 앞치마를 가져다가 사람들을 고쳤다(행 19:11-12)고 말하고 있는 본문들도 마찬가지이다.

(3) 이러한 견해는 현대의 은사주의적 경험을 설명할 수 없다

아마도 중지론적 입장에 대한 가장 열정적인 반대는 자신들이 은사라고 믿고 있는 것을 정기적으로 경험하고 있는 신자들에게서 온다. 그들은 주장하기를 수천의 사람들이 항상 그 은사들을 개인적으로 경험하고 있다면 어떤 사람도 은사들이 폐하여졌다고 주장할 수 없다는 것이다. 어떻게 어떤 사람이 다른 사람의 개인적인 경험에 이의를 제기할 수 있겠는가?

그 대답은 하나님의 말씀에 호소함에 의해서라는 것이다. 성경 자체는 만일 어떤 경험이 하나님의 말씀과 일치하지 않는다면 그 경험이 아무리 인상적으로 보인다고 할지라도 우리는 그것을 거절해야 한다고 가르치고 있다(갈 1:8). 귀신들도 진정한 영적인 경험을 흉내낼 수 있으며 광명의 천사로 자신을 가장할 수 있다. 심지어는 그 자체로 타락한 마음은 스스로를 속일 수 있으며 어떤 일들을 상상해 낼 수도 있다. 그러므로 신자들은 항상 기꺼이 자신의 경험을 성경의 빛에 복속시켜야만 한다. 현대의 은사들은 그 은사들을 실행하고 있는 누군가에게는 얼마나 인상적으로 보일지 모르지만 신약성경과 일치하지 않으며 이러한 기초 위에서 제거되어야만 한다. 여러 가지 다른 고려 사항들도 이러한 입장을 지지한다.

첫째, 은사를 경험한 많은 사람들이 종종 정서적으로 고양되고 그러한 은사를 나타내야 한다는 사회적인 압력이 있는 환경에서 은사를 경험한다.

둘째, 소위 은사들은 때때로 기독교뿐만 아니라 타종교에서도 발견된다. 예컨대 **방언**(글로쏠랄리아, *glossolalia*)은 고대 그리스 종교나 초기 몰몬교, 그리고 어떤 원시적인 아프리카 부족들에서도 발견되고 있다. 현대의 은사주의의 실행에서와 마찬가지로 그러한 종교적인 경험은 바울이 말하고 있는 은사와 거의 공통점이 없다. 이들 비성경적인 은사들은 최선의 경우에 심리적인 현상일 뿐이거나 최악의 경우 진정한 은사에 대한 마귀의 흉내에 불과한 것이다.

4. 심화 학습을 위한 도서 목록

Baxter, Ronald E. *Charismatic Gift of Tongues*. Grand Rapids: Kregel, 2000.

Carson, D. A. *Showing the Spirit: A Theological Exposition of 1 Corinthians 12–14*. Grand Rapids: Baker Academic, 1987.

Deere, Jack. *Surprised by the Power of the Spirit*. Grand Rapids: Zondervan, 1993.

Del Colle, Ralph, et al. *Perspectives on Spirit Baptism: Five Views*. Nashville: Broadman and Holman, 2004.

Fee, Gordon D. *God's Empowering Presence: The Holy Spirit in the Letters of Paul*. Peabody, MA: Hendrickson, 1994.

Gaffin, Richard B. *Perspectives on Pentecost: Studies in New Testament Teaching on the Gifts of the Holy Spirit*. Phillipsburg, NJ: Presbyterian and Reformed, 1979.

Geisler, Norman. *Signs and Wonders*. Wheaton: Tyndale, 1988.

Grudem, Wayne A., ed. *Are Miraculous Gifts for Today? Four Views*. Grand Rapids: Zondervan, 1996.

Kydd, Ronald A. N. *Charismatic Gifts in the Early Church*. Peabody, MA: Hendrickson, 1984.

Menzies, Robert P., and William W. Menzies. *Spirit and Power*. Grand Rapids: Zondervan, 2000.

Robertson, O. Palmer. *The Final Word: A Biblical Response to the Case for Tongues and Prophecy Today*. Carlisle, PA: Banner of Truth Trust, 1993.

Turner, Max. *The Holy Spirit and Spiritual Gifts: In the New Testament Church and Today*. Rev. ed. Peabody, MA: Hendrickson, 1998.

Warfield, Benjamin B. *Counterfeit Miracles*. Edinburgh: Banner of Truth Trust, 1983.

Across the Spectrum

제15장

여성 사역 논쟁

보완적인 역할을 가지고 평등하게 창조되었다 (보완주의적 견해)
vs
영적인 권위에 있어서 성별을 나누는 것은 적절하지 않다 (평등주의적 견해)

1. 서론

1) 문제 제기

크리스티나(Christina)는 그 날 밤의 대화가 최소한 흥미진진할 것이라는 사실을 알고 있었다. 최근에 기독교 대학 학부 과정을 마치고 여름을 집에서 보낸 후 크리스티나는 자신의 교회의 목사님에게 그날 저녁 자신의 집을 방문해 달라고 부탁하였다. 오늘이 바로 크리스티나가 자신의 부모님과 자신의 교회 목사님에게 하나님께서 자신의 미래 사역과 관련하여 자신의 마음에 행하셨던 바로 그 일을 말하게 되는 밤이었다. 오늘밤은 목회 사역으로의 소명에 대한 강력한 의식을 크리스티나가 가지고 있으며 가을에 신학교 공부를 시작할 계획이라는 것을 말하게 되는 밤이었다. 그녀의 꿈은 미래의 어떤 교회에서 담임목사의 역할을 수행하는 것이었다.

부모님과 목사님은 크리스티나가 자신의 영적 순례 여정에 대해 나누었을 때 열중하여 들었다. 마침내 크리스티나가 그들의 반응을 물었을 때 반응은 만장일치와는 거리가 멀었다. 크리스티나의 교회 목사님은 말씀하셨다.

"크리스티나, 나는 네가 어린 소녀였을 때부터 그리스도인으로서 네가 자라나는 것을 지켜보았다. 하나님을 향한 네 마음과 하나님의 나라를 위한 너의 열정은 항상 너의 삶 속에 분명하였어. 나는 네가 교회 안에서 전임 사역자가 되기를 원한다는 사실에 매우 흥분된다. 그러나 성경은 네가 추구하는 특별한 역할, 즉 담임목사의 역할은 남성 사역자들에게 주어진 것이라고 가르치고 있어. 디모데전서 2:12-15와 같은 본문에서 사도 바울은 이 문제에 대해 매우 분명하게 말하고 있단다."

이 부분에서 크리스티나의 어머니는 더 이상 참을 수가 없었다.

"하지만 제가 성경 전체를 읽어보았을 때 저는 신구약 모두에서 지도자적인 역할을 수행하고 있는 여성들을 봅니다. 구약성경에는 미리암과 드보라와 같은 여성 지도자들이 있습니다. 신약성경에는 바울이 브리스길라와 뵈뵈와 같은 여성 지도자들을 언급하고 있습니다. 우리가 성경에서 여성 지도자들에 대한 분명한 실례를 가지고 있는데도 어떻게 목사님은 제 딸에게 하나님께서는 여성을 목회 사역에 부르고 있지 않다고 말씀하실 수 있습니까?"

크리스티나가 자신의 아버지에게 고개를 돌렸을 때 아버지 얼굴에는 혼란스러운 기색이 역력했는데 이것은 이 문제에 대하여 아버지가 어느 편에 서야 하는지 결정하지 못했다는 충분한 증거가 되었다.

"이제 어떻게 하지?"

크리스티나는 스스로에게 말했다.

2) 핵심 주장과 차이점

교회에서의 성 문제에 이르게 될 때 복음주의 그리스도인들은 근본적인 확신에서 의견의 일치를 보인다.

첫째, 남성과 여성 모두가 다 "하나님의 형상"(창 1:27)으로 창조되었으므로 남성과 여성 모두 평등한 존엄성과 고귀성과 가치를 가지고 있다는 것이다.

둘째, 남성과 여성 모든 그리스도인들이 그들 안에 성령을 모시고 있기 때문에 모든 신자들은 하나님에 의하여 그리스도의 몸 안에서 사역을 위한 은사를 부여받았다는 믿음이 공유되고 있다. 은사의 다양성과 함께 무수하게 다양한 사역의 소명이 온다.

복음주의자들을 나누어지게 하는 질문은 이것이다. 여성이 교회 안에서 남성들을 다스리는 권위의 직분에 있게 되는 것이 적절한가? 이 질문은 20세기 많은 교회에서 나타났다. 그 전통을 계속 견지하고 있는 로마 가톨릭교회는 단지 남성만을 사제직에 임명할 수 있도록 허용하고 있다. 그러나 1990년대에 잉글랜드 국교회는 여성의 성직 안수에 문을 열었다. 복음주의 교단들은 이 문제에 대하여 의견이 나뉘어 있다. 20세기에 걸쳐 오순절 교회들은 목회자 역할을 여성이 수행하는 것을 지지하는 경향이 있었다. 그러나 많은 보수적인 교단들은 안수 받은 목사는 남성이어야 한다는 생각을 아직 견지하고 있다.

이들 주제들에 헌신한 두 개의 복음주의 단체가 최근에 등장하였다. "성경적 남성과 여성협의회"는 **보완주의적 견해**를 옹호하고 있다. 남성과 여성은 교회에서 그리고 가정에서 다른 보완적인 역할을 가지고 있으며 교회에서의 지도자 역할은 남성만을 위하여 마련되어 있다는 것이다. 반면에 성경적 평등을 지지하는 그리스도인들은 **평등주의적 견해**를 주장한다. 교회의 지도자 역할과 가정에서의 지도자 역할은 성적인 것보다는 은사에 의해 결정되어야 한다는 것이다.

다음의 두 논문은 이들 두 가지 관점을 각기 지지한다.

2. 보완적인 역할을 가지고 평등하게 창조되었다 (보완주의적 견해)

역사 전체를 통하여 대부분 문화의 사고와 실천과 날카롭게 대조되어 성경은 남자와 여자가 하나님이 보시기에 평등하다는 것을 강조한다. 남자와 여자 모두 "하나님의 형상으로"(창 1:27) 지음 받았다. 성경은 남자와 여자가 하나님 앞에서 동일한 존엄성과 가치와 책임을 가지고 있다고 선언한다. 이것이 역사적으로 기독교가 받아들여지는 곳마다 여성의 지위가 대부분 항상 향상되는 이유이다.

그러나 성경에 따르면 남자와 여자가 동일한 기능을 가진다고 주장하지는 않는다. 하나님께서는 한 가지 이유 때문에 남성과 여성을 다르게 창조하셨다. 그들은 서로 복제하도록 되어 있는 것이 아니라 보완하도록 되어 있다. 이러한 기능적인 차이는 생물학적으로 분명하다. 이것은 성경에서도 가르치고 있는 것이다. 그러나 성경은 하나님의 계획에는 남자가 교회에서 중요한 영적인 권위를 가져야 한다고 가르친다.

1) 성경적 논증

성경은 하나님께서 여자가 남자의 "돕는 자"와 "배필"이 되도록 창조하셨다고 선언한다(창 2:18). 하와가 창조되기 **전에** 에덴 동산을 돌보라는 명령이 아담에게 주어졌다는 것에 주목하는 것은 중요하다(창 2:15). 하와는 이 명령을 함께 나누어야 하였지만 아담에 대하여 보완적인 조력자로서 그렇게 하여야 했다(창 2:18). 아담 홀로 직접적으로 땅을 다스리라는 하나님의 명령을 받았다. 그러므로 아담은 이 명령을 수행해 나갈 수 있는 주된 책임을 짊어졌다(창 2:15-17; 3:17-19; 참조. 롬 5:12, 17-19). 이러한 남자와 여자 사이의 기능적인 차이는 타락 이후에 더욱 강력하게 반복되고 있다. 하나님께서는 하와가 아담을 "열망"할 것이고 아담은 하와를 "다스릴" 것이라고 말씀하셨다(창 3:16).

남자의 지도자 역할은 구약성경 전체를 통해 전제되어 있다. 예컨대 단지 남자만이 매년 세 번의 대축제일에 하나님 앞에 나오도록 허용되었다(신 16:16-17). 그리고 단지 남자만이 하나님 앞에서 제사장으로 봉사하도록 허용되었다(출 28-29장; 레 8-9장). 또한 제사장들만이 율법을 가르치도록 허락되었기 때문에(레 10:11) 이러한 제한은 단지 남자들만이 영적인 교훈을 하도록 허용되었다는 것을 의미하는 것이 분명하다.

어떤 사람은 이러한 제한이 단지 구약 율법의 한 부분일 뿐이며 이러한 제한은 그리스도의 오심 이후에 사라졌다고 주장한다. 그러나 사실상 이러한 제한은 신약성경 전체에 걸쳐 적용되고 명시적으로 반복되고 있다.

예수님께서 하나님의 백성이라고 하는 새로운 공동체의 기본적인 영적 지도자가 되도록 12명의 남자를 선택하셨다는 것은 무의미한 것이 아니다. 예수님께서 70명을 자신의 사역을 확장하기 위해 보내셨을 때 그들 모두는 남자였다(눅 10:1-16). 예수님께서 자신이 분부한 모든 것을 "가르치라"는 지상명령을 주셨을 때에도 남자 사도들에게 말씀하셨다(마 28:16-20). 어떤 사람들은 예수님께서 이러한 제한을 유지하신 것은 단지 자신의 시대의 문화에 순응하셨을 뿐이라고 제안한다. 그러나 이러한 제안은 별다른 무게를 갖지 못한다. 예수님께서 원하셨을 때는 매우 기꺼이 급진적으로 반문화적이셨다(마 5:21-48; 막 3:1-6).

남자만이 영적 지도자여야 한다는 가르침은 여러 경우 바울에 의해서도 강력하게 반복되고 있다. 예수님과 같이 바울은 지도자 역할을 남자에 국한하고 있다. 감독은 "한 아내의 남편"이어야 하며 "자기 집을 잘 다스려"야만 한다고 말하고 있다(딤전 3:2, 4). 집사들도 또한 "정중하고"(딤전 3:8) "한 아내의 남편이 되어"(딤전 3:12)야만 한다.

바울의 확신은 다른 본문에서 훨씬 더 명확하게 표현되어 있다. 그 중 하나가 고린도전서 11:3-16이다. 이 문맥에서 바울은 "그리스도 안에서의 자유"를 남자와 여자 사이의 기능적 차이점을 없애버리는 것으로 이해하는 명백하게 잘못된 결론을 내리고 있는 어떤 여성들을 책망하고 있다. 바울에게 있어 이것은 고린도교회의 여성들이 머리에 쓰지 않고 기도하고 예언하는 것이었다(고전 11:5). 이것에 반론을 제기하면서 바울은 타락 전 하나님의 창조 계획에 호소하고 있다.

> 그러나 나는 너희가 알기를 원하노니 각 남자의 머리는 그리스도요 여자의 머리는 남자요 그리스도의 머리는 하나님이시라 무릇 남자로서 머리에 무엇을 쓰고 기도나 예언을 하는 자는 그 머리를 욕되게 하

는 것이요 무릇 여자로서 머리에 쓴 것을 벗고 기도나 예언을 하는 자는 그 머리를 욕되게 하는 것이니 이는 머리를 민 것과 다름이 없음이라…남자는 하나님의 형상과 영광이니 그 머리를 마땅히 가리지 않거니와 여자는 남자의 영광이니라 남자가 여자에게서 난 것이 아니요 여자가 남자에게서 났으며 또 남자가 여자를 위하여 지음을 받지 아니하고 여자가 남자를 위하여 지음을 받은 것이니 그러므로 여자는 천사들로 말미암아 권세 아래에 있는 표를 그 머리 위에 둘지니라 (고전 11:3-5, 7-10).

우리는 머리에 쓰거나 쓰지 않는 것이 문화적인 것이라는 데 동의할 수 있을 것이다. 쓰지 않은 머리는 더 이상 남자를 위하여 지도자적인 지위의 표지가 아니며 무엇을 머리에 쓴 것은 여성에게 복종의 표지가 아니다. 그러나 남자가 영적인 지도자가 되어야 하며 여성은 남자들의 지도력에 복종해야만 한다는 가르침은 이 본문에서 문화적인 것이 아니다.

왜냐하면 바울은 이것을 어떻게 하나님께서 본래 남자와 여자를 창조하셨는지에 근거시키고 있기 때문이다. 남자가 여자에게서 난 것이 아니며 여자가 남자에게서 났으며 또 남자가 여자를 위하여 지음을 받지 아니하고 여자가 남자를 위하여 지음을 받았다. **그러므로**(이런 이유로) 여자는 천사들로 말미암아 권세 아래에 있는 표를 그 머리 위에 두라고 바울은 결론 내리고 있다. 여성의 순종을 **어떻게** 표현할 것인가 하는 것은 문화적이다. 그러나 여성의 순종이 표현될 필요가 있다는 **사실은** 문화적인 것이 아니다.

바울은 고린도교인들에게 "여자는 교회에서 잠잠하라 그들에게는 말하는 것을 허락함이 없나니 율법에 이른 것 같이 오직 복종할 것이요"(고전 14:34)라고 교훈하면서 이 동일한 원리에 대한 또 다른 적용을 하고 있다.

이 본문에서 바울이 명확하게 남자만이 영적인 교사가 될 수 있다는 구약 성경의 가르침을 확인해 주고 있다는 사실을 부정할 수는 없다. 바울은 "율법에 이른 것 같이"라고 덧붙이면서 이러한 관련을 짓고 있다.

이러한 가르침은 디모데전서에서 동일한 정도로 바울에 의해 반복되고 있다. 고린도에서와 같이 디모데의 회중 가운데의 어떤 여인들도 그리스도 안에서의 자유가 영적인 지도에 대하여 기능적인 구분을 뒤집어 엎는 것이라는 잘못된 결론을 내리고 있었던 것 같다. 결과적으로 바울은 "여자는 일체 순종함으로 조용히 배우라 여자가 가르치는 것과 남자를 주관하는 것을 허락하지 아니하노니 오직 조용할지니라 이는 아담이 먼저 지음을 받고 하와가 그 후며 아담이 속은 것이 아니고 여자가 속아 죄에 빠졌음이라"(딤전 2:11-14)고 말하고 있다.

다시금 바울은 이 본문에서 문화적으로 상대적인 가르침을 주고 있지 않음이 분명하다. 왜냐하면 바울은 자신의 가르침의 근거를 하나님의 창조와 관련 있는 계획에 호소하고 있기 때문이다. 아담이 먼저 지음을 받았다는 교훈은 모든 문화와 모든 시대의 모든 그리스도인들을 위한 것이었음을 의미한다.

요약하자면 남자와 여자는 그들의 가치와 존엄성에 있어서는 동등하지만 다른 역할을 수행하도록 하나님에 의해 은사를 받고 부름받고 있다는 것이다. 남성은 영적인 지도자가 되라고 부름받고 있다. 여자는 그렇지 않다. 이러한 차이에는 어떠한 가치 판단도 있을 수 없다. 남자가 영적인 지도자로 부름받고 있다고 해서 결코 뛰어난 것도 아니고 여자가 자녀를 낳을 수 있기 때문에 더 뛰어난 것도 아니다. 다른 역할은 서로 경쟁하기 위한 것이 아니라 보완하기 위한 것이다. 그럼에도 불구하고 차이는 성경이 그것을 자주 그리고 강력한 언어로 반복하고 있다는 사실에 의해서 입증되는 것처럼 중요하다.

2) 지지하는 논증

(1) 삼위일체

동등한 가운데 보완적인 차이가 있다는 개념은 하나님 자신에게 근거하고 있다. 성경은 하나님께서 성부, 성자, 성령, 삼위라고 가르치고 있다. 각 위격은 다른 위격들과 영원히 구별된다. 왜냐하면 각 위격이 전적으로 하나님이기 때문이다. 그러나 하나님의 신성 안에는 자연스러운 위계 질서가 있다. 성부는 아들과 성령에게 명령하신다(요 5:19, 30; 16:13). 아버지는 아들과 성령을 보내신다(요 7:28-29; 14:16-17, 26). 성자와 성령은 기꺼이 사랑 가운데 성부의 뜻에 순복하신다(마 26:39-42). 성부 하나님은 결코 아들과 성령으로부터 명령을 받지 않으신다. 성부는 성자나 성령에 의해 보냄을 받지 않으신다. 그러나 성부는 성자나 성령보다 더 낫지 않다. 왜냐하면 각각의 위격이 전적으로 완전하게 하나님이시기 때문이다. 성부는 단지 다를 뿐이다. 삼위는 완벽한 조화 가운데 서로 함께 일하신다. 왜냐하면 그분들의 역할은 보완적이기 때문이다.

(2) 교회 역사

남녀의 역할에 대한 보완적인 견해는 교회 역사 전체의 지배적인 견해였다. 교회는 항상 사역의 많은 영역에서 여자들의 중요한 공헌을 격려하고 높이 평가한다. 그러나 교회는 최근까지도 거의 항상 여성 지도자를 금하고 있다.

(3) 사회적 무질서

우리의 사회가 현재 직면하고 있는 문제들의 한 가지 요소는 전통적인 남성과 여성의 역할의 상실이다. 가정이나 교회 모두에서 남성과 여성의 차이에 대한 하나님의 계획이 보다 "근대적인" 평등주의적인 관점 때문에 내어던져질 때 질서와 안정은 위협을 받게 된다.

3) 반론에 대한 응답

(1) 이 견해는 문화적으로 전제된 것이다

남성만이 영적인 머리가 될 수 있다는 견해에 대한 가장 흔한 반대는 이러한 견해를 지지하는 신약성경 본문이 문화적으로 전제되어 있다는 것이다. 반대자들은 바울이 다루고 있는 것은 그 대부분이 형식적인 교육을 받지 못하였던 이방인 여성 개종자들이라고 주장한다. 실제로 이들 몇몇 여성들은(디모데가 목회하고 있던 에베소에 있었던 성전의 창기를 포함하여) 이교적인 상황에서 나온 지 얼마 되지 않았음이 분명해 보인다. 그러므로 바울이 **이런 맥락에서** 여성 교사를 금하고 있는 것은 이해할만 하다. 그러나 바울의 금지를 모든 시대와 장소에 보편적으로 적용해서는 안 된다고 반대자들은 주장한다.

바울의 가르침에는 문화적으로 특수한 요소가 있음을 우리는 인정할 수 있다. 고린도전서 11장에서 머리에 수건을 쓰는 문제와 디모데전서 2:9에서 여성들이 보석으로 자기를 단장하고 땋은 머리를 하는 것과 같은 문제는 분명 문화적으로 상대적인 것이다. 그러나 문화적으로 특별한 모든 문제에는 그 바닥에 보편적으로 적절한 원리가 있다.

위의 두 본문에서 근저에 있는 원리는 하나님께서 자신들에게 주신 자리를 내어버린 여성들과 관련된 것이다. 두 본문에서 바울은 자신의 가르침을 창조를 위한 하나님의 계획(아담이 먼저 창조되었다)과 역사적인 사실(하와가 먼저 꾐을 받았다)에 기초시키고 있다. 하나님의 계획이나 역사적인 사실 어느 것도 문화적으로 전제되어 있는 것은 없다.

(2) 여성들은 효과적인 지도자들이 된다

때때로 하나님께서 여성을 복음을 전파하고 심지어 교회를 목회하기 위해 사용하셨다는 것을 부인할 수 없다. 그러나 이러한 사실을 남성의 지도력을 말하고 있는 성경적 가르침을 반대하는 증거로 해석하지 않도록 조심해야 할 세 가지 고려 사항이 있다.

첫째, 경험은 성경의 가르침을 반대하기 위해 사용되어서는 안 된다. 성경이 경험을 해석하기 위해 사용되어야만 하며 그 반대가 되어서는 안 된다. 그러므로 여성이 때때로 남자들 위에 영적인 권위의 자리에서 하나님에 의해 쓰임을 받았다는 사실이 하나님의 이상적 뜻이 아니라고 분명하게 가르치는 성경 본문의 의미를 바꾸어서는 안 된다.

둘째, 성경 전체의 역사를 통하여 하나님께서는 필요한 경우에 불완전한 상황에 자신의 뜻을 기꺼이 적응시키고 계심을 보여 주고 있다. 하나님께서는 하나님의 말씀을 전달하기 위해 더 나아가 자신의 목적을 말씀하시기 위해 보다 적절한 수단이 가능하지 않았을 때에는 이방의 왕들과 거짓 선지자들, 심지어는 당나귀까지도 사용하셨다. 마찬가지로 하나님께서는 남자들이 그 사명을 기꺼이 감당할 수 없었을 때에는 때때로 여성들을 영적인 지도자들로 사용하는 것을 묵인하셨다.

셋째, 이 문제에 대한 다양한 견해가 존재하지만 많은 보완주의자들은 신약성경에서 여성을 지도자 직분에 금하고 있는 것은 여성이 어떤 회중의 최고의 영적인 지도자와 교사로서의 기능을 해서는 안 된다는 것을 의미한다고 해석한다. 즉 여성들의 모든 사역을 부정하는 것이 아니다. 여성들이 가르치고 설교하고 복음을 전할 수 있는 많은 다른 상황들이 존재한다. 그리고 교회 역사를 통하여 많은 탁월한 여성 사역의 성취는 많은 보완주의자들이 성경적인 한계라고 생각하는 범위 안에서 일어난 것이다.

3. 영적인 권위에 있어서 성별을 나누는 것은 적절하지 않다 (평등주의적 견해)

선교사가 외국 문화권으로 가는 것과 같이 하나님께서는 세상을 점차적으로 자신이 인정하시는 방향으로 움직여 가시기 위해서 자신이 인정하지 않으시는 많은 일들에 잠시 적응하셔야만 하였다. 예컨대 창조의 순간으로부터 하나님의 이상은 일부일처제이다. 그러나 역사 전체를 통하여 하나님께서는 시대를 통하여 그들을 변화시키시기 위하여 일부다처제(**일부다처체**를 보라)적인 문화를 관용하시고 그 안에서 일하셨다(창 29장). 이와 유사하게 하나님의 이상은 항상 자신의 형상으로 만들어진 모든 사람들을 위한 자유였다. 그러나 여러 세기에 걸쳐 하나님께서는 결과적으로는 노예제도를 뒤집어엎으시기 위해 노예제도라는 체제를 관용하시고 그 안에서 일하셨다(엡 6:5-9).

영적인 지도력에 관하여 남자에게 부속되는 여자의 역할도 하나님께서 뒤집으시기 원하시는 또 다른 타락한 문화의 한 측면이다. 하나님께서는 구약과 신약성경 모두에 있어 족장들의 문화를 용인하시고 그 안에서 일하였지만 교회가 마땅히 추구해야 하는 하나님의 이상은 지도력에 관한 것이 성의 문제가 아니라 은사에 기반한 것이라는 사실이다.

1) 성경적 논증

성경의 어떤 본문은 여성이 남성에게 복종해야만 하며 여성이 남성에 대한 영적인 권위를 행사해서는 안 된다고 명백하게 금하고 있음을 인정해야 한다(딤전 2:11-14). 그러나 이들 본문들이 항구적인 하나님의 뜻을 나타내고 있는 것은 아니다. 만일 이 가르침이 창조 세계의 질서와 하나님의 이상의 한 부분을 형성한다면 성경은 이와 상반되는 예들을 담고 있지 않을 것이다. 그러나 성경은 여성들이 남성들에 대하여 영적인 권위를 행사하고 있는 많은 예들을 보여 준다. 다음 열 가지는 그러한 예들을 보여 준다.

첫째, 이것은 종종 주목을 받지 못하는 사실이기는 하지만 하나님께서는 수많은 여성들의 노래와 진술을 영감된 권위적인 성경 가운데 넣어놓으셨다(출 15:21; 삿 5장; 눅 1:46-55). 전체 하나님의 말씀이 신자들에게 권위를 가지는 것과 마찬가지로 이들 본문들은 그 말씀을 읽는(남성을 포함한) 모든 사람에게 여성이 영적인 권위를 가지게 되는 실례가 될 수 있다.

둘째, 여성들은 남성들과 함께 창조 세계를 "다스리라"는 동일한 명령을 받았다.

> 하나님이 자기 형상 곧 하나님의 형상대로 사람을 창조하시되 남자와 여자를 창조하시고 하나님이 **그들에게** 복을 주시며 하나님이 그들에게 이르시되 생육하고 번성하여 땅에 충만하라, 땅을 정복하라, 바다의 물고기와 하늘의 새와 땅에 움직이는 모든 생물을 다스리라 하시니라 (창 1:27-28).

셋째, 하나님께서는 아브라함에게 그 아내 사라에게 순종하라고 명령하셨다(창 21:12). 만일 여성의 순종이 하나님의 창조에 속한 계획의 일부였다면 이 명령은 자연을 위배한 것이 될 것이다.

넷째, 미리암이 모세와 아론과 함께 이스라엘의 지도자로 언급되어 있다(미 6:4). 미리암은 또한 유명한 예배 인도자였다(출 15:20-21).

다섯째, 드보라는 이스라엘의 존경받는 사사요 지도자로서 봉사하였다(삿 4-5장). 이 예는 남성이나 여성 모두에 대해 강력한 지도력을 발휘하도록 은사를 받은 여성이 용납될 수 있음을 보여 준다.

여섯째, 훌다는 남자와 여자 모두가 자문을 구하였던 여선지자였다(왕하 22:14). 노아댜와 안나 또한 가르칠 수 있는 여선지자로 묘사되어 있다(느 6:14; 눅 2:36-38). 그리스도에 대한 안나의 가르침의 일부분이 성경에서 발견이 된다(그러므로 그것은 성경을 읽는 모든 사람들에게 권위를 가진다). 보다 일반적으로 성령을 부어 주신다는 증거는 "너희의 자녀들은 예언할 것이요…그 때에 내가 내 영을 내 남종과 여종들에게 부어 주리니 그들이 예언할 것"(행 2:16-18)이라는 것이다. 그러므로 빌립의 네 딸이 각각 "예언의 은사"(행 21:8-9)를 소유하고 있었던 것은 놀라운 일이 아니다. 그리고 바울이 여자들이 머리에 쓰기만 하면 교회에서 예언할 수 있도록 허용한 것도 놀라운 일이 아니다(고전 11:4-5).

일곱째, 하나님께서는 예수님의 부활을 (남자 사도들에게) 선포하는 첫 번째 기독교 복음 전도자들로 여성들을 사용하셨다(요 20:16-18).

여덟째, 브리스길라와 아굴라는 남자인 아볼로를 가르쳤다(행 18:26).

아홉째, 로마서 16:1-12에서 바울은 그리스도의 봉사에 참여하였던 많은 여성들의 이름을 열거하고 있다. 뵈뵈는 "집사"(롬 16:1-2)라고 불리고 있으며, 브리스가(브리스길라)는 하나님의 나라를 위한 사역에서 자신의 남편인 아굴라와 동등한 지위를 부여받고 있으며(롬 16:3-4), 마리아는 신자들 가운데서 많이 "수고한"(롬 16:6) 자로 묘사되고 있고, 안드로니고와 유니아를 "사도들 중에 존중히 여김을 받는"(롬 16:7) 자들로 말하고 있으며, 드루보사와 버시는 주 안에서 "수고한 자들"(롬 16:12)로 묘사되어 있다.

열째, 바울은 유오디아와 순두게를 글레멘드와 다른 남자들과 마찬가지로 동역자로 언급하고 있다(빌 4:2-3).

만일 여성이 남성들에게 영적인 권위를 행사하지 않는 것이 하나님의 창조에 속한 이상의 한 부분이었다면 성경은 이와 반대되는 실례들을 가지고 있지 않아야 한다. 이러한 실례가 많이 있는 것은 여성이 영적인 지도자들로 봉사하는 것을 금지하는 것은 문화적인 것이지 항구적인 것이 아님을 입증해 준다.

하나님께서 기꺼이 자신을 타락한 문화에 잠정적으로 적응시키셨다는 사실이 여성의 사역을 금지하고 있는 듯한 본문에 표현되고 있지만 하나님의 진정한 이상은 갈라디아서 3:28과 같은 본문에 나타나 있다. 여기에서 바울은 말하고 있다.

> 너희는 유대인이나 헬라인이나 종이나 자유인이나 남자나 여자나 다 그리스도 예수 안에서 하나이니라(갈 3:28).

성에 기초하여 역할을 제한하는 것은 인종이나 계급에 근거하여 역할을 제한하는 것과 마찬가지로 그리스도의 몸 안에서는 정당화될 수 없다. 그러한 제한은 사실상 관용하고 감내해야만 하는 문화적인 상황, 예컨대 1세기라는 상황이 있다. 그러나 그러한 제한은 항상 교회가 **대항하여** 싸워야 하는 것이다. 교회는 세상에서 하나님의 **이상**을 실현하기 위해 애써야 한다.

이와 관련하여 바울이나 다른 사람들이 교회에서의 사역을 논의할 때마다 성에 기반한 역할이 아니라 은사에 기반한 역할을 말하고 있음에 주목하는 것은 중요하다. 실제로 은사를 나열하고 있는 신약성경 본문들은 목회와 가르침과 복음 전도의 은사를 포함하여 어떤 은사들이 그 사람의 성과 밀접하게 연결되어 있음을 의미하지 않는다(고전 12:4-31; 엡 4:11). 만일 정말로 지도자로서의 은사가 남성에게 제한되는 것이라면 이러한 특정 성(남성을 말함-역주)에 지도자 직분을 제한하는 것은 신약성경을 읽을 때 우리가 기대할 수 있는 것이다. 그러나 지도자로서의 여성이라고 하는 주제는 신약성경의 교회에 분명히 현존하였다(고전 11:1-16; 딤전 2:11-14).

그 대신에 "은사는 여러 가지나 성령은 같고 직분은 여러 가지나 주는 같으며 또 사역은 여러 가지나 모든 것을 **모든 사람 가운데서** 이루시는 하나님은 같으니"(고전 12:4-6)라는 직설적인 선언이 있다. 다시금 성령께서는 이 모든 은사들을 "그의 뜻대로 각 사람에게 나누어 주시는"(고전 12:11) 것이다. 성이 성령의 선택하심과 어떤 관계가 있다는 아무런 암시도 성경에는 존재하지 않는다.

타락한 문화는 일관되게 성이나 인종이나 계급에 따라 사람들을 분류하지만 하나님의 성령은 이러한 제한으로부터 사람들을 자유롭게 하며 하나님께서 그들에게 주신 은사를 행하도록 해방하신다. 베드로가 오순절 날 그토록 강력하게 선언하고 있는 것처럼 성령께서 이제 **"모든 육체"**에 부어지고 있다. 이것은 의외의 사람들이 의외의 방법으로 하나님에 의해 사용되는 결과를 가져온다. 여러 사람 중에서 여성이나 심지어 노예 소녀들이 하나님의 기사를 권위적으로 예언적으로 선포하기 위해 사용될 것이다(행 2:16-18).

만일 우리가 여성을 반대하는 1세기적 제한을 정경화하고 있다면 우리는 타락한 문화를 우상화하고 성령을 소멸하는 잘못을 범하고 있는 것이다. 이것은 어떤 그리스도인들이 과거에 성경이 노예제도를 용납하고 있는 것을 그것이 진행되는 관행을 정당화하기 위해 사용하려고 시도한 것과 아무런 차이가 없다.

2) 지지하는 논증

(1) 이성과 경험

이성이나 경험은 여성이 최고 수준의 영적인 권위를 행사하는 은사를 부여받을 수 없다는 생각을 지지하지 않는다. 어떤 사람의 성과 설교하고 가르치고 다른 사람을 이끄는 그 사람의 자연적인 능력 사이에는 단지 합리적으로 인식할 만한 연결점은 존재하지 않는다. 정말로 지난 150년은 여성들이 뛰어난 설교자, 그리고 복음 전도자와 목회자로 하나님께 쓰임을 받을 수 있음을 논란의 여지없이 입증해 주었다.

(2) 본성적인 종속

보완주의자들은 그렇지 않다고 반론을 제기할지 모르지만 여성이 영적인 지도력을 발휘할 능력이 있음을 부정하는 것은 본질적으로 여성이 남성보다 열등하다는 견해를 전제하는 것이다. 여성은 여성됨으로 인하여 남성이 수행할 수 있는 역할을 수행할 수 없는 것이다. 이것은 기능적인 종속이 아니라 본성(nature)에 근거한 종속이다.

3) 반론에 대한 응답

(1) 예수님께서는 남자 제자들을 선택하셨다

평등주의적 견해에 대하여 반대하는 사람들은 종종 예수님의 열두 명의 남자 선택을 최고 수준의 영적인 권위가 남자에게 속한 것이라는 증거라고 인용하곤 한다. 이에 대한 답변은 예수님의 열두 명의 남자 제자의 선택은 여성의 본성에 있어서의 결함이 아니라 문화적인 편의와 종교적인 상징주의에 기인한 것이라는 사실이다. 즉 1세기 유대주의 문화에서는 여성이 영적인 권위로 광범위한 존경을 받는 것은 불가능하였음을 발견할 수 있다. 이뿐 아니라 예수님께서는 "새로운 이스라엘"을 구성하고 계셨으며 자연히 야곱의 열두 아들(즉 이스라엘 12지파)을 대표하는 열두 명의 남자를 선택하셨다. 그러므로 예수님의 열두 제자 선택은 여성의 선천적인 능력에 대한 예수님의 견해에 대하여 아무것도 알려 주지 않는다.

(2) 바울의 금지는 어떻게 되는 것인가?

평등주의적 견해에 대한 주된 반대는 바울이 명확하게 여성이 남성에게 가르치거나 권위를 가지게 되는 것이나(딤전 2:11-14) 그렇지 않으면 교회에서 심지어 말하는 것까지 금하고 있다(고전 14:34)는 것이다. 성경은 이러한 금기를 범하고 있는 여성들의 실례를 제공하고 있기 때문에(위의 논의를 보라) 왜 바울이 이러한 진술을 하고 있는 문화적인 이유가 있어야만 한다.

고린도전서의 본문과 관련하여 바울이 초기에 여성이 머리에 쓸 것을 쓰지 않고 교회에서 기도하거나 예언할 수 없다고 가르친 것이 언제나 절대적인 것으로 생각할 수 없다(고전 11:5). 우리는 어떻게 이들 진술을 화해시킬 수 있는가? 바울은 여성이 침묵해야 한다고 교훈한 바로 다음에 "만일 무엇을 배우려거든 집에서 자기 남편에게 물을지니 여자가 교회에서 말하는 것은 부끄러운 것이라"(고전 14:35)고 덧붙이고 있다는 것이 중요하다.

회당에 있는 동안 일반적으로 교육을 받지 못한 여성은 메시지에 대한 질문을 가질 수 있을 것이다. 여성들은(관례에 따라 대개의 경우 통로 건너편에 앉아있는) 자신들 보다 교육받은 남편들에게 교사가 가르치고 있을 때 질문을 하면 예배를 방해할 수 있을 것이다. 바울은 고린도전서에서 이 문제를 제시하고 있는 것처럼 보인다. 그러므로 바울의 교훈은 여성이 남성들과 같은 동일한 교육적인 기회를 가지고 있는 문화적인 상황에서는 아무런 적용점도 가지지 않는다.

디모데전서의 본문에 관해서도 두 가지를 말할 필요가 있다.

첫째, 이 교훈의 상황이 이 본문은 문화적으로 전제되어 있다는 실마리를 제공해 주고 있다. 바울은 여성이 "단정하게 옷을 입으며 소박함과 정절로써 자기를 단장하고 땋은 머리와 금이나 진주나 값진 옷으로 하지 말고"(딤전 2:9)라고 말하고 있다. 오늘날 이 교훈을 무시간적인 명령으로 생각하는 사람은 거의 없다. 그렇다면 왜 바울이 여성들은 "일체 순종함으로 조용히 배우라"(딤전 2:11)고 말하고 있는 다음 문장에서는 무시간적인 진리를 말하고 있다고 생각해야 하는가?

둘째, 디모데가 자신의 새 교회를 목회하고 있는 상황은 바울의 금지가 가지고 있는 문화적으로 전제되어 있는 본성이 무엇인지에 대한 실마리를 제공해 준다. 우리는 여성이 에베소에 만연해 있는 종교적인 제의에서 두드러진 역할을 하고 있었음을 알고 있다. 이 제의의 중심은 다이아나 신전이었는데 이 신전은 세계 칠대 불가사의의 하나로 간주되고 있는 엄청난 구조물이다. 이러한 여성 종교 지도자들 중 몇몇이 지니는 종교적인 기능의 일부분은 성전 매춘에 관여하는 것이었다. 이러한 상황에서 새로이 개종한 이방 종교의 여성을 지도자적인 위치에 두게 되는 것은 지혜롭지 못하며 복음의 확산에 방해가 되었을 것이다(이것은 또한 바울이 감독과 집사의 직책을 남자에게 제한하고 있는 이유이다 [딤전 3:2, 4, 12]).

그러나 바울은 "아담이 속은 것이 아니고 여자가 속아 죄에 빠졌음이라"(딤전 2:14)는 사실뿐 아니라 "이는 아담이 먼저 지음을 받고 하와가 그 후며"(딤전 2:13)라는 사실에 자신의 가르침을 근거시키고 있지 않은가? 표면적으로 이 교훈은 당혹스럽다. 아담이 하와 전에 왔다는 것이 어떤 차이를 가져오는가? 이러한 동일한 논리는 동물이 인간에 대하여 권위를 가지고 있음을 요구하지 않는가? 왜냐하면 동물이 우리 인간보다 먼저 창조되었기 때문이다. 그리고 여자뿐 아니라 아담도 속임 받지 않았는가? 실제로 바울은 다른 곳에서 그 속임의 책임이 아담에게 있다(롬 5:12, 17-19).

바울의 교훈은 에덴 동산에서 일어났던 일에 대한 일반적인 랍비들의 이해를 통해 당혹감은 해소될 수 있다. 이러한 전승에 따르면 아담은 금지된 나무의 열매를 먹는 것이 초래하게 될 위험과 결과에 대하여 하와에게 적절한 교훈을 하지 않은 잘못이 있다. 아담이 먼저 창조되었고 하나님으로부터 직접적인 교훈을 받았다. 하와는 두 번째로 창조되었고 이러한 정보를 아담으로부터 들었다. 이것은 왜 하와가 보다 약점이 있고 또한 아담이 타락에 대한 책임을 져야 하는 이유가 된다.

이러한 빛 안에서 읽혀진다면 디모데에게 바울이 교훈한 것이 이해되기 시작한다. 바울은 디모데에게 여성이 자신의 교회에서 가르치는 것을 허락하지 말라고 말하는 한 가지 이유로서 이러한 랍비적인 이해에 호소하고 있다. 여성들은 하와와 동일한 입장이며 그러므로 약점에 노출되어 있다(참조. 딤전 5:11-15). 이러한 경고는 여성이 남성과 같이 배울 수 있는 많은 기회를 제공받고 있는 문화적인 맥락에서는 아무런 적용점을 가지지 않을 것이다. 지도자적인 위치에 있는 여성과 관련된 부정적인 종교적인 함의가 존재하지 않는 문화적 맥락에서도 마찬가지이다.

4. 심화 학습을 위한 도서 목록

Bilezikian, Gilbert. *Beyond Sex Roles: What the Bible Says about a Woman's Place in Church and Family*. 3rd ed. Grand Rapids: Baker Academic, 2006.

Blomberg, Craig L., and James R. Beck, eds. *Two Views on Women in Ministry*. Grand Rapids: Zondervan, 2001.

Clouse, B., and R. G. Clouse, eds. *Women in Ministry: Four Views*. Downers Grove, IL: InterVarsity, 1989.

Hurley, James B. *Man and Woman in Biblical Perspective*. Downers Grove, IL: InterVarsity, 1981.

Husbands, Mark, and Timothy Larsen, eds. *Women, Ministry, and the Gospel: Exploring New Paradigms*. Downers Grove, IL: InterVarsity, 2007.

Kostenberger, A. J., T. R. Schreiner, and H. S. Baldwin, eds. *Women in the Church: A Fresh Analysis of 1 Timothy 2:9–15*. Grand Rapids: Baker Academic, 1995.

Kroeger, Richard Clark, and Catherine Clark Kroeger. *I Suffer Not a Woman: Rethinking 1 Timothy 2:11–15 in Light of Ancient Evidence*. Grand Rapids: Baker Academic, 1992.

Mickelsen, Alvera, ed. *Women, Authority, and the Bible*. Downers Grove, IL: InterVarsity, 1986.

Pawson, J. David. *Leadership Is Male*. Nashville: Thomas Nelson, 1988.

Pierce, Ronald W., Rebecca Merrill Groothuis, and Gordon D. Fee, eds. *Discovering Biblical Equality: Complementarity without Hierarchy*. 2nd ed. Downers Grove, IL: InterVarsity, 2005.

Piper, John, and Wayne Grudem, eds. *Recovering Biblical Manhood and Womanhood: A Response to Evangelical Feminism*. Wheaton: Crossway, 1991.

Sumner, Sarah. *Men and Women in the Church: Building Consensus on Christian Leadership*. Downers Grove, IL: InterVarsity, 2003.

Witherington, Ben. *Women and the Genesis of Christianity*. New York: Cambridge University Press, 1990.

Across the Spectrum

제16장

천년 왕국 논쟁

천년 왕국 전 재림 (전천년설)
vs
다가오는 평화의 통치에 대한 동참과 기다림 (후천년설)
vs
사탄에 대한 상징적인 천 년 동안의 정복 (무천년설)

1. 서론

1) 문제 제기

그 책은 베스트셀러가 갖추어야 할 모든 요소를 가지고 있었다. 모험과 드라마, 액션과 미스터리, 심지어는 공포의 특징까지 그 모든 것이 거기에 있었다. 폴(Paul)은 마지막 몇 페이지를 읽기를 마쳤고 그 책을 내려놓고 성경의 마지막 책인 요한계시록에 기록된 사건들에 대한 저자의 드라마틱한 설명을 되새겨 보았다. 그 저자는 성경의 생각들이 살아나게 만드는 은사를 가지고 있었다.

교회 친구인 켈리(Kelly)가 그 책을 폴에게 추천하였다. 켈리는 폴에게 그 책은 단지 탁월한 내용을 담고 있을 뿐 아니라 자신의 삶을 바꾸어 놓았다고 말했다. 이 세상 역사의 마지막 시간이 진행되는 방식에 대한 새로운 이해를 통해 켈리는 다시금 그리스도인이라는 사실에 새삼 흥분하게 되었다. 켈리는 폴에게 그 책이 어떻게 그녀로 하여금 요한계시록의 신비로운 상징주의를 파악하게 해 줄 수 있었는지 설명하였다. 이러한 이해를 통해 켈리는 이제 마지막 때의 시나리오가 자신의 눈앞에 바로 펼쳐지고 있음을 볼 수 있게 되었다.

폴은 그 책이 책 앞머리에서부터 마지막까지 자신의 주의를 끌었음을 인정하지 않을 수 없었다. 그리고 폴은 또한 마지막 때에 대한 새로운 긴박감을 느끼게 되었다. 폴은 특별히 그리스도께서 곧 오실 것이며 그리스도인들을 세상 바깥으로 인도하실 것이고 그의 원수들과 전쟁을 하시고는 천년 왕국이라 불리는 천 년 동안의 기간을 시작하실 것이라는 저자의 견해에 매료되었다. 이 기간 동안 그리스도와 그의 교회는 세상을 다스릴 것이다.

바로 그때 전화벨이 울렸다. 그 전화는 밥(Bob)의 전화였는데 그는 폴의 친한 친구였으며 폴의 성경 공부 그룹의 한 구성원이었다. 타이밍은 완벽했다. 밥은 대학에서 성경 연구를 전공하였고 신학적인 주제들을 논의하는 것을 좋아했다. 폴은 그 책의 기본적인 이야기 윤곽을 설명했고 밥에게 어떻게 생각하는지를 물었다.

밥은 망설이다가 마침내 다음과 같이 말했다.

"폴, 사실 나는 그 책을 이미 읽어보았어. 나는 그 책이 흥미진진한 책으로 보인다는 사실에 동의해. 그러나 정직하게 말하자면 나는 요한계시록에 대한 그 사람의 해석은 기본적으로 잘못되었으며 나는 그 책이 사람들에게 미칠 영향에 대해 염려하고 있어. 그 저자는 요한계시록을 사실상 상징으로 해석해야 하는 때에 마치 그것이 미래에 대한 스냅 샷인 것처럼 다루고 있어. 사도 요한은 역사의 마지막에 일어날 일에 대해서 기록하고 있는 것이 아니야. 요한은 자신이 편지하고 있는 사람들의 인생 가운데 발생하려고 하는 사건들에 대해 기록하고 있는 거야. 요한은 우리에게 요한계시록의 바로 앞부분에서 그것을 말하고 있어. 나는 그리스도인들이 이 책을 읽고 어떤 사람들이 별점을 치는데 사용하는 12궁도와 동일한 방식으로 이 책을 통해 현재의 사건들을 해석하려고 시도하면서 시간을 낭비할까봐 두려워."

이 대화 이후에 폴은 많은 의문을 가지게 되었다. 어떻게 그리스도인들은 요한계시록이라는 책을 해석해야만 하는가? 문자적으로 아니면 상징적으로 이해해야 하는가? 요한계시록은 1세기 사건에 대해 말하고 있는가 아니면 21세기 사건에 대해 말하고 있는가? 그리고 천년 왕국이라고 하는 것은 어떤 것인가? 그리스도께서는 곧 다시 오셔서 지상에 천 년의 통치를 확립하실 것인가?

2) 핵심 주장과 차이점

복음주의 신학에서 가장 논쟁이 되고 있는 질문 가운데 몇 가지는 일반적으로 마지막 때와 관련되어 있으며 특별히 요한계시록이라는 책과 관련 있다(이 책의 해석에 대한 복음주의의 해석을 위한 부록을 보라). 이러한 일반적인 논의에서 중심적인 주제 가운데 하나는 요한계시록 20:1-10에 언급되어 있는 천 년이라는 기간, 즉 천년 왕국과 관련이 있다. 그 기간 동안 그리스도께서는 세상을 다스리실 것이다. 천년 왕국의 성격은 무엇이며 언제 그것은 일어날 것인가? 그러나 천년 왕국 논쟁은 단지 마지막 때 일반에 대한 보다 폭넓은 논의 안에 있는 한 가지 주제일 뿐이다. 마지막 때에 대한 연구인 **종말론**보다 신학에서 더 복잡하고 혼란스러운 주제는 없다고 말하는 것이 일반적일 것이다.

이들 문제에 대한 복잡한 논의에도 불구하고 복음주의 그리스도인들은 여러 가지 사실에 대해 의견의 일치를 보이고 있다.

첫째, 모든 복음주의자들은 예수 그리스도께서 어느 날 지상으로 돌아오실 것이라고 확신한다. 이 사건은 **재림** 또는 두 번째 강림으로 알려져 있다. 그가 돌아오실 때 그리스도께서는 마침내 온전하게 모든 악을 정복하실 것이다.

둘째, 의견의 일치를 보이고 있는 두 번째 사실은 그때까지 살았던 모든 사람들의 육체적인 부활이 있을 것이라는 점이다. 여기에 최종적인 심판이 뒤따를 것이다. 마지막으로 모든 복음주의자들은 신자들이 영원토록 그리스도와 함께 통치할 것이라는 사실을 확신한다. 반면에 불신자들은 하나님의 임재로부터 분리될 것이다. 이러한 복음주의자들의 일치점들은 그들이 그리스도의 재림을 단지 비유적이거나 신화적인 용어로 해석하고 있는 어떤 이해에 대해 이의를 제기하고 있음을 보여 준다. 복음주의자들은 만장일치로 그리스도의 재림과 함께 하나님께서는 결정적이고 부정할 수 없는 방식으로 인간 역사에 개입하실 것이라는 사실에 동의한다.

대부분의 복음주의자들은 이러한 마지막 때의 사건에 대한 기본적인 개요에 대해 합의하고 있지만 그 상세한 부분에 이르게 되면 여러 차이점이 드러나게 된다. 천 년의 본질에 대한 질문은 교회 역사 전체를 통해 항구적으로 논의되고 있는 영역이다. 초대교회의 첫 몇 세기 동안 다수 견해는 오늘날 전천년설이라 불리는 견해의 한 형태였다.

전천년설은 천 년이 문자적으로 천 년 동안의 기간이라고 주장한다. 이 천 년은 그리스도의 재림 이후에 있을 것이다. 이 기간 동안 그리스도께서는 지상에서 다스리실 것이다. 최소한 두 가지 다른 형태의 전천년설이 있다는 사실에 주의하는 것이 중요하다. 역사적 전천년설과 세대주의적 전천년설이 그것이다(이 구분에 대하여 보다 상세한 것은 부록을 보라).

5세기 초엽 어거스틴과 함께 새로운 관점이 전면에 등장하였는데 그것은 **무천년설**이었다. 무천년설적 견해는 천 년을 문자적인 천 년의 기간으로 보지 않으며 도리어 그리스도의 통치 일반에 대한 상징으로 본다. 이 견해는 중세 시대에 걸쳐 지배적인 견해로 남아 있었다. 종교개혁 이후에 (비록 전례가 있기는 하지만) 제3의 견해가 등장하였다. 많은 개신교도들은 평화로운 천 년 동안의 통치가 오고 있지만 그것은 전천년설자들이 주장하듯이 그리스도의 재림이 그 앞에 있지는 않을 것이라고 믿게 되었다. 도리어 교회 자체가 세상을 복음화하고 변혁함으로써 이러한 평화로운 천 년 동안의 통치가 도래하게 할 것이다. 그리스도의 재림은 이러한 천 년의 기간의 정점이 될 것이다. 이러한 견해는 **후천년설**이라고 알려져 있다.

오늘날 복음주의자들의 다수는 전천년설의 형태를 옹호하고 있지만 다른 두 가지 견해 또한 지지자들을 가지고 있다. 이 장의 세 가지 논문은 이러한 견해 각각에 대한 지지를 표명하고 있다.

2. 천년 왕국 전 재림 (전천년설)

몇 가지 주목할 만한 차이점(**휴거**를 보라)에도 불구하고 모든 전천년설자들은 예수님께서 육체적으로 지상으로 재림하신 이후에 시작될 문자적인 천 년 동안의 평화의 통치가 미래에 다가오고 있다는 데 동의한다. 전천년설자들은 예수님의 재림이 천 년 **전에** 있을 것이라고 믿기 때문에 그렇게 부르고 있다.

1) 성경적 논증

천년 왕국을 명확하게 언급하고 있는 유일한 본문은 요한계시록 20장에서 발견된다. 요한은 다음과 같이 말하고 있다.

> 또 내가 보매 천사가 무저갱의 열쇠와 큰 쇠사슬을 그의 손에 가지고 하늘로부터 내려와서 용을 잡으니 곧 옛 뱀이요 마귀요 사탄이라 잡아서 천 년 동안 결박하여 무저갱에 던져 넣어 잠그고 그 위에 인봉하여 천 년이 차도록 다시는 만국을 미혹하지 못하게 하였는데 그 후에는 반드시 잠깐 놓이리라 또 내가 보좌들을 보니 거기에 앉은 자들이 있어 심판하는 권세를 받았더라 또 내가 보니 예수를 증언함과 하나님의 말씀 때문에 목 베임을 당한 자들의 영혼들과 또 짐승과 그의 우상에게 경배하지 아니하고 그들의 이마와 손에 그의 표를 받지 아니한 자들이 살아서 그리스도와 더불어 천 년 동안 왕 노릇 하니(그 나머지 죽은 자들은 그 천 년이 차기까지 살지 못하더라) 이는 첫째 부활이라 이 첫째 부활에 참여하는 자들은 복이 있고 거룩하도다 둘째 사망이 그들을 다스리는 권세가 없고 도리어 그들이 하나님과 그리스도의 제사장이 되어 천 년 동안 그리스도와 더불어 왕 노릇 하리라 천 년이 차매 사탄이 그 옥에서 놓여 나와서 땅의 사방 백성 곧 곡과 마곡을 미혹하고 모아 싸움을 붙이리니 그 수가 바다의 모래 같으리라 (계 20:1-8).

무천년설자들은 문자적인 천 년 동안의 평화의 통치가 오리라는 생각을 요한계시록이 **묵시적인** 책이라는 근거에서 부정한다. 분명 요한계시록은 묵시적이며 묵시문학은 상징적이라는 것을 인정할 수 있다. 그러나 묵시문학 일반 또는 특별히 요한계시록이 문자적으로 **아무것도** 전달할 수 없다고 생각해야 할 이유는 없다. 요한계시록 20장은 미래의 사건에 대한 직접적인 묘사처럼 읽혀질 수 있다. 본문에서 네 번 사실적인 방식으로 사탄이 묶여질 것이고 주님께서 통치하실 천 년 동안의 기간이 다가오고 있다고 언급하고 있다. 이것을 상징적으로만 해석할 이유는 없다.

첫 번째 부활과 두 번째 부활 사이에 분명한 구별이 있다는 것을 상징적으로 해석하지 않으면 안 될 이유 또한 존재하지 않는다. 이것은 전천년설적인 견해에 결정적으로 중요하다. 왜냐하면 전천년설은 미래에 두 개의 부활이 있을 것이라는 신념에 근거하고 있기 때문이다. 첫째 부활은 그리스도와 함께 천 년 동안 다스릴 성도들의 부활이다. 두 번째 부활은 모든 다른 사람들이 영원한 심판을 위하여 부활하는 것이다. 이러한 구분이 요한계시록 20장에서만 발견되는 것은 아니다.

예컨대 누가복음 14:14에서 예수님은 "의인의 부활"을 언급하고 계신다. 이 구절은 분명히 "악인의 부활"도 있을 것이라는 것을 암시해 준다. 이와 비슷하게 바울은 빌립보 그리스도인들에게 "내가 그리스도와 그 부활의 권능과 그 고난에 참여함을 알고자 하여 그의 죽으심을 본받아 어떻게 해서든지 죽은 자 가운데서 부활에 이르려 하노니"(빌 3:10-11)라고 말하고 있다. 바울은 일반적인 부활을 말하고 있지 않다. 그렇지 않다면 바울은 그것을 잡으려고 좇아갈 필요가 없었을 것이다. 바울은 성도들만을 위한 부활을 언급하고 있는 것 같다. 이것은 구속받지 못한 죄인들로부터 성도들을 구별해 주는 것이다. 원문의 헬라어는 이것을 지지해 준다. 왜냐하면 원문은 문자적으로 바울이 "죽은 자들로부터의 부활"을 얻고자 애쓰고 있다고 말하고 있기 때문이다. 바울은 분명히 선택적인 첫 번째 부활을 생각하고 있다. 이것을 이어 나중에 모든 "죽은 자들"의 일반적인 부활이 따라올 것이다.

두 가지 부활이라는 생각을 강하게 지지해 주는 또 다른 본문은 고린도전서 15장이다. 바울은 모든 사람이 부활할 것이라고 말하고 있다.

> 그러나 각각 자기 차례대로 되리니 먼저는 첫 열매인 그리스도요 다음에는 그가 강림하실 때에 그리스도에게 속한 자요 그 후에는 마지막이니 그가 모든 통치와 모든 권세와 능력을 멸하시고 나라를 아버지 하나님께 바칠 때라 그가 모든 원수를 그 발아래에 둘 때까지 반드시 왕 노릇 하시리니(고전 15:23-25).

바울이 이 본문에서 하고 있는 구분에 유의하라. 첫째, 그리스도께서 다시 오셔서 "(그)에게 속한 자들"을 부활시키실 것이다. 끝으로 그리스도께서 모든 적들에 대하여 승리를 얻으실 때 "마지막"이 올 것이다. 이것은 바울이 데살로니가전서에서 말하고 있는 것과도 일치한다.

> 주께서 호령과 천사장의 소리와 하나님의 나팔 소리로 친히 하늘로부터 강림하시리니 그리스도 안에서 죽은 자들이 먼저 일어나고 그 후에 우리 살아남은 자들도 그들과 함께 구름 속으로 끌어 올려 공중에서 주를 영접하게 하시리니 그리하여 우리가 항상 주와 함께 있으리라(살전 4:16-17).

그리스도께서 다시 오실 때 "그리스도 안에" 있는 자들은 죽은 자들이나 살아 있는 자들이 "한 가지로 구름 속으로 끌어올려 질" 것이다. 이것은 "생명의 부활"이다. 왜냐하면 부활한 자들이 주님과 영원토록 함께 있을 것이기 때문이다(참조. 요 5:28-29). 이것은 모든 불신자들이 깨어서 그들의 행한 것을 따라 심판을 받게 될 "정죄의 부활"과는 구별되는 것이다(참조. 단

12:2). 단지 전천년설적인 견해만이 두 가지 구별되는 부활을 지지하기 때문에 두 가지 부활에 대한 이러한 증거는 전천년설적인 관점을 지지한다.

비록 전천년설자들은 그리스도의 재림과 관련하여 크고 최종적인 **환난**의 시기에 대하여 서로 의견이 갈리기는 하지만 그리스도의 재림이 즉각적으로 지상에서의 천 년 동안의 "안식"으로 인도할 것이라는 점에 있어서는 의견의 일치를 보이고 있다. 많은 본문이 이러한 천 년 동안의 안식을 언급하고 있다.

구약성경 전체는 지상에 세워질 하나님의 나라를 보여 주고 있다. 인자는 "모든 백성과 나라들과 다른 언어를 말하는 모든 자들"(단 7:14)을 통치하시는 분으로 묘사되어 있다. 실제로 하나님의 성도들인 그의 "거룩한 자들"(단 7:18)과 함께 인자는 지상의 모든 왕들과 나라들을 다스리실 것이다. 이사야가 예언하고 있는 한 시대도 마찬가지이다.

> (말일에) 여호와의 전의 산이 모든 산 꼭대기에 굳게 설 것이요 모든 작은 산 위에 뛰어나리니 만방이 그리로 모여들 것이라 많은 백성이 가며 이르기를 오라 우리가 여호와의 산에 오르며 야곱의 하나님의 전에 이르자 그가 그의 길을 우리에게 가르치실 것이라 우리가 그 길로 행하리라 하리니 이는 율법이 시온에서부터 나올 것이요 여호와의 말씀이 예루살렘에서부터 나올 것임이니라 그가 열방 사이에 판단하시며 많은 백성을 판결하시리니 무리가 그들의 칼을 쳐서 보습을 만들고 그들의 창을 쳐서 낫을 만들 것이며 이 나라와 저 나라가 다시는 칼을 들고 서로 치지 아니하며 다시는 전쟁을 연습하지 아니하리라(사 2:2-4).

이것은 이리가 어린 양과 함께 살며 표범이 어린 염소와 함께 누우며 송아지와 어린 사자와 살진 짐승이 함께 있어 어린 아이에게 끌리는 시대이다. 이러한 평화의 시대에 사자가 소처럼 풀을 먹을 것이며 젖 먹는 아이가 독사의 구멍에서 장난하며 젖 뗀 어린 아이가 독사의 굴에 손을 넣을 것이다(사 11:6-8). 다른 본문들도 비슷한 환상을 묘사하고 있다(겔 36-48장; 미 4:1-8). 이들 약속들은 모두 지상의 천년 왕국에 적용되며 그러한 생각으로 설명될 수 있다.

신약성경 또한 지상에서의 그리스도의 미래적인 통치를 제안하고 있다. 히브리서 기자는 하나님께서 유대인들이 들어가기를 원하셨던 구약성경에서의 안식과 하나님께서 그리스도인들을 위해 예비하고 계신 안식 사이에는 직접적인 관계가 있음을 시사하고 있다(히 3:7-4:13). 이러한 관계는 유대인들을 위한 "안식"이 의도되었던 바와 마찬가지로 교회를 위한 "안식"이 지상에서 이루어질 것임을 제안하고 있다.

이와 관련하여 예수님께서는 "온유한 자는 복이 있나니 그들이 땅을 기업으로 받을 것임이요"(마 5:5)라고 약속을 하셨다. 예수님은 또한 우리에게 아버지의 "뜻이 하늘에서 이루어진 것 같이 땅에서도 이루어"(마 6:10)질 것을 기도하라고 가르치셨다. 그러한 본문은 예수님께서 아버지께서 지상에 대한 자신의 뜻을 포기하지 않으셨음을 분명히 알고 계셨음을 분명하게 해 준다. 오히려 예수님께서 땅을 다시 회복하실 것이며 사탄을 결박하시고 자신의 지상의 교회가 자기와 함께 세상을 다스리게 하실 것이다. 천년 왕국은 "새 땅"이 세워질 시대가 될 것이다(사 65:17-22; 벧후 3:13; 계 21:1).

2) 지지하는 논증

(1) 교회 전통

초기의 속사도시대 교부들은 교회의 휴거에 대한 명확한 이해를 가지고 있지 않았지만 그럼에도 불구하고 그들은 일반적으로 전천년설적인 종말론을 주장하였다. 전천년설은 분명하게 저스틴 마터와 터툴리안, 이레니우스, 그리고 락탄티우스(Lactantius, 240-320)의 견해였다.

불행하게도 어떤 사람들은 이러한 전천년설적인 견해를 어리석게도 물질적인 방향으로 밀고 나가서 **천년 왕국설**이라 불리는 것을 만들어 내었다. 5세기에 어거스틴과 다른 여러 사람들은 천년 왕국설에 반대하여 결국에는 무천년설적인 입장을 지지하여 전천년설을 거부하였다. 그럼에도 불구하고 전천년설이 초기 속사도 교부 시대에 지배적인 견해였다는 사실은 사도들이 전천년설적인 입장을 가르쳤다는 견해를 지지해 준다.

(2) 세상에서 약화된 기독교의 상태

그리스도인들은 때때로 "하나님께서 승리하시는" 것처럼 보이지 않기 때문에 실망하곤 한다. 기독교는 세상의 많은 부분에서 괄목할 만한 성장을 하고 있지만 이슬람이나 다른 비기독교 신앙도 마찬가지이다. 미국이나 유럽과 같은 세상의 어떤 곳에서는 기독교가 실제로 그 기반을 잃어가고 있다. 그리스도를 받아들이는 사람들의 수와 전체적인 문화에 대하여 교회가 가지고 있는 영향으로 보면 교회는 바른 방향으로 가고 있지 않다.

세상의 이러한 상태는 후천년설이나 무천년설자들에게 손쉬운 상황이 아니다. 왜냐하면 그들의 설명에 따르면 세상은 점차적으로 기독교적이 되어 가야 한다. 그러나 전천년설자들은 그러한 희망을 가지지 않는다. 대부분의 전천년설자들은 주님의 재림에 앞서서 상황이 일반적으로 더욱 나빠질 것이라는 사실을 받아들인다. 그들은 세상, 특별히 서구 문화의 약화된 상태를 슬퍼한다. 이러한 상태는 단지 주님이 곧 다시 오실 것이라는 그들의 믿음을 확고하게 해 준다.

3) 반론에 대한 응답

(1) 이 견해는 부당한 기초를 가지고 있다

무천년설자들은 천년 왕국이 묵시적인 단지 한 본문에 언급되어 있다는 근거에서 전천년설적인 입장을 반대한다. 천년 왕국이 요한계시록 20장에만 언급되어 있다는 것이 사실이기는 하지만 거기에서 네 번에 걸쳐 언급되고 있다. 이것은 "삼위일체"가 언급되고 있는 횟수(성경에는 "삼위일체"란 말이 실제로는 한 번도 등장하지 않는다. 물론 그렇다고 해서 이러한 사실이 삼위일체론을 부정하는 이단적인 주장의 빌미가 되어서는 안 된다–역주)보다 많은 네 번이다.

게다가 위에서 언급되고 있는 것처럼 요한계시록이 묵시적인 내용이라는 것은 그 안에 있는 어떠한 것도 문자적으로 취할 수 없다는 결론을 정당화해 주지 못한다. 거의 모든 학자들은 소아시아의 일곱 교회에 보내진 메시지를 문자적으로 해석한다(계 2-3장).

그러므로 우리는 본문을 해석할 때 문자적이거나 상징적인 본성을 결정하기 위해 각각의 본문을 살펴보아야만 한다. 천년 왕국이라는 용어가 어떤 다른 곳에서도 명확하게 언급되지는 않았지만 위에서 본 것처럼 수많은 본문들이 이것을 암시하고 있다.

(2) 이 견해는 하나님 나라의 확장이 "겨자씨" 비유가 말하는 형식으로 이루어질 것이라는 것과 반대된다

어떤 후천년설자들은 하나님께서 세계 역사에서 일반적으로 역사하시는 방식과 전천년설이 일치하지 않는다고 전천년설적 견해에 반대한다. 예수님께서는 하나님 나라는 전천년설적 견해가 가정하는 것처럼 단회적이고 순간적인 능력의 행사를 통해서가 아니라 겨자씨와 같이 자라나고 성장하는 것으로 말씀하고 있다는 것이다(참조. 마 13:31-32).

하나님께서 자신의 나라를 천천히 그리고 미묘하게 겨자씨와 같은 방식으로 확장하실 때가 있음을 인정할 수 있다. 이것은 우리가 지금 들어와 있는 교회 시대이다. 그러나 이러한 형식이 무한정 계속되리라고 가정할 이유가 없다. 때때로 일상적인 것이 비정상적인 것을 위해 중단된다. 노아의 홍수와 이집트의 재앙은 이러한 실례이다. 시간의 마지막 때에도 그러할 것이다. 아버지께만 알려져 있는 어느 날 예수님께서는 다시 오셔서 자신의 신부를 자신에게로 모으실 것이며 세상에 심판을 가져오시고 사탄을 결박하시고 그리고는 자신의 천년 왕국의 통치를 확립하실 것이다. 이때는 일상적인 업무가 아닌 다른 어떤 것과 같이 묘사될 수 있을 것이다.

3. 다가오는 평화의 통치에 대한 동참과 기다림 (후천년설)

이 논문이 지지하고 있는 견해는 후천년설이라고 불린다. 왜냐하면 다른 일들 가운데서 이 견해는 주님께서 천 년 동안 자신의 교회와 지상에서 통치하신 **후에** 재림하셔서 산자와 죽은 자들을 심판하실 것을 옹호하고 있기 때문이다. 전천년설이나 무천년설과는 대조적으로 후천년설자들은 그리스도께서 온 세상이 기독교화 된 이후에 다시 오실 것이라고 믿는다.

다른 견해들과 마찬가지로 후천년설자들 안에도 의미심장한 의견의 차이가 존재한다. 청교도들이나 19세기의 많은 복음주의자들과 같은 고전적인 후천년설주의자들은 요한계시록 20장에서 말하고 있는 천 년 동안의 통치를 문자적으로 해석하였다. 그러나 현대의 후천년설자들은 천 년이 완전하고 온전한 시대에 대한 상징이라고 주장한다. 이 시대는 주님께서 세상을 다시 회복하시는 자신의 일로부터 안식하시게 될 시간이다.

후천년설자들은 또한 언제 이러한 천 년의 시기가 시작될 것인지에 대해서 의견이 갈리고 있다. 고전적인 후천년설자들은 이러한 시간의 기간이 비록 일반적으로는 먼 미래가 아니기는 하지만 미래에 있다고 믿었다. 후천년설자들은 세상을 하나님께 되찾아 드리기 위한 교회의 사명이 곧 완성될 것이라는 점에서 낙관적이다. 그러나 이들의 낙관론은 우리가 이미 천 년의 시기에 있다고 주장하는 다른 후천년설자들의 낙관론에 비하면 약한 것이다. 비록 아직 완전히 드러나지는 않았지만 사탄은 원칙적으로 이미 결박되어 있으며 그리스도께서는 원칙적으로 이미 왕좌에 앉아 계신다.

그러나 이러한 차이에도 불구하고 후천년설자들은 이 입장의 중심적인 논점에 대해 동의하고 있다. 교회는 주님께서 육체적으로 다시 오셔서 세상의 역사에 대해 대격변적인 종말을 가져오시기 전에 세상의 기독교화를 기대하고 그 일을 위해 일해야만 한다.

1) 성경적 논증

복음주의 대중을 휩쓸고 있는(예컨대 휴거 후 남겨진 사람들에 대한 일련의 소설과 영화 같은) 전천년설의 광풍의 중앙에서 많은 진지한 복음주의자들은 주님께서 어느 순간에 육체적으로 다시 오실 것을 기대한다. 깨어 있는 사람들이 취함을 입고 그렇지 않은 사람들은 남겨진다는 이른바 "남겨진 사람들"에 대한 두려움이 이 교리의 흥행을 높이는 요소 중의 하나이다. 주님께서 다시 오실 때까지 이들 그리스도인들은 세상에서 죄와 고난이 증가할 것이라고 생각한다. 교회의 사역을 통해서 개개인들은 구원을 받을 것이지만 전체 세상은 사라지게 될 것이다.

후천년설자들은 이러한 전망을 비관적이며 성경적인 오류라고 생각한다. 이를 통해 우리는 전천년설이 지배적이 되었던 20세기의 복음주의 교회가 왜 개인적인 전도에는 열정적이면서도 사회적인 악을 제거하는 데는 무관심하고 무능력했는지를 알 수 있다. 이러한 관점에서 현대의 복음 전도는 후천년설이 지배적이었던 19세기의 복음 전도와 날카롭게 대조가 된다. 찰스 피니와 같은 후천년설적인 설교가들에게 그리스도인들이 문화를 변혁함이 없이 영혼을 얻고 그리스도를 증거할 수 있다는 생각은 불가능하였다.

전천년설적인 심리 구조는 예수님께서 옹호하셨던 하나님 나라의 도래에 대한 태도와는 대조된다. 사람들이 예수님께 언제 하나님의 나라가 임하는가를 물었을 때 예수님께서는 전천년설자들이 대답하는 방식으로 가르치지 않으셨다. "하나님의 나라는 볼 수 있게 임하는 것이 아니요 또 여기 있다 저기 있다고도 못하리니 하나님의 나라는 너희 안에 있느니라"(눅 17:20-21)고 예수님은 말씀하셨다. 본질적으로 예수님께서는 우리가 언제 하나님의 나라가 임할 것인지를 말할 수 없다고 가르치셨다. 예수님께서는 하나님 나라의 도래를 특징지어 주는 대격변의 사건을 기대하지 않으셨다.

이 본문에서 예수님께서는 어떤 의미에서 하나님의 나라가 이미 임하였다고 가르치셨다. 하나님의 나라는 이미 이 질문을 하고 있는 사람들 "가운데" 있다. 이 구절은 **지금** 자라가고 있는 하나님의 나라와 **그때에** 온전하게 이루어지게 될 하나님의 나라 사이에 강한 연속성이 있음을 전제하고 있다. 예수님께서는 지금과 그때 사이에 대격변적인 불연속성을 생각하지 않으셨다. 이러한 가르침은 하나님의 나라가 이 지상에 세워지기 전에 그리스도인들이 먼저 휴거되고 남겨진 사람들은 대환난의 시기를 통과하게 될 것이라는 20세기에 유행하였던 전천년설적인 생각과는 반대된다. 만일 "여기 있다 저기 있다"라는 반응을 불러일으키지 못한다면 어떻게 되겠는가?

예수님은 자신의 가르침의 많은 곳에서 **지금**의 하나님 나라와 **그때**의 하나님 나라 사이에 연속성이 있음을 강조하셨다. 예컨대 어느 지점에서 예수님은 가르치셨다.

> 천국은 마치 사람이 자기 밭에 갖다 심은 겨자씨 한 알 같으니 이는 모든 씨보다 작은 것이로되 자란 후에는 풀보다 커서 나무가 되매 공중의 새들이 와서 그 가지에 깃들이느니라(마 13:31-32).

이러한 가르침에 바로 뒤이어 예수님께서는 "천국은 마치 여자가 가루 서 말 속에 갖다 넣어 전부 부풀게 한 누룩과 같으니라"(마 13:33)고 말씀하셨다. 두 가르침의 논점은 하나님의 나라가 조그마한 방식으로 시작하지만 결국에는 모든 밭과 모든 떡 반죽을 뒤덮게 될 때까지 점차적이고 은밀하게 자라난다는 것이다. 이러한 빛 안에서 교회는 온 세상을 뒤덮게 될 하나님 나라의 점차적인 팽창을 신실하게 기대하거나 그것을 위해 일해야만 한다. 세상에서 타락의 물결을 저지하기 위해서 그리스도인들이 할 수 있는 일은 거의 없다는 패배주의적인 관념은 주님께서 그리스도인들에게 부여하신 하나님 나라의 권위를 부정하는 것이며 하나님의 나라를 진전시키라는 교회의 동기를 훼손하는 것이다.

이스라엘 민족을 선택하심부터 자기 아들을 세상에 보내시기까지 온 세상의 역사를 통한 하나님의 활동의 중심적인 목표는 세상과 그 백성을 자신의 것으로 다시 찾으시는 것이다. 하나님께서는 인간을 세상에 대한 자신의 **대리 통치자**로 세우셨다. 그러나 인간은 불행하게도 자신의 권위를 사탄에게 내어 주었다. 주님께서는 자신의 주된 대적을 패배시키시며 자신의 백성을 자유케 하심으로써 세상을 다시 찾고 계신 과정 가운데 있다. 천 년은 주님의 목적이 성취되는 세상 역사의 한 시점이 되는 것이다.

이러한 천 년은 역사가 진행해 가고 있는 목표로서 성경 전체를 통하여 예견되고 있다. 성경은 주님께 "모든 무릎이 꿇겠고 모든 혀가 맹세하게 될"(사 45:23-24) 어떤 시대를 예견하고 있다. 신약성경의 용어로 하면 다음과 같다.

> 하늘에 있는 자들과 땅에 있는 자들과 땅 아래에 있는 자들로 모든 무릎을 예수의 이름에 꿇게 하시고 모든 입으로 예수 그리스도를 주라 시인하여 하나님 아버지께 영광을 돌리게 하셨느니라(빌 2:10-11).

이것은 주님의 기름부음을 받은 자(그리스도) 메시아가 주권적으로 통치하시는 시간이다. 사탄은 확장된 시간의 기간 동안 옥에 갇혀 있을 것이다(계 20:1-10). 사자가 어린 양과 함께 눕는 것으로 상징적으로 표현되고 있는 평화가 온 세상을 다스릴 것이다(사 11:6-9). 하나님의 통치를 받아들이는 모든 사람들은 그리스도 아래에 하나로 통일될 것이지만 하나님을 반대하는 모든 사람들은 정복될 것이다(사 55:1-9; 66:18-24). 전체 세상은 마침내 창조주의 사랑과 주권 안에서 통일될 것이다.

예컨대 시편 72편은 하나님의 기름부음을 받은 자에 대해 그렇게 말하고 있다.

> 그는 벤 풀 위에 내리는 비 같이, 땅을 적시는 소낙비 같이 내리리니 그의 날에 의인이 흥왕하여 평강의 풍성함이 달이 다할 때까지 이르리로다 그가 바다에서부터 바다까지와 강에서부터 땅 끝까지 다스리리니 광야에 사는 자는 그 앞에 굽히며 그의 원수들은 티끌을 핥을 것이며…모든 왕이 그의 앞에 부복하며 모든 민족이 다 그를 섬기리로다(시 72:6-9, 11).

시편 110편은 이 주제에 대해 발전된 내용을 제시하고 있다.

> 여호와께서 내 주에게 말씀하시기를 내가 네 원수들로 네 발판이 되게 하기까지 너는 내 오른쪽에 앉아 있으라 하셨도다 여호와께서 시온에서부터 주의 권능의 규를 내보내시리니 주는 원수들 중에서 다스리소서 주의 권능의 날에 주의 백성이 거룩한 옷을 입고 즐거이 헌신하니 새벽 이슬 같은 주의 청년들이 주께 나오는도다 여호와는 맹세하고 변하지 아니하시리라 이르시기를 너는 멜기세덱의 서열을 따라 영원한 제사장이라 하셨도다(시 110:1-4; 참조. 사 2:1-4).

성경의 약속은 메시아가 결국에는 그의 모든 적들을 파하실 것이며 온 세상을 다스리실 것임을 말씀한다. 이러한 통치는 원칙적으로 예수님께서 죽은 자들로부터 부활하셨을 때 시작되었다. 남아 있는 유일한 사명은 교회가 하나님께서 이미 원칙적으로 확립해 놓으신 일을 실제적으로 성령의 능력으로 적용하는 것이다. 그리스도인들은 하나님께서 온 세상에 걸쳐 그리스도의 의로운 통치를 점차적으로 나타내시는 수단이 되도록 부름을 받고 있다. 그리스도인들은 주님께서 모든 민족이 복음화 되어 대다수의 사람들이 구원의 복된 소식을 받아들이게 될 때까지는 다시 오지 않을 것임을 인정하며(마 24:14) 온 세상으로 가서 모든 민족으로 제자를 삼으라는 명령을 받고 있다(마 28:18-20). 예수님은 사탄이 이미 세상에서부터 "쫓겨났다"라고 우리에게 확신을 주고 계신다. 그러므로 그리스도인들은 그리스도가 땅에서 들리면 그리스도께서 모든 사람을 자신에게로 이끌 것이라는 사실을 확신할 수 있다(요 12:31-32). 겨자씨는 심겼다. 그리스도인들은 겨자씨가 온 세상을 취하게 될 때까지 자신들 안에 그리고 자신들을 통하여 그 겨자씨가 자라도록 허용해야만 한다.

성경의 놀라운 약속은 이따금씩 좌절을 경험할 것이지만 교회는 그 사명을 완수하는데 성공할 것이다. 왜냐하면 교회의 성공은 인간의 노력이 아니라 하나님의 노력에 달려 있기 때문이다. 후천년설자들은 여전히 싸워야 하는 심각한 전투가 있다는 것과 그리스도인들이 고난을 견디도록 부름받고 있다는 것을 부정하지 않는다. 후천년설자들은 하나님과 악의 세력 사이에 마지막 전투가 있을 것이라는 것을 부정하지 않는다. 이때 온 세상은 환난을 겪게 될 것이다. 다만 이 일은 그리스도의 통치 이전이 아니라 그러한 통치의 시대 이후에 발생할 것이다(계 20:3, 7). 후천년설에 따르면 그리스도인들은 세상을 향하여 낙관론적인 입장 이외의 어떠한 입장도 취할 수 없으며 사회 모든 영역에서 하나님의 뜻이 이루어지는 것을 보기 위해 열정적인 동기를 가지게 된다.

2) 지지하는 논증

(1) 미래에 대한 확신

후천년설적 견해는 하나님의 나라가 계속해서 확장할 것이라는 신약성경의 확신을 구현해 주기 때문에, 그리고 교회가 이러한 확장의 주된 도구라고 이해하고 있기 때문에 전천년설이나 무천년설이 하지 못하는 방식으로 신자들에게 동기를 부여해 준다. 미래가 어떻게 펼쳐질지에 대한 낙관론적인 후천년설의 비전에 의해 동기부여가 되면 신자들은 19세기의 후천년설적인 복음주의자들이 그러했던 것처럼 사회적인 행동에 열정적으로 관여하게 된다.

신자들은 문화를 하나님의 뜻에 일치시키기 위해 일하도록 영감을 부여받는다. 그들은 사회는 불신자들에게 내버려둔 채 개인들을 그리스도에게 인도하는데만 관심을 기울이지 않는다. 인종차별주의와 성차별주의,

기아와 무주택, 그리고 전 세계에 걸친 모든 다른 형태의 사회적 불의에 항거하고 그것들을 극복함으로써 예수님께서 주님 되신다는 진리를 드러내기 위한 동기를 부여받는다.

(2) 믿을 만한 종말론

현대의 복음주의를 장악하고 있는 전천년설적인 광풍이 교회로 하여금 기독교 신앙을 잃어버린 세계에 복음을 전하는 사명을 방해하고 있다고 주장할 수 있을 것이다. 그리스도인들은 사회적인 행동을 통해 그리스도의 사랑을 드러냄으로써 세상을 향해 증거하도록 영감을 주는 종말론적인 비전을 가져야 한다.

그런데 많은 복음주의자들은 그리스도인들은 구름 속으로 곧 사라질 것이며(휴거) 만일 불신자들이 그리스도를 받아들이지 않는다면 뒤에 남아 있게 될 것이라는 종말론적인 비전을 갖고 있다. 우리가 휴거를 문자적 또는 상징적으로 해석하는 것과 상관없이 기독교의 실체를 신약성경의 단 한 구절에만(살전 4:17) 근거 짓는 것은 분별없는 짓이다. 그러나 후천년설의 종말론은 복음 전도에 부담이라기보다는 도리어 도움이 된다.

3) 반론에 대한 응답

(1) 이 견해는 교회 전통과 상충한다

어떤 사람들은 후천년설은 후천년설에 반대하는 교회 전통에 적합하게 근거하지 않다고 주장한다. 교회 전통에 대한 고려가 교리적인 논쟁을 해결하는데 복음주의자들에게 결정적이지 않다는 것이 사실이라면 종말론에 대한 교회 전통의 고려는 실제로 중요하지 않다. 왜냐하면 종말론과 관련된 문제에 대하여 교회 역사에서 의견이 일치된 적은 없었기 때문이다.

전천년설의 다양한 형태는 초대교회에서 유행하였지만 독보적인 것은 아니었다. 무천년설도 중세기에 주로 유행하였지만 독보적이지는 않았다. 그리고 후천년설은 청교도들과 19세기의 복음주의자들 사이에서 유행하였지만 다른 견해들이 이들 그룹들과 다른 사람들에 의해서 주장되기도 하였다. 그러므로 후천년설이 교회 전통에서 적절한 근거가 없다라는 비판은 설득력이 없다.

(2) 이 견해는 멸망해 가는 세상에 대한 증거를 어떻게 설명하는가?

후천년설적 입장의 비판자들은 **경험적** 사실을 통해 교회가 세상에 대하여 승리를 얻을 것 같지 않다고 지적한다. 어떤 지역에서는 불신자들의 운동이 기독교보다 더 빨리 성장하고 있다. 또 다른 지역에서 기독교는 사실상 근거를 상실하고 있다. 이전 세기의 유럽과 미국의 복음주의자들은 왜 기독교가 세계를 얻을 것인지에 대해 낙관론적일 수 있었는지 이해할만 한다고 주장한다. 왜냐하면 당시에는 기독교가 전진하고 있다는 긍정적인 조짐이 있었기 때문이다. 기독교는 점차적으로 전진하고 있는 듯 하였고 사회는 향상되고 있는 듯하였다.

그러나 20세기에 이러한 경향의 많은 것이 뒤바뀌었다. 후천년설자들은 세상이 여러 가지 악의 밀물과 썰물을 겪고 있으며 기독교가 20세기에 일련의 퇴보를 경험하였다는 사실을 인정한다. 그러나 그들은 이러한 일이 그리스도의 통치가 결국에 전 세상에 확장될 것이며 이러한 확장이 교회의 사역을 통해 성취될 수 있다는 성경적인 낙관론을 내버려야 할 이유가 된다는 것은 부정한다. 이러한 잘못된 결론에 대하여 두 가지 사실을 말할 수 있다.

첫째, 소망은 겨자씨가 계속적으로 자랄 것이라는 주님의 약속에 근거한 것이지 이러한 과정을 이행할 수 있는 인간의 능력에 달린 것이 아니다. 겨자씨의 성장의 대부분은 보이지 않는 곳에서 일어나며 잘 관찰할 수 없다.

둘째, 그리스도인들은 하나님 나라의 확장이 최근에 퇴보하고 있다는 사실에 너무 많은 관심을 기울이고 그 사실을 극대화시킴으로 비관적이 되어서는 안 된다. 우리는 20세기에 하나님의 나라가 의미심장한 진전을 이루었음을 기억해야만 한다. 어떤 기반이 상실되기는 하였지만 전체적으로 기독교 선교는 지난 세기 꾸준하게 전진하였다. 그래서 많은 선교학자들은 수십 년만 지나면 미전도종족이 더 이상 없게 될 것이라고 예측하고 있다.

많은 이슬람 지역이 여전히 복음에 저항적인 상태로 남아 있기는 하지만 기독교는 특별히 고대의 이방 종교의 다양한 형태가 이전에 사람들을 사로잡고 있던 2/3 세계(종래의 "제3세계"란 말이 이념적으로 경제적으로 어떤 차별을 두는 감이 있어서 세계 인구와 영토의 2/3를 차지하는 지역이라는 의미를 지닌 "2/3세계"로 대치되고 있다-역주) 지역과 같은 다른 지역에서 괄목할 만한 진전을 보였다. 성경이 백 년 전에는 상상도 하지 못했을 방식으로 전 세계에 걸쳐 사람들에게 읽혀질 수 있게 되었다. 텔레비전이나 라디오, 그리고 보다 최근에는 인터넷이 복음에 대한 접근성을 증가시키고 있다. 게다가 전쟁을 통한 20세기의 인간 생명의 엄청난 손실, 기아와 가난, 그리고 질병의 지속에도 불구하고 전체적으로 인류는 20세기를 통하여 건강과 인간 권리에 대한 인식 면에 있어서 전례가 없는 진보를 이룩하였다.

물론 그리스도인들은 퇴보의 실제를 극소화해서는 안 될 것이다. 그러나 이러한 퇴보가 주님의 나라가 세상 가운데 차근차근 전진하고 있다는 희망을 흐리게 해서는 안 된다. 이러한 희망은 여전히 성취되고 있는 과정 가운데 있는 것이다.

(3) 이 견해에는 성경적인 문제가 있다

어떤 사람들은 성경의 몇몇 본문이 마지막 때에 대한 후천년설적인 이해를 반대한다고 주장하고 있다. 예컨대 마태복음 24장에서 예수님께서는 마지막 때에 거짓 메시아(마 24:4-5, 10), 전쟁(마 24:6-7), 기근과 지진(마 24:7-8), 박해(마 24:9)가 있을 것이며 불법과 사랑의 식어짐(마 24:12)이 있을 것이라고 가르치셨다. 이러한 말씀은 우리가 마지막 때가 되면 사태가 나아질 것이 아니라 더 나빠질 것을 기대해야 한다는 것을 의미하지 않는가?

그러나 몇몇 후천년설자들은 이 본문을 **이미 이루어진** 것으로 해석한다. 예수님께서는 그 자체로서 세상의 마지막에 대해 말씀하고 계신 것이 아니며 그 당시의 유대인들이 세상의 마지막에 대해 이해하고 있던 것을 말씀하고 있는 것이다. 이 "세상"은 66-70년에 있었던 유대와 로마 사이의 전쟁으로 끝이 났다. 결과적으로 성전이 파괴되고 예루살렘으로부터 유대인들은 추방당하게 되었다. 이러한 견해를 지지하기 위해 이들 후천년설자들은 마태복음 24장을 통해 예수님께서 대답하고 있는 질문이 언제 성전이 파괴될 것인가 하는 것이었음을 지적한다(마 24:1-2). 게다가 예수님은 이 말씀을 그들에게 "내가 진실로 너희에게 말하노니 이 세대가 지나가기 전에 이 일이 다 일어나리라"(마 24:34)고 약속하심으로 마무리하고 있다.

다른 후천년설자들은 이 본문이 세계 역사의 실제적인 종말을 언급하고 있다고 믿고 있지만 그것이 주님이 다시 오실 때까지 세상이 계속해서 나빠질 것을 의미한다는 데에는 동의하지 않는다. 늘어나는 전쟁과 같은 것이 있을 것이다. 그러나 예수님은 또한 바로 이 말씀 가운데 "이 천국 복음이 모든 민족에게 증언되기 위하여 온 세상에 전파되리니 그제야 끝이 오리라"(마 24:14)고 약속하고 계신다. 미래에 대한 후천년설의 낙관론은 일이 점점 수월해질 것을 의미하는 것이 아니라 복음에 대한 인간적이고 영적인 반대자들의 저항에도 불구하고 하나님의 나라가 지속적으로 전진할 것을 말하는 것이다.

4. 사탄에 대한 상징적인 천 년 동안의 정복 (무천년설)

무천년설자들은 예수 그리스도의 재림 이전이나 이후에 문자적 천 년이 있다는 사실을 부정한다. 실제로 무천년설자들은 주로 전천년설자들이 말하는 두 가지의 미래적인 부활이 있다거나 주님의 재림에 두 가지 단계가 있다는 생각을 거부한다. 상징들이 제대로 이해되기만 한다면 신약성경의 종말론은 실제로는 상당 부분이 단순하다는 것이다. 시간의 충만함 가운데 주님께서 재림하실 것이며 죽은 자들이 부활하게 될 것이고 모든 사람들이 심판을 받을 것이다. 많은 현대의 복음주의자들이 주장하는 복잡한 종말론적인 구도는 오도된 것은 아니라 해도 불필요하게 복잡한 것이다.

1) 성경적 논증

첫째, 문자적인 천 년의 평화로운 기간이 지상에 임할 것이라고 결론을 내릴 하등의 이유가 존재하지 않는다. 요한계시록이 사탄이 "옥에" 있는 동안에 그리스도께서 죽임을 당한 성도들과 천 년 동안 다스리실 것이라고 말하고 있는 것은 사실이다(계 20:1-16). 그러나 왜 우리는 이 말씀을 문자적으로 해석해야만 하는가? 요한계시록의 문학적인 장르는 묵시이다. 이것은 정의상 비유적이거나 상징적인 이미지들로 가득차 있음을 의미한다. 이러한 천 년의 통치를 문자적으로 취할 이유가 없는 것은 금관을 머리에 쓰고 있는 이십사 장로들이 "그 안과 주위에는 눈들이 가득한" 네 생물에 의해 둘러싸여 있는 가운데 번개를 발하는 광경도 문자적으로 취할 이유가 없는 것과 마찬가지이다(계 4:4-8).

실제로 요한계시록 20장을 고려할 때 우리는 천사가 문자적으로 "열쇠"를 가지고 있으며 사탄을 "무저갱"(계 20:1-3)에 던져 넣어 잠그고 그 위에 인봉하였다고 믿어야만 하는가? 우리는 천 년 후에 사탄이 "땅의 사방 백성 곧 곡과 마곡을 미혹"(계 20:8)할 것이라고 믿어야만 하는가? "땅과 하늘"이 문자적으로 "크고 흰 보좌"(계 20:11)에 앉아 계신 하나님의 임재로부터 피할 수 없을 것인가? 하나님께서는 "바다가 그 가운데에서 죽은 자들을 내주기"(계 20:12-13) 전에 문자적으로 "생명책"을 여시고 그 책을 읽으실 것인가? 그다음 사악한 자들은 문자적인 "불못"과 "유황"으로 들어갈 것인가? 묵시록을 읽는 대부분의 독자들과 그것을 연구하는 모든 학자들은 이러한 개념이 상징적임을 이해하고 있다. 요한계시록 20장에서 이야기하고 있는 천 년의 통치 또한 문자적으로 이해되어야 한다고 주장할 만한 근거는 없다.

둘째, 전천년설에 따르면 그리스도와 교회의 천 년 통치가 두 개의 부활을 구별시켜 주고 있다. 그러나 천 년의 통치가 요한계시록 바깥에서는 언급되어 있지 않을 뿐 아니라 이 본문 이외의 그 어떤 곳에서도 두 개의 구별되는 부활을 분명하게 언급하고 있는 성경 본문은 존재하지 않는다. 이러한 사실은 전천년설적 입장에 치명적이다.

예수님께서는 "무덤 속에 있는 자가 다 그의 음성을 들을 때가 오나니 선한 일을 행한 자는 생명의 부활로, 악한 일을 행한 자는 심판의 부활로 나오리라"(요 5:28-29)는 말씀으로 미래의 한 시간을 가르치고 있다. 이 본문은 **하나의 동일한 부르심**에 다른 결과로 반응하는 의로운 자들과 불의한 자들을 묘사하고 있다. 여기에는 천 년 동안의 간격이 존재하지 않는다.

이와 유사하게 바울은 "의인과 악인의 부활이 있으리라"(행 24:15)고 가르쳤다. 의인과 악인을 포함하는 **하나**의 부활이 있다.

신약성경에서 마지막 때에 대한 일관된 묘사는 일종의 다면적이고 서로 관련된 사건에 대한 것이다. 그것은 주님의 재림과 악에 대한 주님의 승리, 죽은 자로부터의 일반적인 부활, 그리고 최종 심판을 포함한다. 그러므로 예컨대 바울은 주님께서 환난 받는 자들을 안식하게 하시며 반역하는 자들을 심판하실 것을 하나의 미래적인 사건으로 말하고 있다. "주 예수께서 자기의 능력의 천사들과 함께 하늘로부터 불꽃 가운데에 나타나실 때에" 하나님께서는 "너희로 환난을 받게 하는 자들에게는 환난으로 갚으시고 환난을 받는 너희에게는 우리와 함께 안식으로 갚으실 것이다." 예수님께서 "강림하사 그의 성도들에게서 영광을 받으시고 모든 믿는 자들에게서 놀랍게 여김을 얻으실" 때에 악한 자들은 "주의 얼굴과 그의 힘의 영광을 떠나 영원한 멸망의 형벌을 받"을 것이다(살후 1:5-10). 보상과 처벌이 동시에 주어진다. 천 년 동안의 간격은 존재하지 않는다.

베드로는 마지막 때에 대하여 동일한 방식으로 말하고 있다.

> 주의 날이 도둑 같이 오리니 그 날에는 하늘이 큰 소리로 떠나가고 물질이 뜨거운 불에 풀어지고 땅과 그 중에 있는 모든 일이 드러나리로다 (벧후 3:10).

이때에 "하늘이 불에 타서 풀어지고 물질이 뜨거운 불에 녹아지려니와"(벧후 3:12) 의로운 자들은 "새 하늘과 새 땅"(벧후 3:13)에 거하게 될 것이다. 표준적인 전천년설적인 종말론에 따르면 천 년 동안의 시기로 이어지는 7년 대환난 기간이 주님의 오심을 최후 심판으로부터 분리해 줄 것이다. 이때에 "물질이 녹아질"(벧후 3:12) 것이다. 그러나 이러한 어떤 것도 구체적으로 이 본문에 제시되어 있지 않다.

또한 바울은 전체 창조 세계가 최종적으로 회복될 것을 하나님의 아들들의 속량과 연결시키고 있다(롬 8:18-23). 바울은 결코 속량이 있고 그다음에 천 년이 있고 그리고는 사탄이 감옥으로부터 풀려난 후에 새로워진 사탄의 공격을 언급하고 있지 않다. 고린도전서 15장에서 바울은 부활을 그리스도께서 "모든 통치와 모든 권세와 능력을 멸하신" 다음에 만물을 아버지 하나님께 바치는 것과 연결시키고 있다(고전 15:24; 참조. 15:20-28).

천 년의 통치나 두 가지의 구별된 부활 또는 그리스도의 두 번의 재림에 대한 분명한 가르침이 없기 때문에 그리고 요한계시록이 철저하게 상징적이고 묵시적인 책이기 때문에 미래의 어느 날에 문자적인 천 년 동안의 평화의 통치를 기대할 만한 이유가 존재하지 않는다.

셋째, 많은 후천년설자들은 전천년설자들에 반대하여 요한계시록 20장에서 말하고 있는 천 년이 상징적이라는데 동의한다. 그리고 천 년에 의하여 분리되는 두 개의 부활과 두 가지 심판이 있을 것이라는 전천년설의 견해를 부정하는 면에서 무천년설자들과 의견을 같이 하고 있다. 신약성경에서 언급되고 있는 마지막 때의 사건들은 개략적으로 동일한 시간에 발생한다. 그러나 후천년설자들은 천 년이란 없다는 무천년설적 견해에 동의하지 않는다. 후천년설자들은 도리어 요한계시록에서 말하고 있는 천 년의 통치는 사탄이 옥에 갇히게 되고 그리스도께서 지상에 자신의 교회를 통하여 통치하실 미래의 어느 날을 가리킨다고 믿고 있다. 이러한 시간의 마지막에 신약성경에서 말하고 있는 모든 마지막 때의 사건들이 발생할 것이다.

그러나 후천년설에는 세 가지 문제가 있다.

첫째, 이 견해는 교회가 천 년의 기간에 도달할 때까지 하나님 나라를 진전시키고 악과 싸우며 나아갈 것임을 전제하고 있다. 그러나 전천년설자들이 주장하는 것처럼 성경은 이러한 낙관론적인 결론을 지지하지 않는다. 많은 본문은 마지막이 가까이 올수록 사태가 점점 악화될 것이라고 제안한다.

예컨대 마태복음 24장에서 제자들은 예수님께 "주의 임하심과 세상 끝에는 무슨 징조가 있사오리이까"(마 24:3)라고 물었다. 예수님은 우선 거짓 메시아와 거짓 선지자들이 많이 일어날 것이라고 그들에게 경고하심으로 대답하셨다(마 24:4-5, 11). 예수님께서는 또한 전쟁과 기근과 지진이 증가할 것이라고 말씀하셨다(마 24:6-8). 그리고 나서 예수님은 자신의 제자들이 "모든 민족에게 미움을 받을 뿐" 아니라 "환난에 넘겨져 죽임 당할 것"(마 24:9)이라고 말씀하셨다. 광범위한 배교가 있을 것이고 이전에 제자였던 자들이 서로 미워하고 배반할 것이다(마 24:10). 이뿐 아니라 일반 사람들의 사랑이 식어지고 무법해지며 사악해질 것이다(마 24:12). 구원을 받고자 원하는 자들은 단지 끝까지 "견뎌야만"(마 24:13) 할 것이다. 이 본문들은 교회가 그리스도의 다스리심을 전 세계에 적용하기 위해 일하고 있을 때 긍정적인 분위기가 고조될 것으로 말하고 있지 않다.

바울과 베드로는 이 세상의 미래를 향하여 비슷한 비관론을 표명하고 있다. 바울은 마지막 때가 가까울 때 사람들의 모습을 다음과 같이 말한다.

> 사람들이 자기를 사랑하며 돈을 사랑하며 자랑하며 교만하며 비방하며 부모를 거역하며 감사하지 아니하며 거룩하지 아니하며 무정하며 원통함을 풀지 아니하며 모함하며 절제하지 못하며 사나우며 선한 것을 좋아하지 아니하며 배신하며 조급하며 자만하며 쾌락을 사랑하기를 하나님 사랑하는 것보다 더하며 경건의 모양은 있으나 경건의 능력은 부인하니 이같은 자들에게서 네가 돌아서라(딤후 3:2-5).

이와 유사하게 베드로는 마지막 날에 "조롱하는 자들이 와서 자기의 정욕을 따라 행하며 조롱하여 이르되 주께서 강림하신다는 약속이 어디 있느냐 조상들이 잔 후로부터 만물이 처음 창조될 때와 같이 그냥 있다"(벧후 3:3-4)고 할 것을 말하고 있다.

논점은 신약성경이 제시하는 소망이 세상이 점차적으로 예수 그리스도에 대해 설득될 것이라는 기대와 관련되어 있지 않다는 것이다. 도리어 하나님으로부터 점차적으로 멀리 떠난 세상으로부터 우리를 구하시기 위해 그리스도께서 다시 오실 것이라는 확실성에 집중하고 있다.

둘째, 초기의 제자들은 주님께서 어느 순간 곧 다시 오실 것이라고 기대하였던 것이 분명하다. 이것은 제자들이 주님의 재림 전에 평화로 다스리는 천 년의 기간을 기대하였다는 견해와 일치될 수 없다. 바울은 데살로니가 교인들이 장래의 노하심에서 우리를 건지실 그의 아들이 하늘로부터 강림하실 것을 기다리며 어떻게 우상을 버리고 하나님께로 돌아왔는지에 주목하고 있다(살전 1:9-10). 또한 바울은 자신의 제자 디도에게 "신중함과 의로움과 경건함으로 이 세상에 살고 복스러운 소망과 우리의 크신 하나님 구주 예수 그리스도의 영광이 나타나심을 기다리게 하셨다"(딛 2:12-13)고 가르치라고 지시하고 있다. 초대교회 교인들은 평화의 천 년을 기다리지 않았으며 그러한 천 년을 위해 일하지도 않았다. 초대교회 교인들은 예수님께서 다시 오셔서 그들을 타락해 가는 세상으로부터 구원하시기를 기다리고 있었다(히 9:28; 약 5:7; 벧전 1:13; 벧후 3:11-12).

셋째, 교회가 세상의 어떤 부분에서는 크게 성장하고 있지만 후천년설자들이 주장하는 것처럼 교회가 온 세상을 복음으로 정복하거나 아니면 점차적으로 그렇게 할 것이라는 확신을 줄만한 아무런 근거가 없다. 만일 주님께서 지상의 주재권을 다시 얻으신다면 그리고 그 분은 확실히 그렇게 하실 것인데 그 일이 가능하게 하기 위해서는 주님의 재림과 같은 급진적인 초자연적인 행동을 취하실 것이다.

요약하자면 무천년설자들은 후천년설자들에 반대하여 주님께서는 언젠가 다시 오실 것이며 우리는 그가 다시 오실 때까지 세상이 향상되리라고 기대할 수 없다는 점에서 전천년설자들과 의견을 같이 한다. 그러나 무천년설자들은 전천년설자들에 반대하여 요한계시록 20장을 나머지 신약성경의 종말론과 조화시키기 위해 두 개의 부활과 두 번의 심판을 상정하려는 시도는 복잡하고도 불필요한 일이라는데 후천년설자들과 의견을 같이 하고 있다.

2) 지지하는 논증

교회 전통. 일종의 전천년설이 초대교회에 유행하였기는 하지만 우리는 초대교회에 또한 무천년설이 있었음을 알고 있다. 무천년설에 대한 수용은 5세기에 어거스틴이 이 입장을 취한 후에 증가하였다. 실제로 무천년설은 논쟁의 여지가 있기는 하지만 교회 역사 전체를 통하여 은연 중에 가장 일반적으로 주장된 입장이었다.

어거스틴 이래로 상대적으로 적은 수의 신학자들만이 요한계시록 20장을 문자적으로 해석(전천년설적 견해)하였다. 다른 한 부류는 주님의 재림 전에 온 세상을 점차적으로 복음화하라고 하는 소망(후천년설적 견해)을 제시하였다.

3) 반론에 대한 응답

(1) 무천년설적 입장은 성경을 영해한다

어떤 보수적인 그리스도인들은 무천년설의 "영적인" 해석학은 위험하다고 주장한다. 무천년설자들은 요한계시록 20장에서 말하고 있는 천 년 동안의 통치만 상징적으로 해석하는 것이 아니다. 그들은 미래적인 세계 평화를 말하고 있는 구약성경의 예언들의 많은 부분들도 상징적으로 해석한다. 이러한 접근 방법은 자신들의 신학적인 체계에 맞지 않는 무엇이든지 상징적으로 해석하도록 허용하게 된다고 사람들은 주장한다.

이에 대한 대답으로 아무도 성경의 모든 것을 문자적으로 취할 수는 없다고 말할 수 있을 것이다. 왜냐하면 모든 사람들은 성경의 일정 부분이 문자적으로 이해되어서는 안 된다는 점을 인식하고 있기 때문이다. 이것은 모든 그리스도인들이 성경의 어떤 부분은 문자적이고 또 어떤 부분은 문자적이 아닌지를 구별해야만 한다는 것을 의미한다. 무천년설자들은 어떤 다른 성경 해석자들이 그렇게 하는 것처럼 어떤 일들은 문자적으로 또 다른 일들은 상징적으로 해석한다고 비판받을 수 없다.

문제의 핵심은 어떤 사람이 성경의 어떤 부분이 상징적이라고 이해하는지에 대한 것이 아니다. 왜냐하면 모두가 그렇게 하기 때문이다. 문제는 누가 정당한 이유로 상징적인 것과 그렇지 않은 것을 결정하는가 여부에 달린 것이다. 무천년설의 지지자들은 확립된 해석학의 원칙들을 따라서 이러한 결정을 하고 있으며 그리고 특별한 성경의 장르가 상징적인 해석을 요구할 때만 그렇게 한다(예컨대 묵시문학이나 어떤 구약성경의 예언 본문 등등).

(2) 이 견해는 근거가 약한 변호를 제공한다

어떤 사람들은 무천년설이 주로 부정적인 주장들을 담고 있다는 이유에서 정당하지 않다고 주장한다. 무천년설의 변호는 주로 후천년설이나 전천년설에 대한 논박으로 이루어져 있다.

그러나 무천년설적인 견해에 대한 이러한 비판은 논란의 여지가 있다. 무엇보다도 다른 두 가지 견해는 문자적인 천 년에 대한 긍정적인 주장을 하고 있는 반면에 무천년설은 문자적 천 년에 대한 주장이 성경에 근거하고 있음을 부정하는 것이다. 그러나 이것이 무천년설의 입장이 성경의 종말론에 대한 건설적인 입장을 제공하지 않는다는 것을 의미하는 것은 아니다. 무천년설자들은 신약성경이 주님의 재림에 대해 가르치고 있는 모든 것을 인정한다. 무천년설자들은 단지 이러한 인정이 문자적인 해석을 통해 타당하지 않게 되는 것을 부정할 따름이다. 문자적인 천 년은(전천년설자들이 주장하듯이) 주님의 재림 이후이든지 아니면(후천년설자들이 주장하듯이) 주님의 재림 이전이든지 불필요하다.

5. 심화 학습을 위한 도서 목록

Bock, Darrell L., ed. *Three Views on the Millennium and Beyond*. Grand Rapids: Zondervan, 1999.

Boettner, Loraine. *The Millennium*. Philadelphia: Presbyterian and Reformed, 1957.

Clouse, Robert G., ed. *The Meaning of the Millennium: Four Views*. Downers Grove, IL: InterVarsity, 1977.

Erickson, Millard J. *A Basic Guide to Eschatology: Making Sense of the Millennium*. Rev. ed. Grand Rapids: Baker Academic, 1998.

Gentry, Kenneth L., Jr. *He Shall Have Dominion: A Postmillennial Eschatology*. 2nd ed. Tyler, TX: Institute for Christian Economics, 1997.

Grenz, Stanley. *The Millennial Maze*. Downers Grove, IL: InterVarsity, 1992.

Hoekema, Anthony. *The Bible and the Future*. Grand Rapids: Eerdmans, 1979.

Ladd, George E. *The Presence of the Future*. Grand Rapids: Eerdmans, 1974.

Lewis, Arthur. *The Dark Side of the Millennium: The Problem of Evil in Revelation 20:1–10*. Grand Rapids: Baker Academic, 1980.

Mathison, Keith A. *Postmillennialism: An Eschatology of Hope*. Phillipsburg, NJ: Presbyterian and Reformed, 1999.

Across the Spectrum

제17장

지옥 논쟁

사악한 자들의 끝없는 고통 (고전적인 견해)
vs
사악한 자들은 더 이상 존재하지 않을 것이다 (멸절설)

1. 서론

1) 문제 제기

모임에 참석하였다가 당신은 브랜던(Brandon)이라는 젊은이를 친구로 사귀었다. 브랜던은 종교적이지 않은 가정에서 자라났고 많은 사려 깊은 그리스도인 친지들 덕택에 최근에 그리스도를 주님이요 구원자로 인정할 것을 진지하게 고려하게 되었다. 마침내 브랜던은 한 가지 남아 있는 문제에 대해 당신에게 입을 열었다. 그는 지옥에 대한 기독교의 주장을 받아들일 수 없었다.

> "나는 왜 하나님께서 천국에 있기를 원하지 않는 사람들을 천국에 있도록 허락하지 않으시는지 이해하게 되었어. 그러나 나는 왜 그리고 어떻게 사랑의 하나님께서 지옥에서 사람들을 영원토록 고문하시는지는 이해할 수 없어."

당신은 하나님께서는 단지 반역자들이 자신의 길을 가도록 버려두실 뿐이지 그들을 고문하시는 것이 아니라고 설명한다. 브랜던은 설득되지 않는다.

> "창조주는 의도적으로 사람들이 이러한 고통스러운 상태에 존재하도록 해야만 하시는지…왜 하나님께서는 단지 그들을 벌해서서 무의 상태로 가도록 하지 않으시지?"

2) 핵심 주장과 차이점

지난 10여 년 동안 복음주의권 안에서 바로 이 주제를 둘러싼 중요한 논쟁이 있었다. 역사적인 정통 교회에서 거의 모든 복음주의자들은 하나님의 구원의 계획에 마지막까지 저항하는 사람들은 영원히 정죄 받을 것이라는데 의견을 같이하고 있다. 이러한 믿음은 결국에는 모든 사람이 구원받을 것이라고 주장하는 보편구원론과 대조된다. 그리고 윤회설과도 대조된다. 윤회설에서는 최종적인 심판이 있다는 것을 부정한다. 그 대신 우리는 우리가 이생에서 행한 잘못에 대하여 미래의 삶에서 겪게 될 일들을 통해 보응을 받는다고 주장한다.

기독교의 주장은 또한 자연주의적 견해와도 대조를 이룬다. 자연주의적 견해는 어떤 행동이 심판을 받는 도덕성에 대한 궁극적인 표준이 없다고 주장한다. 그러므로 잘못된 행동에 대하여 영원한 결과라고 하는 것은 있을 수 없다.

그러나 그리스도인들은 모든 사람들이 창조주 앞에 서게 될 것이며 자신들이 행한 모든 일에 대하여 대답하게 될 것이라고 믿고 있다. 자신의 믿음을 예수 그리스도에게 두었던 사람들은 비록 그들의 "행위"가 심판을 받기는 할 것이지만 구원을 받을 것이다(고전 3:11-15). 자신들의 믿음을 그리스도에게 두기를 거절하였던 사람들은 자신들의 행위를 따라 하나님께 심판을 받을 것이며 결과적으로 영원한 형벌을 받게 될 것이다(계 20:11-13).

복음주의 그리스도인들은 이러한 형벌이 **지속**에 있어서 영원할 것인지 아니면 그 **결과**에 있어서 영원할 것인지에 대해 서로 의견을 달리하고 있다. 즉 성경이 "영원한 멸망"을 말하고 있을 때 반역자들이 멸망의 과정을 영원히 겪을 것을 의미하는가 아니면 일단 멸망하면 그것이 영원하다는, 즉 항구적이고 되돌릴 수 없다는 것을 의미하는가? 전통적인 견해는 반역자들이 의식적으로 영원토록 고통받는다는 것이다. 그러나 교회 역사 안에 몇몇 사람들과 오늘날 점점 많은 복음주의자들은 반역자들이 영원히 멸절된다고 주장하고 있다.

다음의 두 가지 논문은 이들 두 관점을 변호하고 있다. 첫 번째 논문은 지옥이 영원하고 의식적인 고통의 상태일 것이라는 고전적인 견해를 지지하고 있다. 그리고 두 번째 논문은 지옥이 지속이 아니라 그 결과에 있어서 영원하다는 멸절설을 지지하고 있다.

2. 사악한 자들의 끝없는 고통 (고전적인 견해)

교회는 전통적으로 사악한 자들이 지옥에 던져져 끝없는 고통을 당하게 될 것이라고 주장하였다. 이 교리는 어려운 교리라는 점을 인정할 수밖에 없다. 무엇보다 이 교리는 사람들의 선천적인 선함과 하나님의 친절하심에 대한 생각에 이의를 제기한다. 이러한 교리가 점차적으로 사악한 자들이 끝없는 고문을 당하는 것이 아니라 멸절될 것이라는 순화된 교리에 의해서 대치되고 있다는 것은 놀랄 일이 아니다. 이 논문은 이 전통적인 교리를 변호하며 멸절설이 성경에 근거하고 있지 않음을 보여 주려고 시도할 것이다.

1) 성경적 논증

구약성경에는 내세에 대하여 명시적으로 계시된 것이 거의 없다. 구약성경의 저자들이 때때로 보상과 처벌에 대하여 인식하고 있음을 표현하였지만(사 25:8-9; 단 12:1-3), 그들은 그 당시 집행되고 있는 하나님의 공의에 훨씬 더 많은 관심이 있었다. 물론 그러한 계시의 단계에서도 어떤 사람들은 의로운 자들의 끝없는 즐거움과 사악한 자들의 끝없는 고통에 대하여 알고 있었다.

다니엘 12:2에서 성경의 저자는 어떤 사람들은 "영원한 생명"을 부여받는 반면에 다른 사람들은 "수치와 영원한 경멸"을 정죄로 받게 되는 죽은 자들의 부활이 있을 것을 선언하고 있다. 그런데 멸절설자들은 사악한 자들의 처벌이 지속이 아니라 결과에 있어서 영원한 것이라고 가르치고 있다. 즉 사악한 자들에게는 심판의 경험이 아니라 결과가 끝이 없을 것이라고 주장한다. 그러나 이 본문은 그러한 생각을 논박한다. 만일 사악한 자들이 멸절되어 버렸다면 어떻게 사악한 자들이 수치와 모욕을 경험할 수 있겠는가? 그리고 만일 수치가 즐거움의 지속적인 경험과 같은 것이 아니라면 왜 성경의 저자는 사악한 자들의 영원한 수치와 의인의 영원한 즐거움을 대조하고 있는가? 이뿐 아니라 하나님께서 단지 그들을 멸절시키기 위해서 부활시키신다는 것은 논리적이지 않다.

끝없는 고통으로 지옥을 이해하는 전통적인 견해를 지지하는 또 다른 구약성경 본문은 이사야 66:24이다. 이사야 선지자는 의로운 자들이 "나가서 내게 패역한 자들의 시체들을 볼 것이라 그 벌레가 죽지 아니하며 그 불이 꺼지지 아니하여 모든 혈육에게 가증함이 되리라"는 종말론적인 비전을 제시하고 있다.

구약성경 시대에 최고의 불명예는 어떤 사람의 시체가 땅 위에 버려져 구더기에 의해 먹히고 불로 태워지는 것이었다. 이사야는 이러한 이미지를 하나님을 반대하는 자들이 사후에 당하게 될 격렬한 불명예를 표현하기 위해 사용하고 있다. 사람들이 역사에서 이러한 끔찍한 운명을 겪게 될 때 구더기나 불은 사람들의 시체를 다 없애버릴 것이다. 그러나 최종 심판에서는 구더기가 결코 죽지 않을 것이고 불이 결코 꺼지지 않을 것이다. 주권적인 창조주에 반대하여 영원으로 들어가는 것은 끝없는 고통으로 들어가는 것이다.

신약성경은 지옥의 성격에 대하여 훨씬 더 많은 것을 말하고 있다. 지옥의 끝없는 본성에 대한 가장 분명한 본문 중 하나는 마태복음 25:31-46이다. 여기에서 예수님은 심판 날에 "왕"으로 활동하신다. 그리스도를 아는 사람들에게는 영생이 주어질 것이다(마 25:34). 반면에 그리스도를 알지 못하는 사람들은 영원한 형벌의 정죄를 받을 것이다(마 25:46). 예수님께서 사악한 자들의 "영원한 형벌"을 의로운 자들의 "영원한 생명"과 대조하고 있다는 사실은 사악한 자들이 영원히 형벌을 당하게 될 것이라는 것을 제안한다(마 25:41, 46; 참조. 요 5:28-29). 만일 영원한 생명의 상태가 영원한 의식의 상태라면 처벌의 상태 또한 영원한 의식의 상태이어야만 한다. 다른 말로 지옥은 멸절설자들이 주장하고 있는 것처럼 단지 결과에 있어서만 영원할 수 없다. 예수님께서 명확하게 이러한 처벌의 불을 "영원한 불"로 언급하고 있다는 사실은 이것을 확증해 주는 것처럼 보인다(마 25:41).

나사로를 돌보지 않았던 탐욕스러운 부자의 비유도 지옥에 대한 전통적인 견해를 지지한다. 죽음 이후에 부자는 "음부에서 고통 중에" 있는 자신을 발견한다(눅 16:23). 이러한 상태에서 부자는 아브라함에게 나사로를 보내어 "그 손가락 끝에 물을 찍어 내 혀를 서늘하게 하소서 내가 이 불꽃 가운데서 괴로워하나이다"(눅 16:24)라고 간청하고 있다.

비유적인 언어에도 불구하고 본문은 분명하게 사악한 자들이 죽음 이후에 고통을 당하는 상태 가운데 계속적으로 존재하고 있음을 가르치고 있다. 성령을 훼방하는 죄는 "이 세상과 오는 세상에서도 사하심을 얻지 못하는"(마 12:32) 영원한 죄라고 하는 예수님의 가르침도 마찬가지이다. 학자들은 성령을 훼방하는 이 죄가 무엇인지에 대해서 논쟁하고 있지만 이 논쟁은 지옥에 대한 우리의 이해를 위하여 본문이 지니는 의미에는 아무런 영향도 미치지 않는다. 만일 이들 동일한 사람들이 멸절될 것이라면 왜 예수님께서는 어떤 사람은 오는 세상에서 사함을 받지 못할 것이라고 말씀하셨겠는가?

지옥의 끝없는 본성은 또한 "영원한 결박"(유 6)으로 묶여 있는 타락한 천사들에 대한 유다의 언급에서 분명히 드러나 있다. 만일 이 결박이 영원하다면 이 결박이 붙들고 있는 것 또한 영원할 것이다. 비슷한 논의가 하나님께서 "하나님을 모르는 자들과 우리 주 예수의 복음에 복종하지 않는 자들에게 형벌을 내리시리니 이런 자들은…영원한 멸망의 형벌을 받으리로다"(살후 1:8-9)라는 바울의 가르침에도 잘 나타나 있다. 이러한 멸망은 처벌이 주의 얼굴과 그의 힘의 영광을 떠나는 것을 포함하고 있기 때문에 멸절일 수가 없다. 만일 어떤 사람이 단지 계속해서 존재할 때에만 또 다른 누군가로부터 분리될 수 있을 것이다. 게다가 앞 절들에서 바울은 데살로니가 교인들이 박해자들의 손에 무죄하게 당했던 환난과 박해자들이 하나님의 손에서 정당하게 받게될 환난 사이에 병행 관계가 있음을 보여 주고 있다(살후 1:6-7).

만일 데살로니가 교인들이 당했던 환난이 의식적인 것이었다면-그리고 그것은 분명하다-박해자들이 당할 환난도 또한 의식적인 것이어야만 한다. 동일한 생각을 따라 바울은 하나님을 거역한 모든 자들에게 "진노와 분노"가 있을 것이라고 가르치고 있다. 이러한 분노는 "환난과 곤고"를 야기할 것임을 바울은 덧붙이고 있다. 사람들이 환난과 곤고를 당하기 위해서는 의식이 있어야 한다는 사실은 지옥이 의식적인 상태임을 의미한다. 예수님의 다른 가르침은 지옥이 본성에 있어서 의식적인 상태이며 지속에 있어 끝이 없다는 것을 제안한다.

예컨대 사악한 자들이 "바깥 어두운 데"나 "풀무 불"에 던져질 때 "슬피 울며 이를 갊이 있으리라"고 예수님 말씀하신다(마 13:42; 22:13). 사람들이 울며 자신들의 이를 갈기 위해서는 의식이 있어야만 한다. 이사야를 따라 예수님께서는 이러한 고통 하는 무서운 장소에서 탐욕스러운 벌레가 결코 죽지 않을 것이며 불이 결코 꺼지지 않을 것을 가르치고 계신다(막 9:48). 우리가 이미 보았던 것처럼 이것은 사악한 자들이 영원토록 고통 받을 것을 의미한다.

동일한 문맥을 따라 다른 사람에게 걸림돌이 되어 지옥에 던져지는 것보다 "깊은 바다에 빠뜨려지는 것이"(마 18:6) 더 낫다는 예수님의 가르침은 단지 사악한 자들이 의식이 있는 상태에서 영원토록 고통을 당할 때에만 의미가 있다. 만일 지옥이 멸절을 의미한다면 그 결과는 물에 빠뜨려지는 것과 동일하다. 그래서 지옥이 지속에 있어서 영원할 때에만 예수님께서 유다가 차라리 나지 않은 것이 더 나을 뻔하였다고 말씀하시는 것이 의미가 있게 된다(막 14:21). 만일 지옥이 멸절이라면 유다의 운명은 사실상 그가 결코 나지 않았던 것과 마찬가지가 될 것이다. 그러나 이 경우에 예수님께서는 어떻게 유다의 운명이 나지 않음보다 **더 나쁜 것**으로 묘사하실 수 있으시겠는가? 그리고 만일 정말 모든 사악한 사람들이 멸절된다면 예수님께서는 심판 날 어떤 사람의 운명이 다른 사람의 운명보다 더 나쁘다고 묘사하지 않으셨을 것이다(마 11:20-24).

그러나 지옥의 끝없는 본성에 대한 가장 명확한 진술은 요한계시록에서 발견된다. 요한계시록은 한 천사가 짐승과 그 형상을 숭배하는 사람들이 "거룩한 천사들 앞과 어린 양 앞에서 불과 유황으로 고난을 받을"(계 14:10)것이라고 선언하고 있다. 그런 다음 "그 고난의 연기가 세세토록 올라가리로다 짐승과 그의 우상에게 경배하고 그의 이름표를 받는 자는 누구든지 밤낮 쉼을 얻지 못하리라 하더라"(계 14:11)고 덧붙이고 있다.

멸절설자들은 고난 그 자체가 아니라 "(그들의) 고난의 연기"가 세세토록 올라간다고 주장한다. 그러나 어떠한 의심도 하지 못하도록 요한계시록 20장은 명확하게 마귀와 짐승과 거짓 선지자가 모두 "불과 유황 못에 던져질" 것인데 그들은 거기에서 "세세토록 밤낮 괴로움을 받을 것이다"라고 우리에게 분명히 말하고 있다(계 20:10). 뒤이어 "누구든지 생명책에 기록되지 못한 자는 불못에 던져지더라"고 말하고 있는데 그들은 명확하게 자신들이 추종하였던 마귀와 같이 동일한 영원한 운명에 처하게 될 것이다(계 20:15).

2) 지지하는 논증

(1) 교회 전통

사악한 자들이 끝없는 고통을 당할 것이라는 가르침은 교회 역사 전체를 통해 지배적인 가르침이었고 그렇기 때문에 지지를 받아야만 한다.

(2) 무한하신 하나님에 대한 죄

안셀무스가 가르쳤던 것처럼 무한하신 하나님에 대한 죄는 무한한 처벌을 받아야 하는 무한한 범죄이다. 우리는 무한하신 하나님의 영광을 다 헤아리기에는 너무나 부족하기 때문에 무한한 처벌의 공의를 우리가 다 이해할 수는 없다.

(3) 범죄자는 반드시 벌을 받아야 한다

하나님의 무한한 영광과 무관하게 멸절이 사악한 자들을 위한 정당한 처벌인 것처럼 보이지 않는다. 우리는 본능적으로 범죄자들이 그들의 범죄 행위에 대하여 벌을 받기를 원한다. 그러나 만일 범죄자들이 단지 존재하기를 그치기만 한다면 그들의 범죄 행위는 속죄된 것이 아니다. 그렇다면 공의는 만족이 되지 않는다. 그들이 하늘에서의 영원한 즐거움을 잃어버리는 것은 사실이다. 그러나 사악한 자들이 자신들의 상실을 경험하기 위해 존재하지 않는다면 이것이 무슨 처벌이 되겠는가?

(4) 지옥에 대한 두려움이 없어짐

많은 불신자들은 사후에 계속해서 존재할 것을 기대하지 않는다. 그래서 단순한 멸절의 위협은 구원을 위하여 하나님을 신뢰하라는 동기를 부여하지 못한다. 그러나 예수님과 신약성경의 저자들은 하나님과 바른 관계를 가져야만 한다고 사람들을 설득하기 위해 지옥에 대한 경고를 사용하였다. 이것은 지옥이 멸절이 아님을 의미한다.

3) 반론에 대한 응답

(1) 영원한 지옥은 잔인하다

지옥에 대한 전통적인 견해에 대한 주된 반론은 항상 그것이 잔인하다는 것이었다. 어떻게 사랑 많으신 하나님께서 어떤 사람을 끝없는 고통의 장소로 보내실 수 있는가? 이러한 반론에 대하여 세 가지를 말할 수 있다.

첫째, 이러한 처벌이 정당한 것이라면 하나님은 잔인한 것이 아니다. 위에서 지적한 것처럼 우리가 무한하신 하나님의 영광을 다 헤아리기 어려운 것과 같이 끝없는 처벌이라는 공의를 다 이해한다는 것은 어려운 일이다. 만일 우리가 하나님의 영광이 무한하며 죄라고 하는 것은 무한한 범죄라고 하는데 동의한다면 우리는 이러한 끝없는 처벌을 주시는 분으로 하나님을 고발할 수 없다.

둘째, 성경은 때때로 하나님을 사람들을 지옥에 보내시는 분으로 묘사하고 있지만 다른 본문들은 사악한 자들이 그들 스스로 선택한 상태가 바로 지옥이라고 제안하고 있다. C. S. 루이스가 지적한 것처럼 지옥은 단지 고집스러운 사람들이 그들 자신의 길을 가도록 내버려 두시는 결과일 뿐이라는 것이다.[1] 이러한 동일한 맥락을 따라 루이스는 만일 지옥이 영원토록 닫혀 있다면 그것은 "안으로부터 닫혀 있을" 것이라고 제안하고 있다.[2] 다른 말로 하나님께서는 그들 자신의 의지에 반하여 사람들을 영원토록

---

1) Lewis, *Problem of Pain*, 122-23, 128.
2) Ibid., 127. 또한 루이스의 *Great Divorce* (New York: Collier, 1984)를 보라.

지옥에 가두어 두시는 것이 아니다. 도리어 사람들은 하나님의 사랑을 받아들여 영원토록 하나님의 뜻에 순복하기를 거부하고 있다. 요한의 말로 "그 정죄는 이것이니 곧 빛이 세상에 왔으되 사람들이 자기 행위가 악하므로 빛보다 **어둠을 더 사랑한 것**이니라"(요 3:19)고 말할 수 있다.

셋째, 하나님 편에 잔인함이 있다는 고발은 만일 우리가 지옥을 묘사하기 위해서 성경 전체를 통해 사용되고 있는 이미지가 문자적이 아님을 고려해 보면 다소 누그러질 것이다. 그런 성경의 본문들은 하나님의 심판 아래 떨어지는 것과 하늘의 기쁨을 상실하는 것이 상상할 수 있는 가장 나쁜 일이라는 진리를 보여 주기 위한 것이다. 불이나 벌레의 이미지가 문자적이라고 생각할 이유는 없다. 실제로 만일 문자적으로 취해진다면 성경의 표현은 서로 상호 모순적인 것이 되고 만다. 예컨대 만일 지옥이 영원한 "불이 타는 곳"(마 18:8)이라면 어떻게 지옥은 또한 "바깥 어두운"(마 22:13) 장소가 될 수 있겠는가?

(2) 성경은 멸절을 가르치고 있다

멸절설자들은 어떤 성경 본문이 사악한 자들이 멸절되는 것으로 말하고 있다고 주장한다. 이들 본문은 두 가지 방식으로 설명될 수 있다.

첫째, 위에서 지적한 것처럼 구약성경의 저자들은 주로 하나님의 공의가 역사 안에 어떻게 구현되는가에 관심을 기울이고 있다. 사악한 자들이 전적으로 멸망하리라고 말하고 있는 대다수의 본문은 구약성경으로부터 나온 것인데 사악한 자들의 궁극적인 운명이 아니라 사악한 자들의 지상에서의 운명을 언급하고 있는 것이다(시 37:38; 사 1:28, 30-31).

둘째, 신약성경은 사악한 자들의 심판을 "죽음"이나 "파괴" 그리고 "멸망" 등으로 말할 때면 사악한 자들의 운명과 예수 그리스도에게 속한 자들의 운명을 대조하고 있다(롬 6:23; 살전 5:3). 그리스도 안에 있는 사람들은 하나님께서 그렇게 살도록 의도하셨던 것처럼 영원토록 생명을 경험할 것이다. 그리스도를 거절하는 사람들은 여기에 반대되는 상태로 영원토록 존재한다. 그들의 생명은 단지 일종의 죽음으로 묘사될 수 있을 것이다. 사람들이 의도했던 것이 지옥에서 파괴되고 멸망당한다. 그러나 만일 우리가 사악한 자들이 전적으로 멸절된다는 것을 의미한다고 성경 본문을 해석한다면 이러한 용어들에 너무 많은 것을 투사하는 것이 되고 성경의 다른 가르침과는 모순을 일으키게 될 것이다.

3. 사악한 자들은 더 이상 존재하지 않을 것이다 (멸절설)

이 논문은 지옥에 관하여 멸절설을 지지하며 전통적인 견해가 성경을 이교 철학의 전제들을 가지고 읽은 결과로 생겨난 것이라고 주장한다.

1) 성경적 논증

헬라 철학의 전통은 일반적으로 인간 영혼을 선천적으로 불멸하는 것으로 보는 반면에 성경은 불멸성을 오직 하나님에게만 속한 것으로 본다(딤전 6:16). 하나님께서는 은혜롭게도 자신들을 하나님의 뜻에 맞추려는 사람들에게 불멸을 제공하신다(요 3:15-16; 10:28; 17:2; 롬 2:7; 6:23; 고전 15:53-54; 갈 6:8; 요일 5:11). 하나님의 뜻을 거절하기로 선택한 사람들에게는 아담과 하와에게 "생명나무"에 이르는 길을 막으셨던 방식을 따라 이러한 선물이 거절될 것이다(창 3:22-24).

그러나 불행하게도 초대교회 교부들은 헬라 철학의 견해를 받아들였고 결과적으로 사악한 자들이 끝없는 고통을 당하게 될 것이라는 생각을 성경에 넣어서 읽게 되었다. 만일 우리가 성경을 이러한 헬라 철학의 가정 없이 읽는다면 우리는 하나님께서 사악한 자들을 정당하고 은혜롭게 멸절시키시는 것을 보게 된다. 하나님께서는 사악한 자들을 영원한 고통 가운데 두시지 않으신다.

성경은 분명 사악한 자들이 영원히 벌을 받는다고 가르치고 있다. 그러나 성경은 사악한 자들이 영원한 처벌을 **견뎌야** 한다고는 가르치지 않는다. 택함을 입은 자들이 "영원한 구원"(히 5:9) 또는 "영원한 속죄"(히 9:12)를 경험하는 것과 동일한 방식으로 사악한 자들은 "영벌"(마 25:46)을 받을 것이며 "영원한 심판"(히 6:2)을 받을 것이고 "영원한 멸망"(살후 1:9)을 받을 것이다. 택함을 받은 자들은 영원한 구속의 과정을 겪지 않을 것이다. 그들의 구속은 일단 그들이 구속함을 받은 다음에는 그것이 항구적이라는 의미에서 영원하다. 그러므로 저주받은 자들도 처벌이나 멸망의 영원한 과정을 겪지 않을 것이다. 도리어 그들이 처벌을 받고 멸망당하면 그것은 항구적이다. 지옥은 지속이 아니라 결과에 있어서 영원하다.

동일한 논리를 따라 "꺼지지 않는 불"과 "죽지 않는 벌레"에 대한 성경의 언급은 그 지속을 말하는 것이 아니라 심판의 최종성을 말하는 것이다(사 66:24; 참조. 대하 22:17; 사 17:27; 51:8; 렘 4:4; 7:20; 21:12; 겔 20:47-48). 만일 이들 본문이 문맥에서 읽혀진다면 불은 그 안에 던져진 것을 다 태우기까지는 끌 수 없다는 의미에서 꺼지지 않는다는 것이 분명하다. 그리고 저주 받은 자들에게 아무런 소망이 없으리라는 의미에서 벌레는 죽지 않는다. 벌레가 저주받은 자들의 시체를 먹어치우지 못할 것이다.

이들 본문은 사악한 자들이 그들에게 합당한 정당한 처벌을 받고 있으며 마침내 그들은 멸망하게 될 것이라고 가르친다(참조. 눅 16:19-31; 롬 2:8; 살후 1:6). 사악한 자들이 영원토록 형벌을 받으리라는 전통적인 견해는 구약성경을 별로 인용하지 않는다. 이 견해를 지지하는 사람들은 구약성경의 저자들이 사후의 삶에 대해 별반 관심이 없었다는 근거에서 그렇게 한다. 이것은 잘못이다. 구약성경은 하나님을 대항하는 사람들의 궁극적인 운명에 대하여 말하는 많은 내용을 가지고 있다.

베드로는 특별히 소돔과 고모라의 파멸을 하나님께서 사악한 자들을 어떻게 심판하시는지에 대한 하나의 형식으로 인용하고 있다. 주님께서는 이 도시의 거주자들을 "멸망하기로 정하여 재가 되게" 하셨으며 "후세에 경건하지 아니할 자들에게 본을 삼으셨다"(벧후 2:6). 그러므로 구약성경에는 사악한 자들의 운명에 대한 신약성경의 교훈을 위한 선례가 있다. 사악한 자들은 멸망하기로 정하여졌다. 구약성경 전체를 통하여 하나님께서는 사악한 자들을 멸절하겠다고 위협하셨다. 예컨대 하나님께서 세우신 언약을 따르기를 거부하는 모든 사람들에게 하나님께서는 "그의 이름을 천하에서 지워버리실"(신 29:20) 것이라고 맹세하셨다.

하나님께서는 정말로 그들을 멸망시키시리라 맹세하셨으며 그 땅을 "여호와께서 진노와 격분으로 멸하신 소돔과 고모라…의 무너짐과"(신 29:23) 같게 하실 것이라고 맹세하신다. 이사야 선지자를 통해 경고하고 있는 것도 마찬가지이다.

> 패역한 자와 죄인은 함께 패망하고 여호와를 버린 자도 멸망할 것이라 너희는 잎사귀 마른 상수리나무 같을 것이요 물 없는 동산 같으리니 강한 자는 삼오라기 같고 그의 행위는 불티 같아서 함께 탈 것이나 끌 사람이 없으리라(사 1:28, 30-31).

이사야는 다시 말한다.

> 불꽃이 그루터기를 삼킴 같이, 마른 풀이 불 속에 떨어짐 같이 그들의

뿌리가 썩겠고 꽃이 티끌처럼 날리리니 그들이 만군의 여호와의 율법을 버리며(사 5:24).

하나님께서 사악한 자들을 멸절시키실 것이라는 주제는 시편에서 특별히 눈에 두드러지게 나타난다. 시편 기자는 하나님을 기뻐하는 자들이 "시냇가에 심은 나무"(시 1:3)와 같을 것이지만, 사악한 자들은 "바람에 나는 겨"(시 1:4)와 같을 것이며, "망할 것"(시 1:6)이라고 말하고 있다. 사악한 자들은 "질그릇 같이"(시 2:9) 깨뜨려질 것이며, 조각조각 "찢어질 것"(시 50:22)이고, "생명책에서 지워질"(시 69:28; 참조. 신 29:20) 것이다. 각각의 은유는 멸절을 묘사해 준다.

이와 비슷하게 악을 행한 자들을 위한 하나님의 계획은 "그들의 자취를 땅에서 끊으려 하시는도다…악이 악인을 죽일 것이라"(시 34:16, 21)는 것이다. 사악한 자들은 그토록 철저하게 멸망을 받아 기억조차 되지 않을 것이다(시 9:6; 34:16). 후대의 저자의 강력한 말로 하면 사악한 자들은 "본래 없던 것 같이"(옵 16) 될 것이다.

동일한 설득력을 가지고 시편 37편은 사악한 자들이 "풀과 같이 속히 베임을 당할 것이며 푸른 채소 같이 쇠잔할 것임이로다"(시 37:2)라고 선언하고 있다. 사악한 자들은 "끊어질 것이며…없어지리니 네가 그 곳을 자세히 살필지라도 없을"(시 37:9-10) 것이다. 의인은 "영원히 살 것"(시 37:27)이지만, "악인들은 멸망하고 여호와의 원수들은 어린 양의 기름 같이 타서 연기가 되어 없어질"(시 37:20) 것이다. 사악한 자들은 "급히 흐르는 물 같이 사라지게 하시며 겨누는 화살이 꺾임 같게 하시며 소멸하여 가는 달팽이 같게 하시며 만삭 되지 못하여 출생한 아이가 햇빛을 보지 못함"(시 58:7-8) 같을 것이다. 그리고 다시 "범죄자들은 함께 멸망하리니 악인의 미래는 끊어질 것이나"(시 37:38)라고 말씀하고 있다. 요약하자면 사악한 자들의 운명은 무로 돌아가게 될 것이다.

　사악한 자들의 완벽한 멸망에 대한 시편 기자의 강조는 구약성경 전체를 통해 유사 구절을 가지고 있다. 예컨대 다니엘은 하나님의 심판의 바위에 의해 부서진 모든 사람들을 깨어진 것으로 말하고 있다. 그들은 "여름 타작 마당의 겨 같이 되어 바람에 불려 간 곳이 없게"(단 2:35) 된다. 나훔은 심판 때에 사악한 자들이 "마른 지푸라기 같이 모두 탈 것"(나 1:10)이라고 말하고 있다. 말라기는 우리에게 심판 날이 "용광로 불 같은 날"이 될 것이며 "교만한 자와 악을 행하는 자는 다 지푸라기 같을 것"이라고 말하고 있다. 그러므로 심판은 "그들을 살라 그 뿌리와 가지를 남기지 아니할 것"(말 4:1)이다.

　잠언은 우리에게 하나님을 미워하는 모든 자는 "사망을 사랑"(잠 8:36)하는 자라고 말하고 있으며, 하나님의 심판의 "회오리바람이 지나가면 악인은"(잠 10:25) 더 이상 존재하지 않을 것이라고 우리에게 말하고 있다. 다시금 하나님의 분노가 일어날 때 "악인은 엎드러져서 소멸"(잠 12:7)될 것이다. 그리고 마지막으로 "대저 행악자는 장래가 없겠고 악인의 등불은 꺼질"(잠 24:20) 것이다. 만일 사악한 자들이 사실상 지옥에서 영원한 미래를 경험한다면 그들의 미래가 없다는 말을 받아들이는 것은 불가능하다.

　사악한 자들이 완전하게 멸망할 것이라는 가르침은 심지어 신약성경에서 보다 강력하다. 구약성경에서와 같이 사악한 자들은 흔히 파멸되거나 불에 소멸되는 것으로 묘사되고 있다(히 6:8; 10:27; 유 7; 참조. 사 33:11). 세례 요한은 "좋은 열매를 맺지 아니하는 나무마다 찍혀 불에 던져지리라"(마 3:10)고 선언하였다. 세례 요한은 메시아가 "손에 키를 들고 자기의 타작 마당을 정하게 하사 알곡은 모아 곳간에 들이고 쭉정이는 꺼지지 않는 불에 태우시리라"(마 3:12)고 말하고 있다. 예수님 자신이 지옥을 태워버리는 불로 여러 번 묘사하셨다(마 7:19; 13:40; 요 15:6).

신약성경은 직간접적으로 멸절을 말하는 여러 가지 다른 방식으로 사악한 자들의 운명을 묘사하고 있다. 예수님께서는 멸망으로 인도하는 넓은 문과 생명으로 인도하는 좁은 문을 대조하고 계신다(마 7:13). 이 본문에서 어떤 사람이 죽을 때처럼 의식이 중단되는 것을 함의하는 멸망은 분명히 생명과 대조된다.

비슷한 논리를 따라 예수님은 자신의 제자들에게 육체를 죽이지만 영혼을 죽이지 못하는 자들을 두려워하지 말라고 말씀하신다. 도리어 "오직 몸과 영혼을 능히 지옥에 멸하실 수 있는 이를 두려워"(마 10:28)해야 한다. 이런 말씀이 우리에게 전달하고자 하는 의미는 인간이 육체를 죽이며 행하는 일을 악한 자들의 영혼에 하나님께서는 행하실 것이라는 것이다. 이것은 악한 자들의 영혼은 그들이 멸망한 이후에 의식이 있는 상태로 존재하지 않을 것이라는 사실을 함축적으로 보여 준다.

야고보는 하나님만이 "구원하기도 하시며 멸하기도"(약 4:12) 하실 수 있다고 가르치고 있다. 베드로는 "멸망"이 거짓되고 탐욕스러운 선지자들을 기다리고 있다고 가르치고 있다(벧후 2:3). 바울은 부에 대한 추구가 사람들을 "파멸과 멸망에 빠지게 하는 것이라"(딤전 6:9)고 가르치고 있다. 게다가 "십자가의 원수"인 모든 사람들은 "멸망"을 자신들의 최종적인 목적으로 가지게 된다(빌 3:18-19; 참조. 1:28). 만일 어떤 사람이 하나님의 성전을 더럽히면 하나님이 그 사람을 멸하시리라(고전 3:17). 바울은 "갑작스러운 멸망"(살전 5:3)이 마지막 날에 사악한 자들에게 임할 것이라고 가르치고 있다. 이 날은 다른 곳에서는 "경건하지 아니한 사람들의 멸망"(벧후 3:7)의 날로 묘사되어 있다. 이들 본문은 명확하게 사악한 자들의 영혼이 사실상 결코 파괴되지 않고 끝이 없는 고통을 견뎌야 한다는 전통적인 견해와 모순된다.

신약성경은 또한 사악한 자들의 운명을 흔히 그들이 죽거나 썩어 없어지는(아폴리미, *apollymi*) 것으로 묘사하고 있다. 요한은 하나님께서 예수님을 보내셔서 "그를 믿는 자마다 멸망하지 않고 영생을 얻게 하려 하심이라"(요 3:16)고 선언하고 있다. 바울은 복음을 선포하는 사람들은 구원을 받는 자들에게 생명으로부터 생명에 이르는 냄새인 반면에 망하는 자들에게는 사망으로부터 사망에 이르는 냄새라고 말하면서 이러한 동일한 대조를 활용하고 있다(고후 2:15-16). 바울은 또한 "죄의 삯은 사망이요 하나님의 은사는 그리스도 예수 우리 주 안에 있는 영생이라"(롬 6:23)고 가르치고 있다. 이러한 가르침은 하나님을 떠나서 생명을 발견하려고 시도하는 사람들이 생명을 잃는 것으로 끝나게 되리라는 예수님의 가르침과도 일치한다(마 10:39).

동일한 맥락을 따라 야고보는 "욕심이 잉태한즉 죄를 낳고 죄가 장성한즉 사망을 낳느니라"(약 1:15)고 말하고 있으며 "죄인을 미혹된 길에서 돌아서게 하는 자가 그의 영혼을 사망에서 구원할 것"(약 5:20)이라고 말하고 있다. 그리스도께서는 "사망을 폐하시고 복음으로써 생명과 썩지 아니할 것을"(딤후 1:10) 드러내시려고 오셨다고 말하고 있다. 그리스도께서는 실제로 "죽음의 세력을 잡은 자 곧 마귀를"(히 2:14) 멸하러 오셨다. 생명과 썩지 아니할 것은 하나님을 따르는 것과 관련이 있으며 죽음은 사탄을 따르는 것과 관련이 있다. 이들 본문에서의 죽음과 생명을 잃음, 그리고 썩어없어짐과 생명을 대조하고 있는 것은 지옥에 대한 전통적인 가르침이 전제하고 있는 영원한 지복의 상태와 영원한 고통 사이의 대조와 다르다. 죽음과 생명을 잃음, 그리고 썩어짐이라고 하는 것은 또 다른 종류의 생명, 즉 의식이 있는 영원한 상태의 고통을 의미하지 않는다.

이처럼 모든 성경적인 증거를 영혼은 본래적으로 불멸이라고 하는 헬라 철학적인 가정과 분리해서 평가해 본다면 사악한 자들의 운명은 끝없는 고통이 아니라 멸절임이 분명하다.

2) 지지하는 논증

(1) 끝없는 고통은 하나님의 사랑과 부합하지 않는다

신약성경에서 하나님의 중심적인 계시는 하나님께서 사랑이시라는 것이다(요일 4:8, 16). 하나님의 진노는 잠깐이지만 그의 자비는 영원하다(시 103:8-14). 이것이 어떻게 하나님의 진노가 사악한 자들을 향하여 영원히 불타오를 것이라는 견해와 부합할 수 있겠는가? 우리는 어떻게 자신의 원수에게 이러한 누그러지지 않고 만족할 줄 모르는 복수를 퍼붓는 사람을 선하다거나 자비롭다고 부를 수 있겠는가? 이러한 존재는 다만 잔인할 따름이지 않은가?

멸절설적인 관점에서는 하나님의 공의와 자비는 사악한 자들을 멸하도록 정죄하는 것에서 연합된다. 하나님께서는 정당하게 그들의 죄를 벌하시며 그러한 죄들이 자신의 나라에서 어떠한 자리도 차지하지 못하게 하신다. 그러나 하나님께서는 자비롭게도 악인들을 정확히 멸절하셔서 전통적인 견해가 말하고 있는 것처럼 고통을 끝없이 견디지 않게 하신다.

(2) 끝없는 고통은 하나님의 승리와 부합하지 않는다

사람들과 타락한 천사들이 영원토록 고통을 당할 것이라는 가르침은 종말에 하나님께서 결국 승리하실 것이라는 성경의 가르침과 모순된다. 실재의 어떤 차원이 영구적으로 하나님을 반대하고 있는데 우리는 어떻게 그리스도께서 만유 위에 계실 것이며(엡 1:10, 21-22) 하나님께서는 만유 안에서 만유가 되실 것이라고(고전 15:28) 확신할 수 있는가?

만일 많은 피조물이 하나님에 대한 적대적인 반역 가운데 영구적으로 존재하고 있다면 어떻게 우리는 하늘과 땅의 모든 피조물이 보좌 앞에 절하게 될 것(빌 2:10-11; 참조. 롬 14:10-11)이며 모든 것이 하나님과 화해하게 될 것(골 1:20; 참조. 행 3:21)이라는 성경적인 확신을 받아들일 수 있는가? 만일 다수의 사람들이 영원토록 끝이 없는 두 번째 사망을 겪으면서 슬피 울며 이를 갈고 있을 것이라면 우리는 어떻게 하나님의 기쁨과 평화의 최종적이고 궁극적인 승리를 확신하고 더 이상 "사망이 없고 애통하는 것이나 곡하는 것"(계 21:4)이 없을 것이라는 사실을 받아들일 수 있겠는가?

만일 지옥에 대한 전통적인 견해가 옳다면 하나님께서는 여전히 최종적인 승리를 얻지 못하시고 있는 것이다. 얼룩으로 흐려지지 않은 영광스러운 우주적인 하나님 나라 대신에 꼴 사나운 이원론이 영원토록 다스리게 될 것이다.

3) 반론에 대한 응답

(1) 성경은 사악한 자들이 밤낮으로 고통을 겪을 것이라고 말하고 있다

멸절설자들이 설명해야만 하는 가장 어려운 본문은 요한계시록 14:10-11과 20:10이다. 이 본문들은 사악한 자들이 "세세토록 밤낮" 괴로움을 받고 있는 것으로 말하고 있다. 그러나 이 본문들은 처음에 그렇게 보이는 것처럼 멸절설자들에게만 문제 본문이 되지는 않는다. "세세토록"이라는 표현은 "시대 위에 시대를 걸쳐"라고 번역될 수 있는데 끝이 없는 시간의 기간을 필연적으로 의미하는 것은 아니다.

보다 근본적으로는 요한계시록이 매우 상징적인 책임을 염두에 두는 것이 중요하다. 요한계시록의 묵시적인 이미지는 문자적으로 해석되어서는 안 된다. 이것은 특별히 "세세토록"이라는 표현에 해당한다. 왜냐하면 이 구절과 유사한 구절들이 성경의 다른 곳에서 사용되고 있기 때문이다. 이들 구절들은 문자적으로 끝이 없음을 의미하지 않는 문맥에서 사용되고 있다(창 49:26; 출 40:15; 민 25:13; 시 24:7).

아마도 이러한 가장 중요한 예는 이사야 34:9-10일 것이다. 이 본문은 요한계시록에 밀접한 병행 구절을 두 곳이나 가지고 있다. 이 본문에서 이사야는 에돔을 사를 불이 "밤낮으로" 탈 것이고 "꺼지지 않을 것"이라고 말하고 있다. 그 연기가 "끊임없이 떠오를 것이며" "세세에…그리로 지날 자가 영영히" 없을 것이다. 분명히 이것은 상징적인 표현들이다. 왜냐하면 불과 에돔의 심판의 연기는 오늘날 여전히 올라가고 있지는 않기 때문이다. 만일 이사야의 본문이 상징적인 의미를 담고 있다면 요한계시록에 있는 비슷한 표현들도 문자적으로 해석하는 것을 조심해야 할 것이다.

(2) 이 견해는 지옥에 대한 두려움을 약화시킨다

어떤 사람들은 만일 멸절설이 사실이라면 지옥에 대한 두려움이 약화된다고 주장한다. 이에 대한 응답으로 두 가지를 말할 수 있다.

첫째, 대부분의 멸절설자들은 사악한 자들이 아마도 오래된 기간 동안 멸절되기 전에 고통을 겪을 것이라는 것을 부정하지 않는다. 하나님의 공의는 엄중하며 마땅히 두려워해야 한다.

둘째, 지옥에 대한 전통적인 가르침이 일반적으로 불신자들의 마음에 두려움을 불러일으키는지 의문이다. 도리어 이러한 가르침은 종종 반대 효과를 가지고 있는 것처럼 보인다. 끝없는 처벌의 개념이 사람들의 일상적인 공의의 감각과는 너무나 어긋나기 때문에 상식을 벗어난 것으로 거부되고 있다. 분명 불신자들에게 하나님의 임박한 심판에 대하여 경고할 필요가 있다. 멸절설자들이 주는 경고는 성경적인 동시에 믿을만 하다.

4. 심화 학습을 위한 도서 목록

Brower, Kent E., and Mark W. Elliott, eds. *Eschatology in Bible and Theology: Evangelical Essays at the Dawn of a New Millennium.* Downers Grove, IL: InterVarsity, 1997.

Cameron, Nigel M. de S., ed. *Universalism and the Doctrine of Hell.* Grand Rapids: Baker Academic, 1992.

Crockett, William, ed. *Four Views on Hell.* Grand Rapids: Zondervan, 1992.

Dixon, Larry. *The Other Side of the Good News: Confronting the Contemporary Challenges to Jesus' Teaching on Hell.* Wheaton: BridgePoint, 1992.

Fudge, Edward W. *The Fire That Consumes: A Biblical and Historical Study of Final Punishment.* Houston: Providential Press, 1982.

Fudge, Edward W., and Robert A. Peterson. *Two Views of Hell: A Biblical and Theological Dialogue.* Downers Grove, IL: InterVarsity, 2000.

Hilborn, David, et al. *The Nature of Hell.* Carlisle: Paternoster, 2000.

Kvanvig, Jonathan L. *The Problem of Hell.* New York: Oxford University Press, 1993.

Morgan, Christopher W., and Robert A. Peterson, eds. *Hell under Fire: Modern Scholarship Reinvents Eternal Punishment.* Grand Rapids: Zondervan, 2004.

Peterson, Robert A. *Hell on Trial: The Case for Eternal Punishment*. Phillipsburg, NJ: Presbyterian and Reformed, 1995.

Walls, Jerry. Hell: *The Logic of Damnation*. Notre Dame: University of Notre Dame Press, 1992.

Across the Spectrum

부 록

주제 1: 복음주의자들은 신학을 어떻게 "하여야" 하는가? (신학 방법론 논쟁)

복음주의 신학자들 사이에서 중심적인 논쟁은 신학적 방법론의 문제와 관련이 있다. 우리는 어떻게 신학을 "하여야" 하는가?

모든 복음주의 그리스도인들은 성경이 하나님의 감동으로 된 계시라고 믿는다. 그러므로 복음주의자들은 성경이 신학적 사고를 위한 기초를 형성하여야 한다는데 동의한다. 그러나 성경이 신학을 할 때 고려해야 할 유일한 요소는 아니다. 많은 복음주의자들은 신학의 다양한 근원과 그 근원들이 어떻게 관계하는지를 설명하는 한 가지 방법으로 웨슬리의 4변형(18세기 영국의 부흥사요 감리교의 창시자인 존 웨슬리의 이름을 따라 이름을 붙임)을 채택한다. 이 이름이 제안하고 있는 것처럼 웨슬리의 4변형은 신학이 4가지 근원에 근거하고 있다고 제시한다. 그것은 성경, 교회 전통, 이성, 그리고 경험이다. 성경은 신학의 기초로 간주되고 있다. 다른 3가지 근원은 신학을 하는 목적을 위하여 신실한 방식으로 성경을 명료하게 하고 해석하는데 도움을 준다.

우리는 이 4변형의 4가지 측면 사이에 어떻게 균형을 잡아야 하는지, 어느 정도까지 전통과 이성과 경험이 성경에 대한 우리의 이해를 규정하고 결정해야 하는지에 대한 질문이 제기될 때 논쟁이 야기된다. 비록 복음주의 신학 방법론에 대한 질문에 여러 가지 견해가 있기는 하지만 두 가지 기본적인 모델을 다음과 같이 설명할 수 있을 것이다.

전통적인 복음주의적 모델에 따르면 신학의 과제는 성경에서 발견하는 교리적 진리를 조직화하고 분명하게 하는 것이다. 강조점이 하나님의 불변하며 초문화적인 계시로서의 성경에 있다. 칼 헨리(Carl F.H. Henry)의 말로 하면 "신적인 계시는 기독교의 진리를 포함하여 모든 진리의 근원이다…기독교 신학의 과제는 성경 계시의 내용을 체계적인 전체로서 제시하는"[1] 것이다. 신학적 과제에 대한 이러한 견해는 명제주의로 알려져 있는 성경에 대한 이해에 근거하고 있다. 명제주의적 이해를 주장하는 사람들에게 성경은 주로 하나님에 대한 정보를 포함하고 제공하는 것으로 이해된다. 헨리의 말로 하면 "성경은 실제로 표현되거나 명제로 표현될 수 있는 신적으로 주어진 정보의 일단"[2]을 담고 있다.

전통적 견해와는 대조적인 것이 신학적 방법에 대한 탈토대주의자들의 (postfoundationalist) 복음주의 모델이다. 포스트모던적 관점에 대한 다른 표현들과 같이 탈토대주의적인 접근은 신학을 포함한 모든 인간의 지적인 인식이 지니는 문화적인 특성을 강조한다. 간단하게 말해서 탈토대주의적 방법은 여전히 성경을 주요한 신학적 규범으로 인정하지만 인간 이성과

---

1) Carl F.H. Henry, *God, Revelation, and Authority*, 6 vols. (Waco; Word, 1976), 1:215.
2) Ibid., 3; 457.

경험이 어떤 주어진 신학을 구조화하고 규정하는 방식에 보다 큰 강조점을 둔다. 스탠리 그렌츠(Stanley Grenz)는 이러한 확신을 다음과 같이 표현하고 있다.

> 우리가 우리의 신학에서 채택하고 있는 범주들은 필연적으로 문화적으로 그리고 역사적으로 전제된 것들이다. 신학자들로서 우리 각자는 '시대의 자녀'임과 동시에 그 시대에 말씀의 전달자가 되어야 한다.[3]

기본적인 기독교 신앙에 대한 헌신은 변화하지 않아야 하지만 이러한 신앙적인 헌신의 개념화와 정교화는 시대와 문화에 따라 변화한다. 그러므로 단일한 복음주의 "신학"에 도달할 수 있다고 기대해서는 안 된다. 항상 수많은 다양한 복음주의적 "신학들"이 있을 것이다. 신학의 주된 대상이신 하나님이 어떤 인간의 사고 체계 넘어 계시며 또한 동시에 모든 인간의 신학적 체계라고 하는 것은 항상 그 문화적인 맥락에 의해 전제되어지기 때문에 이것은 사실이다.

탈토대주의적인 관점에서 성경은 하나님의 구원하시는 행동과 메시지를 담고 있는 영감된 이야기(narrative)이다. 이것은 계시가 이러한 이야기로부터 밖으로 표현될 수 있는 일련의 명제들이 아니라 이야기 자체라는 것을 의미한다. 곧 하나님과 하나님의 성품에 대한 진리가 기독교 신앙이라고 하는 불변하는 이야기로 표현된다. 그런데 인간 이성과 경험이라고 하는 구성 요소에 의해 필연적으로 그리고 극적으로 만들어진 체계화된 신학은 항상 특정한 시간과 장소, 특정한 사람들을 위한 불변하는 성경의

---

3) Stanley Grenz, *Revisioning Evangelical Theology: A Fresh Agenda for the Twenty-first Century* (Downers Grove, IL.: InterVarsity, 1993), 83.

이야기에 대한 문화적으로 전제된 개념화요 조합인 것이다.

● 심화 학습을 위한 도서 목록

Clark, David K. *To Know and Love God: Method for Theology*. Wheaton: Crossway, 2003.

Erickson, Millard J. *The Evangelical Left: Encountering Postconservative Evangelical Theology*. Grand Rapids: Baker Academic, 1997.

Franke, John R. *The Character of Theology: An Introduction to Its Nature, Task, and Purpose*. Grand Rapids: Baker Academic, 2005.

Grenz, Stanley. *Renewing the Center: Evangelical Theology in a Post-Theological Era*. 2nd ed. Grand Rapids: Baker Academic, 2006.

―――. *Revisioning Evangelical Theology: A Fresh Agenda for the Twenty-first Century*. Downers Grove, IL: InterVarsity, 1993.

Grenz, Stanley, and John R. Franke. *Beyond Foundationalism: Shaping Theology in a Postmodern Context*. Louisville: Westminster John Knox, 2001.

Henry, Carl F. H. *God, Revelation, and Authority*. 6 vols. Waco: Word, 1976-83.

Lints, Richard. *The Fabric of Theology: A Prolegomena to Evangelical Theology*. Grand Rapids: Eerdmans, 1993.

McGrath, Alister E. *Understanding Doctrine: Its Relevance and Purpose for Today*. Grand Rapids: Zondervan, 1990.

Pinnock, Clark. "New Dimensions in Theological Method." In *New Dimensions in Evangelical Thought: Essays in Honor of Millard J. Er-

ickson, edited by David S. Dockery, 197–208. Downers Grove, IL: InterVarsity, 1998.

Schults, F. LeRon. *The Postfoundationalist Task of Theology: Wolfhart Pannenberg and the New Theological Rationality*. Grand Rapids: Eerdmans, 1999.

Stackhouse, John G., Jr., ed. *Evangelical Futures: A Conversation on Theological Method*. Grand Rapids: Baker Academic, 2000.

Thorsen, Donald A. D. *The Wesleyan Quadrilateral: Scripture, Tradition, Reason, and Experience*. Grand Rapids: Zondervan, 1990.

Wells, David F. *No Place for Truth, or, Whatever Happened to Evangelical Theology?* Grand Rapids: Eerdmans, 1993.

주제 2: 삼위일체에 관한 심리적 모델과 사회적 모델

성경은 유일한 한 하나님이 계시다고 가르친다. 동시에 성경은 성부, 성자, 성령이 각각 온전하게 하나님이시라고 가르친다. 이런 이유로 교회는 항상 삼위일체를 확신하였다. 삼위일체론은 하나님께서 하나의 실체(*ousia*)이시지만 영원히 온전하게 구별되는 세 가지 위격(*hypostases personae*)으로 존재하신다고 가르친다.

대답이 주어지지 않은 질문은 어떻게 우리가 신성 안에 있는 실체적인 단일성과 위격적인 복수성 사이의 관계를 이해하여야 하는가 하는 것이다. 교회 역사를 통하여 두 가지 구별되는 모델이 제안되고 있다.

첫 번째 모델은 2세기의 변증가들에게로 소급이 되며 어거스틴에 의해 유명하게 되었다. 이것은 대개 삼위일체에 대한 심리적 모델이라고 불린다. 왜냐하면 이것은 신성의 단일성과 복수성을 인간 자아의 단일성과 복수성에 연결시키기 때문이다. 어거스틴에 따르면 성부, 성자, 성령의 단일성은 어떤 사람의 마음(사고)과 심정(정서), 그리고 의지(뜻)의 단일성과 같다. 18세기에 다소 다른 변형이 조나단 에드워즈에 의해 개진되었다. 에드워즈는 인간의 마음이 자아와 자아의 이미지, 그리고 자아와 자아의 이미지 사이의 관계로 구성되는 것과 같이 신성은 자아(성부)와 완전한 자아 이미지(성자), 그리고 자아와 자아 이미지 사이의 완전한 사랑의 관계(성령)로 구성된다고 주장하였다.

많은 사람들은 심리적인 모델이 도움이 된다고 생각하는 반면에 또 다른 많은 사람들은 이것이 성경의 자료에 충실하지 못하다는 근거에서 반대한다. 성경은 성부, 성자, 성령을 한 인격의 세 가지 구별되는 측면들이 아니라 세 가지 구별되는 위격들로 묘사하고 있기 때문이다. 그러므로 우리가 삼위일체의 단일성을 세 사람의 마음과 심정과 의지의 단일성으로 생각하는 것이 더 낫다고 그들은 제안한다. 이러한 주장은 보통 삼위일체에 대한 사회적 모델로 불려진다.

심리적 모델을 변호하는 사람들에게 사회적 모델은 삼신론(세 가지 분리된 신들을 믿는 신앙)과 비슷하다. 사회적 모델을 변호하는 사람들에게 심리적 모델은 양태론(삼위를 한 인격의 양태로 환원함)과 비슷하다. 또 다른 사람들은 모델은 실체에 대한 정확한 모사체가 아니라 단지 모델일 뿐이기 때문에 우리는 두 가지 모델 모두를 그 온전한 실체를 완벽하게 다 묘사할 수 없는 하나님에 대한 독특한 관점을 파악하는데 타당한 것으로 볼 수 있다고 주장하고 있다.

심화 학습을 위한 도서 목록

Augustine. *The Trinity*. Translated by Edmund Hill. New York: New City, 1991.

Brown, David. *The Divine Trinity*. LaSalle, IL: Open Court, 1985.

Feenstra, Ronald J., and Cornelius Plantinga Jr., eds. *Trinity, Incarnation, and Atonement: Philosophical and Theological Essays*. Notre Dame: University of Notre Dame Press, 1989.

Gregory of Nyssa. *One Not Three Gods*. In *The Trinitarian Controversy*, edited and translated by William G. Rusch. Philadelphia: Fortress, 1980.

Grenz, Stanley J. *Rediscovering the Triune God: The Trinity in Contemporary Theology*. Minneapolis: Augsburg Fortress, 2004.

Hodgson, Leonard. *The Doctrine of the Trinity*. London: Nisbet, 1943.

Karkkainen, Veli-Matti. *The Trinity: Global Perspectives*. Louisville: Westminster John Knox, 2007.

Moltmann, Jurgen. *The Trinity and the Kingdom*. Minneapolis: Augsburg Fortress, 1993.

Pinnock, Clark, and Robert C. Brow. *Unbounded Love*. Downers Grove, IL: InterVarsity, 1994.

Rea, Michael C. "Polytheism and Christian Belief." *Journal of Theological Studies* 57 (2006): 133–48.

Toon, Peter. *Our Triune God: A Biblical Portrayal of the Trinity*. Wheaton: BridgePoint, 1996.

Volf, Miroslav, and Michael Welker, eds. *God's Life in Trinity*. Minne-

apolis: Augsburg Fortress, 2006.
Warfield, B. B. "Calvin's Doctrine of the Trinity." In *Calvin and Augustine*, edited by Samuel G. Craig, 189-284. Philadelphia: Presbyterian and Reformed, 1956.
Welch, Claude. *In This Name: The Trinity in Contemporary Theology*. New York: Scribner's, 1952.

주제 3: 노아의 홍수는 전지구적이었는가 아니면 한 지역에 국한된 것이었나?

비록 많은 사람들이 노아 시대에 있었던 대홍수에 대한 성경의 이야기를 고대의 전설로 생각하지만 복음주의적 그리스도인들은 성경이 노아의 홍수를 역사적인 사실로 제시하기 때문에 그렇다고 확신한다. 그러나 지난 200년간 이 홍수가 전지구적이었는가 아니면 한 지역에 국한된 것이었는가에 대한 논쟁이 일어났다. 홍수가 전지구적이라는 전통적인 입장을 변호하는 사람들은 창세기의 이야기에 사용된 언어가 이러한 해석을 요구한다고 주장한다. 예컨대 성경 말씀은 "물이 땅에 더욱 넘치매 천하의 높은 산이 다 잠겼더니"(창 7:19)라고 말한다. 히말라야나 에베레스트 산의 높이를 고려할 때 홍수가 전지구적이었음이 분명하다. 성경은 심지어 방주가 도달한 산의 이름(아라랏산)을 밝혀주고 있는데 이 산은 전지구적인 홍수를 요구하기에 충분한 높이이다(창 8:4).

전통적인 견해를 주장하는 사람들은 또한 만일 홍수가 단지 한 지역에 국한된 것이었다면 1년 동안 모든 종류의 동물을 위하여 노아가 거대한 방주와 집을 지을 필요가 없었을 것이라고 주장한다(창 7:2-4). 이것뿐만 아니라 성경은 홍수가 모든 인류를 멸망시켰다고 말한다. 지역적인 홍수는 이렇게 할 수 없었을 것이다(창 6:7, 13). 게다가 신약성경은 홍수 사건을 앞으로 있을 **온 세상에 대한** 심판의 실례로 인용하고 있다(벧후 2:5).

그러나 모든 사람이 이런 논증에 설득되는 것은 아니다. 어떤 복음주의자들은 홍수 이야기의 언어가 문자적이라기보다는 아마도 현상적인 것으로(외견상으로) 그리고 과장된 것으로(강조를 위한 과정) 해석될 수 있을 것이라고 주장한다. 이 경우 홍수로 덮인 "높은 산"(창 7:19)은 히말라야의 높은 산들이 아니라 노아가 살던 지역의 언덕들 또는 아마도 시날이나 바벨론의 낮은 언덕으로 이해될 수 있다(참조. 창 11:2). 게다가 현재 아라랏 산이라 이름하는 산이 창세기에 언급되어 있는 바로 그 산이라는 증거 또한 없다는 것이다. 왜냐하면 이 산이 아라랏이라 불리게 된 것이 최근이기 때문이다. 지역적인 홍수를 지지하는 사람들은 또한 방주의 목적이 동물이나 사람들 가운데 남은 자들을 구원하기 위한 것이 아니라고 주장하고 있다. 방주는 단지 심판을 받아야 하는 세대에 대한 경고와 증거의 역할을 하는 것이다.

그러나 지역적인 홍수 이론을 주장하게 되는 주요한 요인은 사람들이 전지구적인 홍수 이론에서 발견하는 난점들 때문이다. 지역적인 홍수를 지지하는 사람들은 관례적으로 전지구적인 홍수 이론의 6가지 주된 난점을 지적한다.

첫째, 히말라야와 에베레스트 산을 덮을 정도로 높은 물을 마르게 할 수 없었을 것이다. 그러나 성경은 홍수를 수백일 동안에 바람으로 줄이고 있는 것으로 묘사하고 있다(창 8:1).

둘째, 최근에(만년이나 그 이하 이전에) 있었던 전지구적인 홍수는 쉽게 알아볼 수 있는 증거를 남겼을 것이다. 지역적인 홍수를 지지하는 사람들은 메소포타미아 지역에 거대한 지역적인 홍수가 있었다는 논박할 수 없는 증거가 있기는 하지만 전지구적인 홍수에 대한 증거는 없다고 주장한다.

셋째, 전지구적인 홍수로 인한 민물과 바다 물의 혼합은 모든 민물고기들을 죽게 하였을 것이다. 그러나 민물고기들을 포함한 민물 생물들은 여전히 존재한다.

넷째, 모든 산을 덮을 정도로 충분히 두터운 물이 뒤덮였다면 마른 땅의 채소들은 모두 사라졌을 것이다. 비둘기는 어디에서 "감람나무 새 잎사귀"(창 8:11)를 발견하였는가?

다섯째, 모든 동물 종의 쌍이 지구를 여행하여 방주까지 올 수 있는 길은 없다.

여섯째, 방주가 아무리 크다 하더라도 다양한 동물들을 그들이 먹기에 충분한 음식과 함께(창 6:21) 수용할 방법이 없다. 이러한 다양한 동물이 폐쇄된 공간에서 1년 동안 햇빛 없이 생존할 수 없었을 것이라고 지역적인 홍수를 지지하는 사람들은 주장한다.

전통적인 견해의 지지자들은 지역적인 홍수 이론에서 요구되는 창세기 이야기의 재해석이 부자연스럽다고 주장한다. 그들은 또한 전통적인 견해에 대한 6가지 반론이 특별히 우리가 기적을 행하시는 하나님의 실체를 인정하기만 한다면 모두 다 대답할 수 있는 것들이라고 주장한다. 예컨대 사실상 한때 엄격하게 자연적인 기초 위에서 지구를 뒤덮고 있던 모든 물이 사라진 것을 설명할 길이 없을지 모른다. 그러나 이것은 전능하신 창조주가 성취하실 수 있는 작은 위업에 불과할 것이다. 이와 유사하게 동물을 방주에 인도한 것과 방주에서 살아남은 것에 대해서도 말할 수 있을 것이다.

심화 학습을 위한 도서 목록

Brown, Walter T. *In the Beginning: Compelling Evidence for Creation and the Flood*. 7th ed. Phoenix: Center for Scientific Creation, 2001.

Filby, Frederick A. *The Flood Reconsidered*. Grand Rapids: Zondervan, 1970.

Ryan, William, and Walter Pitman. *Noah's Flood: New Scientific Discoveries about the Event That Changed History*. New York: Simon and Schuster, 2000.

Vardiman, Larry. *Climates before and after the Genesis Flood: Numerical Models and Their Implications*. Dallas: Institute for Creation Research, 2001.

Whitcomb, John C., and Henry M. Morris. *The Genesis Flood: The Biblical Record and Its Scientific Implications*. Philadelphia: Presbyterian and Reformed, 1961.

Young, Davis A. *The Biblical Flood: A Case Study of the Church's Response to Extrabiblical Evidence*. Grand Rapids: Eerdmans, 1995.

———. *Creation and the Flood: An Alternative to Flood Geology and Theistic Evolution*. Grand Rapids: Baker Books, 1977.

Youngblood, Ronald, ed. *The Genesis Debate: Persistent Questions about Creation and the Flood*. Nashville: Nelson, 1986.

주제 4: 성경에 따르면 인간은 한 가지 아니면 둘 또는 세 가지 중 몇 부분으로 이루어져 있는가?

그리스도인들은 항상 인간이 "하나님의 형상"(창 1:27)으로 만들어졌다고 확신했다. 그러나 역사적으로 인간 존재의 실제적인 "구성"에 대한 논의가 진행되고 있다. 성경은 인간 자아의 다양한 측면을 언급하기 위해 "혼"과 "영"과 "육"과 "심정"과 "마음"과 "의지" 등을 포함한 다양한 용어를 사용하고 있다. 논쟁의 핵심은 이것이다. 이들 용어들이 무엇을 의미하며 이 용어들이 서로 어떻게 관계되어 있는가? 인간은 한 가지나 두 가지 또는 세 가지 "부분"으로 되어 있는가? 몸이 죽을 때 그 사람의 또 다른 부분은 의식적인 상태에서 계속 존재하는가?

역사를 통하여 가장 흔하게 주장되는 견해는 자아에 대한 이분설적 견해 또는 이원론적 견해이다. 이 견해는 인간 자아가 두 가지 기본적인 부분으로 구성되어 있다고 주장한다. 그것은 육체와 영혼(또는 영)이다. 이 견해는 특별히 381년 콘스탄티노플 회의 이후에 초대교회에서 지배적인 견해가 되었다. 교회 역사를 통하여 이 입장의 지지자들은 존 칼빈과 찰스 핫지(Charles Hodge, 1797-1878), 그리고 스트롱(A. H. Strong, 1836-1921)과 같은 유명한 신학자들을 포함한다.

이분설자들은 성경이 한편으로는 영과 혼 사이를 구별하고 있는 반면에 다른 한편으로는 거의 대부분 구별하고 있지 않음을 지적한다. 성경은 일반적으로 제3의 것을 언급하지 않고 육체와 영혼(또는 영)을 언급하고 있다는 것이다.

예를 들면 성경은 하나님께서 "땅의 흙으로 사람을 지으시고 생기를 그 코에 불어넣으시니 사람이 생령(혼)이 되니라"(창 2:7)고 말씀하고 있다. 이 본문은 그의 육체와 영혼 이외에 아담에게 주어진 제3의 것에 대해서 아무

말도 하지 않는다. 마찬가지로 예수님께서는 우리에게 "몸은 죽여도 영혼은 능히 죽이지 못하는 자들을 두려워하지" 말라고 가르치고 있다. 도리어 우리는 "오직 몸과 영혼을 능히 지옥에 멸하실 수 있는 이"(마 10:28)를 두려워해야 한다. 예수님께서는 다른 곳에서 제자들의 "영"이 자신과 함께 기도하기를 원하지만 "육신이 약하다"(마 26:41)고 말씀하고 있다.

동일한 구분을 마음에 간직한 채 바울은 결혼하지 않는 한 가지 장점이 결혼하지 않은 사람은 "몸과 영을 다 거룩하게"(고전 7:34) 하려고 마음이 나누이지 않는 것이라고 말하고 있다. 야고보는 "영혼 없는 몸이 죽은 것 같이 행함이 없는 믿음은 죽은 것이니라"(약 2:26)고 말하고 있다. 그리고 요한은 자신의 독자들이 범사가 잘되어 영혼이 잘됨 같이 강건하기(즉 육체의 건강)를 내가 간구한다고 기도하고 있다. 이러한 본문들은 인간 존재의 육체적이고 영적인 측면들이 두 가지 근본적으로 구분할 수 있는 실체들이며 "혼"과 "영"이 인간 자아의 동일한 영적인 부분을 지칭하는 다른 단어들이며 실제로 동의어에 불과하다는 것을 제시해 준다.

이분설적인 견해에 따르면 "혼"이나 "영"은 몸이 죽은 이후에도 살아있고 의식이 있는 상태이다. 예컨대 바울은 자신의 독자들을 위해 자신이 사는 것이 더 나은지 죽는 것이 더 나은지 확신할 수 없다고 말하고 있다. 바울은 "차라리 세상을 떠나서 그리스도와 함께 있는 것이 훨씬 더 좋은 일이라"(빌 1:23)고 고백하고 있다. 동시에 "내가 육신으로 있는 것이 너희를 위하여 더 유익하리라"(빌 1:24)고 말하고 있다. 바울은 또한 우리의 몸은 죽을 때 그 영혼이 그리스도와 함께 있기 위해 떠나야 하는 "땅에 있는 장막"(고후 5:1)으로 묘사하고 있다. 바울은 자신이 육체적으로 죽을 때 자신의 영혼(영)은 주님과 함께 있기 위해 떠난다고 믿고 있음이 분명하다.

역사를 통하여 그리고 지금까지도 주장되고 있는 두 번째 관점은 자아에 대한 삼분설적인 견해이다. 이분설자들과는 달리 삼분설자들은 인간 자아는 세 가지 근본적으로 명확한 부분들로 구성되어 있다고 주장한다. 왜냐하면 그들은 몸과 영혼을 구별할 뿐만 아니라 혼과 영 사이도 구분한다. 이 견해는 알렉산드리아의 클레멘트와 오리겐, 닛사의 그레고리(Gregory of Nyssa, 335-395), 그리고 눈먼 디디무스(Didymus the Blind, 313-98) 등과 같은 초대교회 교부들에 의해 다양한 형식으로 주장되었다.

삼분설자들은 혼과 영 사이의 차이를 묘사하는 다양한 방법을 가지고 있다. 예컨대 "혼"이라는 용어는 우리가 경험하는 자아를 가리킨다. 우리의 인격, 이성, 정서, 그리고 의지 등을 말한다. 그러나 "영"이라는 용어는 우리의 의식적인 경험 이상의 보다 근본적인 어떤 것을 가리킨다. 영은 우리의 존재의 중심이며 우리가 근본적으로 하나님에게 개방적이거나 폐쇄적인지를 결정하는 자아의 좌소이다. 궁극적으로는 우리가 우리의 혼과 몸에서 하는 모든 사고와 행동은 우리가 우리의 영 가운데 이루어지고 있는 것에서 나오는 작용이다.

삼분설자들은 성경 저자들이 대개의 경우 "혼"과 "영"을 상호 교환해서 사용한다는 것을 인정한다. 왜냐하면 성경의 저자들은 자아의 구성에 대한 특수한 이론을 가르치려고 시도하지 않고 있기 때문이다. 관례적인 매일의 언어에서 이 둘 사이를 구분할 것은 없다. 그러나 혼과 영이 동일하지 않다는 것을 분명히 해 주는 두 개의 본문이 있다.

첫 번째 본문은 사도 바울의 기도에서 발견된다.

> 평강의 하나님이 친히 너희를 온전히 거룩하게 하시고 또 너희의 온 영과 혼과 몸이 우리 주 예수 그리스도께서 강림하실 때에 흠 없게 보전되기를 원하노라(살전 5:23).

관례적인 언어에서는 "혼"과 "영"이 상호 교환해서 사용이 되지만 여기에서 바울은 "몸"과 "혼"을 구별하는 것과 같이 강력하게 "혼"과 "영"을 구별하고 있다. 왜냐하면 바울은 자신의 편지를 읽는 청중의 **전체적인** 성화를 위해 기도하고 있기 때문이다.

"영"과 "혼" 사이를 구별하는 두 번째 본문은 히브리서 4:12이다. 히브리서 기자는 하나님 앞에서 신중하게 행하는 것이 얼마나 중요한지를 강조하는 한 가지 방식으로 우리가 생각하고 우리가 행하는 것 모두에서 "하나님의 말씀은 살아 있고 활력이 있어 좌우에 날선 어떤 검보다도 예리하여 혼과 영과 및 관절과 골수를 찔러 쪼개기까지 하며 또 마음의 생각과 뜻을 판단하나니"라고 말하고 있다.

앞의 본문과 함께 이 문맥에서 저자는 관례적인 용법을 넘어서서 "영"과 "혼" 사이에 구별해야 할 이유를 가지고 있다. 히브리서 기자는 하나님께서 우리를 얼마나 철저하게 아시며 우리를 깊이 살피시는지를 강조하고 싶어한다(참조. 히 4:13). 히브리서 기자는 하나님의 말씀은 그토록 날카롭고 정확하여서 훌륭한 외과의사가 가령 "관절"로부터 "골수"를 찔러 쪼개는 것과 같이 "영"으로부터 "혼"을 나누는 것이 가능하다. 만일 "관절"이 "골수"와 구별된다면 "혼"은 "영"으로부터 구별되어야만 한다.

사실 관절과 골수의 유비는 "혼"과 "영" 사이의 구별이 무엇인지에 대하여 알려 준다. 관절은 뼈를 함께 붙들어주는 것이라면 골수는 뼈가 뼈 되게 하는 것이다. 마찬가지로 히브리서 기자는 인간 자아를 함께 붙들어주는 것이 "혼"이라고 제안하고 있는 듯하다. 우리가 경험하는 우리의 마음과 정서와 의지가 하나로 협력하는 것은 우리에게 우리의 통합된 자아 정체성과 인격성을 부여해 줄 것이다. 그러나 인간을 **인간되게** 하는 것은 그들의 영이다. 영은 인간 자아의 바로 그 본질인 것이다. 당신이 원한다면 "골수"라는 말을 써도 좋다. 영은 삶의 모든 문제들이 결정되어 나오는 중심을 구성한다.

보다 흔하지 않은 견해는 현대에 들어 유행하고 있으며 부분적으로는 신경 과학이 발전함에 따른 결과이다. 이 견해는 자아에 대한 일원론적 (또는 단일적) 견해라고 불린다. 왜냐하면 이 견해는 인간이 둘이나 세 가지 실체가 아니라 하나의 실체로 이루어져 있다고 주장하기 때문이다. 이 견해에서는 인간의 자아를 묘사하기 위해 사용되는 다양한 용어들 "몸"과 "혼" 그리고 "영"과 "심정"과 같은 것이 인간 구성의 다른 부분을 지칭하는 것이 아니라 단일한 나눌 수 없는 인간 자아의 다양한 측면을 언급하는 것이다.

일원론자들은 성경이 죽은 자들을 잠자는 자들로 부르고 있다는 것을 말한다(행 13:36; 고전 15:6). 그리고 때때로 성경은 사람들이 죽음 이후에 의식이 있는 상태로 있을 것을 명확하게 부인하고 있다는 사실을 강조한다(욥 17:13-16; 시 6:5; 30:9; 88:3-5; 사 38:18).

이와 관련하여 일원론자들은 성경에서 사람들에게 주어져 있는 소망은 죽음 이후에 몸을 떠난 영혼을 위한 즉각적인 삶이 아니라 이 세대의 마지막에 죽은 자로부터의 육체적인 부활이라고 강조한다(살전 4:16-17). 일원론자들에게 이것은 성경이 역사를 통하여 그리스도인 대다수가 가지고 있었던 견해, 즉 인간은 복합적인 존재이며 그 구성의 한 부분이 죽음 이후에 생존한다는 주장을 지지하지 않음을 보여 준다. 몸이 죽을 때 혼과 영(그리고 심정과 마음 등등)은 마찬가지로 존재하기를 그친다. 왜냐하면 이들은 단지 **통전적인** 인간 자아의 다양한 측면의 본성을 반영할 따름이기 때문이다.

일원론자들은 이분설이든 삼분설이든 인간에 대한 복합적인 견해가 성경이 아니라 헬라 철학에서 기원한 것이라고 주장한다. 헬라인들은 일반적으로 육체적인 영역을 경시하였으며 자아의 "합리적"이고 "영적인" 측면들을 육체보다 더 우위에 있는 것으로 생각하였다. 이러한 이유로 대부분의 헬라인들은 어떤 사람의 고차원적인 부분, 즉 이성적인 영이 하위의 부분인 육체가 파멸된 이후에도 생존한다고 믿었다.

그러나 자아와 세상에 대한 히브리적인 견해는 훨씬 더 통전적이라고 그들은 주장한다. 하나님께서는 물질적인 우주와 함께 물질적인 몸을 창조하셨고 그 모든 것이 매우 좋다고 선언하셨다. 하나님께서 마지막 때에 부활시키실 것이 바로 이 몸이며 동시에 하나님께서 구속하실 것이 바로 이 물질적인 우주인 것이다. 일원론자들은 지금이야말로 헬라적인 자아에 대한 견해를 내버리고 원래적인 통전적이고 통합적인 히브리적 견해를 회복해야 할 때라고 주장한다.

● 심화 학습을 위한 도서 목록

Brown, Warren S., Nancey Murphy, and H. Newton Maloney, eds. *Whatever Happened to the Soul? Scientific and Theological Portraits of Human Nature*. Minneapolis: Augsburg Fortress, 1998.

Cooper, John W. *Body, Soul, and Life Everlasting: Biblical Anthropology and the Monism-Dualism Debate*. Grand Rapids: Eerdmans, 1989.

Delitzsch, Franz. *A System of Biblical Psychology*. 2nd ed. Grand Rapids: Baker Academic, 1977.

Green, Joel B., and Stuart L. Palmer, eds. *In Search of the Soul: Four Views of the Mind-Body Problem*. Downers Grove, IL: InterVarsity, 2005.

Jewett, Paul K. *Who We Are: Our Dignity as Human*. Edited by Marguerite Shuster. Grand Rapids: Eerdmans, 1996.

McDonald, H. D. *The Christian View of Man*. Westchester, IL: Crossway, 1981.

Moreland, J. P., and Scott B. Rae. *Body and Soul: Human Nature and the Crisis in Ethics*. Downers Grove, IL: InterVarsity, 2000.

Murphy, Nancey. *Bodies and Souls, or Spirited Bodies?* New York: Cambridge University Press, 2006.

Reichenbach, Bruce R. *Is Man the Phoenix? A Study of Immortality*. Grand Rapids: Eerdmans, 1978.

Sherlock, Charles. *The Doctrine of Humanity*. Contours of Christian Theology. Downers Grove, IL: InterVarsity, 1996.

주제 5: 아내는 그들의 남편에게 복종해야 하는가?

신약성경에서 바울은 말하고 있다.

> 아내들이여 자기 남편에게 복종하기를 주께 하듯 하라 이는 남편이 아내의 머리 됨이 그리스도께서 교회의 머리 됨과 같음이니 그가 바로 몸의 구주시니라 그러므로 교회가 그리스도에게 하듯 아내들도 범사에 자기 남편에게 복종할지니라(엡 5:22-24).

유사한 논리를 따라 베드로는 말하고 있다.

> 아내들아 이와 같이 자기 남편에게 순종하라 이는 혹 말씀을 순종하지 않는 자라도 말로 말미암지 않고 그 아내의 행실로 말미암아 구원을 받게 하려 함이니…전에 하나님께 소망을 두었던 거룩한 부녀들도 이와 같이 자기 남편에게 순종함으로 자기를 단장하였나니 사라가

아브라함을 주라 칭하여 순종한 것 같이 너희는 선을 행하고 아무 두려운 일에도 놀라지 아니하면 그의 딸이 된 것이니라(벧전 3:1, 5-6).

많은 복음주의자들(보완주의자들이라 불림)은 이러한 말씀이 오늘날에도 1세기와 마찬가지로 적용 가능하다고 주장하고 있다. 남성의 머리됨은 하나님께서 창조 세계를 위해 가지고 계신 무시간적인 계획(초월적인 진리라는 의미임-역주)이다(창 2:21-24; 3:16; 엡 5:22). 현대의 가정이 경험하고 있는 많은 문제들이 바로 이 문제에 대하여 지금 존재하고 있는 혼란에 기인한 것이라고 이들은 주장한다.

물론 남편이 아내 위에 독재자처럼 군림해서는 안 된다. 반대로 성경은 남편들이 부드럽고 희생적인 정신으로 아내들을 인도하라고 명령하고 있다. 실제로 그리스도께서 교회에 대해 그러하듯이 비록 남편들이 자신들의 아내들에 대해 권위를 가지고 있다 해도 남편들은 그리스도께서 교회를 위해 하셨던 것처럼 자신의 아내를 위하여 자신의 생명을 내놓아야 한다(엡 5:25-26). 남성의 희생이 없는 남성의 머리됨이라고 하는 것은 전혀 머리됨이라고 할 수 없는 것과 마찬가지로 하나님의 이상에 결코 가까운 것이 아니다.

그러나 다른 복음주의자들(평등주의자라 불린다)은 이 견해에 동의하지 않는다. 그들의 견해에서 이들 본문은 어떤 문화 내부에서부터 그 문화를 변화시키기 위해 이상적이지 않은 문화 안에서 활동하시는 하나님에 대하여 말씀하고 있는 것이라고 주장하고 있다. 아내들이 남편에게 순복하라는 교훈은 노예 오네시모를 돌려보내면서 빌레몬에게 바울이 교훈했던 것과 마찬가지이다. 비록 하나님의 염원은 노예제를 폐지하는 것이었지만 그 당시 문화에서 하나님께서 하실 수 있었던 최선은 사실상 그것을 "기독교화"하는 것이었다.

하나님께서는 바울에게 힘이 있는 사람(빌레몬)이 그것을 그리스도와 같은 방식으로 사용하라고 명령하게 하심으로 종과 노예의 관계를 변혁하셨다. 동일한 방식으로 이 견해의 지지자들은 하나님의 염원은 성에 근거한 권위를 폐지하시고 은사에 기반한 권위로 대치하시는 것이라고 주장한다.

그러므로 바울은 힘 있는 사람(남편)이 자신의 힘을 그리스도와 같은 방식으로 사용하라고 말하고 있다. 남편은 자신의 아내에게 복종해야 하며(엡 5:21) 그리스도께서 교회를 위하여 자신을 희생하신 것처럼 자신의 아내를 위하여 기꺼이 자신을 희생적으로 내어 주어야 한다(엡 5:25-28). 신자들 사이에서의 모든 관계와 마찬가지로 남편과 아내는 누가 대장인지에 관심을 가져서는 안 되며 도리어 서로 봉사하고 순복하여야 한다(눅 22:24-27; 빌 2:5-8).

● 심화 학습을 위한 도서 목록

Bilezikian, Gilbert. *Beyond Sex Roles: What the Bible Says about a Woman's Place in Church and Family*. Grand Rapids: Baker Academic, 2006.

Clark, Stephen B. *Man and Woman in Christ: An Examination of the Roles of Men and Women in Light of Scripture and the Social Sciences*. Ann Arbor, MI: Servant, 1980.

Foh, Susan T. *Women and the Word of God: A Response to Biblical Feminism*. Phillipsburg, NJ: Presbyterian and Reformed, 1979.

Groothuis, Rebecca M. *Good News for Women: A Biblical Picture of Gender Equality*. Grand Rapids: Baker Academic, 1997.

Hull, Gretchen Gaebelein. *Equal to Serve*. Tarrytown, NY: Revell, 1991.
Hurley, James B. *Man and Woman in Biblical Perspective*. Downers Grove, IL: InterVarsity, 1981.
Jewett, Paul K. *Man as Male and Female: A Study in Sexual Relationships from a Theological Point of View*. Grand Rapids: Eerdmans, 1975.
Kassian, Mary. *Women, Creation, and the Fall*. Westchester, IL: Crossway, 1990.
Keener, Craig S. *Paul, Women, and Wives: Marriage and Women's Ministry in the Letters of Paul*. Peabody, MA: Hendrickson, 1992.
MacArthur, John A. *Different by Design*. Wheaton: Victor Books, 1994.
Neuer, Werner. *Man and Woman in Christian Perspective*. Translated by Gordon Wenham. Wheaton: Crossway, 1990.
Pierce, Ronald W., Rebecca Merrill Groothuis, and Gordon D. Fee, eds. *Discovering Biblical Equality: Complementarity without Hierarchy*. Downers Grove, IL: InterVarsity, 2004.
Piper, John, and Wayne Grudem, eds. *Recovering Biblical Manhood and Womanhood: A Response to Evangelical Feminism*. Wheaton: Crossway, 1991.

주제 6: 그리스도인과 정치에 대한 세 가지 견해

보수적이고 복음주의적인 칼 토마스(Cal Thomas, 1942-)와 에드 답슨(Ed Dobson, 1949-)은 1980년대에 도덕적인 사람들이 수많은 이슈들에 대한 공공의 정책을 바꾸기 위해 힘을 모으려고 시도하였던 사회적이고 정치적인 운동이었던 "도덕 다수 운동"의 지도자들이었다. 1999년에 토마스와 답슨은 『권력에 눈이 멀어』(Blinded by Might)라는 제목의 책을 썼는데 그 책에서 그들은 이제는 그리스도인들이 주로 정치적인 체제에 영향을 미침을 통해 문화를 바꾸려고 시도해서는 안 된다고 선언하였다. 그리스도인들은 한 사람 한 사람 삶을 변화시키는 복음의 능력에 의지해야만 한다. 기독교는 세상의 정치에 지나치게 몰입하게 되면서 타락하게 되었다고 토마스와 답슨은 주장한다.

그리스도인들은 세속 정치에 얼마나 개입하여야만 하는가? 역사를 통하여 그리스도인들은 이 주제에 대하여 수많은 전망들을 개진한 바 있다. 이들 전망은 세 가지 그룹으로 나누어질 수 있을 것이다.

첫째, 몇몇 그리스도인들은 교회의 사명 중의 한 가지는 정치를 변혁하고 통제하는 것이라고 믿는다.

이러한 견해는 종종 변혁적인 모델로 이름이 붙여지며 칼빈주의자들 가운데 지배적인 모델이다. 이것은 또한 19세기 부흥주의자들(찰스 피니나 드와이트 무디), 그리고 중세 시대의 교회에서 대중적인 인기를 끌었다. 하나님은 만물의 주님이시기 때문에 그리스도인들은 정치를 포함한 모든 일에 이 주재권을 드러내야 한다. 그러므로 그리스도인들은 정치 체제를 거룩하게 하기 위하여 가능한 모든 의로운 수단을 사용하여야 하며 성경에 드러난 것과 같이 사람들을 향한 하나님의 뜻을 반영하는 법을 입법기관에서 통과시키려고 해야 한다.

둘째, 다른 그리스도인들은 그 자체로 전혀 세속적인 정치에 관여해서는 안 되며 최소한 그렇게 하는 것을 조심해야만 한다고 믿는다.

이러한 반대의 모델은 재세례파교인들 사이에서 전통적인 견해가 되었으며 칼 토마스를 포함한 오늘날의 수많은 유명한 복음주의 지도자들에 의해 주장되고 있다. 그리스도께서는 자신의 왕국이 이 세상에 속하지 않았다고 말씀하셨고(요 18:36), 그 시대의 정치적인 논의에 관여하신 적이 없다. 그리스도인들은 그리스도의 왕국에만 충실하도록 부름받고 있으며 그 스스로를 "이방 땅"에 살고 있는 하나님 나라의 시민이요 대사들로 간주하여야 한다(빌 3:20).

정치적 체제를 포함하여 지금의 세상은 사탄의 통제 아래에 있다. 그러므로 이 세상의 정치 체제를 하나님의 뜻에 맞추려고 시도하는 것은 부질없는 짓이며 위험하기까지 하다. 복음의 능력은 정치적 과정에 영향을 미치는 것 가운데 있는 것이 아니라 복음 전도와 기도 가운데 발견된다.

셋째, 이러한 두 입장 사이에 교회와 국가에 대한 두 왕국 모델이 있다.

이것은 루터교 신자들 가운데 지배적인 견해가 되었으며 논쟁의 여지가 있기는 하지만 미국의 그리스도인들 사이에서도 지배적인 지위를 가지고 있다. 반립적인 모델과는 달리 이 모델은 "세속적인" 정치가 하나님의 권세 아래 있다고 주장한다. 변혁적인 모델과는 달리 이 모델은 세상의 정치가 기독교적인 체제로 변혁되어야 하며 그렇게 될 수 있다고 주장하지 않는다.

도리어 세속 정부와 교회는 하나님께서 세상에서 역사하시는 두 가지 방식이다. 그리고 세속 정부와 교회는 각기 다른 목적을 성취한다. 세속 정부의 목적은 죄를 통제하고 힘으로써 죄인들을 다스린다. 교회의 목적은 죄인들을 율법에 의해 다스려질 필요가 없는 성도들로 변혁하는 것인데 복음과 기도의 능력으로 그렇게 한다. 그리스도인들은 하나님으로부터의 자신의 소명에 따라 정부에 관여할 수도 있고 관여하지 않을 수도 있다. 그러나 그들은 아무리 칭찬받을 만한 일이라 하더라도 정부에서 자신들이 이루어 낸 변화가 하나님께서 변혁하기를 원하시는 방식으로 삶을 변혁시키는 목적을 증진할 것이라고 생각해서는 안 된다.

● 심화 학습을 위한 도서 목록

Bornkamm, Heinrich. *Luther's Doctrine of the Two Kingdoms in the Context of His Theology*. Philadelphia: Fortress, 1966.

Boyd, Gregory A. *The Myth of a Christian Nation: How the Quest for Political Power is Destroying the Church*. Grand Rapids: Zondervan, 2005.

Budziszewski, J. *Evangelicals in the Public Square: Four Formative Voices on Political Thought and Action*. Grand Rapids: Baker Academic, 2006.

Carson, D. A. *Christ and Culture Revisited*. Grand Rapids: Eerdmans, 2008.

Carter, Craig A. *Rethinking Christ and Culture: A Post-Christendom Perspective*. Grand Rapids: Brazos, 2006.

Claiborne, Shane, and Chris Haw. *Jesus for President: Politics for Ordinary Radicals*. Grand Rapids: Zondervan, 2008.

Clapp, Rodney. *A Peculiar People: The Church as Culture in a Post-Christian Society*. Downers Grove, IL: InterVarsity, 1996.

Colson, Charles. *Kingdoms in Conflict*. Grand Rapids: Zondervan, 1987.

Geisler, Norman, and Frank Turek. *Legislating Morality*. Minneapolis: Bethany, 1998.

Niebuhr, H. Richard. *Christ and Culture*. New York: Harper, 1951.

Noll, Mark A., et al. *Adding Cross to Crown: The Political Significance of*

Christ's Passion. Grand Rapids: Baker Academic, 1996.

Stassen, Glen H., D. M. Yeager, and John Howard Yoder. *Authentic Transformation: A New Vision of Christ and Culture*. Nashville: Abingdon, 1996.

Thomas, Cal, and Ed Dobson. *Blinded by Might*. Grand Rapids: Zondervan, 1999.

Webber, Robert E. *The Church in the World: Opposition, Tension, or Transformation?* Grand Rapids: Academie/Zondervan, 1986.

―――. *The Secular Saint: The Role of the Christian in the Western World*. Grand Rapids: Zondervan, 1979.

주제 7: 죽은 아기들에게 무슨 일이 일어나는가?

성경은 그리스도에 대해서 스스로 어떤 선택을 할 기회를 얻기 전에 죽은 아기들에게 무슨 일이 일어나는가 하는 주제를 직접적으로 제시하지는 않는다. 그래서 사람들은 자신들이 참이라고 주장하는 다른 신념에 기초하여 이 문제에 대한 결론에 도달해야만 하였다.

오늘날 복음주의자들 다수는 "책임을 질 수 있는 나이" 이전에 죽은 모든 사람들은 자동적으로 천국에 간다고 생각한다(비록 역사적으로 이 주제는 거의 소개된 적이 없기는 하지만 동일한 주장이 심하게 정신적으로 장애가 있는 성인에게도 적용된다). 이 견해를 이끌고 가는 것은 아기들이 어떤 명확한 죄에 대해서 책임이 없기 때문이라는 것이다. 그러므로 하나님께서 그들을 구원하지 않으신다면 그것은 의롭지 않다. 이 견해는 오늘날 어떤 사람에게는 너무나 자명한 것이지만 역사적으로 교회의 대변인들 가운데 이러한 가정을 공유하고 있는 사람들이 거의 없다는 것을 알고는 놀라게 된다.

어거스틴으로부터 중세기에 이르기까지 지배적인 의견은 기독교의 세례를 받은 모든 아기들은 천국에 가지만 그렇지 않은 다른 모든 아기들은 지옥에 간다는 것이었다. 이 견해는 아담으로부터 유전된 원죄에 대한 특별한 이해와 세례가 이 죄를 씻어 준다는 신념에 의해 성립된다. 이 결론을 받아들이는 데 존재하는 난점은 아기들이 가는 지옥의 수준(림보)은 고통이 없다는 수정사항을 가져 왔다. 예배의식을 중시하는 교회 전통 안에 있는 어떤 복음주의자들은 이러한 생각을 가지고 있다.

성경에 있는 공동체 언약의 중요성에 초점을 맞추어 중세 후기나 종교개혁 시대에 어떤 그리스도인들은 아기들의 운명은 직접적으로 그들의 부모들의 신앙에 연계되어 있다고 주장하였다. 이러한 견해는 오늘날 몇몇 복음주의자들에 의해 주장되고 있다.

그러나 또 다른 견해가 전통적으로 개혁파 신학자들에 의해 주장되었다. 이 견해는 신적인 선택에 대한 특별한 이해에 근거하여 아기들의 운명은 성인의 운명과 동일한 방식으로 결정된다. 웨스트민스터 신앙고백에 잘 표현되어 있는 것처럼 선택받은 아기들은 구원에로 예정되어 있다. 선택되지 못한 아기들은 그렇지 않다. 종종 이 견해는 위에서 언급한 언약 신학과 연계되어 있다. 이 견해는 그리스도인 부모님들에게 자신들의 죽은 아기가 정말로 택함받은 자라는 확신을 준다.

마지막으로 하나님의 사랑은 자유롭게 선택하게 하는 것이라고 확신하는 복음주의자들은 아마도 죽은 아기들이 사후세계에서 성숙하도록 허용되어 다른 사람들처럼 그들도 어떤 시점에서 그들 스스로 그리스도에게 순복하기를 원하는지 결정한다고 제안한다.

심화 학습을 위한 도서 목록

Boors, L. *The Mystery of Death*. Translated by G. Bainbridge. New York: Herder & Herder, 1965.

Buswell, J. O. *A Systematic Theology of the Christian Religion*. Grand Rapids: Zondervan, 1962.

Dyer, G. J. "The Unbaptized Infant in Eternity," *Chicago Studies* 2 (1963): 147.

Gumpel, P. "Unbaptized Infants: May They Be Saved?" *Downside Review* 72 (1954): 342–458.

Hastings, Adrian. "The Salvation of Unbaptized Infants." *Downside Review* 77 (1958–59): 172–78.

Sanders, J. *No Other Name: An Investigation into the Destiny of the Unevangelized*. Grand Rapids: Eerdmans, 1992.

Warfield, B. B. "The Development of the Doctrine of Infant Salvation." In *Studies in Theology*, edited by E. D. Warfield, 411–44. New York: Oxford University Press, 1932.

주제 8: 성령 안에서의 세례에 대한 논의

복음주의자들은 모든 신자들에게 성령께서 **내주하신다**고 믿는다. 그러나 모든 신자가 성령 안에서 **세례를 받았는지** 여부에 대해서는 논란이 있다. 세례 요한은 자신이 물로 세례를 베푸는 반면에 자신의 뒤에 오실 분(예수님)은 "성령과 불로" 세례를 베푸실 것이라고 예언하였다. 예수님께서는 승천하시기 전 예루살렘에서 이 세례를 기다리라고 말씀하시면서 자신의 제자들에게 이 예언을 상기시키셨다(행 1:4-8). 이 일이 오순절 날 일어났다(행 2:1-4). 질문은 모든 신자들이 믿을 때 이 성령 세례를 받았는가 하는 것이다. 신자들은 구원에 뒤따르는 하나의 경험으로서 성령 안에서 세례받기를 간구하여야만 하는가?

대다수의 복음주의자들이 가지고 있는 고전적인 개신교의 입장은 사람들이 믿을 때에 성령으로 세례를 받았다는 것이다. 이 입장은 신약성경이 성령을 받는 행위와 성령 안에서 세례받는 것 사이를 구별하지 않는다고 주장한다. 모든 신자들은 "진리의 말씀 곧 너희의 구원의 복음을 듣고 그 안에서 또한 믿어 약속의 성령으로 인치심을"(엡 1:13) 받았는데 이것은 "우리 기업의 보증이 되사 그 얻으신 것을 속량하시기"(엡 1:14) 위함이다. 믿는 모든 사람들은 한 성령으로 세례를 받아 한 몸이 되었으며 "또 다 한 성령을 마시게"(고전 12:13) 되었다. 만일 어떤 사람이 성령으로 세례를 받지 않았다면 그 사람은 그리스도의 몸의 한 부분이 아니며 성령을 마시지도 않는다고 이 견해는 주장한다. 어떤 사람이 성령을 가지고 있다면 그 사람은 구원을 받았거나 아니면 성령을 가지고 있지 못하다면 그 경우에 그 사람은 그리스도의 사람이 아니다(롬 8:9).

이 입장은 성령 세례와 회심을 동일시하는 것을 사도행전 전체를 통해 발견할 수 있다고 주장한다. 사실 제자들은 이미 예수님을 믿었지만 40일간 성령 세례를 기다려야만 했다. 그러나 이것은 단지 성령께서 아직 주어지지 않았기 때문이었을 따름이다(참조. 요 7:38-39). 오순절 이후에는 성령께서 어떤 사람이 믿는 순간 즉시로 오신다고 이 입장은 주장한다. 오순절 날에 베드로는 회개하고 세례를 받는 모든 사람들은 제자들이 받으리라고 증거했던 바로 그것을 받을 것이라고 약속했다. 그들은 "성령의 선물을 받을"(행 2:38) 것이다. 고넬료와 그 가족들이 처음 복음을 들었을 때 그들은 믿었고 성령이 말씀 듣는 모든 사람에게 내려오셨다(행 10:44).

이와 비슷하게 세례 요한의 제자들이 처음으로 바울이 복음 전하는 것을 들었을 때 성령이 그들에게 임하셨다(행 19:6). 믿고 성령을 받는 것 사이에 이들 사건 가운데 아무런 간격이 없다는 사실과 동시에 성령이 모든 사람에게 내린 사실은(온전한 세례를 위해 아직 준비가 되지 않은 사람을 배제하지 않았다) 성령 안에서 세례를 받는 것이 구원 이후에 따라오는 경험이 아니라는 것을 입증해 준다.

사람들이 믿고 성령을 받는 것 사이에 분명한 간격이 있는 유일한 경우는 사도행전 8장에서 빌립이 사마리아 사람들에게 설교하였을 때 일어났다. 누가는 마술사 시몬을 포함하여 많은 사마리아 사람들이 빌립을 믿었다고 말한다(행 8:11-13). 그러나 그들은 요한과 베드로가 예루살렘으로부터 와서 그들에게 안수할 때까지는 성령을 받지 않았다(행 8:17).

고전적인 개신교의 입장에 따르면 사도행전 8장의 사건을 모든 신자들을 위한 규범으로 취해서는 안 된다. 그 간격은 하나님께서 사마리아 선교 배후에 사도적인 권위가 있는 것임을 보여 주시기를 원하셨기 때문에 생긴 것이었다. 하나님께서는 베드로와 요한이 사마리아 사람들의 머리에 손을 얹을 때 성령이 오시기를 원하셨던 것이다(행 8:17).

다른 사람들은 이 간격이 사마리아 사람들의 믿음에 어떤 결점이 있었기 때문에 발생하였다고 주장한다. 누가가 사마리아 사람들이 예수님을 믿은 것이 아니라 "빌립을 믿으니"(행 8:12)라고 말하고 있는 것이 중요하다고 그들은 주장한다. 누가가 사마리아 사람들이 전에는 시몬의 마술에 미혹되어 있었고 "이 사람은 크다 일컫는 하나님의 능력이라"(행 8:10)고 할 정도였다고 말한 다음에 그들이 빌립을 즉시 믿었다고 말하고 있는 것은 중요하다. 이것은 사마리아 사람들이 단지 자신들의 육적인 충성을 시몬에서 빌립에게로 옮겼을 따름이라는 것을 암시한다. 가장 중요하게 누가는 시몬 자신 또한 "믿고"(행 8:13)라고 말하고 있다. 누가는 시몬이 안수하는 것을 통해 성령을 나누어주는 사도들의 능력을 돈을 주고 사기를 원하였다고 기록하고 있다(행 8:19). 베드로는 시몬에게 대답하였다.

> 네가 하나님의 선물을 돈 주고 살 줄로 생각하였으니 네 은과 네가 함께 망할지어다(행 8:20).

다른 사마리아 사람들의 경우에서와 같이 시몬의 믿음은 그리스도를 믿는 진정한 믿음이 아니라 능력에 대하여 외형적으로 심취한 것에 불과하였다. 고전적인 개신교의 입장에 따르면 어떤 경우에도 이 이야기에서의 믿음과 성령 세례 사이의 분명한 간격을 그리스도인들을 위하여 규범적인 것으로 취해서는 안 된다.

그러나 다른 복음주의자들은 이에 동의하지 않고 신약성경이 성령을 받는 것과 성령 안에서 세례를 받는 것을 구별하고 있다고 주장한다. 성령의 세례는 구원에 뒤이어 발생하며 신자들에게 사역을 위한 능력을 주기 위한 목적이 있다. 그러므로 예수님께서는 자신의 제자들에게 "성령이 너희에게 임하시면 너희가 권능을 받고 예루살렘과 온 유대와 사마리아와 땅 끝까지 이르러 내 증인이 될 것"(행 1:8)이라고 말씀하셨다. 제자들은 이미 예수님을 믿고 있었기에 이미 성령께서 그들의 삶 속에 임재하시고 있었다. 왜냐하면 어떤 사람도 성령이 없이는 예수님을 진정으로 주님이라고 고백할 수 없기 때문이다(고전 12:3). 그러나 그들은 아직 사역을 위해서 권능을 받지는 않았다.

이 입장은 이러한 구별이 바울서신에서뿐 아니라 사도행전을 통해서 발견된다고 주장한다. 예컨대 오순절 날 첫 설교에서 베드로는 자신의 청중에게 회개하여 각각 예수 그리스도의 이름으로 세례를 받고 그리고 나서 "성령의 선물을 받으라"(행 2:38)고 명하고 있다. 이 선물은 회개와 순종

이후에 주어질 것으로 약속되어 있다. 사도행전 6장에서 사도들은 예루살렘에 있는 그리스도인들에게 일단의 사역적인 사명을 감당하게 하기 위해 "성령과 지혜가 충만하여 칭찬 받는 사람 일곱을 택하라"(행 6:3)고 말하고 있다. 이 입장의 지지자들에 따르면 이것은 "성령이 충만한" 사람들과 그렇지 않은 사람들을 구별하고 있음을 암시해 준다는 것이다.

이 구분은 더 나아가 에베소에서 세례 요한의 제자들과 나누었던 바울의 대화에도 나타나 있다. 제자들이 온전한 복음을 듣지 않았음을 알아보기 위해 바울은 "너희가 믿을 때에 성령을 받았느냐"(행 19:2)라고 묻고 있다. 만일 믿는 모든 사람들이 자동적으로 성령의 권능을 받는다면 이런 질문은 무의미한 것이 된다고 이 입장의 지지자들은 주장하고 있다. 바울은 나중에 에베소 교회에 편지하기를 "술 취하지 말라 이는 방탕한 것이니 오직 성령으로 충만함을 받으라"(엡 5:18)고 말한다. 모든 신자들이 자동적으로 성령으로 충만하게 된다면 바울이 이것을 명령할 수 있겠는가?

또한 이 입장의 지지자들에 따르면 성령 세례의 명확함은 사도행전 8장에도 분명하게 증거되어 있다. 그들은 이 본문에서 믿음과 성령 세례 사이의 간격을 설명해 보려는 시도가 요청된다고 주장한다. 보다 적절하게 성령 세례가 구원에 뒤이어서 온다는 견해의 지지자들은 만일 성령으로 충만함을 받는 것이 회심과 동의어라면 어떻게 빌립이나 사도들이 사마리아인들이 성령으로 충만하지 않았을 가능성을 고려할 수 있었는지 질문하고 있다.

이 모든 이유로 인하여 성령 세례가 구원에 뒤이어서 온다는 견해의 지지자들은 모든 신자들이 성령으로 충만하거나 세례받기를 구하도록 권면하고 있다. 이런 일이 일어날 때에만 그들은 하나님 나라의 사역을 수행할 수 있는 충만한 권능을 받게 될 것이다.

● 심화 학습을 위한 도서 목록

Del Colle, Ralph, et al. *Perspectives on Spirit Baptism: Five Views*. Nashville: Broadman and Holman, 2004.

Dunn, James D. G. *Baptism in the Holy Spirit: A Re-examination of the New Testament Teaching on the Gift of the Spirit in Relation to Pentecostalism Today*. Naperville, IL: Allenson, 1970.

Ervin, Howard M. *Conversion-Initiation and the Baptism in the Holy Spirit: A Critique of James D. G. Dunn*, Baptism in the Holy Spirit. Peabody, MA: Hendrickson, 1984.

Hoekema, Anthony A. *Tongues and Spirit-Baptism: A Biblical and Theological Evaluation*. Grand Rapids: Baker Academic, 1981.

Lederle, Henry I. *Treasures Old and New: Interpretations of "Spirit-Baptism" in the Charismatic Renewal Movement*. Peabody, MA: Hendrickson, 1988.

Menzies, Robert P., and William W. Menzies. *Spirit and Power*. Grand Rapids: Zondervan, 2000.

Pinnock, Clark H. *Flame of Love: A Theology of the Holy Spirit*. Downers Grove, IL: InterVarsity, 1996.

주제 9: 방언으로 말하는 것은 성령의 세례를 받은 최초의 증거인가?

중지론자들이라 불리는 그리스도인들은 신약성경이 완성되고 모든 기독교회에 배포되었던 2세기와 3세기에 모든 은사들은 중단되었다고 믿는다. 지속설자들이라 불리는 다른 그리스도인들은 오늘날에도 은사들이 여전히 가능하다고 믿는다. 그러나 방언의 역할에 대해서는 지속설자들 사이에서도 많은 논쟁이 있다.

오순절주의자들은 방언으로 말하는 것이 어떤 사람이 성령으로 충만한 증거라고 가르치고 있다. 만일 어떤 사람이 방언으로 말하지 않는다면 그는 성령으로 충만하거나 성령으로 세례를 받았다고 주장할 수 없다. 이것은 대개 시원적인 증거(initial evidence) 교리라고 불리는 것이다. 그러나 대부분의 비오순절파 지속설자들은 다른 은사들과 같이 어떤 사람들은 방언의 은사를 받고 또 어떤 사람들은 받지 않는다고 주장하면서 이 교리를 거부한다. 이것은 어떤 사람이 성령으로 충만하거나 세례를 받은 특별한 표징이 아니라는 것이다.

고전적인 오순절의 입장을 지지하는 사람들은 주로 사도행전에서 찾을 수 있는 양식을 근거로 주장한다. 그들은 제자들이 오순절 날 성령으로 세례를 받았을 때 "그들이 다 성령의 충만함을 받고 성령이 말하게 하심을 따라 다른 언어들로 말하기를 시작"(행 2:4)하였다는 사실에 주목한다. 이 방인들이 최초로 성령으로 충만하게 되었을 때 베드로와 다른 유대 그리스도인들은 그것을 인식하였다. 왜냐하면 그들이 "방언을 말하며 하나님 높임을"(행 10:46) 들었기 때문이다. 세례 요한의 제자들도 바울이 그들에게 설교하고 그들과 함께 기도한 후에 하나님으로부터 이 축복을 받았고 그들 모두는 "방언도 하고 예언도"(행 19:6) 하였다.

사도행전에 있는 성령의 채워주심에 대한 유일한 다른 명확한 설명은 베드로와 요한에게 기도를 받았던 사마리아 신자들과 관련이 있다. 방언이 언급되어 있지 않지만 분명 현저한 어떤 일이 일어났다. 왜냐하면 시몬이 사도들의 안수로 성령받는 것을 보고 어리석게도 돈을 드려 이러한 능력을 가지려고 하였기 때문이다(행 8:18).

시몬이 본 것은 주님을 믿는 기쁨이나 심지어 기적일 수도 없다. 왜냐하면 시몬은 이미 사마리아 신자들 사이에서 이런 일을 행하는 사람임을 스스로 입증했기 때문이다(행 8:6, 13). 시원적인 증거 교리의 지지자들은 시몬이 보았던 것은 오순절에 있었던 일의 반복이라고 생각하는 것이 합리적이라고 주장한다. 사마리아인들은 사도들의 안수를 통해 성령을 받았을 때 방언을 말하였음이 틀림없다.

이러한 네 가지 설명들의 근거 위에서 시원적인 증거 교리의 지지자들은 오늘날에도 신자들이 초대교회의 제자들에 의해 증거되고 있는 것과 같은 동일한 시원적인 증거를 기대해야 한다고 말하고 있다. 모든 사람은 성령으로 충만하기를 구하여야만 하며(엡 5:18), 그들은 방언으로 말할 때 자신들이 성령 충만하다는 것을 알게 될 것이다.

대부분의 복음주의자들은 많은 근거에서 이러한 논증을 거절한다. 시원적 증거 교리의 비판자들은 어떤 교리를 역사적인 이야기에 근거시키는 것은 부당한 해석학이라고 주장한다. 역사가로서 누가는 일어났던 일을 보고한 것이지 항상 어떠한 일이 일어나야 하는지를 가르치고 있지 않다. 뿐만 아니라 누가의 이야기는 규범적이라기보다는 기술적이다. 만일 우리가 누가가 어떻게 교회가 항상 믿어야 하고 행동해야 하는지에 대한 규범으로 기록한 모든 것을 취한다면 오늘날 모든 회중은 공산주의자이어야 하며(행 2:44-45) 기도의 손수건이 사람들을 고치기 위해 보내져야 한다(행 19:11-12).

둘째, 비오순절파 복음주의자들은 성경이 성령 충만한 증거에 대한 상당한 양의 명확한 가르침을 제공해 주며 그 어떤 증거도 방언하는 것에 집중하지 않는다고 믿는다. 사람들이 성령으로 충만하였을 때 그들은 특별히 사랑이라고 하는 성령의 열매를 나타내었다(롬 5:5; 고후 3:17-18; 갈 5:22-23). 그들의 삶은 주님을 위한 열심과 진리를 선포하는 담대함과 거룩함으로 특징지어진다(행 1:8; 롬 8:2-6; 고후 3:17-18; 갈 5:16-18).

만일 은사주의적인 현상이 성령으로 충만한 것과 연결된다면 그것은 예언(주님의 말씀을 능력있는 기름부음으로 말하는 것)과 계시적 환상이다. 베드로는 이러한 것이 성령의 부어주심을 따라오는 것이라고 **가르쳤기** 때문이다(행 2:17-18). 신약성경에 방언을 말하는 것이 독특한 영적인 성숙이나 실재를 나타내지 않는다는 것에 유의해야 한다. 많은 고린도교인들이 방언을 말하였지만 바울은 그들이 영적인 아기들이라고 질책하고 있다(고전 3:1-4).

이에 대해 시원적 증거 교리의 변호자들은 사랑과 거룩과 담대함과 같은 그러한 일은 정말 성령께서 그들의 삶 속에 임재하시는 증거이기는 하지만 누가가 사도행전에서 말하고 있는 성령의 세례나 내적인 충만의 명확한 시원적인 증거와 혼동해서는 안 된다고 대답하고 있다.

셋째, 시원적인 증거 교리를 부정하는 사람들이 보기에 바울이 고린도전서에서 모든 신자들이 방언을 말하였다고 어디에서도 가정하지 않고 있다. 바울은 다음과 같이 묻고 있다.

> 다 사도이겠느냐 다 선지자이겠느냐 다 교사이겠느냐 다 능력을 행하는 자이겠느냐 다 병 고치는 은사를 가진 자이겠느냐 다 방언을 말하는 자이겠느냐(고전 12:29-30).

물론 그 대답은 아니라는 것이다. 그러나 바울은 모든 신자들이 계속적으로 "성령으로 충만"(엡 5:18)하기를 구하라고 권면한다. 이것은 바울이 성령으로 충만한 것과 방언을 연결시키고 있지 않음을 분명히 드러낸다.

시원적 증거 교리의 변호자들은 바울이 여기에서 은사의 사용에 대하여 말하지만 성령 세례의 시원적 증거에 대해서는 말하지 않고 있다고 한다. 성령으로 충만한 모든 사람들이 비록 그 이후에는 방언으로 말하는 은사를 가지지 않을 수도 있지만 방언으로 말함으로 성령 충만을 증거한다.

넷째, 실천적인 면에서 시원적인 증거 교리에 반대하는 사람들은 그 교리가 방언을 말하는 사람들과 그렇지 않은 사람들이라는 두 종류의 기독교를 만든다고 주장한다. 신약성경은 그러한 분류를 말하고 있지 않다. 방언을 하지 못하는 오순절파 교인들은 이 시원적인 증거를 구하도록 권유를 받고 있다. 그러나 신약성경은 신자들이 방언으로 말하는 경험을 추구하라는 설명을 하고 있지 않다. 오순절파 교인들이 자신들의 입장을 지지하기 위해 인용하는 사도행전의 사건들에서도 방언으로 말하는 행동은 단지 일어난 것일 뿐이다. 어떤 사람도 그것을 구하지 않았다.

시원적인 증거 교리의 변호자들은 신약성경이 모든 신자들이 성령으로 충만한 것은 아니라는 것을 인정하고 있다고 대답한다. 예컨대 사도들은 예루살렘의 그리스도인들에게 "너희 가운데서 성령과 지혜가 충만하여 칭찬 받는 사람 일곱을 택하라"(행 6:3)고 말하였다. 이것은 모든 사람이 성령으로 충만한 것은 아니라는 것을 분명하게 드러내 준다. 사도들이 "아직 한 사람(사마리아 신자들)에게도 성령 내리신 일이 없다"는 것을 알았고 사도들이 내려와 그들과 함께 기도하였다는 사실도 이것을 보여 준다(행 8:16-17). 이것은 모든 신자들이 성령으로 세례를 받은 것은 아니며 다른 사람들이 이것을 알 수 있었음을 전제하고 있다. 다만 서로 판단하지 말라는 성경의 금지를 어기게 될 때에만 이러한 구분은 두 종류의 기독교에 이르게 한다(마 7:1; 롬 14:4).

● 심화 학습을 위한 도서 목록

Cartledge, Mark J. *Speaking in Tongues*. Tyrone, GA: Paternoster, 2006.

Del Colle, Ralph, et al. *Perspectives on Spirit Baptism: Five Views*. Nashville: Broadman and Holman, 2004.

Dunn, James D. G. *Baptism in the Holy Spirit: A Re-examination of the New Testament Teaching on the Gift of the Spirit in Relation to Pentecostalism Today*. Naperville, IL: Allenson, 1970.

Ervin, Howard M. *Conversion-Initiation and the Baptism in the Holy Spirit: A Critique of James D. G. Dunn*, Baptism in the Holy Spirit. Peabody, MA: Hendrickson, 1984.

Hoekema, Anthony A. *Tongues and Spirit-Baptism: A Biblical and Theological Evaluation*. Grand Rapids: Baker Academic, 1981.

Lederle, Henry I. *Treasures Old and New: Interpretations of "Spirit-Baptism" in the Charismatic Renewal Movement*. Peabody, MA: Hendrickson, 1988.

Menzies, Robert P., and William W. Menzies. *Spirit and Power*. Grand Rapids: Zondervan, 2000.

Pinnock, Clark H. *Flame of Love: A Theology of the Holy Spirit*. Downers Grove, IL: InterVarsity, 1996.

주제 10: 그리스도인이 귀신 들릴 수 있는가?

성경은 선하고 악하며, 천사적이고 악마적인 영이 존재한다고 가르치고 있기 때문에 복음주의 그리스도인들은 모두 사탄과 귀신이라는 실체를 인정한다(마 4:1-11; 막 5:1-20; 눅 11:14-26; 엡 6:10-18). 그러나 영적 전쟁의 본성이나 구원의 방법, 지역적인 영과 영적인 맵핑(mapping: 지역의 권세를 잡고 있는 귀신이 누구인지를 알아내어 일종의 영적인 지도를 그릴 수 있다는 주장을 말함-역주), 그리고 어느 정도까지 마귀들이 그리스도인들에게 영향을 미칠 수 있는가 하는 문제를 포함하여 마귀와 연결된 수많은 주제들이 복음주의 안에서 활발한 논쟁을 야기하였다.

모든 부류의 그리스도인들은 모든 인간 존재, 심지어는 가장 성숙한 그리스도인이라도 예수님과 마찬가지로 원수로부터의 유혹에 노출되어 있다는데 동의한다(마 4:1-11). 결과적으로 예수님께서는 자신의 제자들에게 "우리를 시험에 들게 하지 마시옵고 다만 악에서 구하시옵소서"(마 6:13)라고 기도하라고 가르치셨다. 그러나 마귀들이 어느 정도까지 그리스도인들에게 영향을 미칠 수 있지의 문제에 이르게 되면 의미심장한 불일치가 존재한다.

한편으로 어떤 사람들은 불신자들이 마귀에게 사로잡히는 것이 가능하기는 하지만 그리스도인들은 결코 이러한 상태를 두려워할 필요가 없다고 생각한다. 이러한 견해에 대한 성경적인 지지는 예수 그리스도를 통한 사탄의 패배와 그리스도인들의 승리를 선언하고 있는 본문으로부터 나온다(요 12:31; 골 2:13-15; 살후 3:3; 히 2:14-15; 요일 5:18). 골로새서 1:13은 신자들에게 하나님께서 우리를 흑암의 권세에서 건져내사 그의 사랑의 아들의 나라로 옮기셨다는 확신을 주고 있다. 만일 우리가 사탄의 나라에서 건짐을 받았다면 우리는 분명 사탄의 나라의 악한 영들에 의해 사로잡힐 수 없을 것이다. 고린도전서 10:21에서 사도 바울은 어떤 사람이 이 나라에 있던지 그렇지 않으면 다른 나라에 속한다는 것을 강조하고 있다.

> 너희가 주의 잔과 귀신의 잔을 겸하여 마시지 못하고 주의 식탁과 귀신의 식탁에 겸하여 참여하지 못하리라(고전 10:21).

또한 요한일서 4:4은 우리에게 "자녀들아 너희는 하나님께 속하였고 또 그들을 이기었나니 이는 너희 안에 계신 이가 세상에 있는 자보다 크심이라"고 말하고 있다. 그리스도인들은 악한 세력으로부터 건짐을 받았으며 이제 하나님의 거룩한 영에 의해 사로잡혀 있다. 그런데 어떻게 하나님의 소유가 된 것과 동시에 마귀에 의해 사로잡힐 수 있겠는가? 악은 하나님의 현존 앞에 거할 수 없다. 우리는 그리스도인이 성령에 의하여 하나님의 현존을 그들 가운데 가지고 있는 사람이라고 알고 있기 때문에 우리는 어떤 마귀도 동시에 신자의 몸에 거할 수 없을 것이라고 확신할 수 있다. 모든 신자들의 몸은 하나님의 성전이며 하나님께서는 자신의 성전을 마귀와 함께 사용하지 않으신다(고전 6:19-20).

그러므로 신자들이 때때로 마귀에 의해 유혹을 받고 괴롭힘을 당하고 심지어는 억압을 당할 수 있다는 것을 인정하지만 이 견해는 어떤 진정한 그리스도인도 마귀가 그 안에 내주하여서 영적인 구출(축사)이 필요하게 되는 경우는 있을 수 없다고 말한다.

다른 한편으로 어떤 복음주의자들은 그리스도인들이 자신들의 삶 속에 구출 사역이 요구될 정도까지 마귀의 현존을 가질 수 있다고 주장한다. 이 견해는 전형적으로 신약성경에서 "마귀에 사로잡혔다"고 번역되는 헬라어 단어인 "다이모니조마이"(*daimonizomai*)가 실제로 "마귀화되다"라고 번역되는 것이 최상이라는 점을 지적하며 입장을 분명히 하고 있다.

이것은 마귀의 영향 아래 있다는 것을 의미할 따름이다. 소유나 소유권의 개념은 거기에 없다. 마귀화된 그리스도인들은 구원을 받은 그리고 구속받은 그리스도의 몸의 구성원들이다. 그러나 그들에게 행하여진 악을 통하여 혹은 그들 자신의 선택을 통하여 마귀적인 것에게 출입구가 제공된 것이다.

이 견해를 주장하는 사람들은 개개인 그리스도인의 삶과 교회 일반에 마귀적인 영향과 공격이 가능하다고 말씀하는 본문들을 지적한다(고후 2:11; 엡 4:26-27; 6:10-12; 살전 2:18; 딤전 4:1; 딤후 2:26; 벧전 5:6-8). 신자들의 마귀화에 대한 특별한 성경의 예는 사울 왕(삼상 16:14-23)과 아나니아와 삽비라(행 5:1-3), 근친상간의 죄에 연루되었던 고린도교회 신자(고전 5:1-13), 그리고 가룟 유다(요 13:27) 등이다. 아마도 가장 강력한 경우는 누가복음 13:11-16에 나오는 여인의 경우일 것이다. 이 여인은 18년 동안 마귀에 의해 야기된 질병을 가지고 있었다. 예수님께서 그 여인을 위해 기도하셨고 그녀는 고침을 받았다. 16절에서 예수님은 이 상황을 설명하신다.

> 그러면 열여덟 해 동안 사탄에게 매인 바 된 이 아브라함의 딸을 안식일에 이 매임에서 푸는 것이 합당하지 아니하냐(눅 13:16).

그녀를 "아브라함의 딸"이라고 부르심으로 예수님은 이 여인의 진정한 신앙을 지시하고 계신다. 그녀는 진정한 신자였다. 그러나 그녀는 예수님께서 그녀의 고침과 구출을 위해 기도하실 때까지 마귀에게 괴롭힘을 당했다. 이 견해를 지지하는 사람들은 마틴 루터나 존 웨슬리, 제시 펜 루이스(Jesse Penn-Lewis, 1861-1927)와 레이몬드 에드만(Raymond Edman), 그리고 척 스윈돌(Chuck Swindoll)과 같은 교회 역사 속의 많은 위대한 인물들이 그리스도인들도 마귀화될 수 있으며 구출의 기도가 필요한 경우가 있을 수 있음을 인정하였다는 사실을 지적한다.

● 심화 학습을 위한 도서 목록

Arnold, Clinton E. 3 *Crucial Questions about Spiritual Warfare*. Grand Rapids: Baker Academic, 1997.

Basham, Don. *Can a Christian Have a Demon?* Monroeville, PA: Whitaker, 1971.

Dickason, C. Fred. *Demon Possession and the Christian: A New Perspective*. Chicago: Moody, 1987.

Miller, Paul M. *The Devil Did Not Make Me Do It*. Scottdale, PA: Herald, 1977.

Powlison, David. *Power Encounters: Reclaiming Spiritual Warfare*. Grand Rapids: Baker Academic, 1995.

Unger, Merrill F. *Biblical Demonology: A Study of the Spiritual Forces behind the Present World Unrest*. Wheaton: Scripture, 1952.

―――. *What Demons Can Do to Saints*. Chicago: Moody, 1977.

주제 11: 요한계시록에 대한 논의

요한계시록과 같이 현대 복음주의자들의 상상력을 사로잡는 성경주제도 별로 없을 것이다. 『남겨진 자들』(*Left Behind*) 시리즈물의 예기치 않았던 최근의 성공은 이러한 대중적인 열광의 증거가 될 것이다. 많은 복음주의자들은 이 인기 있는 소설 시리즈에서 옹호되고 있는 요한계시록에 대한 미래적인 해석이 단지 복음주의자들이 지지하는 여러 해석 중에 하나일 뿐이라는 사실을 깨닫지 못하고 있다. 이번 단락은 세 가지 주요한 복음주의적 견해와 함께 몇 가지 대안적인 관점에 대해서 살펴본다.

1) 실현론적 견해

실현론자(preterist)라는 용어는 라틴어 "프레테리투스"(*praeteritus*)에서 나왔으며 이 라틴어의 의미는 "이미 지나갔다"는 뜻이다. 요한계시록에 대한 실현론적 해석은 요한계시록에서 말하고 있는 사건들이 모두 1세기에 특수하게 성취되었다고 주장한다. 이 견해는 초대교회에 그 선례가 있기는 하지만 19세기까지 널리 퍼지지는 않았다. 성경에 대한 역사 비평적인 방법이 도래하면서 이러한 견해가 비록 복음주의 학자들 사이에서는 가장 소수 견해이기는 하지만 전체 신약성경 학자들 사이에서 지배적인 해석이 되었다.

실현론적 해석에 따르면 요한계시록은 주로 임박한 핍박을 독자들에게 경고하여 그들로 하여금 고난 가운데 믿음을 견지하라고 격려하고 있다. 또한 그들에게 하나님께서 마지막 날에 악을 통제하시고 극복하실 것이라는 확신을 주기 위해 쓰인 매우 상징적이고 묵시적이며 예언적인 책이다. 실현론자들은 이 책의 상징적 사건의 대부분이 1세기 인물들과 사건들과 관련지어질 수 있다고 주장한다. 예컨대 짐승은 그 숫자가 히브리어로 네로 황제가 지니는 숫자적인 가치와 같은 "666"으로 네로를 가리킨다. 이와 비슷하게 "마흔 두 달"(계 13:5) 동안의 그의 두려운 통치는 66년에 시작된 예루살렘에 대한 로마의 포위 공격이 지속된 정확한 기간과 합치한다.

자신들의 입장을 변호하기 위해 실현론자들은 우리가 요한계시록을 살펴볼 때 건전한 해석학적 원칙들을 버려서는 안 된다고 주장한다. 성경의 모든 책과 마찬가지로 우리는 요한계시록을 원래 그 책이 기록되었던 1세기 그리스도인의 관점에서 읽으려고 시도해야만 한다. 요한계시록은 때가 가까웠기 때문에(계 1:3; 참조. 22:6, 10) "반드시 속히 일어날 일들"(계 1:4)에 대하여 "아시아에 있는 일곱 교회"(계 1:1)에 보내졌다. 요한계시록 전체를 통하여 독자들은 신속하게 응답해야 할 긴박성이 있다(계 2:16; 3:10-11; 22:6, 7, 12, 20).

실현론자들에 따르면 이들 진술들은 우리가 원래의 청중들의 생애 동안에 그 성취를 찾아야 한다고 요구한다. 요한계시록의 영적인 주제들은 무시간적이지만 이 책이 말하고 있는 특수한 사건들은 모두 1세기에 성취된 것들이다.

2) 이상적인 견해

역사를 통해 많은 그리스도인들은 요한계시록의 이상적인(때로 영적인) 해석을 지지하였다. 이상적인 견해에 있어서 가장 뚜렷한 것은 이 책에 기록된 사건이나 인물들이 실현론자들 또는 과거나 미래론자들이 생각하는 것처럼 미래의 사건과 인물들과 직접적인 관련이 있다는 것을 부정한다는 것이다. 그러한 특별한 성취를 찾으려는 것은 근본적으로 요한계시록이 속한 묵시적인 장르를 오해하는 것이다. 요한계시록은 하나님과 악 사이에 지속되는 전투를 매우 상징적인 드라마로 그리는 것으로 읽혀져야만 한다.

이상적인 견해에 따르면 요한계시록은 그리스도인들을 박해에 직면하여 신실하게 살아가도록 요청하고 있다. 그리고 신자들로 하여금 자신들의 상황이 아무리 비참하다 하더라도 하나님께서 마침내 승리하실 것이며 신자들의 인내가 보상을 받을 것이라는 확신을 주고 있는 영적인 패러다임을 가지고 있다.

그러므로 이 책에서 사용되고 있는 수많은 상징들은 그리스도인들이 각자의 영적인 투쟁 가운데 발견하게 될 때 다양한 방식으로 실현된다. 이러한 상징들 중 대부분은 구약성경에서 가져온 것들이다. 이상적인 견해를 지지하는 사람들은 많은 이유에서 자신들의 해석을 지지하고 있다. 그들은 묵시적인 장르는 그것이 채택하고 있는 상징들과 특별한 관련을 지을 것을 요구하지 않으며 실제로 그렇게 하는 것을 배제하고 있음을 강조하고 있다.

이상론자들은 흔히 과거에서 심지어는 미래에서도 그런 성취를 찾아보려고 하는 시도는 기껏해야 추측에 불과하다고 지적하고 있다. 또한 그들은 종종 요한계시록을 문자적으로 해석하려고 시도하는 것을 통해 엉뚱한 일이 초래된다고 주장한다(계 6:13; 8:12; 12:4). 가장 중요하게 이상론자들은 요한계시록의 메시지를 영적으로 적용하는 것은 그것이 제시하고 있는 내용에 대한 구체적인 성취를 현실에 대입하려는 시도에 좌우될 수 없지만 그러한 시도들과 타협될 수 있음을 강조한다.

3) 미래적인 견해

　단연코 복음주의 대중들 사이에 오늘날 가장 인기가 있는 견해는 미래적 견해(때로 세대주의적 견해라고 불린다)이다. 이 견해에 따르면 거의 모든 요한계시록의 내용(4-22장)은 마지막 때에 일어날 사건들을 기록하고 있다. 많은 초대교회 교부들은 요한계시록의 일부분이 역사의 마지막에 관심이 있다고 믿었다. 반면에 이후 이 책의 대부분이 역사의 마지막에 대해 관심이 있다는 이해는 19세기까지는 거의 없었다.

　미래적인 해석을 위해 중요한 구절은 요한계시록 1:19인데 이 말씀에서 주님은 요한에게 "그러므로 네가 본 것과 지금 있는 일과 장차 될 일을 기록하라"고 말씀하신다. 대부분의 미래론자들에 따르면 "네가 본 것"은 1장에 기록된 환상을 가리킨다. "지금 있는 일"은 요한의 시대에 소아시아에 있던 일곱 교회에 쓰인 2장과 3장에 기록된 일곱 편지를 가리킨다. "장차 될 일"은 책의 나머지 부분에 걸쳐 기록되어 있는 마지막 때의 모든 사건을 가리킨다(계 4-22장).

　이 문제에 대해 의견의 불일치가 있기는 하지만 교회가 요한계시록의 이 장들에서 언급되고 있지 않은 사실은 많은 미래론자들로 하여금 이 사건들이 휴거 이후에 일어날 것이라고 결론 내리게 한다. 휴거를 통해 교회는 세상으로부터 문자적으로 취하여진다(살전 4:16-17).

　미래론자들은 문자적으로 해석될 수 없는 묵시적인 내용이 요한계시록에 있다는 것을 일반적으로 인정한다. 그러나 그들은 요한계시록이 무엇보다도 우선적으로 예언이라고 주장한다(계 1:3). 일어날 일들은 이제 성취되어야 할 문자적인 사건들이다. 실제로 미래론자들은 요한계시록에 예언적으로 기록된 많은 사건들이(계 9:16에 있는 2억에 달하는 군대에 대한 언급 등) 근대 이전에는 일어날 수 없었던 사건들이라고 주장한다.

4) 대안적인 해석들

이들 세 가지 주장들이 요한계시록에 대한 가능한 모든 해석은 아니다. 예컨대 중세 시대 후반에 많은 지도자들은 때때로 요한계시록에 대한 역사주의적 해석이라 부르는 것을 받아들였다. 이 견해에 따르면 요한계시록은 역사를 향한 하나님의 계획을 점진적으로 보여 주시는 것을 기록하고 있다. 개신교 종교개혁의 다수가 이런 견해를 주장하였다. 그들은 요한계시록을 교회 역사에 대한 예언적인 개관을 제공해 주는 것으로 그리고 그들의 시대에 교황이 적그리스도라고 주장하기 위해 이 해석을 사용하였다.

우리는 때때로 여전히 이런 접근을 지지하는 대중적인 주석서들을 발견하기도 하지만 이런 주장은 복음주의자들의 호감을 얻기에는 부족하다.

몇몇 현대의 학자들은 실현론적 해석과 이상론적 해석을 결합하곤 한다. 요한계시록의 상징적인 드라마는 1세기와 연관이 있기는 하지만 패러다임적인 의미를 지니고 기록된 것이다. 예컨대 네로는 사실 요한계시록 13:8에 언급되어 있는 특정한 적그리스도였을 수도 있지만 그에 대한 언급은 세상에서의 하나님의 목적에 저항하는 모든 적그리스도들의 운동을 포괄하는 전우주적인 것이다. 다른 학자들은 이 세 가지 견해 모두를 결합하려고 하였다. 그들은 요한계시록의 극적인 사건들은 성취되었으며 계속해서 성취되고 있으며 주님께서 역사를 종결하시고 왕으로서의 자신의 통치를 가져오시는 마지막 때에 최종적으로 성취될 것이라고 말하고 있다.

심화 학습을 위한 도서 목록

Caringola, Robert. *The Present Reign of Christ: A Historical Interpretation of the Book of Revelation*. Springfield, MO: Abundant Life Ministries Reformed Press, 1995.

Chilton, David. *The Days of Vengeance: An Exposition of the Book of Revelation*. Fort Worth: Dominion, 1987.

Gentry, Kenneth. *Before Jerusalem Fell: The Dating of the Book of Revelation*. Tyler, TX: Institute for Christian Economics, 1989.

Gregg, Steven, ed. *Revelation: Four Views. A Parallel Commentary*. Nashville: Nelson, 1997.

Ladd, George Eldon. *A Commentary on the Revelation of John*. Grand Rapids: Eerdmans, 1972.

Miller, Fred P. *Revelation: A Panorama of the Gospel Age*. Clermont, FL: Moellerhaus, 1991.

Morris, Leon. *The Revelation of St. John*. Grand Rapids: Eerdmans, 1969.

Mounce, Robert H. *The Book of Revelation*. New International Commentary on the New Testament. Grand Rapids: Eerdmans, 1977.

Pate, C. Marvin, ed. *Four Views on the Book of Revelation*. Grand Rapids: Zondervan, 1998.

Wilcock, Michael. *I Saw Heaven Opened: The Message of Revelation*. Downers Grove, IL: InterVarsity, 1975.

주제 12: 예수님은 이미 재림하셨는가?
(실현론적 견해에 대한 논의)

거의 모든 그리스도인들은 역사를 통하여 미래의 어느 날 그리스도께서 자신의 나라를 세우시는 일을 완수하시기 위해 다시 오실 것을 믿는다. 그리스도인들은 이 재림의 상세한 부분에 대해서는 의견의 일치를 보지 못하고 있지만 재림이라는 사실 자체에 대해서는 그렇지 않다. 그러나 최근에 소수의 복음주의자들이 주님의 재림에 대한 모든 가르침과 예언이 1세기에 성취되었다고 주장하였다. 이들은 일반적으로 실현론자들이라고 불린다. 그러나 그들이 단지 요한계시록에 대한 실현론적 해석을 지지하는 것만은 아니다. 이들 그리스도인들은 신약성경이 마지막 때에 대해 말해야만 하는 **모든 것**이 1세기에 성취되었다고 믿고 있다. 그 가운데는 예수님의 재림과 죽은 자들의 부활, 그리고 사탄에 대한 하나님의 궁극적인 승리까지 포함된다는 것이다.

세 가지 근본적인 확신이 이러한 실현론적 관점을 지탱해 준다.

첫째, 실현론자들은 "마지막이 가까이 왔다"(벧전 4:7)라는 신약성경에 반복되는 진술에 집중한다. 1세기의 제자들은 예수님께서 재림하셨으며 자신들에게 주어진 모든 마지막 때에 대한 예언이 자신들의 생애에 일어날 것이라고 믿은 것처럼 보인다. 실제로 예수님은 명확하게 "이 세대가 지나가기 전에 이 일이 다 일어나리라"(마 24:34)고 가르치셨다. 이 일들은 감람산 강화에서 예수님께서 말씀하셨던 모든 묵시적인 사건들을 가리키는 것 같다(마 24:1-33). 만일 예수님이나 또는 영감을 받은 제자들이 오류를 범하는 것이 불가능하다면 우리는 제자들의 생애에 마지막 때의 성취를 생각해야 한다고 실현론자들은 주장한다.

둘째, 실현론자들에게 성경 전체를 통하여 마지막 때를 묘사하기 위해 사용되고 있는 묵시적인 이미지들은 비유적이다. 이 가운데 어떤 것도 문자적으로 이해되어서는 안 된다. 예컨대 우주적 격변(지진과 해가 어두워지는 것 등)과 아들이 "영광의 구름"을 타고 오신다는 언어는 전형적으로 심판에 대한 성경의 상징적인 묘사로 해석되어야만 한다(마 24:29-31; 참조. 사 13:6-13; 34:2-15; 겔 32:1-10; 미 1:3-5). 이들 묵시적인 이미지들의 비문자적 본성은 베드로가 이것들이 하나님께서 자신의 성령을 "모든 육체에"(행 2:17-21) 부어주셨던 오순절 날 성취되었다고 이해하였다는 단순한 사실에 분명히 보인다.

셋째, 실현론자들은 모든 마지막 때에 대한 예언이 궁극적으로는 70년 예루살렘 멸망으로 성취되었다고 믿는다. 이스라엘의 거룩성이 그치게 되고 구약성경의 유대교가 끝이 난 것이 바로 그 시점이라는 것이다. 그들의 견해로는 주님은 그때에 재림하셔서 이스라엘을 심판하셨고 사탄을 패배시키셨으며 교회를 통하여 자신의 영원한 현존을 이룩하셨다. 그러므로 실현론자들에 따르면 기다려야 할 주님의 재림은 없다. 주님께서 싸우셔야 할 미래적인 전투도 없다. 주님께서는 이미 재림하셨고 이미 승리하셨다.

그러나 대다수의 복음주의자들은 여러 가지 이유에서 신약성경에 대한 실현론적인 해석을 거부한다.

첫째, 그들은 신약성경이 예수님께서 가견적으로 정말로 육체적인 형태로 재림하실 것이라고 가르치고 있다고 주장한다. 예컨대 예수님의 육체적인 승천 이후에 두 천사가 제자들에게 선언하였다.

> 너희 가운데서 하늘로 올려지신 이 예수는 **하늘로 가심을 본 그대로** 오시리라(행 1:11).

둘째, 실현론자들은 예수님께서 제자들이 가지고 있었던 자신들의 생애에 다시 오실 것이라는 믿음을 너무 과대평가한다. 주님께서 언제든지 재림하실 수 있다는 제자들의 기대에서 드러나는 제자들의 열심은 경건하며 모든 신자들이 본받아야 하는 것이다. 이것이 바로 이들 본문의 논점이라고 대부분의 복음주의자들은 주장한다. 우리는 예수님께서 아직 재림하지 않으셨기 때문에 제자들이 틀렸다고 결론지을 필요는 없다. 초대교회에 몇몇 사람들은 분명이 바로 이러한 결론을 내리고 있었다. 왜냐하면 베드로가 그들에게 "주께는 하루가 천 년 같고 천 년이 하루 같다"라는 사실을 상기시킴을 통해 그들을 바로 잡아주었기 때문이다. 주님께서 또 다른 천 년(또는 그 이상) 동안 역사를 끝내지 않으신다 해도 우리는 오늘이 마치 우리의 마지막 날인 것처럼 살아야만 한다.

셋째, 대부분의 복음주의자들은 실현론자들이 묵시적인 이미지들을 너무 확대 해석하고 있다고 믿고 있다. 대부분의 학자들은 우주적인 격변의 이미지가 상징적이라는데 동의하고 있기는 하지만 사람들이 죽은 자들로부터 부활할 것에 대해 신약성경이 말하고 있는 것에는 적용할 수 없다(요 5:28-29; 롬 6:5; 8:11; 고전 15:35-52; 살전 4:13-18). 신약성경이 죽은 자들의 미래 부활을 말하고 있을 때 그것은 분명히 그 시대의 대부분의 유대인이 생각하였던 의미였을 것이다. 즉 문자적이고 육체적인 부활이다. 부활을 영적으로 해석하려는 실현론자들의 시도는 종종 그들의 신학적 체계 가운데 가장 취약한 부분의 하나로 간주되곤 한다.

넷째, 대다수의 복음주의자들은 실현론자들이 70년의 예루살렘 멸망을 너무 심각하게 취급하고 그 시대 이래로 세상을 특징지어 주는 악과의 지속적인 전투는 너무 사소하게 취급한다고 주장한다. 사실 예루살렘의 멸망과 특별히 성전의 훼손과 파괴는 땅을 뒤흔드는 사건이었다. 그 시대에 유대교에 대한 모든 것이 변하였다. 감람산 강화에서 예수님께서 사용하신 묵시적인 이미지의 많은 부분과 요한계시록의 많은 부분이 이 기념비적으로 중요한 사건에 대한 것이다. 그러나 하나님의 나라가 그 때에 세워졌다고 생각하는 것은 엄청난 상상력의 과장이다.

비록 우리가 "새 하늘과 새 땅"(계 21:1)에 대한 신약성경의 비전에 상징적인 요소가 있다는 것을 인정하더라도 온 세상에 악이 여전히 강력하게 세력을 행사하고 있다는 사실은 사탄이 여전히 이 세상의 신이며 "공중 권세 잡은 자"(고후 4:4; 엡 2:2)라고 제안한다.

하나님 나라는 원리적으로 교회를 통하여 이 땅에 세워졌다. 사탄은 원리적으로 갈보리에서 패배하였다. 그러나 이 승리는 분명 아직 완전히 드러난 것은 아니다. 그러므로 복음주의자들의 대다수는 여전히 그리스도께서 자신의 모든 적들에 대하여 명확하게 승리하시고 다스리실 그 때를 기다리고 있다.

● 심화 학습을 위한 도서 목록

Caringola, Robert. *The Present Reign of Christ: A Historical Interpretation of the Book of Revelation*. Springfield, MO: Abundant Life Ministries Reformed Press, 1995.

Chilton, David. *The Days of Vengeance: An Exposition of the Book of Revelation*. Fort Worth: Dominion, 1987.

Gentry, Kenneth. *Before Jerusalem Fell: The Dating of the Book of Revelation*. Tyler, TX: Institute for Christian Economics, 1989.

Gregg, Steven, ed. *Revelation: Four Views. A Parallel Commentary*. Nashville: Nelson, 1997.

Ladd, George Eldon. *A Commentary on the Revelation of John*. Grand

Rapids: Eerdmans, 1972.

Miller, Fred P. *Revelation: A Panorama of the Gospel Age*. Clermont, FL: Moellerhaus, 1991.

Morris, Leon. *The Revelation of St. John*. Grand Rapids: Eerdmans, 1969.

Mounce, Robert H. *The Book of Revelation*. New International Commentary on the New Testament. Grand Rapids: Eerdmans, 1977.

Noe, John R. *Beyond the End Times: The Rest of the Greatest Story Ever Told*. Bradford, PA: Preterist Resources, 1999.

Pate, C. Marvin, ed. *Four Views on the Book of Revelation*. Grand Rapids: Zondervan, 1998.

Wilcock, Michael. *I Saw Heaven Opened: The Message of Revelation*. Downers Grove, IL: InterVarsity, 1975.

주제 13: 예수님은 언제 재림하실까? (휴거 논쟁)

마지막 때에 대한 주제에 이르게 되면 대부분의 복음주의 신자들은 최소한 한 가지 일에 대해서는 의견의 일치를 보인다. 예수 그리스도께서 어느 날 다시 오실 것이라는 사실이다. 예수님 자신이 재림을 약속하셨다(마 24:30; 26:64; 요 14:3). 예수님의 승천 시에 두 천사가 "갈릴리 사람들아 어찌하여 서서 하늘을 쳐다보느냐 너희 가운데서 하늘로 올려지신 이 예수는 하늘로 가심을 본 그대로 오시리라"(행 1:11)고 선언하였다. 이러한 소망은 신약성경 전체를 통해 일관되게 증거되고 있다(행 3:19-21; 빌 3:20-21; 살전 4:15-16; 딛 2:13).

우리가 다양한 관점들의 배열을 발견하게 되는 것은 바로 예수님께서 재림하실 마지막 날의 사건들의 과정에서 언제라고 하는 문제로 돌아올 때이다. 특별히 전천년설자들 사이에서 한 가지 핵심적인 논쟁은 그리스도께서 대환난 전이나 후 언제 재림할 것인가 하는 것이다. 많은 사람들은 이 미래의 시대가 예수님께서 "이는 그 때에 큰 환난이 있겠음이라 창세로부터 지금까지 이런 환난이 없었고 후에도 없으리라 그 날들을 감하지 아니하면 모든 육체가 구원을 얻지 못할 것이나 그러나 택하신 자들을 위하여 그 날들을 감하시리라"(마 24:21-22)고 말씀하셨을 때 예수님에 의해 예언되었다고 믿고 있다.

전천년설자들의 지지를 받고 있는 두 가지 주된 견해는 전환난기 재림설과 후환난기 재림설이다. 전환난 재림을 주장하는 사람들은 몇 가지 핵심적인 확신을 가지고 있다.

첫째, 그들은 그리스도의 재림에 대한 두 단계 이해를 가지고 있다. 그들은 그리스도께서 자신의 교회를 환난 전에 세상으로부터 사라지게 하기 ("휴거시키기") 위해 다시 오실 것이라고 믿는다. 그런 다음에 그리스도께서는 그의 성도들과 함께 환난 이후에 세상을 심판하러 다시 오실 것이다.

첫 번째 단계에서 비록 세상이 모든 그리스도인들의 기적적이고 즉각적인 사라짐을 알게 될 것이지만 그리스도의 재림은 보지 못할 것이다. 두 번째 단계에서 모든 사람들이 영광 가운데 다시 오실 주님을 보게 될 것이다. 전환난 재림론자들은 바울의 다음의 말에서 가운데서 환난의 시기 이전에 있을 문자적 휴거에 대한 근거를 발견한다.

> 주께서 호령과 천사장의 소리와 하나님의 나팔 소리로 친히 하늘로부터 강림하시리니 그리스도 안에서 죽은 자들이 먼저 일어나고 그 후에 우리 살아남은 자들도 그들과 함께 구름 속으로 끌어 올려 공중에

서 주를 영접하게 하시리니 그리하여 우리가 항상 주와 함께 있으리라 (살전 4:16-17).

전환난 재림을 주장하는 사람들은 자신들이 보기에 휴거를 지시하고 있는 본문들(마 24:40)과 그리스도의 최종적인 오심을 언급하고 있다는 본문들(계 19) 사이에 있는 차이점을 강조한다. 휴거 본문은 신자들의 비밀스러운 즉각적인 사라짐을 말한다. 한 사람은 데려감을 당할 것이고 한 사람은 뒤에 남을 것이다. 반면에 다른 본문은 모든 사람들이 볼 수 있는 한 사건으로서 재림을 말하고 있다.

둘째, 전환난 재림론자들은 성경에서 신자들이 하나님의 진노로부터 보호될 것이라고 믿는 본문들을 지적한다. 예컨대 바울은 예수님께서 "장래의 노하심에서 우리를 건지실"(살전 1:10; 5:9; 계 3:10) 것이라고 말하고 있다. 환난의 시기는 하나님의 진노가 사악한 자들에게 심판으로 쏟아질 것이기 때문에 그들은 휴거가 이 시간 전에 일어나야만 한다고 믿는다.

마지막으로 전환난론자들은 많은 본문들이 분명히 그리스도의 재림이 어느 때이든 일어날 수 있으며 그리스도인들은 놀라지 말아야 할 것을 말하고 있다는 사실을 강조한다(마 24:42-51; 25:1-30; 고전 1:7; 빌 4:5; 딛 2:13). 그러나 후환난론자들이 주장하는 것처럼 만일 그리스도께서 환난의 시기 이후까지도 다시 오지 않으신다면 어떻게 주님의 재림이 급박한 것이거나 놀라운 것일 수 있겠는가? 만일 후환난론자들이 옳다면 우리는 그리스도께서 자신의 예언 가운데 다소 분명한 사건이 성취된 후까지도 다시 오시기를 기대해서는 안 된다.

후환난론자들은 그리스도의 재림에 두 단계가 있다는 것을 부정한다. 그리스도께서 최종적인 환난의 시기 이후에 단번에 재림하실 것이다. 그

때에 그리스도께서 자신의 천년 왕국을 세우실 것이다. 후환난론자들은 다양한 논증으로 자신들의 견해를 주장한다.

첫째, 성경의 많은 본문은 신자들이 핍박을 당할 것이라고 말한다(행 14:22; 롬 5:3; 살전 3:3). 예수님께서는 제자들에게 "세상에서는 너희가 환난을 당하나 담대하라 내가 세상을 이기었노라"(요 16:33)고 말씀하셨다. 더 나아가 후환난론자들은 예수님께서 자신의 아버지께서 자신의 교회를 세상으로부터 취하지 말라고 명확하게 기도하셨다는 사실을 강조한다. 예수님께서는 적대적인 세상 가운데서 하나님께서 적으로부터 제자들을 보호해 달라고 요청하셨다(요 17:15).

후환난론자들에 따르면 예수님께서는 명확하게 교회가 환난의 시기를 견디게 될 것이라고 가르치셨다. 왜냐하면 예수님께서는 "그 때에 큰 환난이 있겠음이라…그 날들을 감하지 아니하면 모든 육체가 구원을 얻지 못할 것이나 그러나 **택하신 자들을 위하여** 그 날들을 감하시리라"(마 24:21-22)고 말씀하셨기 때문이다. 택하신 자들은 분명 환난의 시기 동안에 거기 있을 것이다.

둘째, 후환난론자들은 전환난기 휴거를 지지하기 위해 인용되고 있는 본문이 전환난론자들이 제안하고 있는 것을 가르치고 있지 않다고 주장한다. 예컨대 교회가 "공중에서 주님을"(살전 4:17) 만나게 될 것이라는 바울의 가르침은 그리스도인들이 문자적으로 구름 속으로 올라가게 될 것을 의미하지 않는다. 이 본문은 도리어 자신들이 사는 도시의 성문 바깥으로 나가 승리하고 돌아오는 개선장군을 환호성과 함께 맞아들이는 고대인들의 일상적인 관습을 가리키는 것이다. 구름을 타시고 오시는 주님의 이미지는 흔히 주님이 영광 가운데 그리고 권능 가운데 오시는 것을 말하기 위해 사용되었다(시 68:4; 렘 4:13; 단 7:13).

만일 이 본문이 문자적으로 이해된다면 주목을 끌지 못하는 오심을 가리킬 수 없게 된다. 바울은 주님께서 "호령과 천사장의 소리와 하나님의 나팔 소리로"(살전 4:16) 오실 것이라고 말하고 있다. 이러한 이미지들은 재림이 집으로 돌아오는 장군의 개선과도 같이 성대할 것이라고 제안한다.

    마지막으로 한 사람은 취하여 가고 한 사람은 뒤에 남게 된다고 말하는 본문은 비밀스러운 휴거를 가리키지 않는다(마 24:40). 만일 문맥을 고려하여 읽는다면 데려감을 입은 사람은 심판으로부터 구출된 사람이 아니라 노아의 홍수 때 심판을 받은 사람들에 비유된다고 후환난론자들은 주장한다(마 24:38-39). 예수님은 어떻게 갑자기 사람들이 환난기 동안 사라질 것인지에 대해 말씀하고 계신 것이지 어떻게 그들이 환난 전에 핍박으로부터 휴거될 것인지를 말씀하고 계신 것이 아니다. 그러므로 후환난론자들은 그리스도께서 단번에 재림하실 것이며 세상이 최종적인 환난의 기간을 통과한 다음에 오실 것이라고 주장한다.

● 심화 학습을 위한 도서 목록

Blomberg, Craig L., and Sung Wook Chung, eds. *A Case for Historic Premillennialism: An Alternative to "Left Behind" Eschatology*. Grand Rapids: Baker Academic, 2009.

Brower, Kent E., and Mark W. Elliott, eds. *Eschatology in Bible and Theology: Evangelical Essays at the Dawn of a New Millennium*. Downers Grove, IL: InterVarsity, 1997.

Erickson, Millard J. *A Basic Guide to Eschatology: Making Sense of the Millennium*. Grand Rapids: Baker Academic, 1998.

Ladd, George E. *The Last Things*. Grand Rapids: Eerdmans, 1978.

Lewis, Daniel J. *Three Crucial Questions about the Last Days*. Grand Rapids: Baker Academic, 1998.

MacPherson, Dave. *The Great Rapture Hoax*. Fletcher, NC: New Puritan Library, 1983.

Reiter, Richard R., Paul D. Feinberg, Gleason L. Archer, and Douglas J. Moo. *The Rapture: Pre-, Mid-, or Post-Tribulational?* Grand Rapids: Zondervan, 1984.

Walvrood, John F. *The Blessed Hope and the Tribulation*. Grand Rapids: Zondervan, 1976.

Across the Spectrum

용어 해설

가부장적. 남성 지배적인 것을 말한다.

가현설. 그리스도의 온전한 인성을 부정하는 이단. 가현설자들은 예수 그리스도가 순전히 신적이었으며 단지 외형적으로만 인간이었다고 주장하였다.

간격 이론. 창세기 1장의 1절과 2절 사이에 "간격"이 있음을 제안하는 견해이다. 이 두 절 사이에서 천사들이 하나님에 대하여 반역하였고 하나님의 창조 세계를 타락시켰다. 그래서 세상은 2절에 묘사된 것처럼 "혼돈하고 공허"하게 되었다. 간격 이론을 주장하는 사람들은 자신들의 해석이 지구가 수십억 년 되었다는 과학자들 사이에 널리 퍼져 있는 의견을 확증하면서도 창세기 1장에 대한 보다 문자적인 독법을 허용한다고 주장한다.

값싼 은혜. 은혜에 대한 성경적인 개념은 어떤 사람이 그리스도 안에서 살기 위하여 그 자신에 대하여 죽을 것을 요구하는 반면에 값싼 은혜는 신자가 개인적인 삶을 변혁하는 하나님과의 관계를 살아야 할 것을 포함하지 않는 용서를 지칭한다. 은혜는 그래서 자신이 원하는 것이면 무엇이든 할 수 있는 일종의 면허증으로 이해된다.

개인주의. 어떤 개인이 속한 집단보다 가치의 궁극적인 담지자로서의 개인에 대한 근대 서구의 강조이다.

경험적. 경험으로부터 모은 정보에 근거한 증거를 말한다.

고등 성경 비평. 성경에 대한 역사적 비평 방법의 사용을 말한다. 이러한 방법은 본문의 신뢰성과 의미를 평가하기 위해 문학적이고 역사적인 해석을 하는 학자들에 의해 채택되고 있다.

공관복음서. 마태복음과 마가복음, 그리고 누가복음을 공관복음서라 부른다. 왜냐하면 세 개의 복음서가 그리스도의 삶에 대한 유사한 요약(또는 개관)을 제공하기 때문이다.

공로적 행위. 신적인 호의를 얻도록 하는 행동이나 행위를 말한다.

공재설. 성만찬의 요소가 단지 상징적인 것 이상이라고 보기는 하지만 필연적으로 그리스도의 문자적인 육체적인 몸과 피(화체설)일 필요는 없다는 성만찬에 대한 온건한 견해이다. 이 견해는 성만찬에 그리스도께서 성례전적으로 "실재적으로 임재"하신다고 말하기를 선호하는데 단순한 편재 이상의 강화된 임재를 주장한다.

과정 신학. 화이트헤드(A. N. Whitehead, 1861-1947)와 하트숀(Charles Hartshorne, 1897-2000)에게 소급되는 이 철학적 신학의 학파는 하나님과 세상이 서로를 부요케 하는 과정에 영구히 있는 두 영원한 실체라고 주장한다. 과정 신학은 고전적인 하나님의 여러 속성들을 부정한다. 과정 신학에서 복음주의자들에게 가장 문제가 되는 것은 전능성과 무로부터의 창조, 그리고 마지막 때에 만물이 최종적인 완성의 상태에 이를 것을 부인하는 것이다.

교회론적인. 교회와 관련이 있는 것을 말한다.

교회 일치적인(ecumenical). 하나의 보편교회에 속하는 것으로 교회 일치적인 신경은 역사적인 정통 교회에 의해 인정을 받았거나 기독교의 모든 분파에 의해 현재도 인정을 받고 있는 것이다.

구속사(*Heilsgeschite*). "구속 역사"를 뜻하는 독일어 단어이다. 몇몇 현대 신학자들은 계시의 자리가 성경 말씀이 아니라 역사 가운데 있는 예수 그리스도의 부활에 중심을 둔 하나님의 능력 있는 행동에서 발견된다고 주장한다.

구원론적. 구원과 관련이 있는 것을 말한다.

글로쏠랄리아(*glossolalia*). "방언을 말함"으로 번역되는 헬라어이다. 대부분의 학자들은 고린도전서에 사용되고 있는 것처럼 이 용어가 하나님께서 영감하신 자신들이 알지 못하는 언어로 말하는 것을 언급한다고 믿고 있다. 중지론자들은 방언으로 말하는 이러한 능력이 1세기에 끝났다고 주장한다. 지속론자들은 그 은사가 여전히 오늘도 작동하고 있다고 주장한다.

급진 종교개혁자들. 종교개혁 기간 중에 교회를 개혁함에 있어 마틴 루터와 존 칼빈의 신학보다 더 나가야 한다고 생각했던 개신교도들을 말한다.

기념설. 이 견해는 "이것을 행하여 나를 기념하라"는 그리스도의 말씀에 중심을 둔다. 성찬의 물질적 요소 가운데 그리스도께서 임재하시는 본성에 대해 생각하기보다 예수 그리스도의 명령과 그분의 인격에 대한 묵상 가운데서 의미를 발견한다.

날-시대 이론. 창세기 1장을 이렇게 해석하면 이 본문에서 **날**이라는 단어는 문자적인 24시간의 기간으로 생각할 필요가 없다. 도리어 이 경우에 날에 대한 히브리어 단어(**욤**)는 확장된 시대를 가리키며 그렇게 될 때 우리가 현대 과학을 통해 알고 있는 것과 보다 잘 어울리게 된다.

내포주의. 예수님께서 모든 인류를 위해 유일한 구원자이기는 하지만 예수님에 대한 명시적인 지식이 없이도 구원받을 수 있다는 믿음을 말한다. 사람들은 모든 사람에게 가능한 그리스도에 대한 일반적인 지식에 기반하여 하나님에 대한 믿음을 표현함으로 구원받을 수 있다. 그러므로 예수님은 구원을 위해 존재론적으로 필요하지만 인식론적으로 필요한 것은 아니다.

네스토리우스주의. 예수 그리스도 안에 두 마음을 가진 두 인격, 즉 하나는 신적인 인격이요 다른 하나는 인간의 인격이 있다 주장하는 이단을 말한다. 네스토리우스주의는 451년 칼케톤 회의에서 정죄되었다. (네스토리우스[Nestorius, 386-450]의 가르침을 추종하는 이들은 우리나라에서는 경교로 알려져 있으며 우리나라에 전래된 최초의 기독교라고 알려져 있다-역주).

뉴에이지. 이교와 마술적인 신념뿐 아니라 동방의 신비주의와 미신적인 요소들을 가미한 현대의 운동을 말한다.

다신론. 하나의 신 이상을 인정하고 예배하는 것을 말한다.

다원주의. 하나님에게 이르는 다양한 길이 있다는 신념이다. 이 견해에 따르면 어떤 사람이 예수님(또는 어떤 다른 "구세주")께서 모든 사람들을 위한 하나님께 이르는 유일한 길이라고 주장하는 것은 주제넘은 일이다.

대리 통치자. 대신으로 다스리는 사람, 대리적인 권위를 말한다.

대환난. 하나님의 진노가 심판 때에 쏟아 부어질 전 세계적인 고통과 상실, 그리고 멸망의 기간을 말한다. 이러한 시간은 종말론적인 사건에 대한 무서운 예언들과 관계가 있으며 특별한 구도를 따라 다양한 진행이 있을 것으로 생각된다.

두 마음 기독론. 예수 그리스도께서 인간의 마음과 신적인 마음을 모두 가지고 있다는 믿음이다. 신적인 마음은 인간의 마음에 전적으로 다가갈 수 있지만 인간의 마음은 신적인 마음에 다가갈 수 없다.

이것은 고전적인 기독론을 주장하는 많은 사람들의 일반적인 견해이다. 그들은 그리스도께서 지상에 계실 동안에 인간의 속성과 신적 속성 모두를 행사하셨다고 믿고 있다. 이 견해는 그리스도께서 온전한 인간 존재가 되시기 위하여 전지성을 포함하여 자신의 신적 속성의 많은 부분을 내려놓으셨다고 주장하는 케노시스 기독론과는 대조된다.

라합. 리워야단과 같이 라합은 성경이 하나님에 대항하는 우주적 세력인 악과 혼돈을 묘사하는 고대의 방식이다.

리워야단. 이스라엘을 포함한 고대 근동의 사람들이 지구를 감싸고 있는 물에 산다고 믿었던 신화적인 괴물이다. 소수의 복음주의 학자들은 실제 피조물을 지시하는 것으로 생각하기도 한다. 이것은 고대인들이 땅을 위협하는 악의 세력을 묘사하는 하나의 방식이다. 구약성경은 여호와께서 리워야단에게 승리하실 수 있는 분임을 강조하였다 (욥 41; 시 74:14; 104:26; 사 27:1).

마니교. 세상에는 선하며 악한 두 가지 상반되는 신들이 있다고 가르쳤던 4세기와 5세기에 유행하였던 종교적인 운동이다. 논쟁의 여지가 있기는 하지만 교회 역사에서 가장 영향력이 있는 신학자라 할 수 있는 어거스틴은 기독교로 개종하기 전에 마니교 신자였다.

만유재신론. 문자적으로 모든 것이 하나님 안에 있다는 의미이다. 존재하는 모든 것은 하나님의 존재 안에 그 존재를 가진다. 그러나 하나님께서는 우주 자체를 초월하신다. 범신론과 달리 하나님은 우주와 동일하지 않다. 왜냐하면 하나님께서는 우주 그 이상이시기 때문이며 우주는 하나님과 공동으로 영원하다. 오늘날 가장 유행하는 만유재신론의 형태는 과정 철학에서 발견할 수 있다.

모두스 오페렌디 (*modus operendi*). "작동의 방식"을 뜻하는 라틴어로 어떤 사람이 일하는 일상적인 방식을 의미한다.

모형론. 평행적인 사건의 발생을 말한다. 이야기의 한 요소는 마음에 유사한 요소를 지닌 또 다른 사건이 떠오르게 한다. 전형적인 비교는 성경에서 아담과 그리스도 사이에 이루어지고 있다. 출애굽과 고난의 이야기, 또는 홍수와 세례 사이에도 이루어지곤 한다.

몬타누스주의자들. 초대교회에서 새로운 계시와 마지막 때에 대한 예언을 주장하였던 이단적인 단체이다. 이 단체는 또한 은사들에 대한 강조로 유명하였다. 이러한 은사들의 강조를 그 당시 정통 교회는 거부하였다.

몰몬경. "말일성도예수그리스도교회" 구성원들에게 중심적인 성스러운 문서이다. 그들은 성경은 세계의 한 지역에 있는 사람들을 하나님께서 다루신 기록이며 몰몬경은 아메리카의 사람들을 하나님께서 다루신 기록이라고 주장한다. 모로이라는 천사가 조셉 스미스를 방문하였는데 이 천사가 스미스를 스미스의 집 가까운 곳 언덕에 묻혀 있던 황금판에 보존된 고대의 기록으로 인도하였다고 한다. 그 판은 스미스에 의해 이집트어에서 영어로 초자연적으로 번역이 되어 1830년에 출판되었다.

무로부터 (*ex nihilo*). "무로부터"를 의미하는 라틴어 문구이다. 이 구절은 범신론과 만유재신론과 반대로 창조가 하나님과 "동등하게 영원" 하지 않다는 것을 주장하기 위해 사용된다. 하나님께서는 무로부터 우주를 창조하셨다.

무류하다. 성경은 현재적인 기준에 의해 판단할 때 어떤 문제에 관하여는 오류를 가지고 있을 수도 있지만 하나님께서 성경을 통해 성취하고자 하셨던 것을 이루는 것에는 실패할 수 없다는 믿음이다.

무슬림. 이슬람 신앙을 믿는 사람이다. 무슬림은 무함마드(Muhammad,

570-632)가 알라(하나님)의 최종적인 예언자이며 쿠란은 알라의 최종적이며 완전한 계시라고 간주한다.

무오설. 성경은 어떤 종류의 오류도 담고 있지 않다는 믿음이다.

무조건적인 선택. 누가 구원받을 것인가 하는 하나님의 선택은 어떤 방식으로든 인간이 행하는 것에 의존적일 수 없다는 칼빈주의의 확고한 신앙이다.

무천년설. 천 년을 미래의 천 년의 시기로 문자적으로 이해하는 견해와 대조적으로 이 견해는 천 년을 교회를 통한 그리스도의 현재적인 통치를 언급하는 상징적인 것으로 이해한다. 이 입장이 교회 역사를 통하여 가장 일반적으로 주장되었던 견해라고 알려져 있다.

묵시적. 비전이나 풍부한 비유와 상징을 통해 마지막 때를 다루고 있는 계시적인 문학 장르를 의미한다. 이러한 문학적인 장르는 그리스도의 생애 이전과 이후 2세기에 유행하였다. 요한계시록은 성경 가운데 묵시적인 책의 분명한 예가 된다.

문학적 구조 이론. 창세기 1장이 실제적인 세상의 창조라고 믿는 견해와는 대조적으로 창세기 기자는 단지 창조주 하나님의 중요성을 표현하는 데에만 관심이 있었다고 제안한다. 다른 신이 아니라 하나님께서 혼돈으로부터 질서를 가져오신다.

믿음. 신약성경에서 사용되고 있는 것처럼 믿음은 어떤 사람이 다른 어떤 사람에게 동의하고 신뢰하는 것 또는 어떤 사람이 동의하고 신뢰하는 내용을 가리킨다.

바가바드기타. "크리쉬나" 신과 용사인 "아주나" 사이의 철학적인 대화를 담고 있는 힌두교의 중심적인 성스러운 문서이다. 힌두교의 윤리와 철학, 그리고 개인적 헌신에 관련된 문제들이 논의되고 있다.

반제. 명백한 반대, 대조, 또는 모순을 말한다.

배교. 신앙을 내버리는 것이다.

배타주의. 예수 그리스도가 인류를 위한 유일한 구원자이며 예수 그리스도를 명확하게 아는 것을 떠나서는 구원이 불가능하다는 믿음이다.

범신론. 문자적으로 모든 것이 하나님이라는 의미로 이 견해는 우주를 하나님과 동일시한다. 존재하는 모든 것은 신적인 것이다. 이 견해는 동양 문화에서는 보편적이지만 지금은 뉴에이지운동에 의해 서구에서도 유행하고 있다.

보완주의. 여성이 남성의 보완적인 "돕는 베필"(창 2:18)이라고 믿는 견해이다. 남성과 여성은 정말로 평등하게 창조되었지만 하나님에 의해 정해진 그들의 기능은 다르다. 가장 중요하게 교회와 가정에서의 지도자 직분은 남성들을 위한 것이다.

보편구원론. 궁극적으로는 모든 사람이 구원받을 것이라고 하는 신앙이다. 지옥은 영원하지 않으며 죄인들이 하나님께로 돌아서도록 하는 일에 봉사한다. 교회 역사를 통해 매우 적은 수의 사람들과 매우 적은 수의 복음주의자들만이 오늘날 이 관점을 지지하고 있다.

보편적인 기회. 하나님께서 모든 사람에게 그리스도를 믿을 수 있는 기회를 제공하실 수 있는 수단을 발견하신다는 견해이다. 만일 복음 전도를 통해 이것이 가능하지 않다면 하나님께서는 꿈이나 환상 또는 천사들의 방문을 사용하실 수도 있다.

복구 이론. 창세기 1:2이하가 원래적인 창조에 대한 이야기가 아니라 천사들의 타락 이후에 있었던 시원적인 창조의 회복을 말하고 있다는 견해이다.

본문 비평. 성경 연구에 적용되는 것으로 원문에 가장 가까운 단어를 결정하기 위해 존재하는 성경 사본들을 비판적으로 살펴보는 학문 분야이다.

불가항력적 은혜. 하나님께서 선택하신 사람은 자신의 삶 속에 하나님과의 믿음이 충만한 구원의 관계를 가져오시는 성령의 사역을 거절할 수 없다는 칼빈주의의 믿음이다.

비양립론. 진정한 인간의 자유는 하나님께서 모든 것을 결정하신다는 믿음과는 어울릴 수 없다는 견해이다.

빅뱅 이론. 대략 150억에서 160억년 전에 모든 우주의 질량이 단일점으로부터 폭발하였다고 이해하는 우주의 기원을 설명하는 유력한 과학적 이론이다.

사후 전도. 어떤 복음주의자들은 살았을 때에 그리스도를 믿는 믿음을 가지거나 거부할 아무런 기회가 없었던 사람들에게 죽음 이후에 그 기회가 주어진다고 믿는다.

상대주의. 인간은 자신의 사회적인 경험과 생물학적인 기질에 의해 영향받기 때문에 결코 절대적인 진리를 알 수 없다는 확신이다. 모든 진리 주장은 그런 주장을 하는 사람에 따라 달라진다.

새 언약. 신약성경에 대한 또 다른 명칭이다. 새 언약은 그리스도의 죽으심과 부활을 통하여 신자들에게 주어진 은혜의 언약 또는 약속이다. 그리스도 안에서 신자들은 자신들의 거룩함이 아니라 하나님의 거룩하심에 근거한 신뢰와 믿음과 성실함의 새로운 관계에 들어가게 된다.

선택. 하나님께서 구원받을 사람을 선택하셨다는 믿음을 말한다. 이것은 이스라엘과 교회의 경우에서와 같이 집단적으로 이해할 수도 있고 개인적으로 이해할 수도 있다. 선택은 또한 하나님께서 그리스도를 인간을 구원하기 위해 선택하셨고 그래서 "그리스도 안에서" 사람들이 구원받도록 하셨다는 믿음을 언급하기도 한다.

선행적인 은혜. 구원의 과정에 어떤 사람이 참여하기 전에 먼저 주어지는 은혜를 말한다. 알미니안주의 그리스도인들은 대개의 경우 하나님께서 모든 사람들에게 선행적인 은혜를 주신다고 주장한다. 선행적인 은혜를 통해 그들은 구원의 메시지를 자유롭게 받아들이든지 아니면 거절하든지 한다.

선험적. 가정된 전제에서 필연적 결론으로의 연역적인 추론을 말한다.

섭리. 하나님께서 우주를 통치하심을 말한다. 어떤 복음주의자들은 하나님의 섭리가 세심하다고 주장한다. 하나님은 각각의 모든 상세한 부분까지 다스리신다. 또 다른 복음주의자들은 하나님의 섭리가 보다 일반적이라고 주장한다. 하나님께서는 "큰 그림"을 통제하시지만 인간에게는 그 자신의 선택을 하도록 자유를 주신다.

성경우상주의. 문자적으로 성경을 우상으로 만드는 것이다. 많은 사람들은 성경에 대한 신앙이 그리스도에 대한 믿음 보다 더 우위를 차지할 때면 언제든지 이것이 발생할 수 있다고 주장한다.

성도의 견인. 진정한 신자들은 결코 신앙으로부터 영속적으로 떨어질 수 없으며 그로 인하여 구원을 잃을 수도 없다는 칼빈주의적 신념을 말한다.

성령 안에서의 웃음. 때로 "거룩한 웃음"으로 묘사되며 이것은 하나님의 기쁨이 대중적 웃음의 형식으로 신자들 가운데 표현될 때 경험하는 현상들 중 하나이다.

성령 안에서의 죽음. 이것은 기도나 예배 가운데 경험하는 성령의 나타남의 하나이다. 사람들은 이 경험을 전형적으로 하나님에 의해 너무나 압도되어 하나님의 임재 앞에 설 수 없게 되는 경험으로 묘사한다.

성례. 전통적으로 은혜의 한 방편으로 이해되고 있다. "신적인 것을 지니고 있는" 것은 성례전적인 것이 된다. 몇몇 복음주의자들은 성만찬과 세례를 하나님께서 이것들을 수행하는 사람들에게 은혜를 나누어 주시는 방편으로 사용하신다는 의미에서 성례라고 보고 있다.

성만찬 요소. 성만찬에 사용되는 떡과 포도주(또는 주스)를 말한다.

성화. 그리스도를 닮은 인격으로 자라 가는 과정을 말한다.

세대주의적 전천년설. 1830년대에 존 넬슨 다비(John Nelson Darby)에 의해 고안된 전천년설의 한 형태이다. 역사를 이런 식으로 구분하는 것은 수많은 다양한 독특한 "경륜" 또는 하나님께서 인류에 관계하시고 각각의 시대에 다른 기준을 따라 인류를 시험하시는 방식을 제시한다. 세대주의자들은 이 교리가 거의 1800년 가까운 암흑과 오류의 세월 이후에 성경적인 신학으로 돌아가게 하는 것으로 보고 있다.

세속적인 인본주의자들. 인간의 복지가 궁극적인 선이며 인간은 자기 자신의 미래를 결정할 수 있는 능력과 책임을 가지고 있다고 믿는 사람들을 말한다.

소시니안주의. 예수님의 신성과 그의 죽으심이 지니는 대속하는 능력을 부정하는 이단적인 운동을 말한다.

속죄에 대한 대리 형벌 이론. 그리스도께서 죄인들 대신에 죄에 대한 처벌을 받아들이심으로 죄의 형벌(지옥)로부터 인간을 자유롭게 하신다는 견해이다.

속죄에 대한 도덕적 통치 이론. 이 견해에 따르면 속죄는 대리 속죄를 통하여 죄인된 인간으로부터 예수님에게 죄책을 전가하는 것이 아니라 모든 사람이 알아야 할 죄에 대한 하나님의 진노에 대한 생생한 제시이다. 이 메시지는 신자들이 죄로부터 도망하도록 자극한다. 왜냐하면 정말로 종말에 신자들에게도 심판이 있을 것이기 때문이다.

속죄에 대한 대속 이론. 예수님께서 인간을 대신해 죽으셨으며 이것이 사람들로 하여금 하나님 아버지와 화해하게 하였다는 견해이다.

속죄에 대한 만족설. 어떤 사람이 잘못된 일을 당한 후에 그 사람에게 합당한 보상을 하는 것에 몹시 의존하고 있는 중세적인 견해이다. 우리의 죄는 하나님을 대항한 것이기 때문에 그 빚은 무한하다. 우리가 이 빚을 영원한 처벌을 통해 지불할 수 있거나 그렇지 않으면 무한하신 하나님께서 우리를 위해 그 빚을 지불하실 수 있다. 후자가 하나님께서 십자가에서 죽으신 것이다. 성자 하나님에 의한 성부 하나님께 대한 이러한 지불은 인간이 죄 때문에 하나님께 지고 있는 빚의 무한한 본성을 만족시켜 주었다.

속죄에 대한 승리자 그리스도 이론. 이 견해에 따르면 십자가에서의 그리스도의 행위는 죄와 죽음, 특별히 마귀에 대하여 승리하셨다. 라틴어 "크리스투스 빅터"(Christus Victor)는 "그리스도는 승리하신다"는 의미이다. 이 견해는 초대교회 교부들에 의해 널리 주장되었다. 그 주제가 신약성경 전체를 통해 널리 퍼져 있기는 하지만 지지하는 주된 본문은 골로새서 2:14-15이다.

속죄에 대한 주관적 이론. 이 견해는 그리스도의 삶이 그리스도의 죽으심과 부활이 성취한 객관적인 효과보다 더 많은 것을 제공한다는 것을 강조한다. 예수님은 완벽한 사랑과 자기희생의 역할 모델로 제시되며 신자들은 그들 자신의 삶에서 그 성품을 나타내야 한다.

시대착오. 적절한 시대적인 순서에서 벗어난 것이다. 예를 들면 만일 어떤 사람이 컴퓨터가 1929년의 대공황을 야기했다고 보고하였다면 사람들은 이것을 시대착오라고 말할 것이다. 왜냐하면 컴퓨터가 1929년에는 아직 발명되지도 않았기 때문이다.

시원적인 증거. 방언을 말하는 것은 어떤 사람이 성령 세례를 받았다는 시원적인 표징이라는 고전적인 오순절의 견해이다.

신성의 감각(sensus divinitatus). "신성의 감각"을 뜻하는 라틴어 어구이다.

신인동형론. 성경 저자들이 "하나님의 오른손" 또는 "하나님의 팔"을 언급할 때처럼 인간의 특징을 하나님에게 돌리는 것을 이르는 말이다. 그러한 구절들은 문자적으로 이해되어서는 안 된다. 복음주의 안에서의 한 가지 주된 논쟁 주제는 하나님에 대해 "마음을 바꾸시거나" 결정을 "후회하신다"라고 말하고 있는 성경 구절들이 신인동형론적으로 해석되어야 하는지 그렇지 않으면 하나님의 활동과 감정에 대한 문자적인 묘사로 이해되어야 하는지 하는 것이다.

신정통주의. 20세기 초 칼 바르트를 시작으로 한 이 학파는 자유주의자들과 근본주의자들 사이에 위치하는 것으로 자신들을 생각하였다. 신정통주의 신학자들은 하나님의 계시는 예수 그리스도가 선포될 때 발생하는 사건이라고 확신했다. 그러나 복음주의자들과는 달리 이들은 성경이 그 자체로 하나님의 말씀이라는 것은 부정한다.

신화화된. 역사적인 인물과 사건 주위에 신화를 엮어내는 과정의 최종적인 결과를 말한다.

실존주의. 주관성과 개인성 그리고 자아의 자유와 책임을 강조하는 철학적인 운동이다.

실현론자. 요한계시록에 대한 실현론적 해석은 요한계시록이 말하고 있는 사건들이 이미 발생한 사건들이라고 주장한다. 몇몇 복음주의자들은 모든 마지막 때의 예언이 1세기에 성취되었다고 믿고 있기 때문에 보다 포괄적인 실현론적 신학을 주장하고 있다.

심판대. 로마서 14:10과 고린도후서 5:10에 언급되어 있다. 대부분의 학자들은 이것이 신자들의 행위가 심판을 받는 곳이라고 믿고 있다 (참조. 고전 3:12-13). 이 개념은 신자들이 은혜로 구원받았기 때문에 그들의 실제 삶의 양식은 아무런 관계가 없다는 대중적인 개신교의 태도를 부정적으로 보고 있는 도덕적 통치 이론자들에 의해 강조되고 있다.

아리우스주의. 이 견해는 그리스도가 하나님의 첫 번째이자 가장 위대한 피조물이지만 하나님은 아니라고 주장한다. 아리우스주의는 초대 교회에서 삼위일체론과 경쟁하였지만 니케아 회의(325)를 시작으로 마침내 이단으로 정죄되었다.

아폴리나리우스주의. 이 견해는 그리스도의 인성을 단지 하나님의 신적인 위격의 껍데기로 본다. 이 견해는 칼케돈 회의(AD 451)에서 이단으로 정죄되었다(일반적으로는 콘스탄티노플 공의회[381]에서 정죄되었다고 함-역주). 왜냐하면 이 견해는 그리스도의 온전한 인성을 부인하기 때문이다.

악의 문제. 세상에 있는 악의 사실과 창조주께서 선하시고 전능하시다는 믿음을 조화시키려는 가운데 발생하는 문제이다.

양립론. 인간의 의지의 자유가 모든 것을 결정하시는 하나님의 능력과 양립한다는 견해이다.

언약. 조건에 합의한 두 편 또는 그 이상의 사람들을 묶어 주는 맹세 또는 약속으로 종종 어떤 조건을 포함한다. 하나님께서 인류와 맺으시는 어떤 언약은 단지 하나님에게만 구속력이 있다(예컨대 세상을 다시 홍수로 멸하지 않으리라는 약속). 그러나 하나님께서 인류와 맺으시는 또 다른 언약들은 인간의 신실성을 요구한다(예컨대 이스라엘 백성들과의 언약).

에누마 엘리쉬. 기원전 2천 년에 그 기원을 가지는 고대 바벨론의 창조 신화로 창세기 1장의 창조 이야기와 여러 중요한 방식에서 병행하는 내용을 가지고 있다.

역사적 예수. 역사적이고 비평적인 방법으로 연구된 예수에 대한 견해를 말한다. 복음주의적 학자들은 이러한 견해 또한 복음서에 묘사되어 있는 예수에 대한 견해를 지지한다고 주장한다. 그러나 회의적인 학자들은 실제적인 역사적 예수는 복음서에 묘사되어 있는 예수와 다르다고 주장한다.

영원한 안전. 구원의 선물은 무조건적이며 어떤 사람이 구원받은 다음에는 그 사람이 신앙으로부터 떨어져 나가도록 하나님께서 허락하지 않으신다는 믿음이다.

영적 임재설. 그리스도께서 성만찬의 떡과 포도주 안과, 옆, 그리고 아래에 임재 하신다는 견해이다(그러나 이런 설명은 루터의 공재설에 대한 설명이고 칼빈의 영적 임재설에 대한 설명은 아니다-역주).

예수 세미나. 대부분 자유주의적 신약성경 학자들로 이루어진 집단이다. 1980년대 초 이래로 이들은 복음서의 어떤 측면만이 역사적이라고 주장하고 있다. 이들의 목표는 자신들의 견해를 일반 대중에 효과적으로 전파하여 대중적인 여론에 영향을 미치는 것이다.

예식. 어떤 사람들은 성만찬과 세례를 성례에 반대되는 단순한 하나의 예식으로 본다. 그 의미가 단지 거기에 참여하는 사람들이 하나님께 순종하는 것에 있다고 이들은 믿는다.

예정. 시간에 앞서 결정함을 말한다. 하나님께서 시간에 앞서 사건들을 정하신다. 이 용어는 대개의 경우 개인이나 일단의 사람들의 구원이나 영원한 운명을 논의하는 문맥에서 사용된다. 칼빈주의자들은 누가 구원받을지와 구원받지 못할지를 포함하여 하나님께서 모든 일을 미리 정하신다고 믿고 있다. 알미니안주의자들이나 열린 유신론자들은 하나님께서 어떤 일을 미리 정하시지만 다른 일들은 내버려 두신다고 생각한다. 개인의 구원이나 정죄와 같은 것은 인간의 자유의지에 의해 결정되도록 하신다는 것이다.

예지. 하나님께 적용되는 것으로 하나님께서 일어날 모든 일을 확실하게 아신다는 고전적인 신앙이다. 열린 유신론자들은 하나님께서 인간을 자유롭게 만드셨기 때문에 하나님의 예지는 가능성을 포함한다고 주장함으로써 이러한 정의를 수정한다.

오순절주의. 은사의 회복과 강조를 주장한 20세기 초에 시작한 운동이다. 이들 은사들에는 방언을 말함, 방언을 통역함, 병고침, 지식의 말씀 등이 포함된다. 오순절주의자들은 성령 안에서 세례받은 모든 사람들은 방언을 말함을 통해 이러한 성령의 내주하심을 시원적으로 드러낸다고 주장하고 있다.

오직 성경(*sola scriptura*). "성경만으로"를 의미하는 라틴어이다. 이것은 모든 복음주의자들이 수용하는 종교개혁의 확신이다. 성경이 신앙과 실천의 모든 문제에 대한 최종적인 권위가 된다.

우가릿어. 히브리어와 유사성을 지닌 고대 셈족의 언어이다. 이 언어로 쓰인 문자는 기원전 2천 년 후반의 고대 가나안의 언어, 역사와 문화에 빛을 던져 주고 있다.

운명. 미래가 비인격적인 힘에 의해 고정되어 있다는 이교적인 생각이다. 그러나 그리스도인들은 항상 운명이 아니라 하나님께서 역사의 흐름을 다스리신다고 확신하였다. 인간이나 천사들이 자신들의 자유의지를 사용하여 하나님께서 원하지 않으셨던 방식으로 이 역사의 흐름에 영향을 미칠 능력이 있는가 하는 것은 아직 논란이 되고 있다.

유물론. 존재하는 모든 것은 물질이라는 신념이다. 그러므로 이 견해는 모든 사건이 궁극적으로는 물리적 인과 관계의 기초 위에서 설명될 수 있다고 주장한다. 화학이나 물리학, 생물학, 그리고 다른 견고한 과학들이 어떤 주어진 문제에 대한 가장 적절한 설명으로 간주된다.

유신론자들. 인격적인 하나님을 믿는 사람들을 말한다.

유아 세례론자. 문자적으로 아이들이나 유아들에게 세례를 주어야 한다고 믿는 사람들을 말한다. 유아 세례론자들은 아이들이 하나님의 언약 공동체의 일원이기 때문에 약속의 표징인 세례를 받아야만 한다고 믿는다.

유예적인. 몇몇 알미니안주의자들과 열린 유신론자들은 우리 각자가 현재 하나님을 위하여 또는 하나님을 반대하여 선택할 수 있는 기회를 가지는 유예적인 시기에 있다고 주장한다. 우리가 이 유예적인 시기에 어떻게 하나님의 부르심에 응답할 것인가 하는 것이 하나님께서 이 유예적인 기간을 끝내실 때에 우리의 영원한 운명을 결정할 것이다.

유한성. 한정할 수 있는 모든 것을 말한다. 묘사되고 측정될 수 있고 포함될 수 있는 것으로 무한의 정반대의 의미이다.

윤회. 죽음을 통해 사람의 가장 최근의 삶에서의 업보에 근거하여 더 나은 환경으로 혹은 더 나쁜 환경으로 다시금 태어난다는 동양의 사상이다. 이 신념은 뉴에이지운동으로 서구에서도 유행하게 되었다.

은사주의운동. 첫 번째 물결(오순절주의)을 뒤이은 "두 번째 물결"을 지칭하는 말로 은사주의운동은 성령의 은사를 강조하지만 오순절주의가 아닌 자신의 교단 안에 머물러 있는 사람들로 구성되어 있다. 이 운동은 1960년대에 시작되었으며 은사 중지론적 신학을 지지하지 않는 대부분의 교단에서 추종자들을 가지고 있다.

은사들. 고린도전서 12:8-10에 나타나 있는 지혜의 말씀, 지식의 말씀, 믿음, 병 고침, 기적 행함, 예언, 영분별, 방언, 방언의 통역 등을 포함하는 일정한 영적인 은사의 집합을 이르는 말이다.

은혜. 자격 없는 자에게 베풀어진 호의를 말한다.

이단. 정통적이지 않은 것으로 정죄된 것, 또는 믿음이나 신앙의 실천에 있어 교회의 신실성에 위협을 주는 지점까지 잘못된 것을 말한다.

이신론. 하나님께서 우주를 창조하시고는 관여하지 않으신다는 견해이다. 이 견해를 설명하기 위해 사용되는 흔한 실례는 시계 수리공과 시계의 관계이다. 하나님께서는 기어와 바늘 등등을 제자리에 놓으시고 시계를 감아 그 순간부터 자연적으로 과정을 수행하도록 만든 시계 수리공과 같다.

인식론. 우리가 어떻게 알 수 있는가의 문제와 관련된 개념이다.

일부다처제. 하나의 배우자 이상을 가지는 것을 말한다. 여러 다양한 이유로 인하여 때때로 하나님께서 이스라엘 남자들에게 한 아내보다 많은 아내를 가지도록 허용하였지만 하나님의 이상은 항상 하나의 배우자만을 가지는 일부일처제였다.

일원론. 모든 사건이 하나의 단일하고 무시간적이며 신적인 실체의 한 부분이라는 신념이다. 일자와 다수라고 하는 철학적인 문제에서 이 견해는 "다수"를 완전히 "일자"로 축소시켜 버린다.

자기 결정. 어떤 사람이 자기 자신의 행동의 과정을 자유로이 선택하고 어떤 종류의 사람이 될 수 있도록 수행할 수 있는 한 사람의 능력을 말한다. 알미니안주의자들은 모든 사람들이 자기 결정적이라고 주장한다. 반면 칼빈주의자들은 하나님께서 궁극적으로 모든 일을 결정하신다고 주장한다.

자아에 대한 삼분설적인 견해. 인간 자아는 세 가지 구별되는 구성적인 요소, 즉 육과 혼과 영으로 되어 있다는 견해이다.

자아에 대한 이분설적 견해. 인간의 인격은 두 가지 근본적인 실체, 즉 육체와 영혼으로 되어 있다고 주장하는 자아에 대한 견해이다.

자아에 대한 일원론적 견해. 인간의 구성에 대해 이 견해는 인간 존재의 육체나 혼 또는 영 사이에 궁극적인 구분이라고 하는 것은 있을 수 없다고 주장한다. 어떤 인간 존재는 근본적으로 하나의 통일적인 실재이다.

자연주의. 모든 사건은 자연의 법칙과 힘에 호소함으로써 설명될 수 있다는 신념이다. 그러므로 자연주의를 지지하는 사람들은 만일 하나님이 존재한다고 해도 하나님께서 세상에 어떤 분별 가능한 영향력을 행사하신다는 것을 부정한다.

자유의지 변증. 인간과 천사들의 자유의지에 호소함으로써 세상에 있는 악의 문제를 설명하는 믿음이다. 행위자가 자유하기 때문에 때때로 하나님의 의지에 반대되는 결정을 하게 되고 그것이 악이 된다.

자필. 손으로 쓴 원본을 말한다.

전능한. 문자적으로 전능하다는 의미로 모든 복음주의자들은 하나님께서 전능하시다고 확신한다. 칼빈주의자들은 이것을 하나님께서 모든 능력을 행사하신다는 의미라고 해석하였다. 반면 알미니안주의자들은 이것을 모든 능력이 하나님께로부터 나온다는 의미라고 이해하였다.

전적 부패. 모든 인간은 자신들의 죄로 인하여 죽었으며 그들 스스로의 힘으로는 하나님으로부터의 분리를 회복하는 것에 전적으로 무능력하다.

전제. 논의되지는 않았지만 그 논증의 타당성이나 일관성을 위해 필수적인 조건으로 그 논증에 관계되어 가정된 신념을 말한다.

전지한. 문자적으로 모든 것을 아신다는 뜻으로 모든 복음주의자들은 하나님께서 모든 것을 아신다고 확신한다. 전통적으로 복음주의자들은 이것을 하나님께서 미래에 발생할 모든 일을 아신다는 의미라고 이해하였다. 그러나 열린 유신론자들은 하나님께서 완벽하게 아시는 "모든 것"은 미래적인 가능성을 의미하는 것이라고 주장하였다.

전천년설. 그리스도께서 지상에 천 년 동안의 평화의 통치를 시작하시기 전에 재림하신다는 신앙이다.

젊은 지구 이론. 이 견해에 따르면 창조의 6일은 여섯 번의 24시간의 기간이다. 구약성경의 족보에 대한 문자적 읽기와 결합하여 이 견해는 젊은 지구론자들로 하여금 지구가 창조된지 만 년 이하라는 결론에 도달하게 한다.

제3의 물결. 20세기 초에 있었던 오순절주의운동과 1960년대에 있었던 은사주의운동을 이어 영적 부흥의 제3의 물결이라 불리게 되는 운동이 일어났다. 1980년대 초부터 보다 많은 수의 지도자들이 마치 초대교회 사도들이 그러했던 것처럼 복음이 선포되는 곳마다 그리스도인들은 기사와 표적을 기대할 수 있고 기대해야만 한다고 가르치고 있다. 이 운동은 여전히 복음주의자들에게 논쟁이 되고 있다.

제한 속죄. 예수님께서 단지 택자들만을 위해 죽으셨다는 칼빈주의자들의 믿음이다.

제한주의. 의식적으로 예수 그리스도의 복음의 선포에 반응하였던 사람들만이 구원받는다는 신념이다.

조건적 안전. 구원이란 신자가 하나님과의 관계에 머물려고 하는 지속적인 의지에 달려 있다는 믿음이다. 다른 말로 구원은 무조건적인 선물이 아니며 그렇기 때문에 영원히 안전한 것은 아니다.

존재론. 존재하는 것 또는 존재하는 방식에 대한 연구이다.

종말. 시대의 마지막을 말한다.

종말론. 마지막 일들 또는 마지막 때에 대한 연구를 말한다.

주해. 본문에서 본문의 의미를 끄집어내는 것이다. 이러한 학습의 방법은 이 본문이 원래의 저자와 청중에게 어떤 의미였는가 하는 질문에 답하고자 시도한다. 그리고 원래적인 사회적인 배경과 상황에 적절한 언어적인 용례들에 보다 큰 관심을 부여한다.

중지론자들. 은사들이 신약성경의 완성 후에는 중단되도록 되어 있다고 믿는 사람들을 말한다.

지상명령. 우리는 모든 장소에 있는 모든 사람들에게 복음을 전해야만 한다는 교회에 주신 그리스도의 명령을 말한다(마 28:19). 이 명령은 세례를 주고 제자를 삼으라는 명령을 포함하고 있다.

지속설자. 고린도전서 12:8-10에 언급되어 있는 은사들이 초대교회 때에 그러했던 것처럼 오늘날의 교회를 위해서도 유용하다고 믿는 사람들이다.

진화. 일단의 유기체들이 시간을 거쳐 가며 변화한다는 생물학적 이론이다. 소진화는 한 종 안에서의 작은 변화를 인정한다. 대진화는 변화가 대개의 경우 보다 큰 복잡성의 수준으로 진보하며 한 종류의 유기체(종들)로부터 또 다른 종류로 진화가 가능하다고 주장한다. 창세기 1장의 문자적 읽기를 주장하며 지구가 상대적으로 젊다고 주장하는 복음주의자들은 소진화는 인정하지만 대진화는 부정한다. 또 다른 복음주의자들은 소진화와 대진화 모두를 인정하지만 하나님께서 진화의 과정 뒤에 계신 창조적 지성이시고 힘이라고 주장한다.

천년 왕국설. 특별히 급진적인 변화를 통해 오게 될 요한계시록의 천년 왕국을 문자적으로 믿는 신앙이다.

청지기 명령. 창세기 1:26-28에 있는 하나님께서 인간을 자기 형상으로 창조하신 후에 그들에게 청지기적 명령을 주시는데 그것은 생육하고 땅을 정복하라는 명령이다.

초자연주의. 하나님께서 세상에 기적적으로 개입하실 수 있다는 신앙이다.

칭의. 의롭다고 법정적으로 선언되는 것이다. 고전적인 정통 신학에 의하면 사람들은 예수 그리스도를 믿을 때 하나님에 의해 의롭다고 선언된다. 보다 거룩한 삶의 양식으로 자라 가는 과정인 성화는 칭의의 기초 위에서 뒤이어 일어나는 것으로 이해된다.

케노시스 기독론. 성자가 나사렛의 예수로 성육신하였을 때 온전한 인간 존재가 되기 위해 인간의 능력과 불일치하는 모든 신적인 속성을 스스로 버리셨다는 믿음이다. 성자는 유한과 인성의 한계를 취하셨고, 지상에 계신 동안 전지하지도 전능하지도 않으셨다.

쿠란. 무슬림 신앙을 가진 사람들을 위한 가르침과 명령을 담고 있는 이슬람의 성스러운 경전이다. 이슬람을 창시한 예언자 무함마드의 가르침을 담고 있다고 주장한다. 무슬림은 쿠란을 알라(하나님)의 완전한 말씀으로 간주한다.

통전적인. 단지 어떤 일의 몇 가지 측면만이 아니라 전체와 관련된 것을 의미한다.

통치. 어떤 것을 다스리고 계발하며 지도력을 제공하는 책임과 권위를 말한다.

파루시아(*parousia*). 그리스도의 미래적인 재림을 언급하는 헬라어 용어이다.

페리코레시스 (*perichoresis*). 삼위일체 하나님의 상호 내주와 침투를 이르는 헬라어 용이이다. 각 위격은 그 자신의 존재 안에 다른 위격들을 위한 "여지"를 만드신다.

펠라기우스주의. 펠라기우스라는 5세기 수도사의 가르침에 기초한 운동이다. 어거스틴이 설명하고 있는 대로 펠라기우스는 타락이 인간의 본성에 영향을 미친 것을 부정하였으며 그래서 심지어 타락한 세상에서도 인간은 죄로부터 자유롭게 살 수 있는 그 자신의 능력을 가지고 있었고 주장하였다. 은혜는 사람들이 하나님을 위하여 살도록 도움을 주지만 펠라기우스주의자들은 사람들이 은혜만으로 구원받는다는 것을 부정한다. 이러한 이유로 복음주의자들은 펠라기우스주의는 비성경적인 신앙 체계라는데 의견의 일치를 보이고 있다.

편재한. 문자적으로 모든 장소에 임재해 계심을 의미한다. 모든 복음주의자들은 하나님께서 모든 곳에 동시에 계신다는 것을 확신한다.

평등주의적 견해. 여성과 남성이 원리적으로 교회와 가정에서의 지도력을 포함하여 권위와 관련하여 그리스도인의 삶의 모든 측면에서 전적으로 평등하다는 주장이다. 이 견해는 공적인 삶에 있어서는 갈라디아서 3:28에 근거하고 있으며 가정 생활에서는 에베소서 5:21에 근거하고 있다. 이 견해는 성이라고 하는 것은 영적인 권위와는 아무런 관련이 없다고 주장한다.

포스트모더니즘. 근대성에 대하여 비판하는 폭넓고 다양한 문화적 운동을 말한다. 포스트모더니즘을 주장하는 사람들은 어떤 사람의 신념 체계를 규정함에 있어 경험과 문화가 수행하는 커다란 역할에 대하여 매우 잘 알고 있다. 그래서 이들은 절대적인 진리 주장에 대해 의심한다. 그것은 경험적인 증거, 이성적인 증거, 또는 종교적인 권위 모두를 포함한다. 그러므로 포스트모더니즘은 때때로 탈토대주의(postfoundationalism)로 불리기도 한다.

하나님의 형상에 대한 관계적 견해. 하나님께서는 성부, 성자, 성령의 영원한 사랑의 공동체로 존재하시기 때문에 하나님의 형상의 본질은 인간이 하나님과 다른 사람과의 관계로 들어가는 것이다.

하나님의 형상에 대한 기능적인 견해. 하나님의 형상은 하나님께서 우리에게 주신 권위로 이해된다는 견해이다. 땅을 다스림에 있어 인간은 모든 창조 세계에 대한 하나님의 다스림을 반영한다(창 1:26-28).

하나님의 형상에 대한 실체론적 견해. 추론하고 느끼며 사랑하고 선택하고 영원히 사는 영혼이 인간 안에 있는 하나님의 형상이라는 견해이다.

하나님의 형상(*imago dei*). 하나님의 형상이라는 의미의 라틴어이다.

헬라적인. 헬라어나 문화, 또는 사람들과 관계있는 어떤 것을 말한다.

현상학. 실제적인 사건에 대한 묘사와 과학적인 관찰에 근거한 사고의 방식이다. 이러한 접근방식은 본래적으로 경험에 의존한다.

형이상학. 문자적으로 물리학을 넘어서라는 의미로 형이상학은 모든 만물을 원대한 설명적인 틀 안에 넣어 생각하려고 하는 사변적인 시도이다.

홍수 지질학. 창세기 6-8장에 묘사되어 있는 것처럼 전 세계적인 홍수가 발생하였다는 가정 위에서 행하는 지질학적인 연구이다. 많은 창조론자들은 대부분의 현대 지질학자들이 믿고 있는 것과 같이 지구가 수십억 년이 되었다는 것을 받아들이는 대신에 이러한 방식으로 지질학적인 지층이 쌓이게 되었다고 설명한다.

화목. 문자적으로 진정시킴을 의미한다. 속죄 이론과 관련하여 그리스도께서는 인류를 향한 하나님의 진노를 진정시키셨다. 그 결과 하나님께서는 인류에게 자신의 진노를 직접적으로 내리지 않으신다.

화체설. 미사를 행하는 동안 떡과 포도주가 그리스도의 육체적인 몸과 피로 변한다는 전통적인 로마 가톨릭의 교리이다.

후천년설. 그리스도께서 평화의 천년 왕국이 지상에 일어난 후에 다시 오실 것이라는 신념이다.

휴거. 그리스도께서 세상을 심판하시고 자신의 천년 왕국을 세우시기 전에 세상으로부터 교회를 문자적으로 취하여 가시는 행동이다.

히브리적. 히브리 언어와 문화, 또는 사람들과 관계있는 것을 말한다.

Across the Spectrum

복음주의 신학 논쟁
Across the Spectrum

2014년 9월 26일 초판 발행
2019년 10월 10일 초판 2쇄 발행

지은이 | 그레고리 A. 보이드 · 폴 R. 에디 공저
옮긴이 | 박찬호

편　집 | 백승현
디자인 | 박희경, 이가은
펴낸곳 | 사)기독교문서선교회
등　록 | 제16-25호(1980. 1. 18)
주　소 | 서울시 서초구 방배로 68
전　화 | 02) 586-8761~3(본사)　031) 942-8761(영업부)
팩　스 | 02) 523-0131(본사)　031) 942-8763(영업부)
홈페이지 | www.clcbook.com
이메일 | clckor@gmail.com
온라인 | 기업은행 073-000308-04-020, 국민은행 043-01-0379-646
　　　　　예금주: 사)기독교문서선교회

ISBN 978-89-341-1401-7(93230)

* 낙장 · 파본은 교환해 드립니다.

이 도서의 국립중앙도서관 출판시도서 목록(CIP)은
서지정보유통지원시스템 홈페이지(http://seoji.nl.go.kr)와
국가자료공동목록시스템(http://www.nl.go.kr/kolisnet)에서
이용하실 수 있습니다.
(CIP제어번호: CIP)